Palais du Lux p.140
Saint Gervais p. 148

Art et
Architecture
en France

① (those in Paris +
                Vaux le Vicomte)

④ la Sorbonne + Louvre
      (de le Mercier + Mansart) +
    le Val de Grace

② P. 65-70 (Lescot
          + le Louvre)
    P. 9-11 contexte
       historique
    P. 145 - Luxembourg

⑤

English

① P. 157-168 – Palais Lux + St. Gervais
② P. 193-239 – Paris + Vaux le Vicomte
③ P. 79
   P. 13-15 historical context
   P. 171 Lux.
④ P.   Sorb. + Louvre (de le Mercier + Mansart) +
                   Val de grace

Publié avec le concours du Centre national des Lettres

MACULA

Anthony Blunt

Traduction
de Monique Chatenet

Revue par l'auteur

ART ET ARCHITECTURE EN FRANCE

1500 - 1700

ISBN 2-865 89-007-4

Préface

Ce livre a été publié pour la première fois en langue anglaise en 1953. De nombreux amis d'outre-Manche m'ayant dit qu'une traduction pourrait rendre service à leurs élèves, j'avais toujours espéré voir paraître une édition française. L'espoir est devenu réalité grâce à la détermination des éditions Macula, et je souhaite que de nombreux étudiants, à qui la version originale n'était pas aisément accessible, puissent en tirer profit.

Je sais par expérience personnelle, hélas, combien la traduction d'un ouvrage d'histoire de l'art de cette dimension est une tâche contraignante et difficile. Je tiens donc à remercier Madame Monique Chatenet de l'attention scrupuleuse qu'elle a portée à mon texte, et de la patience avec laquelle elle a accueilli les quelques petites modifications que j'ai suggérées pour le sien. En lisant cet ouvrage, on ne pense pas que l'auteur soit français — ce qui, après tout, n'est pas le cas — mais on ne pense pas non plus à une traduction, car la langue est française à part entière : c'est le plus grand compliment, je pense, qu'on puisse faire d'une traduction.

Cette première édition française a été établie d'après la quatrième édition anglaise, révisée en novembre 1982. Elle intègre en outre quelques éléments nouveaux provenant de livres ou d'articles publiés depuis lors.

Anthony Blunt
Londres, décembre 1982

Maillé
Guimilia • Kerjean
• Saint-Thégonnec
Lampaul

Josselin

VANNES

RENNES

Ballerey

Fontaine-Henri

CAEN

Dol

Fécamp
Arques-la-Bataille
Valmont
ROUEN
Vaudreuil

Eu

VOIR PAGE
SUIVANTE

LILLE

Oise

Blérancourt

VILLERS-COTTERETS
• Fère-en-Tardenois
Neuilly-Saint-Front

CHAREEVILLE

Rhin

Tillières-
sur-Avre
Verneuil

Seine

PARIS

VERSAILLES

CHARTRES

Montceaux
Coulommiers

Dampierre

Vallery

Villacerf (Saint-
Sépulchre)

TROYES

Sens
Ferrières-en-
Gâtinais
Montargis

Saint Mihiel
BAR-LE-DUC

Joinville

Toul

NANCY
• Lunéville

Marne

Langres

Lavardin

LE MANS

Solesmes

Châteaudun

Beaugency
Cléry

ORLÉANS

Turny

Saint-
Fargeau

Tanlay
Ancy-le-Franc

Pailly

BESANÇON

ANGERS

NANTES

Marmoutier
Bury
BLOIS
TOURS
Villandry
Chavigny • Azay-
le-Rideau
Oiron • Richelieu

Chambord
Cheverny
Amboise
Chenonceau
Champigny-sur-
Veude

Romorantin

Valençay

BOURGES

Henrichemont

DIJON

Saône

NEVERS

Vendeuvre

Lignières

MOULINS

Cher

LIMOGES

La Rochefoucauld

Crèches-
sur-
Saône

Neuville-sur-
Saône

LYONS

• Brou

ANNECY

Loire

Gironde

BORDEAUX

Garenne

Souillac
• Montal
• Assier
Graves • Bournazel
• RODEZ

Vienne

LE PUY

Vizille

Rhône

Valence
d'Agen • Moissac
MONTAUBAN
ALBI

Saint-Jory

AUCH

Pibrac

TOULOUSE

Saint-Bertrand-
de-Comminges

AVIGNON
NÎMES

MONTPELLIER • Marsillargues

Narbonne

• Aix-en-Provence
MARSEILLE

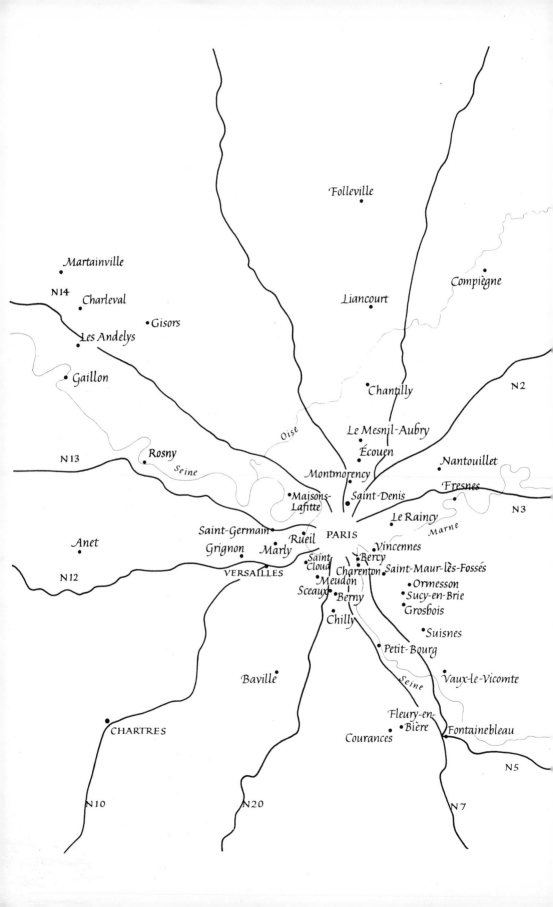

CHAPITRE I

De l'invasion de l'Italie à la bataille de Pavie 1494-1525

Le contexte historique

Les expéditions italiennes de Charles VIII (1483-1498), Louis XII (1498-1515) et François Ier (1515-1547), qui eurent pour conséquence directe une invasion en sens inverse de la France par le goût italien, furent pour l'art français les événements les plus marquants des années 1494-1525.

D'un point de vue strictement historique toutefois, d'autres faits eurent une portée plus considérable : ces années marquent une étape importante dans la transformation de la France en un Etat moderne. La monarchie française, qui n'avait guère exercé jusqu'alors qu'une suprématie de pure forme sur un conglomérat de territoires féodaux, acquit progressivement au cours de cette période le contrôle effectif d'une nation relativement centralisée. Louis XI avait fait beaucoup pour briser la force de la noblesse féodale et concentrer dans ses mains les commandes du gouvernement. Louis XII et François Ier devaient prolonger son œuvre. Ils s'efforcèrent aussi de réduire l'indépendance des Etats et des parlements, autres foyers de résistance à une centralisation totale. Leur tâche était ici plus difficile car ces corps, représentant la nouvelle aristocratie des villes, devaient à leur prospérité un pouvoir solidement établi et pouvaient à tout moment s'opposer à la perception de l'impôt ; cependant, grâce à une ingénieuse combinaison de compromis et d'économies sous Louis XII et à un habile développement, par François Ier, de l'autorité des gouverneurs provinciaux appointés par la Couronne, les parlements se révélèrent en fin de compte incapables de résister sérieusement aux volontés du pouvoir central et, sauf en matière fiscale, s'alignèrent généralement sur sa politique. Enfin, le Concordat de 1515 avait procuré au roi un moyen presque illimité de récompenser ses serviteurs sous la forme d'évêchés et d'abbayes qui, dépendant directement d'un don personnel du souverain, avaient pour avantage supplémentaire, n'étant pas héréditaires, d'assurer la soumission de chaque nouveau titulaire. Ainsi, ayant réduit l'indépendance de la noblesse féodale et centralisé dans ses propres mains une grande partie du pouvoir et de la richesse du royaume, François Ier avait considérablement progressé sur la voie de l'absolutisme personnel, caractéristique de l'Etat français pour les deux siècles à venir.

En politique étrangère, une transformation parallèle se produisit au cours de cette période. Au départ, c'était essentiellement pour satisfaire aux prétentions dynastiques sur le royaume de Naples que Charles VIII avait envahi l'Italie ; mais à l'époque du désastre de Pavie, qui clôt la période, les guerres italiennes ont pris un caractère tout différent. Elles sont peu à peu devenues l'enjeu de deux puissances, la France au pouvoir grandissant, nation relativement petite, mais unie et organisée sur des bases modernes, et le vaste ensemble territorial des Habsbourg, l'Espagne et l'Empire, encore divisé par le séparatisme féodal et affaibli par une administration désuète.

A mesure que la Couronne concentrait autour d'elle le pouvoir administratif, la cour devenait le pôle d'attraction culturel du royaume. Sous Louis XII, un grand ministre comme le cardinal d'Amboise pouvait, devançant largement le roi, diriger la mode artistique ; sous le règne suivant, tout se regroupa autour du souverain, de sa sœur, Marguerite de Navarre, et de leur entourage : c'est sous leur patronage que furent exécutées les plus grandes réalisations artistiques et littéraires.

Dès les premières années de son règne, François Ier manifesta clairement son intention de créer une cour qui pût rivaliser par sa culture avec celles d'Italie et former un cadre en harmonie avec la grandeur du souverain. Aussi rassembla-t-il autour de lui des hommes de lettres, penseurs, humanistes, peintres et constructeurs, chacun contribuant selon son rôle à édifier le décor dans lequel le roi voulait être vu, et à établir la réputation de mécène prestigieux qu'il voulait laisser à la postérité. C'est pour réaliser cette politique que sortirent du sol les premières constructions royales, la nouvelle aile du château de Blois et le château de Chambord ; c'est encore dans la même intention que François Ier s'efforça d'attirer en France les plus grands artistes d'Italie, vainement pour Michel-Ange, mais avec succès pour Léonard de Vinci.

Les familles de la haute noblesse déployaient également un mécénat actif, en particulier en architecture, mais elles étaient égalées par une bourgeoisie récemment enrichie au service de la Couronne. Alors que sous Louis XI, il n'y avait eu qu'un seul Jacques Cœur, on trouve désormais une foule de mécènes de cette origine, Semblançay, Bohier, Briçonnet, pour n'en citer que quelques-uns, construisant des résidences à la ville ou à la campagne et encourageant tous les arts.

La centralisation était cependant loin d'être totale. La Cour restait itinérante et Paris n'avait pas encore acquis son statut de centre politique et intellectuel du pays. Avant 1525, la région du Val de Loire était en avance sur la capitale pour l'architecture et les arts monumentaux. La Cour y passait beaucoup de temps à cause de la chasse, l'aristocratie y remodelait ses châteaux, le Val possédait une riche agriculture et dans les villes comme Tours et Orléans, l'activité commerciale se développait rapidement.

La direction prise par la vie artistique sous Louis XII et François Ier procède, nous l'avons dit, de l'influence de la culture italienne. Avant la conquête de Charles VIII, certains écrivains et artistes français avaient évidemment déjà eu connaissance de ce qui se passait de l'autre

côté des Alpes ; on peut même dire que les campagnes d'Italie n'ont pas exercé une influence déterminante dans la connaissance des lettres classiques : des enseignements humanistes étaient établis à Paris avant 1494. Dans la plupart des autres domaines, le goût italien ne commença toutefois à se répandre que lorsque les Français revinrent de Naples ou de Milan. Ceux-ci, on l'a souvent signalé, n'avaient qu'une compréhension très superficielle de la Renaissance italienne. Ils étaient attirés avant tout par le mode de vie luxueux que déployaient les Cours d'outre-monts ; les jardins italiens, les vêtements italiens, les usages italiens constituaient leur véritable découverte. La philosophie platonicienne, la peinture florentine, le grand art monumental ne semblent pas les avoir profondément impressionnés ; ils ne paraissent pas non plus avoir témoigné d'intérêt véritable aux œuvres de l'Antiquité qu'ils ont pourtant dû voir en Italie. On sait cependant que le maréchal de Gié avait réclamé à la Seigneurie de Florence sept bustes romains ayant appartenu à Laurent de Médicis : son goût devait être en avance sur celui de ses compatriotes, car peu de temps après, il suppliait la Seigneurie de lui faire parvenir une copie du *David* en bronze de Donatello. En remplacement, on chargea Michel-Ange d'exécuter sur le même thème une œuvre de sa main ; le maréchal étant tombé en disgrâce sur ces entrefaites, la Seigneurie finit par envoyer la sculpture à son successeur dans les faveurs de Louis XII, Florimond Robertet, constructeur du château de Bury, où la statue demeura pendant de nombreuses années[1].

Les caractères de cette première invasion du goût italien se discernent clairement dans la littérature française du début du règne de François Ier. Le poète le plus à la mode était alors Lemaire de Belges, qui participe encore de l'école médiévale tardive, de la poésie alambiquée pratiquée par les grands rhétoriqueurs ; si à l'occasion il emprunte une idée à Pétrarque, l'influence du grand poète italien ne pénètre jamais au-delà de la surface de son art. Clément Marot, dans ses premières œuvres, écrit de la même manière. Meilleur connaisseur de la littérature italienne, il n'absorbe cependant que les éléments conciliables avec sa conception personnelle, enjouée et ingénieuse, de la poésie.

Indépendamment de cette poésie de

Cour se construisait, parallèlement, une tradition d'humanisme érudit. Des pionniers comme Robert Gaguin avaient ouvert le chemin à Guillaume Budé. L'érudition colossale de ce dernier était de nature trop purement académique pour venir au contact des mouvements proprement littéraires. Lefèvre d'Etaples, dont les études humanistes furent un moment teintées de platonisme, était plus accessible, mais l'impact de ses recherches fut plus apparent dans le domaine religieux que dans la littérature. Ce furent toutefois ces hommes qui, tels Budé et Lefèvre, fondèrent en France les études grecques, produisant à la génération suivante un effet révolutionnaire quand l'érudition classique se fondit dans un grand mouvement littéraire.

C'est une période de transition qui s'est achevée en 1525. François Iᵉʳ lui-même reflétait à la fois passé et futur ; il était le dernier produit de la chevalerie, et le premier roi moderne de la France. La culture italienne faisait fureur, mais n'était comprise que comme un code d'usages ou une source de *concetti* plaqués sur les traditions médiévales. Dans les arts plastiques, nous le verrons, les premières formes italiennes furent utilisées d'une manière tout aussi superficielle.

Architecture

L'introduction des motifs de la Renaissance lombarde : les premiers châteaux de François Iᵉʳ

Les premières traces d'une influence de la Renaissance italienne apparaissent en France plusieurs dizaines d'années avant l'invasion de 1494, mais de manière ponctuelle. Le peintre Jean Fouquet avait visité Rome au milieu du XVᵉ siècle ; les miniatures des Heures d'Etienne Chevalier montrent sa connaissance du détail ornemental du Quattrocento, mais aussi, et à un degré remarquable, sa compréhension des problèmes de la perspective ; il y était même, à certains égards, plus avancé que ses contemporains italiens[2]. Un peu plus tard, René d'Anjou avait attiré à sa cour provençale de nombreux praticiens ultramontains et l'un d'entre eux, Francesco Laurana, avait construit à La Major de Marseille la chapelle Saint-Lazare (1475-1481), probablement la première œuvre purement italienne sur le sol français *(fig. 1)*[3]. Cet exemple était toute-

1. Francesco Laurana. Marseille, église de La Major. Chapelle Saint-Lazare, 1475-1477

fois trop éloigné des principaux centres de l'activité artistique pour pouvoir porter fruit.

Plus importante fut l'arrivée en France à la fin du XVᵉ siècle de gravures et de livres illustrés d'outre-monts. A travers eux, libraires et graveurs firent connaissance de la décoration italienne et se décidèrent à l'imiter. Dans le *Terence* publié à Lyon en 1494, apparaît une tentative maladroite de figurer les *putti*, guirlandes de fruits et niches à coquilles quattrocentesques. Dans les *Heures romaines* éditées à Paris en 1502, le détail est déjà bien plus habile et mieux compris, bien que restant mêlé d'éléments gothiques. A l'époque de l'*Origène* parisien de 1512, la mutation, pour les éléments décoratifs des gravures en tout cas, est achevée[4].

Si le style de l'*Origène* diffère tant de celui du *Térence*, le changement est sans aucun doute attribuable aux guerres d'Italie et à l'arrivée en France de praticiens italiens. Charles VIII, après la courte et désastreuse campagne de 1494, avait ramené avec lui plusieurs artistes qui introduisirent en France idées et techniques de leur pays. Parmi ces étrangers, ce furent somme toute les architectes qui exercèrent l'influence la moins durable. Les deux plus importants, Fra Giocondo, qui résida en France de 1495 à 1505, et Giuliano da Sangallo, qui y fit une brève visite en 1495 avec le cardinal Giuliano della Rovere, ne laissèrent aucune œuvre repérable. Le troisième, Dominique de Cortone (Domenico da Cortona), homme de bien plus mince talent, ne s'établit officiellement comme architecte que vers 1519, c'est-à-dire vingt-quatre ans après son arrivée, à une époque où la manière italienne de la Renaissance était connue par d'autres sources. Les sculpteurs eurent plus d'importance et certains, comme Guido Mazzoni, exercèrent une influence sur le décor architectural ; nous les examinerons plus loin.

Les campagnes de Louis XII et François Ier (1500-1525) produisirent naturellement un effet plus profond : Milan et Gênes restèrent presque continuellement, l'une pendant vingt-cinq ans, l'autre pour une plus courte période, dans la dépendance française. Soldats et hommes d'Etat français visitaient constamment ces villes, parfois accompagnés d'artistes de leur pays. Ils commandaient des travaux à des ouvriers locaux, les ramenant parfois avec eux en France pour qu'ils puissent continuer la décoration de leurs châteaux, d'une abbaye qu'ils protégeaient ou du tombeau qu'ils se faisaient ériger.

Très vite, les artistes français commencèrent à prendre la leçon de leurs visiteurs italiens et s'entraînèrent à copier le nouveau style. Ils y devinrent rapidement d'une telle compétence qu'il est en règle générale impossible de déterminer, pour les œuvres antérieures à 1525, la part exacte des ouvriers des deux nationalités. Les documents sont rarement explicites ; s'ils mentionnent souvent un certain nombre de noms italiens et français, ils ne définissent presque jamais le rôle exact de chaque ouvrier. Qui plus est, non seulement les Français imitaient les Italiens, mais ces derniers s'adaptaient eux aussi à certains égards aux exigences de la tradition ou des matériaux locaux ; aussi n'existe-t-il, en fin de compte, aucune base solide pour distinguer la part des deux groupes et ceux qui prétendent le faire sont plus souvent animés par un

sentiment de fierté nationale que par un authentique esprit critique.

Le fait que les contacts avec l'Italie concernaient surtout les provinces du nord, et Milan en particulier, fut peut-être une chance, car les mécènes français y trouvèrent une forme d'architecture faite pour les séduire. Les seigneurs de l'époque de Louis XII et de François Ier avaient grandi dans un décor gothique flamboyant, style caractérisé par l'ingéniosité de ses formes et la complexité de sa décoration. Avec ces antécédents, ils auraient difficilement pu goûter l'intellectuelle froideur de l'architecture florentine du Quattrocento, qui leur aurait paru extrêmement morne. Leur goût se traduit clairement dans les quelques commentaires que Philippe de Commynes consacre aux édifices qu'il a vus. A Venise, il est profondément impressionné par les palais, à cause de la richesse de leurs matériaux extérieurs et de leur décoration intérieure. A Pavie, il tombe en extase devant « ceste belle eglise de Chartreux, qui, à la verité, est la plus belle que j'aye jamais veüe, et toute de beau marbre ». Jugés en fonction des principes florentins, les palais vénitiens du XVe siècle et la Chartreuse étaient presque barbares dans la profusion des ornements et des marbres, et la survivance d'éléments gothiques ; au contraire, pour Commynes et ses compagnons, ils représentaient précisément l'objectif recherché.

En fait, la décoration française du début du XVIe siècle dérive de la Chartreuse plus que de tout autre édifice. Proche de Milan, elle constituait un modèle facilement accessible ; la façade de l'église, dont la partie inférieure fut construite entre 1490 et 1498, est peut-être à cette époque le plus extraordinaire morceau de fantasmagorie de l'architecture italienne septentrionale. Avec sa profusion de marbres polychromes, sa surface incisée de reliefs ornementaux et figurés, ses pilastres, sculptés d'innombrables candélabres, elle présentait dans sa prodigalité un ensemble plus proche du gothique tardif que de l'art de Brunelleschi. Dans les cloîtres, les Français ont pu trouver le même type de décoration en terre cuite, technique qui devait aussi être importée en France. Au demeurant, ce style avait déjà été marié au gothique à Milan : dans des édifices comme l'ospedale Maggiore de Filarete, les Français pouvaient voir des arcs brisés décorés d'ornements classiques, combinaison qu'ils allaient précisément utiliser dans leurs propres châteaux.

Les Français semblent en fait avoir tourné le dos aux exemples d'un style plus purement Renaissance, même quand ils les avaient sous les yeux, car on pouvait examiner à Milan la tradition architecturale florentine du Quattrocento, représentée à l'église S. Eustorgio par la chapelle Portinari de Michelozzo, directe descendante de la chapelle Pazzi de Brunelleschi. Plus encore, entre 1482 et 1499, Bramante construisait à Milan deux œuvres qui fondèrent le classicisme du XVIe siècle, les églises S. Maria presso S. Satiro et S. Maria delle Grazie. Mais pour ce que recherchaient les Français, Bramante aurait pu aussi bien ne pas avoir existé. Reste une exception : le groupe des Français qui s'installèrent à Rome et participèrent à la cour papale[5]. Le premier d'entre eux, le cardinal Guillaume d'Estouteville (1403-1483), tint des postes importants sous Eugène IV et ses successeurs, et fut responsable de la reconstruction de S. Agostino de Rome et de la première œuvre italianisante de Gaillon[6]. Plus importants furent les prélats et officiers que Charles VIII imposa à la papauté lorsqu'il envahit l'Italie : le cardinal Jean de Billièrès de La Groslaye, qui commanda à Michel-Ange la *Pietà* de Saint-Pierre en 1498, Guillaume Pérès, qui ordonna l'exécution de divers retables dans le style des Bregno, Pierre Amiette et Giraud d'Ancézune, dont on peut voir les tombeaux à Saint-Louis-des-Français et aux Saints-Apôtres. En architecture, les travaux les plus importants produits par ce groupe furent l'originale église circulaire de Saint-Louis-des-Français, dont les reliefs ont été remployés sur la façade de l'église actuelle[7], la petite chapelle de S. Giovanni in Oleo, commandée par Benoît Adam en 1508, et le palais construit par Thomas Le Roy en 1523, œuvre probable d'Antonio da Sangallo le Jeune. Tous ces édifices reflètent le goût romain contemporain, mais l'influence de ces mécènes ne semble pas s'être répandue en France, à la seule exception de la chapelle ajoutée par Jean Danielo en 1537 à la cathédrale de Vannes[8].

En règle générale, ce fut la décoration, non les formes de l'architecture milanaise, que les Français rapportèrent chez eux. Au début, ils appliquèrent cette décoration sans presque apporter de changement aux structures locales traditionnelles, ce qui produit l'étrange aspect hybride caractérisant l'architecture antérieure à 1525 : une porte italienne est percée dans la tour circulaire d'un château d'esprit encore totalement médiéval, un candélabre en bas-relief vient orner le montant d'un portail gothique ; entre les nervures flamboyantes, les voûtains se couvrent de sculptures « à l'antique ». Selon les critères italiens, le résultat est barbare, et cependant le style de ces premières années du règne de François Ier a ses qualités propres : la tradition structurelle gothique était encore assez vigoureuse pour supporter l'insertion du décor milanais.

Pendant la plus grande partie du XVIe siècle, les rois de France furent les plus importants commanditaires architecturaux, mais, loin d'être les seuls, ils n'étaient pas toujours en avance sur leurs sujets. Le plus ancien exemple de décoration architecturale dans le goût italien est probablement l'ornementation du sépulcre oriental de l'abbatiale de Solesmes (1496)[9]. Le contexte dans lequel il apparaît est typique : le groupe de la mise au tombeau est une expression de la sculpture naturaliste du gothique tartif ; le cadre architectural adopte un dessin flamboyant à l'exception des deux pilastres latéraux, décorés de riches candélabres à l'italienne, imités de ceux de la Chartreuse. Le sculpteur de ces pilastres était très probablement l'un des Italiens ramenés en France par Charles VIII qui, croiton, a participé au paiement des travaux de Solesmes[10].

Si l'on sait que les ouvriers revenus d'Italie à la suite de Charles VIII et de Louis XII ont été fréquemment employés à Amboise et à Blois, il ne reste à peu près rien de leurs travaux ; d'autres activités attestent toutefois leur influence. Ils s'installèrent à Tours, et c'est de là que le nouveau style se répandit dans toutes les directions : le long de la Loire, d'Orléans à Nantes ; à Bourges et dans les villes du Berry ; plus au sud, à Limoges[11] et jusqu'au Quercy, avec les châteaux d'Assier (1526-1535) et de Montal (1523-1534), exemples tardifs de ce style ; au nord-est, jusqu'à la Champagne et au nord, vers la Normandie. Paris semble avoir été relativement peu touché, et les vestiges de la chapelle érigée par Philippe de Commynes dans l'église des Augustins[12], aujourd'hui conservés au Louvre et à l'Ecole des Beaux-Arts, sont les seuls témoins d'importance encore repérables. Cette lacune est certainement due en partie à des destructions, mais on ne doit pas oublier que Paris n'avait pas encore retrouvé son rôle de capitale et que la Cour passait plus de temps en Val de Loire qu'en Ile-de-France.

La Normandie devint, après le Val de Loire, le centre le plus important du nouvel art grâce à l'activité d'un seul homme, le cardinal Georges d'Amboise, archevêque de Rouen, premier ministre de Louis XII et vice-roi de Milan. Depuis le début du siècle jusqu'à sa mort en 1510, son château de Gaillon, bâti sur un éperon dominant la Seine en amont de Rouen, fut agrandi et décoré par des ouvriers tourangeaux et des artistes ramenés d'Italie. Des sculptures commandées à Milan ou à Gênes furent en outre acheminées à Gaillon, où elles vinrent embellir les jardins et les cours du palais[13].

Le goût du cardinal se répandit dans d'autres parties de la France grâce aux membres de sa famille : son frère et son neveu, qui se succédèrent à l'évêché d'Albi, furent responsables de la décoration de la cathédrale ; un autre neveu, Artus Gouffier (†1519), construisit l'aile la plus ancienne du château d'Oiron, ornée de beaux détails décoratifs à l'Italienne[14] ; un troisième neveu, Guillaume, seigneur de Bonnivet, commença le château du même nom près de Vendeuvre-en-Poitou (1513-1516), tout entier dans le nouveau style[15].

D'autres familles moins illustres eurent aussi leur part dans la diffusion de l'italianisme. Un exemple caractéristique est celui des Bohier. Thomas Bohier, riche financier, fit bâtir en 1515 la partie la plus ancienne de Chenonceau. Par sa femme, Catherine Briçonnet, il était parent de Duprat, le constructeur de Nantouillet, et de Gilles Berthelot, qui édifia Azay-le-Rideau. Son frère Antoine, qui avait visité l'Italie en 1507, en avait ramené des sculpteurs ; plus tard, il employa des ouvriers italiens à la décoration de l'église de Fécamp, dont il était abbé.

Fécamp est le plus important ensemble décoratif religieux entrepris durant les dix premières années du XVIe siècle. Antoine Bohier commanda tout d'abord à Girolamo Viscardi (né en 1467), qu'il avait sans doute rencontré lors de sa visite à Gênes en 1507, le tabernacle, le tombeau et les reliefs aujourd'hui groupés au-dessus du maître-autel de l'église. Quoiqu'appartenant strictement à l'art de la sculpture, ces œuvres doivent avoir constitué de précieux modèles pour les architectes locaux désireux de connaître le nouveau style décoratif. Dans un second temps, Bohier fit exécuter des claires-voies de pierre pour fermer les chapelles entourant le chœur de l'église (fig. 2). Nous ne savons pas à quelle date elles ont été entreprises, en tout cas elles sont antérieures à la mort de l'abbé en 1519. Dans leur conception d'ensemble, elles suivent un type du gothique tardif que l'on retrouve par exemple non loin de là, à Eu, mais la décoration est purement italienne[16]. On pense généralement que les clôtures ont été sculptées par des ouvriers italiens installés en Normandie ; c'est tout à fait probable : elles furent certainement exécutées sur place, et les détails sont trop exacts pour avoir été, à cette date, réalisés par des Français. C'est vraisemblablement aux mêmes sculpteurs qu'il faut aussi attribuer la porte de la sacristie, quoique l'influence française y soit plus forte : si les pilastres sont italianisants, la forme de l'arc reste flamboyante.

Le tombeau de Raoul de Lannoy et de sa femme dans l'église de Folleville présente une juxtaposition plus brutale d'éléments français et italiens (fig. 3)[17]. La tombe proprement dite, avec ses gisants et l'inscription portée par des putti, n'était pas à l'origine destinée à être placée dans une niche ; elle devait s'appuyer par un long côté sur le mur de la chapelle. Son dessin est caractéristique de l'Italie du nord : elle est signée d'Antonio della Porta, dit Tamagnino, et de son neveu Pace Gaggini, qui travailla à la Chartreuse de Pavie et établit plus tard un atelier à Gênes. Lannoy fut gouverneur de cette ville en 1507-1508, et c'est sans nul doute à cette époque qu'il commanda la tombe. A sa mort en 1513, elle n'était pas encore montée ; ce furent sa femme et son fils qui, probablement avant 1524, construisirent la chapelle et donnèrent au tombeau sa disposition actuelle.

L'encadrement forme avec le sarcophage un contraste frappant. Le second est purement classique ; le premier est constitué de deux arcs en accolade au riche décor flamboyant, supportant un mur sculpté de bas-reliefs dont le dessin, de style italien, diffère totalement de l'œuvre des deux sculpteurs génois ; il a probablement été exécuté par un Français formé sur les chantiers de Gaillon ou de Fécamp. La dernière hypothèse paraît la plus vraisemblable : Lannoy était ami

2. Fécamp (Seine-Maritime), abbatiale de la Trinité. Clôture d'une chapelle rayonnante, avant 1529

3. Antonio della Porta et Pace Gaggini. Folleville (Somme), tombeau de Raoul de Lannoy, commencé en 1507-1508

d'Antoine Bohier, et les deux hommes furent sûrement en contact pendant leur séjour à Gênes et après leur retour en France. On peut voir dans ce monument les trois composantes de l'art à l'époque de Louis XII : le pur classicisme italien, le gothique flamboyant et l'imitation locale des motifs importés d'outre-monts.

On trouve également, contrastant avec cette œuvre composite, des tombeaux entièrement italiens, comme celui de l'évêque Thomas James à la cathédrale de Dol (1507)[18], sculpté par Antoine Juste (Antonio Giusti), et dans la cathédrale de Narbonne, celui du cardinal Briçonnet (†1514), beau-père de Thomas Bohier, dont l'auteur, inconnu, était probablement italien.

A une date plus avancée, l'exemple le plus remarquable de ce style encore mixte est celui de l'église Saint-Pierre de Caen, dont le chevet fut construit par Hector Sohier entre 1528 et 1545 *(fig. 4)*. Sa structure est celle du gothique tardif, et les nervures des voûtes reprennent tous les jeux de contre-courbes connus des maîtres maçons flamboyants, en particulier dans la chapelle de la Vierge qui domine le déambulatoire de sa double hauteur *(fig. 5)* ; mais des nervures et des

4. Hector Sohier. Caen, église Saint-Pierre, 1528-1545. Chevet

clefs pendent, tels des stalactites, des motifs ajourés italianisants. A l'extérieur, l'effet est plus sobre ; la forme des chapelles est encore médiévale, et si les fenêtres adoptent le plein-cintre, elles possèdent encore des remplages gothiques. La claire-voie est toutefois plus originale, et l'artiste a donné libre cours à son imagination dans les candélabres qui font office de pinacles. Ici les deux composantes, le Moyen Age français et le Quattrocento septentrional, sont placés côte à côte, clairement identifiables, sans que le résultat soit pour autant discordant[19].

Dans l'architecture civile, on peut considérer que le pas décisif sur la voie de l'italianisme fut franchi à Gaillon. Le cardinal d'Amboise commença en 1502 la reconstruction du château, presque achevée à sa mort en 1510[20]. Les premières ailes, bâties entre 1502 et 1508, adoptent encore le style flamboyant, sans grande trace de renouvellement ; la dernière année cependant, des ouvriers étrangers commencèrent à arriver et un changement de style se manifeste. Parmi ces premiers artistes, il y avait un sculpteur génois, appelé dans les textes Bertrand de Meynal. En 1508, il apporta de Gênes à Gaillon la grande fontaine commandée à Pace Gaggini et à Antonio della Porta *(fig. 6)*[21].

5. Hector Sohier. Caen, église Saint-Pierre,
1528-1545. Déambulatoire

La même année un autre Italien, appelé dans les comptes Jérôme Pacherot (peut-être Girolamo Pacchiarotti)[22], sculpta l'encadrement du saint Georges de Michel Colombe *(fig. 22)*, retable de la chapelle qu'Andrea Solario décora de fresques où figuraient notamment les portraits du cardinal et de sa famille[23]. Comme à Fécamp, cette première phase : l'importation d'œuvres italiennes, fut le prélude à l'installation sur le chantier de sculpteurs ultramontains travaillant aux maçonneries : dans les parties du château construites à partir de 1508, apparaît une ornementation italienne. On remarquera surtout le pavillon d'entrée *(fig. 7)*, dont le décor date probablement de 1508. S'il adopte encore la forme d'une entrée fortifiée de château médiéval, les éléments décoratifs sont italiens : pilastres lombards, frises à grotesques et frontons à coquille au sommet des fenêtres. La disposition des ornements suit toutefois les règles gothiques : ainsi, les fenêtres des trois niveaux sont liées les unes aux autres par les pilastres qui les flanquent, formant des bandes verticales semblables, par exemple, à celles du château flamboyant de Josselin. Les fenêtres possèdent encore des meneaux : l'usage, il est vrai, n'en fut abandonné par les Français que bien des années plus tard. A l'intérieur, le château reçut une décoration du même style, comme on peut en juger par les stalles de la chapelle, aujourd'hui conservées à Saint-Denis, ornées de délicates sculptures à grotesques[24]. Il fut aussi entouré de jardins, probablement réalisés par les artistes italiens qui travaillèrent à Amboise et à Blois.

Avant d'analyser les premières grandes entreprises architecturales de François Ier, Blois et Chambord, on doit mentionner un groupe de demeures privées pour la plupart antérieures, de dimensions plus modestes. Ce sont les châteaux du Verger, construit par le maréchal de Gié (v. 1500), de Bury, œuvre de son successeur Florimond Robertet (1511-1524), de Chenonceau (commencé avant 1515) et d'Azay-le-Rideau (1518-1527), ces deux derniers bâtis par de riches financiers. Ils ont pour trait commun la régularité nouvelle de leur plan. Gaillon avait été élevé sur le site d'un édifice médiéval et le cardinal avait accepté dans une large mesure les irrégularités des anciennes fondations. Ces châteaux au contraire suivent un tracé strictement orthogonal. La partie de Chenonceau qui date de cette période

6. Pace Gaggini et Antonio della Porta.
La Rochefoucauld (Charente), fontaine provenant de Gaillon, 1508.

7. Gaillon (Eure), château. Bâtiment d'entrée, 1508

8. Chenonceau (Indre-et-Loire), château, v. 1515.

9. Bury (Loir-et-Cher), château, 1511-1524.
Dessin de Du Cerceau, Londres, British Museum

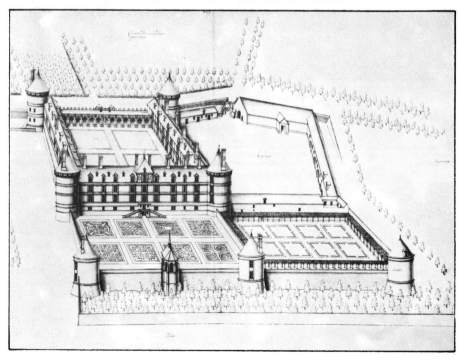

présente la disposition la plus simple *(fig. 8)* ; elle se compose d'un bloc carré cantonné de tourelles et traversé par un couloir central *(fig. 106)*, plan qui dérive de modèles du XVe siècle, de Martainville par exemple. On y remarque un trait italien : l'escalier droit rampe sur rampe, remplaçant la vis française traditionnelle. Azay est plus insolite, avec son plan en L, mais présente des élévations symétriques presque sur chaque façade. Le Verger et Bury sont plus révolutionnaires et fixeront même pour plus d'un siècle le parti typique du château français. Les bâtiments sont groupés autour d'une cour carrée. Un côté est occupé par le corps de logis contenant les pièces principales séparées par un haut pavillon central *(fig. 9)* ; sur les autres côtés s'étendent des pièces secondaires et une galerie fermée (comme aussi à Oiron). L'aile antérieure est plus basse : un simple portique à Bury ; au centre s'ouvre le portail principal. Sur un point, Le Verger et Bury sont plus médiévaux que Chenonceau ou Azay, puisqu'ils possèdent encore des tours d'angle circulaires alors que les deux autres châteaux, plus petits, n'ont que des tourelles qui s'accordent plus aisément au caractère Renaissance du bâtiment.

À Bury, Chenonceau et Azay, le traitement des élévations est similaire. Chaque niveau est orné de pilastres en très faible relief et bordé, au-dessus et au-dessous des fenêtres, par un cordon mouluré horizontal au profil vigoureux. Aussi le mur est fragmenté par un réseau de lignes perpendiculaires qui impriment un dessin sur la surface sans véritablement modeler le parement : c'est un traitement du mur sans aucun effet plastique. Dans les trois édifices, l'accent est porté sur les lucarnes, premiers exemples d'un type que l'on retrouvera dans tous les châteaux de la Loire, encore médiéval de forme malgré les dauphins et candélabres de la mode nouvelle. À Azay, l'escalier donnant accès au logis *(fig. 10)* est souligné par une façade haute et étroite de quatre niveaux, où se superposent des ordres, parfois interrompus par l'insertion d'une niche au milieu d'un pilastre. Une fois encore, l'accent est mis fortement sur les verticales, tant à la façade de l'escalier qu'aux fenêtres du reste du bâtiment, liées les unes aux autres en bandes verticales comme à Gaillon.

Blois et Chambord sont bâtis à une tout autre échelle : ce sont des palais, non

10. Azay-le-Rideau (Indre-et-Loire),
château, 1518-1527.
Façade du grand escalier

de simples résidences campagnardes. Blois fut la première passion de François Ier : en 1515, six mois après son accession au trône, on le voit déjà donner des ordres pour des constructions d'envergure[25]. Pendant les neuf années suivantes s'éleva l'aile qui porte son nom et qui, légèrement tronquée du côté de la cour et lourdement restaurée, demeure aujourd'hui le premier grand monument du règne. En plan, elle n'apporte rien de neuf : en dépit de ses idées grandioses, le roi toléra la contrainte des vestiges médiévaux subsistants. La façade et les pièces ouvrant sur la cour *(fig. 11)*, construites en premier, reposent sur les vieilles fondations, et le grand escalier doit aussi remplacer une tour à peu près de même forme. Sur la façade opposée, qui regarde vers la ville *(fig. 12)*, les loggias et les pièces qu'elles éclairent, probablement bâties après 1520, furent érigées entre trois tours circulaires médiévales, l'une clairement visible à l'extrémité droite de la façade, les deux autres englobées dans les nouveaux bâtiments. Cet emploi économique de fondations préexistantes est à l'origine de certaines irrégularités du parti. Aucune façade n'est symétrique : côté cour, si l'escalier était placé à peu près au centre de la façade avant que la reconstruction du XVIIe siècle ne supprime une travée, la disposition des fenêtres a toujours été irrégulière, comme nous le montrent les

11. Blois, château, 1515-1524. Grand escalier

12. Blois, château. Façade des Loges, 1520-1524

gravures de Du Cerceau ; sur l'autre façade, les anomalies sont encore plus marquées : certaines travées sont séparées par des pilastres simples, d'autres par des pilastres jumelés, d'autres encore par de doubles pilastres séparés par une niche, le tout apparemment sans rime ni raison.

Cette irrégularité prouve que si les Français avaient appris le vocabulaire ornemental italien, ils n'avaient pas encore assimilé les principes architecturaux fondamentaux de la Renaissance ; l'aile François Iᵉʳ n'en reste pas moins une construction originale et spectaculaire. Des deux façades, celle de la cour est la moins remarquable. L'élévation reprend dans l'ensemble les dispositions de Bury et d'Azay ; le seul élément nouveau est l'escalier, qui nous montre par un admirable exemple l'attitude des architectes français de cette période à l'égard de la tradition. Dans son principe, c'est le dernier descendant d'une longue lignée d'escaliers en vis, comme on en trouve en France tout au long du XVᵉ siècle. Souvent, comme à Châteaudun, il est incorporé au bâtiment principal, mais dans

de nombreux cas — par exemple à l'hôtel Jacques Cœur de Bourges — il se dresse en avant de la façade dans une tour polygonale parfois ouverte de larges baies. La part de la tradition est donc très forte, mais l'ancien motif est traduit dans une langue totalement nouvelle. Ce n'est plus une simple transformation du vocabulaire ornemental (qui date d'ailleurs en grande partie du XIXᵉ siècle) ; pour la première fois apparaît dans l'architecture française de la Renaissance un sentiment de monumentalité. Comparé à la légère animation de la surface que l'on voit à Azay ou sur le reste de la façade blésoise, on a l'impression qu'ici l'architecte a véritablement conçu son œuvre dans les trois dimensions. La rampe sculpte un espace défini et, avec les contreforts, souligne vigoureusement le poids de l'ensemble. C'est un jeu en profondeur, créant une série de plans dans l'épaisseur de la tour : d'abord, à l'extérieur, les verticales des contreforts décorés de niches surmontées de pilastres ; puis, en léger retrait, les trois bandes ascendantes de la balustrade courant entre les contreforts ; enfin, derrière elle, sur un troisième plan, la pente plus accentuée du limon. A l'intérieur, la tradition règne sans partage à l'exception de l'ornement, car la structure des supports et des voûtes est purement gothique.

La façade qui domine la ville est originale dans sa conception même. La pente très raide de ce côté semble avoir exercé sur les architectes une attirance irrésistible. Le château médiéval avait été bâti au rebord du plateau, et seules les tours en saillie s'appuyaient dans la pente. François Ier reporta audacieusement la façade six mètres en avant, à l'extrémité des saillies des tours ; aussi dût-il construire un immense soubassement pour porter les loggias des niveaux supérieurs. Dans la moitié droite, le rocher était encore assez proche, mais à gauche, il descendait beaucoup plus bas, nécessitant l'adjonction d'un niveau de soubassement supplémentaire pour porter le rez-de-chaussée de l'aile. Au XVIIe siècle, comme nous le verrons plus loin, François Mansart envisagera un plan plus téméraire encore : son dernier projet aurait reporté la façade neuf mètres plus avant dans le vide[26].

L'idée d'une loggia d'arcades à l'extérieur d'un château n'était pas totalement inédite en France ; elle avait déjà été utilisée sous une forme gothique à Amboise et dans la première aile de Gaillon, construite entre 1502 et 1506 ; mais, à Blois, la composition est plus grandiose, avec ses deux niveaux de loggias superposées, surmontées d'un troisième, couvert d'un entablement rectiligne porté par des colonnes isolées. Les sources de la composition sont, d'évidence, les Loges du Vatican, formées elles aussi de deux niveaux d'arcades en plein-cintre surmontés d'un étage à entablement rectiligne, et portés par un rez-de-chaussée massif. On doit donc admettre que les maîtres maçons français étaient fort bien informés de ce qui se construisait à Rome, puisque les Loges vaticanes ne furent pas achevées avant 1519. En revanche, les dessins ou descriptions à partir desquels ils ont travaillé ne devaient pas être très précis, car rien ne saurait être plus contraire à l'esprit de l'œuvre romaine que la façade blésoise. Nous avons déjà signalé l'irrégularité de l'élévation ; il y a d'autres différences d'importance : au lieu de la pure forme semi-circulaire de Bramante, les arcs ont un tracé légèrement aplati, et, dernier étage à part, ce ne sont pas de véritables loggias, mais des embrasures très profondes de fenêtres vitrées. Ces différences détruisent complètement les qualités fondamentales du dessin de Bramante : régularité, perfection mathématique, luminosité[27].

Blois résume les forces et les faiblesses de l'architecture française au début du règne de François Ier. Les forces sont l'imagination créative et l'habileté technique, deux qualités qui viennent de la tradition médiévale, ainsi qu'une sensibilité particulière dans l'adaptation de l'ornement italien. Les faiblesses résident dans la naïveté, et souvent même la maladresse, de l'imitation des compositions italiennes imparfaitement comprises. L'impression que pouvait faire ce château sur un esprit de formation strictement classique est bien rendue par une description de La Fontaine, qui devait cependant être lui-même en son temps pour préférer l'aile du XVIe siècle à celle de François Mansart : « Ce qu'a fait faire François Ier, à le regarder du dehors, me contenta plus que tout le reste : il y a force petites galeries, petites fenêtres, petits balcons, petits ornements, sans régularité et sans ordre ; cela fait quelque chose de grand qui plaît assez »[28].

Jusqu'à ce stade de son évolution, l'architecture française est virtuellement anonyme. On connaît le nom des maîtres maçons, mais en aucun cas, sauf à Saint-Pierre de Caen, on ne peut raisonnablement penser qu'ils aient été responsables des projets. De plus, les arguments avancés pour définir les rôles respectifs des ouvriers italiens et français sont, nous l'avons dit, futiles. Une seule chose est claire : la pensée française domine dans la composition et la structure, la pensée italienne dans la décoration ; la nationalité des exécutants est d'un intérêt purement académique.

Dans le cas de Chambord (fig. 13), ce double problème est posé d'une manière à la fois nouvelle et mieux définie : selon toute probabilité, l'auteur du projet était l'italien Dominique de Cortone (Domenico da Cortona), mais ses plans semblent avoir été modifiés en cours d'exécution par les maçons français[29].

On connaît les faits suivants : François Ier, trouvant que Chambord offrait un site séduisant pour un pavillon de chasse, commanda en 1519 les projets d'un château. Les travaux commencèrent probablement peu après, mais furent interrompus entre 1524 et 1526, pendant la cam-

13. Chambord, château, commencé en 1519. Façade nord

pagne d'Italie et la captivité du roi. A partir de cette date, ils se poursuivirent activement : le donjon recevait son toit en 1537, l'aile orientale était en cours de construction en 1539, l'aile occidentale s'élevait en 1550, c'est-à-dire après la mort du roi[30]. Chambord est dans son principe un château médiéval français, avec son donjon carré cantonné de tours circulaires, d'où se déploie un ensemble de bâtiments plus bas, également flanqué de tours d'angle, le tout entouré de douves[31]. Un élément toutefois fait exception : le donjon, divisé en quatre parties par une croix grecque dont les bras relient les entrées à l'escalier central *(fig. 14)*. Cette disposition réserve à chaque angle un espace carré, recoupé pour former une grande pièce, deux plus petites et un cabinet, c'est-à-dire un *appartement*, unité de base de la distribution civile française pour les deux siècles à venir. C'est, semble-t-il, sa première manifestation en France, et son origine mérite d'être examinée. Il apparaît dans le modèle en bois conçu et exécuté selon toute vraisemblance par Dominique de Cortone, et connu grâce aux relevés dessinés par Félibien au XVIIᵉ siècle[32]. Dominique de Cortone était, nous rapporte la tradition, un élève de Giuliano da Sangallo ; installé

à Naples, il fut ramené en France par Charles VIII en 1495. La villa construite par Giuliano pour Laurent de Médicis à Poggio a Caiano[33] présente une disposition très proche du plan de Chambord, avec ses quatre groupes de pièces placées aux angles d'un carré. La distribution des espaces médians est légèrement différente, mais comporte sur deux côtés des vestibules, comme à Chambord. Il semble donc à peu près certain que Dominique de Cortone ait emprunté à son maître une composition qui allait devenir purement française, la forme n'ayant pas eu de descendance en Italie même.

A l'exception de cet important élément, il subsiste peu du projet de Domenico dans l'édifice réalisé. Le plan, pour commencer, fut modifié sur un point : Dominique de Cortone avait prévu un escalier à deux rampes droites parallèles, placé dans un bras de la croix grecque. Dans l'édifice réalisé, il fut remplacé par la célèbre vis insérée au centre de la croix. Cet escalier, dont le parti général est similaire à celui de Blois, dérive pour une part de la tradition française, bien que ses doubles révolutions puissent aussi refléter l'influence du puits San Patrizio d'Orvieto (1528), œuvre de Sangallo. Quant aux altérations portées aux élévations du

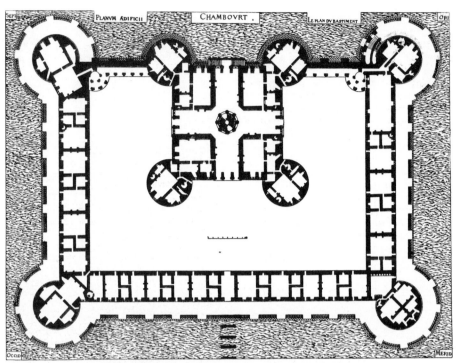

14. Chambord, château. Plan, d'après Du Cerceau,
Les plus excellents bastiments

15. Chambord, château. Parties hautes du donjon, après 1537

modèle italien, elles furent beaucoup plus considérables. Le donjon de Domenico devait être entouré au rez-de-chaussée d'une loggia à arcades en plein-cintre, forme qui se répétait dans les arcades aveugles des étages éclairés de fenêtres rectangulaires. Ces italianismes n'ont pas été conservés dans l'édifice réalisé, dont les élévations, avec leurs cordons moulurés et leurs pilastres en faible relief, reprennent l'ordonnance déjà notée à Azay et à la façade sur cour de Blois.

La silhouette de Chambord, toute française, est encore profondément médiévale. Avec leurs couvertures coniques, les grosses tours circulaires pourraient appartenir à n'importe quel château français du XVe siècle. L'originalité vient du traitement des toits *(fig. 15)*. Lorsqu'il arrive sur les terrasses qui couvrent en partie le bâtiment, le spectateur, environné de cheminées, de tourelles et de lucarnes aux dessins les plus variés et les plus tourmentés, a l'impression de pénétrer dans une forêt. Ce délire formel range les parties hautes de Chambord dans la lignée des plus étranges inventions du gothique flamboyant ; le détail cependant est italien, et même d'un italianisme plus pur que tout ce que nous avons vu jusqu'à présent en France. Certaines lucarnes ressemblent à celles de Blois ou d'Azay, agrémentées ici d'incrustations d'ardoises ; mais d'autres relèvent d'une conception plastique tout à fait nouvelle. Ainsi la niche de la cheminée placée au centre de la figure 15, qui se creuse en un demi-cylindre surmonté d'une coquille incurvée en cul-de-four, est flanquée de colonnes adossées, non des habituels pilastres. Nous avions déjà noté ce sens de l'espace à l'escalier de Blois, exprimé en termes plus strictement français ; l'un et l'autre ouvrent le chemin aux recherches de la période suivante.

La riche bourgeoisie, nous l'avons vu, prit une part importante à l'évolution du château français ; son rôle fut naturellement encore plus grand dans les villes. Par ses activités corporatives, elle fut responsable de la reconstruction de nombreux hôtels de ville dans la manière nouvelle. Deux exemples pratiquement contemporains, à Compiègne (1502-1510) et à Orléans (1503-1513) *(fig. 16)*, montrent la nature de son intervention. L'hôtel de ville de Compiègne appartient encore à l'art flamboyant franco-flamand, avec son beffroi central et, sur les trumeaux,

16. Orléans, ancien Hôtel de ville, 1503-1513

ses niches abritant les statues des rois de France. A Orléans, on conserva le beffroi du XVe siècle pour établir en avant, dans un bâtiment isolé, le nouvel hôtel de ville. La disposition d'ensemble, avec les mêmes niches à statues, rappelle celle de Compiègne, mais le décor est italien : pilastres cannelés ou à candélabres et corniche à coquilles, thème que l'on retrouvera au sommet de la façade sur cour de Blois. Les allèges des fenêtres sont sculptées de *putti* portant les armes de la ville, conception singulièrement avancée à une date aussi précoce[34].

Les hôtels des riches financiers reflètent la même évolution. Le grand prototype, dont la magnificence ne fut de longtemps surpassée, était l'hôtel Jacques Cœur de Bourges, construit entre 1445 et 1451 dans le style du gothique tardif. Sa composition, logis et galeries ouvertes groupées autour d'une cour, fut généralement reproduite au XVIe siècle, par exemple à l'hôtel d'Alluye de Blois, œuvre de transition édifiée avant 1508 par Florimond Robertet, le constructeur de Bury. On trouve dans ce dernier hôtel l'habituel mélange des ornements : les arcs en anse de panier du gothique tardif reposent sur

17. Angers, hôtel Pincé, 1523-1533.

des chapiteaux italianisants et la claire-voie courant au-dessus de la galerie supérieure est décorée de dauphins. L'hôtel Lallemant de Bourges, en grande partie achevé autour de 1518, reprend encore un parti gothique, mais l'ornement est italien, d'un style assez pur et d'une grande finesse d'exécution[35]. L'hôtel Pincé d'Angers *(fig. 17)*, de plan en L, adopte totalement le style François Ier ; l'aile gauche et la tour d'escalier furent construits de 1523 à 1533. On y voit encore des fenêtres à meneaux, des tourelles et des toits élevés, mais la riche ornementation des fenêtres et des lucarnes reflète le style des châteaux de la Loire.

De nombreuses villes, en particulier Lyon[36], Le Mans, Orléans et Toulouse, ont conservé des maisons plus modestes dont les plans adoptent encore une disposition médiévale : d'un côté s'ouvre l'arcade de la boutique, de l'autre la porte du passage qui conduit à une courette et à l'escalier en vis desservant les pièces privées des étages supérieurs. L'aspect des maisons varie souvent, en fonction du climat ou des matériaux de construction régionaux : au sud de la Loire, on fait un beaucoup plus grand usage des loggias ; à Toulouse et dans les villes voisines, les maisons, grandes et petites, tirent des effets particuliers de l'emploi de la brique locale, de belle qua-

lité, qui permet une riche décoration moulurée. Le matériau avait l'avantage supplémentaire de résister beaucoup mieux au feu que le bois ou le plâtre employés dans d'autres régions ; c'est sans doute la raison pour laquelle tant de maisons du XVIe siècle ont survécu dans cette partie de la France[37].

Dans quelques provinces écartées, en particulier dans le sud-ouest, la fusion des éléments gothiques et italianisants revêt des formes inconnues dans le Val de Loire ou dans le nord. A la cathédrale d'Albi, où la décoration fut exécutée dans un laps de temps assez court (1499-1514), les stalles adoptent le style flamboyant le plus raffiné, avec leurs prophètes et sibylles traités dans la manière bourguignonne de la fin du XVe siècle, tandis que les murs et les voûtes de l'édifice sont couverts de fresques évoquant la Renaissance émilienne[38]. Le thème iconographique des sibylles et des prophètes semble avoir connu une faveur particulière dans la région. On le trouve dès la fin du XVe siècle aux statues entourant le chœur de Saint-Sernin de Toulouse, aujourd'hui déposées au Musée des Augustins, et plus tard à Auch, dans les vitraux et sur les magnifiques stalles qui portent les dates de 1526 et 1529 ; les figures en bas-relief, dérivées apparemment de modèles italiens septentrionaux, s'inscrivent entre des consoles italianisantes et des dais flamboyants. Enfin, il est repris sous une forme pleinement italienne dans le chœur de la cathédrale de Saint-Bertrand-de-Comminges.

A l'occasion, un particulier s'offre la fantaisie d'un décor sur un thème purement personnel. Au château et à l'église d'Assier, on trouve d'incessantes allusions à la charge du bâtisseur, Galiot de Genouillac, Grand Maître de l'artillerie : les façades du château sont parsemées de canons et de boulets, symbole repris de manière plus explicite encore à l'église, où la longue frise qui règne à l'extérieur retrace les campagnes du constructeur[39].

La période 1494-1525 est pour l'architecture française une phase de transition pendant laquelle les idées italiennes s'implantèrent sur une tradition médiévale très vivante, les deux éléments restant encore distincts. Au cours de la période suivante, ils commencèrent à fusionner, et les architectes, tout en restant clairement français, montrèrent une meilleure compréhension des principes italiens, qu'ils surent adapter à leurs besoins au lieu de les copier aveuglément, souvent hors de propos.

Sculpture

Guido Mazzoni, les Juste, Michel Colombe

En sculpture comme en architecture, la tradition gothique était encore en plein épanouissement à la fin du XVe siècle : partout en France, on trouve à une date avancée du XVIe siècle des œuvres de grande qualité exécutées dans ce style[40]. Des exemples de la sculpture italienne étaient arrivés en France longtemps avant les guerres d'Italie, mais, comme pour l'architecture, ils n'avaient exercé aucun effet perceptible[41].

Autour de 1500, toutefois, l'influence italienne devint plus présente. En 1502, Louis XII commanda un tombeau à la mémoire de ses ancêtres, les ducs d'Orléans ; primitivement érigé dans l'église des Célestins de Paris, il est aujourd'hui conservé à Saint-Denis *(fig. 18)*. Le marché de 1502 fait mention de deux sculpteurs génois, Michele d'Aria et Girolamo Viscardi, et de deux Florentins installés à Gênes, Donato di Battista Benti et Benedetto da Rovezzanno. Le tombeau présente une disposition mixte qui deviendra usuelle dans les décennies suivantes : un sarcophage purement italien surmonté d'un gisant de tradition locale. Le style des draperies semble indiquer que le gisant fut ici exécuté par des Italiens, probablement d'après un dessin français ; mais nous verrons plus loin que les deux parties furent parfois sculptées par des artistes de nationalités différentes. Outre l'arcature strictement classique qui entoure le sarcophage, la nouveauté vient de l'introduction, sous les arcades, des figures des douze apôtres, remplaçant les pleurants habituels des tombeaux français[42].

Il n'y a aucune raison de croire que les auteurs de ce monument aient en personne traversé les Alpes. Le premier sculpteur italien dont les textes attestent la présence en France est Guido Mazzoni, ramené de Naples par Charles VIII en 1495. Né à Modène, il travailla durant quelques années dans sa région natale avant de s'établir à Naples en 1489. En Italie, il est surtout connu pour ses groupes de terre cuite, en particulier ses mises au tombeau, marquées d'un naturalisme exacerbé qui dérive largement des sources gothiques septentrionales[43].

Ce type d'œuvre était déjà très populaire en France à la fin du XVe siècle, et l'habileté de Mazzoni dut sans aucun doute séduire ses nouveaux commanditaires. On ne peut lui attribuer aucune œuvre de ce type en France, mais Vitry a vraisemblablement raison de lui accorder la *Mort de la Vierge* de Fécamp, en pierre polychrome[44].

18. Gerolamo Viscardi et assistants. Saint-Denis, abbatiale, tombeau des ducs d'Orléans, 1502

19. Antoine et Jean Juste, et assistants.
Saint-Denis, abbatiale, tombeau de Louis XII, 1515-1531

La seule œuvre de Mazzoni qu'attestent les documents est le tombeau de Charles VIII à Saint-Denis, aujourd'hui disparu, mais connu par des gravures[45]. Il se composait d'un sarcophage rectangulaire surmonté de la statue du roi agenouillé sur un prie-Dieu, entouré de quatre anges. La composition, plus française qu'italienne, s'inspirait sans doute du tombeau de Louis XI à Cléry, mais le priant avait une liberté de mouvement inconcevable sur un monument français. Le sarcophage était orné de médaillons figurant des personnages à mi-corps, vertus ou peut-être pleurants ; cette disposition nouvelle en France s'inspirait probablement des reliefs de ce type que l'on peut voir en Italie du nord sur les façades de certains édifices[46]. On sait peu de chose des autres activités de Mazzoni en France, si ce n'est qu'il a fourni des médaillons pour Gaillon. En 1507 il retourna à Modène, pour revenir en 1509-1511, sans avoir, semble-t-il, exécuté alors aucun ouvrage d'importance.

Mazzoni fut bientôt suivi des frères Giusti qui s'installèrent à Tours et, francisant leur nom, fondèrent sous celui des Juste une dynastie de sculpteurs que l'on peut suivre pendant plus d'un demi-siècle. Les principaux artistes de la famille furent Antoine (1479-1519) et Jean (1485-1549), qui arrivèrent probablement tous deux en France en 1504 ou 1505. On sait qu'Antoine retourna en Italie de 1508 à 1516, époque à laquelle il possédait à Carrare une maison où Michel-Ange séjourna quelques fois pour contrôler l'extraction des marbres[47]. Ainsi a-t-il pu rapporter en France un témoignage des réalisations artistiques italiennes postérieures au départ de son frère ; il doit être à l'origine de certaines influences ultramontaines apparaissant plus tard dans la production française des Juste.

La première œuvre que l'on puisse rapprocher de leur nom est le tombeau de Thomas James dans la cathédrale de Dol, achevé en 1507, que nous avons déjà mentionné parmi les premiers exemples de la décoration italienne en France.

n'est pas sans rappeler, comme un écho lointain, le premier projet de Michel-Ange pour le tombeau de Jules II. La disposition de la « chapelle » à arcades ouvertes, diffère toutefois de l'œuvre du grand Florentin ; les Juste l'ont vraisemblablement empruntée à un autre modèle : le monument de Gian Galeazzo Visconti, que Commynes avait admiré à la Chartreuse de Pavie[48]. On distingue dans le tombeau de Louis XII plusieurs mains différentes : deux groupes, les apôtres et les vertus, évoquent l'art florentin, en particulier celui d'Andrea Sansovino ; les

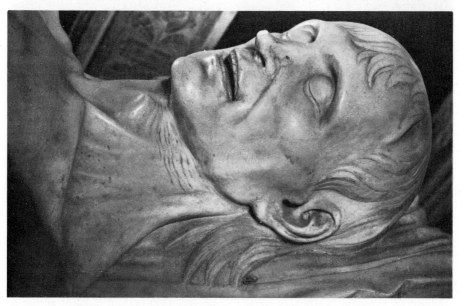

20. Saint-Denis, abbatiale. Tête du gisant de Louis XII, 1515-1521

Beaucoup plus important et original est le tombeau de Louis XII à Saint-Denis (fig. 19), probablement commandé en 1515 par François Ier et achevé en 1531. Il porte le nom du seul Jean Juste, mais on y a souvent vu le fruit de la collaboration des deux frères. Les priants qui surmontent la composition rappellent celui du tombeau de Charles VIII, et la clôture d'arcades entourant les gisants procède, dans son principe, d'une disposition usuelle au XVe siècle. Par tous ses autres traits cependant, l'œuvre rompt avec les habitudes françaises. Tout d'abord, les arcades s'agrandissent pour devenir une sorte de petite chapelle ouverte de tous côtés. Ce trait, combiné aux allégories des vertus placées aux quatre angles du socle et aux apôtres assis devant les arcades,

apôtres sont des imitations sans génie mais techniquement habiles des statues du Florentin ornant la chapelle Saint-Jean de la cathédrale de Gênes, achevées en 1503 ; les Vertus, de facture très grossière, rappellent sa manière tardive aux tombeaux de Sainte-Marie-du-Peuple à Rome (1505-1509). Ces deux groupes peuvent donc être attribués avec une quasi certitude aux frères Juste. Les bas-reliefs du socle évoquent encore l'art florentin : l'artiste a dû être formé dans l'atelier de Bertoldo ; mais les priants du roi et de la reine qui couronnent le monument sont vraisemblablement, comme l'ont suggéré Vitry et Pradel, l'œuvre d'un Français proche de Michel Colombe. Enfin, les deux gisants forment le groupe le plus remarquable et le plus énigmatique. Les têtes

21. Girolamo da Fiesole et Michel Colombe. Nantes, cathédrale,
tombeau de François II de Bretagne, commencé en 1499

sont empreintes d'un certain classicisme, en particulier celle de Louis XII, qui n'est pas sans rappeler les traits bien connus de l'empereur Auguste *(fig. 20)*, mais on note aussi de fortes traces de l'art gothique français : le dessin des yeux a cette douceur particulière à la peinture française du XVe siècle et, par contraste, certains détails réalistes, telle la représentation des incisions et des coutures de l'embaumement, évoquent la tendance macabre de la sculpture gothique tardive. Le traitement naturaliste de la bouche ouverte découvrant les dents, ou l'affaissement des joues, rappellent certains portraits français du XVe siècle, par exemple celui du donateur de la *Pietà d'Avignon*. C'est donc à un artiste français ayant quelque connaissance de la statuaire italienne qu'il faut probablement attribuer les gisants plutôt qu'à un Italien, qui aurait difficilement pu assimiler tant de traits locaux[49]. Quel qu'en soit l'auteur, ces gisants font indiscutablement partie des œuvres majeures de la période : la sensibilité du modelé et la nervosité de la facture contrastent éloquemment avec la lourdeur de proportion et la vulgarité plastique des statues entourant le socle du tombeau ; rares exemples de la statuaire italienne de la Haute Renaissance ayant atteint la France à cette époque, ces dernières ne pouvaient donner aux Français

qu'une bien faible idée des productions contemporaines[50] d'outre-monts.

Les œuvres étudiées jusqu'ici étaient soit totalement, soit en majeure partie italiennes. Mais n'oublions pas qu'un sculpteur français de grande renommée, Michel Colombe, était encore actif à cette époque. La plus grande partie de sa carrière déborde du cadre de cet ouvrage : né vers 1430-1435, il disparut autour de 1512, mais on ne possède presque aucune information sur son œuvre jusqu'au début du XVIe siècle, époque où son nom apparaît, associé à deux ouvrages importants : le tombeau de François II de Bretagne, érigé dans la cathédrale de Nantes, et le bas-relief de saint Georges, destiné au retable de la chapelle de Gaillon.

Le premier *(fig. 21)*, œuvre de collaboration, a une histoire complexe et sur bien des points obscure. En 1499, Anne de Bretagne rassemblait des marbres pour le tombeau de son père et en janvier 1500, le sculpteur italien Girolamo da Fiesole accepta un marché pour l'exécution d'une partie au moins du monument. A la fin de la même année, la reine semble s'être tournée vers des artistes français, et on la voit approcher à cette fin Colombe et Perréal. Le travail de ces deux artistes ne dut commencer qu'en 1502 : Perréal était, semble-t-il, chargé du

22. Michel Colombe et Jérôme Pacherot. *Saint Georges,* provenant de
la chapelle de Gaillon, 1508-1509. Paris, Musée du Louvre

dessin et de la direction de l'ensemble, et Colombe de l'élaboration des détails sculptés, mais le sarcophage paraît italien. L'œuvre fut finalement achevée en 1507.

Le parti, un sarcophage en forme d'autel portant les gisants, reprend l'habituelle version italianisée du tombeau gothique tardif, mais combine les arcatures du monument des Orléans avec les médaillons du tombeau de Charles VIII. Les allégories des vertus, qui se dressent aux quatre angles, semblent être une variante des compositions bourguignonnes, comme le tombeau de Philippe Pot. Vitry a démontré de manière convaincante que ces figures et les gisants sont l'œuvre de Colombe et de son atelier, et qu'à l'exception de quelques détails iconographiques, l'influence directe de l'Italie ne s'y manifeste guère. Loin du style bourguignon tourmenté de la fin de l'ère gothique, elles reflètent la manière apaisée de la Loire dans laquelle Colombe a grandi. Idéalisées, leur idéalisation n'est pas celle de la Renaissance italienne ; elles appartiennent en fait à cet art gothique tardif, classique dans sa sérénité, sinon dans ses formes, plus personnelles et plus harmonieuses que toutes les œuvres importées en France par les sculpteurs italiens[51].

Le retable de saint Georges, destiné à Gaillon et aujourd'hui au Louvre *(fig. 22),*

fut exécuté par Colombe en 1508-1509, accompagné d'un encadrement sculpté par Jérôme Pacherot, le sculpteur génois dont nous avons déjà mentionné les travaux à Gaillon. Dans ce bas-relief on trouve trace d'une influence italienne très inhabituelle chez Colombe. L'iconographie ne se réfère pas, comme on le dit généralement, au relief sculpté par Donatello sur la façade d'Or San Michele, mais plus directement aux nombreuses variantes du thème exécutées par les Gaggini à Gênes[52]. Colombe toutefois n'a pas copié servilement les œuvres génoises. Dans ces dernières, le paysage est traité de manière schématique, les rochers s'y réduisant à des silhouettes géométriques ; Colombe au contraire détaille avec soin les aspérités rocheuses, les pierres, la végétation. Quant au dragon, il est entièrement de son invention, avec un mélange gothique de bonhomie et d'imagination.

Michel Colombe occupe une place unique dans l'art français du début du XVIe siècle : il ne cherche que rarement à imiter des modèles italiens, mais harmonise son art selon les idéaux venus du sud. Son œuvre est toujours distinctement française, mais a des affinités plus profondes avec la Haute Renaissance italienne que bien des imitations directes de celle-ci.

Le tombeau des enfants de Charles

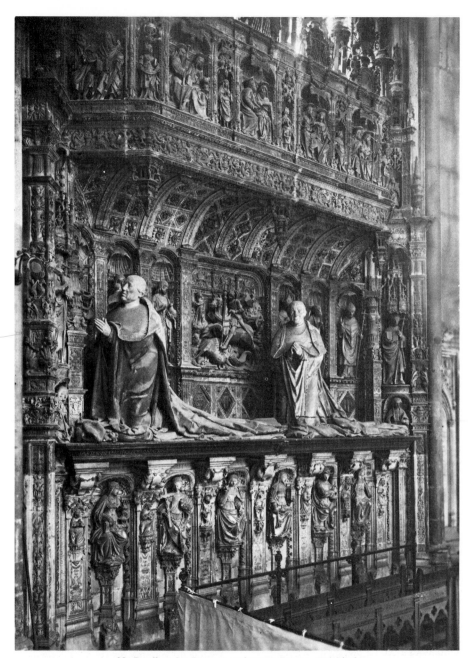

23. Roullant Le Roux et assistants. Rouen, cathédrale,
tombeau des cardinaux d'Amboise, commencé en 1515

VIII érigé dans la cathédrale de Tours est, comme celui de François II, une œuvre où se juxtaposent le style de Colombe et celui des Italiens. Girolamo da Fiesole, qui reçut la commande du tombeau en 1499, est probablement responsable du sarcophage, d'un dessin raffiné et original[53]. Parmi les rinceaux d'acanthes sont placées les scènes des vies de Samson et d'Hercule, sujet à première vue étrangement hors de propos sur la tombe de deux jeunes enfants, mais qui se justifie par le symbole du Christ que cette iconographie revêt souvent au Moyen Age, Hercule étant aussi, dans la mythologie classique, identifié avec Cupidon[54]. Les gisants des enfants appartiennent visiblement à la même école que ceux de Nantes, et on peut avec beaucoup de probabilité les attribuer à l'atelier de Colombe.

Le dernier tombeau de la période, et le plus compliqué, est le monument des deux cardinaux d'Amboise à la cathédrale de Rouen *(fig. 23)*[55]. Il fut commencé en 1515 sous la direction et probablement sur le dessin de Roullant Le Roux, dont le nom disparaît d'ailleurs des comptes en 1522. Dans un premier temps, il était destiné au seul Georges Ier d'Amboise, dont le priant, celui de gauche, fut probablement exécuté par Pierre des Aubeaux. Plus tard, l'ensemble fut altéré, à la fois pour incorporer le priant de Georges II et pour faire quelques économies d'argent et d'espace. Des différents ouvriers mentionnés dans les comptes, aucun ne semble être italien ; le détail ornemental est pourtant nettement ultramontain, et certaines statues semblent dériver de modèles lombards. L'ordonnance reste assurément française ; elle procède d'un prototype du dernier art gothique : tombeau en forme d'autel placé dans une niche, mais les gisants sont ici remplacés par des priants, peut-être en imitation des monuments de Louis XI et de Charles VIII. Une grande partie des ornements est de toute évidence française, et spécifiquement normande, comme les clefs-pendantes et les pinacles semblables à ceux d'Hector Sohier à Saint-Pierre de Caen. Ce tombeau est la dernière expression de l'esprit d'expérimentation animant les premières années du XVIe siècle. Il est gothique dans son ordonnance, flamboyant dans sa démesure, italien dans son détail ornemental et, au total, l'incontestable témoin d'un style que nous avons appelé « François Ier ».

En dehors des centres principaux comme Paris et Rouen, la sculpture du début du XVIe siècle reste encore insuffisamment étudiée, mais un thème, celui de la mise au tombeau, généralement présenté sous la forme d'un sépulcre pascal, fleurit dans les provinces. Il se traduit, en particulier dans l'est de la France, en Lorraine, Champagne et Bourgogne, dans des œuvres de grande qualité où la Renaissance vient peu à peu supplanter l'héritage du gothique tardif. On trouve en Champagne un ensemble de mises au tombeau d'une beauté remarquable qu'on a attribué à un même sculpteur, appelé le maître de Chaource par référence au village qui en conserve le plus impressionnant exemple. Le style apaisé, presque classique, de ces sépulcres s'apparente plus aux œuvres de Michel Colombe qu'à tout ce que l'on peut voir dans leurs précédents immédiats de Champagne ou de Bourgogne[56].

Peinture

Bourdichon, Perréal

Au début du XVIe siècle, la situation de la peinture française est très différente de celle de l'architecture et de la sculpture. Les deux dernières s'appuyaient sur une solide tradition médiévale, capable d'absorber les influences étrangères ; la peinture au contraire, malgré le brusque jaillissement dans les vingt dernières années du XVe siècle de l'art brillant et inspiré du maître de Moulins, est au creux de la vague. Après 1500, il y a peu de signes d'une réelle activité picturale, bien qu'on puisse trouver dans l'est de la France un groupe d'œuvres religieuses suggérant qu'il a pu exister une école de qualité, encore à redécouvrir, distincte de celle des Flandres[57].

Deux noms importants seulement ont survécu : Jean Bourdichon et Jean Perréal. On peut rapporter au premier un grand nombre d'œuvres, mais pour le second, malgré le nombre des témoignages contemporains, les problèmes d'attribution divisent encore les spécialistes.

Bourdichon, probablement né vers 1457, semble avoir passé la plus grande partie de sa vie en Touraine. Il travailla tour à tour pour Louis XI, Charles VIII, Louis XII, Anne de Bretagne, Charles d'Angoulême et son fils François Ier, jusqu'à sa mort en 1521. Des documents nous apprennent qu'il a exécuté des portraits et des peintures religieuses, mais à l'exception du triptyque de Naples récemment identifié[58], les seules œuvres qu'on puisse lui accorder avec certitude sont des enluminures de manuscrits. La suite la plus importante, et dont l'attribution est incontestable, est cellè des *Heures d'Anne de Bretagne* de la Bibliothèque nationale, achevée en 1508. Ces miniatures nous permettent de définir assez clairement la position de Bourdichon. A bien des égards, il suit la tradition gothique des enlumineurs du XVᵉ siècle, et les représentations des mois ne montrent aucun trait nouveau, si ce n'est une curieuse tendance à couper les figures à mi-corps, procédé qu'on appellerait maniériste à une époque plus tardive. Une autre série des miniatures de ce livre révèle un don naturaliste étonnant pour traduire plantes et insectes, naturalisme encore essentiellement du domaine gothique, mais porté à

un degré de perfection jusqu'alors inconnu *(fig. 25)*.

Dans les scènes du Nouveau Testament et les vies des saints, apparaît un style plus mêlé. La plupart des cadres architecturés montrent une indéniable influence de l'Italie, ce qui n'est guère significatif dans la mesure où, depuis Fouquet, on trouve assez communément dans l'enluminure française des détails d'ornementation italiens. En revanche, il n'est pas sans intérêt de noter que certains éléments sont directement issus de l'œuvre de Bramante à S. Maria presso S. Satiro : ses niches à coquilles, reprises sur plusieurs miniatures et sa voûte à caissons, copiée dans la scène de l'*Annonciation*. Il est visible également que les figures et les compositions s'inspirent de modèles italiens. Plusieurs têtes rappellent la pein-

24. Jean Bourdichon. *Saint Sébastien*,
miniature des *Heures d'Anne de Bretagne*, 1508.
Paris, Bibliothèque nationale

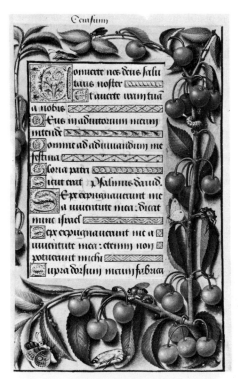

25. Jean Bourdichon. *Heures d'Anne de Bretagne,* 1508. Paris, Bibliothèque nationale

ture milanaise, en particulier celle de Foppa, mais plus remarquable encore est l'incontestable influence de Pérugin. La miniature du *Saint Sébastien (fig. 24)* reprend presque exactement la pose de celui de Pérugin conservé au Louvre et d'autres œuvres de ce peintre de la décennie 1490-1500[59] ; dans de nombreuses compositions de Bourdichon, on trouve encore des visages d'expression indéniablement péruginesque. On ne comprend pas clairement comment s'est transmise cette influence, puisqu'on n'a pas de preuve que Bourdichon ait visité l'Italie. La variété des influences italiennes visibles dans son œuvre plaide fortement en faveur de cette hypothèse : le peintre serait non seulement allé à Milan[60], mais aurait visité d'autres régions[61]. Il est significatif que Bourdichon paraisse avoir été influencé par la peinture italienne de grandes dimensions et par la sculpture, plus que par la miniature : les photographies de ses œuvres font penser à des retables, non à des miniatures ; en cette mesure son art marque une rupture totale avec la conception traditionnelle de l'enluminure médiévale.

Jean Perréal, ou Jean de Paris, semble avoir suscité, plus encore que Bourdichon, l'admiration de ses contemporains. Nous ne connaissons pas la date de sa naissance, probablement proche de celle de Bourdichon, c'est-à-dire vers 1455-1460. Autour de 1483, il était peintre de la ville de Lyon ; peu après, il passa au service du duc de Bourbon, puis à celui des rois de France, et travailla pour Charles VIII, Louis XII et François Ier jusqu'à sa mort en 1530. Il visita l'Italie à trois reprises, accompagnant Charles VIII à Naples en 1494 et Louis XII dans ses campagnes de 1502 et 1509. Au cours de l'un de ces voyages, il rencontra Léonard de Vinci qui a consigné cette visite dans un carnet. Son champ d'activité était très étendu ; spécialiste des décors d'entrées triomphales, il établit aussi les programmes de grands ensembles sculptés, comme le tombeau de François II de Bretagne à Nantes ou les monuments funéraires érigés par Marguerite de Savoie dans l'église de Brou ; pour ces derniers toutefois, la nature exacte de sa participation reste obscure[62]. A l'occasion des entrées de Charles VIII et de Louis XII à Lyon en 1494 et 1499, il dessina des médailles frappées des profils royaux[63]. Ses miniatures permettent mieux de juger la qualité de son art ; l'une, illustrant un poème de Jean de Meung *(fig. 26)*, porte une signature anagrammatique de l'artiste qu'a identifiée Charles Sterling[64]. Grâce à cet élément sûr, le Pr. Sterling a pu confirmer l'attribution proposée précédemment des trois portraits en miniature de Charles VIII, d'Anne de Bretagne et de Pierre Sala, ami du peintre *(fig. 27)*, ainsi que trois représentations de Louis XII, deux dessins et une miniature très détaillée montrant le roi agenouillé devant un autel. Dans ces portraits, Perréal se révèle un maître du naturalisme, ne reculant jamais devant la réalité — fût-elle grotesque, comme le nez de Charles VIII — mais traduisant avec une sensibilité de sculpteur les reliefs et les creux des visages. Le frontispice de la *Complainte de Nature* de Jean de Meung, datable de 1516, est sa dernière œuvre connue ; elle montre que, malgré un réalisme encore vigoureux dont témoigne la tête de l'alchimiste, la conception de son art a été profondément affectée par la mode italienne qui avait alors conquis la France. On devine qu'il ne se sentait guère à l'aise dans ce nouveau genre, et sa peinture n'a plus les accents nerveux de ses portraits antérieurs.

26. Jean Perréal. Miniature du *Dialogue de l'alchimiste* de Jean de Meung, 1516. Paris, Bibliothèque nationale

Dès le début de son règne, François Ier s'efforça de rassembler des peintures italiennes et d'attirer auprès de lui quelques-uns des grands maîtres de l'Italie. Il réalisa avec succès la première partie de son plan ; à sa mort, les collections royales s'étaient enrichies d'importantes œuvres de Raphaël, de Titien et de bien d'autres peintres de la Haute Renaissance[65]. Il lui fut plus difficile de persuader les artistes à venir en France. Léonard de Vinci accepta son invitation, et passa en Touraine les trois dernières années de sa vie (1516-1519) ; Andrea del Sarto vint aussi, mais ne resta qu'une année (1518-1519)[66].

Il semble que le plus cher désir de François Ier ait été d'obtenir des œuvres de Michel-Ange. Le renom de cet artiste avait dû franchir très tôt les Alpes, puisque la *Pietà* de Saint-Pierre, exécutée en 1498 pour la chapelle des rois de France, avait été commandée par un cardinal français, Jean de Villiers de La Groslaye, et que le *David* de bronze avait été offert en 1508 à Florimond Robertet. Le roi écrivit à Michel-Ange, lui demandant une œuvre de sa main, mais son désir ne fut satisfait qu'en 1529, quand son agent, Giambattista della Palla, réussit à acheter l'*Hercule*[67], dont Philippe Strozzi s'était

probablement séparé dans le seul espoir de gagner le roi à la cause des Florentins en lutte contre l'empereur. La même année Michel-Ange, fuyant le siège de Florence, se réfugiait à Venise dans l'intention apparente de gagner la France ; il dut y renoncer sous la pression de ses amis florentins lui représentant que cette décision serait considérée comme une trahison envers sa ville natale. Le dernier chapitre de l'histoire nous reporte à la fin du règne, quand en 1546 Robert Strozzi fit don à François Ier des deux *Esclaves* du tombeau de Jules II ; le roi les céda à Montmorency, qui les installa à Ecouen.

Très curieusement, la présence en France des grands maîtres de la Renaissance italienne, ou de leurs œuvres, n'eut presque aucun effet sur la peinture française. C'est seulement à l'arrivée de Rosso et de Primatice que l'influence italienne prit racine et, balayant alors tout sur son passage, fonda une école picturale totalement nouvelle, sans lien aucun avec les traditions locales.

27. Jean Perréal. *Portrait de Pierre Sala*, miniature, 1516. Londres, British Museum

CHAPITRE II

Le milieu du règne de François Ier 1525-1540

Le contexte historique

La courte période que nous étudions à présent fut marquée de troubles presque continuels ; commençant par la défaite de Pavie infligée à François Ier par Charles Quint en 1525 et la captivité du roi en Espagne, elle s'acheva sans se conclure par l'entrevue des deux souverains à Aigues-Mortes (1538) et le curieux voyage de Charles Quint, traversant la France pour aller réprimer la révolte des bourgeois de Gand (1540). Au cours de cette période, la diplomatie de François Ier ne fut remarquable ni par son intégrité, ni par sa constance. Son désaveu immédiat du traité de Madrid, sa réconciliation ultérieure avec l'empereur, les changements incessants de ses alliances avec le pape, l'Angleterre et les petits Etats européens, brossent un tableau d'indécision et de confusion. En dépit de cette situation désordonnée, ces quinze années furent importantes et fécondes pour la France dans les domaines politique, social et intellectuel.

Les guerres, qui eurent lieu surtout hors des frontières, n'affectèrent que les provinces limitrophes ; dans le reste du pays, commerce, industrie et agriculture poursuivirent leur développement, apportant une prospérité croissante, en particulier dans les classes moyennes. Tandis que la noblesse terrienne, victime de l'érosion monétaire, connaissait des difficultés financières, les milieux d'affaires surent s'adapter à ces fluctuations et même en tirer profit. Un nouveau fait vint en outre considérablement renforcer leur position : la reconnaissance formelle de l'usure par l'institution en 1522 des rentes, c'est-à-dire de prêts à haut taux d'intérêt garantis par la ville de Paris, prêts qui allaient devenir pour plusieurs siècles la base de l'investissement bourgeois. A la même époque, les classes moyennes consolidaient leur position en établissant le droit d'occuper de père en fils les charges municipales et juridiques. Ainsi se développa dans les villes une nouvelle aristocratie, la noblesse de robe, méprisée par la noblesse d'épée, mais accroissant constamment sa puissance.

Dans l'administration du royaume, François Ier poursuivit après son retour de Madrid la politique de centralisation inaugurée dans les décennies précédentes ; le Conseil étroit fut progressivement supplanté par le Conseil des Affaires, arme majeure de gouvernement aux mains d'un souverain de plus en plus autocratique. Pour les finances, François Ier remplaça graduellement les vestiges du système féodal par une organisation dépendant directement du pouvoir central. Il poursuivit aussi la politique d'affaiblissement de la noblesse en réduisant ses droits de justice et en accroissant habilement le domaine royal aux dépens des grands fiefs.

C'est à partir de cette époque que la noblesse commença réellement à perdre la fonction et la position qui avaient été les siennes sous le système féodal pour devenir une aristocratie de Cour. Cette évolution n'atteignit sa phase finale que sous le règne de Louis XIV, mais on peut en voir les débuts sous François Ier. La noblesse prenait encore une part active au gouvernement dans les Conseils royaux ; le Conseil des Affaires était principalement composé des familles de la vieille noblesse, et le personnage le plus puissant des années centrales du règne fut le connétable de Montmorency. Un autre emploi toutefois, le service de la personne royale, commença à prendre dans la noblesse une importance prépondérante. A son retour de Madrid, François Iᵉʳ réorganisa la Cour ; il lui donna une ampleur inconnue auparavant en réunissant autour de la famille royale une vaste population de nobles attachés à sa personne et vivant de ses dons et de ses pensions. Pour loger cette Cour grandissante, il fallait naturellement des palais nouveaux de plus grandes dimensions, que le roi s'employa activement à construire.

Dans le domaine religieux, la période d'après Pavie marque un changement total sur la précédente : la Réforme avait pris corps, devenant un fait majeur européen qu'il n'était plus possible d'éluder par des atermoiements. Les réformés « libéraux », comme Lefèvre d'Etaples, furent progressivement chassés par les extrémistes, tout comme Contarini et Pole furent finalement réduits à l'impuissance en Italie. L'esprit de Luther commença à dominer le protestantisme français ; l'affaire des Placards en 1534 et les persécutions qui suivirent donnent le ton de la nouvelle période. Dès 1528, au concile de Sens, l'Eglise gallicane s'organisa pour résister aux hérétiques, dans l'esprit que devait montrer, presque vingt ans plus tard, l'ensemble de l'Eglise romaine au concile de Trente. La position personnelle de François Iᵉʳ dans ces luttes fut hésitante. Porté par sa sœur Marguerite de Navarre à une sympathie envers la Réforme, il fut parfois poussé avec force dans la direction opposée, soit par des nécessités politiques, comme l'alliance avec le pape, soit par la peur, comme dans l'affaire des Placards. Dans l'ensemble, il tendit de plus en plus à s'identifier au parti de l'orthodoxie, et les persécutions devinrent plus violentes.

Dans le domaine littéraire, on ne note pas de figure nouvelle pour la poésie. Sous l'influence des modèles italiens, le style de Marot évolua vers une plus grande simplicité : dans ses derniers ouvrages, le poète se libère de plus en plus des artifices compliqués hérités des rhétoriqueurs. La prose française produisit à cette époque un écrivain de génie en la personne de François Rabelais, dont le *Pantagruel* parut en 1532, suivi du *Gargantua* en 1534 et du *Tiers Livre* en 1546. Pour la première fois en France, l'érudition humaniste était utilisée par un écrivain proposant une ouverture positive sur la vie, et même une philosophie ; bien que nourrie de lettres classiques et italiennes, l'originalité de François Rabelais était totalement française.

Les arts plastiques, nous le verrons, suivirent une évolution parallèle ; il y manqua malheureusement une personnalité à la mesure de Rabelais pour faire naître une œuvre de génie.

Architecture

Les châteaux construits pour François Iᵉʳ en Ile-de-France : Madrid, Fontainebleau, etc.

A son retour de Madrid, François Iᵉʳ établit à Paris sa résidence habituelle ; ce fait entraîna nécessairement un déplacement du centre des activités artistiques, et l'on constate que le Val de Loire, qui avait été avant 1525 la région la plus novatrice de France, tombe dans le provincialisme, tandis que l'Ile-de-France prend la première place. Les principales réalisations architecturales de la période peuvent se diviser en deux groupes de châteaux royaux, tous relativement proches de Paris : d'une part Madrid, Saint-Germain, La Muette de Saint-Germain et Challuau ; d'autre part Fontainebleau et Villers-Cotterêts. Seuls ont survécu, et sous une forme très altérée, Saint-Germain, Fontainebleau et Villers-Cotterêts[1].

Les châteaux du premier groupe présentent de grandes parentés stylistiques, bien qu'on ne puisse affirmer qu'ils soient tous l'œuvre du même architecte. A vrai dire, on ne connaît de façon certaine aucun des auteurs des projets. Au château de Madrid (*fig. 28*), commencé en 1527, les documents mentionnent pour la mise en œuvre les noms de Pierre Gadier, de Gatien François et de l'Italien Girolamo della Robbia. Ce dernier était responsable du décor de terre cuite émaillée, mais les comptes montrent qu'il avait aussi la charge du chantier, et plusieurs historiens en ont fait l'auteur de l'ensemble du projet. Toutefois, les dispositions générales et les élévations diffèrent trop profondément de l'architecture italienne pour autoriser cette attribution. Pour Saint-Germain et La Muette, on sait que Pierre Chambiges était maître maçon depuis le début des travaux, en 1539, jusqu'à sa mort, en 1544 ; ses successeurs, Guillaume Guillain et Jean Langeois, achevèrent les constructions en 1549. Pour Challuau, on ne possède aucun document, mais l'attribution à Chambiges, traditionnellement avancée, est plausible.

28. Neuilly-sur-Seine, château de Madrid, commencé en 1527.
Dessin de Du Cerceau. Londres, British Museum

29. Château de Madrid, cheminée, v. 1530-1540.
Dessin de Du Cerceau. Londres, British Museum

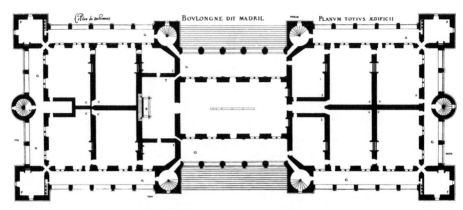

30. Château de Madrid, commencé en 1527.
Plan, d'après Du Cerceau, *Les plus excellents bastiments*

On peut raisonnablement conclure que le projet originel de chaque édifice est l'œuvre d'un Français, probablement Chambiges à Saint-Germain, La Muette et Challuau, et peut-être Gadier ou François à Madrid ; pour ce dernier cependant, l'artiste italien a pu modifier certains détails.

Tous ces édifices offrent un parti très singulier, sans parenté aucune avec le reste de l'architecture française. D'une hauteur inhabituelle, ils sont ornés de galeries extérieures reliant des tourelles. Madrid se distingue du groupe par certains caractères : ainsi, il est couvert de hautes toitures, non de terrasses[2] ; il possède de véritables loggias, alors que les autres châteaux ne présentent, comme Blois, que des fenêtres profondément ébrasées. Sur ce point, le parti est plus italien, et l'on y pourrait voir un détail d'ordonnance introduit par Girolamo della Robbia ; mais les hautes toitures, typiquement françaises, doivent être attribuées aux maîtres maçons locaux.

L'aspect de Madrid nous a été préservé grâce aux gravures de Du Cerceau, que l'on peut compléter par la description de John Evelyn, qui visita l'édifice en 1650 : « Il n'est remarquable que par la manière ouverte de son architecture, étant surtout formé de terrasses et de galeries superposées s'élevant jusqu'au toit, et par les matériaux, pour la plupart faits de terre peinte comme de la porcelaine ou des vases de Chine ; les couleurs en sont très fraîches, mais elle est très fragile. » La phrase concerne évidemment la contribution de Girolamo, reconnaissable à la forme des médaillons et des frises extérieures. Appliquées sur une telle échelle, les faïences polychromes devaient pro-

duire un effet surprenant et quelque peu barbare.

La décoration intérieure de Madrid *(fig. 29)* présentait un aspect fantastique, mais d'une manière nouvelle : ce n'est plus la fantaisie des premières années du siècle, encore toute proche de l'art flamboyant, mais celle du premier maniérisme italien. On y retrouve les thèmes habituels des gravures ornementales et de la petite sculpture florentine sur pierre ou sur bois à la fin de la décennie 1520-1530[3], en particulier le motif des cariatides s'inscrivant dans des formes architecturales, consoles ou balustres ornés de feuillages. Ce décor semble avoir été une importante source d'inspiration pour les artistes français, et de nombreux motifs que nous associons à l'art de la seconde moitié du siècle se voient déjà ici. Sur un point, le style est plus simple que celui de la période précédente : les lucarnes n'ont plus les superstructures ajourées au dessin compliqué de Blois ou de Chambord ; elles sont pour la plupart couronnées de frontons triangulaires, forme inconnue en France, mais qui correspond aux nouvelles conceptions développées à la même époque par Gilles Le Breton à Fontainebleau.

Le plan de Madrid est d'un grand intérêt *(fig. 30)* ; comme celui de Chambord, il a pour source Poggio a Caiano. Il est formé par deux groupes de quatre appartements reliés par les pièces de réception, ou salles. Du Cerceau vante explicitement la distribution des appartements conçus chacun comme une unité autonome, avec une entrée particulière par un escalier en vis. La différence entre Chambord et Madrid est que Chambord a un plan plus compact et plus symétrique : l'ensemble s'inscrit dans un carré, alors que Madrid

31. Gilles Le Breton. Fontainebleau, porte Dorée, 1528-1540

est formé de deux blocs carrés reliés par des salles plus étroites. La Muette et Challuau, connus à travers les gravures de Du Cerceau[4], n'étaient que d'ingénieuses variations sur le thème de Madrid, sans décor de faïence. Saint-Germain a survécu, profondément altéré par Louis XIV, puis restauré dans son état primitif d'une manière un peu trop radicale à la fin du XIXe siècle. Le château présente certaines caractéristiques qui le distinguent du groupe[5]. Certaines fenêtres des façades sur cour et sur douves ont une forme jusqu'alors inconnue en France : un arc en plein-cintre surmonté d'un fronton triangulaire ; une ordonnance voisine, mais à frontons cintrés, est reprise sur certaines portes des tourelles.

On trouve couramment ce motif à Venise et dans la campagne vénitienne autour de 1500, mais on ne le voit guère ailleurs en Italie. Il n'est pas déraisonnable de lier l'apparition de cet élément à Saint-Germain avec la tradition, rapportée au XVIIᵉ siècle par Félibien, selon laquelle Serlio aurait participé à la construction du château : l'architecte s'est en partie formé au contact des modèles vénitiens et il a reproduit dans une planche de son traité la source antique probable du motif, la porta dei Leoni de Vérone.

Il y a un contraste frappant entre le style des châteaux que nous venons de citer et celui des travaux entrepris à Fontainebleau entre 1528 et 1540. Alors que les édifices précédents faisaient tous référence à Chambord et à Blois par la complexité de leur parti et de leur décoration, l'architecture de Fontainebleau se distingue par une grande simplicité, ouvrant le chemin au classicisme de la génération suivante.

En 1528, François Iᵉʳ décida de faire quelques aménagements au château médiéval de Fontainebleau qui n'avait été jusqu'alors qu'un pavillon de chasse[6]. Malheureusement, comme dans tant de ses réalisations architecturales, il n'envisagea au départ que de légères modifications. Lorsqu'il conçut le projet d'une transformation d'ensemble, tout avait été bouleversé par les tentatives précédentes incorporant des parties anciennes et rajoutant çà et là des bâtiments nouveaux. Aussi, malgré son charme et son pittoresque, Fontainebleau est l'un des châteaux de France les plus anarchiquement disposés.

L'œuvre fut réalisée presque intégralement sous la direction du maître maçon Gilles Le Breton (†1553)[7]. Compte tenu de l'uniformité du style des différentes parties du bâtiment, on peut penser qu'il exécuta ses propres projets, même si certains historiens ont supposé qu'un autre artiste, peut-être italien, avait été responsable de la conception originale. La manière, toutefois, est indéniablement française, et si elle est plus classique que précédemment, ce classicisme résulte d'une évolution à l'intérieur du contexte français, non de l'importation de nouveaux motifs italiens.

Le marché signé par Le Breton en 1528 nous apprend que le premier projet de François Iᵉʳ comprenait les modifications et additions suivantes : construction d'une nouvelle entrée, la porte Dorée (fig. 31), devant la cour du vieux château, ou cour Ovale ; création d'une galerie se développant derrière le donjon, plus tard appelée la galerie François Iᵉʳ (fig. 39) ; édification de deux petits corps de bâtiment en angle reliant la nouvelle porte au donjon. L'aile nord de la cour du Cheval Blanc, ou cour des Adieux, date probablement aussi de cette période, bien qu'elle diffère par son style des autres constructions. La raison de cette différence peut venir de ce qu'elle ne faisait pas véritablement partie du château, mais abritait les religieux desservant une petite église établie sur le site de l'actuelle chapelle de la Trinité. La galerie François Iᵉʳ ayant été entièrement remaniée à l'extérieur, et les bâtiments de la cour Ovale présentant des façades sans grand caractère, la porte Dorée reste, parmi ces constructions, l'élément le plus intéressant. Le style de Le Breton s'y manifeste clairement : c'est dans son principe, comme celle de Gaillon, une entrée de château-fort flanquée de deux tours, adoptant partiellement le vocabulaire ornemental de la Renaissance ; mais le langage est ici beaucoup plus simple qu'à Gaillon. La décoration se limite à l'application de pilastres en faible relief soulignant les niveaux et encadrant les fenêtres surmontées de frontons triangulaires. La simplicité était sûrement imposée en partie à l'architecte par les matériaux : le dur grès local, d'une grande beauté de texture et de coloris, mais impropre à la sculpture délicate.

Le caractère le plus remarquable de la porte Dorée tient à la disposition des trois baies ouvertes superposées de la partie centrale (fig. 31). On peut y voir un écho de certaines portes italiennes, comme celle de Luciano Laurana au castel Nuovo de Naples, dont le dessin pourrait bien avoir été rapporté en France, ou la façade du même architecte au palais d'Urbino. Mais si la source est italienne, le traitement est français. Tout d'abord, le parti est dissymétrique sur plusieurs points : la tour de droite est légèrement plus large que celle de gauche et le faîtage du toit central est placé arbitrairement, détail qu'aucun Italien de cette génération n'aurait négligé. De plus, les fenêtres sont ordonnées en bandes verticales, les frontons se découpant sur les allèges des baies supérieures ou l'entablement de l'ordre principal, disposition que nous avions déjà notée à Gaillon et ailleurs, qui mar-

32. Fontainebleau, cour du Cheval blanc, commencée en 1527.

33. Fontainebleau, cour Ovale. Perron, restitution de A. Bray

34. Villandry (Indre-et-Loire), château, 1532

que ici aussi la persistance du goût gothique pour les verticales. Enfin, les arcs des baies centrales sont légèrement aplatis et les chapiteaux adoptent un style du Quattrocento alors passé de mode en Italie.

La façade nord de la cour du Cheval Blanc est traitée avec une sobriété de style et de matériaux plus grande encore. Ses dispositions, pilastres et cordons moulurés de brique se détachant sur des murs enduits, allaient connaître une large diffusion : on les retrouve dans de nombreux châteaux aux quatre extrémités de la France. Ici encore, la symétrie n'est pas strictement observée, notamment pour l'agencement des fenêtres. Il en est de même pour la façade orientale de la cour *(fig. 32)*, mais les irrégularités y sont le fait des transformations postérieures. On reconnaît les parties construites par Le Breton (édifiées à des dates diverses entre 1528 et la mort de François Iᵉʳ) à leurs murs généralement enduits et rythmés de pilastres et de chaînes d'angle de grès ; les parties plus récentes sont faites d'une belle pierre de couleur crème évoquant celle des châteaux de la Loire.

Des nombreuses œuvres réalisées par Le Breton à Fontainebleau, toutes, ou presque, ont été altérées ou détruites. Nous en mentionnerons une, conservée elle aussi sous une forme fragmentaire : le perron à portique de la cour Ovale, commencé en 1531, dont la figure 33 présente la restitution[8]. Le dessin en est si original qu'il est permis d'imaginer la

participation d'un artiste italien, peut-être Rosso[9], mais à bien des égards il procède de la tradition française. L'escalier, formé de deux volées convergeant vers une troisième qui, placée sur un arc, va rejoindre le premier étage du bâtiment, reprend une tradition gothique et suit les exemples de Montargis et du Palais de Paris[10], mais la partie inférieure rappelle plus précisément une disposition de Bury *(fig. 9)*[11]. Le Breton, toutefois, a traduit le modèle dans son langage personnel[12]. L'arcade médiane adopte la forme déjà observée sur la façade extérieure de la porte Dorée ; moulures et chapiteaux sont similaires. L'utilisation des ordres est ici plus correcte, en particulier aux niveaux supérieurs, mais Le Breton peut avoir acquis cette nouvelle science en consultant l'une des éditions de Vitruve alors disponibles. L'escalier est le premier d'une longue série de compositions analogues dont les deux plus célèbres exemples furent également construits à Fontainebleau : celui de Philibert de l'Orme, connu par les gravures de Du Cerceau, qui doit beaucoup au perron de Le Breton, et celui qui le remplaça, œuvre de Jean Du Cerceau, que l'on peut encore admirer dans la cour du Cheval-Blanc.

Le goût pour un style plus classique, dont témoigne Le Breton, inaugura un mouvement qui se développa au cours de la décennie 1530-1540. Dans diverses régions de France apparaissent alors des châteaux et des maisons où la simplicité formelle et décorative s'accompagne d'une utilisation plus rigoureuse des ordres classiques. Dans le Val de Loire, les châteaux de Champigny-sur-Veude (probablement achevé avant 1543), Villandry (1532) *(fig. 34)* et Valençay (v. 1540) présentent des affinités avec la manière de Le Breton[13], bien que les tours circulaires ou les lucarnes à rampants creusés des deux derniers rappellent encore le style précédent. Plus au sud, à Assier (Lot), les deux portails ajoutés en 1535 attestent une meilleure connaissance de l'emploi des ordres et un sentiment monumental plus profond, ouvrant la voie à de l'Orme et Bullant. La Normandie nous révèle une autre personnalité artistique, celle de Blaise Le Prestre, constructeur de l'hôtel d'Ecoville de Caen (1537-1538) *(fig. 35)* et de l'aile nord du château de Fontaine-Henri (v. 1537-1544). Dans les deux œuvres, la liaison en bandes verticales des fenêtres ou des niches est obtenue par des colonnes adossées superposées, formule nouvelle accentuant avec éloquence les lignes ascendantes. A

35. Blaise Le Prestre.
Caen, hôtel d'Ecoville, 1535-1538

l'hôtel d'Ecoville, la sculpture est aussi d'un style beaucoup plus avancé, classique dans les détails de l'ornement et dans la primauté accordée à la vue axiale[14].

Au cours de cette période, les constructions religieuses se limitèrent pour la plupart à des adjonctions et des modifications d'églises existantes, à l'exception d'une œuvre de grand intérêt, l'église Saint-Eustache de Paris *(fig. 36)*. La première pierre fut posée en 1532, mais la construction dura plus d'un siècle ; il semble cependant que le projet originel ait été généralement bien suivi. Comme on pouvait l'attendre, les tendances gothiques ont persisté plus longtemps dans l'architecture religieuse que dans l'art profane ; c'est un fait que vérifie amplement Saint-Eustache ; mais l'ancien et le nouveau style y forment un compromis remarquable, très différent de celui de Saint-Pierre de Caen. Le plan, la structure et les proportions sont plus proches de l'apogée du gothique que de l'art flamboyant. Le plan reprend presque exactement celui de Notre-Dame de Paris, avec ses doubles bas-côtés, son transept non saillant et sa ceinture de chapelles entourant la nef et le chevet. A l'intérieur, les proportions de la nef rappellent encore le XIIIe siècle plus que le XVe. Les arcades, hautes et étroites, sont généralement en plein-cintre, sauf au rond-point, où les arcs restent brisés. La structure gothique est habillée des formes Renaissance, mais l'ornement n'y est pas constitué, comme à Saint-Pierre de Caen, de bas-reliefs italianisants couvrant les surfaces. Il est au contraire d'une grande simplicité, et doit son aspect italien aux seuls pilastres classiques remplaçant leurs homonymes gothiques. Les ordres, il est vrai, sont employés d'une manière qui horrifierait un architecte formé aux principes vitruviens. Ainsi, certains piliers sont ornés sur leurs quatre faces de pilastres corinthiens dont la hauteur doit atteindre vingt fois la largeur ; leurs angles sont garnis de trois colonnes superposées, toutes d'un dessin plus ou moins bâtard. En dépit de toutes ces excentricités, l'intérieur de Saint-Eustache offre des proportions et un volume d'une monumentalité inégalée au XVIe siècle en France. Il est vrai que ces traits sont plus médiévaux que modernes, et l'on doit noter que cette église n'eut aucune influence sur l'évolution générale de l'architecture française ; cependant,

36. Paris, église Saint-Eustache, commencée en 1532

même isolée, l'œuvre reste d'une grande importance[15].

Des nombreuses additions faites alors à des édifices plus anciens ressort un trait curieux : tandis que le style décoratif des années 1500-1525 pouvait s'intégrer sans paraître incongru à un édifice flamboyant, comme à Saint-Pierre de Caen, la manière classique des années 1530-1540 semble plus à sa place dans un contexte architectural roman. Ainsi, par exemple, l'étrange tour ajoutée peu avant 1540 par Jean de L'Espine à la façade occidentale de la cathédrale d'Angers ne jure pas avec la façade romane, malgré sa surcharge assez malheureuse. Le même caractère se traduit d'une manière différente aux portails de Saint-Michel de Dijon *(fig. 37)*. Vus de loin, ils ressemblent à des porches romans ; en fait, commencés dans les premières années du XVIe siècle, adoptant les profonds ébrasements du gothique tardif, ils furent achevés (avant 1537) par un voûtement d'un style italien avancé. Quant à la construction des tours, elle se prolongea jusqu'au milieu du XVIIe siècle.

A cette époque, certaines églises possèdent des adjonctions d'un style directement inspiré de l'Italie, sans aucune composante française. Telle est, par exemple, la façade de la cathédrale d'Annecy (1535), qui reprend la manière du Ferrarais Biagio Rossetti[16]. Telle est aussi la chapelle circulaire ajoutée à la cathédrale de Vannes par l'archidiacre Jean Danielo en 1537[17]. Danielo, qui avait passé quelques années en Italie, rapporta probablement des dessins tirés d'Antonio da Sangallo l'Ancien, dont le style semble transparaître ici sous la rude exécution des maçons bretons.

37. Dijon, église Saint-Michel, façade occidentale

Après Pavie, l'architecture française fait un pas décisif pour se libérer des influences gothiques. Certains éléments médiévaux, comme les toits élevés, subsistent — ils subsisteront, il est vrai pendant plus d'un siècle — mais le style subit une transformation générale, de sorte que les emprunts à l'Italie, autrefois plaqués en surface, peuvent maintenant pénétrer en profondeur la structure de bâtiments restés fondamentalement flamboyants. Un certain degré de simplicité et un respect du parement du mur rapprochent les constructeurs français de leurs contemporains italiens, et si la leçon de la Haute

Renaissance ne semble pas avoir été comprise, le chemin en est tracé pour la génération suivante.

Sculpture décorative et peinture

Rosso et les premiers travaux de Primatice

Toutes les œuvres que nous avons vues jusqu'ici, si grands que puissent être leur charme ou leur invention, n'en restent pas moins hybrides, ou provinciales. Ce n'est qu'en arrivant au style décoratif développé à Fontainebleau dans la décennie 1530-1540 que l'on rencontre en France une réelle contribution au grand courant artistique européen. On doit parler d'une contribution en France plutôt que d'une contribution de la France, car les artistes responsables de la nouvelle manière sont italiens. Cependant, à la différence de la période précédente, où les Italiens installés et exerçant une influence en France étaient des personnalités de second plan, ce sont ici deux hommes d'un réel mérite et d'un grand talent inventif qui entrent en scène : Giovanni Battista Rosso et Francesco Primaticcio[18].

Une grande partie des œuvres qu'ils entreprirent à Fontainebleau a été détruite, mais on peut se faire une idée de leurs réalisations par la galerie François Ier, la chambre de la duchesse d'Etampes et la salle de Bal, habilement restaurées en 1960-1970[19]. On y voit cette brillante combinaison de panneaux peints et de stucs en haut relief caractéristique de la décoration bellifontaine.

Rappelons en quelques mots les antécédents des deux artistes. Rosso, le plus âgé, naquit à Florence en 1494. Dans sa première jeunesse, il semble s'être intéressé à la peinture décorative, mais ses premières œuvres connues sont une série de tableaux d'église exécutés entre 1517 et 1523, exprimant avec une grande intensité le sentiment religieux quelque peu névrosé qui prévalait alors dans certains cercles florentins. En 1523, il partit pour Rome, où il entreprit des compositions à sujets mythologiques, qui furent gravées. Au moment du sac de 1527, il s'enfuit de Rome et passa trois années errant de

place en place, dans une situation de plus en plus difficile dont il fut sauvé par son invitation en France en 1530. Ses dernières années italiennes furent principalement consacrées à des tableaux d'églises ; il dessina aussi à l'intention de l'Arétin la gravure de *Mars et Vénus* qui annonce à certains égards le style qu'il allait développer en France.

La carrière de Primatice fut toute différente[20]. Né à Bologne en 1504 ou 1505, il entra en 1526 dans l'atelier de Jules Romain qui commençait alors pour les Gonzague la décoration du Castello et du Palais du Tè de Mantoue nouvellement construit ; il y resta jusqu'à son départ pour la France au début de l'année 1532. Mantoue était l'endroit idéal pour la formation d'un jeune artiste à l'art décoratif. Jules Romain avait apporté de Rome la tradition de la peinture murale et des stucs raphaélesques, et le duc de Mantoue lui avait donné l'occasion de déployer son talent à une vaste échelle. Nous connaissons mal les décorations auxquelles Primatice a participé ; si l'on en croit Vasari, il est l'auteur des frises antiquisantes de la sala degli Stucchi du palais du Tè ; il peut également avoir travaillé, dans le même édifice, à la sala del Sole et à la sala delle Aquile[21].

L'origine du style décoratif bellifontain et les parts respectives de Rosso et de Primatice dans l'invention de la nouvelle manière restent très mystérieuses[22]. La plupart des auteurs tendent à en créditer Rosso parce qu'il était le plus âgé, qu'il est arrivé le premier, qu'il était le mieux payé et qu'il avait de plus nombreux assistants. Toutefois, Vasari dit explicitement, en évoquant l'arrivée de Primatice à Fontainebleau : « L'année précédente, le peintre florentin Rosso était, comme on l'a dit, entré au service du même roi, et avait exécuté de nombreuses œuvres, en particulier les peintures de Vénus et Bacchus et de Psyché et Cupidon ; toutefois les premières œuvres de stuc réalisées en France et les premières fresques de quelque importance sont dues, dit-on, à Primatice »[23]. On pourrait supposer que Primatice, formé à Mantoue au décor de grandes dimensions, a tenu un plus grand rôle, mais seul Rosso a pu examiner de visu le plus important exemple d'une décoration mêlant sculpture figurée en haut relief, panneaux peints et stucs ornementaux : le palais Branconio dell'Aquila construit à Rome par Raphaël (aujourd'hui disparu mais connu par un dessin et une gravure)[24]. Une technique similaire avait également été utilisée dans les édifices éphémères érigés pour l'entrée de Léon X à Florence en 1515, que Rosso pourrait avoir vus. Les exemples de ce style subsistant aujourd'hui en Italie — la sala Regia du Vatican et la galerie du palais Spada — sont, en fait, postérieurs aux premières réalisations bellifontaines, dont ils reflètent probablement l'influence.

L'œuvre principale de Rosso, la galerie François Ier, a survécu, alors que toutes les décorations exécutées par Primatice durant la vie de Rosso, c'est-à-dire avant 1540[25], ont péri, à l'exception de la cheminée de la chambre de la reine ; grâce aux dessins du Bolonais, on possède quelques renseignements sur le décor des autres pièces, celui de la chambre du roi notamment. Tous ces travaux furent probablement entrepris vers 1533. Les chambres du roi et de la reine s'achevèrent autour de 1537 et la galerie n'était apparemment pas tout à fait terminée à la mort de Rosso.

L'œuvre de Primatice montre d'évidentes traces de sa formation à Mantoue auprès de Jules Romain : sa première composition bellifontaine, pour la chambre du roi, ne reprend-elle pas un dessin du maître ?[26] Ce décor est perdu, et l'on peut mieux juger le premier style de l'artiste en examinant la cheminée de la chambre de la reine *(fig. 38)* : les guirlandes de fruits ornant le manteau rappellent celles de la sala del Zodiaco, au palais du Tè, et les sphinges sont parentes de celles de la sala di Fetonte. Le dessin est classique dans sa composition portant l'accent sur le cercle et le carré, mais les proportions des figures s'allongent comme aux stucs autour de la voûte de la sala degli Stucchi ; enfin l'effet d'ensemble est plus riche que tout ce que l'on peut voir à Mantoue, grâce surtout au relief plus marqué.

On ne doit pas oublier, en examinant la galerie François Ier *(fig. 39)*, l'importance des altérations qu'elle a subies. Bien qu'une très intelligente restauration l'ait récemment débarrassée des repeints de l'époque de Louis-Philippe, elle diffère toujours sur un point essentiel de son état originel : elle était éclairée au nord comme au sud par une série de fenêtres se faisant face, excepté dans la travée centrale qui s'ouvrait de chaque côté sur un cabinet hors-œuvre.

38. Primatice. Fontainebleau, chambre de la Reine, v. 1533-1537, cheminée

La restauration a révélé à nouveau toute la beauté et l'originalité de cette admirable galerie. Sa richesse, sa variété, son ingéniosité n'ont pas de précédents et peu de suite. Les murs sont divisés en deux parties à peu près égales ; le bas est occupé par un lambris sculpté d'une grande finesse, œuvre de l'Italien Scibec de Carpi, le haut par des stucs et des peintures. La disposition est nouvelle, mais pourrait être considérée comme une extension des larges frises utilisées au Quattrocento dans de nombreuses compositions italiennes, par exemple à Mantoue dans les appartements d'Isabelle d'Este. Les espaces séparant les fenêtres sont tous traités différemment. Chaque trumeau possède un panneau peint central, mais certaines compositions sont flanquées de figures de stuc, d'autres de cartouches de stuc, d'autres encore de

39. Rosso. Fontainebleau, galerie François Ier, v. 1533-1540

40. Rosso. Fontainebleau, galerie
François Ier, v. 1533-1540, détail

41. Rosso, *Pietà,* 1530-1540. Paris, Musée du Louvre

figures peintes à cadres de stuc. Le plâtre est traité avec beaucoup de variété ; les personnages sont parfois des nus michel-angelesques *(fig. 40)*, parfois des termes ; les frises ont ici des putti, là des guirlandes de fruits. L'invention inépuisable de Rosso trouve toujours un nouveau motif, mais la marque de fabrique de son art, ce sont les fameux « cuirs découpés », ces cartouches de stuc évoquant des peaux roulées, repliées et découpées en formes insolites. L'origine n'en est pas tout à fait claire : Rosso s'est probablement inspiré de gravures italiennes[27], mais ce qui n'était qu'un détail mineur dans la gravure, devient ici un thème majeur, qui réapparaît dans chaque composition. Le motif eut un succès prodigieux ; il fut copié non seulement en France, mais dans toute l'Europe, d'abord en Italie[28], puis en Angleterre[29], dans les Flandres, en Allemagne, et devint un vocable usuel de la décoration maniériste.

Le décor de la galerie François Ier doit être rangé parmi les expressions les plus raffinées et les plus heureuses du premier maniérisme. Il diffère du type classique de Raphaël, aux Loges ou à la villa Madame : à Fontainebleau, ingéniosité et complexité sont recherchées pour elles-mêmes. La surface du mur se cache sous les variations du relief, les figures débordent des cadres, les cartouches disparaissent sous les guirlandes, et la sophistication du jeu décoratif trouve un écho dans la complexité d'une iconographie combinant les allusions à l'histoire, à la mythologie et au symbolisme chrétien, pour la plus grande gloire du souverain[30]. En fait, la France est passée directement de l'imitation du dernier art quattrocentesque à l'expérimentation des principes maniéristes en sautant l'étape de la Haute Renaissance, tout comme, en architecture, elle a sauté l'étape bramantesque.

Si le décor de la galerie François Ier est purement italien, la pièce a une forme que l'on ne rencontre pas habituellement en Italie ; c'est le premier exemple subsistant de ces galeries qui allaient devenir une composante usuelle du château français, et connaître également le succès en Angleterre[31]. On a dit parfois que la décoration italienne ne convient pas à cette forme essentiellement septentrionale ; c'est un argument fallacieux : le décor de la Haute Renaissance, destiné à couvrir une surface de proportions classiques n'aurait, il est vrai, probablement pas convenu à une galerie longue et étroite, mais la variété du dessin et du relief, caractéristique principale du style bellifontain, s'adapte au contraire admirablement à cet espace : le décor peut être lu isolément panneau par panneau et vu globalement dans la perspective oblique.

La suite de la carrière et la manière tardive de Primatice appartiennent au prochain chapitre ; la vie de Rosso s'achève en 1540, et il ne reste rien de ses autres œuvres décoratives. Une peinture seulement doit être mentionnée, la *Pietà* du Louvre exécutée pour le connétable Anne de Montmorency *(fig. 41)*. C'est une œuvre profondément dramatique, au dessin aigu, aux coloris angoissants, montrant qu'à la fin de sa carrière, Rosso pouvait encore exprimer l'émotion religieuse qui avait marqué ses premières réalisations florentines[32].

De nombreuses compositions de Rosso furent gravées de son vivant ou dans les années qui suivirent sa mort, en particulier par Domenico del Barbiere, Fantuzzi[33], et Boyvin ; ces gravures répandirent son style à travers la France et à l'étranger. C'est surtout grâce à elles que l'influence du premier style bellifontain fut si profonde, non seulement dans la peinture et la gravure, mais aussi dans les arts décoratifs. Des tapisseries furent tissées d'après ses compositions, la plus célèbre étant la suite, aujourd'hui au Kunsthistorisches Museum de Vienne, qui reproduit les panneaux de la galerie François Iᵉʳ et donne une idée plus complète de sa splendeur originelle que la galerie elle-même dans son état actuel[34].

On ne peut clore l'étude de la décoration au cours de cette période sans évoquer un artiste qui, s'il travaillait dans un genre mineur, y atteignit le plus haut degré de perfection : il s'agit de Geoffroy Tory (v. 1480-1533), à qui l'on doit l'impression de quelques-uns des plus beaux livres illustrés de la Renaissance. Humaniste ardent, ami de Robert Estienne, il fit plus d'une fois le voyage d'Italie, y étudiant les antiquités romaines avec une attention nouvelle pour un Français. Il n'est donc pas surprenant que ses dessins, reflétant cette atmosphère humaniste, soient plus proches de l'esprit des œuvres de la Haute Renaissance que presque toutes les productions françaises du XVIᵉ siècle. Tory réforma la typographie aussi bien que la décoration de la page, et fut responsable de l'introduction en France d'un caractère romain correct. La Grèce était pour lui l'ultime inspiration, et il croyait, en vrai humaniste, que toute proportion devait procéder du corps humain ; ainsi son traité publié en 1529 porte pour titre : *Le Champfleury, auquel est contenu l'art et la science de la deue et vraye proportion des lettres attiques qu'on dit autrement antiques et vulgairement lettres romaines proportionnées selon le corps et visage humain*[35].

Le portrait

Jean Clouet

Sous le règne de François Iᵉʳ, le goût italien fit place nette en architecture, sculpture et peinture décorative, mais pour l'art du portrait une autre tradition prévalut. Nous avons vu que les portraits de Perréal étaient encore, pour autant qu'on en puisse juger, profondément enracinés dans la tradition locale. Il en va de même pour le grand représentant de cet art à la génération suivante, Jean Clouet.

On sait peu de chose sur sa vie[36]. Probablement né en Flandres, il semble être venu assez jeune en France. Son nom apparaît dans les comptes royaux à partir de 1516 : au début, ses gages sont inférieurs à ceux de Perréal et de Bourdichon ; à la mort de ce dernier, en 1523, il devient l'égal de Perréal alors vieillissant. Les comptes ne mentionnent que des portraits, mais d'autres textes nous apprennent qu'il a également exécuté des tableaux religieux, et même des cartons pour des broderies. En 1539, Clément Marot lui adresse les louanges les plus extravagantes, le faisant l'égal de Michel-Ange. Il doit être mort peu après, en tout cas avant 1541, comme l'atteste un document, et sa charge fut reprise par son fils François.

Les œuvres qu'on peut rapprocher de son nom, ne serait-ce qu'avec un degré de probabilité raisonnable, sont très peu nombreuses. Un ensemble de portraits aux crayons, conservés en majorité à Chantilly, lui est traditionnellement attribué. Pour l'un d'entre eux, un élément permet d'étayer la tradition : on sait que Clouet a peint le portrait de Guillaume

42. Jean Clouet.
Portrait de Mme de Canaples. Edimbourg,
National Gallery of Scotland

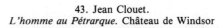

43. Jean Clouet.
L'homme au Pétrarque. Château de Windsor

44. Jean Clouet. *L'homme au Pétrarque,*
dessin. Chantilly

Budé, et l'un des dessins représente certainement l'humaniste ; une peinture aujourd'hui au Metropolitan Museum, qui s'inspire de ce dessin, doit donc être accordée à l'artiste. D'autres, exécutés d'évidence par l'auteur du *Budé,* peuvent être également attribuées à Clouet. L'un d'eux est le dessin préparatoire d'une peinture, *l'Homme au Pétrarque* de Windsor *(fig. 43-44),* qui malgré sa dégra-

traits en miniature au sens moderne du terme. A ces œuvres, on peut encore ajouter quelques autres portraits, en particulier ceux de deux filles de François Ier.

Avec cet ensemble assez réduit de témoignages, il est difficile de se faire une idée claire de l'art de Clouet. Le *Budé, l'Homme au Pétrarque* et le portrait de Saint-Louis sont encore très flamands, alors que *Madame de Canaples* et *le Dau-*

45. Jean Clouet. *Portrait d'un inconnu,* dessin. Chantilly

dation, est peut-être l'œuvre traduisant le mieux la sensibilité de l'artiste. D'autres dessins permettent d'attribuer à Clouet le portrait peint du dauphin François au Musée d'Anvers, la miniature du comte de Brissac à la Morgan Library, le portrait de madame de Canaples à la National Gallery of Scotland *(fig. 42)* et les miniatures des Preux de Marignan illustrant le manuscrit des *Commentaires des guerres galliques* (1519) de la Bibliothèque nationale et du British Museum *(fig. 47),* qui font partie des plus anciens por-

phin François ont une facture plus large, plus abstraite, comme les dessins. Les miniatures, malgré les différences dues à l'échelle et à la technique, ne sont pas sans rappeler l'ampleur du portrait de Madame de Canaples.

Lorsqu'on étudie les dessins *(fig. 44-46),* on découvre des caractères marqués et constants qu'une comparaison avec Holbein éclaire. Les artistes sont tous deux, on le sait, des maîtres de l'observation du visage humain dans toutes ses composantes, mais leurs techniques d'investigation

46. Jean Clouet. *Portrait de Mme de Lautrec,* dessin. Chantilly

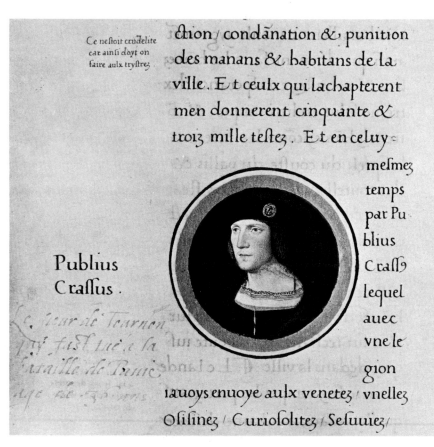

Ce neſtoit crudelite car ainſi dovt on faire aulx tryſtreʒ

ction / condãnation & punition des manans & habitans de la ville. Et ceulx qui lachapterent men donnerent cinquante & troiʒ mille teſteʒ. Et en celuy

meſmeʒ temps par Publius Craſſ⁹ lequel auec vnele gion

Publius Craſſus.

iauoys enuoye aulx veneteʒ / vnelleʒ Oſilineʒ / Curioſoliteʒ / Seſuuieʒ /

47. Jean Clouet. *Le sire de Tournon,* miniature. Paris, Bibliothèque nationale

ne pourraient guère être plus différentes. L'art d'Holbein est fondé sur le trait, qui est tout ensemble une fin en soi et un moyen d'expression permettant de dégager la personnalité par les caractéristiques du visage. Clouet, à l'inverse, semble à peine s'intéresser au trait, qu'il adoucit généralement par d'incessantes reprises ; dans le portrait d'un inconnu *(fig. 45)*, le trait n'a de valeur ni décorative, ni descriptive. Pour Clouet, une tête est d'abord un volume solide, non un tracé plat qu'il faut ensuite modeler. A cet égard, ses portraits exécutés aux crayons sont plus proches des modèles italiens que d'Holbein, et l'on a retrouvé dans leur simplicité un certain raphaélisme. Il emploie d'ailleurs, pour servir sa conception plastique, un procédé que l'on peut directement relier à des sources italiennes : dans tous les dessins reproduits ici, le modelé est obtenu par un système de parallèles obliques s'interrompant pour

marquer les lumières et reprenant dans les ombres. Cette technique simple, qui donne au relief une qualité presque géométrique, a été utilisée par les artistes florentins du Quattrocento et portée à la perfection par Léonard. Ce dernier, il est vrai, en a tiré les accents les plus expressifs lorsqu'il travaillait à la mine d'argent, mais il l'a aussi utilisée au crayon. Il est très possible que Clouet ait vu des dessins de Léonard, qui avait apporté en France le fonds de son atelier et l'avait légué à son élève Melzi ; quoi qu'il en soit, ce lien avec le grand maître italien indique que les yeux de Clouet n'étaient pas, comme on l'a dit souvent, exclusivement tournés vers le nord. Sa saisie de la forme est à bien des égards plus proche de l'Italie que des Flandres, et Clouet doit être compté parmi les rares artistes français ayant compris les aspirations de la Haute Renaissance[37].

CHAPITRE III

La période classique du XVIᵉ siècle
1540-1565

Le contexte historique

Les années 1540-1565 furent marquées en France par une remarquable floraison dans tous les domaines intellectuels. Ecrivains et artistes commençant à se libérer de la tutelle italienne, des personnalités apparaissent dont l'art est à la fois classique et authentiquement français. Ronsard et la Pléiade d'un côté, Philibert de l'Orme et Goujon de l'autre, créèrent les premiers mouvements réellement originaux depuis que la Renaissance avait touché la France.

Plus encore qu'auparavant, toutes les activités se regroupèrent autour de la Cour. Dans le domaine culturel comme en politique, le processus de centralisation continua pendant les dernières années de la vie de François Iᵉʳ et le règne d'Henri II. Nous avons vu les tentatives du premier pour rassembler entre ses mains toutes les rênes du pouvoir. Son fils y déploya une moins grande activité personnelle ; son rôle dans les affaires de l'Etat fut d'ailleurs très discret, mais les hommes dirigeant la France en son nom, Montmorency et les Guise, continuèrent la politique de François Iᵉʳ et portèrent encore plus loin l'absolutisme. On peut faire la même constatation dans le domaine religieux. La Couronne s'identifia fermement à la cause catholique et, malgré l'accroissement et l'organisation plus efficace du parti protestant, la répression du gouvernement grandissant en proportion, des partisans de la Réforme de plus en plus nombreux quittèrent la France pour se réfugier à Genève.

En littérature, le milieu du siècle est marqué par la naissance du nouveau classicisme. La *Deffense et illustration de la langue françoyse* de Du Bellay (1549), les quatre premiers livres des *Odes* de Ronsard (1550) et la tragédie *Cléopâtre* de Jodelle (1552) furent les manifestes du nouveau mouvement qui prit le nom de Pléiade. Ronsard est la personnalité la plus caractéristique de la période. Catholique convaincu mais sans fanatisme, monarchiste, il consacra à la gloire du roi certaines de ses plus belles odes ; il portait à la grandeur de son pays une foi passionnée qu'il exprima dans la *Franciade*, son poème le plus ambitieux, sinon le meilleur. Nourri de littérature grecque et latine sans en être pédant, il connaissait les poètes italiens et apprit beaucoup à leur contact, mais ne les copia jamais servilement car il avait la profonde conviction de la beauté de la langue française, aussi admirable à ses yeux que le latin ou l'italien, et pensait que son rôle essentiel était d'écrire une poésie française. Il créa de nouvelles formes poétiques capables d'exprimer des idées et des sentiments jusqu'alors inconnus. Dans ses odes de caractère didactique, il expose ses idées avec beaucoup de clarté et de noblesse ; dans ses plus courts poèmes lyriques, l'émotion, très présente, est traduite avec la plus grande rigueur formelle. C'était en France le premier écrivain de génie qui s'exprimât dans les conventions de la poésie classique.

Un même esprit d'invention et d'indépendance se manifeste dans les arts plastiques. Fontainebleau resta la résidence favorite du roi et le nouveau style, sous la direction de Primatice, y déploya sa plus belle floraison. François Iᵉʳ y disposa ses œuvres d'art italiennes. Les bronzes exécutés d'après les moulages rapportés de Rome par Primatice lors de son voyage de 1540 furent d'une grande importance pour l'avenir de l'art français : grâce à ces copies, les artistes purent étudier pour la première fois certains des plus célèbres exemples de la statuaire antique : le *Laocoon, l'Apollon du Belvédère*, le *Marc-Aurèle* ou les bas-reliefs de la colonne Trajane. Il y avait aussi à Fontainebleau quelques antiques originaux et l'on pouvait admirer à Meudon, dans la demeure de la duchesse d'Etampes, la *Diane* aujourd'hui au Louvre. La sculpture contemporaine était représentée, outre l'*Hercule* en marbre de Michel-Ange déjà mentionné, par les moulages de la *Pietà* de Saint-Pierre et du *Christ* de S. Maria Sopra Minerva du même artiste.

Les collections de peinture comptaient de nombreuses œuvres célèbres ; parmi elles, la *Léda* de Michel-Ange, le portrait du roi par Titien, la *Joconde, la Vierge au rocher, la Vierge à l'Enfant et sainte Anne* de Léonard, ainsi que plusieurs tableaux de Raphaël et de son atelier : *la Belle Jardinière*, le grand *Saint Michel*, la *Sainte Famille de François Iᵉʳ*, le portrait de Jeanne d'Aragon. Aussi, compte tenu des termes habituels de la flatterie courtisane à cette époque, il n'était pas déraisonnable à Vasari de dire que Fontainebleau était devenu une seconde Rome.

Mécénat et collections se poursuivirent sous Henri II, mais, comme en politique, le roi n'y prit guère part. Il semble s'être personnellement intéressé à la reconstruction du Louvre, mais dans ce domaine le goût fut régi par Diane de Poitiers, femme de grande intelligence, protectrice avisée de Philibert de l'Orme qui construisit pour elle le château d'Anet et agrandit celui de Chenonceau. Les familles de la haute noblesse, qui tenaient sous Henri II les rênes du gouvernement, jouèrent également un rôle artistique : Montmorency à Ecouen et à Chantilly, les Guise à Meudon et dans leur hôtel parisien, Saint-André à Vallery. Dans certaines provinces, en particulier dans l'est et le sud-ouest, surgirent des centres artistiques indépendants, mais dans l'ensemble, le style de la Cour dicta la mode dans toute la France : Henri II inaugurait en fait une politique que Louis XIV porta plus tard à son apogée.

Architecture

Serlio, Lescot,
Philibert de l'Orme, Primatice

1540 et 1541 sont des années cruciales pour l'histoire de l'architecture française.

En 1541, Primatice revint de Rome accompagné de Vignole ; en 1540 ou 1541, Sebastiano Serlio fut appelé en France par le roi, et à la même époque Philibert de l'Orme, après sa période de formation en Italie, vint s'installer à Paris. Aussi ces deux années marquent-elles l'arrivée en France d'une nouvelle vague d'influence italienne apportant un style très différent de celui des époques précédentes : pour la première fois, les architectes français prenaient connaissance des réalisations de la Haute Renaissance italienne et recevaient les exemples de Bramante, de Peruzzi et de Sansovino. Dans le même temps, l'étude de Vitruve s'était répandue dans le royaume où des éditions de son œuvre étaient disponibles. Ces deux influences s'allièrent pour former un courant classicisant qui, trouvant un climat général réceptif chez les artistes et les intellectuels français, prit racine et fit éclore la première grande période de l'architecture classique française.

De tous les artistes mentionnés plus haut, le moins important pour la France fut Vignole. A l'époque de sa visite, sa carrière d'architecte n'avait pas commencé, et c'est en qualité de technicien qu'il vint aider à la fonte en bronze des statues antiques dont Primatice avait rapporté les moulages de Rome. On n'a pas d'autre témoignage de son activité en France.

Comme le cas se reproduisit si souvent pour les artistes italiens installés à l'étranger, ce fut l'homme de moindre talent qui exerça le plus d'influence, et c'est vers Sebastiano Serlio, non vers Vignole, que l'on doit se tourner pour trouver la source principale de la nouvelle vague d'italianisme.

Serlio était né à Bologne en 1475[1]. Après une première formation dans sa ville natale, il se rendit à Rome, où on peut le suivre de 1514 jusque vers 1525 ; il y travaillait sous les ordres de Peruzzi qui lui légua tous les dessins et esquisses dont il fit plus tard un abondant usage. Serlio semble avoir passé la plus grande partie des années 1525-1540 à Venise, partageant son temps entre des constructions dont il ne reste guère trace et l'élaboration de son traité d'architecture. Il publia d'abord le livre IV, paru en 1537, et en envoya un exemplaire à François Iᵉʳ par l'intermédiaire de Georges d'Armagnac, évêque de Rodez et ambassadeur à Venise, demandant également à l'ambassadeur de le faire entrer au service du roi. Ce dernier promit un don de trois cents écus qui fut long à arriver. Serlio, toutefois, lui dédia la partie suivante de son traité, le livre III, publié en 1540. Ce geste, doublé de l'appui de l'Arétin, produisit l'effet attendu et Serlio, appelé en France, fut chargé de la direction des travaux de Fontainebleau[2]. Sa position dans les chantiers royaux n'est pas tout à fait claire. Il semble avoir surtout agi en qualité de conseiller, et aucune construction ne peut lui être attribuée. En même temps, il continua la rédaction de son traité, dont les livres I et II parurent en 1545, le livre V en 1547 et l'*Extraordinario Libro* en 1551. A sa mort en 1554, les livres VI, VII et VIII n'étaient pas encore publiés.

Pendant son séjour en France, Serlio ne semble avoir réalisé que deux édifices : l'hôtel d'Hippolyte d'Este, cardinal de Ferrare, à Fontainebleau, connu sous le nom de « Grand Ferrare », dont il ne subsiste que le portail d'entrée, et le château bourguignon d'Ancy-le-Franc près de Tonnerre. Il fit aussi plusieurs projets non exécutés : un plan de reconstruction du Louvre, un pavillon et une loggia à Fontainebleau, une « loge des marchands », ou bourse, à Lyon et un château en Provence[3].

Exécutées ou seulement projetées, ces œuvres eurent une grande importance pour l'évolution de l'architecture française, mais Serlio exerça une influence encore plus considérable par son traité, qui connut de nombreuses rééditions et fut traduit dans la plupart des langues européennes.

Le traité de Serlio dut son succès à son parti entièrement nouveau : les ouvrages précédents sur l'architecture — ils étaient peu nombreux — avaient été presque exclusivement théoriques ; Vitruve avait connu de nombreuses éditions, certaines illustrées, objets d'exégèses érudites. Le *De re aedificatoria* d'Alberti était d'une lecture plus accessible, mais toujours essentiellement théorique et sans illustrations avant l'édition de 1550. Le projet de Serlio était de présenter pour la première fois un manuel illustré destiné aux architectes. Conçu principalement à des fins pratiques, le traité présentait l'avantage de reposer sur les illustrations plus que sur le texte. Il allait devenir un livre de modèles dans lequel les architectes pourraient trouver des solutions aux problèmes les plus divers.

Les fins pratiques de Serlio apparaissent dans toutes les parties de son ouvrage. Les deux premiers livres traitent de la géométrie et de la perspective, éléments indispensables à l'architecte qui veut se distinguer du simple maître maçon ; Serlio précise d'ailleurs au lecteur qu'il a laissé de côté les spéculations théoriques de ces deux disciplines mathématiques pour se consacrer aux applications pratiques. Le livre III contient les planches et les descriptions des plus belles œuvres de l'architecture antique, auxquelles Serlio ajoute quelques-unes des plus grandes réalisations modernes de Bramante et de Raphaël. De tels modèles étaient utiles aux architectes vivant loin de Rome, qu'ils résidassent en France, pays auquel Serlio songeait déjà, ou à Venise, lieu de composition du livre. Le livre IV traite des cinq ordres, mais sans les détails érudits qu'aimaient tant les commentateurs de Vitruve. Le livre V présente douze projets d'églises, la plupart de forme ingénieuse : circulaire, ovale, polygonale, ainsi que des variantes de la croix latine. Le vrai livre VI, qui traitait des maisons et des villas, est connu par deux manuscrits conservés l'un à Munich, l'autre à l'université de Columbia ; dans les anciennes éditions, il est remplacé par l'*Extraordinario Libro*, contenant cinquante projets de portes[4]. Le livre VII concerne les *Accidenti*, c'est-à-dire les problèmes divers qui peuvent se présenter aux architectes ; on y trouve par exemple des projets pour des maisons établies sur des sites irréguliers, des dessins de cheminées, des projets pour régulariser des édifices anciens ou asymétriques. Enfin le livre VIII était dévolu à l'architecture militaire. Chaque livre se compose essentiellement d'une suite de planches commentées par un texte d'accompagnement. Dans les premières éditions in-folio, les gravures sur bois sont d'excellente qualité, mais les éditions in-quarto, plus tardives, sont illustrées de copies plus petites et grossières, aux bois souvent ruinés par des tirages trop nombreux.

Serlio n'était pas un artiste de génie, mais il avait une qualité qui dut contribuer à son succès en France : sa très grande capacité d'adaptation. Par ce trait, il fait exception à la majorité des artistes italiens qui s'installèrent à l'étranger au cours du XVIe siècle : son traité et ses réalisations nous montrent que plus se

48. Serlio. *Livre VI,* Porte ionique

prolongeait son séjour au nord des Alpes, plus son style se francisait.

Les deux livres publiés avant son départ pour la France sont naturellement de caractère purement italien. L'auteur fait surtout référence aux ruines antiques et aux travaux des architectes romains, ceux de Bramante par exemple, mais beaucoup de projets reflètent clairement une origine vénitienne et témoignent de l'influence de Sansovino. Les livres I et II, publiés en 1545, ne font qu'incidemment référence à l'architecture ; les œuvres qui y apparaissent sont presque toutes d'esprit italien, et le livre II s'achève par trois reproductions des projets de Peruzzi pour les décors des scènes tragique, comique et satirique. La préface de l'*Extraordinario Libro* nous fait augurer un changement : Serlio s'y excuse de la liberté des partis proposés, invoquant le goût pour les nouveautés naturel aux hommes et rappelant au lecteur le pays où il exerce ses activités. Il ajoute qu'il n'a pas l'intention de s'évader des préceptes de Vitruve, à qui toutes louanges sont dues, mais quand on regarde les planches de l'ouvrage, on ne peut s'empêcher de penser que l'architecte romain aurait difficilement approuvé les projets fantastiques qui y sont présentés. Certaines por-

tes sont encore irrégulières à la manière italienne, avec leurs jeux complexes d'appareils rustiques évoquant Jules Romain ; d'autres exploitent les ruptures d'ordonnances plus propres au style vénitien ; mais d'autres sont des licences toutes personnelles, comme la porte ionique de la figure 48. Les colonnes flanquant la porte ne montent pas jusqu'à l'entablement qui porte le fronton, mais culminent à la base de l'arc, laissant place à un second ordre de taille minuscule, dont les proportions s'accordent mal avec l'ordre inférieur. L'ensemble est couronné par deux tables décoratives sommées de croissants, emblèmes d'Henri II et de Diane de Poitiers, encadrant un fronton triangulaire dressé de manière insolite sur un attique orné d'une table oblongue. La composition, ainsi fragmentée en une série d'éléments reliés les uns aux autres d'une manière approximative, est assez contraire aux principes de la Haute Renaissance. D'autres planches présentent des partis encore plus imprévus ; nous avons choisi celle-ci parce qu'un architecte français, Pierre Lescot, l'a imitée de très près au château de Vallery.

Dans le véritable livre VI et dans le livre VII, l'influence française apparaît de manière plus tangible. Dans sa préface, Serlio annonce explicitement certains projets « à la manière italienne » et d'autres « selon la coutume française ». Ainsi, quand il traite des cheminées, il présente deux types de composition, l'un d'un style plus ou moins vénitien, l'autre reprenant les pittoresques dispositions françaises. De même, ses dessins de fenêtres adoptent soit les formes classiques traditionnelles, soit une interprétation personnelle des lucarnes de son pays d'adoption. De nombreuses élévations possèdent des toits élevés à la française, dont l'auteur loue les qualités pratiques.

Le style tardif de Serlio, que l'on peut voir dans les illustrations de ses deux derniers livres, est un mélange curieux. La manière italienne qu'il avait apportée en France n'était pas purement classique. Malgré sa grande admiration pour Bramante, son véritable maître fut Peruzzi, aux vues moins vitruviennes, plus remarquable par l'ingéniosité de ses plans que par la correction de ses élévations. De plus, le style de Serlio avait été affecté par son séjour en Italie du nord : l'emprunt de certains artifices formels vénitiens l'écarta encore de Bramante, et il apporta en France un art plus libre et

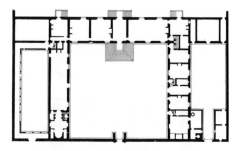

49. Serlio. Fontainebleau, le Grand Ferrare,
1544-1546. Plan,
manuscrit de Columbia

plus pittoresque que la manière romaine contemporaine ; sous l'influence de son pays d'adoption, cette tendance se renforça, et ses derniers dessins marquent un pas considérable sur la voie du style communément appelé le maniérisme français.

Des deux œuvres entreprises par Serlio en France, la première, le Grand Ferrare (1544-1546), a disparu à l'exception du portail d'entrée, mais les dispositions générales nous sont connues par des gravures et des dessins, le plus exact étant celui du manuscrit de Columbia *(fig. 49)*[5]. L'hôtel se composait d'un corps de logis principal en simple profondeur, d'où s'étendaient deux ailes en retour plus étroites contenant, l'une, des pièces secondaires, l'autre, une galerie. La cour ainsi formée était fermée par un mur, percé en son milieu du portail qui subsiste encore aujourd'hui. Ce plan est en un sens une adaptation sur le mode urbain des dispositions de Bury ou de Villesavin ; il avait d'ailleurs les dimensions d'un château, puisque le corps principal mesurait environ 38 mètres, mais on peut le considérer aussi comme une version italianisante et régularisée des hôtels français antérieurs, tels l'hôtel Bernuy de Toulouse et l'hôtel d'Ecoville de Caen. Ce plan a une grande importance, car il constitua pendant plus d'un siècle la forme type de l'hôtel français. Autant qu'on en puisse juger, les élévations étaient assez simples. Le bâtiment possédait un rez-de-chaussée légèrement surélevé, surmonté d'un haut toit à la française. Dans une variante idéalisée dont le manuscrit de Munich garde le témoignage, Serlio proposait de placer devant le corps de logis un portique qui n'aurait guère été adapté au climat bellifontain. La façade de ce portique devait être précédée d'une terrasse ; au centre, Serlio avait inscrit l'escalier circulaire inventé par Bramante pour le Belvédère.

Le château d'Ancy-le-Franc *(fig. 51, 53)* a survécu en totalité, bien qu'il ait subi de nombreux repentirs dès l'époque où Serlio était en charge des travaux, et quelques altérations après la mort de l'architecte. La construction commença probablement en 1546, date gravée au-dessus du portail de la façade sud. Les projets originels de Serlio, conservés dans le manuscrit de Columbia *(fig. 50, 52)*, présentent un édifice totalement italien, avec un rez-de-chaussée à bossages rustiques et quatre tours d'angle carrées, à la manière des villas construites dans la campagne vénitienne au début de la Renaissance. Au premier étage du corps principal court un ordre de pilastres doriques isolant une alternance de niches et de fenêtres. Au-dessus, sous le départ du toit, est placée une arcature évoquant des machicoulis ; c'était, nous dit Serlio, une invention du propriétaire, qui y renonça plus tard, peut-être sous la pression de son architecte. Deux côtés de la cour étaient bordés de loggias superposées, rappels manifestes de l'Italie du nord, évoquant des modèles de Falconetto[6]. Dans le manuscrit de Munich, Serlio dit qu'après l'ouverture du chantier, le propriétaire décida d'étendre à tous les niveaux l'ordonnance à pilastres ; on apprend ainsi qu'un changement important de parti intervint durant la vie et sous la direction de l'architecte. C'est très certainement aussi sous la responsabilité de Serlio que furent entreprises d'autres modifications qui apparaissent sur les gravures de Du Cerceau publiées en 1576. Elles comprenaient notamment l'abandon des niches des façades extérieures, dont les trumeaux furent plus tard percés de fenêtres, donnant la disposition actuelle ; c'est aussi au Bolonais qu'il faut probablement attribuer l'adjonction d'un toit élevé éclairé par des lucarnes. Dans le même temps, les façades sur cour furent transformées, le nombre des travées réduit, et la répétition régulière des arcades remplacée par une disposition plus variée à doubles pilastres séparés par une niche, motif bramantesque de la cour du Belvédère. Ces modifications transformèrent la physionomie de l'édifice, qui perdit sa rudesse masculine de *castello* italien pour acquérir une délicatesse toute féminine et un caractère français plus marqué, avec ses hautes toitures et l'animation purement linéaire de ses murs, familière aux châteaux du type de Villandry[7].

Des divers projets réalisés par Serlio

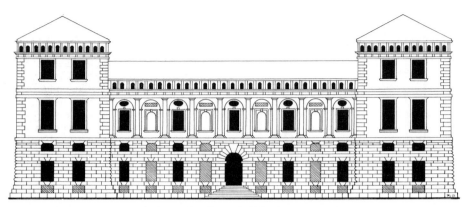

50. Serlio. Ancy-le-Franc, façade nord. Elévation, manuscrit de Columbia

51. Serlio. Ancy-le-Franc (Yonne), château, v. 1546

pour des édifices déterminés, mais qui ne furent jamais suivis d'exécution, l'un doit retenir notre attention. Le manuscrit de Columbia contient un dessin de palais royal que l'on peut rattacher de manière probante à la reconstruction du Louvre envisagée par François Iᵉʳ dès 1527. Ce projet fut apparemment abandonné en faveur de celui de Lescot, mais il exerça une influence aussi grande, contenant en germe un parti d'achèvement dont on devait débattre pendant plusieurs siècles ; quand nous en viendrons à l'étude des divers projets présentés à Louis XIV, nous trouverons que les idées de Serlio n'étaient pas encore oubliées : certains architectes lui empruntèrent plus qu'ils ne voulurent l'admettre.

Serlio joua un rôle important dans l'évolution de l'art français en accoutumant les architectes à la langue des maîtres italiens du début du XVIᵉ siècle, mais sa personnalité artistique n'était pas assez forte pour imposer un style à son pays d'adoption. De nombreux architectes, en particulier en province, se servirent en quelque sorte de son traité comme d'un dictionnaire, copiant des mots isolés, mais ignorant la syntaxe qui aurait permis d'en faire des phrases. Ainsi, les pittoresques façades fermant la cour de Fleury-en-Bière sont en grande partie composées d'éléments tirés des gravures de Serlio, mais rien ne saurait être plus provincial, ou moins italien, que le résultat obtenu par l'architecte français[8]. Dans une ville

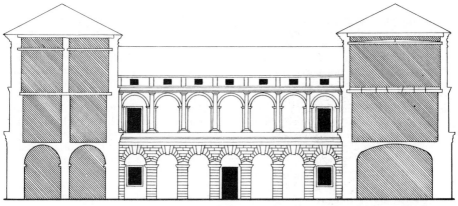

52. Serlio. Ancy-le-Franc. Coupe, manuscrit de Columbia

53. Serlio. Ancy-le-Franc, château, v. 1546. Cour

comme Toulouse, où la compréhension générale de l'architecture était supérieure, les emprunts sont plus intelligents : ainsi, la porte de Bachelier au Capitole, aujourd'hui conservée au jardin des Plantes, offre une version très bien comprise d'un modèle de Serlio.

Les deux grands architectes français du milieu du XVIᵉ siècle, Pierre Lescot et Philibert de l'Orme, forment un contraste frappant. De l'Orme était avant tout un ingénieur, aimant les structures complexes et possédant un grand talent pour inventer partis et formes architecturales. L'art de Lescot était essentiellement décoratif ; il est significatif que dans toutes ses grandes réalisations, l'architecte ait étroitement collaboré avec le plus grand sculpteur du temps, Jean Goujon.

Lescot, né entre 1500 et 1515, mort en 1578, était très différent des Le Breton ou des Chambiges, les maîtres maçons de l'époque précédente. Originaire d'une famille aisée d'hommes de loi, il s'était adonné depuis sa jeunesse à l'étude des mathématiques, de l'architecture et de la peinture : à la différence de ses prédécesseurs français, c'était un homme d'éducation et de culture. Aucun document ne permet d'affirmer qu'il ait visité l'Italie dans sa jeunesse. S'il semble avoir été envoyé en mission officielle à Rome en 1556, c'est-à-dire après l'achèvement de tous les édifices auxquels on peut attacher son nom, le style de ses œuvres tend à montrer qu'il n'avait pas traversé plus tôt les Alpes : classiques à bien des égards, ses partis ne témoignent cependant d'aucune parenté spécifique avec les modèles italiens, et manquent indéniablement de la monumentalité caractérisant l'architecture romaine des successeurs de Bramante. Il semble beaucoup plus probable que Lescot ait acquis ses connaissances des livres d'architecture illustrés, complétés peut-être par un contact direct avec les monuments antiques français.

Lescot doit surtout son renom à sa reconstruction du Louvre. Il reste peu de chose de ses autres travaux : le jubé de Saint-Germain-l'Auxerrois (1554) a été détruit à l'exception de quelques bas-reliefs de Goujon conservés au Louvre, l'hôtel Carnavalet (1545-1550) a connu depuis sa mort trois remaniements successifs, la fontaine des Innocents (1547-1549) a été totalement reconstruite, et le château de Vallery est resté incomplet[9]. La façade de la cour Carrée du Louvre survit au contraire en totalité, malgré la réfection d'une grande partie des bas-reliefs. L'histoire de l'édifice a été écrite dans ses moindres détails[10] ; nous nous bornerons ici à rappeler ses principales étapes.

En 1527, François Iᵉʳ, se déclarant insatisfait du palais médiéval du Louvre, annonça son intention de le rebâtir au goût du jour. Il mit bas le donjon qui encombrait une grande partie de la cour carrée de l'ancien château, mais pendant de nombreuses années rien ne fut entrepris. Toutefois, en 1546, il demanda à Lescot d'ériger un bâtiment neuf sur le site de l'ancienne aile occidentale. Le premier projet de Lescot prévoyait la construction d'un corps de logis de deux niveaux seulement, avec un avant-corps central contenant l'escalier, flanqué de deux grandes pièces destinées aux réceptions publiques. Durant les cinq années qui suivirent, le plan et l'élévation du projet furent modifiés. L'escalier fut reporté à l'extrémité nord de l'aile, libérant à chaque étage l'espace d'une salle unique de dimensions beaucoup plus grandes. Cette transformation nécessita, aux extrémités de l'aile, l'adjonction de deux avant-corps, dont l'un abritait le nouvel escalier. Enfin, la façade fut surélevée d'un étage *(fig. 54)*, peut-être pour éviter que, de l'extérieur, elle ne paraisse écrasée par une autre construction nouvelle, le pavillon du Roi, ajouté à l'angle sud-ouest, face à la Seine. A l'origine, le projet se limitait à la construction de cette aile, ou tout au plus à la répétition de son parti sur les quatre côtés de la cour ; mais entre 1551 et la mort d'Henri II en 1559, la décision avait presque certainement été prise d'adopter un plan plus ambitieux, et d'établir une cour fermée par des ailes doublant en longueur celle de Lescot. Si le projet ne fut pas mis en œuvre avant les règnes de Louis XIII et de Louis XIV, tous les documents du XVIIᵉ siècle attribuent l'idée originale de ce grand parti à l'architecte d'Henri II, c'est-à-dire à Lescot.

Dans le contexte architectural français des années 1545, la façade de Lescot frappe tout d'abord par son classicisme. Les ordres sont traités avec une correction inconcevable chez Le Breton ; et Serlio, s'il était en théorie capable d'imiter aussi exactement l'antiquité, n'en a pas, semble-t-il, fait la preuve pratique. Mais dès qu'on a noté cette correction du détail, on est immédiatement attiré par un autre caractère presque aussi frappant : l'aspect non-italien de l'ensemble de la composition. Quand on compare la façade de Lescot avec son parallèle le plus immédiat dans l'architecture romaine contemporaine, la cour du palais Farnèse de Sangallo, le contraste est saisissant[11]. L'effet produit par la façade romaine repose sur la simplicité des masses, aux maçonneries presque sans décor, sur la répétition exacte d'une arcade formant le module de chaque niveau, et sur la séparation nette des étages par les lignes ininterrompues des entablements. L'élévation de Lescot ne développe aucune de ces qualités, mais va parfois jusqu'à en prendre le contre-pied. Sa beauté est ornementale, non monumentale. A l'opposé de l'ordonnance à colonnes engagées doriques et ioniques du palais Farnèse, la façade du Louvre est rythmée, sauf aux avant-corps, par des pilastres appartenant aux ordres les plus ornés, le corinthien et le composite ; elle aurait été encore plus riche si le projet de Lescot avait été entièrement exécuté.

La dissemblance est encore plus grande pour la composition générale. Lescot a soigneusement évité la répétition exacte des éléments, fondamentale chez Sangallo. Les avant-corps sont différenciés des façades qui les relient, et chacun se divise à son tour en une large travée centrale flanquée de deux autres plus étroites. Qui plus est, chaque niveau présente un système de fenestration différent : au rez-de-chaussée, les fenêtres, couvertes

54. Pierre Lescot. Paris, palais du Louvre. Aile ouest
de la cour carrée, partie gauche, 1546-1558

d'arcs segmentaires[12], sont précédées d'arcades plein-cintre ; au premier étage, elles sont surmontées de frontons ; à l'attique, elles sont couronnées de torches croisées, et les avant-corps se distinguent encore par des fenêtres différentes. Enfin, Lescot a cassé délibérément les horizontales pour porter l'accent sur les verticales. Aucune moulure n'est admise à se déployer sans interruption d'un bout à l'autre de la façade : au rez-de-chaussée, la corniche des piédestaux fait ressaut à chaque pilastre, tandis que l'entablement n'est en saillie qu'aux avant-corps, pour revenir en retrait à la travée centrale. Au premier étage, les pilastres reposent sur un stylobate à peu près continu, sauf aux avant-corps[13], où l'entablement fait ressaut, sans retrait à la travée médiane comme au rez-de-chaussée. On notera aussi que les avant-corps font ressortir trois bandes verticales accentuées par les lignes des doubles colonnes, provoquant un mouvement ascendant presque comparable à celui de la façade de Fontaine-Henri[14]. La triple répétition des avant-corps semble faire écho, probablement inconsciemment, aux façades rythmées par trois tours circulaires des châteaux de la fin du Moyen Age, Josselin ou Martinville par exemple. Ainsi, dans cette élévation, les traits classiques se mêlent à des souvenirs de la tradition française, mais

pour la première fois les deux éléments fusionnent, nous permettant de considérer le style de Lescot comme une forme française du classicisme, ayant ses propres principes et sa propre harmonie.

La décoration intérieure de la nouvelle aile du Louvre est également révolutionnaire. La *grande salle* du rez-de-chaussée est ornée à une extrémité d'une tribune portée par les quatre cariatides de Goujon *(fig. 55)*, motif jusqu'alors presque inconnu en France et que les architectes italiens de la Renaissance n'avaient pas même utilisé, à notre connaissance, à cette échelle monumentale[15]. L'idée d'une telle utilisation vient vraisemblablement de leur description dans Vitruve ; Lescot a pu aussi consulter une édition illustrée du traité, ou s'inspirer de gravures italiennes, par exemple celle que Marc-Antoine a tirée des décors exécutés par Perino del Vaga aux parties basses des *Stanze* vaticanes[16].

La dernière travée sud de la grande salle fut réservée pour former un *tribunal* séparé de l'espace principal par seize colonnes doriques groupées par quatre. Ces colonnes étaient richement ornées, trait habituel chez Lescot, mais offraient une monumentalité rare dans son œuvre[17]. Ce décor intérieur et celui des façades furent exécutés par Goujon ; il ne fait guère de doute que le sculpteur et l'archi-

55. Jean Goujon. Paris, palais du Louvre. Cariatides, 1550-1551

tecte ont collaboré à parts égales ; il serait bien difficile de dire où s'arrête l'œuvre de l'un et où commence celle de l'autre. Peu importe : l'architecture de Lescot était parfaitement conçue pour recevoir la sculpture, les reliefs et les cariatides de Goujon faits pour s'insérer au cadre archi-

tectural : les deux hommes travaillaient en harmonie totale, d'un seul esprit.

Lescot cependant fit appel à un autre collaborateur pour le plafond de la chambre d'Henri II, chambre royale dans laquelle se traitaient toutes les affaires de l'Etat. Le plafond, qui existe encore, remonté dans l'une des pièces ouvrant sur la colonnade de Perrault, fait date dans la décoration intérieure française. Jusquelà, les plafonds répétaient la forme traditionnelle à poutres et solives apparentes généralement décorées de motifs peints. Dans celui du Louvre, Lescot et son menuisier-sculpteur italien, Scibec de Carpi, ont égalé les dessins ultramontains les plus élaborés de la période, même ceux de Venise. On peut être certain que le dessin est de Lescot, non de son collaborateur, car les documents l'attestent[18] ; d'ailleurs, les autres œuvres de Scibec de Carpi, comme les lambris de la galerie François Ier de Fontainebleau, exécutés sur des modèles du Rosso, ou le plafond de la salle de Bal, dessiné par Philibert de l'Orme, ont un caractère entièrement différent.

L'hôtel Carnavalet peut être attribué à Lescot avec une quasi certitude. Commencé autour de 1545, c'est le seul hôtel du milieu du XVIe siècle subsistant encore à Paris *(fig. 56)*[19]. L'édifice a été très altéré, mais certaines parties originelles demeurent : la façade sur cour du corps principal, ornée des *Quatre Saisons* de l'atelier de Goujon, les deux pavillons qui la flanquent et l'entrée, également décorée par Goujon. Le marché de 1548 montre que la galerie qui ferme le côté gauche de la cour est postérieure au corps principal, mais reprend probablement le projet primitif : elle était à l'origine couverte d'un toit élevé éclairé de lucarnes ; l'étage actuel fut ajouté au XVIIe siècle par François Mansart[20].

Le parti d'ensemble de l'hôtel Carnavalet reprend celui du Grand Ferrare de Serlio, à une exception près : il est fermé du côté de la rue par un corps contenant des cuisines et des écuries, non par un simple mur. La décoration de la façade, ornée

56. Pierre Lescot. Paris, hôtel Carnavalet, 23 rue de Sévigné, commencé vers 1545

des bas-reliefs de Goujon, est l'élément le plus intéressant. Cette disposition, qui devait être largement suivie à Paris[21], n'était pas totalement nouvelle ; on la trouve auparavant à l'hôtel d'Ecoville de Caen. Goujon débuta sa carrière en Normandie : peut-être connaissait-il l'édifice et a-t-il suggéré cette idée à Lescot.

Sur bien des points, la vie et l'œuvre de Lescot restent encore mal connues. On ignore presque tout de sa personnalité, et les documents concernant ses travaux sont très incomplets. On n'a aucun témoignage de ses activités avant 1544 et son nom disparaît à nouveau à la mort d'Henri II, en 1559, bien qu'il ait vécu encore près de vingt ans. Il est pourtant unanimement reconnu comme le fondateur en France d'une tradition architecturale classique qui allait produire au XVIIe siècle ses plus grands représentants.

La personnalité de Lescot, toutefois, est éclipsée par celle de Philibert de l'Orme : à côté du Lyonnais, le Parisien fait figure d'amateur doué. Philibert de l'Orme est le premier architecte français possédant un peu de l'universalité des grands maîtres italiens. Alliant l'habileté technique du maçon français à l'érudition de l'artiste de la Renaissance, il est, comme Lescot, classique sans être un simple imitateur de l'Italie, mais tandis que l'un joue sur un seul mode, l'autre possède un vaste champ harmonique[22].

Né à Lyon, probablement entre 1505 et 1510, il était fils d'un maître maçon. Vers 1533, il se rendit à Rome où il resta semble-t-il pendant trois ans. Il fut remarqué par Marcello Cervini, le futur pape Marcel II, et par le cardinal Du Bellay, qui vivait alors à Rome avec pour secrétaire François Rabelais. De l'Orme devint l'ami intime du grand humaniste et a peut-être inspiré la description de l'abbaye de Thélème du *Gargantua*, publié par Rabelais à son retour d'Italie en 1534. Il passa trois années à Rome, étudiant, mesurant, fouillant même les monuments antiques, profitant aussi, peut-on penser, de conversations avec les humanistes qu'il avait pu rencontrer par l'intermédiaire du cardinal, puis retourna à Lyon, où on le retrouve en 1536. Il y exécuta alors sa première œuvre connue, la maison d'Antoine Bullioud. Vers 1540, il fut appelé à Paris par Du Bellay qui le chargea de la construction d'un château à Saint-Maur-des-Fossés près de Charenton. Le cardinal l'introduisit dans le cercle du dauphin et de Diane de Poitiers qui lui commanda en 1547 la construction de son château d'Anet, achevé vers 1552. Dès son accession au trône, Henri II le nomma surintendant des bâtiments ; durant tout son règne, de l'Orme fut dans le domaine des arts le personnage le plus puissant de France. Il dessina pour le roi le tombeau de François Ier à Saint-Denis, construisit la chapelle du parc de Villers-Cotterêts et le château Neuf de Saint-Germain, et entreprit des modifications dans divers châteaux royaux, notamment à Fontainebleau. Il fut aussi chargé par Diane de Poitiers de la construction du pont de Chenonceau entre 1556 et 1559[23]. A la mort d'Henri II, il fut démis de sa charge et pendant quelques temps dut souffrir les mauvais traitements des ennemis que son arrogance lui avait attirés en grand nombre. Au bout de quatre ou cinq ans, il retrouva cependant la faveur de la reine mère, Catherine de Médicis, qui le chargea de la construction des Tuileries et lui commanda des plans pour l'achèvement de Saint-Maur, acheté par elle aux héritiers du cardinal Du Bellay. Pendant la vie et après la mort d'Henri II, de l'Orme s'occupa également d'architecture religieuse, mais la plupart des œuvres connues par les documents ont disparu. Il paraît assez fondé de lui attribuer le célèbre jubé de Saint-Etienne-du-Mont *(fig. 57)* : les garde-corps ajourés et les escaliers en vis sont très proches stylistiquement de ceux du château d'Anet ; en l'absence de toute autre indication de date ou d'auteur, on admettra que les deux œuvres appartiennent au même architecte.

Pendant ses années de disgrâce, de l'Orme composa deux ouvrages qui nous apprennent beaucoup sur l'homme et sur l'architecte. Le premier, *Nouvelles inventions pour bien bastir à petits frais* (1561), traité pratique concernant la construction des voûtes et des charpentes, traduit la part technique de la pensée de Philibert. Le second, l'*Architecture*, divisé en neuf livres, est un ouvrage beaucoup plus considérable, publié en 1567. Il devait être suivi d'un second tome traitant de la divine proportion, que Philibert, mort en 1570, ne put réaliser.

Dans la composition de son traité, de l'Orme fait naturellement usage des modèles obligatoires, Vitruve et Alberti, mais son travail est original à la fois dans son plan et dans son traitement. L'ouvrage n'est ni la pure spéculation d'Alberti, ni

57. Philibert de l'Orme (?). Paris, église Saint-Etienne-du-Mont, jubé, v. 1545

le simple recueil illustré de Serlio, mais combine d'une manière remarquable les aspects théoriques et pratiques de l'architecture. L'auteur est parti de son expérience personnelle. De l'Orme le souligne explicitement, et tout au long de son livre cite à l'appui de ses propositions une de ses réalisations ou un incident, généralement désagréable, qui lui est arrivé avec un maçon ou un commanditaire. Cet élément personnel donne à son œuvre fraîcheur et solidité, et lui interdit de répéter comme un perroquet les phrases de Vitruve ou de tout autre maître à penser. Le livre n'est pas seulement fait de souvenirs ou de conseils pratiques ; Philibert était un homme cultivé, qui avait le désir de donner à son art des bases rationnelles ; mais ici encore, l'approche reste personnelle et la théorie est déduite de l'expérience et de l'observation.

Son attitude se révèle dans le plan du traité. Les deux premiers livres portent uniquement sur des problèmes pratiques : les relations de l'architecte avec son commanditaire, le choix du site, l'effet du climat. Les livres III et IV concernent l'arithmétique et la géométrie, encore d'un point de vue strictement pratique, pour permettre à l'architecte de faire de bons plans, d'élaborer la structure des voûtes, d'utili-

ser le fil à plomb, etc. Les livres V, VI et VII sont consacrés aux ordres, et les deux derniers examinent les détails architecturaux et les éléments décoratifs : portes, fenêtres, cheminées. Le plan de l'ouvrage montre bien que de l'Orme donne la priorité aux aspects pratiques de l'architecture, comme il le dit d'ailleurs à plusieurs reprises : « Il vaudroit trop mieux à l'architecte, selon mon advis, faillir aux ornements des colomnes, aux mesures et fassades (où tous qui font profession de bastir, s'estudient le plus) qu'en ces belles regles de nature, qui concernent la commodité, l'usage et profit des habitans, et non la decoration, beauté et enrichissement des logis, faicts seulement pour le contentement des yeux, sans apporter aucun fruict à la santé et vie des hommes. »

Mais si l'architecte doit garder présentes à l'esprit ces considérations pratiques, il doit toujours agir selon la raison, non par une intuition aveugle. Philibert attaque tous ceux qui accumulent les ornements « sans aucune raisons, proportions, ou mesures, et le plus du temps à l'adventure, sans pouvoir dire pourquoy. » Aussi l'architecte doit-il être équipé d'un certain bagage théorique. Il doit connaître les disciplines mathématiques qui le concernent, et avoir quelques notions de la « philosophie naturelle » — nous dirions des sciences — ainsi que quelques rudiments de musique pour pouvoir traiter les problèmes d'acoustique. A la différence de Vitruve, de l'Orme ne considère pas que le droit et la rhétorique soient nécessaires à l'architecte ; on voit ici encore son sens pratique, qui le conduit même à s'opposer au maître vénéré entre tous.

L'architecte et le client doivent prévoir toute chose avant de commencer à construire. Le commanditaire doit considérer s'il a les fonds nécessaires à la construction de l'édifice projeté, si celui-ci convient à sa position sociale, si son entretien ne risque pas de le ruiner. Il doit alors choisir un architecte avec soin, mais l'ayant choisi, lui laisser les mains libres, évitant d'intervenir à chaque instant dans son travail ou de changer de projet en cours de construction. L'architecte doit élaborer les plans et les maquettes en détail avant d'ouvrir le chantier, pour que le client puisse savoir exactement ce qui lui est proposé et estimer avec précision le coût de la construction. En préparant les plans et les maquettes, il doit se garder de faire appel aux peintres qui embellissent si bien les projets qu'ils en donnent au client une idée fausse. Autant que possible, l'architecte doit entreposer à l'avance les matériaux afin de ne pas être contraint à en changer au milieu des travaux. Philibert est très ferme sur un point où il revient constamment : l'architecte doit autant que possible refuser l'idée d'incorporer à son projet d'anciens bâtiments subsistant sur le site. Il mentionne ses difficultés personnelles à Anet ; peut-être pensait-il aussi à la confusion introduite dans tant de châteaux du début du siècle, à Fontainebleau par exemple, par le rapiéçage et l'agrandissement d'un noyau antérieur. Il n'est pas totalement intransigeant sur ce point, puisqu'il présente au livre III un plan ingénieux pour régulariser un château possédant de vieux bâtiments, mais il le fait à son corps défendant et conseille une fois encore à l'architecte d'éviter si possible ce problème.

Après ces considérations générales d'ordre pratique, Philibert aborde la question de l'ornement. Il admet sa nécessité, mais pense qu'il doit être utilisé à bon escient, « ainsi qu'il est necessaire et raisonnable », non pour donner simplement une impression de luxe. Dans l'ensemble, de l'Orme n'est pas favorable à la richesse des orne-

ments ou des matériaux, si ce n'est pour les palais royaux ou pour des édifices publics, où elle est à propos. Il rejette en particulier l'emploi exagéré du marbre, et se moque de ceux qui croient que rien ne peut être fait de valable sans l'utiliser, affirmant qu'on trouve en France diverses sortes de pierre aussi belles que les marbres importés d'Italie, et convenant mieux au climat local[24].

L'orgueil national de Philibert, qui se révèle ici, est un caractère qui transparaît dans l'ensemble de ses écrits. Son indépendance à l'égard de l'Italie, et même de l'Antiquité, en est une autre manifestation. Il poursuit sans relâche de ses attaques ceux qui suivent aveuglément ces modèles, faisant incidemment remarquer l'écueil auquel les conduit souvent ce procédé : copié à une autre échelle ou placé dans un contexte différent, un bon modèle devient ridicule[25]. Cette doctrine présente un aspect plus positif. Philibert instaure un critère nouveau en France, celui de la raison, qu'il oppose à la conformité avec un modèle antique ou italien. Il juge chaque question en fonction de son expérience et de sa compréhension personnelles, prenant leçon de ses prédécesseurs, mais ne les suivant pas aveuglément. Cette indépendance d'esprit fait de lui le digne contemporain des poètes de la Pléiade, le vrai représentant d'une période où pour la première fois la France produit son propre classicisme. Nous retrouverons dans ses constructions cette caractéristique de ses écrits.

Son indépendance, son sentiment national et son sens pratique apparaissent de la manière la plus claire dans un passage du traité où de l'Orme propose et présente un nouvel ordre français complétant les cinq ordres grecs et romains. Son argument est à la fois théorique et pratique. Pour la théorie, il avance ceci : les Grecs et les Romains ayant inventé des ordres en fonction de leurs propres besoins, pourquoi les Français, membres d'une nation tout aussi prestigieuse, n'inventeraient-ils pas un ordre à leur convenance ? L'argument pratique est tout aussi puissant : les ordres grecs et romains ont été inventés dans des pays où le marbre est un matériau commun, tandis qu'en France on utilise habituellement la pierre. Il est difficile d'obtenir une pierre assez longue pour faire une grande colonne monolithe ; de plus, un fût d'une telle longueur ne pourrait supporter les pesées exercées sur lui. Aussi les colonnes de

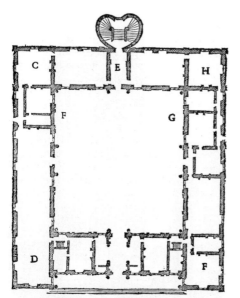

58a. Philibert de l'Orme. Saint-Maur,
château, commencé en 1541. Plan,
Traité d'architecture

pierre sont-elles généralement composées de tambours superposés ; le désavantage est que les joints sont visibles et peu esthétiques ; c'est pourquoi de l'Orme propose un ordre français où le fût est scandé de bagues ornées servant à masquer les joints. Philibert développe cette idée en l'appliquant aux cinq ordres classiques, et propose en illustration des versions françaises des ordres dorique et ionique se distinguant de leurs prototypes antiques par l'emploi de bagues sculptées.

Lorsqu'on en vient à l'étude des œuvres réalisées par Philibert de l'Orme, on retrouve les qualités de ses écrits. Malheureusement, presque toutes ses constructions ont été détruites, et à l'exception de quelques parties d'Anet et du tombeau de François Ier, on doit s'en référer aux gravures.

Le château de Saint-Maur, probablement commencé en 1541 *(fig. 58a)*, n'a pas la personnalité des œuvres de la maturité, mais dans son contexte c'est une création importante, et même révolutionnaire. Philibert se vante, non sans raison, d'avoir construit le premier édifice de France à « monstrer à tous comme l'on doibt observer les mesures de architecture » ; il est certainement exact que le monument établissait un nouveau critère de classicisme à une date qui était, nous devons nous en souvenir, celle de l'arrivée de Serlio en France. Le traité nous présente les plans et élévations originels du bâtiment, dont seul fut réalisé le corps de logis principal. Le parti rappelle le palais du Tè, avec son niveau unique et ses pièces en simple profondeur se développant autour d'une cour carrée. La tradition française se marque cependant dans la disposition, à l'opposé du corps principal, d'un bâtiment plus bas, dominé par les extrémités des deux ailes perpendiculaires qui le flanquent en façade à la manière de pavillons. Côté jardin, de l'Orme avait prévu un escalier en fer-à-cheval conduisant au rez-de-chaussée, premier exemple de cette forme en France. Les élévations étaient simples : autour de la cour régnait un ordre unique de pilas-

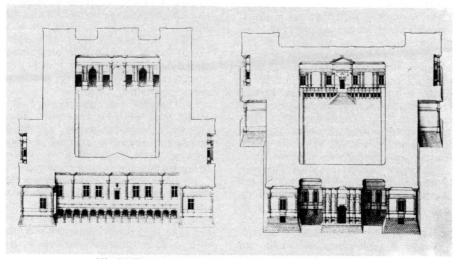

58b. Philibert de l'Orme. Saint-Maur, château, 1541-1563.
Dessin de Du Cerceau. Londres, British Museum

tres corinthiens jumelés ; au centre de chaque face était placée une porte flanquée de colonnes. La façade originelle sur la cour est visible sur la figure 58 b, car elle a été conservée dans le premier remaniement du bâtiment représenté ici ; le balcon placé sur des piliers très courts est toutefois une addition de la seconde période. Au-dessus de la porte principale du corps de logis étaient disposées des tables décorées de reliefs et d'inscriptions en l'honneur de François Iᵉʳ. La partie centrale de la façade d'entrée possédait une composition presque semblable, mais les extrémités des ailes perpendiculaires, et probablement aussi les autres façades extérieures, étaient ornées de pilastres à bossages rustiques s'opposant aux pilastres à fûts nus de la cour. Le parti de Saint-Maur est remarquable : il constitue en France le premier exemple d'une élévation utilisant un ordre unique de pilastres classiques corrects, disposés à la manière des architectures de la Haute Renaissance. Le résultat pourtant n'est guère italien, notamment à cause de l'utilisation de certains éléments français, comme les fenêtres à meneaux ; sa nouveauté justifie toutefois la vanité qu'en tirait son auteur.

Si la plus grande partie d'Anet a été détruite, ses trois éléments essentiels ont survécu : l'avant-corps ou portique du corps principal, qui se dresse aujourd'hui tristement dans la cour de l'école des Beaux-Arts *(fig. 59)*, l'entrée *(fig. 62)* et la chapelle *(fig. 60)* toujours conservés *in situ*, bien que cette dernière, aujourd'hui isolée, ne soit plus comme à l'origine masquée par les galeries de l'aile orientale de la cour.

Le portique *(fig. 59)*, qui date probablement de la fin des années 1540-1550, est un superbe exemple du classicisme original créé par Philibert. Sa forme développe un motif d'entrée de château médiéval français, auparavant modifié et italianisé à divers degrés à Azay, Fontainebleau et Assier ; mais ici la transformation est plus fondamentale. Tout d'abord, les ordres sont beaucoup plus corrects que dans les exemples précédents, et sont superposés selon les règles — dorique, ionique, corinthien — comme au Colisée de Rome. Mais, ce qui est beaucoup plus important, l'élévation possède une monumentalité qu'on a vu poindre dans l'architecture française autour de 1540, mais jamais avec cette grandeur et cette plénitude. Qualité qui ressort d'une manière particulièrement

59. Philibert de l'Orme. Avant-corps du château d'Anet, avant 1550. Paris, Ecole des Beaux-Arts

frappante quand on compare ce fragment aux avant-corps de Lescot au Louvre *(fig. 54)*. Le choix des ordres et leurs proportions massives, la rigueur des modénatures, la hardiesse des stylobates des colonnes jumelées, l'utilisation discrète de l'ornement sont d'un esprit totalement étranger à Lescot. Le dessin de Philibert est classique, mais ne se réfère pas directement aux modèles romains ; il a la grandeur de Sangallo, mais ne le copie pas. Il faudra attendre François Mansart pour qu'un nouveau pas soit franchi dans le traitement d'un motif favori de l'architecture française.

La chapelle[26] est plus remarquable encore *(fig. 60-61)*. A l'exception d'une expérience isolée à Vannes[27], elle est la première en France à appliquer ce grand principe de la Renaissance : le cercle, figure parfaite, est la forme qui convient à la maison de Dieu. Ce principe est appliqué ici avec la plus grande originalité : non seulement l'espace central couvert en coupole est construit sur un cercle, mais le périmètre extérieur des chapelles s'inscrit lui aussi dans un cercle, interrompu seulement par les angles des

60. Philibert de l'Orme. Anet (Eure-et-Loir), château, coupole de la chapelle, 1549-1552

deux sacristies. Plus encore, le pavement adopte un dessin composé d'arcs de cercle, qui reproduit exactement la projection des caissons de la coupole et s'inspire d'un motif fréquent dans les mosaïques romaines.

Cette insistance sur le cercle est conforme aux recherches de Bramante, mais l'application de Philibert est très différente. Dans le Tempietto, Bramante a choisi la combinaison la plus simple des formes mathématiques pures : le cercle, le cylindre, la sphère, tandis que de l'Orme, avec un enthousiasme presque ingénu, recherche une solution beaucoup plus complexe ; la chapelle n'a donc pas la pureté du Tempietto, mais elle brille de son génie personnel. On y note aussi une importante innovation structurelle : au lieu d'arcades inscrites dans une surface plane, liées au cercle inférieur de la coupole par des pendentifs, les arcs de cette chapelle se découpent dans une surface cylindrique, leur tracé décrivant une courbe tri-dimensionnelle. La seule autre chapelle de Philibert de l'Orme dont on ait quelque connaissance, celle du parc de Villers-Cotterêts, construite vers 1550,

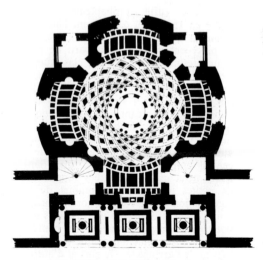

61. Philibert de l'Orme. Anet, château. Plan de la chapelle, d'après Du Cerceau, *Les plus excellents bastiments*

62. Philibert de l'Orme. Anet, château, bâtiment d'entrée, v. 1552

développait aussi avec son plan trilobé un jeu complexe sur le thème du cercle. Elle présentait deux nouveautés importantes : l'utilisation de l'ordre français, et la projection d'un portique classique en avant de la chapelle.

L'entrée enfin, probablement construite en 1552 *(fig. 62)*, est un bâtiment étonnant qui n'a, à notre connaissance, ni précédent ni suite. Son parti ne présente presque aucun élément classique, à l'exception des colonnes doriques encadrant la porte. Elle est conçue comme une série de cubes s'emboîtant les uns dans les autres, créant un jeu qui évoque presque celui de l'architecture fonctionnaliste. Une succession de massifs rectangulaires s'échelonnent jusqu'à l'élément central entouré de consoles, que flanquent deux masses arrondies supportant de petites terrasses. Au sommet de la composition est placée une horloge ornée d'un cerf de bronze entouré de chiens qui bougeaient quand sonnaient les heures, ingénieuse trouvaille mécanique bien dans l'esprit de l'architecte. De part et d'autre, aux extrémités de la terrasse inférieure, quatre sarcophages ajoutent un élément de richesse à une composition animée surtout par les découpes complexes des garde-corps ajourés régnant sur l'ensemble. A l'origine, des incrustations de marbre noir sur l'entablement de l'ordre dorique et la *Nymphe* de Cellini, bas-relief de

bronze aujourd'hui remplacé par une copie de plâtre, ajoutaient des touches colorées. Cette entrée est peut-être l'exemple le plus saisissant de la capacité de Philibert à penser en termes monumentaux, tout en échappant à la tentation d'imiter les modèles de la Haute Renaissance italienne[28].

Les deux œuvres exécutées pour Henri II sont de nature assez différente. Le tombeau de François Iᵉʳ *(fig. 63-64)*, commencé en 1547, présente la solution apportée par de l'Orme pour rendre classique la formule inventée par les Juste au monument de Louis XII *(fig. 19)*. Le parti d'ensemble est celui d'un arc de triomphe romain dont les arcades latérales sont placées en retrait de la travée principale. L'utilisation des marbres de couleur est habile et le détail décoratif, dont Pierre Bontemps fut, semble-t-il, en grande partie responsable, est superbe. Un élève de Bramante l'aurait trouvé surchargé, mais de l'Orme montre une virtuosité étonnante à constituer un tout cohérent d'une telle masse d'ornements.

Le château Neuf de Saint-Germain ou, comme on l'appelait plus justement à l'époque d'Henri II, le « Théâtre », fut commencé en 1557. Un devis et d'anciennes gravures prouvent qu'il était composé d'un corps de logis cantonné de pavillons, précédé d'une cour fermée par un

63. Philibert de l'Orme et Pierre Bontemps. Saint-Denis, abbatiale,
tombeau de François 1er, commencé en 1547

64. Philibert de l'Orme. Saint Denis, abbatiale, tombeau de François 1er,
commencé en 1547. Détail de l'entablement

simple mur, destinée à former un cadre pour des fêtes. La forme inhabituelle de la cour, un carré creusé d'un hémicycle sur chaque côté, semble dériver d'une partie de la villa Hadriana fouillée au XVIᵉ siècle ; on pensait alors que cet élément était le vestige d'une cour ouverte à quatre côtés symétriques, mais d'autres fouilles ont démontré depuis lors qu'il s'agissait en réalité d'une salle à manger couverte, de forme nettement allongée. Le plan du corps de logis est d'une grande importance : c'est en France le premier exemple de château conçu comme un bâtiment isolé symétrique, à l'inverse de la formule traditionnelle à cour fermée par quatre ailes. C'est le modèle direct du Blérancourt de Salomon de Brosse ; il annonce Maisons et Vaux-le-Vicomte.

Les deux derniers projets de Philibert de l'Orme furent commandés par Catherine de Médicis. En 1563, la reine mère acquit le château inachevé de Saint-Maur et, le destinant à son fils Charles IX, demanda à l'architecte des plans pour terminer l'édifice sur une échelle plus grande que celle du projet originel. Une série de dessins de Du Cerceau conservés au British Museum semble concerner ce nouveau projet (fig. 58b). Il diffère principalement du précédent par l'addition de doubles pavillons flanquant le corps principal, offrant ainsi la possibilité de placer un appartement supplémentaire dans chaque aile, et donc d'améliorer la distribution du château. Bien qu'elle présente l'inconvénient de rendre asymétriques les élévations latérales, la disposition fut souvent reprise au XVIIᵉ siècle, par exemple par Salomon de Brosse au Luxembourg. Cet agrandissement ne devait pas affecter les élévations : le château conservait son niveau unique, couvert d'un toit plat. Son ordonnance extérieure était composée d'une série de pilastres à bossages rustiques altérant à peine l'agencement simple des masses.

La seconde commande de Catherine de Médicis fut d'une autre envergure. En 1563 et 1564, la reine achetait des terrains à l'extérieur des murs de Paris dans l'intention de s'y faire construire un palais séparé du Louvre, mais situé dans un voisinage commode. Philibert fut engagé pour exécuter les projets de ce qui allait devenir le palais des Tuileries, et se réfère souvent dans son traité à l'œuvre qu'il était en train de réaliser pour la reine mère. A l'époque de sa mort toutefois, seule une très petite partie de l'édifice était achevée : la partie basse du pavillon central contenant un escalier ovale sans support médian, flanqué symétriquement de deux corps de bâtiment. On n'a guère de renseignement digne de foi sur ses intentions touchant l'achèvement de l'édifice[29], mais les constructions réalisées montrent clairement que le style aurait été assez différent de sa manière habituelle. La raison de ce changement transparaît dans plusieurs allusions du traité : de l'Orme ne cesse de rappeler que pour chaque détail il s'est conformé aux désirs de la reine qui réclamait une grande richesse de matériaux et d'ornements, nous laissant entendre qu'il aurait préféré un traitement plus simple.

L'incertitude qui entoure les projets des Tuileries et du second Saint-Maur permet difficilement de définir avec précision la dernière manière de Philibert de l'Orme. Il est possible qu'il se soit écarté de la monumentalité de ses premières œuvres pour se tourner vers un style plus ornemental : il y a dans les élévations des Tuileries des détails, certainement de la main de Philibert, qui annoncent les inventions de Bullant. Particulièrement significative est la façon dont se chevauchent les lucarnes et les tables à frontons qui les séparent, créant une interférence des éléments que l'on ne trouverait pas dans les œuvres plus classiques de l'architecte. Il semble que de l'Orme, après avoir contribué plus que tout autre à la création d'une architecture classique réellement française, commençait, à la fin de

sa vie, à explorer les chemins de la génération suivante.

Bien que Primatice fût italien et plus âgé que les architectes dont nous venons de parler, c'est ici seulement qu'il convient d'étudier son œuvre architecturale, car il n'a exploré ce domaine qu'à la fin de sa carrière. Il semble tout naturellement avoir abordé l'architecture par le biais de la sculpture décorative, et les premières œuvres pouvant être rapprochées de son nom avec vraisemblance sont à la frontière des deux arts : la grotte du jardin des Pins à Fontainebleau (v. 1543) (fig. 65)[30], la grotte de Meudon (v. 1555) et la porte de la cour du Cheval Blanc (après 1561), dont les fragments ont été remployés au niveau inférieur du « Baptistère » de la cour Ovale. Toutes ces œuvres reflètent l'influence des appareils rustiques utilisés par Jules Romain. La conception de la grotte des Pins, avec ses géants émergeant d'un cadre rocheux, semble indiquer que Primatice connaissait les esquisses de Giulio pour la fresque de *la Chute des géants* au palais du Tè, bien que l'œuvre elle-même n'ait été exécutée qu'un peu après son départ de Mantoue.

Plus importante est une autre adjonction bellifontaine attribuée à Primatice, l'aile de la Belle Cheminée, construite en 1568 *(fig. 66)*. C'est une composition plus

65. Primatice (?). Fontainebleau, grotte des Pins, v. 1543

66. Primatice (?). Fontainebleau, aile de la Belle cheminée, 1568

67. Jean Bullant. Saint-Denis, chapelle des Valois.
Plan et élévation, gravure de Jean Marot

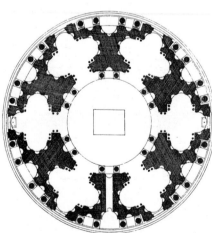

froide, plus académique, et l'on peut penser que Primatice a subi l'influence des constructions de Vignole, qu'il a dû voir pendant son séjour à Bologne en 1563. Le parti, avec ses deux rampes droites extérieures, est spectaculaire, mais la sécheresse du détail contraste singulièrement avec les pittoresques bossages rustiques de ses premières expériences architecturales.

Le nom de Primatice doit être aussi étroitement associé au mausolée projeté par Catherine de Médicis pour son mari, pour elle-même et pour ses fils : la chapelle des Valois, édifice de plan circulaire greffé à l'extrémité nord du transept de Saint-Denis *(fig. 67)*. Au centre de la Rotonde devait être placé le tombeau du roi et de la reine, commencé en 1561 sur les dessins de Primatice, et orné de sculptu-

68. Primatice et Germain Pilon. Saint-Denis, abbatiale, tombeau d'Henri II, commencé en 1561

res exécutées par Germain Pilon *(fig. 68)*. Le monument présente la solution apportée par le Bolonais au problème précédemment expérimenté par les Juste et de l'Orme pour ceux de Louis XII *(fig. 19)* et de François Ier *(fig. 63)*. Comme dans celui des Juste, on pourrait trouver ici un écho du premier projet de Michel-Ange pour le tombeau de Jules II, mais Primatice montre à tous égards une compréhension plus profonde du modèle dans la position des colonnes et des statues aux angles de l'édicule. Cette disposition fait que cette œuvre « tourne » mieux que celle de Philibert faite pour être vue de face ou de côté, mais ne permettant pas une vision intermédiaire. La conception

plus plastique tient sans doute en partie à l'emplacement projeté, au centre de la chapelle circulaire, où le monument aurait été vu sous tous les angles.

Le problème de l'attribution de la chapelle est plus compliqué. Les documents et le témoignage de Vasari prouvent que le premier projet, probablement de plan circulaire, fut exécuté par Primatice[31], mais rien ou presque ne semble avoir été mis en œuvre avant sa mort en 1570. En 1572, Jean Bullant fut placé à la tête du chantier et, l'année suivante, présenta au roi un modèle dont Marot s'est vraisemblablement servi pour établir ses gravures *(fig. 67)*. A sa mort en 1578, il fut remplacé par Baptiste Du Cerceau, qui apporta probablement quelques rectifications mineures au projet, et conduisit les travaux jusqu'au sommet du second ordre entre 1582 et 1585[32] ; tombant en ruine, la Rotonde fut finalement démolie au début du XVIIIᵉ siècle[33].

Le parti d'ensemble de la chapelle des Valois, comme nous le présentent les gravures de Marot et quelques vues exécutées à l'époque où l'édifice était encore debout, se réfère à des modèles italiens, comme le Tempietto de Bramante ou les projets de Michel-Ange pour Saint-Jean-des-Florentins, mais il se distingue de tous ses précédents par le nombre de ses chapelles : au lieu des quatre ou huit habituelles, le mausolée en possède six, nombre imposé par la nécessité d'ajouter aux quatre chapelles destinées aux fils d'Henri II, deux autres pour l'entrée et le sanctuaire. L'élévation extérieure à deux niveaux, chacun orné d'un ordre, d'où jaillit le tambour portant le dôme, rappelle le projet de Sangallo pour Saint-Pierre, que Primatice a pu voir lors de sa visite à Rome en 1540-1541. Tous ces liens avec des modèles romains tendent à montrer que les grandes lignes du projet de Primatice furent suivies par ses successeurs, mais Bullant peut avoir modifié les ordres que présentent les versions gravées.

Si les quatre architectes mentionnés dans ce chapitre ont surtout travaillé en Ile-de-France, les décennies centrales du XVIᵉ siècle furent également une époque de grande activité dans les provinces. On ne pourrait citer, même sommairement, les innombrables châteaux, églises et maisons de villes construits ou transformés à cette époque à travers toute la France, mais un ou deux centres appellent une mention spéciale.

Dans le sud-ouest, un groupe d'édifices se distingue par un style qu'il faut probablement lier à l'influence d'un architecte particulier, Guillaume Philandrier ou Philander. Philander était à l'origine un philosophe classique qui, en architecture, se distingua par son érudition plus que par son savoir-faire pratique. Né en 1505, il accompagna en 1536 Georges d'Armagnac, évêque de Rodez, dans son ambassade à Venise, et très certainement poursuivit sa route jusqu'à Rome. A Venise, il devint l'élève de Serlio, qui lui inspira probablement l'idée d'un travail sur Vitruve. En 1543, il publia une traduction du traité antique suivie, un an plus tard, d'un long commentaire érudit. A son

69. Guillaume Philander. Rodez (Aveyron), cathédrale. Couronnement de la façade occidentale, v. 1562

retour à Rodez en 1544, il reçut la direction de l'œuvre de la cathédrale, à laquelle il ajouta vers 1562 le remarquable couronnement de la façade occidentale *(fig. 69)*. Les forces et faiblesses de Philander s'y montrent clairement : l'architecte s'est contenté de placer une façade d'église romaine au sommet d'une haute élévation entièrement gothique. Les détails du dessin sont d'une pureté remarquable et d'un style assez avancé, même pour l'Italie, mais dans un tel contexte, l'ensemble est aberrant. Tout sens d'échelle et d'harmonie semble avoir déserté l'esprit de Philander, qui est tombé tout droit dans le piège signalé par Philibert de l'Orme.

La science de Philander, son attitude plus érudite à l'égard de l'utilisation des ordres, semblent toutefois avoir exercé une influence sur les architectes du Rouergue, et l'on trouve plusieurs châteaux présentant une forme de classicisme intéressante, différente de celle de la France septentrionale. Bournazel est l'exemple majeur. L'aile nord, la plus ancienne et la moins remarquable, fut construite en 1545, et suivie vers 1550 de la spectaculaire galerie orientale à deux niveaux d'arcades *(fig. 70)*[34]. Cette loggia rappelle un peu la monumentalité des œuvres de Philibert de l'Orme, mais ne procède pas de son style. Elle est en fait plus italianisante, et en cette mesure reflète probablement l'influence de Philander. Le dessin possède toutefois plusieurs caractères strictement français : la

70. Guillaume de Lissorgues (?). Bournazel (Aveyron), château, v. 1550

71. Toulouse, hôtel de Bernuy, 1530

décoration, celle des métopes surtout, évoque le style de Fontainebleau, et l'on trouve dans la disposition des ordres un élément, fréquent en France, mais irrégulier en termes italiens : au second niveau, l'entablement de l'ordre ionique n'a pas de ressauts, bien que les colonnes soient entièrement détachées du mur. Cet usage, qu'on ne rencontre presque jamais en Italie, est explicitement condamné par

Alberti[35] ; il est possible que les architectes français l'aient copié d'un célèbre édifice romain, le « temple de Diane » de Nîmes qui, nous le verrons, servit au moins une autre fois de modèle.

Toulouse, cité fière de l'indépendance politique et culturelle de son parlement et de son université, fut un autre centre de rayonnement du nouveau classicisme, mais d'une qualité moins pure que le précédent. Très tôt, dès 1530, des humanistes comme Jean des Pins, évêque de Rieux, remanièrent leurs maisons à la manière nouvelle. S'il n'en subsiste plus grand chose aujourd'hui, on peut se faire une idée du style courant à cette époque à Toulouse par l'hôtel de Bernuy (1530) (fig. 71), qui porte encore la trace de l'influence gothique, mais présente une étonnante originalité de parti. Le milieu du siècle est marqué par la personnalité de Nicolas Bachelier, qui construisit certains des hôtels exceptionnels que possède la ville[36]. Il commença sa carrière comme sculpteur, et ses œuvres architecturales portent la marque de sa formation initiale : la porte de l'hôtel de Bagis (1538) (fig. 72), avec l'ingénieuse disposition des termes-atlantes, est essentiellement conçue comme une œuvre de sculpture. L'en-

trée de l'hôtel d'Assézat (1555) est davantage l'œuvre d'un architecte, mais reste pittoresque, avec ses bossages rustiques et sa décoration de surface. L'application des modèles italiens y est assez personnelle et le dessin n'a pas grand chose à voir avec les productions françaises septentrionales.

Aucun témoignage décisif ne nous renseigne sur l'auteur des façades sur cour de cet hôtel, construites entre 1552 et 1562 (fig. 73), l'œuvre la plus originale qu'ait produit Toulouse à cette époque. Lavedan[37] a démontré de manière convaincante que le style est trop classique pour Bachelier, mais n'a proposé aucune autre attribution. On peut certifier en tout cas que les ouvrages de Serlio étaient familiers à l'artiste, car l'élévation est composée en grande partie d'éléments empruntés aux planches du Livre IV. Quel que soit son nom, l'architecte, qui semble avoir exercé une influence profonde sur ses confrères toulousains, doit être placé avec Lescot et de l'Orme parmi les créateurs du style classique au milieu du siècle.

En dehors de ces centres, deux édifices isolés méritent une mention particulière. Le premier est le château de La-Tour-d'Aigues près d'Aix-en-Provence. Le corps principal, élevé entre 1555 et 1570, est une adaptation directe du pavillon de Lescot au Louvre ; beaucoup plus remarquable est l'arc de triomphe formant l'entrée principale du château, daté de 1571 (fig. 74). Il s'y manifeste certains traits que nous avons remarqués dans l'architecture du sud-ouest : la monumentalité et l'utilisation d'entablements sans ressauts portés par des colonnes détachées, mais le caractère général est très différent. La-Tour-d'Aigues est située à proximité des plus importants vestiges de l'architecture romaine provençale, et c'est sans nul doute à leur contact que l'architecte a formé son style. La riche frise sculptée de trophées, les chapiteaux corinthiens des pilastres, d'une correction et d'une beauté exceptionnelles, la sculpture raffinée de la corniche : tout suggère une étude attentive d'originaux antiques, non une rencontre fortuite au travers de dessins ou de gravures. L'entrée de La-Tour-d'Aigues a plus qu'aucune autre construction française du XVIᵉ siècle l'apparence d'un véritable arc de triomphe romain[38].

Le second édifice, la chapelle de Champigny-sur-Veude, est tout aussi remarqua-

72. Nicolas Bachelier. Toulouse, hôtel de Bagis, 1538

73. Toulouse, hôtel d'Assézat, 1552-1562

74. La Tour-d'Aigues (Vaucluse), château. 1571

ble. La chapelle proprement dite, commencée au début du siècle, est un exemple intéressant d'architecture flamboyante à décor italianisant. Vers 1570, le duc de Montpensier ajouta à l'extrémité ouest un porche de forme très inhabituelle construit, selon Hautecœur, par Toussaint Chesneau *(fig. 75)*. Il se compose d'une voûte en berceau perpendiculaire à l'axe de la nef reposant sur des murs ornés de deux ordres de colonnes adossées, ioniques et corinthiennes, portant des entablements sans ressaut. La décoration, pleine de fantaisie, est toute française, mais le parti rappelle directement celui du pronaos du temple de Diane à Nîmes, qui a la même forme, mais dont la voûte retombe sur un ordre unique[39].

Les mêmes tendances se manifestent au milieu du XVIe siècle en d'autres exemples d'architecture religieuse, mais il ne s'agit généralement que d'éléments ajoutés à des édifices existants. L'application de colonnes et de pilastres à des porches et portails prend un caractère de plus en plus monumental, comme au Grand-Andely[40]. Des tours sont décorées d'ordres correctement superposés, comme à Gisors ou à Saint-Michel de Dijon *(fig. 37)*[41] ; des jubés sont composés dans une langue strictement classique : Arques-la-Bataille en conserve l'un des plus beaux exemples[42]. Dans d'autres cas, comme au Mesnil-Aubry, l'ensemble de la nef est construit avec des colonnes classiques, mais la structure reste fidèle aux principes médiévaux, et les colonnes portent un voûtement flamboyant[43]. On ne trouve qu'un seul exemple de chapelle complète traduisant les principes de la nouvelle manière, dont l'importance pourrait se comparer, dans l'architecture civile, aux réalisations provinciales de Bournazel ou de l'hôtel d'Assézat : la chapelle de Tous-les-Saints de la cathédrale de Toul, construite semble-t-il en majeure partie avant 1549[44]. De plan octogonal, elle possède deux ordres superposés portant une coupole à caissons. L'esprit du parti et des détails est entièrement italien, et très avancé pour la date, mais il est impossible de faire un rapprochement précis avec un édifice d'outre-monts.

La dispersion géographique de ces exemples confirme la conclusion qu'apporte l'architecture civile : le nouveau classicisme créé par les grands architectes de la Cour — Serlio, de l'Orme, Lescot et Primatice — s'est accompagné dans les provinces de mouvements parallèles, sou-

75. Champigny-sur-Veude (Indre-et-Loire), chapelle. Porche

vent indépendants, qui produisirent parfois des édifices d'une réelle originalité, comme l'hôtel d'Assézat, Bournazel ou La-Tour-d'Aigues.

On ne peut clore ce chapitre sans évoquer un homme qui, s'il n'a ni pratiqué l'architecture, ni même écrit une œuvre originale sur le sujet, a pris part au développement de la doctrine et des méthodes architecturales du XVIe siècle : il s'agit de Jean Martin[45], dont les traductions firent connaître à travers toute la France de nombreux ouvrages importants. A partir de 1545 il travailla aux traductions de Serlio ; en 1546, il publia une version française de l'*Hypnerotomachia Poliphili*, avec de nouvelles gravures d'artistes français, qui fut suivie en 1547 d'un Vitruve accompagné d'illustrations et d'un commentaire de Jean Goujon, et en 1553 du *De re aedificatoria* d'Alberti.

Peinture et gravure

Primatice, Nicolo dell'Abate, François Clouet, Jean Duvet

Si l'on doit à Rosso le style décoratif que l'on rattache à l'école de Fontainebleau, Primatice, lui, créa un type de dessin de figures qui devait rester jusqu'à la fin du XVIe siècle la caractéristique la

76. Primatice. *La Tempérance*. Dessin pour
le cabinet du roi, Fontainebleau, 1541-1545.
Londres, British Museum

plus reconnaissable de la peinture française.

Le Bolonais élabora cette manière pendant la décennie qui suivit son voyage à
Rome et la mort de Rosso, période où il
composa certains des plus importants
décors de Fontainebleau, malheureusement en grande partie disparus. Les panneaux du cabinet du roi, exécutés entre
1541 et 1545 et connus par des dessins,
sont encore dans la tradition de Jules
Romain ; l'un d'eux *(fig. 76)* rappelle l'un
des personnages allégoriques assis de la
sala di Costantino. La décoration de la
chambre de la duchesse d'Etampes *(fig.
77)*, composée la même année, est au contraire tout à fait originale[46]. Les peintures
ont gravement souffert, mais les dessins
préparatoires, comme *la Mascarade (fig.
78)*, montrent que le style de Primatice
était en cours d'évolution. Jusqu'à un
certain point, ce changement pourrait être
attribué à l'effet que dut produire sur
l'artiste la découverte de la sculpture antique de Rome : les nus du premier plan
nous suggèrent qu'un peu de la douceur
et de la délicatesse de la statuaire hellénistique tardive est venu tempérer la manière
plus masculine, et parfois emphatique de
Giulio. L'attitude maniériste des personnages courbés à droite au premier plan et
la forme des têtes des jeunes filles placées
derrière eux prouvent toutefois une autre

influence : celle de Parmesan, qui allait
devenir un facteur essentiel dans la transformation du style de Primatice. Le Bolonais, qui dut connaître les œuvres de Parmesan avant son départ en France, semble n'avoir compris la signification de ce
style élégant et raffiné qu'à une période
relativement tardive. Le changement se
traduit de manière très visible dans les
stucs de la chambre de la duchesse
d'Etampes, dont les cariatides présentent
les caractères des types féminins de Parmesan : longues jambes effilées, cous
fins, têtes petites, profils classiques à
l'extrême. L'influence de la galerie François Iᵉʳ de Rosso se voit encore clairement
dans les parties décoratives des stucs,
avec leurs guirlandes de fruits et leurs
cuirs découpés, mais les figures sont très
différentes. Si Rosso allongeait parfois les
silhouettes, c'était pour donner aux personnages une sorte d'intensité spirituelle,
et l'élongation se complétait d'une disposition angulaire des membres accentuant
l'effet. Avec Parmesan et Primatice, les
formes, longues et délicates, sont disposées avec une aisance suprême, sans rien
d'abrupt : les stucs de la chambre de la
duchesse d'Etampes établissent cette formule qui eut en France un tel succès et
fut imitée à l'étranger pendant toute la
fin du XVIᵉ et jusqu'au début du XVIIᵉ
siècle[47].

Les deux pièces de Fontainebleau auxquelles Primatice consacra la seconde
partie de sa carrière, la salle de Bal et la
galerie d'Ulysse, constituaient les plus
importants exemples de ce style. La première subsiste, très restaurée ; la seconde
fut détruite au XVIIIᵉ siècle, mais son
décor est connu en grande partie par des
dessins et des gravures.

La forme de la salle de Bal ne se prête
pas aisément à la décoration peinte.
Construite entre 1540 et 1550 avec des
murs extrêmement épais où les fenêtres
découpent de très profondes embrasures,
la pièce était destinée primitivement à
recevoir une voûte portée par des consoles. Celles-ci ont été conservées, mais le
projet fut modifié par Philibert de l'Orme
en faveur de l'actuel plafond à caissons,
ne laissant pour les fresques principales
que les espaces assez ingrats des écoinçons se rejoignant au-dessus d'arcs légèrement aplatis. Ces espaces et les embrasures des fenêtres furent décorés par Primatice entre 1552 et 1556. Dans l'état actuel
des peintures, on peut se former une idée
plus juste de leur qualité en examinant les

77. Primatice. Fontainebleau, chambre de la duchesse d'Etampes.
v. 1541-1545 (après restauration)

78. Primatice. *La mascarade de Persépolis*. Dessin pour la chambre de la duchesse d'Etampes, Fontainebleau, 1541-1545. Paris, Musée du Louvre

dessins conservés *(fig. 79)*. Primatice s'y est visiblement inspiré des décors de Raphaël à la Farnésine, modèles classiques de décoration insérée dans les espaces complexes des écoinçons, mais le champ pictural légèrement plus étendu l'a obligé à distribuer des scènes entières, au lieu des groupes de deux ou trois personnages présentés par Raphaël. Si les compositions et de nombreuses figures sont tirées du décor romain, leur caractère est profondément modifié par l'adoption des canons de proportions utilisés par le Parmesan[48].

L'autre grande composition, la galerie d'Ulysse, présentait une décoration beaucoup plus complexe, dont la réalisation dura de nombreuses années. La galerie, d'une immense longueur, occupait au premier étage un côté entier de la cour du Cheval Blanc. Elle fut probablement commencée peu après 1541 ; les peintures des murs et du lambris en berceau étaient achevées à la mort d'Henri II. Les adjonctions de Charles IX portèrent principalement sur la décoration des lunettes des fenêtres et des manteaux des cinq che-

minées. Les murs étaient ornés d'une suite de scènes illustrant l'histoire d'Ulysse ; autant qu'on en puisse juger par les dessins[49] et les gravures, Primatice s'y révèle un maître du dessin académique. Son style semble plus affecté que précédemment par l'influence de Michel-Ange, en particulier dans les scènes d'action violente. La manière de Parmesan domine toutefois dans les sujets plus calmes ; nous pouvons nous en faire une idée grâce au tableau, peint à l'huile, d'*Ulysse et Pénélope*, œuvre probable de Primatice qui reprend l'un des panneaux bellifontains *(fig. 80)* : on y est frappé par les maigres silhouettes des personnages conversant à l'arrière-plan, qui forment avec le groupe principal un contraste rappelant l'art de Rosso par sa qualité dramatique.

La voûte était ornée de grotesques où s'inséraient de petits panneaux figurés. Une gravure de Du Cerceau *(fig. 81)*, qui présente une travée de ce décor, nous en fait connaître la disposition d'ensemble ; il est visible que Primatice a repris le principe des fresques ornant le salone di Stu-

79. Primatice. *Cérès*. Dessin pour la salle de Bal,
Fontainebleau, 1552-1556. Chantilly

dio de la Chancellerie de Rome, attribuées à Perino del Vaga, qu'il a pu voir
lors de son voyage de 1540. Dans les deux
décors, l'effet repose principalement sur
la grande variété de forme des panneaux[50]
et sur la manière ingénieuse dont ceux-ci
se mêlent aux grotesques qui les entourent.

La composition des travées semble
avoir été la même d'une extrémité à
l'autre de la galerie, mais on peut découvrir une différence dans le détail des panneaux figurés. Dans les travées les plus
anciennes, les panneaux reprennent,
semble-t-il, le style de la salle de Bal et de
la chambre de la duchesse d'Etampes,
mais à partir du milieu de la galerie se
manifeste une forte tendance à l'illusionnisme. Ainsi, dans le panneau octogonal
de la quatorzième travée, *Jupiter et
Junon entourés des dieux de l'Olympe*,
les figures sont présentées dans une composition en *sotto in su* rappelant celles
que Corrège a employées pour ses décors
de coupoles. Dans d'autres panneaux,
l'illusionnisme est obtenu par des raccourcis architecturaux évoquant Tibaldi,

comme la scène de la treizième travée,
Minerve visitant Jupiter et Junon. Dans
la dixième, peut-être la plus audacieuse de
toutes, le char d'Apollon est présenté
dans une perspective strictement zénithale, de sorte qu'on veut voir seulement
les ventres des chevaux[51].

Ce changement de conception pourrait
être le fait d'une évolution stylistique de
Primatice, mais s'explique plus vraisemblablement par l'intervention d'un nouvel
artiste dans la direction des travaux :
Nicolo dell'Abate (v. 1512-1571), peintre
né et formé à Modène, dont les documents attestent la présence à Fontainebleau à partir de 1552[52]. Il y arriva avec
une vaste expérience des décorations illusionnistes que les créations de Mantegna
et de Corrège, développées par les maniéristes, avaient largement diffusées en Italie du nord. Nicolo avait lui-même exécuté de tels décors en Italie : une frise au
palais Poggi de Bologne, un projet de
plafond octogonal pour la famille
Boiardo, aujourd'hui au musée de
Modène, et un plafond complet au palais
municipal de cette ville[53]. Il avait donc

80. Primatice. *Ulysse et Pénélope,* v. 1545. Toledo (Ohio), Toledo Museum

une connaissance plus approfondie que Primatice des compositions les plus récentes de ce type, le Bolonais n'ayant pu les voir avant la visite qu'il rendit à sa ville natale en 1563, date à laquelle la voûte de la galerie était déjà achevée. Aussi peut-on raisonnablement attribuer le changement stylistique à Nicolo, mais il serait aventureux d'en conclure que le Modénais a dessiné tous les panneaux illusionnistes : Primatice, qui a démontré à son retour de Rome en 1541 qu'il était capable d'intégrer de nouvelles idées et d'en faire bon usage, peut avoir tiré bénéfice des suggestions de Nicolo, et les avoir incorporées à ses propres projets[54].

Primatice composa son dernier projet décoratif pour la chapelle de l'hôtel de Guise. On sait par une lettre de 1555 qu'il recommanda Nicolo pour l'exécution de l'œuvre, mais on admet généralement que les dessins sont de sa main[55]. Quoi qu'il en soit, les projets reflètent fortement les formules illusionnistes de Nicolo, en particulier la fresque au-dessus de l'autel, représentant l'étoile des Mages portée par des anges. Le style général de la composition rappelle Corrège, mais l'œuvre paraît avoir pour modèle immédiat le panneau central du plafond de la sala dei Pontefici au Vatican, vraisemblablement de Perino del Vaga[56].

La personnalité de Nicolo semble avoir été partiellement étouffée, à son arrivée en France, par celle de Primatice, mais dans *la Continence de Scipion* (Louvre), qui date selon toute vraisemblance de cette période, il révèle une assez grande indépendance dans les compositions et le dessin des figures. L'œuvre est typique du maniérisme italien septentrional qui ne dérive pas, comme celui de Primatice, de la tradition romaine, mais vient de Corrège à travers ses imitateurs émiliens. Les types des personnages, la conception non linéaire, la douceur de la touche sont

81. Primatice. Voûte de la galerie d'Ulysse, Fontainebleau,
v. 1550. Gravure de Du Cerceau

caractéristiques d'un Modénais, non d'un Mantuan[57].

Dans un autre domaine, celui du paysage, Nicolo fut en France un innovateur. Il avait déjà pratiqué ce genre en Italie dans un style, dérivé de celui de Dosso, dont on peut voir des exemples typiques à la galerie Borghèse. Le *Paysage avec Orphée et Eurydice*, aujourd'hui à la National Gallery de Londres *(fig. 82)* et *l'Enlèvement de Proserpine* du Louvre, certainement exécutés en France[58], reflètent cette manière qui diffère de celle de Dosso par une influence plus visible du paysage flamand tel que l'ont développé Patinir et ses successeurs. La vue côtière panoramique, les édifices fantastiques, la disposition artificielle des couleurs aux tons bruns, verts et bleus, sont la marque de l'école d'Anvers. Nicolo ne fut probablement mis en contact direct avec cet art qu'à son arrivée en France, mais à certains égards l'effet en est déjà visible dans les deux paysages Borghèse exécutés, semble-t-il, en Italie[59].

L'école de Fontainebleau, telle que la représentèrent Primatice et Nicolo dell'Abate, forme le courant principal de la peinture française à l'époque, mais à Paris et dans les provinces certains artistes restèrent en marge du mouvement. Nous possédons malheureusement très peu d'informations sur ces peintures ; tant que des recherches plus approfondies ne seront pas entreprises, nous pouvons seulement indiquer quelques exemples épars de tendances qui ont peut-être existé en de nombreuses régions de France.

L'artiste le plus important travaillant indépendamment de l'école de Fontainebleau est Jean Cousin le Père, dont on commence à cerner l'identité et la carrière de peintre et de cartonnier[60]. Il naquit à Sens, où on le rencontre à partir de 1526.

82. Nicolò dell'Abate. *Orphée et Eurydice,* 1557 (?). Londres, National Gallery

Autour de 1538, il s'installa à Paris et y mena, visiblement avec un grand succès, une carrière de peintre et de dessinateur de vitraux ; il mourut en 1560 ou 1561, laissant une fortune considérable. Peu d'œuvres ont survécu qui puissent lui être accordées avec certitude, mais l'attribution traditionnellement avancée de l'*Eva Prima Pandora* du Louvre (probablement exécutée à Sens avant 1538) peut être acceptée en toute sécurité puisqu'elle remonte presque jusqu'au temps de l'artiste. Outre cette tradition, le seul fait certain est un marché de 1543 prouvant que Cousin est l'auteur des tapisseries de *la Vie de saint Mammès,* dont trois pièces existent encore, deux à la cathédrale de Langres pour laquelle la suite a été tissée, une dans une collection privée.

L'analyse de ses œuvres montre que si Cousin connaissait l'art italien contemporain, ce n'était pas uniquement par l'intermédiaire de Fontainebleau. Le visage et jusqu'à un certain point le dessin du nu de l'*Eva Prima Pandora (fig. 83)*[61], reflètent l'influence de Rosso ; mais le cadre, avec les rochers de la grotte et les silhouettes tourmentées des arbres, dif-

fère totalement de toutes les productions bellifontaines ; il nous suggère l'influence de Léonard pour le traitement de la lumière, et des bois et burins de Dürer pour celui des arbres. Les tapisseries de saint Mammès témoignent d'autres inspirations. Toutes les bordures décoratives, qui reproduisent fidèlement la manière de Rosso, présentent des cuirs découpés d'une complexité exceptionnelle. Les tableaux principaux paraissent toutefois largement dériver des gravures italiennes de l'école de Raphaël et de Jules Romain. Les personnages sont entourés d'architectures d'un style antique et Renaissance parfois mal interprété, et accompagnés, dans le *Saint Mammès prêchant l'évangile aux bêtes sauvages,* d'un paysage représenté assez naïvement, avec certaines conventions du gothique tardif.

On sait que Cousin dessina de nombreux vitraux, et deux verrières de la cathédrale de Sens lui sont traditionnellement attribuées : l'une, représentant Auguste et la Sibylle (1530), a été trop restaurée pour autoriser un jugement ; l'autre, illustrant la vie de saint Eutrope (1536) semble, pour autant qu'on en

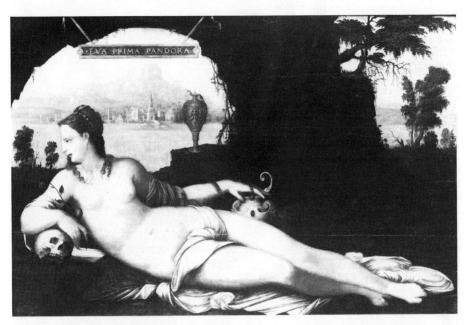

83. Jean Cousin le Père. *Eva Prima Pandora,* avant 1538. Paris, Musée du Louvre

puisse juger, correspondre à son style.

Le Christ descendu de la croix de l'église Sainte-Marguerite de Paris *(fig. 84),* a été identifié comme le retable peint en 1548 par Charles Dorigny pour la chapelle d'Orléans aux Célestins[62]. C'est une splendide composition monumentale, largement inspirée de Rosso, mais d'une veine nettement française, et l'on a vu dans la tête de Joseph d'Arimathie un portrait d'Henri II.

Une œuvre provinciale témoigne d'un contact direct avec l'Italie : l'ensemble des peintures murales illustrant la guerre de Troie qui orne la galerie du château d'Oiron (Deux-Sèvres) *(fig. 85).* Un marché, connu au XIXᵉ siècle, montre que les peintures ont été achevées vers 1549 par Noël Jallier, artiste par ailleurs inconnu. Les fresques, très endommagées mais récemment restaurées, comptent parmi les ensembles décoratifs les plus spectaculairse de la période. Elles s'apparentent par de nombreux caractères au style de Fontainebleau, mais présentent aussi des ressemblances avec les décors romains de la fin des années 1540, en particulier les cadres en stuc de Daniele da Volterra à la

sala Regia du Vatican[63] et les décorations de Salviati au palais Sacchetti.

Plus au sud, en Avignon, on trouve un curieux artiste, Simon Mailly ou Simon de Châlons, que l'on peut suivre depuis 1535 jusqu'à sa mort en 1561 ou 1562. Né à Châlons-sur-Marne, il semble s'être formé dans les Flandres, car ses rares œuvres attestées reflètent l'influence de la peinture anversoise des années 1530. Toutefois il s'inspirait aussi de l'art italien : sa *Vierge de Pitié* de la galerie Borghèse, datée de 1543, est la copie d'une peinture de Solario. Il semble avoir exécuté de nombreux retables pour les églises d'Avignon, dont *l'Adoration des Bergers* du musée Calvet (1550) offre un exemple typique, avec son mélange d'éléments flamands et italiens[64].

Le *Moïse et Aaron devant le Pharaon* du Metropolitan Museum de New York *(fig. 86),* constitue l'énigme la plus intrigante de la peinture française à cette époque[65]. François de Dinteville, évêque d'Auxerre, commanda le tableau en 1537, probablement pour faire pendant aux *Ambassadeurs* d'Holbein, commandé par son frère Jean quelques années plus tôt.

84. Charles Dorigny. *Le Christ descendu de la croix,* Paris, église Sainte-Marguerite

Comme les *Ambassadeurs*, l'œuvre est une sorte de portrait de groupe, puisque Moïse et Aaron sont représentés sous les traits des frères Dinteville. Jusqu'à une date récente, on attribuait le *Moïse* et deux autres peintures provenant de la même collection à Félix Chrétien, en vertu du témoignage d'un historien du XVIIIᵉ siècle. On a démontré depuis que Chrétien n'était pas peintre, mais secrétaire de l'évêque, et chanoine d'Auxerre. Cette attribution éliminée, il devint clair que les trois tableaux n'étaient pas tous de la même main ; si le commanditaire du *Moïse* était indubitablement français, l'œuvre ne l'était probablement pas. On a proposé d'y voir un artiste allemand ; une inscription flamande sur une autre œuvre de la collection montre que la famille Dinteville avait des liens avec les Pays-Bas. La peinture du Metropolitan Museum pourrait stylistiquement convenir à un artiste formé en Hollande, car de nombreuses têtes rappellent la manière de Jan van Scorel. L'un des traits les plus remarquables du tableau est l'étonnant réalisme avec lequel est décrit le serpent d'Aaron en train de se transformer en verre transparent.

L'art du portrait continua de se développer en France parallèlement à la peinture décorative. Le milieu du XVIᵉ siècle est même une période d'activité exceptionnelle dans ce domaine : la mode pour les collections de portraits aux crayons entraîna l'établissement de véritables officines spécialisées. Diverses tentatives ont été faites, en particulier par Dimier et Moreau-Nélaton[66], pour ordonner cette masse de documents, mais il faut admettre qu'on est encore loin d'avoir résolu le

85. Noël Jallier. *La guerre de Troie,* château d'Oiron
(Deux-Sèvres), galerie, commencée en 1547

86. Anonyme. *Moïse et Aaron devant le pharaon,* 1537.
New York, Metropolitan Museum

87. François Clouet (?). *Portrait de François 1er.* Paris, Musée du Louvre

88. François Clouet. *Portrait de Pierre Quthe,* 1562. Paris, Musée du Louvre

problème : pour la majeure partie des portraits peints et dessinés du milieu et de la seconde moitié du XVIe siècle, on ne peut avancer avec certitude aucun nom d'artiste. Dans le résumé ci-dessous, nous ne prendrons en compte que les éléments à peu près assurés, sans tenter de nous attaquer au problème des œuvres anonymes.

Deux noms apparaissent fréquemment au milieu du XVIe siècle en relation avec le portrait : ceux de François Clouet et de Corneille de Lyon. Quelques données certaines fournissent des bases à l'étude de l'œuvre du premier, mais pour authentifier celle du second, on ne possède, à une exception près, pas l'ombre d'un témoignage contemporain.

François Clouet, souvent désigné par son surnom de Janet, était le fils de Jean Clouet. A la mort de Jean en 1541, François Ier lui accorda la charge de son père, ce qui nous fait supposer qu'il possédait déjà une solide réputation ; la date de sa naissance ne saurait donc être postérieure à 1510, et doit être plutôt légèrement antérieure ; il mourut en 1572. Sa première œuvre attestée date de 1562, mais il est probable qu'il exécuta dans les premières années de sa charge de peintre du roi le célèbre portrait de François Ier conservé au Louvre *(fig. 87)*[67]. Ce portrait reprend un dessin de Jean Clouet, mais il ne s'apparente pas au style pictural du père, et possède au contraire à un haut degré la

89. François Clouet.
Portrait de Charles IX, 1570. Vienne, Kunsthistorisches Museum

90. François Clouet. *Portrait de Marie Touchet* (?), v. 1570
Washington, National Gallery

qualité décorative et l'amour du détail raffiné caractérisant les œuvres de la maturité du fils.

Le portrait de son ami l'apothicaire Pierre Quthe, daté de 1562 et conservé au Louvre *(fig. 88)*, d'un style profondément différent, montre que François Clouet devait être familier de la peinture florentine, car il reprend un type couramment utilisé par des peintres comme Pontormo, Bronzino ou Salviati. La mise en place du personnage au bras appuyé sur la table et le rideau qui coupe l'angle de la composition sont d'origine purement florentine ; le naturalisme du visage et le traitement de la draperie sont proches des premiers tableaux de Bronzino ou des portraits de Salviati. C'est une œuvre tout à fait imprévue dans le contexte pictural français contemporain, qui nous porterait volontiers à croire que l'artiste a visité l'Italie car, pour autant qu'on le sache, de tels modèles n'étaient pas alors accessibles en France[68].

La seconde œuvre qui porte le nom de François Clouet est le portrait en pied de Charles IX du musée de Vienne *(fig. 89)*[69]. L'influence semble ici venir principalement d'Allemagne. La pose et le traitement plat, presque héraldique, du vêtement surchargé de broderies sont, malgré certaines affinités avec les portraits florentins, plus proches des œuvres de Seisenegger de la décennie 1530[70]. Le *Charles IX* de Clouet est plus hiératique que les portraits flamands contemporains, genre dont Moro est alors le principal représentant, et même Bronzino paraîtrait naturaliste en comparaison. L'œuvre s'apparente à un type international de portrait maniériste répandu dans toute l'Europe au cours de la seconde moitié du XVIᵉ siècle, produisant d'exacts parallèles dans l'Espagne de Sanchez Coello, et s'achevant au tournant du siècle par le style des Pourbus[71].

Le musée de l'Ermitage possède un dessin préparatoire de cette peinture, permettant d'attribuer à Clouet une série de dessins analogues, conservés pour la plupart au musée Condé de Chantilly. Ils portent trace de l'influence de Jean Clouet, mais avec des différences importantes : la technique est beaucoup plus méticuleuse, une attention plus grande est portée aux particularités des traits et à la texture de la peau ; aussi la simple perception des volumes est-elle beaucoup moins accentuée. Tandis que les dessins du père suivaient la tradition de la Haute Renaissance italienne, ceux du fils appartiennent au monde naturaliste de l'Europe du nord.

En marge de ces œuvres est une peinture signée de François Clouet, *la Dame au bain* de la National Gallery de Washington *(fig. 90)*, traditionnellement considérée comme le portrait de Diane de Poitiers, mais plus vraisemblablement, ainsi que l'a suggéré Irene Adler, celui de Marie Touchet, la maîtresse de Charles IX. Ici encore dominent les traits italiens : la conception du portrait et la pose de la figure à mi-corps sont directement empruntées aux *Monna Vanna*, ces œuvres émanant de l'atelier de Léonard dont un carton de Chantilly offre le plus bel exemple. Clouet peut avoir connu l'un des originaux italiens, à moins qu'il ne se soit inspiré de l'une des nombreuses variantes exécutées dans le cercle de Joos van Cleve[72]. On pourrait peut-être trouver une confirmation à cette seconde hypothèse dans certains caractères flamands du tableau, et dans la ressemblance que présente la composition avec des œuvres de Joos Van Cleve, en particulier ses *Sainte Famille*, montrant des personnages coupés à mi-corps par un parapet portant une corbeille de fruits ou d'autres objets[73]. On pourrait aussi voir un léger écho de Titien dans la présence de la servante à l'arrière-plan, bien qu'on

91. Corneille de Lyon. *Portrait de Pierre Aymeric*, 1533. Paris, Musée du Louvre

ne décèle aucun lien stylistique avec la peinture vénitienne[74].

Corneille de Lyon, nous l'avons dit, pose un problème inhabituel dans la mesure où, malgré les nombreux témoignages contemporains attestant sa grande réputation de portraitiste, une seule œuvre peut lui être attribuée avec certitude. Les documents prouvent que, d'origine hollandaise — il était né à La Haye —, il devint en 1540 le peintre du dauphin, le futur Henri II, et fut naturalisé en 1547. En 1551, l'ambassadeur de Venise Giovanni Capelli relate une visite à son atelier, où il remarqua les portraits en petit format de tous les membres de la Cour de France. Après la mort d'Henri II, Corneille conserva la faveur de ses successeurs ; protestant, il abjura en 1569 pour rejoindre l'Eglise romaine ; il est une dernière fois mentionné en 1574.

En l'absence de toute œuvre signée de sa main, le point de départ le plus sûr nous est offert par le portrait de l'Auvergnat Pierre Aymeric *(fig. 91)*, qui porte au revers une mention de la main du modèle précisant que l'œuvre a été peinte par « Corneille de La Haye » en 1533 et achevée le 11 avril, date de l'inscription[75]. Le tableau confirme l'attribution à Corneille de nombreux portraits depuis longtemps rapportés à son nom, caractérisés par leurs petites dimensions, leur modelé sensible et naturaliste dans la manière du nord, leurs fonds habituellement verts. Nous n'avons aucun renseignement sur la première formation de l'artiste, mais rien, dans les portraits hollandais contemporains, ne nous invite à penser qu'il a appris son métier dans son pays d'origine. On pourrait peut-être établir un lien plus étroit avec Anvers, plus précisément avec Joos van Cleve, dont les portraits, malgré leurs grandes dimensions, ont le même modelé exécuté en fins glacis, donnant aux visages plus de variété de lumière et de texture que de plasticité. Cette influence a pu se renforcer quand le peintre flamand se rendit à la Cour de France, probablement peu après 1530, pour exécuter les portraits de François Ier et de sa seconde femme Eléonore d'Autriche.

En nous tournant vers les gravures, nous rencontrons un artiste qui forme le plus parfait contraste avec tout ce que nous avons vu jusqu'à présent en France au XVIe siècle. La peinture de cette période était un art de Cour, lié presque exclusivement au roi ou aux familles de la haute noblesse, présentant sous sa forme la plus développée les caractéristiques d'un tel art : élégance, sophistication, raffinement. Avec les gravures de Jean Duvet *(fig. 92-93)*, et surtout avec ses illustrations de *l'Apocalypse*, nous sommes confrontés aux œuvres d'un mystique qui nous transporte brusquement dans un monde très éloigné de la Cour de Fontainebleau, et nous ramène à certains égards au Moyen Age[76].

On sait peu de la vie de Duvet, si ce n'est qu'il naquit en 1485, soit à Langres, soit à Dijon, où il passa la première partie de sa carrière. A partir de 1540, il vécut à Genève, où il travailla pour le Conseil de la ville : il doit donc s'être converti au protestantisme ; il mourut après 1561. Sa première gravure datée, une *Annonciation* de 1520 (R.D. 5), n'annonce pas le style de sa maturité, mais manifeste un italianisme d'une pureté surprenante à cette date : le cadre architecturé est d'un classicisme plus exact qu'aucune autre œuvre contemporaine ; la Vierge a une sensibilité presque corrégesque, et les anges attestent une connaissance de la peinture romaine contemporaine. Son *Jugement de Salomon* (R.D. 64) non daté, mais probablement précoce, s'inspire du *Magicien Elymas* de Raphaël ; Duvet a pu le connaître par la gravure d'Agostino Veneziano, mais la réelle compréhension des compositions italiennes de la Haute Renaissance dont témoignent ses autres œuvres de l'époque fait

92. Jean Duvet. *Moïse et les patriarches*, 1540-1550. Londres, British Museum

93. Jean Duvet. *L'Apocalypse*, avant 1561. Londres, British Museum

penser qu'il a dû visiter l'Italie et voir de ses propres yeux les œuvres de Raphaël et de ses contemporains. Il serait difficile autrement de saisir comment il pouvait en avoir une perception tellement supérieure à celle de ses compatriotes.

La Licorne est, avec *l'Apocalypse*, la plus célèbre suite de gravures de Duvet ; on pourrait la dater de la décennie 1540[77]. Stylistiquement, elle marque une étape vers la manière de *l'Apocalypse* : les compositions s'encombrent de personnages, l'espace n'est plus clairement défini, les têtes tendent au grotesque, les emprunts à l'Italie, comme les *putti*, sont de plus en plus recomposés en un langage personnel.

Dans l'une des gravures de la série, *la Licorne purifiant un ruisseau avec sa corne* (R.D. 59), se manifeste un esprit assez différent : la composition se remplit d'animaux traités avec un naturalisme, parfois naïf comme les lions héraldiques, parfois dénotant un sens extraordinairement précis de l'observation, comme les poses en raccourci de ses animaux.

Une autre gravure de Duvet, généralement appelée assez improprement *Moïse entouré des patriarches* (fig. 92), date probablement de la même période. C'est une variante d'un thème courant aux porches des cathédrales médiévales : les ancêtres et préfigures du Christ. La disposition des personnages placés sur des colonnes tronquées et adossés à un ébrasement voûté fait aussi directement écho aux pratiques gothiques ; qui plus est, certains détails des figures semblent faire référence à des modèles du Moyen Age : le groupe d'Abraham et Isaac et le Melchisédech reprennent les types les plus connus du porche nord de Chartres, et d'autres personnages dansants aux jambes croisées semblent presque suggérer que Duvet avait à l'esprit les sculptures de Moissac ou de Souillac, par exemple.

C'est toutefois dans les vingt-quatre gravures illustrant *l'Apocalypse* que la puissance imaginative de Duvet se révèle pleinement *(fig. 93)*. La série fut publiée à Lyon en 1561, mais la première planche, un autoportrait de l'artiste, porte la date de 1555, et d'autres gravures ont pu être exécutées antérieurement. Dans ces compositions, Duvet fait des emprunts considérables aux bois de Dürer de 1498, et l'on pourrait même dire que l'ensemble de son projet reprend celui de son prédécesseur. Mais ce sont les dissemblances, non les analogies avec Dürer, qui sont intéressantes.

Les deux artistes ont des approches totalement opposées. Dürer recherche la plus grande clarté de la composition, la mise en place nette du récit ; il veut qu'à tout le moins les visions surnaturelles semblent se conformer aux lois de la nature ; il concentre la signification spirituelle dans ce cadre rigoureux, atteignant ainsi une intensité qui constitue l'un des caractères les plus marqués de ses gravures. Duvet, lui, accepte d'emblée la nature purement visionnaire du sujet et fonde sur ce principe sa composition, abandonnant toute idée de vraisemblance. Il n'accorde aucun intérêt à l'espace : les proportions relatives des figures, les rapports des personnages et des architectures sont arbitraires ; la silhouette humaine peut se déformer sans limite pour mieux exprimer son rôle symbolique ; la clarté est sans objet dans un sujet où confusion et tumulte sont les thèmes centraux. Duvet suit très exactement le texte à la lettre : quand saint Jean entend la voix sonnant « comme celle d'une trompette », Duvet présente une trompette sonnant à l'oreille du saint. Là où Dürer, pour la scène des *Cent quarante quatre mille justes marqués au front*, montre avec une modération caractéristique un groupe d'une vingtaine de personnes, Duvet dessine une foule innombrable s'évanouissant dans le lointain. Il applique la règle sans compromis, ne se dérobant, quand le texte l'exige, ni à une symétrie rigide et monotone, comme dans *la Source de l'eau de la vie* (R.D. 49), ni au grotesque, comme dans *la Chute de Babylone* (R.D. 44) où la femme, présentée dans les planches précédentes assise sur la Bête, s'écroule dans une attitude frisant le ridicule. On trouve cependant dans toutes ces œuvres une fièvre et une conviction qui font oublier la confusion et les faiblesses techniques : on ressent seulement la présence d'un artiste qui a pénétré le monde visionnaire de saint Jean et traduit son expérience dans les termes justes, même s'ils sont incompatibles avec tous les canons de l'art classique.

Duvet peut paraître à première vue un cas inexplicable dans l'art français du XVIᵉ siècle, mais le phénomène s'éclaire lorsqu'on examine de plus près les circonstances de sa vie. Si son existence personnelle est mal connue, on a quelques informations sur l'atmosphère de Langres à son époque. L'activité religieuse de la ville était dominée par la personnalité de son évêque, Claude de Longwy, cardinal de Givry, intronisé en 1529[78]. Il appartenait à un groupe d'hommes d'Eglise conscients des abus de Rome et désireux de les réformer, mais passionnément opposés aux doctrines de Luther et des protestants. Bien qu'il fût dans l'Eglise une figure puissante, il ne se mêla jamais de politique : ses réformes avaient pour but de changer les cœurs, non les lois. Il créa dans son diocèse un mouvement de réel enthousiasme, qui se manifesta dans la fondation de nombreuses congrégations à buts pieux et charitables. La plus importante fut celle du Saint-Sacrement, fondée en 1548, à laquelle, on le sait, Duvet a appartenu[79].

L'Apocalypse, née dans cet environnement, reflète l'atmosphère de ce mouvement d'émotion religieuse ; aussi l'art de Duvet s'apparente-t-il à certaines expressions de la peinture italienne du premier maniérisme, en particulier aux œuvres florentines de Rosso et Pontormo dans la décennie 1520-1530, nées dans le même climat d'effervescence religieuse[80]. Les analogies stylistiques avec ces œuvres sont évidentes : proportions arbitraires des figures, entassement, absence d'espace, emprunts à Dürer, résurgence d'éléments gothiques. Ce dernier trait est naturellement plus visible chez le Français dont le pays n'avait pas encore entièrement abandonné les usages de l'art médiéval. Duvet est aussi plus spécifiquement mystique ; en comparaison, les artistes italiens seraient plutôt des dramaturges de l'émotion religieuse, mais dans l'ensemble le rapport est étroit : le contraste entre Duvet et l'art de Fontainebleau est presque à tous égards comparable à celui existant entre les œuvres religieuses de Pontormo et le style officiel de la Cour des Médicis[81].

Duvet trouve sa juste place en conclusion de ce chapitre dévolu à l'art classique du milieu du XVIe siècle, puisqu'il forme en quelque sorte le lien entre les périodes qui précèdent et qui suivent ce classicisme : s'inspirant parfois directement du Moyen Age, il annonce aussi, par l'inspiration mystique et mouvementée de son art, les créations qui allaient naître pendant les guerres de religion.

Un observateur britannique ne peut échapper à la comparaison de Duvet avec William Blake. Tous deux sont des visionnaires, sans compromis dans leur détermination de traduire exactement leur expérience ; tous deux confus, faibles techniquement, et même provinciaux, ils ont cependant en commun la conviction suprême du mystique. On pourrait pousser plus loin la comparaison car, outre leur similitude d'intentions, ils expriment leurs idées avec des moyens analogues : ils possèdent les mêmes affinités avec l'art du Moyen Age, mais empruntent aussi leur langage aux gravures de la Haute Renaissance, en particulier aux reproductions de Raphaël et de Michel-Ange, qu'ils transposent l'un et l'autre en termes maniéristes. Blake a pu connaître les gravures de Duvet, dont l'une a été reproduite par William Young Ottley dans ses Facsimiles of Scarce and Curious Prints de 1826, ce qui prouve que l'artiste de la Renaissance était connu dans l'entourage de Blake : il existe entre les compositions des deux auteurs certaines similitudes qui ne peuvent s'expliquer sans une influence directe.

Sculpture

Goujon, Bontemps, Dominique Florentin

Pour la sculpture comme pour la peinture, un Italien célèbre contribua au développement de l'art français, mais son rôle exact est très difficile à déterminer, car de toutes les œuvres réalisées par Benvenuto Cellini pendant les cinq années de son séjour (1540-1545), deux seulement ont survécu : le relief en bronze de la Nymphe de Fontainebleau et la salière d'or de François Ier (Vienne). Son autobiographie nous apprend qu'il avait aussi exécuté des modèles pour une série de douze statues d'argent représentant des dieux et des déesses (dont seul le Jupiter a été achevé[82]), commencé une fontaine ornée d'une statue colossale et sculpté deux bustes de bronze et plusieurs vases d'argent. Il n'en reste rien, et la Nymphe de Fontainebleau n'est, sous sa forme actuelle, que le fragment d'une composition pour la porte Dorée de Fontainebleau, qui comportait aussi deux satyres-atlantes aux piédroits et une disposition nouvelle du cadre architectural.

On ne peut douter toutefois que l'œuvre de Cellini ait produit une impression profonde en France. Les artistes locaux ont dû être surtout frappés par son éblouissante virtuosité technique ; les types des nus de la salière ont vraisemblablement inspiré Primatice[83] et, nous le verrons, son traitement des draperies dut influencer Jean Goujon. Personnalité dominante de la sculpture française au milieu du XVIe siècle, Goujon créa un style en vogue à Paris et largement imité dans les provinces ; il inventa un maniérisme aussi raffiné que les plus belles productions picturales et décoratives de l'école de Fontainebleau, mais teinté d'un classicisme personnel.

La naissance de Goujon et le début de sa carrière restent un mystère[84]. On rencontre pour la première fois sa trace en 1540, année où il exécute les colonnes portant la tribune des orgues de Saint-Maclou à Rouen. Ces colonnes, si remarquables pour la date, suggèrent deux conclusions : d'une part, que Goujon était alors en pleine possession de son art, et ne doit donc pas être né après 1510, d'autre part, qu'il a difficilement pu réaliser une composition aussi classique sans s'être rendu en Italie et avoir vu de ses yeux l'architecture romaine[85]. Cette première œuvre et les paiements ordonnés par les administrateurs de la cathédrale de Rouen nous montrent que Goujon était alors architecte aussi bien que sculpteur, ce que confirme un texte plus tardif nous apprenant qu'il fut l'« architecte » du connétable Anne de Montmorency.

Une autre œuvre rouennaise a été généralement attribuée à Goujon : le tombeau de Louis de Brézé, mari de Diane de Poitiers, conservé dans la cathédrale *(fig. 94)*. On ne connaît pas sa date exacte, mais Brézé est mort en 1531, et l'on suppose que le monument a été érigé peu après par sa veuve ; les variations stylistiques des différentes parties laissent penser toutefois que la construction fut assez lente. Deux détails du décor peuvent être directement reliés à des œuvres certaines du sculpteur[86], et il est difficile d'imaginer à cette époque un autre artiste rouennais, ou même parisien, capable de composer des cariatides préfigurant celles que Goujon devait exécuter plus tard au Louvre.

Rien ne prouve toutefois que Goujon ait été responsable de l'ensemble du monument. Les tables portant les inscriptions adoptent le style de l'école de Fontainebleau ; on pourrait y voir la manière de Goujon dans les années 1530, mais aucun témoignage ne vient confirmer cette hypothèse. La statue équestre est plus fruste et plus archaïque que le reste, et les éléments végétaux sur lesquels elle se détache, rudes mais minutieux, rappellent les ateliers locaux qui sculptèrent l'intrados de la voûte de la Grosse horloge et les reliefs de la chapelle de la Vierge à Valmont. Dans son état actuel, le monument

94. Jean Goujon (?). Rouen, cathédrale, tombeau de Louis de Brézé, v. 1540

présente un trait énigmatique : à droite et à gauche des gisants sont placées deux statues grandeur nature, Diane agenouillée et la Vierge debout, portant l'Enfant. Elles sont comprimées derrière les colonnes jumelées de l'ordre inférieur, position qui ne saurait être originelle. Deux solutions sont possibles : Goujon pourrait avoir soit prévu un second tombeau pour Diane, soit projeté pour le monument un troisième niveau, dont ces statues auraient formé l'ornement central. Si la seconde hypothèse était juste, l'élévation du tombeau aurait été presque exactement celle de l'avant-corps d'Anet. Les éléments du décor que l'on peut attribuer à Goujon sont de grande qualité. La frise supérieure est d'un dessin raffiné, répétant un motif de génie ailé couronnant deux griffons auquel on ne trouve à cette date aucun équivalent en France. Les cariatides ont une liberté et une vivacité d'attitude et de modelé bien supérieures à tout ce que les meilleurs sculpteurs italiens alors en France auraient pu inven-

95. Jean Goujon. *Pietà,* 1544-1545. Paris, Musée du Louvre

ter ; les têtes et les draperies témoignent d'une connaissance des modèles classiques qu'aucun autre sculpteur français contemporain ne possédait à ce point[87].

Vers 1544, on retrouve Goujon à Paris, travaillant à la première œuvre où se révèle le style de sa maturité : le jubé de Saint-Germain-l'Auxerrois. Les reliefs de l'autel de la chapelle d'Ecouen, aujourd'hui à Chantilly, dont l'attribution est très discutée, pourraient peut-être former une transition à cette œuvre majeure ; ils présentent des analogies avec le monument de Brézé et le style décoratif bellifontain de la décennie 1530-1540 ; en outre les bas-reliefs des *Quatre Evangélistes* annoncent directement ceux du jubé[88].

Le jubé de Saint-Germain-l'Auxerrois, dont les panneaux principaux sont conservés au Louvre, fut exécuté en collaboration avec Lescot. Sa décoration sculptée se compose d'une *Pietà* centrale flanquée de quatre bas-reliefs plus petits représentant les Evangélistes. La *Pietà (fig. 95)* contient divers italianismes : la pose du Christ mort vient d'une gravure de Parmesan ; d'autres éléments sont empruntés à Rosso, en particulier la figure de la Vierge évanouie et les boucles serrées dont sont dotées presque toutes les têtes. L'expression du drame est très proche de Rosso, mais atténuée par la recherche d'effets purement décoratifs Le trait le plus frappant du relief est le dessin des draperies à plis parallèles répétés en rangs serrés, se détachant sur le fond uni, procédé partiellement inspiré de Cellini, dont l'influence semble être la cause principale de l'évolution stylistique de Goujon après son arrivée à Paris. Sa manière toutefois a aussi évolué dans une direction plus classique : ainsi les draperies révèlent da-

96. Jean Goujon. Paris, fontaine des Innocents, 1547-1549. *Nymphes.* Paris, Musée du Louvre

vantage les formes qu'elles recouvrent. Quant aux reliefs des *Evangélistes*, ils présentent les mêmes caractères, en particulier le sens exquis de la mise en place et du modelé ; mais les poses et les types dérivent ici de Michel-Ange plutôt que de Rosso.

Les œuvres les plus célèbres et les plus achevées de Goujon datent du milieu du

97. Jean Goujon. *Naïade* de la fontaine des Innocents,
1547-1549. Paris, Musée du Louvre

siècle : les reliefs de la fontaine des Innocents et les décors exécutés avec Lescot au
Louvre.

La fontaine des Innocents fut construite et décorée au cours des années
1547-1549. Originellement, c'était un édifice rectangulaire placé à un carrefour,
présentant des façades de deux travées sur
une rue, d'une travée sur l'autre ; à la fin
du XVIIIe siècle, elle fut recomposée en
un bloc carré isolé. Son décor sculpté,
dont la plus grande partie est aujourd'hui
conservée au Louvre, comprenait six
reliefs hauts et étroits représentant des
nymphes *(fig. 96)*, trois panneaux allongés de nymphes et tritons *(fig. 97)*, trois
autres de *putti*, et des Victoires ornant les
écoinçons. Les panneaux de nymphes et
tritons reflètent plus clairement que toute
autre œuvre de Goujon l'influence de la
Nymphe de Fontainebleau de Cellini, en
particulier les draperies disposées en plis
parallèles serrés, flottant à l'arrière-plan
des nus et sans aucune relation fonction-
nelle avec eux ; mais les figures sont plus
légères et délicates que celles de Cellini, et
rappellent plutôt les dessins de Primatice.
Le sens qu'a Goujon du traitement décoratif de la surface engendre des accents
d'une réelle beauté ; ici, l'animation donnée par les draperies se complète d'éléments nouveaux : les écailles des monstres marins, ou les pittoresques coquillages sur lesquels voguent les néréïdes.

Les panneaux en hauteur présentent un
style plus mesuré. Le drapé est traité
d'une manière strictement classique, mais
Goujon l'enrichit un peu, en ajoutant aux
simples tuniques antiques des ceintures
d'orfèvrerie et des bordures à motifs. Les
figures offrent une variété remarquable
de poses adaptées aux étroits panneaux

où les bras levés tenant les amphores
viennent ingénieusement garnir les angles.
L'allongement des silhouettes et l'élégance des attitudes rappellent le maniérisme de Primatice, mais le classicisme
authentique du drapé donne aux figures
un caractère tout différent. Pour la première fois, Goujon semble en pleine possession de sa technique, et capable
d'exprimer dans la formule concise du
bas-relief le *contrapposto* le plus complexe ; ses premières œuvres, en particulier les *Vertus* de l'autel d'Ecouen, mon-
traient une incertitude technique et une
brusquerie dans les transitions entre la
vue axiale et le profil[89].

L'œuvre du Louvre était beaucoup
plus considérable que la fontaine des
Innocents, mais la restauration du XIXe
siècle a été si importante qu'il est impossible de juger plus que la disposition générale. Outre le décor purement architectural, celui des frises par exemple, les sculptures de Goujon sur les façades du palais
se composaient de figures debout flanquant les oculi du rez-de-chaussée et
d'une série de reliefs à l'attique. En ce
qui concerne la date de ces œuvres, on
sait qu'en 1549 Goujon avait exécuté les
figures encadrant l'oculus central et signé
le marché pour les deux autres groupes ;
les reliefs de l'attique furent exécutés en
1553.

Stylistiquement, la décoration du rez-
de-chaussée reflète bien les caractères de
la fontaine des Innocents ; cependant, les
draperies tendent à se casser en éventail,
trait qu'on ne trouve pas dans les reliefs
plus classiques de la fontaine[90]. Les sculptures de l'attique sont plus remarquables,
montrant une grande liberté dans leur
relation avec l'architecture. Les figures de

98. *La Diane d'Anet,* avant 1554. Paris, Musée du Louvre

couronnement débordent le champ du fronton, dont elles interrompent la corniche ; celles des côtés franchissent la ligne des chapiteaux. Il serait déraisonnable, étant donné leur état de restauration, de prétendre juger ce que pouvait être leur caractère originel.

Une autre décoration importante est, au Louvre, celle de la grande salle au rez-de-chaussée de l'aile de Lescot. La principale contribution de Goujon fut ici la tribune portée par quatre cariatides *(fig. 55)* qui, comparées à celles du tombeau de Brézé, sont d'un classicisme beaucoup plus marqué ; mais on ne sait trop dans quelle mesure elles ne doivent pas ce caractère à la restauration du XIXe siècle[91]. Il reste que la conception de la tribune, avec ses cariatides, est tout à fait nouvelle dans l'architecture française.

Le nom de Goujon apparaît dans les comptes royaux, vraisemblablement pour les travaux du Louvre, jusqu'en 1562, mais après cette date, il n'est plus jamais mentionné. Certains spécialistes pensent que Goujon aurait quitté la France en 1563 parce qu'il était protestant, et se serait réfugié à Bologne pour y mourir en 1568 ou peu avant. Il n'est toutefois pas certain que les documents bolonais concernent bien notre artiste ; nous devons donc considérer qu'à ce jour le mystère des dernières années de Goujon n'est pas encore totalement éclairci.

C'est ici qu'il convient d'étudier une sculpture longtemps considérée comme l'un des chefs-d'œuvre de Goujon : la *Diane d'Anet (fig. 98)*. Maurice Roy[92] a démontré de manière convaincante que l'attribution à Goujon, d'origine récente, n'avait aucun fondement stylistique. Il a proposé à la place le nom de Cellini, hypothèse rejetée par la plupart des historiens qui, reprenant partiellement l'ancienne attribution, conservèrent l'idée d'un sculpteur français ; mais aucun nom nouveau ne fut avancé[93].

La statue pose une énigme. On ne connaît pas la date de son exécution, mais on la repère dès 1554. C'est l'œuvre d'un sculpteur de grand talent, au style personnel, qui avait un don que Goujon ne posséda jamais, celui de concevoir une ronde-bosse au plein sens du terme. Moins classique que le style de la maturité de Goujon, elle procède plus directement de Primatice avec, peut-être, une influence de la *Salière de François Iᵉʳ*, le chef-d'œuvre de Cellini. Elle reste cependant avant tout l'expression de l'école de Fontainebleau contemporaine. La tête, exquise dans sa préciosité, se caractérise par la complexité de la coiffure, les traits fins et délicats, le dessin maniéré des yeux.

On ne trouve dans la sculpture française de cette période qu'un seul ensemble possédant ces qualités : certains reliefs du tombeau d'Henri II, œuvres de jeunesse de Germain Pilon ; la tête de *la Foi* ressemble de très près à celle de la *Diane*, le dessin et la pose de la figure témoignent d'une même origine primaticienne. La forme maniérée des yeux se retrouve dans la plupart des œuvres de la maturité de Pilon, et le modelé fluide de la chevelure peut être mis en parallèle, si imprévu que soit le contexte, avec le gisant de Valentine Balbiani *(fig. 117)*[94].

Ces similitudes ne sont pas assez fortes pour justifier une attribution ferme à Pilon[95], mais elles indiquent que la *Diane* doit être placée dans le milieu où l'artiste produisit ses premières œuvres, plutôt que dans les cercles de Goujon ou de Cellini[96].

Parmi les contemporains parisiens de Jean Goujon, le seul autre sculpteur de marque est Pierre Bontemps, un maître de la décoration, plus que de la sculpture

99. Pierre Bontemps. Saint-Denis, abbatiale, monument du cœur de François 1er, 1550

monumentale. Probablement né vers 1505-1510[97], il est mentionné pour la première fois en 1536, travaillant à Fontainebleau sous la direction de Primatice. A partir de 1541, il collabora aux fontes des statues antiques dont Primatice avait rapporté les moulages de Rome. Il était établi à Paris autour de 1550, lorsque Philibert de l'Orme le chargea d'importantes commandes pour le tombeau de François Iᵉʳ à Saint-Denis. Les documents prouvent qu'il sculpta la majeure partie des gisants[98], et réalisa l'ensemble des bas-reliefs entourant le socle du tombeau, dont les marchés furent passés en 1551 et 1552.

Bontemps était avant tout un grand décorateur ; ce talent ressort clairement dans le monument du cœur de François Iᵉʳ, aujourd'hui conservé, lui aussi, à Saint-Denis *(fig. 99)*. Il y travailla directement sous les ordres de Philibert, avec qui il passa marché en 1550, mais on a toute raison de croire que l'invention ornementale vient du sculpteur plutôt que de l'architecte. L'urne circulaire placée sur un haut piédestal rectangulaire est l'un des plus beaux exemples du style décoratif bellifontain. Les reliefs[99], représentant les arts et les sciences que le roi avait si généreusement patronnés, sont d'un dessin beaucoup plus recherché que celui du tombeau. Les panneaux ovales de l'urne témoignent de l'influence de Primatice, dont les types féminins aux formes allongées sont repris dans les figures de nymphes ; le style plus charpenté des personnages du piédestal évoque cependant la manière de Rosso, tandis que plusieurs têtes nous rappellent que Bontemps avait collaboré aux fontes des statues antiques. Certains détails, comme les crânes et les ossements à la base du piédestal, révèlent en outre une réelle invention décorative.

L'autre œuvre attestée de Bontemps est le curieux tombeau de Charles de Maigny exécuté en 1557, aujourd'hui au Louvre. Maigny, en son vivant capitaine des gardes de François Ier, est représenté assis, revêtu de son armure et tenant une hallebarde, mais dormant du sommeil du juste. Le monument, une fois encore, se distingue surtout par ses qualités décoratives déployées dans le traitement de l'armure et du tabouret sur lequel est assis le personnage[100].

Hors de Paris, une grande activité se déploie au milieu du XVIe siècle dans la sculpture religieuse et décorative. De

100. *Tête de femme* provenant de Vienne (Isère), v. 1540-1550. Lyon, Musée des Beaux-Arts

nombreux châteaux et maisons urbaines s'ornent de bustes en haut relief inscrits dans des médaillons, reflétant encore l'influence des *tondi* italiens en bas-relief du début du siècle, mais traités avec un raffi-

nement et une délicatesse spécifiquement français. Le musée de Lyon en conserve un bel exemple *(fig. 100)* provenant de la façade d'une maison de Vienne. Il n'est probablement guère antérieur au milieu du siècle, mais reflète encore la manière de Francesco Laurana, qui avait travaillé en Provence à la fin du XVe. Tombeaux, sépulcres, jubés et clôtures sculptées sont érigés dans de nombreuses églises, mais si d'autres attendent probablement la découverte, c'est seulement dans les provinces de l'est qu'on peut aujourd'hui identifier des artistes d'importance. Le premier est un Italien, Dominique Florentin (Domenico del Barbiere). Né à Florence en 1506, il vint en France en 1530 avec Rosso et exécuta des stucs, à Fontainebleau et ailleurs, sous la direction de Rosso et de Primatice. En 1541, il s'établit à Troyes, où ses œuvres religieuses connurent un grand succès. Son style allie le classicisme florentin de Sansovino à quelques traits maniéristes. Les têtes et les draperies dérivent généralement de Sansovino, mais certaines statues, comme la *Charité* de Saint-Pantaléon de Troyes[101], présentent un *contrapposto* qui prouve une connaissance de Michel-Ange. Quant au relief du tombeau de Claude de Lorraine, duc de Guise († 1550), aujourd'hui à Chaumont[102], il suggère par sa composition l'influence de Rosso, et même de Salviati. La dernière œuvre de Domenico fut le socle du monument du cœur d'Henri II, dont le projet fut commandé vers 1560 à Primatice, et la statuaire exécutée par Pilon[103]. Florentin mourut à une date inconnue entre 1565 et 1575.

L'autre personnalité d'importance, le sculpteur lorrain Ligier Richier, naquit à Saint-Mihiel autour de 1500, et passa la majeure partie de sa vie au service des ducs de Lorraine. La *Mise au tombeau* conservée dans sa ville natale, à l'église Saint-Etienne[104], mêle au naturalisme gothique un traitement italianisant des draperies, style commun à une large part de la sculpture française contemporaine. Bien plus personnel est le gisant de Philippe de Gueldres, duchesse de Lorraine († 1547), aujourd'hui à l'église des Cordeliers de Nancy[105]. Les italianismes, à peine visibles, font place au traitement du visage couvert de rides à un naturalisme grimaçant. Ce caractère tourne au macabre dans le célèbre transi de René de Châlons, aujourd'hui conservé à Saint-Pierre de Bar-le-Duc *(fig. 101)*[106]. L'attribution à Richier, qui n'est fondée sur aucun document, n'est pas du tout certaine, mais le monument est d'évidence l'œuvre d'un artiste lorrain, et l'on trouve dans l'est de la France d'autres exemples du même genre[107]. Le tombeau exprime clairement la résurgence du goût macabre de l'époque flamboyante, mais le traitement diffère. L'œuvre est moins morbide qu'elle ne le paraît à première vue : les lambeaux de chairs et de peau recouvrant partiellement le squelette sont transposés en motifs décoratifs évoquant du parchemin déchiré, et la virtuosité de l'interprétation fait oublier le caractère sinistre du sujet. Richier était manifestement très affecté par l'atmosphère religieuse de sa province, alors très troublée ; il finit par se convertir au protestantisme et s'enfuit à Genève où il mourut en 1566 ou 1567.

La sculpture française du milieu du XVIᵉ siècle ne s'élève pas au niveau de l'architecture de la période ; elle ne possède pas sa qualité inventive et n'offre aucune personnalité à la mesure de Philibert de l'Orme, mais elle représente plus complètement que la peinture contemporaine les idéaux de la société française. La peinture resta pour longtemps encore après la mort d'Henri II dominée par les Italiens, tandis que la sculpture se libéra plus rapidement : il n'y a pas au XVIᵉ siècle d'artiste plus foncièrement français que Jean Goujon[108].

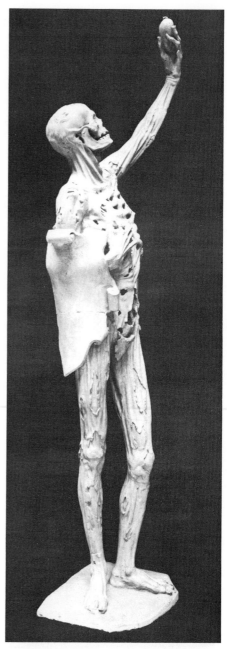

101. Ligier Richier. Bar-le-Duc (Meuse), église Saint-Etienne, *Transi de René de Châlons* (moulage), après 1544

CHAPITRE IV

Les guerres de Religion
1560-1598

Le contexte historique

Pendant les quarante dernières années du XVIe siècle, on assiste à la destruction à peu près totale de tout ce qu'avaient accompli François Ier et Henri II pendant la première moitié du siècle. Le système centralisé et autocratique qu'ils avaient édifié fut presque anéanti par les guerres civiles et religieuses qui déchirèrent la France sous les règnes des trois fils d'Henri II : François II (1559-1560), Charles IX (1560-1574) et Henri III (1574-1589), et les premières années de leur successeur Henri IV (1589-1610).

L'histoire des guerres de Religion est confuse, mais leurs causes générales ressortent clairement. Il importe de bien saisir que le conflit fut social autant que religieux ; en apparence, les luttes opposaient calvinistes et catholiques, mais les raisons qui conduisirent individus et familles à y prendre part et à soutenir un parti plutôt que l'autre furent souvent plus politiques que théologiques. La haute noblesse trouva dans les guerres un moyen de regagner la position et le pouvoir perdus sous les règnes précédents ; elle vit la possibilité de profiter de l'anarchie, compagne inévitable d'une guerre civile, pour affaiblir la Couronne, nécessairement ébranlée par la situation. Certaines familles rejoignirent une faction parce que leurs rivaux ou ennemis traditionnels avaient choisi l'autre : l'identification de la maison de Lorraine à la cause catholique dut indéniablement encourager la famille rivale des Bourbons à embrasser la cause protestante.

Les manifestes des deux camps sont souvent formulés en des termes curieusement similaires ; la manière très significative dont les deux partis se réfèrent au règne de Clovis comme à une sorte d'âge d'or qu'il faudrait faire revivre traduit une nostalgie de la monarchie médiévale aux pouvoirs restreints, soutenue par une noblesse forte et un clergé puissant.

La lutte religieuse n'eut pas toujours ce caractère et, dans les premiers temps, le mouvement protestant s'appuya surtout sur les classes artisanales des villes ; mais dans la seconde moitié du siècle, la noblesse avait pris en main le conflit, et les deux clans, catholique et protestant, étaient aux ordres de l'aristocratie. Aussi comprend-on les clauses de l'édit d'Amboise (1563), où Condé, le chef des réformés, se borna à faire reconnaître aux seigneurs leur liberté de croyance — et à leurs sujets celle de s'y conformer — mais n'accorda aucun droit aux protestants dépendant de seigneurs catholiques, et n'offrit qu'une tolérance très limitée aux réformés des villes.

Car les villes jouèrent elles aussi un rôle important dans le conflit. Dans les premiers temps, elles y virent un espoir de regagner leurs anciennes libertés amputées par François Ier et Henri II ; elles étaient donc désireuses d'engager le combat contre la Couronne ; mais peu à peu, la riche bourgeoisie s'aperçut qu'elle avait plus à perdre qu'à gagner d'un affaiblissement monarchique impliquant un renforcement de la noblesse féodale.

Dans les dernières étapes des guerres, les motivations devinrent encore plus claires. L'accession au trône d'un protestant, le roi Henri de Navarre, donna sa plus belle chance au parti opposé, alors regroupé par les Guise dans la Ligue. Celle-ci réussit à gagner l'opinion catholique des villes, notamment à Paris, et même à faire accepter aux Parisiens l'ingérence espagnole et la présence d'une garnison étrangère ; mais quand le roi déclara sa conversion à la foi catholique, la position de la Ligue s'affaiblit : la majorité de la bourgeoisie, représentée par le Parlement, se retourna contre elle, considérant qu'Henri IV était le successeur légitime du trône et que sa conversion avait levé le dernier obstacle à sa reconnaissance. Mayenne, frère du duc de Guise assassiné, était déterminé à continuer la lutte. Il tenta de la poursuivre avec l'aide de quelques prêcheurs fanatiques encore capables d'influencer le peuple de Paris en faveur de sa cause, mais les sentiments de patriotisme et de royalisme finirent par l'emporter, et les membres du Parlement ouvrirent au roi les portes de la ville : le parti des modérés, les *politiques*, qui plaçait la paix au-dessus du fanatisme religieux, avait triomphé.

La littérature et l'art reflètent naturellement l'atmosphère violente de la période. Les écrits des poètes protestants, Agrippa d'Aubigné et du Bartas, aux sujets explicitement théologiques, traduisent directement le sentiment religieux. Le long poème de Guillaume du Bartas, *la Sepmaine*, qui embrasse l'univers dans une vision dérivée de la doctrine calviniste, est écrit dans une langue emphatique mais pleine de force qui recueillit les suffrages de Milton. Les *Tragiques* d'Agrippa d'Aubigné partagent la violence de *la Sepmaine*, mais contiennent quelques descriptions fulgurantes de l'état de la France pendant les guerres de Religion, d'une grande intensité dramatique. Les deux poètes ont un style très éloigné des principes classiques de Ronsard ; ils se complaisent dans l'allégorie compliquée, la métaphore incontrôlée, les descriptions interminables. Le parti catholique ne compta aucun auteur comparable, et les seuls poèmes religieux importants exprimant ses idées sont les dernières œuvres de Ronsard, où le poète expose, avec beaucoup plus de modération et de noblesse de forme, sa foi profonde dans l'Eglise catholique ; mais Ronsard appartenait au passé, et sa voix sonne comme celle d'un vieux sage à qui, dans la furie de la guerre civile, personne ne prêtait plus attention.

En dépit des troubles presque continuels de la période, la Cour des derniers Valois resta un pôle de l'activité culturelle. Henri III était aussi enthousiaste pour les lettres que ses prédécesseurs, mais à la Cour, l'atmosphère était très

différente de ce qu'elle avait été sous François 1er et Henri II. Henri III était un névrosé, d'une sensibilité maladive, réclamant les plaisirs les plus sophistiqués. Aux ballets raffinés succédaient les exercices religieux les plus sévères : le goût royal était manifestement excité par le contraste entre les vêtements de bal somptueux portés un soir et la chemise de bure revêtue le lendemain. Sa religion était parfaitement sincère, mais c'était celle d'un sybarite se délectant dans la mortification, tout en restant esclave de sa sensualité[1].

Les œuvres reflétant le mieux cette atmosphère sont les peintures d'Antoine Caron, que nous examinerons plus loin, et la poésie de Philippe Desportes, secrétaire d'Henri III, le plus célèbre des poètes de Cour. Ses œuvres préfigurent celles des Précieux au siècle suivant : ingénieuses, alambiquées, remplies de *concetti* et d'antithèses, avec quelques très minces idées pour lier l'ensemble, riens exquis pour satisfaire un palais blasé.

Les arts plastiques furent aussi affectés que la littérature par le climat étrange et menaçant de la période. L'atmosphère du temps se traduit sous des formes très diverses, mais toutes les œuvres d'art ont en commun un sentiment de tension et de conflit, se marquant par l'abandon des principes de rationalisme et de classicisme qui avaient dominé les décennies précédentes, et par le rejet de la simplicité et de la franchise au profit de l'ingéniosité et la complexité : tous les ferments du maniérisme le plus avancé étaient réunis.

Architecture

Bullant, Jacques 1er Androuet Du Cerceau

L'architecture de la période que couvrent les guerres de Religion est dominée par deux personnalités artistiques très différentes : Jean Bullant et Jacques 1er Androuet Du Cerceau.

La date de la naissance de Bullant est inconnue ; la première mention de son nom figure sur un registre de 1550, à l'occasion du baptême de sa fille[2]. Il n'apparaît en qualité d'architecte qu'en 1556, dans un document attestant sa présence à Ecouen au service du connétable Anne de Montmorency. Ces deux indications tendent à montrer qu'il est né vers 1520-1525, non vers 1510-1515, comme on l'admet généralement. La différence est d'importance : dans le second cas, il

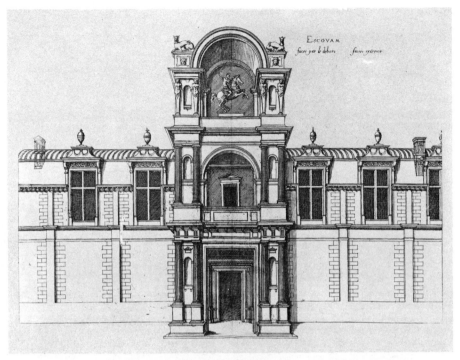

102. Jean Bullant. Ecouen (Val-d'Oise), château, aile d'entrée,
v. 1555-1560. Gravure de Du Cerceau

serait le contemporain de Philibert de l'Orme ; dans le premier, comme le confirment tous les caractères de son œuvre, il appartiendrait à une génération postérieure. Il mourut en 1578.

Ainsi qu'il l'écrit dans la préface de sa *Reigle générale d'architecture*, Bullant séjourna à Rome en 1541-1543 ; il y entreprit des relevés d'édifices antiques qu'il utilisa plus tard pour certains détails de ses œuvres.

La première partie de la carrière de Bullant est étroitement liée au connétable de Montmorency, pour qui il travailla à Ecouen, à Fère-en-Tardenois et à Chantilly. De ses deux ouvrages publiés, l'un, le *Petit traité de géométrie et d'orlogiographie* (écrit en 1561 et édité en 1564), était dédié au connétable, et l'autre, la *Reigle générale d'architecture des cinq manières de colonnes* (1564, rééditée en 1568), à son fils.

Le rôle exact de Bullant à Ecouen n'est pas aisé à définir. Il ne prit aucune part à la construction des ailes ouest et sud, commencées en 1538 environ par Pierre Tâcheron[3]. Présent à Ecouen en 1553, il fut probablement responsable de l'aile nord, dont la façade extérieure s'orne

d'ordres toscan et dorique superposés et de lucarnes au dessin plus classique que celles des parties antérieures. Cette aile, qui porte le monogramme d'Henri II, est vraisemblablement la première réalisation de Bullant à Ecouen ; on pourrait la dater de 1555 environ. Son portique côté cour, qui porte encore les emblèmes royaux, et probablement aussi l'aile d'entrée, aujourd'hui détruite mais connue par les gravures de Du Cerceau *(fig. 102)*, doivent appartenir à la fin du règne d'Henri II. Ces deux constructions montrent l'influence que Philibert de l'Orme exerçait sur Bullant à ce stade de sa carrière. Le portique d'entrée est une variante de l'avant-corps central de Philibert à Anet *(fig. 59)* ; Bullant, toutefois, a donné plus de hardiesse à l'ensemble en insérant à l'étage médian une arcade qui ajoute à sa composition quelques caractères de la porte Dorée de Fontainebleau *(fig. 31)*. Il voulait surtout, semble-t-il, créer un cadre approprié à la statue équestre du connétable, placée dans une seconde arcade au sommet de l'élévation, disposition rappelant l'entrée de l'aile Louis XII de Blois. Si l'on en croit la gravure de Du Cerceau, la statue reprodui-

103. Jean Bullant. Ecouen, château. Aile sud, v. 1560

sait l'un des premiers modèles de Léonard pour le monument Sforza[4].

Beaucoup plus original est l'avant-corps ajouté par Bullant à la façade sur cour de l'aile sud *(fig. 103)*[5]. La nouveauté réside dans l'utilisation de l'ordre colossal, au lieu des ordres superposés des autres portiques. C'est, semble-t-il, le plus ancien exemple subsistant en France de cette ordonnance, mais on sait que Philibert de l'Orme se proposait de l'introduire à la cour du Cheval Blanc de Fontainebleau[6]. En Italie, son usage avait été instauré précédemment par Michel-

Ange aux palais du Capitole, mais l'application qu'en a faite Bullant est très différente. Au Capitole, l'accent est porté sur les horizontales grâce aux proportions des façades et aux lignes puissantes des entablements. A Ecouen, l'ordre délimite un pan de mur proche du carré où les verticales dominent presque sans partage. Cette accentuation des verticales est peut-être à l'origine du rapide succès de l'ordre colossal en France, alors qu'il ne fut guère utilisé en Italie avant l'époque de Bernin, si ce n'est par Palladio[7].

L'effet spectaculaire de l'avant-corps d'Ecouen repose dans une large mesure sur la grande qualité du détail. Bullant a copié l'ordre corinthien sur celui du portique du Panthéon dont il a reproduit dans sa *Reigle générale* les relevés exécu-tés à Rome. Très caractéristique de son art est la façon dont il associe dans un même édifice deux tendances apparemment contradictoires : le classicisme du détail, presque pédant dans son exactitude, et l'application nettement anti-classique de l'ordre colossal.

Le goût du grandiose se traduit encore plus clairement dans le pont et la galerie que Bullant construisit pour Montmorency à Fère-en-Tardenois *(fig. 104)*. La date de construction n'est pas connue, mais doit se situer entre 1552 et 1562[8]. Bullant a tiré parti de ce site peu commun aussi habilement que de l'Orme avait utilisé celui de Chenonceau pour lancer son pont sur le Cher *(fig. 106 a)*. La vallée escarpée est franchie par une série d'arches, simples et monumentales, d'une

104. Jean Bullant. Fère-en-Tardenois (Aisne), château. Galerie, v. 1552-1562

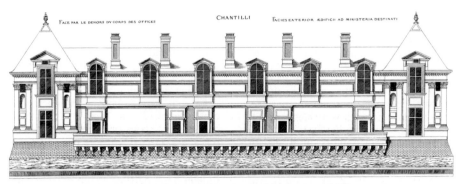

105a. Jean Bullant. Chantilly, Petit château, v. 1560.
Elévations, gravure, d'après Du Cerceau, *Les plus excellents bastiments*

105b. Jean Bullant. Chantilly (Oise),
Petit château, v. 1560. Façade sur douves

hauteur considérable, sur lesquelles courent deux galeries superposées. L'ornement extérieur se limite à des cordons moulurés en faible relief accompagnés de légers bossages sur les claveaux, et l'effet d'ensemble est celui d'un aqueduc romain lancé au-dessus d'une gorge. L'entrée de la galerie[9] est flanquée de colonnes doriques portant un riche entablement[10]. On y remarque un élément insolite : la fenêtre surmontant la porte principale coupe l'entablement et le fronton. Ce trait, qui annonce l'ordonnance du Petit château de Chantilly, est une forme de maniérisme caractéristique de l'architecte.

Vers 1560 Bullant construisit, encore pour Montmorency, le Petit château de Chantilly, qui révèle un aspect différent de son art. L'édifice se compose d'un bâtiment allongé, assez bas, reliant deux corps perpendiculaires aux toits plus élevés. Il est divisé en deux niveaux d'égales dimensions, division partiellement masquée en façade *(fig. 105 a)* par l'emploi d'un ordre unique. Dans la partie centrale, cet ordre est seulement matérialisé par un entablement ; les pilastres, ici absents, n'apparaissent que sur les avant-corps latéraux. Plus haut que le niveau inférieur, l'ordre ne l'est pas assez pour englober les fenêtres de l'étage, qui viennent couper l'entablement, créant une sorte de rythme syncopé[11]. La composition de la façade d'entrée est encore plus complexe *(fig. 105 b)* : la travée centrale reprend les dispositions de Fère ; sur les côtés, les fenêtres des deux niveaux sont liées en bandes verticales coupant l'entablement. Ce rythme syncopé, caractéristique du style de Bullant, peut être considéré comme une forme française du maniérisme, analogue, par certains aspects, aux ordonnances enchevêtrées que Palladio a utilisées, par exemple, au palais Valmarana de Vicence ou à San Francesco della Vigna de Venise[12]. Dans la disposition des fenêtres de Chantilly, toutefois, Bullant s'inspire, peut-être inconsciemment, d'une tradition du gothique tardif s'exprimant par exemple au château de Josselin, où fenêtres et lucarnes s'ordonnent en bandes verticales coupant la balustrade qui règne à la base du toit. Le rythme syncopé est analogue à celui de Chantilly, mais traduit un état d'esprit différent : Bullant devait être conscient d'enfreindre les lois régissant l'utilisation des ordres, principes ignorés de l'architecte de Josselin ; dans le cas de Bullant, le procédé peut être à juste titre qualifié de maniériste.

Nous ne savons presque rien des activités de Bullant entre 1565 et 1570, époque

106a. Jean Bullant. Chenonceau, galerie

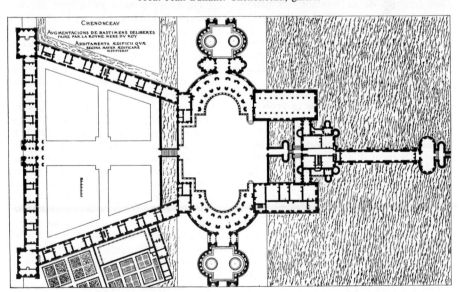

106b. Chenonceau (Indre-et-Loire), château. (J. Bullant ?), projet
d'agrandissement. Plan, d'après Du Cerceau, *Les plus excellents bastiments*

où ses travaux pour le connétable semblent être achevés[13]. A la mort de Philibert de l'Orme en 1570, il prit sa succession comme architecte de Catherine de Médicis, et toutes ses dernières œuvres sont liées à cette fonction. Sa contribution à la chapelle des Valois ne peut, nous l'avons dit, être déterminée avec précision[14] : il en va de même pour l'aile ajoutée aux Tuileries, au sud des bâtiments de Philibert, dont la décoration semble avoir été exécutée postérieurement[15].

En 1572, Bullant fut chargé de construire pour la reine mère une maison plus tard appelée l'hôtel de Soissons. Cet hôtel, connu par les gravures de Silvestre, appartenait à un type qu'on rencontre précédemment dans le *Livre d'architecture* de Du Cerceau, publié en 1559. Son seul élément remarquable était une haute colonne utilisée comme observatoire par Catherine de Médicis, que l'on peut voir aujourd'hui encore derrière la halle aux Blés[16].

Dans les toutes dernières années de sa vie, Bullant dessina, semble-t-il, pour la reine mère, deux grandes compositions dont seules de petites parties furent réalisées. Entre 1575 et 1579[17], Catherine décida d'agrandir le château de Saint-Maur pour lequel, nous l'avons vu, de l'Orme avait élaboré un vaste projet. On peut supposer qu'elle commanda ce nouveau projet à Bullant, son architecte ordinaire. La composition, connue par les gravures de Du Cerceau, proposait l'agrandissement de l'œuvre de Philibert par l'adjonction d'un étage supplémentaire ; la façade du parc devait être couronnée d'un fronton de dimensions ridicules, écrasant de sa lourdeur les neuf travées de la loggia qu'il surmontait. Il semble que dans ses dernières années, le goût de Bullant pour le colossal ait encore grandi ; en l'occurrence, il ne pouvait s'allier heureusement avec le bâtiment existant[18].

La passion de Catherine pour l'architecture n'était pas apaisée par ce projet : en 1576, la reine décida d'agrandir son château de Chenonceau[19], qu'elle avait contraint Diane de Poitiers de lui abandonner à la mort d'Henri II. Diane avait fait édifier sur les dessins de Philibert de l'Orme le pont franchissant le Cher[20], auquel Bullant ajouta une galerie *(fig. 106 a)* dont le parti s'inspire de celui de Fère. La décoration du niveau supérieur présente une variante nouvelle du maniérisme de Bullant : les frontons qui couronnent les fenêtres chevauchent les tables ornant les trumeaux ; ainsi se crée un système d'enchevêtrement horizontal qui rappelle la formule verticale de Chantilly et probablement dérive des encadrements de stuc sculptés à partir de 1547 par Daniele da Volterra à la Sala Regia du Vatican[21]. Jacques Androuet Du Cerceau a reproduit un vaste projet d'agrandissement pour Chenonceau *(fig. 106 b)* qui traduit probablement les idées de Bullant, puisque l'une des ailes obliques de

l'avant-cour fut effectivement commencée.

La principale contribution de Bullant à l'architecture française date de la période où il travaillait pour Montmorency. Son style s'était formé à l'analyse des monuments antiques et à l'étude des œuvres de Philibert de l'Orme, mais l'architecte s'écarta vite du classicisme ainsi acquis, et développa un maniérisme qu'il conserva jusqu'à la fin de sa carrière. Toutefois, ses dernières œuvres, composées pour Catherine de Médicis, présentent des inventions d'une fantaisie nouvelle, dont l'esprit s'approche davantage des œuvres de son rival Du Cerceau.

Jacques 1er Androuet Du Cerceau est l'aîné d'une dynastie d'architectes et de décorateurs qui devait se perpétuer jusqu'à la première moitié du XVIIIe siècle. Il naquit probablement vers 1520[22]. Son biographe du XVIIIe siècle, Dézallier d'Argenville, prétend qu'il put se rendre à Rome grâce à l'appui de Georges d'Armagnac[23], ambassadeur à Rome de 1539 à 1544, mais l'assertion est probablement inexacte. Une première mention de Du Cerceau nous est offerte par un privilège de 1545, par lequel François 1er l'autorisa à publier des volumes de gravures. Un ouvrage de cette sorte parut à Orléans en 1549, où Du Cerceau vivait encore, semble-t-il, en 1551, mais son premier livre d'architecture, publié en 1559, fut imprimé à Paris et dédié à Henri II. A partir de cette époque il semble avoir joui d'une faveur considérable à la Cour. Après 1560, il travailla pendant quelques années pour Renée de France, duchesse de Ferrare, pour laquelle il exécuta quelques remaniements au château de Montargis ; elle semble lui avoir épargné les persécutions qu'appelait son protestantisme. Au cours de la décennie 1570-1580, il fut employé par Charles IX et reçut la protection de Catherine de Médicis, à qui il dédia plusieurs livres. La dernière mention de son nom date de 1584 ; il dut mourir vers 1586.

De son vivant déjà, il était plus célèbre par ses gravures que pour ses talents d'architecte praticien, et rien ne subsiste aujourd'hui de ses rares œuvres attestées. La très grande majorité de ses gravures concerne la décoration : grotesques, ou projets de meubles et de détails architecturaux. Ces compositions s'inspirent essentiellement de sources italiennes ; beaucoup sont les copies d'originaux connus[24]. Les

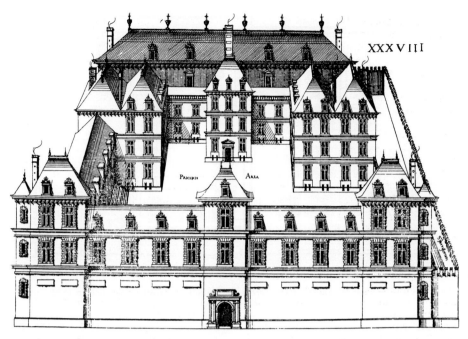

107. Jacques Ier Androuet Du Cerceau. Projet pour une maison de ville, 1559.

dessins font preuve d'une très grande fantaisie, à la fois dans le détail ornemental et les éléments architecturaux, et en cette mesure relèvent de la tendance générale anti-classique de l'art français contemporain.

Les dessins purement architecturaux traduisent une évolution manifeste. Les premières œuvres, gravées autour de 1550, reflètent une grande variété d'influences : les *Arcs* de 1549 présentent des interprétations libres d'arcs de triomphe romains dans le style de Lescot ; les *Temples* de 1550, de caractère plus fantastique, révèlent une origine italienne septentrionale, à la fois, semble-t-il, milanaise et vénitienne ; les *Vues d'optique* de 1551 proposent des compositions rappelant celles de Jean de Gourmont. Au cours des dix années suivantes, Du Cerceau cherche à se libérer et à établir un langage personnel : le résultat apparaît clairement dans le premier *Livre d'architecture,* publié en 1559.

Cet ouvrage traite de la maison urbaine, problème rarement étudié avant cette date, si ce n'est dans le livre VI, resté inédit, de Serlio, que Du Cerceau doit avoir connu, et auquel il semble avoir fait des emprunts considérables. Le titre du traité de Du Cerceau contient une phrase très significative : « pour instruire ceux que

desirent bastir, soyent de petit, moyen ou grand estat » ; le livre présente effectivement des projets de maisons de toutes dimensions, depuis celle du marchand jusqu'à l'hôtel grandiose destiné à une famille noble. Les maisons les plus petites se composent d'un bloc unique, généralement à un seul étage, aux élévations très variées : la surface est rythmée par des chaînages, aux angles du bâtiment ou autour des fenêtres ; les ouvertures ont des formes diverses, et la façade est souvent interrompue par de petits pavillons contenant des cabinets, couverts de toits séparés, de sorte que la découpe du bâtiment sur le ciel est également discontinue. La composante de base de la maison est l'appartement, formule que nous avons rencontrée pour la première fois au début du siècle à Chambord. Dans les constructions urbaines de Du Cerceau, il comprend habituellement une chambre accompagnée d'un cabinet et d'une garde-robe, le luxe d'une antichambre n'étant pas jugé nécessaire dans un petit hôtel ; on trouve généralement deux appartements reliés par une salle.

Plus loin dans le livre, Du Cerceau présente des hôtels plus luxueux où il utilise des plans davantage inspirés de ceux des châteaux : un corps de logis flanqué de pavillons et précédé d'une cour fermée

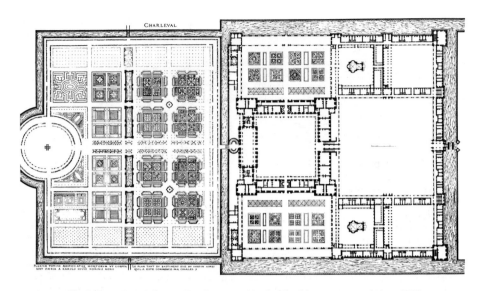

108. Jacques Ier Androuet Du Cerceau. Charleval, château, commencé en 1570.
Plan, *Les plus excellents bastiments*

par des galeries et un mur-écran *(fig. 107)*. Ce type s'apparente aussi au Grand Ferrare de Serlio, mais les pavillons d'angle donnent à l'ensemble une silhouette plus proche du château. Dans certains plans, Du Cerceau laisse libre cours à sa fantaisie et propose des maisons déployant des ailes rayonnant autour d'un noyau circulaire ou triangulaire. En général cependant, leurs plans semblent très fonctionnels, et l'on a des raisons de croire qu'elles ont été abondamment copiées dans l'architecture parisienne à la fin du XVIe siècle[25]. Très peu ont survécu, mais quelques-unes sont connues par des gravures. La plus grande était sans doute l'hôtel de Nesle. Seul le pavillon bordant le fleuve et la moitié du corps de logis principal ont été achevés (vers 1580), mais les gravures de Chastillon et les vues de Silvestre et de Stefano della Bella, qui le présentent dans son état inachevé, semblent nous montrer qu'il reprenait la disposition proposée par Du Cerceau dans son projet XXXVIII, et beaucoup de détails peuvent être rapprochés de ses autres compositions. En fait, la ressemblance est si grande qu'il est permis d'y voir l'œuvre de Du Cerceau[26].

Du Cerceau dut consacrer la majeure partie de ses dernières années à la préparation des deux volumes qui firent son principal renom : *Les Plus excellents bastiments de France*, publiés en 1576 et 1579. Cet ouvrage constitue notre meilleure source d'informations sur beaucoup d'édifices depuis lors altérés ou détruits,

bien qu'on ne puisse se fier à Du Cerceau, qui complète souvent les constructions inachevées au gré de sa fantaisie[27], ou ajoute des ornements de son invention aux bâtiments existants. Cette magnifique publication, dédiée à la reine mère, devait exercer pendant longtemps une influence considérable. Les dessins préparatoires, soigneusement exécutés sur vélin, sont conservés au British Museum. Les illustrations du livre montrent un grand nombre de châteaux anciens, incluant même des édifices médiévaux, comme Vincennes et Creil, mais leur principal intérêt tient à la présentation de bâtiments du XVIe siècle qui restèrent à l'état de projet ou furent remaniés postérieurement. A ces deux catégories appartiennent les représentations de Charleval et de Verneuil[28]. La résidence de chasse de Charleval fut commencée en 1570 par Charles IX, mais presque rien ne fut construit ; Verneuil, entrepris vers 1560 par Philippe de Boulainvilliers, peut-être d'après ses propres projets, fut édifié en majeure partie par le duc de Nemours sur un plan modifié par Du Cerceau et achevé par Salomon de Brosse pour Henri IV, qui en fit don à Henriette d'Entraigues en 1600.

Charleval offre le plan le plus remarquable *(fig. 108)*. Le château proprement dit devait être construit autour d'une cour carrée à portiques ; en avant s'étendait une vaste avant-cour flanquée de deux ailes masquant chacune deux autres cours. Les bâtiments limitant extérieurement ces cinq cours devaient se prolonger par des galeries fermant des jardins, le tout formant un ensemble de plan carré entouré de douves. La composition, qui dérive à certains égards du projet de Serlio pour l'achèvement du Louvre, voulait sans doute rivaliser avec celles de Philibert de l'Orme pour les Tuileries ou de Bullant pour Chenonceau. Le plan de Verneuil est assez simple : une cour carrée fermée par trois ailes et une galerie dotée au centre d'un pavillon d'entrée circulaire. Le principal mérite de l'architecte était d'avoir su profiter de la pente du terrain pour introduire une grotte semicirculaire sous la terrasse bordant la façade du jardin.

Les élévations des deux édifices sont d'une suprême fantaisie *(fig. 109, 110)* ; les formes classiques y sont utilisées avec la plus grande licence : les fenêtres et les niches interrompent les entablements, les frontons se brisent de diverses manières, les claveaux se tordent, les bossages se répandent sur les pilastres, et la surface entière se couvre de grotesques. Les architectes de ces édifices sont aussi anticlassiques que Bullant, mais la rupture avec les principes classiques est surtout obtenue par la dislocation des petits éléments architecturaux et l'utilisation incontrôlée de l'ornement sur les façades : comparé à la subtile transgression des règles opérée par Bullant, ce type de maniérisme paraît un peu barbare.

On doit également faire mention d'un autre édifice important construit à Paris à la fin du XVIe siècle : l'hôtel d'Angoulême, plus tard appelé hôtel Lamoignon, construit pour Diane de France, fille illégitime d'Henri II *(fig. 111)*. Les vieux guides de Paris l'attribuaient à Baptiste Du Cerceau, le fils aîné de Jacques, mais on pense aujourd'hui qu'il est l'œuvre de Louis Métezeau, mentionné comme architecte dans les registres de comptes de

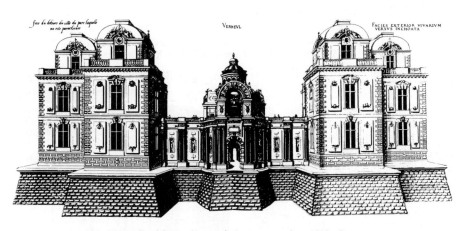

109. Verneuil, château (1er projet), commencé v. 1559. Gravure, d'après Du Cerceau, *Les plus excellents bastiments*

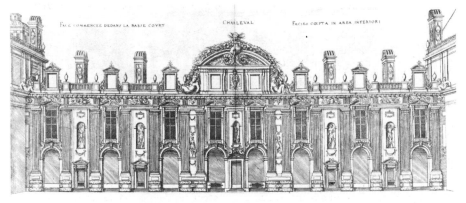

110. Charleval, château. Projet, v. 1570. Elévation d'après Du Cerceau, *Les plus excellents bastiments*

111. Attribué à Louis Métezeau. Paris, hôtel Lamoignon, 24 rue Pavée,
1584 (l'aile gauche est une addition du XVIIᵉ s.)

Diane de France[29]. Stylistiquement,
l'hôtel dérive plus de Bullant que de
l'aîné des Du Cerceau, comme en témoignent en particulier l'utilisation d'un
ordre colossal de pilastres et l'interruption de l'entablement par les lucarnes.
Restauré par la Ville de Paris, il demeure
aujourd'hui la maison de la fin du XVIᵉ
siècle la mieux conservée de la capitale.

On retrouve dans les provinces des
mouvements parallèles à ceux de la capitale, avec des variantes locales. Dans le
nord de la France se manifeste naturellement une forte influence flamande, par
exemple à l'aile de l'hôtel de ville d'Arras
bâtie par Tesson en 1572[30], ou à la halle
Echevinale de Lille, construite en 1593
par Fayet[31]. En général, les architectes
provinciaux de cette période aiment varier
à l'envi les effets de surface, surtout par
des bossages ou des sculptures en haut-
relief. Ce trait apparaît, par exemple, au
château du Pailly (Haute-Marne), traditionnellement attribué à Nicolas Ribon-
nier de Langres[32]. Il atteint sa plus belle
expression en Bourgogne, sous les mains
d'Hugues Sambin (1515/1520 -1601/1602)
et de son école. L'exemple le plus célèbre
de cette manière, la maison de Milsand de
Dijon (v. 1561) *(fig. 112)*, présente sur sa
courte façade une admirable liberté dans

112. Hugues Sambin. Dijon, maison
Milsand, 38 rue des Forges, v. 1561

l'utilisation d'une sculpture pleine de fantaisie[33]. L'emploi des bossages est porté à son sommet au Petit château de Tanlay, commencé en 1568, où chaque pierre du rez-de-chaussée se transforme en dentelle sous l'effet de l'appareil vermiculé[34].

L'un des documents les plus étonnants du maniérisme provincial à cette époque est l'ouvrage de Joseph Boillot : *Nouveaux Pourtraitz et figures de termes pour user en l'architecture, composez et enrichiz de diversité d'animaulx, representez au vray selon l'antipathie et contrarieté naturelle de chacun d'iceux,* publié à Langres en 1592. Il se compose d'une série de projets de termes aux dessins fantastiques, où les entablements ne sont pas portés par des figures humaines, mais par des animaux groupés par paires en fonction de leur « antipathie » décrite par Pline dans son *Histoire naturelle,* et par d'autres auteurs antiques. Un terme peut être, par exemple, formé d'un éléphant et d'un dragon, un autre d'un taureau, d'un lion, d'un crocodile, etc.

SCULPTURE

Germain Pilon

A sa disparition, vers 1563, Goujon fut remplacé par un artiste d'un talent très différent : Germain Pilon. Pilon naquit à Paris vers 1525, et y mourut en 1596[35]. Un document atteste qu'en 1558 il reçut un paiement pour des statues du tombeau de François 1er, qui ont disparu depuis. Deux ans plus tard, en 1560, on le trouve travaillant avec Primatice au monument du cœur d'Henri II, dont le soubassement fut exécuté par Dominique Florentin.

Ces deux documents sont d'un grand intérêt, car ils signalent les influences sous lesquelles s'est développé le style de Pilon. Il aurait dû, pourrait-on penser, être profondément marqué par son illustre prédécesseur ; on ne trouve pourtant guère trace du style de Goujon dans l'œuvre de Pilon, dont la manière semble s'inspirer de modèles fort différents : les stucs de Primatice à Fontainebleau *(fig. 77),* la sculpture figurée de Dominique Florentin et les reliefs de Bontemps, le sculpteur du monument du cœur de François 1er *(fig. 99).*

L'influence des deux premiers se manifeste dans le monument du cœur d'Henri II (1561 - 1562), dont les statues des

113. Germain Pilon. Monument du cœur d'Henri II, 1561-1562. Paris, Musée du Louvre

trois Grâces par Pilon et le soubassement par Dominique sont conservés au Louvre, l'urne elle-même étant une restitution du XIXe siècle *(fig. 113).* La composition d'ensemble est une imitation directe d'un brûleur d'encens de François 1er, connu par une gravure de Marc-Antoine[36], mais les trois figures de l'Italien, aux proportions classiques et vêtues de draperies à la romaine, sont transformées en nymphes bellifontaines, adoptant les cous longs et les têtes petites des stucs de Primatice pour la chambre de la duchesse d'Etampes *(fig. 77).* Les draperies fluides suggèrent l'influence de Dominique Florentin[37], mais en aucun cas ne rappellent ni la gravure, ni les œuvres de Goujon, d'une facture beaucoup plus linéaire.

Le tombeau d'Henri II et de Catherine de Médicis, exécuté sous la direction de Primatice entre 1561 et 1570 *(fig. 68)*, fait transition avec le style plus tardif de Pilon. Les quatre Vertus de bronze placées aux angles du monument, dont les modèles étaient prêts pour la fonte dès 1565, sont encore très proches des Grâces du monument précédent, bien que les mouvements des bustes et des membres soient plus libres, et les draperies plus sculpturales. Les reliefs entourant le socle présentent d'exquises variations du type figuré employé par Primatice dans les décors de la salle de Bal de Fontainebleau, et rappellent dans leur allure générale les panneaux de Bontemps au monument du cœur de François 1er *(fig. 99)*.

Les priants du roi et de la reine placés au sommet du monument et les gisants allongés sous le baldaquin sont toutefois traités dans un esprit assez différent. En un sens, les priants, répliques en bronze des statues en pierre des tombeaux tout proches de Louis XII et de François 1er, se conforment au réalisme que la France applique traditionnellement à ce thème ; mais ils mettent en œuvre des qualités nouvelles : une plus grande liberté de mouvement dans les poses, un sentiment prononcé de la texture du matériau utilisé et, dans la statue de la reine, une habileté à traduire les détails du vêtement et des bijoux. Ce caractère n'est sans doute pas étranger à l'influence de Cellini, dont la

Nymphe dut piquer l'esprit d'émulation des bronziers français ; mais la virtuosité ne distrait jamais Pilon de son but principal[38].

L'élément naturaliste se renforce dans les deux gisants *(fig. 114)*. Pilon avait, pour ces statues, plusieurs modèles possibles. Il étudia visiblement ceux des monuments de Louis XII et de François 1er *(fig. 19, 63)* : pour celui de la reine, il avait sous les yeux la statue de marbre destinée au tombeau, que Girolamo della Robbia avait été chargé de préparer[39]. Pilon a toutefois apporté au problème une solution très personnelle. Evitant les détails macabres, comme les incisions d'embaumement sur le gisant de Louis XII ou la saillie de la cage thoracique sur la statue de della Robia, il a rendu de manière très poignante le relâchement total de la mort. Le modelé des deux statues est étonnamment différent : celui de la reine rond et idéalisé, celui du roi fluide et très sensible. Plus surprenante encore est la tête d'Henri II, rejetée en arrière, découvrant le profil ; les traits sans grand caractère du roi acquièrent ainsi une extrême distinction : à croire que le sculpteur avait étudié la *Pietà* de Michel-Ange à Saint-Pierre dont une fonte existait à Fontainebleau[40].

Au cours des années 1570 - 1580, Pilon exécuta surtout des portraits en buste et des médailles. Les bustes de marbre

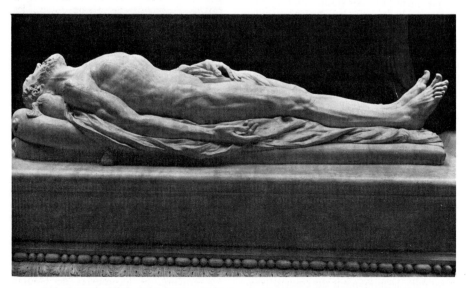

114. Germain Pilon. Saint-Denis, abbatiale, *gisant d'Henri II* (moulage), 1563-1570.

115. Germain Pilon. *Vierge de douleur,*
v. 1580-1585. Paris, Musée du Louvre

116. Germain Pilon. *Priant du cardinal de
Birague* (détail), après 1583.
Paris, Musée du Louvre

d'Henri II, de François II et de Charles IX aujourd'hui au Louvre[41], probablement exécutés autour de 1575, n'ont pas l'intérêt du bronze de Charles IX conservé à la collection Wallace de Londres[42], où l'on rencontre le large traitement du métal qu'affectionnait Pilon. Ces bustes, qui trouvent leurs plus proches parallèles dans les œuvres de Leone Leoni, nous suggèrent que l'artiste était familier de la sculpture italienne contemporaine. Le buste en bronze de Jean de Morvilliers (après 1577) ouvre la voie au style plus dramatique des années 1580[43]. A la même époque, Pilon exécuta une série de grandes médailles représentant Henri II et ses trois fils, portraits aussi remarquables par leur pénétration psychologique que par le brio de leur exécution[44].

Les groupes de la chapelle des Valois et les tombeaux des Birague sont les œuvres les plus impressionnantes de la fin de la carrière de Pilon.

Lorsque Catherine de Médicis commanda le tombeau d'Henri II, destiné à occuper le centre du mausolée que Primatice devait construire à Saint-Denis[45], elle chargea Pilon de préparer pour les cha-

pelles secondaires plusieurs groupes, qui furent seulement commencés vers 1583. L'un d'eux, dont les fragments sont conservés au Louvre et à Saint-Paul-Saint-Louis[46], représentait la Résurrection ; plus que toute autre œuvre de Pilon, il reflète l'influence de Michel-Ange : les deux soldats adoptent le large *contrapposto* de celui-ci, et le Christ s'inspire du carton du *Noli me tangere* de 1531. La *Vierge de Douleur (fig. 115)*[47], également destinée à la chapelle, est le premier exemple du style tardif de Pilon, qui se développera pleinement dans les statues des Birague, tandis que le *Saint François en extase,* aujourd'hui à Saint-Jean-Saint-François[48], annonce presque l'art baroque, avec le geste apaisé des bras et des mains ouvertes, geste très éloigné de la tension que le maniérisme imprime habituellement au sentiment religieux.

Plus impressionnantes encore sont les œuvres exécutées pour la chapelle de René de Birague à l'église Sainte-Catherine-du-Val-des-Ecoliers de Paris. Birague, originaire de Milan, fut chancelier de France de 1573 à 1578 ; à la mort de sa femme en 1572, il prit les ordres, et devint cardinal ; il mourut en 1583. Vers

117. Germain Pilon. *Gisant de Valentine Balbiani* (détail),
avant 1583. Paris, Musée du Louvre

1574, il commanda à Pilon le tombeau de
sa femme Valentine Balbiani, et son propre monument fut exécuté en 1584 aux
frais de ses héritiers. Les tombeaux ont
été très endommagés au XVIIIe siècle et à
la Révolution, mais le Louvre a conservé
le priant de bronze du cardinal *(fig. 116)*,
l'effigie allongée de marbre[49] et le gisant
en bas-relief de sa femme *(fig. 117)*[50].

La statue du cardinal *(fig. 116)* dérive
des bronzes du tombeau d'Henri II, mais
la composition est plus monumentale et le
traitement plus large. Pilon a placé l'effigie de profil, agenouillée sur un prie-
Dieu, le manteau tombant en plis lourds
et s'allongeant en traîne derrière le
priant[51]. Tous les détails décoratifs ont
été éliminés, à l'exception d'indications
de fourrure sur le capuchon, creusées à
traits incisifs dans la terre. Pilon a
exploité ici pleinement la lourde monumentalité du bronze, et a délibérément
conservé la surface rugueuse, sans la
polir ; le visage et les mains, d'une facture très franche, ont une intense présence. Le tombeau de Valentine Balbiani
est tout à fait différent ; l'effigie de marbre prouve la virtuosité dont était encore
capable Pilon dans le traitement du
détail, et sa richesse accentue le contraste
avec le caractère morbide du gisant du
sarcophage où, pour la première fois,
Pilon utilise les qualités émotives du naturalisme. Dans ce relief *(fig. 117)*, il a
recherché des effets délibérément évités

dans le gisant de Catherine de Médicis :
le corps est émacié, les os saillent sous les
chairs, les mains sont squelettiques,
comme dans les œuvres des sculpteurs
naturalistes de l'époque flamboyante.
Pour la première fois, la sculpture française reflète ici une tendance fréquente du
maniérisme : le retour au Moyen Age. Le
traitement de la figure est loin cependant
d'être gothique ; le modelé reprend au
contraire la conception fluide de Pilon
d'une façon encore plus prononcée que
dans ses œuvres précédentes. Le relief est
très léger, et les formes semblent glisser
librement sur le champ. Nous avons vu ce
type de modelé sur le gisant d'Henri II,
mais il est ici poussé plus loin, et adapté à
la technique différente du bas-relief.

Le relief en bronze de la *Déposition de
croix (fig. 118)* du Louvre, qui provient
de la même église que les tombeaux des
Birague, faisait probablement partie du
même ensemble décoratif. On n'a pas de
renseignement sur sa date, mais son style
est si proche de celui du gisant de Valentine Balbiani qu'il doit être à une ou deux
années près contemporain du tombeau.
Le détail n'est jamais morbide, mais
l'intensité dramatique et la facture du
relief sont très similaires. On y décèle de
fortes traces d'influence italienne, surtout
celles de Michel-Ange et de son école[52].
Les reliefs de Bandinelli sur le même
sujet, conservés au Louvre et au Victoria
and Albert Museum de Londres[53], en

118. Germain Pilon. *Déposition de croix,* v. 1580-1585.
Paris, Musée du Louvre

offrent de proches parallèles, mais le traitement est entièrement personnel. Il est intéressant de comparer ce relief à la *Pietà* de Goujon *(fig. 95)*. La confrontation met non seulement en évidence les techniques différentes des deux artistes et leurs conceptions opposées du modelé, mais nous rappelle aussi que l'esprit de la période a totalement changé : chez Goujon, l'émotion, présente, s'exprime par des symboles conformes aux canons de la beauté classique ; Pilon, lui, n'hésite pas à utiliser, pour accentuer l'effet, des gestes et des expressions allant presque jusqu'à l'outrance. La manière de Goujon est caractéristique de la période classique du milieu du siècle ; celui de Pilon reflète l'état d'esprit émotionnel marquant les décennies des guerres de Religion.

Il n'est pas étonnant que la dimension personnelle et affective de l'art de Pilon n'ait pas été copiée par ses successeurs, mais la plupart des sculpteurs français de la fin du XVIe siècle furent fortement influencés par sa première manière. Le plus intéressant de ses continuateurs, Barthélémy Prieur (actif entre 1573 et 1611), exécuta les sculptures du monument du cœur du connétable de Montmorency, aujourd'hui au Louvre, dont les éléments architecturaux furent dessinés par Bullant[54]. Au centre de la composition est placée une colonne torse, ou « salomoni-

que », probablement la première imitation dans l'architecture française des colonnes de Saint-Pierre qui provenaient, croyait-on, du temple de Jérusalem, et qu'avaient popularisées les gravures reproduisant le carton de la *Guérison du paralytique* de Raphaël[55]. Trois Vertus de bronze grandeur nature entourent le pied de la colonne, variantes des figures d'angle du tombeau d'Henri II[56]. On peut trouver partout en France des sculptures allégoriques de ce style, et des priants imitant ceux d'Henri II, de Catherine de Médicis et de Birague : les priants de Pilon semblent avoir instauré une mode qui devait se prolonger jusqu'à une date avancée du XVIIe siècle[57].

PEINTURE

Antoine Caron, Jean Cousin le Fils, les portraitistes

Il est peu de périodes où la peinture française soit aussi médiocre que pendant le dernier quart du XVIe siècle et le premier du XVIIe, et il en est peu qu'on connaisse aussi mal. Sous les règnes de Charles IX et d'Henri III, on ne parvient à discerner que deux personnalités : Antoine Caron et Jean Cousin le Fils, et quelques portraitistes d'un talent très ordinaire ; pour le reste, on connaît quelques noms auxquels on ne peut rattacher

119. Antoine Caron. *La Sybille de Tibur*. Paris, Musée du Louvre

aucune œuvre, et un grand nombre de peintures, des portraits surtout, qu'on ne peut rapprocher avec certitude d'aucun nom.

Antoine Caron[58], qui jouit depuis quelque temps d'une faveur un peu excessive, est intéressant parce qu'il traduit très clairement l'atmosphère singulière de la Cour des Valois pendant les guerres de Religion. Il apparaît dans les documents avant 1550, travaillant à Fontainebleau sous la direction de Primatice ; il devint plus tard peintre de Catherine de Médicis ; on sait qu'il était très proche de la Ligue, et ami de son poète et pamphlétaire, Louis d'Orléans.

Les thèmes de ses œuvres appartiennent à trois grandes catégories. La première, la composition allégorique, rappelle dans sa présentation les fêtes qui firent la célébrité de la Cour des derniers Valois ; ainsi, les peintures des *Triomphes des Saisons,* ou les dessins préparatoires de la *Tenture des Valois,* montrent des « fêtes galantes », spectacles nautiques, repas champêtres, concerts ; au premier plan, la saison est illustrée par une procession allégorique apparemment inspirée d'un ballet, passe-temps favori de l'époque. Les deux grandes séries de dessins pour *l'Histoire des rois de France* et *la Reine Arthémise* appartiennent à cette catégorie. Elles reflètent les cérémonies de la Cour plus que les ballets, mais sont traitées dans le même esprit : la seconde suite contient, sous les traits d'Arthémise, des allusions assez transparentes à Catherine de Médicis.

Les batailles qui apparaissent dans ces dessins font le lien avec le second thème favori de Caron : le massacre. Une peinture du Louvre, datée de 1566, traite un sujet relativement rare : les *Massacres du Triumvirat* ; le thème, on l'a souvent signalé, fait directement allusion aux affrontements sanglants des guerres de Religion qui déchiraient alors la France : la violence de cette œuvre est aussi caractéristique de l'atmosphère du temps que les ballets de Cour du premier groupe.

Enfin, deux peintures représentent une tendance plus fantastique : *les Astronomes étudiant une éclipse* et *la Sibylle de Tibur (fig. 119)* ; elles révèlent l'amour des prédictions, des horoscopes et autres pratiques aux frontières de la magie en vogue à la fin du XVIe siècle, en particulier dans le cercle de Catherine de Médicis. Caron n'a exécuté qu'une seule peinture religieuse sur un thème traditionnel : *la Résurrection* de Beauvais.

Ainsi, par leur insistance sur les cérémonies officielles et l'allégorie complexe, par leur goût du fantastique et de l'irrationnel, les sujets traités par Caron sont l'expression typique d'un maniérisme de Cour extrêmement sophistiqué. Ce maniérisme se traduit plus clairement encore dans la facture, caractérisée avant tout par l'allongement des proportions, procédé que Caron emprunte à Nicolo dell' Abate, mais qu'il accentue très for-

tement [59]. C'est aussi au Modénais qu'il prend les étranges attitudes contorsionnées et les membres effilés de ses personnages[60]. Ces longues silhouettes à têtes d'épingle sont disposées dans un espace volontairement trop vaste, où elles paraissent se perdre, insignifiantes. Le cadre est généralement défini par des architectures adoptant des perspectives exagérément prononcées, formées de fragments empruntés aux dessins les plus fantaisistes de Du Cerceau, mêlés à des vues schématiques de ruines romaines, ou parfois à des paysages encore inspirés de Nicolo. Enfin s'ajoutent des coloris imprévus, contrastes de taches multicolores se

120. Jean Cousin le fils. *Le Jugement dernier*
Paris, Musée du Louvre

découpant souvent sur les fonds presque blancs des architectures. Le choix des sujets et leur traitement composent au total ce qui est peut-être l'expression la plus pure d'un maniérisme élégant, reflet d'une société aristocratique, raffinée et névrosée.

Jean Cousin le Fils semble avoir joui en son vivant d'une grande réputation ; son nom est cité avec respect par les écrivains contemporains, mais ses œuvres ont presque toutes disparu. Né à Sens en 1522, il passa la plus grande partie de sa vie à Paris et mourut vers 1594. Dans les emblèmes composant son *Livre de Fortune* (1568), il apparaît comme un continuateur du style décoratif de Rosso[61]. Deux dessins gravés, *le Serpent d'airain* et *la Conversion de saint Paul*, montrent qu'il était influencé par le maniérisme florentin : le *Saint Paul* appartient à un type de composition utilisé par Salviati dans son tableau de la galerie Doria[62] et sa fresque de la Chancellerie[63]. L'œuvre conservée la plus importante de Cousin, *le Jugement dernier* du Louvre, fut gravée sous son nom en 1615 *(fig. 120)*. Comme Caron, Cousin s'inspire ici du thème de la chétiveté de la race humaine, représentée par des figures grouillant sur le sol comme des vers, mais la forme est florentine et paraît dériver de *la Descente aux Limbes* de Bronzino à la galerie Colonna[64], bien que le réalisme des personnages suggère une influence flamande. Il est possible que la peinture n'ait pas été le champ d'activité principal de Cousin : on sait qu'il a fourni de très nombreux dessins pour des livres illustrés et des vitraux[65].

On doit faire mention d'une suite de dessins qui éclairent de manière intéressante les goûts de l'époque, représentant un tournoi à Sandricourt en 1493 ; conservée au Louvre, elle est probablement l'œuvre de Jérôme Bollery, mort peu après 1600 [66]. Il est suprenant qu'à la fin du XVIᵉ siècle on ait chargé un artiste de dessiner une célèbre fête de la chevalerie vieille d'un siècle[67] ; mais le sujet a pu séduire une partie de l'aristocratie qui se tournait avec nostalgie vers les temps de la féodalité[68].

A la fin du XVIᵉ siècle, le portrait était toujours l'une des expressions artistiques les plus populaires de France, en particulier le portrait aux crayons, dont la vogue avait même encore grandi. Les deux aînés de la famille Dumoustier, Etienne et

Pierre Iᵉʳ, comptent parmi les meilleurs représentants du genre, bien qu'ils ne soient guère plus que des continuateurs de François Clouet. On pourrait en dire autant de Benjamin Foulon et de François Quesnel, dont les dessins sont plus soignés, mais moins vigoureux que ceux des Dumoustier. Parmi les rares portraits peints attribuables à des artistes connus, l'un des plus intéressants est celui de Mary Ann Waltham, œuvre de François Quesnel, signé du monogramme de l'artiste et daté de 1572 *(fig. 121)*. C'est un exemple caractéristique des portraits français de la fin du XVIᵉ siècle : le naturalisme de François Clouet se stylise pour aboutir à des formes aplaties, presque

121. François Quesnel. *Portrait de Mary Ann Waltham*, 1572. Althorp, Northamptonshire (G.B.), coll. du comte de Spencer

sans modelé, dominées par les lignes du contour. Marc Duval fait preuve de plus d'audace dans son portrait en pied grandeur nature des trois frères Coligny, connu par des copies et des gravures ; à cette catégorie appartenait le portrait anonyme de Catherine de Médicis et de ses enfants, malheureusement détruit dans l'incendie de Castle Howard[69].

Au cours des dernières décennies du XVIᵉ siècle, une nouveauté fut introduite dans la peinture française : les tableaux à sujets familiers, ou du moins sans connotation religieuse ni antique[70]. Les thèmes

122. Anonyme. *Femme entre les deux âges,* fin du XVIᵉ s.
Broomhall, Fife (G.B.), coll. du comte d'Elgin

favoris des artistes sont tirés de la *commedia dell'arte*, comme *la Femme entre les deux âges (fig. 122)*, ou présentent les bals de la Cour, comme ceux du duc de Joyeuse (Versailles) ou du duc d'Alençon (Louvre)[71]. Toutes ces peintures reflètent une forte influence des Flandres : il est très possible qu'elles soient l'œuvre d'artistes étrangers installés en France. On trouve dans les gravures contemporaines des compositions analogues, mais généralement d'une veine plus ironique : bon nombre sont des satires politiques émanant des deux factions en présence à l'époque de la Ligue. L'influence flamande y est également très visible ; les graveurs empruntent le langage de Bruegel pour ridiculiser, tout à fait dans l'esprit des Flandres, leurs opposants politiques et religieux[72].

CHAPITRE V

Henri IV et la régence
de Marie de Médicis
1598-1630

Le contexte historique

En 1594, quand Henri IV entra à Paris et que la grande majorité de ses sujets le reconnut pour roi, il trouva un pays épuisé par les guerres civiles dont le fanatisme religieux et les interventions extérieures avaient encore augmenté la violence et la confusion. Le commerce et l'industrie de la France étaient presque ruinés, son administration désorganisée et sa population appauvrie. Henri IV consacra les premières années de son règne à chasser les Espagnols du pays et, ralliant à lui les derniers rebelles, à régler la question religieuse. Ces buts furent atteints vers 1598, quand la paix de Vervins libéra le royaume de ses envahisseurs et que l'édit de Nantes apporta au monde la preuve que la tolérance religieuse pouvait être le fondement d'une politique saine de gouvernement. Quant aux rebelles, même Mayenne, le plus récalcitrant des Ligueurs, n'avait pas attendu cette date pour faire la paix avec le roi.

Ainsi, à partir de 1598, Henri IV et son ministre Sully furent en mesure de consacrer tous leurs soins à la reconstruction du royaume. La situation aurait difficilement pu être plus grave. Dans les campagnes, la paysannerie avait été, comme toujours, la première victime des guerres civiles et de l'accroissement des impôts. La noblesse s'était considérablement appauvrie à cause des frais engagés dans les guerres et de la dévaluation monétaire qui avait réduit la valeur des fermages. Les habitants des villes avaient souffert de l'interruption du commerce provoquée par l'insécurité générale du pays. La bourgeoisie pouvait cependant se rétablir beaucoup plus aisément que l'aristocratie dont les revenus dépendaient exclusive-

ment de la terre, toute forme de commerce lui étant interdite ; de plus, ayant goûté pendant toute la fin du XVIe siècle aux plaisirs de la vie de Cour, la noblesse n'était guère disposée à retourner s'occuper de ses domaines.

Les réformes d'Henri IV et de Sully furent principalement consacrées au rétablissement des finances publiques, alors dans une situation catastrophique, et à la restauration de la prospérité générale du royaume par le redressement de l'agriculture, du commerce et de l'industrie. Pour atteindre le premier de ces objectifs, Sully s'efforça de libérer les terres royales de leurs hypothèques et de mettre de l'ordre dans le régime fiscal ; il dut toutefois se borner à supprimer les abus les plus criants des affermages des impôts, accroissant ainsi les revenus effectifs de la Couronne, mais ne chercha aucunement à transformer le système. Son encouragement à l'agriculture fut plus efficace, et sa tentative de casser la rigidité des organisations corporatives contribua un peu à libérer la petite industrie. Le commerce, favorisé par l'amélioration des communications, restait encore entravé par les barrières douanières intérieures.

Ce fut probablement dans le domaine administratif que les réformes d'Henri IV eurent le plus d'efficacité : le roi parvint à rendre à la Couronne le pouvoir qu'elle possédait sous Henri II, mais qu'elle avait presque totalement perdu pendant les guerres de Religion. Instruit par l'expérience de ses prédécesseurs, Henri IV s'abstint de convoquer les États généraux, et consacra tous ses soins à renforcer l'administration dépendant directement de son autorité. Le Conseil, véritable gouvernement du royaume, fut réduit à douze membres nommés par le roi ; les princes de sang et la haute noblesse en furent systématiquement exclus. Constatant que les gouverneurs des provinces étaient devenus dangereusement puissants et susceptibles d'utiliser ce pouvoir dans leur propre intérêt plutôt que dans celui de la Couronne, Henri IV limita leurs prérogatives en les dessaisissant du contrôle fiscal et judiciaire, et en choisissant comme gouverneurs des forteresses provinciales des hommes à sa discrétion. A l'égard des villes, il reprit la politique de François Iᵉʳ : par un mélange de flatterie et d'intimidation, il obtint d'importantes concessions et réduisit les velléités séparatistes.

La politique d'Henri IV et de Sully se distinguait par un solide bon sens plus que par quelque profonde doctrine théorique ; mais cet esprit pratique fit qu'à la mort du roi, assassiné en 1610, la France était à nouveau en mesure de jouer un rôle de grande puissance dans les affaires européennes. Malheureusement, pendant la minorité de Louis XIII, qui n'avait que neuf ans quand il succéda à son père, la régence fut confiée à la veuve d'Henri IV, et Marie de Médicis tint les rênes de l'État d'une main si indécise que l'œuvre de son époux fut gravement compromise. Constatant la faiblesse du gouvernement dirigé surtout par Concini, favori de la reine incapable et sans scrupules, les princes du sang et la noblesse, sous la conduite de Condé, Soissons et Bouillon, s'efforcèrent par tous les moyens de regagner la position perdue sous le règne précédent. Dans le même temps, le Parlement défiait la Couronne à la moindre occasion, en particulier à propos de la paulette, édit qui permettait à ses membres de transmettre leurs charges à leurs enfants, fondant ainsi une sorte d'aristocratie dotée d'une forte position sociale et exemptée de l'impôt. Cette double opposition aurait pu être fatale au pouvoir central, sans l'apparition d'un personnage à la mesure des circonstances : Richelieu. Secrétaire d'État depuis 1616, il prit vers 1624 la tête du Conseil et, continuant l'œuvre d'Henri IV, allait achever de consolider le système autocratique et centralisé de l'État français.

Durant les trente premières années du XVIIᵉ siècle se manifeste une activité intellectuelle considérable, reflétant un renouveau spirituel dirigé par de grandes personnalités : le cardinal de Bérulle, saint François de Sales et saint Vincent de Paul. Ce renouveau, qui donna le ton de

la pensée religieuse française pendant la plus grande partie du XVIIᵉ siècle, était d'une nature particulière : profondément sincère, il n'avait pas le mysticisme extatique des mouvements contemporains italiens ou espagnols, ni leur amour de la mortification. La ferveur religieuse se traduisit en France par l'enseignement d'une doctrine pratique pouvant s'harmoniser avec une existence sociale ordinaire. Ce mouvement conduisit à un épanouissement de la vie religieuse dans l'ensemble de la communauté catholique et, avec saint Vincent de Paul, aux premières grandes entreprises charitables.

Au même moment, se développait une morale purement laïque, nourrie d'un stoïcisme qu'avaient fait renaître Guillaume du Vair, l'un des chefs du parti modéré des *politiques* à l'époque de la Ligue, et Pierre Charron. Le célèbre traité *De la sagesse*, publié par ce dernier en 1601, devint le guide des sceptiques de la génération suivante. Il influença aussi le courant stoïcien que Pascal devait finalement réunir au christianisme.

Dans la littérature, deux tendances fortement antinomiques se manifestaient. D'un côté, un style fleuri et plein de fantaisie, fait pour charmer un goût aristocratique dont Madame de Rambouillet et son cercle des Précieux dictaient les lois ; ce public aimait les longs romans pastoraux, comme l'*Astrée* d'Honoré d'Urfé, inspiré de modèles italiens et espagnols, et appréciait une poésie maniériste faite d'épigrammes, de madrigaux, de vers anagrammatiques et de sonnets alambiqués. De l'autre côté, Malherbe et sa réforme, pierre de fondation de la poésie classique française. Son approche rationnelle, sa simplification de la langue, marquée au coin du bon sens, le plaçaient aux antipodes du style fantaisiste de Maynard, Racan et Voiture, les poètes admirés des Précieux. On comprend pourquoi Malherbe fut le poète favori d'Henri IV.

Architecture

Les chantiers royaux. Le Muet.
Salomon de Brosse

Les constructions entreprises sous la responsabilité directe d'Henri IV peuvent se séparer en deux groupes : les agrandissements des palais royaux et les embellissements de Paris.

La plus belle réalisation du premier groupe, la cour des Offices de Fontaine-

123. Fontainebleau, château.
Cour des Offices, 1606-1609

bleau *(fig. 123)*, est une construction de
Rémy Colin, bâtie autour d'une cour carrée ouvrant d'un côté sur la cour Ovale[1].
L'entrée monumentale, édifiée entre 1606
et 1609, est une traduction française de
l'hémicycle de Bramante au Belvédère.
L'architecte a surtout cherché à jouer sur
les variations de surfaces, en utilisant les
bossages et les tons changeants du rude
grès local que Serlio avait employé dans
un esprit similaire au portail du Grand
Ferrare. La forme en niche de l'entrée est
rappelée par le renfoncement concave qui
se creuse au centre du côté opposé de la
cour.

A Saint-Germain, Henri IV transforma
le château Neuf, commencé par Philibert
de l'Orme pour Henri II, par une combinaison imaginative de jardins en terrasses
conduisant du fleuve à un casino, dont le
parti rappelle fortement certains jardins
italiens, comme la villa d'Este de Tivoli.
Cette parenté avec les créations ultramontaines confirme l'attribution du projet à
Étienne Du Pérac, seul architecte de
l'époque à bien connaître les jardins de
Rome et de ses environs[2].

Beaucoup plus révolutionnaires sont les
transformations faites par Henri IV dans
Paris. La volonté d'embellir la capitale
s'accorde à l'ensemble de la politique
royale, et les buts très pratiques de ces
améliorations sont conformes au carac-

tère du souverain. En douze années seulement, Henri IV acheva le pont Neuf,
construisit la place Royale et la place
Dauphine, commença la place de France,
créa l'hôpital Saint-Louis et posa les fondations du nouveau collège Royal, faisant
par ces œuvres franchir un stade à l'urbanisme et établissant certains principes qui
devaient influencer pendant plusieurs siècles le développement de Paris. Dans
quelques cas, nous le verrons, il reprit des
idées déjà proposées au XVIe siècle, mais
la manière dont ces principes ont été mis
en œuvre témoigne clairement d'une pensée plus avancée, et porte la marque de sa
personnalité. Pour beaucoup de ces constructions, on ignore le nom des architectes, qui semblent s'effacer derrière le souverain. On sait qu'Henri IV s'intéressa de
très près à ces réalisations dont les caractères communs, si nombreux, nous portent à croire que Claude Chastillon et
Louis Métezeau, dont les noms apparaissent assez confusément dans les comptes,
ont été de simples exécutants travaillant
sous la seule direction du roi.

En 1598, Henri IV reprit la construction du pont Neuf, qui, commencée par
Henri III en 1578, avait été interrompue
par les guerres civiles. Le pont prévu à
l'origine était une sorte de composition
capricieuse, surmontée de maisons et
flanquée à ses extrémités d'arcs de triomphe servant à la défense autant qu'à
l'ornement. Henri IV simplifia le pont,
supprimant maisons et arcs de triomphe.
Le pont avait pour fonction de relier la
partie sud de la ville, abritant l'université,
aux quartiers administratifs et commerciaux de la Cité et de la rive droite. Pour
contenir la circulation que cette nouvelle
voie devait engendrer, le roi avait prévu
en outre le percement de la rue Dauphine,
coupant à travers le dédale des petites
rues de la rive gauche. Ainsi, le nord de
la ville pouvait communiquer non seulement avec le quartier universitaire, mais
aussi avec le faubourg Saint-Germain qui,
devenu plus aisément accessible, allait
plus tard se transformer en un riche sec-
teur résidentiel.

En 1604, Marie de Médicis proposa
d'offrir à la ville de Paris une statue
équestre du roi, érigée à l'endroit où le
pont Neuf coupe l'extrémité de l'île de la
Cité. La statue, commandée à Jean de
Bologne et achevée par Tacca, ne fut
mise en place qu'en 1614, mais il est évi-
dent que ce projet fut à l'origine de
l'aménagement du site. En effet, dès

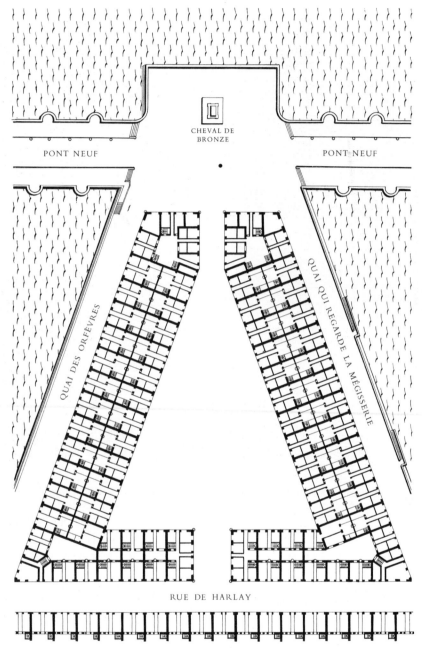

124. Paris, place Dauphine, commencée en 1607. Plan, d'après
L'Entrée triomphale de leurs Majestez, Paris, 1662

1607, Henri IV décida d'utiliser la pointe de l'île qui faisait face à l'emplacement destiné à la statue pour construire la place Dauphine *(fig. 124).* La place se composait de deux rangées de maisons établies sur les rampants d'un triangle isocèle, laissant libres la pointe du trian-gle et la partie centrale de sa base. Les maisons répétaient un modèle uniforme : au rez-de-chaussée, deux boutiques éclai-rées par des arcades étaient séparées par une porte étroite ouvrant sur un passage qui conduisait à une petite arrière-cour où un escalier à pente raide desservait les

125. Paris, place Royale (place des Vosges), commencée en 1605

pièces d'habitation des niveaux supérieurs. L'ordonnance des façades était simple, très proche de celle de la place Royale *(fig. 125)*, les matériaux bon marché : murs de brique décorés de chaînes de pierre aux angles et sur le parement. Henri IV reprenait une idée proposée au siècle précédent, dont témoigne une gravure présentant les façades érigées en 1554 entre le Petit pont et l'Hôtel-Dieu. La régularité parfaite des élévations et l'ordonnance du rez-de-chaussée, avec des arcades jumelles séparées par une porte, sont absolument identiques place Dauphine ; mais la pensée d'Henri IV était plus ambitieuse, et tandis que ses prédécesseurs se contentaient d'une seule rangée de bâtiments, le roi prévoyait de déployer la composition sur une place entière, elle-même insérée dans un ensemble urbanistique plus vaste.

La place Royale, ou place des Vosges comme on l'appelle aujourd'hui *(fig. 125, 126)*, fut conçue en 1603 et mise en œuvre à partir de 1605. Elle occupait le site du vieux palais des Tournelles, abandonné par Catherine de Médicis après qu'Henri II y eut trouvé la mort dans un tournoi. En 1563, la reine avait projeté d'y construire, sur les plans de Jean de l'Orme, une place entourée de maisons d'un modèle uniforme, mais les guerres

126. Paris, place Royale (place des Vosges), commencée en 1605, gravure

de Religion avaient interrompu l'entreprise. Les intentions d'Henri IV s'expriment clairement dans l'instruction rédigée pour l'exécution des travaux : la place devait offrir au peuple de Paris un promenoir et un lieu de rassemblement pour les fêtes publiques, et, en même temps, procurer aux classes riches des habitations conformes à leur rang. Le roi fit vendre les lots à des prix dérisoires, sous condition que l'acheteur se conformât au projet architectural agréé. Il fit édifier les deux pavillons centraux des côtés nord et sud, le pavillon du Roi et le pavillon de la Reine, plus hauts que les autres bâtiments et plus richement décorés. Le lot ordinaire possédait quatre travées en façade, dimensions respectables sans être exceptionnelles. Si la haute noblesse préféra continuer à construire ses hôtels sur des sites plus vastes et moins contraignants, les membres moins riches de l'aristocratie et la grande bourgeoisie se ruèrent à la place Royale, devenue le centre du Marais, quartier qui allait rester à la mode jusqu'à la fin du XVIIᵉ siècle avant d'être progressivement supplanté par le faubourg Saint-Germain.

Les façades des maisons présentaient la même simplicité que celles de la place Dauphine. Aux rez-de-chaussée, les boutiques étaient remplacées par des galeries d'arcades, éléments essentiels du programme royal ; mais aux étages, les éléva-

tions des deux places étaient identiques, avec des chaînes de pierre ou de stuc se détachant sur des parements de brique — ou des enduits imitant la brique — et des lucarnes très sobres. Au deux étages principaux, l'architecte avait placé des fenêtres ouvrant jusqu'au niveau des sols, disposition apparemment sans précédent. Le centre de la place fut décoré en 1639 de la statue équestre de Louis XIII, dont le cheval, originellement destiné au monument d'Henri II, avait été exécuté par Daniele da Volterra et l'effigie royale ajoutée par Pierre Biard le Jeune ; l'ensemble fut fondu à la Révolution[3].

Les caractères pratiques et symboliques des grands projets urbanistiques d'Henri IV sont exposés clairement dans le dernier d'entre eux, la place de France, conçue en 1610 *(fig. 127)*. Seule une petite partie fut mise en œuvre, mais l'ensemble de la composition est connu par une gravure d'après Claude Chastillon, qui indique dans la légende que lui-même et l'ingénieur Jean Alleaume furent responsables du projet : la place était formée d'un espace semi-circulaire, fermé sur son diamètre par le mur d'enceinte de Paris reliant la porte Saint-Antoine à la porte du Temple. Une nouvelle porte, appelée la porte de France, était percée au centre de l'enceinte ; l'hémicycle était bordé par sept maisons, halles et autres bâtiments publics, séparés par des rues rayonnant depuis le centre de la place, recoupées par un demi-anneau placé à quelque distance des édifices principaux. Chaque rue ainsi formée portait le nom d'une province française, de sorte que toute la composition symbolisait la gloire de la cité et du royaume. Le style des bâtiments s'apparentait par sa simplicité à celui de la place Royale et de la place Dauphine, mais une composante archaïque s'y ajoutait : avec leurs tourelles d'angles, les pavillons évoquaient un peu les hôtels de ville flamands de la fin du Moyen Age.

On mentionnera également deux autres édifices publics entrepris par Henri IV : l'hôpital Saint-Louis et le collège Royal (collège de France). Le premier était un hôpital pour les maladies contagieuses construit hors les murs de Paris ; commencé en 1607, il subsiste encore, presque intact. Les salles des malades sont disposées symétriquement autour d'une cour carrée, tandis que les bâtiments destinés au personnel cantonnent les angles d'un quadrilatère extérieur, relié aux salles par des allées couvertes[4].

Le collège Royal, commencé seulement l'année de la mort d'Henri IV, probablement sur les plans du roi lui-même, fut entièrement remanié au XVIIIe siècle. La vocation de l'édifice réclamait ici un style différent, et la gravure de Chastillon nous présente un bâtiment évoquant plutôt la manière de la fin du XVIe siècle.

On ne saurait trop estimer l'importance qu'eurent pour l'histoire du développement urbain les travaux publics parisiens d'Henri IV, tant ils étaient en avance sur leur temps. L'Italie avait créé des espaces, comme la place du Capitole ou la place Saint-Marc, bordés de certains grands édifices publics disposés symétriquement ; les villes des Flandres et du nord de la France, comme Anvers, Bruxelles ou Arras, présentaient parfois des places entourées de maisons appartenant aux corporations ou aux riches citadins ; mais les places d'Henri IV étaient les premières à combiner la régularité italienne du parti aux petites maisons groupées des Flandres. Elle inauguraient ces rangées d'habitations régulièrement disposées, sans ostentation mais confortables, s'insérant dans un plan géométrique et exécutées dans des matériaux simples, expressions caractéristiques de la fierté et du sens pratique de la bourgeoisie[5]. L'idée fut vite copiée : on en trouve plusieurs exemples en France, construits à Charleville (1608) par Charles de Gonzague, duc de Nevers, à Henrichemont (1608) par Sully, à Montauban (1616) par la municipalité, et à Richelieu (v. 1632) par le cardinal[6]. Elle devait aussi se répandre rapidement hors de France : Covent Garden, en Angleterre (v. 1630), est une imitation directe de la place Royale, qui peut être considérée comme le grand ancêtre du développement des places à Londres, à Bath et ailleurs. Sous d'autres formes, l'idée prit aussi racine en Hollande, en Allemagne, et même tardivement en Italie.

A Paris, nous l'avons dit, les travaux d'Henri IV eurent pour conséquence la mise en valeur de plusieurs quartiers nou-

127. Claude Chastillon et Jacques Alleaume.
Paris, place de France. Projet, 1610, gravure de Chastillon

veaux. Il devint à la mode de construire autour de la place Royale, et des esprits plus audacieux commencèrent à tirer avantage du pont Neuf pour bâtir sur les sites presque déserts du faubourg Saint-Germain. En 1608, l'entrepreneur Marie fut chargé d'aménager l'ensemble de l'île Notre-Dame, aujourd'hui île Saint-Louis, pour laquelle il s'était engagé à construire le pont qui porte son nom. Pendant les décennies suivantes, l'île se couvrit de certains des plus beaux hôtels de la capitale ; elle conserve encore son tracé rigide, avec une rue axiale de bout en bout, recoupée par trois perpendiculaires. Environ à la même époque, une autre zone, située au nord du Louvre et du jardin des Tuileries, fut englobée dans les murs de Paris. C'est là que Richelieu édifia le palais Royal et qu'un peu plus tard Mazarin construisit son hôtel, qui abrite aujourd'hui la Bibliothèque nationale ; autour de ce noyau se développa encore un nouveau quartier[7].

Dans toutes les zones nouvellement mises en valeur, les propriétaires qui pouvaient s'offrir de vastes hôtels isolés donnèrent aux architectes de l'époque l'occasion de déployer leurs talents de constructeurs et de décorateurs.

En 1605, Charles, duc de Mayenne, réconcilié avec le roi après ses activités dans la Ligue, commença à construire un hôtel rue Saint-Antoine, non loin de la place Royale[8]. Le bâtiment existe toujours, quoique très remanié et malheureusement transformé en école. C'est une variante du type représenté au XVIe siècle par l'hôtel Carnavalet : un corps de logis principal flanqué d'ailes en retour aboutissant, sur la rue, à deux pavillons que relie un élément plus bas percé du portail d'entrée[9].

Pendant la régence de Marie de Médicis furent construits de nombreux hôtels, en particulier dans le Marais, dont les plus beaux exemples subsistant aujourd'hui sont l'hôtel de Chalon-Luxembourg et l'hôtel Sully. L'hôtel de Chalon-Luxembourg, probablement édifié autour de 1623[10], est un étroit bâtiment de brique et pierre en fond de cour ; on y accède par un magnifique portail (fig. 128), primitivement isolé, adoptant le style plein de fantaisie en vogue à Paris après 1620.

L'hôtel Sully, rue Saint-Antoine, fut construit vers 1624-1629, peut-être sur les plans de Jean Du Cerceau, par le riche financier Mesme Gallet, qui le vendit en 1634 à Sully. Grâce à une restauration exemplaire, il permet, mieux que tout autre, de comprendre ce qu'était un grand hôtel parisien des années 1620[11].

Le plan suit la forme traditionnelle, avec son corps de logis central flanqué d'ailes en retour s'achevant par des pavillons liés par un corps d'entrée plus bas percé d'une porte cochère. Autour de 1660, le corps principal fut légèrement modifié par l'adjonction d'un pavillon à une extrémité de la façade sur jardin. A cette exception près, l'apparence extérieure de l'hôtel est à peu près celle de 1630 ; il a même conservé son orangerie au fond du jardin.

Si le plan reste traditionnel, la décoration extérieure est nouvelle. Les façades sur cour (fig. 129) sont ornées d'allégories placées dans des niches, échos des reliefs de Goujon à l'hôtel Carnavalet (fig. 56). Toutes les fenêtres sont surmontées de frises sculptées et de frontons ornés de masques ou de coquilles. Les lucarnes

128. Paris, hôtel Chalon-Luxembourg, 26 rue Geoffroy-Lasnier, 1623 (?)

129. Attribué à Jean Du Cerceau. Paris, hôtel de Sully,
62 rue Saint-Antoine, 1624-1629

sont aussi d'une complexité inhabituelle, flanquées de consoles en volutes et surmontées de frises et de masques. Le style de ce décor sculpté ne semble pas avoir d'antécédents parisiens, mais s'apparente étroitement à celui qu'Hugues Sambin pratiquait à Dijon près d'un demi-siècle plus tôt, et peut en dériver.

L'intérieur de l'édifice a beaucoup souffert, mais la restauration a dégagé un certain nombre de plafonds à la française, à poutres et solives peintes.

Deux livres nous font connaître les principes régissant l'architecture privée à cette époque. Le premier est l'*Architecture Françoise* de Louis Savot, publié pour la première fois en 1624, dans lequel l'auteur traite des conditions pratiques de la construction parisienne ; il y inclut les lois et règlements divers concernant les bâtiments privés, la nature et le prix des matériaux. Le second est la *Manière de bien bastir pour toutes sortes de personnes*, publié par Pierre Le Muet en 1623. Ce traité, version modernisée du livre VI de Serlio et du premier livre d'architecture de Du Cerceau, présente des projets de maisons adaptées aux différentes catégories de la société. Le Muet descend plus

bas dans l'échelle sociale que ses prédécesseurs : ses plus petites maisons n'ont que 3,90 m en façade, permettant seulement de placer au rez-de-chaussée une petite pièce flanquée d'un étroit passage conduisant à l'escalier et à une minuscule courette[12]. De ce modèle, le plus modeste, construit presque sans ornement et dans les matériaux les plus simples, Le Muet passe à des maisons plus spacieuses, adoptant généralement les élévations de brique et pierre à la mode. Dans la deuxième partie du livre, ajoutée seulement dans la seconde édition de 1647, l'auteur, plus ambitieux, offre les plans et élévations des quelques très grands hôtels qu'il a lui-même construits.

L'un d'entre eux, l'hôtel d'Avaux de la rue du Temple *(fig. 131)*, va retrouver grâce à sa restauration sa place parmi les plus beaux hôtels du XVIIe siècle conservés à Paris. Le visiteur qui franchit le portail percé dans une demi-lune à légers bossages découvre une vaste cour rythmée sur ses quatre façades par un ordre colossal de pilastres corinthiens. L'idée d'une telle ordonnance remonte, par l'intermédiaire de l'hôtel d'Angoulême de Métezeau, au portique sud de Bullant à

130. Pierre Le Muet. Paris, hôtel Comans d'Astry, quai de Béthune, 1647

FACE DE L'AISLE DV COSTÉ DE LA COVR DE L'HOSTEL DAVAVX A PARIS

131. Pierre Le Muet . Paris, hôtel d'Avaux, 71, rue du Temple, v. 1664, gravure

Ecouen, mais son application à l'ensemble des élévations d'une cour est sans précédent ; elle confère aux façades une grandeur et une majesté qui préfigurent les œuvres des architectes de la génération suivante.

Le Muet construisit aussi rue Saint-Guillaume le plus modeste hôtel de L'Aigle, d'une pureté presque mansardienne, et sur le quai de Béthune l'hôtel Comans d'Astry, orné d'un portail d'un somptueux raffinement (fig. 130)[13].

Un autre édifice caractéristique de la période, dont les façades sont à peu près intactes, l'hôtel Duret de Chevry, fut construit par Jean Thiriot en 1635 ; agrandi en 1641 et vendu plus tard à Mazarin, il fait aujourd'hui partie de la Bibliothèque nationale[14]. Le bâtiment traduit le goût de l'architecte pour les bossages compliqués, les chaînes de pierre, les frontons de forme insolite couverts de bas-reliefs.

Les demeures rurales des premières années du XVIIe siècle reflètent le même conflit stylistique. La plus grande partie des châteaux et manoirs élevés sous le règne d'Henri IV se conforment par les matériaux et le traitement des façades aux constructions de brique et pierre de la place Royale, mais après 1610, et parfois même avant, les architectes font usage d'une fantaisie plus grande encore que dans les hôtels parisiens.

Grosbois offre un bel exemple de simplicité (fig. 132) ; il fut commencé en 1597 par Nicolas de Harlay, mais la construction des ailes se poursuivit encore en 1617 quand la terre passa au duc d'Angoulême, fils naturel de Charles IX[15]. Aucun document ne nous fait connaître l'auteur du projet originel, mais le grand hémicycle creusant le centre du corps principal, majestueux agrandissement de celui de la cour des Offices de Fontainebleau, fait de Rémy Colin un auteur vraisemblable[16]. Le château est traditionnellement construit en brique, pierre de taille et moellon enduit, matériaux à la mode sous le règne d'Henri IV et la régence de Marie de Médicis ; mais tandis qu'habituellement, comme à Rosny (fig. 133), le parement est en brique avec des chaînes de pierre, ici les murs, revêtus d'enduits, sont animés par des chaînes d'angle en pierre et par des chaînes de façade en brique, disposition qui, en l'absence de tout autre ornement, suffit à donner une impression de variété aux élévations[17].

On retrouve ce style sobre dans toute la France, mais en général les provinces préfèrent plus de fantaisie. En 1606, quand Charles de Cossé, duc de Brissac, décida de reconstruire son château de Brissac près d'Angers, il commença, en remployant les fondations d'un vieux château fort médiéval, à élever un bâtiment qui

132. Boissy-Saint-Léger (Val-de-Marne), château de Grosbois, 1597-1617

133. Rosny (Yvelines), château, v. 1610-1620

forme par ses proportions et ses ornements un contraste total avec tout ce qui se faisait alors en Ile-de-France *(fig. 134)*. Le château est resté inachevé ; la façade principale est encore aujourd'hui comprimée entre deux tours médiévales qui auraient dû être détruites pour permettre l'achèvement symétrique de l'élévation. Son immense hauteur — au nord, où le sol est plus bas, la façade atteint six niveaux — et son plan massé inhabituel le font ressembler davantage à une forteresse qu'à une maison de plaisance seigneuriale, mais il ne faut pas oublier que les guerres de Religion, auxquelles les Brissac avaient pris une part active, venaient seulement de s'achever. Le nu des murs est sans cesse interrompu par les chaînes en harpe des fenêtres, les claveaux et pilastres à bossages et, sur le pavillon central, par la décoration sculptée d'un style maniériste tardif très chargé. L'esprit maniériste se traduit aussi dans de nombreux détails de l'ordonnance : les lucarnes doubles possèdent des frontons cintrés s'inscrivant dans un fronton unique triangulaire ; sur le pavillon, au même étage, deux frontons sont brisés par l'insertion de la fenêtre du niveau supérieur[18].

C'est à dessein que nous n'avons pas mentionné jusqu'ici l'architecte le plus remarquable de la période, Salomon de Brosse ; il trouve sa juste place à la fin de ce chapitre car, plus que tous ses contemporains, il a ouvert le chemin à la génération suivante et préparé l'introduction du classicisme[19]. Son père était un architecte d'un certain renom, et sa mère fille de Jacques Androuet Du Cerceau. Né à Verneuil en 1571, il y reçut vraisemblablement sa formation sur les chantiers des derniers Du Cerceau. Après l'édit de Nantes, sa famille, qui était protestante, s'installa à Paris ; à partir de 1610 environ, il semble avoir joui comme architecte d'un succès considérable. Au cours des années qui suivirent, il reçut la commande de trois grands châteaux : en 1613 Coulommiers pour Catherine de Gonzague, duchesse de Longueville ; en 1612 Blérancourt *(fig 137, 138)* pour Bernard Potier, achevé avant 1619[20] ; et en 1615 le

134. Brissac (Maine-et-Loire), château, 1606.

135. Salomon de Brosse. Paris, palais du Luxembourg,
commencé en 1615

Luxembourg *(fig 135)* pour Marie de Médicis[21]. En 1618, de Brosse fut chargé de ses deux principales commandes publiques : la reconstruction de la grande salle du parlement de Paris et l'édification du palais du Parlement de Bretagne à Rennes *(fig. 139)*. En 1623, il bâtit le temple protestant de Charenton, le précédent, élevé en 1606 — peut-être également sur ses plans — ayant été détruit par un incendie[22]. Il mourut en 1626.

Le Luxembourg et Coulommiers sont des châteaux traditionnels à bien des égards. Leurs plans : un corps principal, deux ailes en retour et une galerie fermant la cour, s'inspirent d'une formule bien établie. Celui du Luxembourg est le plus abouti *(fig. 135, 136 a et b)*, avec ses doubles pavillons flanquant le corps principal, contenant chacun un appartement complet par étage, mais il présente le désavantage d'offrir des élévations latérales dissymétriques[23]. A Coulommiers[24], de Brosse surmonta cette difficulté en doublant les pavillons antérieurs des ailes aussi bien que ceux du corps principal ; cette disposition, on doit le noter, reproduit exactement le premier projet de Verneuil, que de Brosse devait connaître depuis son enfance.

La contribution essentielle de Salomon de Brosse à l'architecture française de son temps vient de ce qu'il fut le premier, depuis Philibert de l'Orme, à penser en termes de volumes, non de décoration murale. La plupart des architectes de la fin du XVIe siècle étaient essentiellement des inventeurs d'ornements, et même Bullant, pourtant plus intellectuel, proposa surtout des dessins jouant sur les surfaces ou des portiques plaqués sur des bâtiments.

C'est dans les deux derniers châteaux de Salomon de Brosse, le Luxembourg et Blérancourt, que se traduit le plus clairement ce sens des volumes. A Coulommiers, il est moins apparent parce que les lucarnes, dont le dessin complexe reflète encore la manière des Du Cerceau, interrompent les lignes du toit, et que les façades de la cour sont rythmées à chaque étage par des colonnes jumelées adossées, inspirées de l'ordonnance de Lescot au Louvre. Au Luxembourg, les lucarnes font place à un attique isolé par une corniche soulignant d'un trait presque continu la naissance du toit. En outre, un

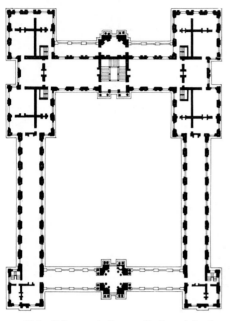

136a. Salomon de Brosse. Paris, palais du Luxembourg, commencé en 1615. Plan, d'après Hustin, *Le palais du Luxembourg,* Paris, 1904

accent beaucoup plus fort est porté sur le corps principal, unité symétrique indépendante, auquel les ailes, plus basses et plus étroites, sont clairement subordonnées. Les colonnes des élévations de Coulommiers sont abandonnées ; sur cour comme sur jardin, les façades s'ornent de bossages uniformes assez légers, qui ne détruisent pas les lignes des volumes. Ces bossages semblent être le seul élément conservé dans l'édifice réalisé des projets originels de Marie de Médicis, qui désirait une imitation du palais Pitti. On sait qu'elle envoya Métezeau en faire des relevés en 1611, mais ceux-ci n'influencèrent aucun élément important du dessin de Salomon de Brosse[25].

Un élément du Luxembourg tire son origine de Coulommiers, et même de l'exemple antérieur de Verneuil : la façade d'entrée et son corps central en forme de rotonde. Celui-ci toutefois, nettement plus simple qu'à Verneuil, s'inspire de la chapelle des Valois ou au Tempietto de Bramante, plus qu'aux fantaisies maniéristes des années 1560-1580.

La conception plastique de Salomon est plus apparente encore à Blérancourt, car le château, sans ailes, se réduisait à

136b. Salomon de Brosse. Paris, palais du Luxembourg, élévation partielle. Dessin, XVIIᵉ siècle. Paris, Musée du Louvre

137. Salomon de Brosse. Blérancourt (Aisne), château, commencé v. 1612,
achevé avant 1619. Restitution de Peter Smith

138. Salomon de Brosse. Blérancourt, château, aile d'entrée, avant 1619.

un bloc unique cantonné de pavillons *(fig 137)*. Il marque une étape importante vers la conception classique du château telle que la fit évoluer François Mansart, et présente avec les idéaux de la Renaissance italienne des rapports plus étroits qu'aucun autre édifice français antérieur. Ce bloc symétrique isolé, destiné à être vu sous tous les angles, rappelle la Maison de Raphaël de Bramante ou la Farnésine de Peruzzi ; à l'exception du château Neuf de Philibert de l'Orme à Saint-Germain, ce parti était nouveau en France : jusqu'alors, les corps de logis des châteaux se développaient autour d'une cour, ou, lorsqu'ils étaient rectili-

139. Salomon de Brosse. Rennes, palais de Justice, 1618

gnes, étaient flanqués d'ailes et de pavillons en retour. A Blérancourt, un autre élément nouveau augmente la cohésion de l'ensemble. Dans les deux autres châteaux, de Brosse avait utilisé le haut toit traditionnel, bien qu'il l'eût modifié au Luxembourg en brisant les faîtages des combles ; à Blérancourt, il a couvert les pavillons de dômes carrés, déjà utilisés dans le projet de Verneuil, mais plus bas, de sorte que le rapport des toits et des volumes qu'ils coiffent est beaucoup plus agréable.

Pour autant qu'on en puisse juger par les dessins, Blérancourt possédait un autre trait particulier : l'application des ordres y était beaucoup plus correcte que dans les autres œuvres de Salomon ou de ses contemporains. L'architecte avait choisi les ordres les plus sévères, le dorique et l'ionique, qui constituaient à l'exception de tout autre ornement la seule décoration des murs. Dans les pavillons placés aux angles de la cour antérieure *(fig. 138)*, qui existent encore, on peut voir avec quelle beauté, mais aussi avec quelle sévérité sont composées les fenêtres, d'un dessin très en avance sur tout ce 'qu'on faisait à l'époque en France ; le motif d'entrelacs de la claire-voie, copié par François Mansart, devait être utilisé en France au moins jusqu'à

l'époque de Jacques-Ange Gabriel. On retrouve cette pureté stylistique à la façade du Parlement de Rennes *(fig. 139)*[26], malheureusement altérée au XVIIIe siècle par la suppression de l'escalier extérieur et de la terrasse, et la modification des travées centrales du rez-de-chaussée. Le goût de Salomon de Brosse pour la définition rigoureuse des masses, la simplicité du parement et la délicatesse du détail apparaît ici à son apogée, préfigurant sur bien des points les solutions trouvées plus tard par François Mansart.

Le nom de Salomon de Brosse est aussi traditionnellement associé au plus important morceau d'architecture religieuse de la période : la façade Saint-Gervais (1616) *(fig. 140)*[27]. L'ordonnance, qui applique pour la première fois à une façade d'église les trois ordres superposés couramment employés aux avant-corps des châteaux, est sans précédent. Son modèle le plus proche dans l'architecture civile est le portique de Philibert de l'Orme à Anet *(fig. 59)*, auquel Salomon s'est contenté d'ajouter deux frontons, l'un triangulaire au-dessus du portail principal, l'autre cintré au sommet de l'élévation : de Brosse inventait ainsi la version française de la façade d'église alors courante à Rome. Le problème toutefois ne se pose pas dans les mêmes termes : à Saint-

140. Salomon de Brosse. Paris, église Saint-Gervais. Façade, 1616

Gervais, l'église sur laquelle est venue se greffer la façade était une haute construction flamboyante, nécessitant trois niveaux au lieu des deux niveaux habituels aux façades romaines du même type. Dans le cas de Saint-Paul-Saint-Louis, œuvre de Derand *(fig. 141)*, l'église est contemporaine de la façade, mais la survivance du goût gothique pour la verticalité, qui se traduit dans les proportions intérieures, contraignit l'architecte à adopter, lui aussi, une façade à trois étages[28].

La chapelle de la Trinité de Fontainebleau nous fournit un bon exemple de la décoration intérieure de l'époque. L'ornementation de la voûte, qui date pour l'essentiel du règne d'Henri IV, consiste en une combinaison de cadres de stuc et de panneaux peints, reprenant la formule que l'on peut voir dans toutes les autres parties du château, bien que les détails soient ici d'un style un peu plus avancé ; mais au-dessus de l'autel et de la tribune royale, Marie de Médicis ajouta deux grands cartouches à ses armes portés par des anges *(fig. 142)*, adoptant un style nouveau qui allait devenir courant en France autour de 1615-1635. C'est une variante des cuirs découpés inventés par Rosso à Fontainebleau, entre-temps imités et transformés à Florence par des architectes tels que Buontalenti, qui apportèrent à la forme une sinuosité et une plasticité nouvelles : au lieu des motifs s'enroulant comme des pièces de cuir, les ornements ressemblent davantage à des coquillages, ou même au lobe d'une oreille[29]. Ce type de décoration fut très fréquemment utilisé sous la régence de Marie de Médicis, traité en bois ou en pierre, comme à l'hôtel de Chalon-Luxembourg *(fig. 128)* ; on le retrouve dans les premières œuvres des architectes de la génération suivante, comme à l'église de la Visitation de Mansart, ou dans les hôtels de Le Vau.

Sous le règne d'Henri IV et la régence de Marie de Médicis, l'architecture reflète les tendances contradictoires présentes dans tous les domaines de la culture française. Henri IV fut personnellement responsable d'œuvres révolutionnaires par le rationalisme de leur conception et la sobriété de leur exécution. A l'opposé, les commanditaires privés s'adonnaient encore aux fantaisies d'un maniérisme tardif qui n'était pas, il est vrai, aussi débridé que celui des décennies précédentes, mais qui ignorait encore l'esprit de

logique encouragé par le souverain. Seul Salomon de Brosse sut comprendre la simplicité des audacieuses entreprises royales, et lui ajouta un caractère monumental, ouvrant ainsi la voie à la plus grande personnalité de la génération suivante : François Mansart.

141. François Derand. Paris, église Saint-Paul-Saint-Louis, 1634

Peinture et sculpture

La seconde école de Fontainebleau.
Les maniéristes de Nancy :
Bellange et Callot.
Maniérisme tardif à Paris
• Vignon • Biard

Henri IV déploya une énergie considérable pour la décoration des palais royaux ; malheureusement, la plus grande partie des peintures qu'il commanda ayant été détruite, nous sommes très mal informés sur ce que l'on convient d'appeler la seconde école de Fontainebleau.

Ce nom est généralement associé à celui de trois peintres : Ambroise Dubois (1542/1543-1614), Toussaint Dubreuil (1561-1602) et Martin Fréminet (1567-1619) ; s'ils ont effectivement rendu vie au métier de Rosso, de Primatice et de Nicolo dell'Abate — la peinture monu-

142. Fontainebleau, château, chapelle de la Trinité, v. 1615-1625

mentale — après l'interruption causée par les guerres de Religion, d'autres artistes d'importance étaient alors actifs, notamment Jacob Bunel qui travailla à la Petite galerie du Louvre, détruite par le feu en 1661[30].

Il semble que le plus âgé des trois peintres de l'école, Ambroise Dubois, originaire d'Anvers, soit arrivé très jeune en France. Avant de quitter sa ville natale, il dut s'y former au maniérisme international alors en vogue, fondé sur un mélange d'éléments flamands locaux et de divers styles italiens qu'avaient introduits les grands ateliers de gravures, comme celui de Jérôme Cock.

Son œuvre française la plus importante, la décoration de la galerie de Diane de Fontainebleau, détruite au XIXe siècle, nous est connue par des descriptions et des copies, mais de nombreuses peintures subsistent de ses autres cycles décoratifs bellifontains : l'histoire de Clorinde d'après le Tasse et le roman d'Héliodore, *Théagène et Chariclée (fig. 143)*. Du premier, peint pour le cabinet de la reine, on connaît trois tableaux, dont le *Baptême de Clorinde* du Louvre offre un exemple caractéristique ; le second, presque intact, peut encore être admiré au salon Louis XIII de Fontainebleau[31].

Toussaint Dubreuil[32], qui mourut en 1602 à quarante et un ans, fut semble-t-il un artiste d'une plus grande sensibilité, dont le style s'inspirait davantage des modèles français. Ses peintures à la Petite galerie du Louvre, aujourd'hui galerie d'Apollon, furent détruites dans l'incendie de 1661, et ses décorations à Fontainebleau ont également disparu sans laisser de traces. De la série composée pour Saint-Germain, trois tableaux ont survécu *(cf. fig. 144)*, et d'autres sont connus par des copies et des dessins ; en outre sont

143. Ambroise Dubois. *Sacrifice sur la tombe de Neoptoleme.* Fontainebleau

groupe d'artistes dont la renommée se répandit de leur vivant bien au-delà des frontières de la Lorraine : Jacques Bellange, Jacques Callot et Claude Deruet, qui représentent sous diverses facettes la dernière expression du maniérisme européen.

Bellange n'est sorti de l'oubli que depuis une cinquantaine d'années, et l'on ne possède encore que peu de renseigne-

144. Toussaint Dubreuil. *Un Sacrifice.* Paris, Musée du Louvre

parvenus jusqu'à nous des dessins pour plusieurs tapisseries de l'*Histoire de Diane.* L'influence de Primatice prédomine dans ces œuvres ; Dubreuil fait usage de certains procédés maniéristes italiens, comme les demi-figures coupées au premier plan, mais en général son style est d'une grande retenue, et l'on n'y trouve pas les proportions extrêmement allongées habituelles à la génération de Caron : en fait, Dubreuil forme le lien entre Primatice et le classicisme de Poussin[33].

A la mort de Dubreuil en 1602, Henri IV appela à Paris Martin Fréminet[34], qui avait passé les quinze ou seize années précédentes en Italie, d'abord à Rome, puis à Venise et à Turin. A Rome, il s'était lié avec le cavalier d'Arpin, dont le style l'influença fortement. Parmi ses rares œuvres conservées, la plus remarquable est la voûte de la chapelle de la Trinité de Fontainebleau, commencée en 1608, pour laquelle il exécuta également un projet de maître-autel.

Tandis qu'à Paris la peinture se maintenait à ce niveau assez ordinaire, Nancy était le théâtre d'un remarquable renouveau de l'activité picturale, produisant un

ments sur lui[35]. Sa présence est attestée à Nancy entre 1600 et 1617, et l'on sait qu'il y peignit des portraits, exécuta des décorations au palais ducal et prépara des décors et des machines de scène pour des spectacles de théâtre ; mais on conserve peu d'œuvres de sa main, en dehors de dessins et de gravures[36]. On suppose généralement qu'il a visité l'Italie, et bien qu'il n'y ait aucune preuve d'une telle visite, le témoignage de son œuvre suggère fortement un séjour à Rome pendant la dernière décennie du XVIe siècle.

Les eaux-fortes de Bellange expriment, au terme d'une longue évolution, cette forme particulière du maniérisme où le sentiment religieux, à la fois mystique et secret, se cache sous une apparence qu'un examen rapide qualifierait volontiers

145. Jacques Bellange. *Les Saintes femmes au Tombeau,* eau-forte. Londres, British Museum

d'insignifiante élégance aristocratique. Le fondateur de cette tradition fut Parmesan, qui inventa une grande partie des formules utilisées par ses successeurs : l'allongement des silhouettes, les têtes petites posées sur de longs cous, les draperies traînant sur le sol, la tension nerveuse des mains, le doux sourire extatique ; tout ce que les héritiers d'une éducation protestante ont quelque mal à ne pas trouver maladif et hypocrite, mais qui n'en contient pas moins une forme particulière de mysticisme. Ce type de maniérisme, qui fleurit dans les petites villes d'Italie au XVIᵉ siècle et exprime une atmosphère religieuse très éloignée de celle des cercles romains officiels, vint à Bellange par l'intermédiaire de ses interprètes de la dernière décennie du siècle : Barocci et ses deux continuateurs siennois, Francesco Vanni et Ventura Salimbeni. S'il a visité Rome, Bellange a pu connaître leurs œuvres par son compatriote, le graveur et éditeur Philippe Thomassin, mais de toute façon, beaucoup d'entre elles étaient accessibles par les gravures. Vanni et Salimbeni avaient ajouté à ce qu'ils avaient appris de Barocci certains éléments purement sien-

nois qui trouvent leur source dans l'art de Beccafumi. A ces influences italiennes, vient se joindre celle des gravures flamandes que Bellange a pu connaître à Nancy[37]. A partir de ces inspirations diverses, Bellange créa un style foncièrement personnel, qui s'exprime à son apogée dans l'eau-forte des *Saintes Femmes au tombeau (fig. 145).* On y est immédiatement frappé par les poses et les silhouettes étranges des trois femmes, leurs longues robes balayant le sol[38], leurs cous de cygnes et leurs têtes minuscules aux cheveux tirés vers le haut, dégageant la nuque, leurs longs doigts nerveux. Au premier coup d'œil, on serait presque tenté d'y voir des dames de la Cour se promenant dans le palais ducal, mais une telle interprétation passerait à côté du caractère essentiel de l'œuvre. La forme, il est vrai, est celle d'une société de Cour extrêmement maniérée, mais le caractère névrosé qu'elle traduit a pris une signification religieuse, comme ce fut souvent le cas à l'époque de la Contre-Réforme. Cet état d'esprit peut être complexe et loin des expression actuelles du sentiment religieux, il n'en est pas pour autant moins sincère, et il serait aussi injuste d'accuser Bellange d'irréligion que d'adresser ce reproche à Greco, comme l'ont fait des historiens il y a cinquante ans.

Pour créer l'atmosphère mystérieuse de ses compositions, Bellange utilise tous les artifices connus de ses précédésseurs. Sa distorsion des attitudes et des anatomies a déjà été notée, mais il a d'autres flèches à son arc : ainsi, dans *les Saintes Femmes,* il a placé les trois figures principales au premier plan, mais de telle sorte que leurs visages se dérobent au spectateur pour se tourner vers l'intérieur de la scène. Dans *le Portement de croix,* il utilise avec beaucoup d'efficacité un procédé analogue : la composition s'inspire d'une gravure de Schongauer sur le même sujet, mais Bellange a reporté vers l'avant les deux soldats qui entourent le Christ, les transformant en gigantesques « repoussoirs » conduisant les yeux du spectateur vers l'intérieur du tableau et la figure centrale qui se dresse entre eux. Bellange y utilise un autre artifice bien connu : entre les deux soldats, se projette dans la composition une figure féminine coupée à la taille par le bord de la gravure. Ce procédé fait retour à des modèles plus anciens du maniérisme italien, les fresques de Pontormo à la Chartreuse de Florence ; Pontormo, comme Bellange peut-être,

146. Jacques Bellange. *L'Annonciation,* eau-forte. Londres, British Museum

l'emprunta à Dürer. Dans l'eau-forte des *Saintes Femmes,* Bellange traite l'espace avec une désinvolture caractéristique : parfois, comme dans la grande *Annonciation (fig. 146),* il lui donne un caractère délibérément inconsistant, mais dans le cas des *Saintes Femmes,* il a choisi un point de vue si élevé que le sol semble basculer, donnant au spectateur l'impression que ses yeux plongent sur les figures principales. Autres effets de surprise d'esprit typiquement maniériste : la scène est présentée de façon insolite depuis l'intérieur du sépulcre, et Bellange a rompu l'unité de temps en montrant deux fois les *Saintes Femmes,* d'abord au premier plan, puis dans le lointain, à l'entrée de la grotte.

Toutes les œuvres majeures de Bellange traitent des thèmes religieux *(cf. fig. 145, 146),* mais l'artiste a également signé quelques scènes de genre, dont la plus remarquable est le *Joueur de vielle (fig. 147).* Il y manifeste un intérêt, exceptionnel dans son art, pour la laideur et la difformité d'un mendiant aveugle ; comme nous le verrons avec Callot, cet intérêt simultané pour les deux valeurs opposées d'élégance extrême et de laideur repoussante n'est pas un cas unique.

Jacques Callot naquit à Nancy en 1592 ou 1593[39]. Sa famille était liée à la Cour ducale depuis plusieurs générations et son père était héraut d'armes du duc Charles III. En 1607, Callot fut mis en

147. Jacques Bellange. *Le Joueur de vielle,*
eau-forte. Windsor, Royal Library

apprentissage chez un orfèvre nancéen, Demange Crocq. Entre 1608 et 1611, il quitta Nancy pour Rome, où il entra dans l'atelier de son compatriote, le graveur Philippe Thomassin, déjà mentionné à propos de Bellange. Il y apprit la technique en usage de la gravure au trait, et exerça sa main en copiant les compositions d'artistes flamands comme Sadeler et les décors maniéristes des églises romaines. A la fin de 1611, il partit pour Florence où commença sa réelle carrière artistique. Il fut immédiatement attaché à la Cour du grand-duc Cosme II, patron des arts et amateur passionné de fêtes et spectacles en tous genres. En 1612, Callot reçut la commande d'une suite de gravures relatant les cérémonies funèbres de la reine d'Espagne et, peu après, d'une autre suite, illustrant la vie de Ferdinand Iᵉʳ de Toscane, cette dernière gravée d'après les dessins de peintres florentins. Il devait obtenir son plus grand succès de graveur en illustrant les fêtes publiques, généralement ordonnées par Giulio Parigi, que le grand-duc accordait parfois au peuple de Florence. C'est à Parigi que revient l'invention des chars fantastiques et des allégories de la *Guerre d'Amour* et des *Intermezzi*, mais ce fut Callot qui trouva le langage brillant pour traduire

148. Jacques Callot. *Les deux Pantalon,*
1616, eau-forte. Londres, British Museum

l'action des participants. Ce langage, appliqué à un sujet légèrement différent, s'exprime à l'arrière-plan de l'eau-forte des *Deux Pantalons (fig. 148)*, qui date de cette époque. Ici, les personnages ne sont pas les acteurs d'un spectacle, mais des gentilhommes et dames de Florence en train de se promener. Dans la Cour précieuse des Médicis, la frontière entre la *festa* et la vie ordinaire était très imprécise, et la démarche des courtisans évoquent les figures d'un ballet. Cette allure dansante, désinvolte, est rendue par Callot avec une grande vivacité. Les personnages adoptent des poses rappelant des modèles de la fin du Moyen Age revus par les maniéristes flamands, comme Goltzius ; mais, si affectés que soient leurs mouvements, ils témoignent d'une observation aiguë et spirituelle, alliant artifice et naturel avec un talent que seul Watteau devait surpasser. Certains reprennent même les attitudes des petites figures des gravures fantastiques d'après Jérôme Bosch et Bruegel, alors très répandues en Italie[40]. L'influence de ces artistes semble se manifester dans la façon dont Callot regroupe ses innombrables personnages en une composition unitaire. Dans *les Deux Pantalons*, le problème est relativement aisé, mais dans l'immense gravure de *la Fête florentine (fig. 149)*, où les participants se comptent par centaines, Callot déploie une étourdissante virtuosité pour contraindre ses figurants à s'assembler dans une composition cohérente.

Les Deux Pantalons revèlent un autre aspect de la personnalité de Callot : son amour du grotesque. Déjà à Rome, il s'était essayé à imiter les gravures de mendiants et de monstres de Villamena ou d'Augustin Carrache, qui s'inspiraient eux-mêmes de sujets empruntés aux artistes flamands du XVIe siècle. Callot s'en fit une spécialité, et ses *Gobbi* (bossus) et *Mendiants* font toujours partie de ses œuvres les plus populaires. Les personnages grotesques des *Pantalons* proviennent d'une source qu'il affectionne particulièrement : la *commedia dell'arte*. Dans *les Deux Pantalons*, Callot, non content de représenter des figures grotesques, les oppose à d'élégants courtisans. Cette façon dont l'artiste, en réaction contre les normes de la beauté classique, lie dans une juxtaposition ironique les deux notions antinomiques d'élégance maniérée et de laideur pure, est typique d'une tournure d'esprit maniériste. Callot

adopta pour ses eaux-fortes une technique tout à fait personnelle : trouvant le vernis ordinaire trop mou pour traduire la délicatesse qu'il recherchait, il le remplaça par un autre plus dur qu'utilisaient les luthiers, procédé qu'emploient encore aujourd'hui les aquafortistes.

Le grand-duc mourut en 1621, et sa veuve, à qui fut confiée de la régence, entreprit des économies et supprima notamment la pension de Callot. L'artiste quitta donc Florence et retourna à Nancy où il devint rapidement l'une des figures marquantes de la vie artistique lorraine.

A Nancy, il continua les différents types d'eaux-fortes qui avaient fait sa réputation à Florence : en 1627, il poursuivit la série des *Fêtes* en gravant les cérémonies tenues en l'honneur de la visite de la duchesse de Longueville, alors exilée de Paris ; en 1622, il réalisa sa plus belle étude sur le thème grotesque, *les Bohémiens*, et en 1624, dans *la Foire de Gondreville*, il reprit le sujet de son *Impruneta* italienne. Dans les deux dernières eaux-fortes se manifestent les signes d'une nouvelle tendance née à son retour à Nancy : une volonté de traduire avec réalisme la vie de tous les jours, sans élégance affectée ni laideur ridicule. Dans *les Bohémiens*, son goût pour le grotesque est encore présent, bien que très atténué par rapport à celui des *Bossus* ; dans d'autres eaux-fortes, le traitement gagne beaucoup en naturel.

Ce changement de ton fait partie d'une évolution générale vers plus de sévérité. Les anciens artifices du maniérisme de Cour apparaissent encore, mais sont concurrencés par d'autres éléments qui gagnent peu à peu du terrain. Ainsi Callot réalise ses premiers dessins et gravures où le paysage est traité pour lui-même. *L'Agonie au jardin des oliviers (fig. 150)* montre sa sensibilité au décor naturel, même s'il sert de cadre à une scène religieuse, et l'on trouve des dizaines de dessins et gravures exécutés par Callot à Nancy où le paysage constitue le thème central. En général, ce dernier suit la tradition maniériste que les Pays-Bas avaient développée à partir des créations de Bruegel, dont Callot dut certainement connaître les paysages gravés. Les conventions, assez rigides, peuvent être examinées sur la *figure 151* : l'arbre sombre calant le premier plan, la profondeur indiquée par une alternance de zones de lumière et d'ombre disposées comme les portants d'un théâtre, accentuée par les perspecti-

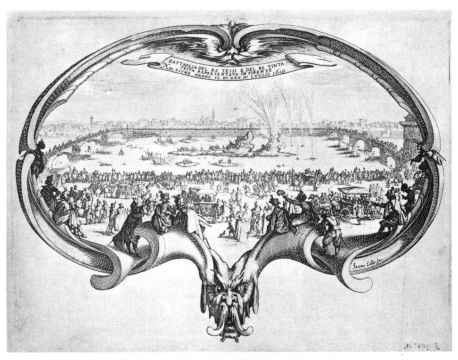

149. Jacques Callot. *Fête florentine,* 1619, eau-forte.
Londres, British Museum

ves brutales d'architectures aux lignes convergeant brusquement, ou, comme dans *l'Agonie,* par la diminution soudaine de l'échelle des figures. Les procédés scéniques de Callot sont arbitraires, souvent répétitifs — rochers fantastiques, fermes écroulées, châteaux tombant en ruine — mais l'artiste les utilise avec tant de talent et de variété que leur caractère artificiel n'est pas choquant.

Les eaux-fortes religieuses exécutées par Callot pendant sa période nancéenne reflètent une évolution profonde. A Florence, le graveur avait dessiné de nombreuses compositions à sujets religieux dans le style habituel des derniers maniéristes florentins, sans aucun apport personnel et sans grande émotion. Dans ses œuvres nancéennes, comme *la Grande Passion,* dont la *figure 150* représente un dessin préparatoire, apparaît un sens réel du drame. Pour donner au récit un caractère poignant, Callot utilise les artifices maniéristes : dans *l'Agonie,* le sentiment de la tragédie est rendu par la minuscule figure du Christ isolée à mi-distance dans une brusque projection de lumière, tandis que par contraste les soldats qui s'approchent restent dans l'ombre, à demi masqués par la pente de la colline : les différences d'échelle et d'éclairage sont utilisées à des fins dramatiques, non simplement formelles.

En 1625, Callot fut appelé à Bruxelles pour rassembler la documentation de son immense *Siège de Bréda,* commandé par l'infante Claire-Eugénie ; vers 1629, Richelieu l'invita à se rendre à Paris pour solenniser de la même manière la prise de La Rochelle et de l'île de Ré. Ces deux représentations de sièges font partie des plus éblouissantes réalisations techniques de Callot, tant par l'extraordinaire regroupement de centaines de petits personnages, que par le talent inventif déployé dans les bordures décoratives. Lors de son passage à Paris, Callot exécuta également quelques-unes de ses plus célèbres vues topographiques, notamment les deux vues de la Seine.

150. Jacques Callot. *L'agonie au jardin des Oliviers,*
1625, lavis. Chatsworth, Derbyshire (G.B.)

Callot retourna à Nancy vers 1631 ; les quatre dernières années de sa vie furent marquées par l'invasion de la Lorraine en 1633 par les troupes de Richelieu, la prise de Nancy et la honteuse reddition du duc. Nous ne savons pas quelle part Callot prit à ces événements, mais ceux-ci durent l'affecter, car sa réaction se traduit dans ses dernières grandes œuvres, *les Grandes misères de la guerre*, exécutées en 1633.

On l'a souvent souligné, on ne doit pas lier trop directement ces eaux-fortes aux guerres de Lorraine, car certains de leurs détails apparaissent antérieurement dans l'œuvre de Callot, en particulier dans *le Siège de Bréda*, et certaines gravures des *Misères* avaient été commencées avant l'attaque de Nancy. Quoi qu'il en soit, la Lorraine était assez proche de l'Empire pour avoir été en contact pendant quinze ans avec les horreurs de la guerre de Trente ans ; même s'il n'était allé sur place qu'après les événements, Callot avait eu à étudier les sièges de Bréda et de La Rochelle. Les *Grandes misères* doivent être considérées comme l'expression d'un sentiment général envers la guerre, mis à vif par l'invasion de la Lorraine.

Dans la présentation des scènes, Callot met à profit toutes ses expériences précédentes pour accentuer l'horreur du récit. Dans l'eau-forte illustrant la pendaison des pillards *(fig. 152)*, le traditionnel arbre sombre du premier plan est remplacé par un prêtre donnant l'absolution à l'homme qui va rejoindre les pendus au centre de la composition. L'arbre servant de gibet est isolé au milieu d'un large cercle de soldats dont les proportions sont réduites par la distance à des silhouettes minuscules. Pour représenter les pendus, Callot a déployé toutes les qualités d'observation et la finesse dont témoignaient ses évocations des courtisans florentins. L'atmosphère étrange et sinistre qui s'en dégage apporte un démenti à ceux qui voient en Callot un observateur détaché, relatant à froid la scène de la pendaison, sans plus d'émotion que s'il s'agissait de la foire de Gondreville.

Le troisième membre du trio nancéen, Claude Deruet, peintre officiel des ducs de Lorraine et ordonnateur des fêtes de la Cour, fut de son vivant plus célèbre encore que ses deux compatriotes. Son style, que l'on peut examiner dans *les Quatre éléments* peints pour le château de Richelieu *(fig. 153)*, déploie à grande échelle des formules de Callot. Dans le processus de l'agrandissement, toute la finesse originale disparaît ; Deruet représente toutefois un phénomène intéressant dans la mesure où, jusqu'à sa mort en 1661, il s'est attardé dans cette manière passée de mode depuis près de trente ans[41].

Un compatriote et contemporain de Deruet, Georges Lallemant, est plus intéressant car, quittant Nancy vers 1601 pour s'installer à Paris, il y fonda un atelier extrêmement florissant, où passèrent plusieurs artistes marquants de la génération suivante, notamment Poussin et Philippe de Champaigne. La plupart de ses œuvres ont disparu, mais son style, connu par les gravures exécutées d'après ses dessins par Businck, nous montre qu'il transporta à Paris la manière de Bel-

151. Jacques Callot. *Paysage,* dessin à la plume.
Chatsworth, Derbyshire (G.B.)

152. Jacques Callot. *Les Grandes misères de la guerre,* 1633,
eau-forte. Londres, British Museum

153. Claude Deruet. *Le feu.* Orléans, Musée des Beaux-Arts

lange, vraisemblablement son maître à Nancy[42].

On doit également mentionner un peintre actif à Paris avant le retour de Vouet en 1627 : Claude Vignon (1593-1670), presque seul représentant parisien d'une tendance particulière de l'art européen[43]. Né à Tours, il reçut probablement à Paris sa première éducation artistique dans le style maniériste tardif de Lallemant et de Fréminet ; mais sa véritable formation eut lieu à Rome, où il passa semble-t-il la plus grande partie des années 1616-1624. Il y fut soumis à des influences très diverses, notamment celle des successeurs du caravage, mais son principal inspirateur fut Elsheimer. Il dut étudier directement les œuvres de ce peintre et dut connaître aussi ses jeunes émules, comme Lastman. La nature composite de son style se traduit clairement dans *la Mort de l'Ermite* (après 1620) *(fig. 154)* : les têtes des anges dénotent une profonde influence du dernier maniérisme, et la nature morte celle du naturalisme caravagesque ; mais plus que tout, on remarque la facture riche et presque torturée, que Lastman avait apprise d'Elsheimer et transmit au jeune Rembrandt. Les couleurs affectent la même diversité : les sourds gris-bruns de la robe du moine, évoquant Zurbaran, sont brutalement interrompus par les taches arc-en-ciel des ailes et des tuniques des anges. Certaines peintures des années 1620, comme *la Reine de Saba* du Louvre, sont encore plus proches des œuvres de jeunesse de Rembrandt. La parenté n'est pas entièrement accidentelle : une lettre nous apprend que les deux artistes se connaissaient, et que Vignon, qui semble avoir été également négociant et expert en tableaux, vendit des œuvres de Rembrandt en France. A son retour à Paris, Vignon paraît avoir subi également l'influence de Rubens, comme dans le *Saint Jérôme* de 1626 (Stockholm), mais ses dernières œuvres marquent un retour à une facture plus minutieuse, et certaines peintures, comme le *Lavement des pieds* (Nantes), composées de petits personnages disséminés sur un champ vaste et vide, évoquent presque Callot. Vignon vécut assez longtemps pour devenir membre fondateur de l'Académie, mais, pas plus qu'en architecture son contemporain Le Muet, il ne comprit jamais complètement le nouveau classicisme, et son dernier style n'est qu'une version édulcorée de sa première manière, avec des souvenirs atténués du maniérisme.

Mention doit être faite également des premiers imitateurs de Caravage en France. Le premier, Valentin de Boulogne (1591-1632)[44], ne peut guère entrer dans l'histoire de la peinture française, car il a effectué toute sa carrière à Rome. Le second est un Flamand, Louis Finson (v. 1580-1617), qui vécut plusieurs années en Provence, et y peignit des retables dans un style alliant divers éléments empruntés à Caravange, à Elsheimer et aux derniers maniéristes[45].

On signalera enfin un autre peintre provincial de la période : Jean Boucher de Bourges (1568-après 1628), qui exécuta des retables pour des églises berrichonnes dont plusieurs, peints entre 1604 et 1628, sont conservés au Musée Cujas de Bourges ; sa manière conjugue des éléments divers empruntés au maniérisme tardif italien et flamand.

Pendant toute la régence de Marie de Médicis, et pour beaucoup grâce à l'influence de la reine, des contacts divers furent maintenus avec l'art étranger. Objectivement, le plus grand événement artistique de la période est la décoration de la galerie du Luxembourg, exécutée par Rubens de 1622 à 1625 à la demande de Marie de Médicis ; il est vrai cependant, comme on l'a fréquemment signalé, que ces chefs-d'œuvres de la peinture baroque n'exercèrent pratiquement aucune influence sur l'art français avant

154. Claude Vignon. *La mort de l'ermite.* Paris, Musée du Louvre

la fin du XVIIᵉ siècle, tant ils étaient opposés aux conventions du dernier maniérisme et aux nouveaux canons du classicisme naissant.

Les autres artistes qui participèrent à la décoration du Luxembourg donnent probablement une impression plus juste des goûts véritables de la reine. Le cabinet Doré fut orné d'une série de toiles illustrant l'histoire des Médicis, surtout celle des habiles mariages qui allièrent la famille florentine à l'Empire et aux maisons royales de France et d'Espagne. Ces peintures, commandées par le grand-duc de Toscane, furent exécutées par des artistes sans grand génie attachés à sa Cour[46]. Sur les murs du cabinet des Muses étaient accrochés des tableaux de Giovanni Baglione, envoyés par le duc de Mantoue (aujourd'hui au Musée d'Arras). La reine eut plus de chance en obtenant les services d'Orazio Gentileschi, qui travailla vraisemblablement au Luxembourg pendant quelques années avant de se rendre en Angleterre sur l'invitation de Charles Iᵉʳ. Un de ses tableaux pour le palais parisien a été identifié ; son œuvre exerça visiblement une influence considérable sur plusieurs artistes français de la génération suivante[47]. Gentileschi fut remplacé au Luxembourg par un peintre blésois, Jean Mosnier, dont l'œuvre parisienne a disparu, à l'exception d'un panneau conservé au plafond de la chambre du Livre d'Or.

Pendant le règne d'Henri IV et la régence de Marie de Médicis, le genre du portrait fut entièrement dominé par un artiste flamand, Frans Pourbus le Jeune (1569-1622)[48]. Formé par son père Frans l'Aîné, il se fit un renom de portraitiste de Cour, d'abord à Bruxelles, puis entre 1600 et 1609 à Mantoue. En 1609, après un passage dans diverses villes, il fut appelé par Marie de Médicis à Paris, où il avait déjà fait une courte apparition en 1606 ; il devait y rester jusqu'à sa mort, en 1622.

Pourbus apporta en France la tradition du portrait hollandais, fondée et principalement représentée par Moro, mais qui, depuis la disparition de cet artiste, était devenue plus formaliste, portant davantage l'accent sur l'effet extérieur, la description des vêtements et des bijoux. Autour de 1600, cette manière était devenue quasiuniverselle ; on la retrouve aussi bien chez les Espagnols Coello et Pantoja de la Cruz que dans les premières œuvres de Rubens.

Les commandes les plus importantes

155. François Pourbus le Jeune. *Portrait du duc de Chevreuse*, 1612. Althorp, coll. du comte de Spencer Northamptonshire (G.B.)

exécutées par Pourbus à Paris furent les portraits officiels d'Henri IV, de Marie de Médicis et du dauphin, le futur Louis XIII. Le portrait du duc de Chevreuse *(fig 155)* montre l'aspect imposant que Pourbus savait donner à ses modèles, bien qu'en l'occurrence il ait laissé de côté nombre d'enrichissements employés dans ses portraits d'apparat de la famille royale. L'œuvre révèle un autre aspect du talent de Pourbus : le naturalisme du visage et du vêtement, caractère qu'obscurcit fréquemment le formalisme de ses tableaux officiels[49]. Ce type de représentation, dont Philippe de Champaigne devait s'inspirer, joua un grand rôle dans l'évolution du genre en France.

Pendant son séjour à Paris, Pourbus peignit aussi quelques tableaux religieux ; l'un d'eux, *la Cène*, aujourd'hui au Louvre, offre un grand intérêt : elle semble avoir initié Poussin à la grande manière picturale d'origine vénitienne, que Pourbus avait apprise à Mantoue : on peut suivre assez tard l'influence de cette composition chez Poussin, par exemple dans l'*Eucharistie* de sa seconde série des *Sacrements*, datant de 1647 *(fig. 237)*[50].

156. Mathieu Jacquet. Fontainebleau, château.
Aile de la Belle cheminée, portrait équestre d'Henri IV

Au cours de cette période, les sculpteurs français n'ont rien produit de bien remarquable. Les œuvres les plus importantes, qui furent exécutées par des étrangers, ont disparu : la statue équestre d'Henri IV au pont Neuf et celle de Louis XIII à la place Royale. De la première, commandée à Jean de Bologne et achevée par ses élèves, il ne subsiste que le fragment d'un antérieur du cheval et les esclaves entourant le piédestal, sculptés par Pierre Franqueville, artiste flamand inspiré d'Adrien de Vries[51].

Les sculpteurs français les plus notables de la période sont Pierre Biard (1559-1609) et Mathieu Jacquet (mort en 1610)[52]. *La Renommée* de Biard, provenant du tombeau du duc d'Epernon, aujourd'hui au Louvre, nous présente un continuateur de Jean de Bologne, au style vigoureux mais peu sensible ; ses sculptures du jubé de Saint-Étienne-du-Mont laissent paraître quelque peu l'influence de Goujon. L'œuvre qui fit le renom de Jacquet, la Belle Cheminée de Fontainebleau, avait pour motif central un portrait équestre d'Henri IV en haut-relief *(fig. 156)*. Elle a été très altérée, mais le fragment subsistant et des dessins anciens prouvent que c'était là un exemple spectaculaire de sculpture décorative. Barthélemy Tremblay (1568-1629) se spécialisa dans les portraits et le décor sculptés, prolongeant la tradition de Pilon.

CHAPITRE VI

Richelieu et Mazarin
1630 - 1661

Le contexte historique

Sous les gouvernements de Richelieu et de Mazarin, c'est-à-dire environ entre 1630 et 1660, la France acheva de consolider sa position de grande puissance européenne. En politique extérieure, ces années sont celles de sa victoire dans les luttes contre l'Espagne et l'Empire, tandis qu'à l'intérieur on assiste à l'écrasement des dernières forces de discorde sociales et religieuses. Certes, l'époque suivante où Louis XIV allait dicter sa loi à l'Europe devait voir grandir encore le prestige international de la France, mais la période 1630 - 1661, ère de conquête, non de jouissance du pouvoir, a quelque chose de plus héroïque.

A l'extérieur, Richelieu et Mazarin ne firent guère que reprendre les lignes d'une politique devenue traditionnelle depuis François Ier, mais ayant derrière eux un pays plus riche et plus stable, ils furent à même d'obtenir des succès plus considérables. Richelieu parvint à infliger de sévères blessures à l'Espagne et à l'Empire tout en exposant la France aussi peu que possible aux horreurs de la guerre. Sa méthode, qui consista à soutenir financièrement les ennemis des Habsbourg, fussent-ils protestants comme Gustave-Adolphe, se révéla extrêmement profitable, et son habileté diplomatique causa souvent de lourdes pertes à l'ennemi sans coûter un seul homme à la France. Bien qu'il ait été obligé de se découvrir et de déclarer la guerre à l'Espagne, Mazarin continua cette politique ; son art de la diplomatie lui permit d'obtenir à la paix de Westphalie (1648) des avantages infiniment plus considérables que les dommages subis, et de mettre un terme aux prétentions espagnoles à la paix des Pyrénées (1659).

Les réformes intérieures entreprises par les deux ministres furent plus importantes encore. Dans ce domaine, leurs méthodes différaient totalement : Richelieu direct et impitoyable, Mazarin plus subtil et retors, mais les résultats furent identiques.

A Richelieu revient le mérite d'avoir résolu le problème de l'unité religieuse. Après avoir vaincu en 1629 une rébellion ouverte des protestants, il eut la sagesse de laisser aux réformés leur complète liberté de croyance tout en les détruisant comme pouvoir politique. Son attitude à l'égard de Rome fut également habile, bien qu'un peu surprenante de la part d'un cardinal : jouant ingénieusement sur les tendances gallicanes du Parlement, il arriva à réduire au minimum l'influence papale. A la fin de sa vie, il avait le droit d'affirmer que si la France connaissait des différences de doctrines dans le domaine religieux, tous ses sujets avaient envers elle une même loyauté.

Son combat contre les éléments sociaux dissidents fut beaucoup plus difficile. Les guerres de Religion avaient affaibli et appauvri la noblesse, mais n'avaient aucunement anéanti son pouvoir. L'aristocratie comprit vite que Richelieu entendait la réduire définitivement ; sous la conduite des princes et princesses du sang furent montés une série de complots qui échouèrent tous parce que l'un de leurs plus fidèles participants, Gaston d'Orléans, frère du roi, finissait toujours par trahir. Richelieu saisit le prétexte de ces conspirations pour porter un coup à la noblesse, et chaque complot fut suivi d'exécutions et de démolitions de châteaux. Quand il ne s'engageait pas dans des affrontements aussi violents, Richelieu continuait par d'autres méthodes sa politique d'affaiblissement, sapant constamment la position des gouverneurs provinciaux en transférant autant qu'il le pouvait leurs pouvoirs à l'autorité centrale. Reprenant une autre vieille tradition, il s'efforça de réduire l'indépendance des parlements et des États provinciaux, mais n'y connut pas toujours le succès, car il dépendait de ces institutions sur lesquelles reposait une partie des ressources de l'État.

La mort de Richelieu à la fin de 1642, suivie de celle du roi au début de l'année suivante, sembla un instant mettre en péril l'œuvre accomplie. La noblesse comprit vite le tort que causait à la Couronne la minorité du roi, et fut trompée par l'apparente bonhomie du nouveau ministre, Mazarin. Instantanément, les complots recommencèrent et longtemps avant que n'éclate la Fronde en 1648, il était visible que Mazarin aurait des difficultés avec les ennemis traditionnels de la monarchie.

Mazarin fit l'immense erreur de s'aliéner la bourgeoisie. Comme Richelieu, le cardinal avait des notions financières assez rudimentaires ; tant que l'argent était disponible pour les besoins immédiats, il ne s'inquiétait ni des moyens par lesquels il était obtenu, ni des perspectives à long terme. Cette imprévoyance, doublée de la corruption des financiers travaillant sous les ordres du ministre, donna à la bourgeoisie de nombreux sujets de mécontentement : de nouveaux impôts furent créés qui la touchaient particulièrement ; on mit en vente de nouvelles charges, ce qui pesa sur la valeur des offices existants ; enfin et surtout, le paiement des rentes devint extrêmement irrégulier et les taux d'intérêt instables. Aussi les classes moyennes furent, presque à leur corps défendant, poussées à l'hostilité envers un État que représentait Mazarin, et quand la noblesse s'engagea ouvertement contre le ministre, elle put compter sur l'appui d'un allié inattendu.

Si l'histoire de la Fronde (1648-1653) est très confuse, ses conséquences sont claires. La noblesse y adhéra dans l'espoir de regagner le pouvoir qu'elle avait vu glisser de ses mains ; la bourgeoisie, qui y prit part, nous l'avons dit, pour des raisons de circonstance, saisit vite qu'elle avait plus à perdre de la victoire de son allié, la noblesse, que de celle de son ennemi officiel, la Couronne. La situation était fondamentalement celle de l'époque de la Ligue et du siège de Paris, et l'évolution des esprits fut la même.

Peu à peu la bourgeoisie revint à la raison, et les différences de fond qui la séparaient de la noblesse se découvrirent au grand jour quand celle-ci fit inconsidérément usage pour mater les notables récalcitrants d'une arme puissante, mais dangereuse : le soulèvement de la populace. Lorsqu'à l'instigation de Beaufort la foule eut incendié l'hôtel de ville de Paris, les bourgeois comprirent qu'ils avaient choisi le mauvais parti. La Fronde s'éteignit, effondrement entraîné par la futilité, les querelles intestines et l'absence de sens politique de la noblesse, mais aussi par la volonté de la bourgeoisie, qui avait vu où se trouvait son véritable intérêt.

La Fronde eut une immense importance, car elle engendra à l'intérieur du royaume un reclassement politique qui devait subsister plus d'un siècle. Le pouvoir de l'aristocratie était définitivement et totalement brisé ; la route était tracée qui allait permettre à Louis XIV de faire oublier à la noblesse son éloignement des responsabilités en lui offrant le plus luxueux des hochets : la Cour de Versailles. Les classes moyennes comprirent une fois pour toutes qu'elles parviendraient mieux à réaliser leurs ambitions en se soumettant à la sage autorité d'un pouvoir central, et Colbert fut heureusement assez intelligent pour conduire le gouvernement de telle sorte que la bourgeoisie en obtint réellement le bénéfice espéré.

Une caractéristique de la période : l'accroissement considérable de la prospérité et du pouvoir des classes moyennes, présente une importance particulière pour le développement des arts. Nous avons vu que tout au long du XVIᵉ siècle la bourgeoisie avait peu à peu affermi sa position ; sous Richelieu et Mazarin son ascension s'accentua plus nettement. Les moyens qu'elle employa pour s'enrichir, en particulier une large exploitation des faiblesses de l'administration financière, ne furent pas extrêmement honorables, mais le résultat se révéla souvent remarquable. On peut dire sans grande exagération qu'à l'exception de celles de la Couronne, du ministre et d'un ou deux princes du sang comme Gaston d'Orléans, toutes les commandes importantes de la période furent d'origine bourgeoise : alors qu'à la fin du XVIᵉ siècle et au début de XVIIᵉ les noms des grandes familles françaises apparaissent fréquemment dans l'histoire de l'art, si l'on fait la liste des commanditaires de François Mansart, Le Vau, Poussin ou Vouet, on n'y voit guère de représentant de la noblesse d'épée. La période s'acheva de manière symptomatique et spectaculaire par le mécénat d'un homme de la grande bourgeoisie, le surintendant Nicolas Fouquet, qui acquit son immense fortune par des moyens guère plus malhonnêtes que ceux de ses collègues, et l'utilisa avec un goût exceptionnel. Il rassembla autour de lui une équipe d'architectes, de sculpteurs, peintres, poètes, dramaturges et musiciens qui firent de Vaux-le-Vicomte le plus grand centre artistique du temps, et formèrent après la disgrâce du financier le noyau de la culture versaillaise.

L'époque de Richelieu et de Mazarin fut marquée par la plus éblouissante floraison de talents que devait jamais connaître la France : Descartes pour la philosophie, Pascal pour la pensée religieuse, Corneille au théâtre, Poussin et Claude Lorrain dans le domaine de la peinture, Mansart dans celui de l'architecture, dans le monde de l'action Condé et Turenne aussi bien que François de Sales et Vincent de Paul.

La culture française n'était pas uniforme, tant s'en faut : tandis qu'une partie du public parisien applaudissait les tragédies de Corneille, les tragi-comédies alambiquées de Rotrou obtenaient toujours le succès ; Madame de Rambouillet et son cercle des Précieux se divertissaient encore au jeux élégants des madrigaux et des vers épigrammatiques et commentaient la lecture de l'Astrée[1]. Pendant que sur le terrain théorique et pratique de la pensée religieuse s'affrontaient jansénistes et jésuites, les libertins - « érudits » et autres - progressaient aussi. La prose française atteignit dans les Provinciales de Pascal une netteté nouvelle, mais Mademoiselle de Scudéry écrivait toujours ses interminables romans héroïco-romantiques.

On retrouve cette variété dans les arts plastiques, où la situation est rendue plus complexe encore par les influences étrangères. De nombreux artistes français visitèrent l'Italie ; ils s'intéressaient surtout à l'art romain, mais celui de Venise les influença aussi, plus profondément qu'on ne l'admet généralement. Au même moment, Paris s'ouvrait à l'influence flamande, voire hollandaise, conduisant certains peintres vers le naturalisme. Heureusement, les artistes furent capables de créer à partir de ces éléments disparates

un style nouveau et indépendant. Celui-ci, pour le meilleur ou pour le pire, allait rester - qu'ils l'imitent ou le rejettent - le modèle de référence des artistes français pendant plus de deux cents ans.

Architecture

Lemercier, François Mansart, les premières œuvres de Le Vau

L'architecture française de cette ère glorieuse fut le fait de trois hommes : Jacques Lemercier, François Mansart et Louis Le Vau. De tempéraments très différents, de talents variés, tant en degré qu'en nature, ils apportèrent chacun une contribution personnelle au développement d'un style qui allait influencer leurs successeurs pendant plus d'un siècle.

Jacques Lemercier, le plus âgé des trois, peut-être le moins talentueux[2], naquit vraisemblablement vers 1580 - 1585. Il était fils d'un maître maçon qui travailla à l'église Saint-Eustache ; on peut supposer qu'il reçut sa première formation dans l'entreprise paternelle. A une date inconnue antérieure à 1607, il se rendit à Rome, où il semble avoir résidé jusque vers 1614. En 1615, il est mentionné dans les comptes royaux, mais on ne possède aucun témoignage de ses activités avant 1624, date où il fut chargé de mettre en œuvre les nouveaux projets de Louis XIII pour l'agrandissement du Louvre. Sa carrière allait cependant dépendre essentiellement de la faveur de Richelieu, pour qui il construisit le palais Cardinal, plus tard palais Royal (commencé en 1633)[3], le collège et l'église de la Sorbonne (commencés en 1626)[4] et le château et l'église de Rueil[5] et le château et la ville nouvelle de Richelieu (commencés en 1631). Outre ses travaux pour le cardinal, il agrandit l'hôtel de Liancourt[6], éleva probablement l'hôtel d'Effiat[7], et participa à la construction de trois grandes églises parisiennes : l'Oratoire, Saint-Roch et le Val-de-Grâce (fig. 159) ; pour ces dernières, on ne peut toutefois déterminer la nature exacte de sa contribution[8].

Le style de Lemercier associe deux composantes que l'architecte ne réussit jamais à fondre totalement : la manière française courante des premières années du XVIIᵉ siècle et le langage appris à Rome.

Il est plus commode d'analyser d'abord la seconde composante, qui apparaît iso-

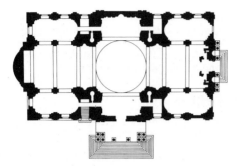

157 et 158. Jacques Lemercier. Paris, église
de la Sorbonne, commencée en 1635. Plan,
d'après Marot, *Petit Marot* et façade sur la place

lément dans les projets d'églises. De ses
trois constructions religieuses, deux :
Rueil et Richelieu, étaient de petits bâtiments, et la dernière, la Sorbonne, commencée en 1635, un édifice plus important *(fig. 157-158)* [9]. Les trois églises présentent des façades d'ordonnance
romaine, composées, au droit de la nef,
d'une partie centrale plus élevée à deux
ordres superposés, reliée par des ailerons
aux deux éléments bas qui masquent les
collatéraux. Ce type de façade romaine
n'avait à Paris qu'un seul précédent : le
Noviciat des Jésuites, construit par Martellange en 1630[10], qui reproduisait presque à l'identique l'église Sainte-Marie-
des-Monts de Giacomo della Porta[11].
L'ordonnance générale des trois façades
de Lemercier montre clairement que

l'architecte, s'inspirant du même type de
modèles, fait comme Giacomo une utilisation privilégiée des pilastres pour articu-
ler les élévations[12]. L'alternance rythmée
des larges travées de portes et fenêtres
avec d'étroits trumeaux creusés de niches,
pourrait également être rapprochée des
églises construites à la fin du XVIᵉ siècle
par Giacomo et les autres membres du
cercle académique.

La Sorbonne nous conduit toutefois à
une source plus précise : un maître qui
aurait pu guider Lemercier à Rome. Le
plan *(fig. 157)*, inhabituel, se compose
d'une travée centrale à coupole autour de
laquelle rayonnent une nef et un chœur
d'égales dimensions et les deux bras d'un
transept assez court, dont les saillies sont
rachetées par quatre chapelles rectangulaires ouvrant chacune sur deux travées.
Le seul élément dissymétrique du plan, à
l'exception du porche nord que nous examinerons plus loin, est l'étroite travée du
sanctuaire. Ce plan imite de très près
celui de l'église S. Carlo ai Catinari,
œuvre romaine de Rosato Rosati, qui fut
commencée en 1612, c'est-à-dire à l'époque où Lemercier était à Rome[13]. Plus
frappante encore est la ressemblance des
deux coupoles. Le tambour de la Sorbonne diffère du parti habituel adopté
par les églises romaines de la fin du XVIᵉ
et du début du XVIIᵉ siècles, rythmé qu'il
est par des groupes de pilastres séparés
par des fenêtres en plein-cintre : ces deux
traits, qui apparaissent à S. Carlo, ne se
retrouvent à notre connaissance sur
aucun autre dôme de la période[14].

La coupole de S. Carlo ne fut achevée
que vers 1620, c'est-à-dire six ans environ
après que Lemercier eut quitté Rome ; il
faut donc que le Français ait connu les
plans de Rosati ; il dut par conséquent
avoir accès à son atelier, et Rosati a pu
être son maître. Quoi qu'il en soit, les
rapports de Lemercier avec l'architecture
romaine se définissent avec précision : il
introduisit en France le style académique
inventé par Giacomo della Porta et continué après sa mort par les quelques architectes, dont Rosati, qui résistèrent à la
tendance baroque introduite par
Maderno. Ainsi le rôle de Lemercier dans
l'évolution de l'art français fut analogue
à celui de Vouet, qui rapporta le langage
pictural courant en Italie à la veille de
l'épanouissement de l'art baroque.

La Sorbonne a toutefois un trait original. L'église devait posséder deux façades
importantes : la principale sur la rue, et

159. François Mansart et autres. Paris,
église du Val-de-Grâce, commencée en 1645

une autre au nord, ouvrant sur la cour du collège. Pour donner à la seconde un aspect imposant, Lemercier greffa sur le transept nord un portique classique en forte saillie[15] surmonté d'un fronton triangulaire frappé d'un cartouche aux armes du cardinal, qui apporte à la cour une conclusion spectaculaire et insolite[16].

Les bâtiments universitaires dessinés par Lemercier furent démolis au XIXe siècle, mais la façade principale, exécutée par Cottard en 1648, est connue par un dessin. Le sort du palais Royal n'a guère été meilleur : les transformations de la fin du XVIIIe siècle et du début du XIXe ont été si profondes que seules sont encore reconnaissables les sculptures de la galerie des Proues ; mais les gravures anciennes confirment les dires des contemporains sur son parti incommode et son dessin confus[17].

Lemercier reçut sa principale commande royale en 1624, quand il fut chargé de continuer la cour Carrée du Louvre en reprenant le parti conçu au XVIe siècle : doubler l'aile existante du sud-ouest en inventant un motif pour former le centre de la nouvelle composition. Celui qu'imagina Lemercier, le pavillon de l'Horloge, est aux trois niveaux inférieurs une simple adaptation de l'élévation de Lescot. Au-dessus de l'attique formant le troisième niveau, Lemercier ajouta un étage de sa propre invention orné de cariatides supportant un fronton au dessin complexe ; le tout fut couronné d'un dôme carré d'un type précédemment utilisé par Jacques Ier Androuet Du Cerceau et par Salomon de Brosse, que Lemercier devait répéter à bien des reprises, à Richelieu notamment[18]. La seule trace d'influence romaine dans la composition est la curieuse répétition des frontons : un premier, triangulaire, inscrit dans un second, cintré, lui-même placé à l'intérieur d'un troisième, triangulaire ; c'est une variante d'une formule utilisée par Giacomo della Porta à la façade du Gesù. Les cariatides, exécutées sur les dessins de Sarrazin, offrent une solution ingénieuse au problème qui allait se poser aux continuateurs de la cour[19] : quel ordre utiliser au dernier étage, dès lors que les niveaux inférieurs employaient le corinthien et le composite (ce dernier ne pouvant être, en vertu des principes classiques, surmonté d'aucun ordre) ?[20]

Parmi les constructions privées parisiennes de Lemercier, une seule mérite un examen détaillé : l'hôtel de Liancourt[21].

En 1623, le duc de Liancourt avait acheté l'hôtel de Bouillon bâti par Salomon de Brosse en 1613 ; il l'agrandit de terrains qui doublèrent presque la surface, et confia la construction à Lemercier[22]. L'agrandissement donna à l'architecte l'occasion d'imaginer une ingénieuse distribution *(fig. 160)*. La moitié gauche du terrain bordant la rue était occupée par une basse-cour et un petit jardin ; la moitié droite, par la cour principale donnant accès au logis. Du côté de la cour, la porte cochère était flanquée de deux murs en quart de cercle creusés de niches ; cette disposition, qui appartenait probablement aux constructions de Salomon de Brosse, devait être souvent reprise par les architectes des générations postérieures. Plus remarquable cependant était la forme du corps de logis qui s'étendait sur toute la largeur des deux cours, présentant sur le jardin une façade de quinze travées flanquée de deux pavillons et ornée d'un portique central de trois ouvertures. La porte d'accès au logis, placée dans un angle de la cour, ouvrait sur l'escalier tout en con-

160. Salomon de Brosse et Jacques Lemercier. Paris, hôtel de Liancourt. Plan, d'après J. Marot, *Petit Marot*

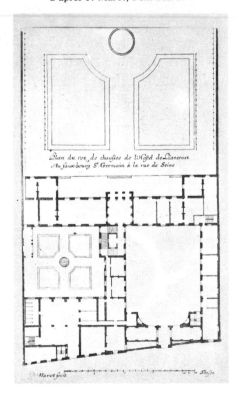

161. Jacques Lermercier. Richelieu (Indre-et-Loire), château, commencé en 1631. Gravure de Marot

162. Jacques Lemercier. Ville de Richelieu, commencée en 1631. Photographie aérienne

duisant au vestibule du jardin[23]. Lemercier parvenait ainsi à un déploiement très majestueux du côté du jardin ; il conservait de vastes espaces pour les offices et les écuries, et masquait les différences d'axes des deux façades du corps principal. Cette solution devait être par la suite très largement reprise par les architectes parisiens.

Il ne reste pratiquement rien des deux châteaux construits par Lemercier : Rueil et Richelieu. Rueil était un bâtiment modeste, célèbre surtout par le raffinement de ses jardins remplis de plantes rares et ornés d'une grotte rustique, de cascades, de pièces d'eau et d'un arc de

triomphe en trompe-l'œil peint par Jean Lemaire sur le mur fermant la perspective ; ils sont connus par des gravures d'Israël Silvestre, qui représentent notamment la perspective et l'arc de triomphe.

Le château de Richelieu *(fig. 161)*, construit sur une échelle fort différente de Rueil[24], rappelle le parti adopté à Charleval. Le château proprement dit présentait la forme habituelle à trois ailes bordant une cour carrée fermée sur le quatrième côté par un mur bas ; mais devant lui s'étendait une avant-cour flanquée de deux rangées de bâtiments contenant les offices, elle-même précédée d'un ensemble encore plus vaste, dont la partie

centrale, formant la cour d'accès au château, était bordée de chaque côté par une
basse-cour masquée par un mur à bossages. Venait enfin le portail d'entrée, percé
dans la demi-lune d'une enceinte qu'achevaient deux pavillons. Les lignes directri-
ces de la composition se prolongeaient
grâce aux parterres des jardins, disposés
au nord et à l'arrière du château. De ce
vaste ensemble, il ne subsiste que deux
petites grottes des jardins, le portail
d'entrée et un pavillon d'offices couvert
en dôme. La *figure 161*, qui représente le
château depuis les jardins, indique le
caractère général de l'ensemble, avec à
gauche les bâtiments des offices et de
l'une des basses-cours, dont les lignes se
perdent dans le lointain. Elle montre
aussi que Lemercier n'était guère à l'aise
pour traiter une composition à cette
échelle. La façade du jardin est composée
d'une série d'éléments disparates très mal
reliés les uns aux autres : un lourd pavillon au centre et deux autres plus petits
aux extrémités, dont les angles accueillent
quatre tourelles mesquines, deux d'entre
elles étant portées par des trompes. Ce
procédé additif de composition ne marque aucun progrès sur l'architecture de la
génération précédente ; une bonne part
de la décoration est également archaïque,
en particulier les lucarnes aux dessins
compliqués. Les descriptions contemporaines nous apprennent que les façades
étaient surtout animées par des statues et
des bustes placés dans des niches très
nombreuses côté cour, plus rares côté jardin. La plupart de ces sculptures étaient
des antiques, à l'exception des deux
Esclaves de Michel-Ange rapportés
d'Ecouen. L'intérieur possédait un riche
décor de peintures et de tapisseries[25].
    Le cardinal ne bornait pas son ambi-
tion à la construction du château de
Richelieu. Il désirait aussi fonder une ville
portant son nom, et à cette fin ordonna à
Lemercier de préparer, pour transformer
le village en une véritable petite ville, un
plan entièrement nouveau, conçu et exécuté en vertu des principes les plus rationnels. Ce projet fut mis en œuvre, et
Richelieu demeure aujourd'hui *(fig. 162)*
l'un des exemples les plus cohérents de
petit urbanisme. La ville se déploie sur
une grille rectangulaire dont le grand axe
est formé par la rue principale et les deux
places qu'elle relie ; les maisons, qui
adoptent un dessin uniforme, sont construites en briques à chaînes de pierre. Cet
ensemble est un développement des idées

d'Henri IV pour les places parisiennes ;
mais il manquait au cardinal le sens pratique du roi : Richelieu négligea le fait que
la construction d'une ville sur ce site ne
correspondait à aucune logique économique. Malgré toutes les pressions exercées
pour inciter les habitants des villages voi-
sins à venir s'y installer, le succès ne suivit pas, et la ville paraît avoir toujours été
aussi déserte qu'elle l'est aujourd'hui.

    François Mansart est presque à tous
égards la parfaite antithèse de Lemercier.
Le second était un architecte capable,
dont le rôle principal fut d'introduire en
France le nouveau langage italien. Mansart, lui, était un artiste d'une sensibilité
et d'une ingéniosité incomparables, qui
s'inspira peu de ses contemporains étrangers, mais porta à un haut degré de perfection une tradition authentiquement
française.
    Nous sommes étonnamment mal ren-
seignés sur la vie de Mansart[26]. Il naquit à
Paris en 1598 ; son père, qui était maître
charpentier, mourut très tôt, et François
fit son apprentissage chez son beau-frère,
Germain Gaultier, qui avait été le collaborateur de Salomon de Brosse à Rennes.
Il est à peu près certain que Mansart n'a
jamais traversé les Alpes, mais il comprenait d'instinct certains caractères fondamentaux de l'architecture italienne plus
profondément que ceux de ses contemporains qui en maîtrisaient les détails.
    S'il est bien né en 1598, Mansart fut
d'une précocité inhabituelle, car il apparaît dès 1623 comme un architecte bien
établi, et vers 1635 sa célébrité égalait
sans doute celle de tous ses illustres
rivaux puisque Gaston d'Orléans, frère
du roi, fit appel à lui pour la reconstruction du château de Blois et qu'il reçut la
commande de plusieurs grands hôtels
parisiens. En 1646, il subit un grave
revers au Val-de-Grâce, dont la construction lui avait été commandée par Anne
d'Autriche en 1645 : son caractère difficile, son insouciance des dépenses, son
habitude de changer ses plans en cours de
travaux lui valurent d'être dépossédé du
chantier, où Lemercier le remplaça. Les
difficultés ne cessèrent alors de l'assaillir,
le privant à la fin de sa vie d'importantes
commandes, comme la construction de la
façade orientale du Louvre ; aussi, quand
il mourut en 1666, il était quelque peu
tombé dans l'oubli, supplanté par des
hommes plus jeunes et plus souples.
    Autant qu'on en puisse juger, il était

arrogant, obstiné, intolérant, difficile à vivre et probablement peu honnête, mais ces défauts n'étaient que le revers déplaisant d'un sens élevé de sa vocation et d'une confiance justifiée dans ses capacités d'architecte. Il se fit de nombreux ennemis qui, sa vie durant, l'attaquèrent sur tous les fronts, l'accusant d'incompétence aussi bien que de corruption : cette dernière accusation était peut être justifiée, mais la postérité n'a pas ratifié la première.

Avant 1630, Mansart avait construit ou remanié trois édifices importants qui nous permettent de juger la première phase de sa carrière et de déterminer les sources de son style : la façade de l'église des Feuillants à Paris (1623) et les châteaux de Berny (projeté en 1623) et de Balleroy (commencé peu avant 1630).

La façade des Feuillants, que nous montrent les gravures du traité de Blondel *(fig. 163)*, révèle clairement l'influence de Salomon de Brosse sur le jeune Mansart. C'est dans son principe une copie des deux niveaux supérieurs de Saint-Gervais *(fig. 140),* avec quelques variantes cependant : les ailerons rappellent ceux des églises romaines du XVIe siècle, mais les obélisques semblent inspirés de Jacques 1er Androuet Du Cerceau ; au-dessus du fronton cintré, Mansart a ajouté un attique couronné d'un entablement horizontal qui s'incurve brusquement en plein cintre au centre de la composition, motif dérivant de modèles du XVIe siècle (voir par exemple le pavillon d'entrée de Fleury-en-Bière) que l'architecte devait souvent utiliser. La porte présente trois longs claveaux passants, motifs que Mansart devait répéter fréquemment à cette époque (Berny et Balleroy) et qui, comme les obélisques, trouvent leur origine dans l'art de Jacques Ier Androuet Du Cerceau. La façade de Mansart est donc moins classique que le modèle dont elle s'inspire, et l'on pourrait définir la position de l'architecte en disant que si son style est fondé sur celui de Salomon se Brosse, Mansart n'avait pas encore compris la signification de la dernière phase classique de son aîné, représentée par Blérancourt et Rennes, qu'il tempéra par des éléments décoratifs empruntés à la tradition des Du Cerceau. Cependant, Mansart montre déjà une sensibilité très personnelle dans un traitement fragmenté des surfaces, qui se traduit en particulier dans la niche et la porte centrale de la façade.

163. François Mansart. Paris, église des Feuillants, 1624. Elévation, gravure de Jean Marot, 1660.

Le château de Berny présente un mélange d'éléments assez similaire. Un seul mur subsiste *(fig. 164a)*, mais la disposition générale est connue par un dessin original attaché au devis de construction *(fig. 164b)* et par des gravures du XVIIe siècle[27]. Mansart n'avait pas ici les mains libres ; il fut appelé pour remanier un ancien château, formé d'un bâtiment de plan en H précédé par une cour fermée par un canal, et lié à une basse-cour se développant à l'équerre du bâtiment principal. Mansart démolit le corps central du château, qu'il reconstruisit en retrait, de sorte que le plan en H se transforma en U, avec une façade presque sans décrochements sur le jardin. Il ajouta à l'aile droite du bâtiment un pavillon contenant le grand escalier, disposition insolite destinée à relier le logis aux communs ; il porta l'accent sur le pavillon central du château, le dotant d'un étage supplémentaire coiffé d'une haute toiture, et le reliant aux ailes par des arcades incurvées. Ces transformations donnèrent pour résultat un conglomérat d'éléments presque indépendants : si Mansart cherchait à

164a. François Mansart. Berny, château, commencé en 1623, partie subsistante

164b. François Mansart. Berny, château, projet attaché au marché de maçonnerie

faire du château une unité isolée, il n'avait pas encore maîtrisé la méthode que de Brosse avait mise au point avec tant de succès à Blérancourt *(fig. 137)*. Le fragment subsistant montre toutefois que Mansart était déjà en train d'acquérir un style personnel : on y note encore bien des traces de la tradition maniériste, comme les consoles des fenêtres et de la porte, mais certains détails, telles les clefs en forme de langue s'agrafant aux culs-de-four des niches, sont éminemment originales ; d'autres, comme les niches et les palmes couronnant les tables du rez-de-chaussée, préfigurent le classicisme de sa maturité.

A Balleroy *(fig. 165)* près de Bayeux, construit pour Jean de Choisy, Mansart a dominé l'immaturité encore perceptible dans l'ordonnance de Berny. Par son

165. François Mansart. Balleroy (Calvados), château, v. 1626

caractère général et ses matériaux, le château s'apparente aux résidences campagnardes de l'époque d'Henri IV, avec ses amples masses cubiques construites dans la rude pierre locale brun-jaune, rehaussée de chaînes en pierre de taille blanche. Côté cour, l'élévation reprend la partie centrale de Berny, mais Mansart a supprimé les ailes et achevé le bâtiment par deux éléments bas d'un seul niveau. Le groupement des volumes est beaucoup plus clair et harmonieux qu'à Berny ; il repose côté cour sur la relation simple des trois corps principaux presque alignés : sur le jardin, la saillie plus marquée du corps central laisse place de chaque côté à une petite terrasse.

L'un des éléments les plus marquants de la composition est la cour antérieure. Elle est bordée par une terrasse en U aux extrémités de laquelle s'élèvent deux petits pavillons, comme à Blérancourt. On accède à la seconde partie de la cour légèrement surélevée par un perron inspiré des escaliers ovales de Philibert de l'Orme à la terrasse d'Anet. A cet escalier répondent trois autres perrons ovales, deux conduisant de la cour supérieure à la terrasse, le troisième à la porte d'entrée. Le résultat de ce rehaussement

progressif du sol est que le visiteur arrivant du village se sent dominé en franchissant les douves par l'élévation impressionnante des volumes simples du château. On peut dire qu'à Balleroy, Mansart se révèle pour la première fois un artiste indépendant, qui, ayant compris le classicisme des dernières œuvres de Salomon de Brosse, allie la manière de son maître à une autre tradition pouvant elle aussi, en un sens, être appelée classique : le style de brique et pierre d'Henri IV.

Les commanditaires des deux châteaux que nous venons d'étudier durent aider Mansart à rencontrer ceux qui allaient l'employer jusqu'à la fin de sa carrière. Jean de Choisy, fils du propriétaire de Balleroy, était chancelier de Gaston d'Orléans, frère de Louis XIII ; ce fut sans doute lui qui obtint pour Mansart la commande ducale de la reconstruction de Blois. Nicolas Brûlart de Sillery, qui commença Berny, était chancelier de France ; il appartenait donc au corps social qui devait fournir à Mansart ses meilleurs clients, celui des grands officiers de la Couronne ; plus précisément, ceux qui dépendaient du ministère des Finances : les La Vrillière, Longueil, Duplessis-Guénégaud, La Basinière. Tous ces hom-

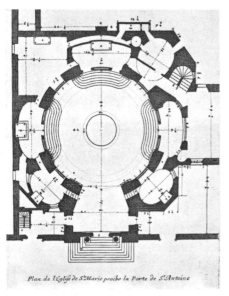

166. François Mansart. Paris, église de la
Visitation, 1632-1633. Plan,
d'après J. Marot, *Petit Marot*

167. François Mansart. Paris, église de la
Visitation, 1632-1633. Coupole du sanctuaire

mes qui interviennent le plus fréquemment dans la carrière de l'architecte appartenaient à la classe de la bourgeoisie enrichie, souvent avec une rapidité suspecte, au service de l'Etat et de la collecte de l'impôt. Pas une seule fois on ne rencontre dans les livres de Mansart le nom d'une famille de la haute noblesse ; si l'architecte reçut à l'occasion des commandes du roi et de la reine mère, il ne trouva jamais le succès à la Cour et sa

carrière fut entièrement soutenue par des parvenus — « les avortons de Fortune » comme les appelait Sauval — assez évolués pour comprendre son classicisme complexe mais somptueux, et assez riches pour être indulgents à ses caprices extravagants.

A partir de 1630 jusqu'à la construction de Maisons en 1642, la personnalité de Mansart continua à s'affirmer de plus en plus. C'est la période de ses œuvres les plus purement classiques, comme la nouvelle aile de Blois, où la subtilité de la démarche architecturale atteint son apogée et le traitement des détails son plus grand raffinement. A cette époque, le style de Mansart se caractérise par la recherche de formes clairement définies en plan et en élévation, par une utilisation plus correcte des ordres et par un goût plus marqué pour les surfaces planes.

Dans les premières réalisations de cette période, ces traits ne se manifestent encore que partiellement. Rue Saint-Antoine, l'église Notre-Dame-de-la-Visitation fut construite entre 1632 et 1633 aux frais de Noël Brûlart, parent du constructeur de Berny. Le plan *(fig. 166)*, d'une conception rigoureusement centrale, se compose d'un espace circulaire couvert en coupole, autour duquel se groupent trois chapelles au tracé courbe, rappelant le parti de Philibert de l'Orme à Anet. La chapelle d'axe, formant le sanctuaire, est couverte d'une coupole ovale d'où tombe par un haut lanternon une lumière violente, annonçant les coupoles coupées qu'utilisera plus tard Mansart. La décoration intérieure reflète l'évolution qui s'opère alors dans le style de l'architecte. Les pilastres du grand ordre et tout le décor jusqu'à hauteur de corniche sont strictement classiques, avec des tables en faible relief altérant à peine la surface du mur ; on retrouve cette ordonnance à la coupole du sanctuaire *(fig. 167)*, mais ici se superpose aux panneaux un décor fantastique à enroulements et têtes d'angelots en haut relief d'un maniérisme tardif qui dans ce contexte paraît tout à fait archaïque.

En 1635, Louis Phélypeaux de la Vrillière chargea Mansart de construire son hôtel, première résidence privée bâtie dans la capitale par l'architecte, qui soit attestée par les documents. La composition de Mansart allait rester pendant de nombreuses décennies le modèle de l'hôtel parisien *(fig. 168, 169)*. Le logis

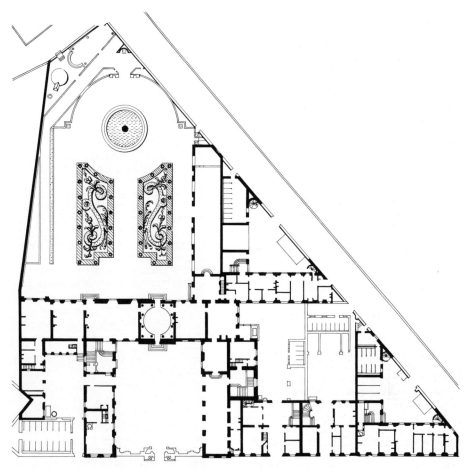

168. François Mansart. Paris, hôtel de La Vrillière, commencé en 1635.
Plan, d'après un dessin de la Bibliothèque nationale

169. François Mansart. Paris, hôtel de La Vrillière, commencé en 1635.
Elévation, gravure de J. Marot

adopte le plan habituel, avec trois ailes bordant une cour fermée par un mur, mais Mansart a donné aux élévations une grande harmonie et une simplicité classiques. Tous les éléments : le logis principal, son pavillon central et les ailes, forment des volumes clairement définis reliés harmonieusement les uns aux autres, que ne vient altérer presque aucun ornement. Les fenêtres sont de simples ouvertures rectangulaires bordées par un chambranle mouluré d'une très grande sobriété. Les divisions des niveaux se répètent, identiques, d'une extrémité à l'autre de la cour, mais la monotonie est évitée par la subtile variation des hauteurs de toits ; ceux-ci, plus bas d'ailleurs qu'il n'était habituel à l'époque, s'harmonisent ainsi plus aisément avec les volumes qu'ils couronnent. La façade sur le jardin, presque deux fois plus longue que celle sur la cour, était décentrée par rapport à cette dernière, mais l'ingénieuse distribution intérieure de Mansart masquait l'irrégularité. Elle était flanquée d'un côté par une longue aile perpendiculaire bordant le jardin, contenant une orangerie au rez-de-chaussée et une galerie à l'étage. Cette galerie est un exemple précoce d'une disposition utilisée par de nombreux architectes français de la génération de Mansart — tel Le Vau à l'hôtel Bautru — mais les contemporains trouvèrent celle de Mansart particulièrement spectaculaire. Comme pour protester contre les riches dorures des décorations de la période, il revêt entièrement ses murs de stucs couleur pierre, interrompus seulement par de grandes toiles de Guerchin, Guido Reni, Poussin et autres. La voûte était couverte de fresques de François Perrier composées de scènes allégoriques placées dans des encadrements imitant le stuc.

A l'hôtel de La Vrillière, Mansart avait montré comment son nouveau style pouvait s'appliquer à une demeure urbaine ; à Blois *(fig. 170),* il eut une occasion plus belle encore de déployer son talent dans un grand château. S'il avait été achevé, Blois aurait présenté une variante plus grandiose et plus monumentale du Luxembourg. Comme ce dernier, il devait se composer d'une cour bordée d'un corps de logis principal à doubles pavillons, flanqué de deux ailes en retour et fermé par un corps d'entrée à rotonde ; mais au-delà devaient s'étendre à l'est une avant-cour conduisant vers la ville et à l'ouest des jardins en terrasses enjambant

une rue rendue souterraine. La porte principale du corps de logis était accotée de deux colonnades en quart de cercle, version plus classique des arcades de Coulommiers et de Berny. Le plan était rempli de trouvailles ingénieuses, du type de celles que nous avons notées à l'hôtel de La Vrillière. Non seulement la façade sur cour n'était pas dans l'axe de celle du jardin, mais cette dernière était située à un niveau plus élevé que la première. Man-

170. François Mansart. Blois, château. Aile Gaston d'Orléans, 1635-1638

sart a habilement utilisé l'escalier placé derrière l'avant-corps central pour masquer ces irrégularités. Les deux ailes en retour devaient contenir de longues galeries, sans aucun doute destinées à abriter les collections ducales, notamment ses antiques et ses spécimens d'histoire naturelle ; la galerie nord-ouest était doublée d'une « salle des assemblées » qui aurait reporté la façade de l'aile François Ier neuf mètres en avant, sur la pente de l'éperon dominant la ville. La chapelle, dont le plan rappelle celui de la Visitation, occupait le pavillon est de l'aile antérieure.

Si, de tout ce vaste projet, seuls le corps principal et ses colonnades en quart de cercle furent construits, ce fragment reste l'une des œuvres les plus pures de Mansart. Blois est le descendant direct des compositions de Salomon de Brosse pour Blérancourt et le Luxembourg. Les

171. François Mansart. Blois, château. Voûte du grand escalier,
1635-1638, d'après un dessin de Sir Reginald Blomfield

volumes ont la même simplicité rigoureuse, et comme son maître, Mansart les
a articulés par des ordres superposés.
L'emploi des ordres était ici plus délicat,
en raison de la différence de niveau des
deux façades. Mansart a surmonté la difficulté en utilisant côté cour le dorique au
rez-de-chaussée, l'ionique à l'étage noble
et un corinthien tronqué à l'attique, et en
remplaçant côté jardin le dorique par un
soubassement sans décor. Ainsi, on
trouve toujours le même ordre au même
niveau sur toutes les façades du bâtiment : à la différence de la majorité de
ses contemporains, Mansart avait une
conception « tournante » de ses bâtiments, et ne se contentait pas de les composer par façades isolées. Il a éliminé les
toits courbes de Blérancourt, leur substi-
tuant le haut toit continu, brisé au faîte,
auquel il léguera son nom ; de plus, il a
accentué les lignes de l'édifice en élimi-
nant tout bossage et en reportant les
pilastres aux angles des façades, alors que
de Brosse les plaçait toujours légèrement
en retrait. Cette clarté de la disposition,
l'harmonie des volumes et la discrétion
d'ornements altérant à peine les parements, s'allient pour faire du château de
Blois l'une des compositions les plus pleinement satisfaisantes de Mansart. A la

fin de sa carrière, le style de l'architecte
allait devenir plus sculptural et dramatique, et jamais il ne devait retrouver une
telle sérénité.

La seule ordonnance intérieure réalisée,
le grand escalier, présente cependant des
caractères très différents. L'escalier ne fut
pas achevé à l'époque de Mansart : les
tables des murs attendent toujours leur
décoration sculptée, et les volées, copiées
sur celles de Maisons, ne furent exécutées
qu'au début de ce siècle. En plan, l'escalier reprend la formule, déjà employée à
Balleroy et à l'hôtel de La Vrillière, de
trois volées droites s'appuyant sur une
cage carrée. Mais c'est dans le traitement
de la partie supérieure de celle-ci que se
révèle l'audace de Mansart *(fig. 171)*.
L'escalier conduit seulement au premier
étage, mais la cage traverse toute la hauteur du bâtiment ; elle est couverte d'un
arc-de-cloître, voûte qui assure au second
la communication des pièces situées de
part et d'autre de l'escalier. Cette voûte
est percée d'une ouverture zénithale,
découvrant aux regards l'étage supérieur,
couvert d'une coupole sur trompes et
s'achevant par un lanternon aplati. Cette
disposition est en quelques sorte le développement du système employé pour les
petites coupoles de la Visitation. Dans

172. François Mansart et autres. Paris, église du Val-de-Grâce.
Intérieur, 1645-1667

l'église, le rebord de chaque oculus se détache par une ligne sombre sur le lanternon violemment éclairé ; à Blois, l'effet de contraste est fortement accentué par les fenêtres du second étage, invisibles de l'escalier, mais qui déversent abondamment la lumière sur la coupole sommitale. Ainsi, une nécessité pratique, la communication entre les deux moitiés du bâtiment, est prétexte à une composition presque baroque dans son utilisation calculée de la lumière.

La décoration de l'escalier n'est pas sans ressemblance avec celle de la Visitation : la coupole est garnie de tables très similaires ; le sommet des panneaux et l'étroit lanternon s'ornent d'enroulements et de masques maniéristes, mêlés à des guirlandes plus classiques. Cette dernière tendance apparaît plus clairement dans les bas-reliefs des panneaux, dans les *putti* et trophées placés sous la corniche, ainsi que dans les tables, à trophées elles aussi, de l'arc-de-cloître, où se mêlent encore des masques maniéristes. L'ensemble de cette décoration s'apparente à la manière de Simon Guillain. Le sculpteur, on le sait, a travaillé à Blois en 1637-1638, et on lui a toujours attribué les groupes qui couronnaient la colonnade de la cour.

Au cours des années 1640-1650, un changement intervient dans le style de Mansart. Les plans de ses bâtiments deviennent plus libres, leur conception plus plastique et leur décoration plus classique. C'est aussi la période où Mansart semble se rapprocher le plus des idéaux de la Haute Renaissance italienne, parfois par des emprunts directs, parfois, semble-t-il, inconsciemment.

Pendant cette décennie, Mansart entreprit deux de ses plus importantes constructions religieuses, le Val-de-Grâce *(fig. 159, 172)* et la chapelle du château de Fresnes *(fig. 173)*. Le Val-de-Grâce fut commencé en 1645 par Anne d'Autriche en accomplissement d'un vœu fait avant la naissance du dauphin, le futur Louis XIV. A l'origine, le projet de Mansart se composait d'une église flanquée d'un côté par un couvent et de l'autre par un palais, conception directement dérivée de l'Escorial, et ayant pour lointain ancêtre le temple de Salomon. Les projets de ce magnifique ensemble ont survécu mais, nous l'avons dit, après un peu plus d'un an de travail, Mansart fut malheureusement destitué. Il eut toutefois la responsabilité du plan de l'église et construisit

les murs de la nef jusqu'à l'entablement, ainsi que le niveau inférieur de la façade. L'édifice fut achevé par Lemercier, Le Muet et Le Duc, dont les rôles respectifs sont difficiles à déterminer[28], la décoration intérieure exécutée par Michel Anguier entre 1662 et 1667, et la coupole peinte par Pierre Mignard en 1663.

La date de la chapelle de Fresnes n'est pas connue, mais l'édifice dut être construit peu après le Val-de-Grâce, avec lequel, malgré ses très petites dimensions, il présente d'étroites parentés de plan *(fig. 173)*.

Les deux plans ont en commun un élément essentiel : l'espace central à coupole qui domine trois absides égales formant le sanctuaire et le transept. Cette composition, très différente de tout ce que l'on peut trouver en France jusqu'à cette date, paraît s'inspirer de l'église palladienne du Rédempteur de Venise, source significative, car ce plan est l'un de ceux où Palladio applique le plus strictement les principes de la Haute Renaissance, en particulier dans le jeu des formes circulaires et la triple répétition du même motif au chœur et aux bras du transept. Ainsi, les plans du Val-de-Grâce et de Fresnes prouvent qu'à ce stade de sa carrière, Mansart se rapproche des principes architecturaux de

173. François Mansart. Fresnes, chapelle du château, peu après 1645 (?). Plan, d'après Mariette, *Architecture françoise*

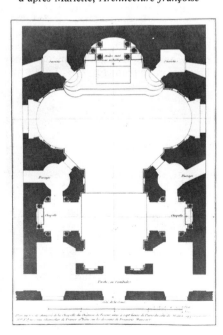

la Haute Renaissance italienne. Le traitement des élévations intérieures du Val-de-Grâce est profondément classique, quoique moins italianisant que le plan. Les pilastres corinthiens des grandes arcades et leur entablement raffiné, mais sévère, sont l'œuvre de Mansart, et si les reliefs décorant les écoinçons et les pendentifs de la coupole furent exécutés seulement après sa destitution, ils complètent parfaitement l'alliance de richesse et de sévérité qui caractérise l'ensemble du parti. A l'extérieur *(fig. 159)*, le niveau inférieur de la façade offre, avec son portique massif, un exemple du style plastique pleinement développé par Mansart dans la décennie 1640-1650. Sur la façade des Feuillants, il avait utilisé des colonnes adossées qu'à la Visitation on retrouve de part et d'autre du portail ; mais au Val, tout le portique se projette en avant, soutenu par des demi-colonnes engagées et par des colonnes isolées, placées un mètre environ devant les précédentes. Ce portique s'inspire peut-être de celui que construisit Lemercier sur le mur nord de la Sorbonne, mais c'est une nouveauté dans l'œuvre de Mansart, et la disposition plus simple des lourdes colonnes jumelées lui donne une grandeur et une monumentalité absentes chez Lemercier ; de même, l'étage qui surmonte le portique de la Sorbonne paraît léger, presque efféminé, en comparaison de celui du Val-de-Grâce.

Entre 1640 et 1655, Mansart construisit à Paris une série d'hôtels dont certains ont survécu, et dont d'autres sont connus par des gravures. A l'hôtel de Jars, commencé en 1648, il apporta une importante innovation de plan *(fig. 174)*. Le site était étroit ; pour en tirer tout le parti possible, Mansart distribua les pièces principales en double profondeur et plaça l'escalier à l'extrémité droite du bâtiment, côté cour. La souplesse de cette disposition lui permit de donner aux pièces des formes plus variées et des accès plus commodes ; le parti, très souvent repris, devait contribuer à l'évolution ultérieure du plan de l'hôtel parisien. A Carnavalet, qu'il remania en 1655, Mansart adopta un autre parti inhabituel, en disposant les pièces principales du premier étage sur les quatre côtés de la cour au lieu d'interrompre la distribution du côté de la rue comme on le faisait ordinairement. Ainsi, la façade sur rue, au lieu d'être formée comme à l'accoutumée d'un corps bas reliant deux pavillons plus élevés, était composée de bâtiments d'égale hauteur.

174. François Mansart. Paris, hôtel de Jars commencé en 1648. Plan, d'après J. Marot, *Petit Marot*

Mansart a créé pour les pavillons latéraux *(fig. 175)* l'une de ses élévations les plus raffinées, délicate ordonnance de pilastres ioniques au-dessus d'un rez-de-chaussée à refends, avec des ornements d'une grande discrétion.

Le château de Maisons, ou de Maisons-Laffitte comme on l'appelle depuis le XIXᵉ siècle, est l'œuvre la mieux conservée de Mansart, permettant plus que tout autre de saisir son génie architectural. En 1642, René de Longueil, plus tard appelé le président de Maisons, décida de construire sur ses terres un nouveau château ; il engagea Mansart, et semble-t-il, lui laissa totalement les mains libres. L'essentiel du gros œuvre fut achevé autour de 1646, mais la décoration se poursuivit probablement pendant de nombreuses années.

Le parti s'inspire de thèmes utilisés par Mansart dans ses châteaux précédents. Comme à Berny, le corps principal à toit indépendant et pavillon central en saillie est flanqué de deux courtes ailes de même hauteur précédées de deux éléments d'un

175. François Mansart. Paris, hôtel Carnavalet, 23 rue de Sévigné. Façade, 1655

seul niveau *(fig. 176)*. Les masses de plan rectangulaire qui composent l'édifice sont presque aussi clairement définies qu'à Blois *(fig. 170)*, mais plus complexes, malgré la simplification des articulations. Les colonnades en quart de cercle de Blois sont abandonnées, et les deux ailes dégagent en avant du corps principal des volumes à angles droits aux lignes ininter-

rompues. Le même principe est appliqué à l'ordonnance de l'avant-corps central de la cour *(fig. 177)*. L'avant-corps se compose de trois travées qui se détachent progressivement de la façade par une succession de légers ressauts. Le premier ressaut correspond non seulement aux deux travées latérales ornées de pilastres, mais aussi à la grande lucarne-attique qui cou-

176. François Mansart. Maisons-Laffitte (Yvelines), château de Maisons, 1642-1646. Façade sur cour

ronne la travée centrale. Sous cette lucarne se projette un second ressaut flanqué de colonnes, doriques au rez-de-chaussée, ioniques à l'étage. Puis, au rez-de-chaussée seulement, s'avance un troisième décrochement rythmé par des pilastres doriques. Enfin, derrière la lucarne et en retrait de la façade du corps principal, se développe un surcroît portant un haut toit en pavillon. Les lignes de la travée centrale de l'avant-corps se brisent différemment selon les étages : au sommet, l'entablement des pilastres corinthiens disparaît totalement ; au-dessous, celui des colonnes ioniques fait retraite au-dessus de la fenêtre centrale ; au rez-de-chaussée l'entablement est continu. Ainsi est montée une structure formée de volumes, tous clairement définis, différents les uns des autres et paraissant se développer logiquement à partir du dessin de base. C'est sans doute l'expression la plus pure de la plasticité mansardienne dans les années 1640-1650.

Maisons est la seule construction de Mansart dont le décor intérieur ait survécu. Le vestibule *(fig. 178)* offre un magnifique exemple de sa manière riche et sévère : ordonnance à colonnes et pilastres doriques, décor de reliefs allégoriques sur la voûte et d'aigles sur les entablements ; le tout, exécuté en pierre sans dorure ni peinture, conserve une grande rigueur. Plus magnifique encore est l'escalier *(fig. 179)*, le plus beau qui subsiste de Mansart. Il développe quatre

volées droites à jour central appuyées sur les murs d'une cage carrée, reprenant un parti déjà utilisé à Balleroy et à Blois. La cage est couverte d'une coupole, au-dessous de laquelle court un étroite galerie de circulation ovale, dont la vocation, comme pour l'arc-de-cloître ouvert de Blois *(fig. 171)*, est d'assurer au second étage la communication des deux parties du bâtiment ; mais la coursière de Maisons, qui n'est éclairée par aucune fenêtre, ne crée pas les contrastes de lumière si soigneusement calculés à Blois et, plus étroite, interrompt moins durement la continuité de l'espace : la disposition spatiale et l'éclairage de l'escalier de Maisons sont donc plus classiques qu'à Blois.

La décoration est d'une beauté exceptionnelle : comme à Blois, les murs s'ornent de tables, sur lesquelles sont assis des groupes de *putti* figurant les arts et les sciences. Plus remarquable encore est la rampe d'appui, composée de demi-anneaux entrecroisés, d'un dessin très savant, couronnés de riches bouquets d'acanthes sculptées.

Ce sont là les éléments les plus libres et les plus gais de la décoration de Maisons. En d'autres parties de l'édifice, l'ornement, plus réservé et délicat, fait presque songer au style Louis XVI, en particulier les sphinx des frontons latéraux, les draperies surmontant l'entrée principale et les pots-à-feu flanquant les médaillons classiques qui couronnent l'avant-corps.

Maisons, qui est aujourd'hui un châ-

177. François Mansart. Château de Maisons,
1642-1646. Avant-corps

178. François Mansart. Château de Maisons,
1642-1646. Vestibule

179. François Mansart. Château de Maisons,
1642-1646. Grand escalier

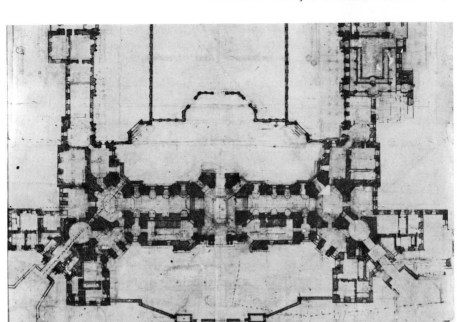

180. François Mansart. Projet pour l'aile orientale du Louvre, 1664.
Plan, Paris, Bibliothèque nationale

teau isolé entouré de villas du XIXᵉ siècle, était à l'origine placé au centre d'un
vaste ensemble. A l'est s'étendait un parterre descendant jusqu'au fleuve, et au-
delà jusqu'à l'île où l'axe du château se
prolongeait par une double allée d'arbres.
A l'ouest, l'avant-cour, précédée d'un
espace bordé par des écuries, conduisait à
une allée s'enfonçant sur plusieurs kilo-
mètres dans la forêt de Saint-Germain,
recoupée par une route perpendiculaire
d'égale longueur, disposition aussi baroque dans sa démesure que les projets de
Blois.

Les remaniements de l'hôtel Carnavalet
sont les dernières œuvres conservées de
Mansart, mais les documents montrent
que pendant les dix dernières années de
son existence l'architecte élabora plusieurs projets, dont les deux plus importants ne virent pas le jour. On en retire
l'impression qu'à la fin de sa vie, Mansart était un peu tombé dans l'oubli ;
l'évolution du goût en est sans doute
l'une des causes, mais son caractère difficile dut y être aussi pour beaucoup. Les
dessins de ses dernières années confirment
ce que nous apprennent les contemporains : François Mansart était incapable
de concevoir un parti architectural défini-
tif et de le suivre jusqu'au bout. Dans le
cas du Louvre ce fut, nous le savons, la
raison qui lui fit perdre la commande.

En 1664, Colbert, qui envisageait pour
achever la cour Carrée du Louvre de
construire l'aile orientale, demanda à
Mansart de présenter des projets. Un simple coup d'œil aux dessins conservés à la
Bibliothèque nationale révèle l'étonnante
fertilité d'invention de Mansart à cette
époque. On n'en connaît qu'une demi-
douzaine, mais chaque plan est accompagné d'une série de retombes indiquant des
variantes portant elles-mêmes d'autres
feuilles mobiles, de sorte que pour certaines parties de l'édifice il y a deux, quatre,
huit, ou même seize combinaisons possibles. Sur certains projets, la façade possède des ordres superposés, sur d'autres
un ordre colossal, sur d'autres encore
aucun ordre n'est indiqué. Mansart utilise
parfois des pilastres, parfois des demi-
colonnes, parfois des colonnes entières, et
souvent un mélange des trois. La distribution intérieure offre la même variété : des
vestibules ovales, octogonaux ou carrés,
avec ou sans colonnes ; des escaliers à
volées simples, s'appuyant sur une cage
carrée, d'autres à volées doubles convergeant vers une rampe unique, d'autres
encore à volée simple se subdivisant à mi-
hauteur *(fig. 180)*. Dans certains cas,
Mansart emploie des éléments caractéristiques des architectes romains du Haut
baroque : dans un projet — prévu en fait
pour l'aile ouest de la cour — il introduit

un renfoncement concave ovale au centre de la façade, exactement semblable à celui du projet de Borromini pour Sainte-Agnès de la place Navone, qui fut abandonné parce que trop audacieux ; dans un autre, Mansart organise une place dissimulant l'implantation malencontreuse de Saint-Germain-l'Auxerrois, composition qui aurait fait honneur à Pierre de Cortone.

En 1665, Colbert élabora un autre projet à la gloire de Louis XIV, pour lequel il demanda de nouveau des plans à Mansart. Il s'agissait d'une chapelle destinée à abriter à Saint-Denis le tombeau de la dynastie des Bourbons, éclipsant la rotonde inachevée des Valois[29]. L'édifice projeté, de vastes dimensions (son diamètre devait avoir à peu près la moitié de la longueur de l'église), fut l'occasion des dernières recherches de Mansart sur le thème du plan central. L'architecte adopta un parti très différent de celui de la Visitation. L'espace central à coupole porté par des colonnes devait être entouré de chapelles pour lesquelles Mansart présente des plans d'une variété confondante : il est visible que l'architecte « pensait tout haut », comme il l'avait fait dans les esquisses du Louvre. L'un des projets présente une disposition inattendue : chaque chapelle est couverte d'une coupole individuelle, visible de l'extérieur, composant ainsi une série de petites unités indépendantes rassemblées autour d'une grande, parti qui rappelle les projets d'églises de Léonard. Mansart fait également usage d'un procédé que nous avons trouvé plusieurs fois dans ses constructions civiles : la coupole centrale tronquée de la chapelle aurait permis d'apercevoir la calotte sommitale, où Mansart prévoyait probablement un décor peint.

En 1665, Mansart dessina un escalier pour l'hôtel d'Aumont, dont les bâtiments avaient été construits plus de vingt-cinq ans auparavant, sans doute par Le Vau. L'escalier, connu par une gravure du traité de Daviler, offre un exemple intéressant de l'ingéniosité de Mansart à la fin de sa vie. L'architecte a brillamment exploité le petit espace disponible : il a placé les marches de départ au milieu de la baie donnant accès à la cage, puis repoussé progressivement sur le côté les marches suivantes en diminuant leur longueur, de sorte qu'à l'amorce de la partie tournante, celles-ci ne mesurent plus que la moitié de la largeur de la cage. Ce rétrécissement est mené si subtilement qu'il devait passer inaperçu de ceux qui gravissaient la volée. L'escalier est précédé d'un étroit vestibule à colonnes doriques orné sur chaque mur de niches profondes, créant un accès à la fois plastique et dramatique. La rampe d'appui semble avoir fait l'objet d'un dessin aussi ingénieux qu'à Maisons.

Mansart fut en France l'architecte le plus accompli de sa génération. Ses œuvres présentent une alliance de qualités rarement rencontrée : la clarté jointe à la subtilité, la rigueur à la richesse, la codifications stricte des règles à la flexibilité de l'application, enfin une concision née de l'élimination de tout détail superflu. Son style n'est pas de la veine héroïque que l'on trouve dans les peintures plus classiques de Poussin et dans les grandes tragédies de Corneille, mais l'architecte travaillait pour des clients exigeant un cadre de vie luxueux, qui n'auraient pas véritablement apprécié le stoïcisme austère des œuvres les plus sévères de Poussin. Voltaire a résumé les qualités de l'art de Mansart dans des vers qui, pense-t-on, font allusion à Maisons :

> « *Simple en était la noble architecture*
> *Chaque ornement en sa place arrêté*
> *Y semblait mis par la nécessité :*
> *L'art s'y cachait sous l'air de la nature,*
> *L'œil satisfait embrassait sa structure,*
> *Jamais surpris et toujours enchanté.* »

Il est clair que pour Voltaire, Mansart incarnait l'idéal du classicisme français, auquel son temps se référait avec vénération.

Si Mansart fut l'architecte le plus subtil de sa génération, ce ne fut pas le plus apprécié. Louis Le Vau paraît avoir possédé un tempérament beaucoup mieux adapté aux exigences de ses clients : tandis que Mansart perdait ses commandes à cause de son obstination et de son arrogance, Le Vau était assez souple pour se plier à ce qu'on lui demandait. Le Vau semble voir manqué de la scrupuleuse conscience artistique qui fut la qualité la plus marquante de Mansart. A l'opposé, il ne portait pas d'intérêt au détail, pensant toujours à l'effet d'ensemble ; incohérent dans l'utilisation des ordres, il était brillant dans la décoration. Mansart fut un solitaire ; Le Vau dirigeait une équipe de praticiens - sculpteurs, stuccateurs, doreurs - alliés pour créer les œuvres françaises de l'époque les plus proches de l'art baroque. Le Vau était un grand « metteur en scène »; il n'était pas l'homme d'une conception intellectuelle.

On ne sait presque rien de sa vie[30]. Né à Paris en 1612, il était fils d'un maître maçon également appelé Louis Le Vau. A partir de 1639, il semble avoir eu des intérêts financiers dans le lotissement de l'île Saint-Louis. Il y construisit une maison où il vécut avec son père et y exécuta ses plus importantes commandes privées parisiennes : les hôtels Lambert, Hesselin, Gruyn des Bordes, Sainctot, Gillier, et ceux d'autres riches propriétaires[31]. Il semble avoir fait avec son père un peu de spéculation, achetant et revendant des terrains tout en construisant des bâtiments. Ses premiers clients étaient originaires d'une classe sociale plus ou moins semblable à la clientèle de Mansart, avec une petite différence cependant : les deux architectes travaillaient pour des financiers récemment enrichis, mais tandis que Mansart recevait également des commandes des grands officiers de la Couronne, Le Vau était surtout en faveur auprès des membres du Parlement. Ce n'est que vers 1655, lorsqu'il fut remarqué par Fouquet, qu'il évolua vers des milieux plus élevés, mais il fit bien meilleur usage que Mansart de sa nouvelle position et réussit, après la mort de Fouquet, à obtenir les faveurs de Colbert, et par son intermédiaire celles de Louis XIV. Ses travaux au Louvre et à Versailles, exécutés entre 1661 et sa mort en 1670, appartiennent à une autre période de l'histoire ; nous les étudierons dans le chapitre suivant. Seules nous concernent ici ses constructions exécutées pour des particuliers, presque toutes antérieures à 1661, qui peuvent commodément se séparer en deux groupes : les hôtels parisiens et les châteaux.

Nous ne possédons aucune information précise sur la formation de Le Vau, mais on peut sans risque assurer qu'elle fut conduite par son père. La première œuvre qui peut lui être attribuée est l'hôtel Bautru, construit entre 1634 et 1637. Bien qu'il ait été démoli au XIXe siècle, son plan général peut être restitué et ses élévations extérieures sont connues par des gravures de Marot. Le plan offre un parti avancé pour l'époque, avec une galerie bordant un côté du jardin -comme celle de Mansart à l'hôtel de La Vrillière *(fig. 168)* ; un escalier, ingénieusement placé dans l'aile droite à l'angle du corps principal, donne au premier étage accès à une longue suite de pièces en enfilade. L'ordonnance extérieure était beaucoup plus traditionnelle, avec des corps de bâtiment couverts de toits isolés, éclairés de lucarnes interrompant les lignes ; au centre du mur séparant la cour de la rue se dressait une haute arcade à bossages.

L'hôtel d'Aumont et l'hôtel de Miramion, probablement construits vers 1635, peuvent être attribués à Le Vau avec vraisemblance. Leurs plans n'offrent guère d'intérêt, mais leur décoration extérieure est d'un raffinement remarquable, beaucoup plus simple qu'à l'hôtel Bautru et entièrement libérée de la tradition des Du Cerceau.

L'hôtel de Bretonvilliers marque une nouvelle étape dans les recherches de distribution de Le Vau *(fig. 181)*. L'hôtel fut commencé en 1635, probablement sur les plans de Jean Du Cerceau, mais seule l'aile gauche de la cour fut alors réalisée. En 1638 un nouveau marché fut passé pour un plan agrandi, et si le nom de l'architecte n'est pas mentionné, de fortes raisons stylistiques font pencher pour Le Vau.

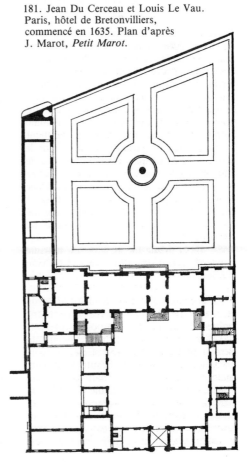

181. Jean Du Cerceau et Louis Le Vau. Paris, hôtel de Bretonvilliers, commencé en 1635. Plan d'après J. Marot, *Petit Marot*.

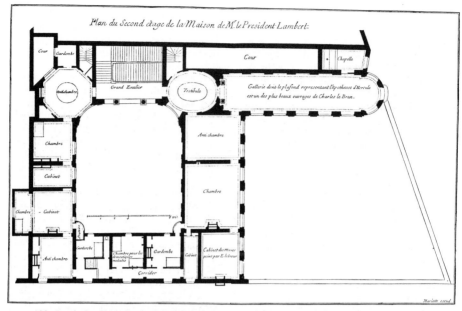

182. Louis Le Vau. Paris, hôtel Lambert, rue Saint-Louis-en-L'Ile, commencé en 1640.
Plan du second étage, d'après Blondel, *Architecture françoise*

Dans son principe, le parti reprend celui de l'hôtel Bautru, mais le grand escalier est placé à gauche, comme à l'hôtel de La Vrillière, rappelé symétriquement, dans le pavillon de droite, par une petite montée. On note un élément inhabituel : la présence d'un troisième accès, au milieu du corps principal, ouvrant sur un vestibule établi sur toute la profondeur du bâtiment et conduisant au jardin. La façade sur le jardin, beaucoup plus longue que celle de l'hôtel Bautru, couvre la largeur d'une assez vaste basse-cour, placée à gauche de la cour principale : il en résulte un désaxement de la façade, que Le Vau a masqué par une disposition reprenant celle de Mansart à l'hôtel de La Vrillière *(fig. 168)* : de la même façon, l'axe est marqué par le plein d'un trumeau, au lieu du vide d'une travée[32].

La composition de Le Vau à l'hôtel de Bretonvilliers devait être largement influencée par le site, à la pointe orientale de l'île Saint-Louis. L'hôtel ayant été démoli au milieu du XIXᵉ siècle, nous ne pouvons qu'imaginer la beauté de la vue, mais à l'hôtel Lambert, bâti sur un site voisin, il est toujours possible d'admirer le panorama s'étendant en amont du fleuve, bien que quelques efforts soient nécessaires pour se représenter un paysage campagnard, l'Arsenal et la Salpêtrière se dres-

sant au milieu des arbres et des champs[33].

La parcelle sur laquelle est situé l'hôtel Lambert fut achetée en 1639 par Jean-Baptiste Lambert, et la construction commencée en 1640 ; en 1644, elle était assez avancée pour permettre au propriétaire de s'installer, mais la décoration intérieure se poursuivit durant de nombreuses années.

Le site avait une forme curieuse *(fig. 182)*, dont Le Vau tira brillamment parti. Le portail de la rue ouvre sur une cour présentant à l'extrémité opposée la façade légèrement incurvée du corps d'escalier *(fig. 183)*. Les ailes latérales de la cour contiennent deux suites de pièces d'habitation, reliées à l'escalier par deux vestibules, l'un ovale, l'autre circulaire. Celui de droite donne également accès à une autre aile, parallèle à la rue, se dirigeant vers la pointe de l'île. A l'étage supérieur, celle-ci abrite une galerie éclairée d'un seul côté par des fenêtres ouvrant sur le jardin, et terminée par une extrémité arrondie donnant sur le fleuve. Ce parti est une adaptation de celui des hôtels Bautru et Bretonvilliers, à cette différence près que la galerie a dû, à cause du site, être changée d'axe et placée à l'alignement du corps principal, au lieu de s'allonger perpendiculairement en bordure de jardin. Cette modification est pour Le Vau l'occasion d'une brillante mise en scène de l'escalier et de la galerie.

183. Louis Le Vau. Paris, hôtel Lambert, commencé en 1640.
Façade du grand escalier

184. Louis Le Vau. Paris, hôtel Lambert. Cabinet de l'Amour, v. 1646-1647, gravure de Picart

L'escalier, d'une invention hautement personnelle, répond à des principes théâtraux totalement opposés à ceux que Mansart met en œuvre à Maisons. A Maisons, le visiteur distingue d'un seul coup d'œil le plan et le volume spatial de l'escalier ; à l'hôtel Lambert, il ne les découvre que peu à peu en montant les degrés, éprouvant au fur et à mesure de sa progression une série de surprises : après quelques marches le séparant de la cour, l'escalier se divise en deux ; la partie gauche donne seulement accès au premier étage, tandis que la droite, après y avoir conduit le visiteur, fait retour en direction de l'étage supérieur. Peu à peu, en montant vers le second étage, le visiteur quitte une volée étroite et basse pour découvrir, abondamment éclairé par les fenêtres du dernier palier, l'ensemble du volume de la cage, trois fois plus large que les marches et découvrant, au-delà d'une coursière, toute la partie haute[34]. Ce brusque passage, délibérément préparé et ingénieusement exécuté, d'un tunnel sombre à un large espace ouvert et bien éclairé, provoque un effet presque baroque[35] ; mais ce n'est pas fini : en franchissant le dernier palier, le visiteur pourra découvrir - si les portes sont ouvertes - une immense perspective s'étendant, à travers le vestibule ovale et toute la longueur de la galerie, jusqu'au paysage fluvial ; Le Vau est un maître de ces mises en scène spectaculaires.

Sur les façades de l'hôtel Lambert, les ordres classiques jouent un rôle prépondérant qu'ils n'avaient pas dans les œuvres antérieures de l'architecte. Le principal ornement de la cour est la triple travée de l'escalier, répétée sur deux niveaux et couverte d'un fronton triangulaire. Les deux niveaux sont rythmés de colonnes doriques et ioniques. Le détail est correct, mais les intervalles des colonnes sont inégaux et les proportions de l'ordre dorique sont déformées par la très grande hauteur des piédestaux. Autre irrégularité : l'entablement de l'ordre inférieur se prolonge sur toute la longueur des façades sur cour, bien souvent sans colonne ni pilastre pour le porter. La façade sur rue est sévère, presque une entrée de forteresse, mais la galerie et l'aile donnant sur le jardin sont décorées d'un ordre colossal de pilastres ioniques ; cette ordonnance pourrait à première vue paraître contradictoire avec les ordres superposés de la cour - Mansart ne se permet jamais une telle liberté -mais elle est judicieuse, car cette partie de l'édifice est faite pour être vue de très loin, depuis les

185. Louis Le Vau et Charles Le Brun. Paris, hôtel Lambert. Galerie, v. 1650

rives du fleuve, et les dimensions de l'ordre rendent la composition lisible à une telle distance.

Une grande partie de la décoration intérieure a survécu[36] ; le cabinet de l'Amour, exécuté vers 1646 - 1647, a très gravement souffert ; il a été dépouillé de ses boiseries et de ses peintures, dont la plus grande partie est aujourd'hui conservée au Louvre. Mais son aspect originel est connu par une gravure de Picart *(fig. 184)* : comme dans une pièce du XVIe siècle, les murs étaient divisés en deux parties presque égales : en bas, un lambris orné de panneaux à paysages, dus à Patel l'Aîné, Swanevelt et Jan Asselyn ; en haut, des scènes mythologiques exécutées par Perrier, Romanelli et Le Sueur, ce dernier étant également l'auteur des panneaux figurés du plafond. Le cabinet des Muses est mieux conservé, malgré les transformations du XVIIIe siècle[37] et la dépose des peintures au Louvre. Probablement postérieur de quelques années, il dut cependant être achevé avant 1650, année de la mort de Perrier, auteur des peintures garnissant l'adoucissement du plafond. La disposition générale du décor marque une progression sur celle du cabinet de l'Amour : les murs ne sont plus divisés en deux ban-

des égales par les lambris et les scènes figurées, mais sont traités de façon unitaire, avec un seul tableau central, peint par Le Sueur, flanqué en haut et en bas d'étroits panneaux décoratifs à grotesques.

La galerie est plus étonnante encore *(fig. 185)*. Nous avons déjà noté la virtuosité avec laquelle Le Vau l'a placée dans l'enfilade ouvrant sur le paysage ; l'architecte y révèle des talents de décorateur non moins grands. C'est de loin la plus belle ordonnance intérieure conservée de cette époque ; certes, de nombreux hôtels parisiens possédaient de telles galeries, mais l'enthousiasme des auteurs anciens confirme notre jugement : celle-ci fut toujours considérée comme une œuvre exceptionnelle. Les murs sont ornés d'une série de reliefs en stuc de Van Obstal, aux tons d'or et de bronze, représentant les travaux d'Hercule à qui la pièce est dédiée : placés sur le mur opposé aux fenêtres, ils alternent avec des paysages de Rousseau. L'histoire du héros se poursuit au plafond dans une immense composition peinte par Le Brun, le plus ambitieux exemple d'illusionnisme baroque alors exécuté en France[38]. Le Vau, qui dirigea sans doute l'ordonnance de ce splendide ensemble, y présente la plus belle expression de son

186. Louis Le Vau. Paris, hôtel Tambonneau, commencé en 1642.
Elévation, d'après J. Marot, *Petit Marot*

vrai talent : l'art d'ordonner un cadre grandiose et riche en couleurs ; dans ce rôle Mansart ne pouvait soutenir la comparaison : ses ambitions étaient ailleurs.

Parmi les autres maisons particulières de Le Vau, on retiendra surtout l'hôtel Tambonneau et l'hôtel de Lionne, commencés l'un en 1642[39], l'autre en 1662. Le premier possède, comme l'hôtel Lambert, un avant-corps d'entrée de trois travées placé au centre du corps principal ; mais les ouvertures sont les arcs *(fig. 186)* et l'élévation s'apparente à ces ordonnances à loggias que l'on rencontre fréquemment sur les églises romaines du début du XVIIe siècle. A l'hôtel de Lionne, Le Vau a employé deux ordres superposés côté cour, et un ordre colossal côté jardin, façade normalement destinée, comme celles de l'hôtel Lambert, à être contemplée de loin. La grande nouveauté du parti repose ici sur la disposition du vestibule et de l'escalier. Le visiteur entrait dans le corps principal par un vestibule spectaculaire, se développant parallèlement à la façade au lieu de traverser le bâtiment. A l'une de ses extrémités, Le Vau avait disposé dans l'axe un escalier précédé d'une triple arcade, présentation théâtrale d'un genre jusqu'alors inconnu dans l'architecture française [40]. L'hôtel de Lionne a malheureusement été détruit, mais on peut se représenter l'effet de ce parti en examinant l'hôtel Aubert de Fontenay (ou hôtel Salé, ainsi surnommé par réfé-

rence à l'origine de la fortune du propriétaire : la gabelle), construit dans les années 1656-1666 dans un style très proche de celui de Le Vau *(fig. 187)* [41]. Ces deux hôtels reprennent l'ordonnance utilisée par Mansart à l'hôtel de Jars, le corps principal, plus large, présentant une distribution en double profondeur.

Vaux-le-Vicomte est la plus importante construction de Le Vau avant qu'il n'accède aux faveurs royales, mais auparavant l'architecte avait construit au moins un autre grand château, Le Raincy, entrepris avant 1645 pour Jacques Bordier, intendant des Finances[42]. Le Raincy adoptait un plan ordinaire : un corps principal flanqué de deux pavillons en léger ressaut, placé au fond d'une cour ; mais une nouveauté était introduite au milieu du logis, où un vestibule ovale déterminait un avant-corps cintré au centre des façades sur cour et sur jardin[43].

L'heure de gloire n'arriva toutefois pour Le Vau qu'en 1657, quand Nicolas Fouquet, surintendant des Finances, le chargea de composer pour sa terre de Vaux-le-Vicomte l'ensemble, château et jardins, le plus somptueux qu'on ait jamais vu en France *(fig. 189)*. Le bâtiment fut construit avec une rapidité sans précédent ; il reçut sa couverture avant la fin de l'année 1658 et la décoration intérieure était presque achevée pour la célèbre fête de 1661.

Le plan du château *(fig. 188)* s'inspirait

du Raincy. Il en différait seulement à l'extérieur par la présence de doubles pavillons et l'absence d'ailes fermant la cour ; c'était donc une construction totalement isolée, dans la tradition de Blérancourt et de Maisons. Comme au Raincy, chaque façade possède un avant-corps central ; une différence cependant : au lieu d'un unique vestibule ovale, le centre du bâtiment est occupé par un vestibule carré ouvrant sur un salon ovale qui s'allonge perpendiculairement au grand axe transversal. Les escaliers remplissent les espaces flanquant le vestibule[44], et les parties latérales du bâtiment contiennent chacune un somptueux appartement destiné à l'est au roi, à l'ouest au maître de maison.

Le vestibule est d'une sévérité inhabituelle chez Le Vau, orné seulement de colonnes adossées en pierre d'ordre dorique. Le Vau a répété à travers l'édifice son motif favori à triple arcade, qui forme le passage de la cour au vestibule, du vestibule au salon et du salon au jardin. Le salon est, lui aussi, d'une ornementation assez sage, à pilastres composites de stuc blanc surmontés de cariatides en stuc également ; mais le plafond, qui aurait dû recevoir des fresques de Le Brun, en eût accentué la richesse[45]. Les

187. Paris, hôtel Aubert de Fontenay, 5 rue de Thorigny, v. 1656-1661. Grand escalier.

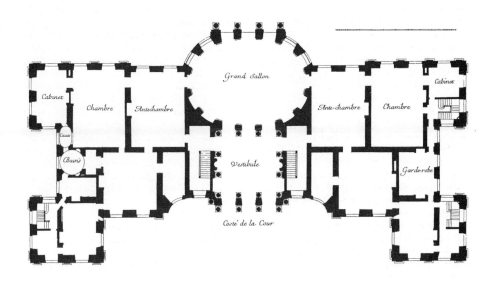

188. Louis Le Vau. Maincy (Seine-et-Marne),
château de Vaux-le-Vicomte, 1657-1661.
Plan. D'après J. Marot

autres pièces possèdent une décoration fastueuse, parfois faite de panneaux peints à grotesques, parfois, comme dans la chambre du Roi *(fig. 190),* adoptant un style nouveau en France, rapporté d'Italie par Le Brun. Ce décor est formé de l'alliance des stucs, des dorures et des peintures, probablement inspirée à Le Brun par les salons de Pierre de Cortone au palais Pitti. Dans l'appartement du roi, Le Vau et ses collaborateurs — Le Brun pour la peinture, Guérin et Thibault Poissant pour la sculpture — ont créé un style, repris dans les premières décorations de Louis XIV à Versailles, à première vue baroque, mais beaucoup plus mesuré que sa contrepartie italienne[46]. Baroque parce qu'il combine tous les arts à des fins théâtrales, il évite cependant les artifices les plus complexes du trompe-l'œil et des raccourcis chers aux décorateurs romains. La frontière entre la peinture et la sculpture reste toujours clairement marquée, et les personnages ne sont pas admis à la franchir : en fait c'est un compromis, un baroque assagi pour plaire au goût nordique.

Les façades de Vaux-le-Vicomte ne montrent que trop clairement les faiblesses du dessin de Le Vau : on retrouve dans l'application des ordres la négligence déjà notée à maintes reprises ; mais on y constate en outre une grande indécision dans le regroupement des volumes : côté jardin, l'avancée du salon ovale ne trouve aucun écho dans le reste de la façade ; sur le tout vient se plaquer, pour former le motif central de la composition, un avant-corps qui est une copie pure et simple de l'hôtel Tambonneau *(fig. 186).* On peut dire à sa décharge que Le Vau a dû travailler en grande hâte et n'a pas eu le temps d'étudier certains détails aussi soigneusement qu'il l'aurait voulu : il reste que sa conscience d'artiste ne lui a pas interdit de mettre en œuvre une composition manquant manifestement de maturité.

Il serait toutefois injuste de chicaner sur les détails en oubliant l'éclatante réussite de la composition d'ensemble qui intéressait probablement au premier chef Le Vau et Fouquet. L'alliance du château et des jardins n'a guère sa pareille en France ; certes, elle doit beaucoup au talent de Le Nôtre, qui apparaît pour la première fois ici comme un artiste indépendant[47], mais indéniablement Le Vau a supervisé le projet, et on lui doit la merveilleuse implantation du bâtiment dans

189. Louis Le Vau. Château de Vaux-le-Vicomte, 1657-1661

190. Louis Le Vau et Charles Le Brun. Château de Vaux-le-Vicomte,
1657-1661. Chambre du Roi

le site. L'avant-cour qui descend en pente douce depuis la route est flanquée de deux basses-cours, dont les façades de brique et pierre contrastent avec la blancheur laiteuse du château. Tout en descendant, le visiteur découvre peu à peu les jardins qui s'enfoncent derrière l'édifice ; les terrasses du parterre descendent à nouveau lentement pour rejoindre huit cents mètres plus bas le canal et la grotte ; puis le terrain remonte, découvrant une longue pelouse qui s'étend entre les arbres. Fontaines, terrasses, grottes, canal, « tapis vert » : tous les éléments de Versailles sont déjà présents, et se déploient avec une ampleur qui avait bien de quoi rendre jaloux Louis XIV.

Le dernier chapitre de l'histoire de Vaux est bien connu. Le 17 août 1661, Fouquet reçut le roi, la reine, Mlle de La Vallière et toute la Cour. Après un souper préparé par Vatel, il offrit à ses hôtes une nouvelle comédie-ballet, *Les Fâcheux*, composée par Molière, avec les décors de Le Brun et une musique de Lully. La Fontaine, le poète de Fouquet, présent dans l'assistance, écrivit un récit de la soirée qui s'acheva par un splendide feu d'artifice. Trois semaines plus tard, Fouquet était arrêté pour détournement de fonds ; tous ses biens furent confisqués, et l'ennemi qui avait entraîné sa chute, Colbert, engagea ses artistes au service du roi. Vaux fut donc littéralement l'esquisse de Versailles. Colbert n'eut qu'à déplacer une équipe toute prête d'architectes, sculpteurs, peintres, compositeurs et poètes propre à flatter les goûts fastueux du souverain. Les scrupules n'embarrassaient pas la conscience du surintendant au point de lui faire manquer une aussi belle occasion ; il n'était peut-être pas absolument nécessaire de transporter à Versailles, comme il le fit, les plantes rares et les statues les plus précieuses dont Fouquet avait orné ses jardins.

A partir de 1661, Le Vau entra au service de Colbert et du roi ; nous examinerons cet aspect de son œuvre dans le chapitre suivant[48].

Mansart et Le Vau furent les fondateurs du style architectural français du milieu du XVIIe siècle, mais il exista parmi les contemporains de nombreux artistes au talent considérable, qui créèrent des compositions d'une véritable originalité.

Antoine Le Pautre (1621-1679) possède la personnalité la plus marquée[49]. Avant

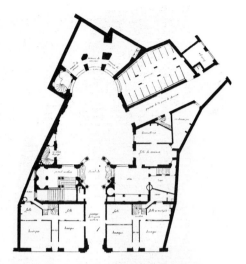

191. Antoine Le Pautre. Paris, hôtel de Beauvais, 68 rue François-Miron, 1652-1655. Plan du rez-de-chaussée, d'après J. Marot, *Grand Marot*

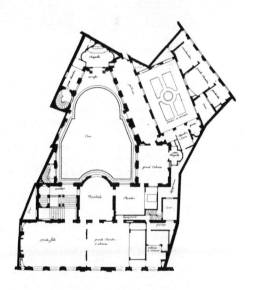

192. Antoine Le Pautre. Paris, hôtel de Beauvais, 1652-1655. Plan du 1er étage, d'après J. Marot, *Grand Marot*

1650, il avait déjà réalisé plusieurs constructions, dont le monastère de Port-Royal, qui existe toujours, et l'hôtel de Fontenay-Mareuil[50]. Mais il est surtout célèbre par l'hôtel de Beauvais construit rue Saint-Antoine entre 1652 et 1655. L'hôtel, qui existe encore, bien que dans un triste état, présente la solution la plus ingénieuse qu'ait inventée un architecte

193. Antoine Le Pautre. Paris, hôtel de Beauvais, 1652-1655. Grand escalier

français pour traiter un site difficile par son irrégularité *(fig. 191, 192)*. Madame de Beauvais avait acheté deux parcelles contiguës, l'une le long de la rue Saint-Antoine, l'autre rue de Jouy ; le terrain ainsi formé présentait plusieurs angles rentrants et n'offrait pas deux côtés parallèles. Le Pautre établit en bordure de la rue Saint-Antoine un profond corps de logis possédant au rez-de-chaussée des boutiques flanquant une porte cochère centrale ; celle-ci conduisait à un vestibule circulaire[51] où le visiteur pouvait descendre de carrosse pour accéder à gauche à l'escalier. Au-delà de ce corps principal, l'architecte avait réussi à aménager une cour symétrique malgré le peu d'espace disponible à gauche. La cour s'achevait par un hémicycle où s'ouvrait la remise des carrosses, tandis qu'à droite un passage couvert longeant les écuries donnait accès à la rue de Jouy. La comparaison des plans du rez-de-chaussée et du premier étage met encore plus en évidence l'audace de Le Pautre. Dans le corps principal, les pièces du premier correspondent à peu près à celles du rez-de-chaussée ; ailleurs, elles suivent des directions complètement indépendantes de cel-les du niveau inférieur. Au-dessus des écuries et du passage vers la rue de Jouy, Le Pautre a disposé sur un axe perpendiculaire une galerie, un jardin suspendu et un appartement, tandis que la remise est surmontée d'une terrasse et d'une chapelle. Le détail des élévations est en comparaison très décevant, malgré le dessin habile de l'escalier et son riche décor de stucs, sculptés par Martin Desjardins *(fig. 193)*[52].

Nous connaissons mal les autres travaux de Le Pautre[53], mais le volume de gravures qu'il publia en 1652 jette un éclairage supplémentaire sur son art. Le Pautre y présentait au public des projets qu'il n'avait pu exécuter ; les vastes dimensions et le caractère fantastique de ces compositions *(fig. 194)* font aisément comprendre que l'artiste n'ait pas trouvé de mécène assez audacieux pour les mettre en œuvre. Dans ces gravures, Le Pautre, libéré de toute contrainte pratique (qu'il était pourtant, nous l'avons vu à l'hôtel de Beauvais, capable de régler avec maestria), laisse libre cours à son imagination et invente une série de compositions qui n'ont guère leurs pareilles

ESLEVATION EN PERSPECTIVE AVEC VNE PARTIE DV PAI-
SAGE DV LIEV POVR LEQVEL IAY FAICT CE DESSEIN

D. 4.   Par ANTHOINE LE PAVTRE Architecte du Roy Avec Prvilleige

194. Antoine Le Pautre. Projet de château, 1652, gravure

dans l'architecture française. Certaines nous présentent de vastes châteaux à façades ornées de bossages, d'autres des villas de plan presque palladien, mais comportant des portiques soutenus par d'énormes atlantes absolument étrangers à l'architecte de Vicence ; d'autres encore, cherchant moins loin leur inspiration, reprennent les ordonnances de Le Vau : ainsi, le château de la *figure 194* rappelle Le Raincy par son utilisation de l'ordre colossal appliqué sur un parement à bossages, mais sa conception générale est beaucoup plus libre que toutes les créations de Le Vau. Seul parmi les Français, Le Pautre a imaginé de lier les pavillons latéraux au corps médian par des façades opposant leurs courbes concaves à celle, convéxe, du tambour couronnant la partie centrale[54]. La distribution intérieure est de pure fantaisie. Les trois corps centraux du bâtiment ne contiennent qu'un vestibule et un escalier ; seules les deux ailes comportent des pièces d'habitation ; encore sont-elles à demi occupées par un énorme salon à colonnes. L'invention, splendide, fournira des enseignements intéressants aux architectes théoriciens des générations suivantes[55],

mais on peut difficilement considérer ce dessin comme un projet directement utilisable pour une résidence des champs.

Pierre Cottard († 1701) avait une vision plus pratique de l'architecture. En 1660, il publia une série de gravures présentant des façades d'églises parisiennes, mais il est surtout connu pour un édifice : l'hôtel Amelot de Bisseuil, généralement dénommé hôtel des Ambassadeurs de Hollande, où il œuvra de 1657 à 1660. L'hôtel est plus frappant par la qualité de sa décoration tant extérieure qu'intérieure, que par l'habileté de ses dispositions. Il offre sur la rue l'un des plus beaux portails de Paris *(fig. 195)*, et possède à l'intérieur une galerie ornée d'un riche décor sculpté et peint qui, débarrassé des importantes altérations du XIXᵉ siècle, a retrouvé aujourd'hui son éclat originel[56]. La cour conserve encore les vestiges d'une perspective en trompe-l'œil.

Adam Robelin, dont on ignore tout, construisit rue Garancière l'hôtel Léon, inhabituel par sa façade sur rue décorée d'un ordre colossal de pilastres ioniques aux chapiteaux ornés de têtes de béliers. Jean Richer jouissait en son temps d'une

195. Pierre Cottard. Paris, hôtel Amelot de Bisseuil,
47 rue Vieille-du-Temple, 1657-1660

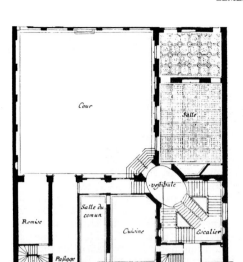

196. Gérard Desargues. Paris,
maison de M. Rolland. Plan, d'après
J. Marot, *Grand Marot*

197. Jacques Bruant. Paris, Bureau des
marchands drapiers, façade, v. 1655-1660.
Paris, Musée Carnavalet

certaine réputation ; trois de ses hôtels parisiens ont été gravés dans le *Grand Marot,* qui ne présentent guère d'originalité.

Plus énigmatique est Gérard Desargues (1593-1661), dont la carrière d'architecte demeure encore trop mal connue, qui travailla à la fois à Lyon et à Paris. Mathé-maticien et ingénieur, il étendit ses compétences au domaine architectural. Il construisit rue de Cléry l'hôtel Rolland, dont l'escalier, d'une grande originalité *(fig. 196)*[57], est disposé de biais dans l'angle de la cour. Quelques marches conduisent à un vestibule ovale d'où monte dans le même axe une volée qui se divise en deux parties, chacune orientée à 45° de la première. Ce fut probablement l'intérêt technique de la structure qui conduisit Desargues à ce parti inattendu ; celui-ci fut repris au début du XVIIIe siècle par les architectes qui recherchaient des compositions originales et s'efforçaient de briser les plans strictement orthogonaux du grand siècle.

On doit ici faire également mention de Jean Marot (vers 1619-1679), auteur de plusieurs hôtels, même s'il est surtout connu pour ses recueils de gravures d'architecture, en particulier le *Grand Marot* et le *Petit Marot,* souvent cités dans ces pages. Ses seules constructions attestées sont les hôtels Pussort, Morte-mart et Montceaux, connus par ses gravures, mais on peut aussi tirer enseignement de ses planches reproduisant ses projets non exécutés : il y apparaît comme un éclectique de peu d'originalité et d'un style assez sec. Il prend des idées à tous ses grands contemporains, en particulier à Mansart et à Le Vau, mais dans l'ensemble son apport personnel se réduit à peu de chose. Il est plus original quand il ne travaille pas dans le domaine strictement architectural, par exemple dans ses projets de décorations ou ses arcs de triomphe[58].

L'un des rares édifices publics parisiens de la période, le bureau des marchands drapiers *(fig. 197)*, fut construit vers 1655-1660 par Jacques Bruant, frère aîné de Libéral, le constructeur des Invalides. Une seule partie a survécu, la façade, transportée au XIXe siècle au musée Carnavalet. Le parti dérive à certains égards des avant-corps de Mansart à Maisons *(fig. 176)* et à Blois *(fig. 170)*, en particulier dans la disposition des trois ordres, avec, à l'attique, un corinthien incomplet. Le caractère général est cependant tout à fait différent, la façade de Bruant étant principalement conçue comme le support de l'ornement sculpté au trumeau central : les armes de la Ville de Paris flanquées de deux cariatides[59].

Le milieu du XVIIe siècle fut aussi une période de grande activité — sinon de grand progrès — dans l'architecture religieuse. Outre les principales créations déjà mentionnées — la Visitation de Mansart, la Sorbonne de Lemercier et le Val-de-Grâce — on compte un grand nombre d'églises d'un esprit très différent. La construction de ces édifices dura généralement longtemps ; plusieurs changements d'architectes intervinrent, et l'on sait mal à qui attribuer chaque campagne ; mais toutes présentent un trait commun : la tentative de réconcilier les nouvelles formes classiques avec les partis traditionnels. Notre-Dame-des-Victoires (1629 et suiv.), Saint-Jacques-du-Haut-Pas (1630 et suiv.), Saint-Sulpice (1645 et suiv.)[60], Saint-Roch (1653 et suiv.), Saint-Nicolas-du-Chardonnet (1656 et suiv.) et Saint-Louis-en-l'Ile (1664 et suiv.) adoptent le plan en croix latine à bas-côtés et déambulatoire des églises gothiques. Certaines présentent des réminiscences très curieuses de l'architecture médiévale. Ainsi, à Saint-Sulpice, le profil de la voûte est tellement surhaussé que le berceau paraît vouloir se briser ; dans de nombreuses églises, une lierne court sur la ligne de faîte de la voûte, produisant encore un effet gothique. A l'extérieur, certains édifices, comme Saint-Nicolas-du-Chardonnet et Saint-Sulpice, présentent ce que l'on pourrait presque décrire comme un chevet à arcs-boutants classiques dans leur dessin, mais gothiques par leur structure[61].

Sous Richelieu et Mazarin, l'architecture française, comme d'autres domaines, connut un moment de grand individualisme. François Mansart, Louis Le Vau et Antoine Le Pautre imprimèrent la marque de leurs personnalités à l'art de leur temps et à celui des générations suivantes. Tous trois contribuèrent à ce magnifique essor de l'art français, mais l'apport de chacun reste distinct, frappé des particularismes de son auteur. Colbert et Le Brun n'avaient pas encore imposé la perfection uniforme qui caractérisera les arts plastiques sous le règne personnel de Louis XIV. Les architectes pouvaient encore avoir des tempéraments difficiles, voire extravagants ; ils n'étaient pas, ils ne pouvaient être des courtisans. Ils avaient encore le caractère bien trempé des hommes qui s'affrontaient sous la Fronde, tout futiles qu'aient été parfois les combats. La vie à la Cour de Versailles sous Louis XIV fut peut-être beaucoup plus policée que celle de Paris à l'époque de Retz et de Mlle de Montpensier ; elle devait être beaucoup plus ennuyeuse. On peut en dire autant de l'art des deux périodes.

Peinture

Simon Vouet

Pendant tout le premier quart du XVIIe siècle, la peinture française fut dominée par une forme de maniérisme tardif, et l'événement qui déclencha un nouveau mouvement fut le retour en 1627 de Vouet qui, après un séjour de quatorze ans en Italie, en rapporta un style pictural jusqu'alors inconnu en France.

Vouet naquit en 1590[62] ; à l'âge de quatorze ans, il se rendit croit-on en Angleterre pour peindre le portrait d'une Française, et en 1611, il accompagna à Constantinople l'ambassadeur de France. De là, il poursuivit sa route vers l'Italie, et débarqua à Venise en 1613. Vers 1614, il s'était installé à Rome, qui semble être restée sa résidence principale jusqu'à son retour en France en 1627 ; toutefois, il visita peut-être Naples, et en 1621-1622 il passa certainement quelque temps à Gênes, visitant Modène et Bologne en rentrant à Rome. En 1624, il fut élu président de l'académie romaine de Saint-Luc. On le retrouve à Venise en 1627, probablement en route pour la France. Son retour à Paris fut suivi d'un succès immédiat ; il reçut des commandes pour d'importantes décorations d'hôtels et d'églises. L'arrivée de Poussin en 1640 menaça son monopole, mais en 1642 Poussin repartit pour Rome et Vouet put régner à peu près sans conteste, bien que, pendant ses dernières années, on constate de la part des esprits avancés une certaine tiédeur à son égard et une préférence pour un style plus classique ; il semble cependant avoir joui d'une large popularité jusqu'à sa mort en 1649.

Pendant ses premières années romaines, Vouet exécuta semble-t-il de nombreuses peintures dans un style pittoresque dérivé de Caravage : représentations de spadassins avantageux, comme dans le tableau de Brunswick, ou de portraits dans la même veine. Plus tard, il devait adopter les clairs-obscurs caravagesques, mais d'une façon toute personnelle, en particulier dans la *Naissance de la Vierge* de S. Francesco a Ripa *(fig. 198)* et dans les scènes de *la Vie de saint François* à S. Lorenzo in Lucina, de 1624. La *Naissance de la Vierge* offre une traduction très originale du style de Caravage, nouvelle dans sa conception large, hardie dans les raccourcis, surprenante dans le traitement des draperies, et démontrant

198. Simon Vouet. *La naissance de la Vierge,* v. 1620. Rome, S. Francesco a Ripa

une vitalité que Vouet devait vite perdre. Un détail révèle un aspect curieux du style de l'artiste à cette époque : la tête de la servante au centre de la composition est directement empruntée à Michel-Ange[63] ; un emprunt analogue apparaît encore dans la *Tentation de saint Antoine* de S. Lorenzo, où le personnage du saint reprend le modèle du Fleuve de Michel-Ange à l'Académie de Florence. Cette alliance d'éléments michelangelesques et caravagesques donne à l'art luministe de Vouet une saveur particulière.

Pendant les dernières années de son séjour italien, Vouet évolua davantage vers le baroque. Si endommagée qu'elle soit, la *Crucifixion* de S. Ambrogio de Gênes, peinte en 1622, fait apparaître les premiers signes de cette transformation, pleinement exprimée dans l'*Apparition de la Vierge à saint Bruno* peinte pour la Certosa di San Martino à Naples, sans doute légèrement postérieure, et dans l'*Adoration de la vraie croix*, commandée pour Saint-Pierre en 1624, connue seulement par un fragment de l'original et par un *bozzetto*[64]. Dans le *Saint Bruno (fig. 199)*, l'atmosphère extatique laisse transparaître malgré sa retenue un esprit déjà baroque ; de même, la composition, avec

sa diagonale fortement marquée, qui s'inspire vraisemblablement de celle de Guido Reni à la chapelle Pauline de Sainte-Marie-Majeure[65], est caractéristique d'une phase de transition vers le baroque pleinement développé d'un Pierre de Cortone. A l'inverse, le modelé ferme et le type de la Vierge, très proches du Dominiquin, montrent que l'artiste n'avait pas encore complètement rejeté la tradition classique. On reconnaît l'influence de Reni dans beaucoup de compositions de Vouet gravées par Mellan, comme la *Lucrèce* [66]. L'artiste continua en même temps à peindre des portraits de bohémiens à l'air bravache, dont le traitement de la lumière et de la couleur nous rappelle que leur auteur était passé par Venise.

A son arrivée à Paris, Vouet semble s'être tout d'abord consacré à la peinture religieuse ; le style qu'il rapportait de Rome était fait pour plaire au public français. La formation maniériste des amateurs parisiens les auraient empêchés d'apprécier le naturalisme des caravagesques, et l'atmosphère religieuse qui régnait alors en France n'était pas suffisamment enthousiaste et émotionnelle pour leur permettre de digérer le baroque

199. Simon Vouet. *Apparition de la Vierge
à Saint Bruno.* Naples, S. Martino

modelé est également plus ferme, le drapé plus sculptural et les coloris, plus froids, indiquent peut-être l'influence de Philippe de Champaigne. Le traitement du sujet trahit aussi un changement : la présentation est plus rationnelle, portant moins l'accent sur les aspects surnaturels et émotionnels du thème. Les personnages sont moins évanescents, et les anges adoptent une apparence plus humaine, sans nuages ou lumières mystiques. En fait, le retable montre, tant par le sujet que par la forme, qu'à son retour en France Vouet s'écarte du baroque pour se rapprocher d'un type classique dont Poussin commence à établir les principes[67].

A la même époque, Vouet peignit ses premières compositions poétiques et allégoriques. Un premier grand ensemble, illustrant le Tasse, exécuté pour Bullion en 1630, est une adaptation du style romain de l'auteur à ce nouveau type de sujet. Plus personnels sont les panneaux allégoriques exécutés pour divers palais royaux, comme ceux du Louvre, ou la belle *Allégorie de la Paix* de Chatsworth *(fig. 201).* Cette œuvre, probablement très tardive[68], montre que Vouet ne s'orientait pas toujours vers la tendance classique dont témoigne la *Présentation.* Le parti est plus libre, le modelé plus souple, et l'ensemble, davantage conçu en termes de lumière et de couleur, nous rappelle que dans sa jeunesse Vouet n'avait pas seulement étudié à Rome, mais qu'il avait dû apprendre à Venise le style coloriste qu'il déploie ici, variante assez affadie des tons de Véronèse.

C'est dans le domaine de la peinture décorative que Vouet apporte les plus importantes innovations, fondant une tradition qui devait dominer la peinture française pendant un siècle.

Son premier ensemble décoratif, exécuté en collaboration avec le sculpteur Jacques Sarrazin, est composé de panneaux peints encadrés de stucs : dans les plafonds, les panneaux adoptent des perspectives accentuées mais aucun lien entre les différentes parties de la décoration n'est ébauché, qui permettrait de créer un illusionnisme cohérent. Une seconde catégorie est formée des décors où dominent des panneaux à grotesques au milieu desquels s'intercalent paysages et groupes de petits personnages. Les plus importantes réalisations de ce style furent les deux ensembles exécutés pour Anne d'Autriche à Fontainebleau (1644) et au palais Cardi-

intégral ; le compromis de Vouet, un baroque tempéré par la tradition classique, était exactement le ton qui convenait à une société dont la religion était celle de saint François de Sales, de Bérulle et d'Olier. Pendant tout le reste de sa carrière, Vouet fut submergé de commandes de retables destinés aux églises de Paris, soit à celles des ordres religieux — les jésuites à Saint-Paul-Saint-Louis et au Noviciat, les minimes, les carmélites, les oratoriens — soit aux églises paroissiales, comme Saint-Eustache et Saint-Merry.

La *Présentation au Temple,* commandée par Richelieu en 1641 pour le maître-autel du Noviciat des jésuites *(fig. 200),* est l'un des retables les plus réussis de Vouet. La composition repose toujours sur le principe du tableau de S. Martino *(fig. 199)* avec une diagonale fortement accentuée ; mais l'espace est plus soigneusement défini grâce aux architectures qui, de plus, stabilisent le dessin par leurs fortes verticales. En d'autres termes, que l'on considère la structure linéaire ou la traduction de la profondeur, la composition est légèrement plus classique que dans la peinture de S. Martino ; le

200. Simon Vouet. *La présentation au Temple,* 1641.
Paris, Musée du Louvre

nal (entre 1643 et 1647) aujourd'hui disparus mais connus par des gravures ; une suite similaire, œuvre probable de Vouet et de son atelier, quoique très restaurée, existe encore à l'Arsenal, peinte pour le maréchal de La Meilleraye vers 1637[69].

Ce fut toutefois à l'hôtel Séguier que Vouet trouva la plus belle occasion de déployer son talent. Il y décora la chapelle (1638), la bibliothèque (terminée vers 1640) et la galerie basse, laissée inachevée à sa mort en 1649. Dans les deux premières pièces, Vouet introduisit un type de décoration jusqu'alors inconnu en France, ou plus exactement il fixa sur un vieil arbre une greffe nouvelle, redonnant vie à une tradition qui remontait à l'école de Fontainebleau, mais s'était éteinte au début du XVIIe siècle.

On se rappelle que dans la galerie d'Ulysse de Fontainebleau, Primatice et Nicolo avaient introduit des panneaux illusionnistes en *sotto in su*, procédé développé à la chapelle de l'hôtel de Guise. La seconde école de Fontainebleau n'avait pas continué cette tradition, mais Vouet la reprit, y ajoutant les formules qu'il avait étudiées en Italie. Le plafond de la bibliothèque de l'hôtel Séguier semble avoir été entièrement composé de peintures, sans complément de stuc, mais qui se détachaient sur un fond d'or imitant la mosaïque. Toutes les compositions adoptaient des perspectives accentuées, les unes dérivant de l'*Aurore* de Guerchin, d'autres reflétant un apport vénitien : certains des grands panneaux ovales possédaient des fonds architecturés directement inspirés des plafonds de Véronèse dont Vouet, dit-on, avait particulièrement étudié les œuvres pendant son séjour à Venise.

Au plafond de la chapelle, orné d'une fresque volontairement illusionniste, Vouet franchit une nouvelle étape. Le thème était l'adoration des Mages *(fig. 202)*. L'artiste disposa la procession des rois et de leurs serviteurs dans une sorte de frise au rebord de la voûte, de sorte que les personnages semblent reposer sur la corniche. Comme le signale Sauval, ce procédé dérive de Primatice et de Nicolo, qui utilisèrent ce type de composition à la chapelle de l'hôtel de Guise ; mais tandis que les artistes du XVIe siècle avaient organisé les figures en un bas-relief continu, Vouet adopte un parti beaucoup plus libre. A l'exception des figures centrales des Mages et de la Sainte Famille, tous les personnages sont placés derrière

une balustrade donnant l'impression de prolonger l'élévation des murs au travers de la voûte ; derrière les groupes, d'autres éléments architecturés devaient encore accentuer l'illusion. Les détails des figures rappellent à nouveau Véronèse, mais dans le parti général, la fresque est plus

201. Simon Vouet. *Allégorie de la Paix*, v. 1648. Chatsworth, Derbyshire (G.B.)

proche des premiers exemples de ce type d'illusionnisme : la coupole de Corrège à la cathédrale de Parme et le plafond de Jules Romain à la sala di Troia du palais du Tè[70].

La forme d'illusionnisme introduite dans cette fresque par Vouet ne rencontra pas d'écho en France avant la fin du XVIIe siècle[71] ; au cours des années suivantes, l'illusionnisme des décors de plafonds est créé par des trompe-l'œil architecturaux, dérivant d'une tradition différente : celle des Carrache à la galerie Farnèse.

L'influence de Vouet sur la peinture française fut plus grande que ses qualités réelles n'auraient pu le laisser supposer. Son succès vint de ce qu'il sut transplanter un nouveau langage italien au moment favorable et sous une forme bien choisie, et s'adapter avec beaucoup d'habileté aux tâches les plus diverses. Historiquement, la position de Vouet est analogue à celle de Lermercier, mais il rappelle davantage Le Vau par son tempérament. Il était souple, brillant, rapide, adaptable ; sa conscience artistique, comme celle de Le Vau, n'était pas scrupuleuse à l'extrême, et ses œuvres souffrent d'une certaine facilité. Mais Vouet apporta une vie nouvelle à la peinture française, alors au

REGES ARABVM ET SABA DONA ADDVCVNT

202. Simon Vouet. Paris, hôtel Séguier, voûte de la chapelle,
1638. Gravure de M. Dorigny

creux de la vague, introduisant une solide tradition de qualité technique, et il sut inspirer une génération d'élèves qui allaient poursuivre son œuvre avec l'éclat que l'on sait. Presque tous les artistes du milieu du XVIIe siècle : François Perrier, Le Sueur, Pierre et Nicolas Mignard, passèrent par son atelier, et son influence se répandit encore plus largement grâce au plus grand de tous ses disciples : Charles Le Brun. Poussin représente bien l'idéal théorique que l'Académie allait se donner à la période suivante, mais tous ses membres, à commencer par Le Brun, sacrifièrent aussi souvent, bien qu'avec moins d'ostentation, sur l'autel de Vouet[72].

Les petits maîtres des années 1630-1650

Parmi les contemporains de Vouet, plusieurs s'inspirèrent comme lui de l'Italie et développèrent, avant que la connaissance de Poussin ne se répandît à Paris, un style classique indépendant.

La personnalité de François Perrier, collaborateur de Vouet, est assez difficile à cerner. Né selon Dézallier d'Argenville[73] en 1590, il se rendit dans sa jeunesse à Rome, et revint en France en 1629, année où il travailla à la chartreuse de Lyon avant de rejoindre Vouet à Chilly en

1603. Il s'installa alors à Paris et réalisa de nombreuses peintures, notamment un ensemble au Raincy pour Bordier. Il entreprit un second voyage à Rome, dont il revint en 1645. Pendant les cinq années qui suivirent son retour, il exécuta plusieurs décorations importantes, travaillant pour Mansart à la galerie de l'hôtel de La Vrillière et à la chapelle de Fresnes, tout en participant pour Le Vau aux peintures de l'hôtel Lambert. Il fut l'un des membres fondateurs de l'Académie, et mourut deux ans plus tard.

Perrier semble s'être formé à Rome par l'étude des Carrache et de Lanfranco ; on sait d'ailleurs qu'il a travaillé dans l'atelier de ce dernier. Son *Polyphème, Acis et Galatée* du Louvre *(Fig. 203)* s'inspire d'une peinture de Lanfranco sur le même thème au palais Doria Pamphili, mais traité dans un style beaucoup plus pittoresque et moins classique. Presque toutes ses décorations, sur lesquelles reposait sa réputation, ont malheureusement été détruites ou dénaturées. Sa participation à l'hôtel Lambert fut très minime[74], et la voûte de l'hôtel de La Vrillière a été entièrement repeinte à la fin du XIXe siècle. Il semble cependant que la nouvelle version ait respecté de fort près la division originale des panneaux par des ban-

203. François Perrier. *Acis et Galatée,* 1645-1650. Paris, Musée du Louvre

204. Jacques Blanchard. *La Charité,* v. 1630-1638. Toledo, Ohio (USA), Musée

des peintes imitant les stucs, que l'on connaît par un dessin[75].

Jacques Blanchard est plus aisé à définir[76]. Né en 1600, il fut élevé, vraisemblablement dans la tradition du dernier maniérisme, par son oncle, le peintre Nicolas Bollery. En 1620, il se rendit à Lyon, où il travailla pendant quelque temps sous la direction d'Horace Le Blanc[77] ; en 1624, il arriva à Rome, sans doute but originel de son voyage. Il y résida pendant dix-huit mois, et en 1626 partit pour Venise, où il passa deux années consacrées surtout à l'étude de Véronèse. Vers 1628, il retourna à Paris, s'arrêtant au passage à Turin et à Lyon pour exécuter quelques travaux. Pendant le reste de sa carrière, jusqu'à sa mort en 1638, il semble avoir été surtout apprécié pour ses petites toiles à sujets religieux et allégoriques, bien qu'il ait exécuté la décoration de la galerie de l'hôtel Bullion, où Vouet travailla également.

Les œuvres qu'il étudia pendant son séjour à Venise exercèrent une influence déterminante sur sa formation : si pour ses types figurés il se tourne vers les continuateurs des Carrache, ses coloris s'inspirent de Véronèse, dont il imite les tons frais et la lumière argentée avec plus de bonheur que Vouet. De retour à Paris, il fut encore influencé, tant pour les couleurs que pour le dessin des figures, par les peintures de Gentileschi au Luxembourg. Il semble s'être fait une spécialité de sujets comme la *Charité (fig. 204)*, dont on conserve de nombreuses versions présentant toutes une délicatesse de sentiment assez particulière, que l'on retrouve dans presque toute son œuvre. Dans la *Charité*, l'influence de Véronèse se traduit non seulement par la lumière et les coloris, mais aussi dans le fond architecturé et dans la construction claire du groupe. D'autres peintures, probablement plus anciennes, comme le *Médor et Angélique* du Métropolitan Museum de New York, le montrent plus maniériste, empruntant sa technique de composition à Tintoret, et à Paul Bril son traitement des arbres. D'autres œuvres encore, en particulier le *Cimon et Iphigénie* du Louvre, s'inspirent visiblement de Rubens, dont Blanchard doit avoir connu les nus de la dernière période. Il serait faux d'en conclure que Blanchard était un simple éclectique, car il réussit, à partir de ces emprunts, à se constituer un style bien à lui, qui en fait l'une des personnalités les plus attachantes de sa génération. S'il n'a

205. Laurent de La Hyre. *Le pape Nicolas V faisant ouvrir le caveau de saint François*, 1630. Paris, Musée du Louvre

pas l'ambition de Vouet, ses petites toiles intimes révèlent une délicatesse absente chez les grands décorateurs.

La Hyre, qui ne possède peut-être pas le charme de Blanchard, est un peintre de plus grande envergure. Né à Paris en 1606[78], il travailla un court moment dans l'atelier de Lallemant, mais son style se forma surtout au contact des décorations bellifontaines, en particulier, disent ses biographes, celles de Primatice ; il s'inspira aussi de Dubois et des autres peintres du règne d'Henri IV. Cette formation se reflète dans ses premières œuvres conservées : les deux retables peints pour les Capucins du Marais, représentant *l'Adoration des bergers* (aujourd'hui à Rouen) et *le Pape Nicolas V faisant ouvrir le caveau de saint François*, daté de 1630 *(fig. 205)*, dont les éléments architecturés, présentés dans une perspective accentuée, sont employés tout à fait comme si la toile avait dû former un panneau de voûte dans la galerie d'Ulysse de Fontainebleau. Ses figures, cependant, ne présentent aucune caractéristique maniériste ; leur calme et leur réalisme ne les apparentent à aucune peinture religieuse des artistes alors actifs à Paris. On doit donc supposer que La Hyre a vu des

206. Laurent de La Hyre. *Bacchus confié aux Nymphes*, 1638. Leningrad, Musée de l'Ermitage

modèles plus naturalistes ; on sait qu'il n'a pas visité l'Italie, mais il a pu trouver son inspiration chez les Vénitiens des collections royales ou de certaines collections privées parisiennes, en particulier celles du cardinal de Richelieu et du duc de Liancourt, qui comptaient d'importants tableaux de Titien et de Véronèse[79]. Dans les œuvres de La Hyre des années 1635 - 1637[80], l'influence vénitienne est encore plus apparente, à la fois par la disposition classique de l'espace que définissent des architectures, et par le traitement de la lumière et de la couleur. Vers 1638, La Hyre paraît avoir subi l'influence du premier style de Poussin, dont il donna une variante personnelle ; le *Bacchus confié aux nymphes* de l'Ermitage *(fig. 206)*, daté de 1638, est typique de cette phase. Le traitement romantique des ruines est proche de *l'Adoration des Mages* de Poussin au musée de Dresde, mais La Hyre ajoute à l'architecture des fragments de bas-reliefs et de statues, motifs qu'il utilise fréquemment à cette époque[81]. Les figures néanmoins révèlent

un style personnel, indépendant de Poussin, et le paysage, avec sa vue romantique du fleuve serpentant dans la vallée, est l'un des premiers exemples de la contribution originale de La Hyre à ce genre.

Les peintures des dernières années, de 1648 jusqu'à sa mort en 1656, peuvent se ranger en deux catégories. Les compositions figurées deviennent plus froides et plus classiques, apparemment sous l'influence de Poussin et de Philippe de Champaigne[82]. Dans ces œuvres, l'artiste semble tenter sans grand bonheur de s'adapter à la nouvelle mode : le résultat reste assez impersonnel et superficiel. En même temps se développait l'intérêt du peintre pour le paysage ; ce fut au cours de ces années qu'il produisit ses œuvres les plus originales en ce domaine. Parfois, il cherche à calquer le style des maîtres flamands, comme Foucquier, qui travaillait alors à Paris[83], mais il transforme leur naturalisme selon une formule légèrement plus idéalisée. Parfois, comme dans le *Paysage au chevrier* d'Orléans, il rejoint la luminosité des premières œuvres de

Claude Lorrain, créant ainsi une atmosphère romantique autour du classicisme nostalgique du sujet.

La Hyre n'est pas un grand maître, son influence ne fut jamais considérable, mais il offre une expression typique d'un phénomène qui allait désormais se répandre en France : un artiste mineur apportant néanmoins sa contribution personnelle à une école plus remarquable par le niveau constant de sa qualité que par la présence de génies exceptionnels. La Hyre incarne dans ses ambitions limitées le bon sens et le bon goût de la culture française au XVIIe siècle.

Plusieurs personnalités secondaires méritent encore une mention : Lubin Baugin (vers 1610-1663), surnommé le « petit Guide », se spécialisa dans les Saintes Familles inspirées des compositions de Parmesan, en y ajoutant un peu de la sensibilité de Guido Reni *(fig. 207)*[84] ; Nicolas Chapron (1612 - 1656)[85], surtout connu comme graveur, peignit aussi de petites bacchanales traitées dans une manière sans doute apprise à Rome — où il se rendit en 1642 — au contact de Poussin et de Castiglione ; Michel Corneille l'Aîné (1602-1664) commença par travailler dans un style rappelant celui des frères Le Nain - Louis surtout - par son naturalisme et ses coloris froids, comme dans le *Jacob et Esaü* d'Orléans, mais il subit plus tard l'influence de Raphaël et de Poussin[86].

On doit mentionner en outre certains peintres provinciaux qui importèrent dans leur région diverses formules italianisantes. Guy François (1580 - 1650) au Puy, Philippe Quentin (v. 1600 - 1636) dans le nord-est, peignirent de grands retables dans un style à demi baroque[87]. Hilaire Pader (1607-1677) exécuta pour la ville de Toulouse d'immenses compositions religieuses et allégoriques ; il est aussi l'auteur d'un long poème sur la peinture[88]. Un Flamand établi à Aix-en-Provence, Jean Daret (1613-1668), décora des hôtels et des églises de la ville[89]. A Troyes, un élève de Vouet, Jacques de Lestin (1597-1661), ajouta une touche vigoureuse de naturalisme au style de son maître ; la plupart de ses œuvres sont conservées au musée et dans les églises de Troyes, à l'exception d'une grande composition : la *Mort de saint Louis,* peinte pour Saint-Paul-Saint-Louis de Paris, qui a été replacée dans son cadre original[90]. Dans la même région, Jean Tassel de

207. Lubin Baugin. *Vierge à l'Enfant.*
Coll. particulière

208. Jean Tassel. *L'arbre de Jessé.*
Troyes, Musée des Beaux-Arts

Langres créa un style assez charmant, quoique provincial ; ses Vierges ne sont dans l'ensemble guère plus que de langoureuses transpositions de modèles italiens un peu vieillots, mais son style s'affermit lorsque, comme dans l'*Arbre de Jessé (fig. 208),* il s'appuie sur une tradition iconographique locale, ancienne mais toujours vigoureuse. Ses quelques portraits et scènes de genre témoignent d'un don instinctif pour l'observation naturaliste, qualité rare en France à cette époque[91].

209. Philippe de Champaigne. *Portrait de Richelieu,*
1635-1640. Londres, National Gallery

Quelques peintres d'origine française, qui passèrent toute leur carrière outremonts, appartiennent à l'histoire de l'art italien : de Bourgogne vinrent les deux frères Courtois, Jacques et Guillaume, qui s'installèrent à Rome, et sont connus sous le nom des « Cortese » ou « Borgo-gnone ». Jacques, qui devint membre de l'Ordre des Jésuites, se spécialisa dans les peintures de batailles ; Guillaume exécuta des compositions religieuses[92]. Charles Mellin (v. 1587-1649), né en Lorraine, eut pour principal titre de gloire d'être le rival heureux de Poussin dans le concours des fresques de Saint-Louis-des-Français en 1631[93].

Inversement, certains artistes italiens s'installèrent en France pour des périodes plus ou moins longues, y exerçant parfois une influence considérable. L'un d'eux, Stefano della Bella (1610-1664), résida à Paris de 1639 à 1650. Elève de Callot, il bénéficia de la popularité des œuvres de son maître en France. Ses eaux-fortes à sujets topographiques et décoratifs, d'une extrême délicatesse, eurent beaucoup de succès à Paris, et les dernières durent exercer une certaine influence sur les graveurs de la génération suivante, en particulier Jean Le Pautre[94].

L'apparition à Paris du célèbre peintre et décorateur romain Giovanni Francesco Romanelli, l'élève le plus habile de Pierre de Cortone, correspond aux efforts de Mazarin pour ouvrir la France à l'art baroque. Au cours de son premier séjour à Paris, en 1646-1647, il décora pour le cardinal la galerie Mazarine, qui existe encore dans la Bibliothèque nationale, et exécuta pour le président Lambert des peintures dans le cabinet de l'Amour. Lors de sa seconde visite, en 1655-1657, il décora les appartements de la reine mère qui subsistent eux aussi, quoique profondément altérés, au rez-de-chaussée du Louvre[95].

Dans la galerie Mazarine, Romanelli créa un type de décoration mariant d'une manière nouvelle des éléments classiques et baroques. Les peintures à sujets mythologiques sont insérées dans des encadrements de stuc bien délimités, partiellement dorés, les panneaux ne présentant pas généralement de raccourcis. La formule avait été fréquemment employée dans les deux pays, à cette différence que les panneaux, beaucoup plus grands ici que la norme habituelle, adoptent des formes plus simples, plus rectilignes, produisant un effet d'ensemble moins heurté et plus unitaire. On pourrait dire que Romanelli a combiné le dessin sobre du plafond des Carrache à la galerie Farnèse avec les riches effets des stucs cortonesques du palais Pitti à Florence ; ainsi, le baroque de l'œuvre florentine est adapté à un canon plus classique, qui, comme Romanelli s'en rendait probablement compte, était mieux fait pour plaire au goût du public français[96]. La formule devait influencer les plus grandes décorations de la génération suivante, en particulier la galerie d'Apollon au Louvre, œuvre de Le Brun[97].

Philippe de Champaigne et l'influence flamande

Si au XVIIe siècle les artistes français ont puisé leur inspiration aux sources italiennes plus qu'à toute autre, certains d'entre eux restaient tournés vers les Flandres[98], et un peintre d'origine flamande, Philippe de Champaigne, se fit à Paris un grand renom dans l'art du portrait et du tableau religieux[99]. Né à Bruxelles en 1602, il s'y forma, surtout à la peinture de paysage, dans l'atelier de Jacques Foucquier ou Foucquières[100]. En 1621, il se rendit à Paris, peut-être avec son maître qui y arriva la même année. Il travailla avec divers peintres, notamment Lallemant, exécutant d'après son dessin un portrait collectif des échevins de Paris[101]. A peu près à la même époque, il rencontra le jeune Poussin avec qui il collabora pour Marie de Médicis à la décoration du Luxembourg, sous les ordres du paysagiste Nicolas Duchesne[102]. En 1627, il fit un bref séjour à Bruxelles, revenant à Paris au début de l'année suivante pour succéder à Duchesne comme peintre de la reine mère. En 1628, il entreprit pour celle-ci une série de toiles au carmel de la rue Saint-Jacques. Il semble avoir gagné à cette époque les faveurs de Louis XIII, pour qui il exécuta le portrait du Louvre représentant le roi couronné par la Victoire avec, à l'arrière-plan, la ville de La Rochelle reprise aux protestants en 1628. Six ans plus tard, en 1634, il peignit pour Notre-Dame un tableau où Louis XIII au pied de la croix offre sa couronne au Christ, et un autre, célébrant la réception du duc de Longueville dans l'ordre du Saint-Esprit, immense composition protocolaire conservée aujourd'hui à Toulouse[103]. En 1636, Champaigne fut chargé par l'un des chanoines de Notre-Dame de dessiner deux cartons de tapisseries, destinées à la cathédrale et illustrant la vie de la Vierge.

Dès avant 1635, Champaigne avait été remarqué par Richelieu, pour qui il décora une galerie du palais Royal et peignit dans une autre galerie une série de portraits d'hommes illustres[104]. Le cardinal lui commanda également son portrait *(fig. 209)* et les fresques de la coupole de la Sorbonne.

Ces premières commandes officielles nous présentent un artiste encore imbu — sans grand bonheur — du style hiératique que la tradition imposait à ce type de compositions ; mais dans ses peintures religieuses, il laisse davantage percer son habileté à traduire les traits individuels, défiant souvent les canons de la beauté classique. L'*Adoration des bergers* de la collection Wallace *(fig. 210)*, très vraisemblablement œuvre de jeunesse, témoigne de cet état d'esprit. La facture et la lumière dérivent des premiers Rubens[105], la couleur et la composition également, mais ici les emprunts sont fortement transposés. Champaigne a freiné le mouvement que Rubens aurait introduit plus énergiquement dans le groupe, et a modifié les coloris, succession de tons froids qui se juxtaposent presque sans se mêler. Le traitement du sujet comporte encore des traces baroques, en particulier la lumière miraculeuse et le vol des *putti* dans le haut du tableau, mais le style personnel apparaît déjà dans le naturalisme des bergers, qui ne ressemblent pas aux personnages de Rubens, tout en restant assez éloignés des canons classiques.

Les seuls portraits de cette période dont l'attribution est assurée sont ceux de Louis XIII et de Richelieu. Le portrait allégorique du roi vainqueur au siège de La Rochelle (1628), probablement le plus ancien de la série, crée un type que l'on retrouvera dans tous les portraits postérieurs du roi, mais il est visible que Champaigne ne s'est pas senti à l'aise pour présenter la Victoire, morceau de machinerie baroque ne s'harmonisant aucunement avec le traitement franc du personnage. Dans une belle version conservée par le comte de Paris, Champaigne a emprunté la formule employée par Pourbus pour le portrait officiel d'Henri IV et pour celui du duc de Chevreuse, mais il a modifié la perspective, vraisemblablement parce que l'œuvre était destinée à être vue d'en dessous.

Les portraits de Richelieu montrent les liens de Champaigne avec Rubens et Van Dyck. Le portrait en pied *(fig. 209)* reprend une pose fréquemment utilisée par Van Dyck dans la période génoise, qu'il avait empruntée à Rubens. Toutefois, le modelé du vêtement est beaucoup plus massif, et même sculptural, suggérant que Champaigne avait étudié la statuaire romaine et commençait, au même moment que Poussin mais indépendamment, à tenter de s'en inspirer[106].

Autour de 1645 survient l'événement qui marquera la vie de Champaigne : la découverte de Port-Royal et des doctrines jansénistes. Comme tant d'esprits rigou-reux de l'époque, l'artiste fut visiblement attiré par la sincérité des jansénistes, leur mode de vie sévère, leur dévotion totale à leur foi, leur complet rejet des biens terrestres. Tout le reste de sa vie, Champagne fut étroitement lié au monastère, pour lequel il peignit plusieurs de ses plus

210. Philippe de Champaigne. *L'adoration des Bergers*, v. 1630. Londres, Wallace collection

211. Philippe de Champaigne. *Portrait d'un inconnu*, 1650. Paris, Musée du Louvre

grandes œuvres ; l'effet de cet enseignement se traduit d'ailleurs dans tous ses tableaux, qu'ils soient religieux ou profanes.

Dans les œuvres religieuses de cette seconde période, Champaigne rejette les éléments baroques qu'il avait jusqu'alors conservés ; les rayonnements, les *putti*, les extases disparaissent : tout est soigneusement défini en termes clairs et intelligibles faisant appel à la raison autant qu'aux sentiments. Dans les grandes compositions, comme les scènes illustrant les vies et les martyres de saint Protais et saint Gervais (1655)[107], le résultat est parfois froid et désagréable ; Champaigne abandonne la fougue baroquisante de son premier style sans jamais atteindre pleinement le classicisme de Poussin, but vers lequel il semble se diriger. Ses compositions sont plus sèches que lucides, ses figures plus raides que sculpturales, mais les scènes permettant un traitement plus retenu atteignent une intensité véritable. L'une des plus belles, le *Christ en croix* du Louvre *(fig. 215)*, fut peinte par Champaigne en 1674, l'année de sa mort, et léguée par lui à la maison des Chartreux de Paris. Ici, la simplicité de la représentation produit un effet intensément dramatique : la croix se dresse, solitaire, face au spectateur, tandis qu'à l'arrière-plan apparaît une vue classicisante de Jérusalem[108].

Les œuvres les plus importantes de cette dernière période sont toutefois les portraits, où Champaigne atteint une réelle originalité. Il s'adonne encore à l'occasion à un style assez ostentatoire, comme dans le portrait du président de Mesmes (1653) du Louvre, où il réutilise une formule dérivée de Rubens et de Van Dyck ; mais il invente aussi un nouveau type de portrait *(fig. 211)*, beaucoup plus simple, présentant le modèle à mi-corps, une main reposant sur un élément en saillie ; il a pu s'inspirer des précédents flamands du XIVe siècle ou vénitiens du XVIe, mais dans le portrait présenté ici, il a modifié la pose en montrant le modèle assis à une fenêtre, la main sur l'appui. Peut-être avait-il à l'esprit des exemples hollandais ; il est possible aussi qu'il ait pensé à l'eau-forte de Rembrandt, montrant Jan Uytenbogaert mort, prêchant depuis son tombeau. La fenêtre s'apparente curieusement à la tombe en forme de niche où prie le *Fonseca* de Bernin, au-dessus de l'autel de S. Lorenzo in Lucina. La sculpture de Bernin, plus tardive, n'a pu servir de modèle au portrait de Champaigne, mais les deux œuvres procèdent peut-être d'une source commune. En tout cas, le regard du modèle inconnu de Champaigne semble vouloir se fixer sur un élément extérieur précis ; peut-être un autel si la peinture était placée dans un oratoire, ou une image sainte peinte sur un autre panneau formant avec le portrait un de ces diptyques familiers à l'art flamand depuis le XVe siècle. Le traitement des portraits de Champaigne est profondément personnel, avec leur observation aiguë, leur naturalisme sévère, leurs coloris épurés ; on pourrait même dire que l'extrême sobriété des couleurs est janséniste : les modèles de Champaigne sont généralement vêtus de noir, et peu d'éléments viennent relever l'austérité de l'ensemble, car ils se détachent sur des fonds gris et un appui couleur de pierre. Leurs poses sont aussi classiques que possible, la tête et le corps présentés de face, sans aucune suggestion de mouvement ou de *contrapposto*.

Champaigne fut chargé à trois occasions de peindre les portraits officiels collectifs du prévôt des marchands et des échevins de la ville de Paris. L'un d'eux, de 1648, est conservé au Louvre *(fig. 212)*. Comme dans les peintures commémoratives de l'ordre du Saint-Esprit, l'artiste a suivi la sévère formule de rigueur. Chaque visage est individualisé avec un grand naturalisme, mais les personnages s'agenouillent dans des poses hiératiques, de chaque côté du petit autel central orné d'une sainte Geneviève, patronne de Paris, et surmonté d'un crucifix. La sévérité et la rigidité de la composition s'accordent bien avec la dignité des hommes qui dirigeaient alors la ville et qui, dans la haute conscience de leurs devoirs, maintenaient fièrement l'indépendance de leur cité.

Champaigne exécuta aussi quelques portraits des grandes figures du mouvement janséniste, mais pas autant qu'on le croit souvent : c'est à tort qu'on a arbitrairement donné les noms de Pascal ou des membres de la famille Arnauld à beaucoup de ses modèles. Les portraits d'origine réellement janséniste, comme les bustes des deux abbés de Saint-Cyran conservés à Grenoble et dans une collection privée anglaise, soulèvent un problème intéressant : on pourrait se demander pourquoi deux prêtres responsables d'un mouvement qui désapprouvait si agressivement toute forme d'ostentation,

212. Philippe de Champaigne. *Les échevins de Paris*,
1648. Paris. Musée du Louvre

213. Philippe de Champaigne. *Ex-voto*, 1662. Paris, Musée du Louvre

se sont laissé portraiturer. La réponse semble être que ces effigies, ainsi que quelques autres du même type, comme celle de Jansénius dont l'original est perdu, sont posthumes, et étaient considérées par les jansénistes comme des « images saintes » de leur mouvement ; ce n'est probablement pas par hasard que les portraits des deux abbés de Saint-Cyran adoptent une forme rappelant directement celle des chefs-reliquaires

y adopte une formule employée par Poussin dans ses paysages classiques des années 1648-1651, mais avec des lointains tirant davantage sur le bleu, qui rappellent encore l'origine flamande du peintre. L'un des tableaux reprend même un groupe de Poussin : les deux hommes portant le corps de Phocion réapparaissent ici portant une femme malade que va guérir un anachorète. Les paysages de Champaigne sont plus sereins que les

214. Philippe de Champaigne. *Memento mori,* gravure de Morin

médiévaux : la formule correspond exactement à la destination des œuvres.

Si Champaigne avait été formé à ses débuts à la peinture de paysage, les seuls exemples conservés datent de la fin de sa carrière, probablement des années 1650-1660. Ils appartiennnent à une série peinte pour l'appartement d'Anne d'Autriche au Val-de-Grâce illustrant des vies d'ermites, probablement inspirées des *Vies des saints pères des déserts* du grand janséniste Antoine Arnauld. Champaigne

compositions héroïques de Poussin, mais peuvent avoir été inspirés par l'atmosphère du *Paysage avec saint François,* souvent appelé le *Paysage aux trois moines* de Belgrade, qui exprime le même détachement paisible.

Le chef-d'œuvre de la seconde période, l'ex-voto de la guérison de sa fille *(fig. 213),* rassemble toutes les qualités de Champaigne. L'histoire de cette guérison miraculeuse est bien connue : la fille de Champaigne, religieuse de Port-Royal, fut atteinte en 1660 d'une paralysie qui, à la fin de 1661, la rendit totalement incapable de se mouvoir. Dans l'espoir de sa guérison, l'abbesse, mère Agnès Arnauld, ordonna une neuvaine à la fin de laquelle elle recouvra soudainement et miraculeusement l'usage de ses jambes. Champaigne peignit en action de grâces l'ex-voto du miracle qu'il offrit au couvent. Il y représente sa fille étendue sur une chaise longue dans sa cellule, l'abbesse à genoux priant à ses côtés. La composition est d'une simplicité totale ; les deux figures placées perpendiculairement se détachent avec une rigueur presque géométrique sur le fond uni des murs gris. La couleur se limite à des gris et des noirs, ponctués seulement de deux fortes notes rouges pour les croix des robes, dont l'une est même partiellement masquée. L'événement miraculeux est indiqué seulement par le rayon de lumière qui tombe entre les deux personnages. Par sa retenue et sa simplicité, la peinture est aussi caractéristique de la perception janséniste du miracle, que la *Sainte Thérèse* de Bernin l'est de l'approche jésuitique.

Une peinture disparue, le *Memento mori,* nature morte gravée par Morin *(fig. 214)*, devait sous une forme différente présenter une dignité et une simplicité similaires : au centre, un crâne vu de face ; à droite, un vase de roses dont un pétale est tombé ; à gauche, une montre : expression parfaite de la nature morte classique, aussi impressionnante dans son symbolisme direct que celles de Zurbaran.

Philippe de Champaigne ne doit pas uniquement son importance à l'originalité de son talent ; il représente également tout un courant de l'art français au milieu du XVIIe siècle. Ses portraits et ses dernières œuvres religieuses *(fig. 215)* reflètent le rationalisme français aussi clairement que les compositions classiques de Poussin des années 1640-1650 : l'un utilise la formule de la *virtu* romaine pour exprimer sa conviction, l'autre celle du jansénisme, forme la plus sévère du catholicisme au XVIIe siècle.

Il y a entre Champaigne et les autres portraitistes de cette période une différence de talent considérable, mais certains noms doivent être mentionnés. En leur temps, les cousins Henri (1603-1677) et Charles (1604-1692) Beaubrun eurent un grand succès, en particulier dans la société des Précieux. Leur style prolonge avec moins de sensibilité la formule maniériste de Pourbus, et leurs portraits n'ont guère qu'un intérêt documentaire. Louis Elle (1612-1689), fils de Ferdinand, leur est comparable, bien qu'il donne parfois plus de vie à ses portraits en reprenant les poses de Van Dyck. Juste d'Egmont (1601-1674), élève de Rubens, séjourna à Paris autour de 1628-1648, où il portraitura nombre de grands personnages de la Cour, dans une variante affadie du style de Rubens[109].

215. Philippe de Champaigne. *Christ en croix,* 1674. Paris, Musée du Louvre.

La seule personnalité de talent dans ce groupe est le dessinateur et graveur Robert Nanteuil [110]. Il est pour la gravure ce que Champaigne est pour la peinture : ce n'est pas un hasard s'il grava tant de portraits d'après son contemporain flamand. Il était techniquement un maître dans son art, et ses portraits originaux révèlent un pouvoir d'observation aigu *(fig. 216)*. Son œuvre apporte une connaissance inégalée des grands personnages du milieu du XVIIe siècle.

Les caravagesques

Si l'influence de Caravage ne s'étendit jamais jusqu'à Paris, son style eut dans les provinces une vogue considérable. A Toulouse, Nicolas Tournier (1590 — après 1660)[111] peignit des sujets religieux dans la manière du maître italien *(fig. 217)* et des scènes de genre dans celle de son élève Manfredi. Mais il exécuta aussi une grande *Bataille des Roches rouges,* aujourd'hui au musée de Toulouse, qui procède davantage de Jules Romain. Son naturalisme reste toujours tempéré par des traces d'esprit maniériste, sensibles dans les poses et le raffinement des types figurés qui contrastent avec les visages de paysans grossiers habituels chez la plupart des caravagistes.

En Provence apparaît un peintre de scènes nocturnes qui possède un très grand charme : Trophime Bigot. Né à Arles, il travailla surtout à Rome ; il y subit l'influence de peintres hollandais comme Honthorst et Stomer et d'Italiens comme Manfredi et Saraceni. Dans certaines œuvres de la fin de sa carrière, il se rapproche très visiblement de Georges de La Tour, sans qu'on sache très bien comment il a pu connaître ses peintures, rien ne prouvant qu'il ait visité la Lorraine, ou même qu'il soit retourné en Provence[112].

Ce fut toutefois en Lorraine que l'influence caravagesque produisit ses effets les plus intéressants. Georges de La Tour en donna une interprétation qu'on ne retrouve nulle part ailleurs. Né à Vic-sur-Seine en 1593[113], La Tour était, vers 1620, maître-peintre à Lunéville, l'une des villes les plus prospères du duché, qui semble être restée toute sa vie sa résidence principale ; il y mourut en 1652. Des documents nous montrent qu'il eut une vie professionnelle heureuse, et accumula une fortune suffisante pour éveiller la jalousie de certains de ses concitoyens. En 1623-1624, encore dans la première phase de sa carrière, il reçut deux commandes du duc de Lorraine, mais aucun document ne prouve qu'il soit resté durablement dans les faveurs du prince. En 1639, il est mentionné comme « peintre du roi », et l'on sait que Louis XIII possédait un *Saint Sébastien* de sa main. Environ cinq ans plus tard, il fut remarqué par le duc de La Ferté-Senecterre, qui avait été nommé en 1643 gouverneur de Lorraine et qui sut se faire offrir par la ville de Nancy plusieurs œuvres de La Tour. En fait, le peintre ne paraît pas avoir eu de lien avec la Cour de Lorraine, mais plutôt avec les bourgeois de Lunéville et les membres de l'administration française de Nancy. Aussi n'est-il pas surprenant que La Tour, s'écartant du style maniériste de la Cour ducale qu'avaient pratiqué ses prédécesseurs immédiats à Nancy — Bellange, Callot et Deruet — se soit engagé sur des voies assez différentes. Nous savons en outre que La Tour prit

216. Robert Nanteuil. *Portrait de Louis XIV,* 1664, gravure. Londres, British Museum

217. Nicolas Tournier. *L'ange gardien.* Narbonne, cathédrale

218. Georges de La Tour. *Saint-Jérome,*
1620-1625. Stockholm, Nationalmuseum

plus grandes analogies avec cet art, comme dans *les Quatre Evangélistes* de Deventer, peints en 1621, époque où La Tour pourrait très bien s'être rendu à Utrecht. On y retrouve la curieuse facture des chairs traitées comme de la glaise et l'accentuation sèche des rides si caractéristiques du *Saint Jérôme.* Dans cette phase La Tour est naturaliste en ce sens qu'il décrit avec minutie les accidents de la surface des corps. Seul le chapeau de cardinal à l'arrière-plan laisse déjà soupçonner le traitement épuré qui allait devenir plus tard sa marque de fabrique. Les autres œuvres datables de la même période possèdent toutes cette qualité descriptive pittoresque et rugueuse, — tel le *Joueur de vielle* du musée de Nantes, équivalent moderne du *Saint Jérôme,* et de plus, peint d'après un modèle très similaire.

Un tableau du musée d'Epinal : *Job raillé par sa femme,* fait transition avec la seconde phase. Il est encore conçu dans le même esprit de naturalisme descriptif, mais on note une différence importante : c'est une scène nocture éclairée par la flamme de la bougie que tient la femme de Job, lien supplémentaire avec les continuateurs hollandais de Caravage, les vrais spécialistes de ce traitement de la lumière. Le procédé, utilisé avec une grande originalité dans les œuvres tardives de La Tour, suscite des expressions très variées. Dans le *Saint Pierre repentant* de Cleveland, daté de 1645, et dans le *Saint Joseph charpentier* du Louvre *(fig. 219),* les tons chauds, cuivrés, suggèrent l'influence des œuvres d'Honthorst que La Tour a pu voir s'il s'est rendu aux Pays-Bas ou à Rome ; il a pu effectuer ce voyage vers 1639-1642, époque où sa présence n'est pas attestée à Lunéville. Dans un troisième et dernier stade, la lumière de la bougie est source d'effets beaucoup plus personnels : La Tour y révèle toute l'ampleur de son talent. Ce groupe, centré autour du *Reniement de saint Pierre* de 1650, comprend notamment le *Saint Sébastien soigné par Irène* de Bois-Anzeray *(fig. 220)* (copie (?) à Berlin), et le *Nouveau-Né* de Rennes *(fig. 221).* La Tour rompt ici avec le style descriptif de sa première période et, évitant tout détail perturbateur, réduit les formes individuelles à des volumes géométriques qui s'ordonnent en des compositions d'une même clarté mathématique. Il en résulte une monumentalité sans équivalent chez les autres caravagesques, et une simplicité

part au renouveau religieux que connaissait alors la Lorraine, et l'on a proposé de voir dans sa peinture le reflet de l'esprit franciscain qui inspirait alors ce mouvement.

La formation de La Tour a donné lieu à de nombreuses spéculations. Ses œuvres apparemment les plus anciennes : le *Tricheur* du Louvre et la *Diseuse de bonne aventure* du Metropolitan Museum, ne présentent aucune trace directe de l'influence de Caravage, mais sont les expressions d'une manière précédemment pratiquée à Nancy par Callot et Jean Leclerc[114]. Cependant une série de peintures appartenant vraisemblablement aux années 1620-1630, comme le *Saint Jérôme (fig. 218)*[115], nous montrent que La Tour se trouva de bonne heure au contact du style de Caravage. La plupart des historiens ont supposé qu'il se rendit en Italie et y reprit la tradition caravagesque que représentaient à Rome Manfredi et Valentin, mais le type particulier du naturalisme du *Saint Jérôme* semble plutôt suggérer la connaissance des continuateurs hollandais du maître italien. C'est dans l'œuvre de Terbrugghen que l'on voit les émouvante qui transcende le naturalisme en une sorte de classicisme.

Le style de Caravage permet deux interprétations différentes et presque antinomiques ; certains caravagesques, en particulier les Napolitains, accentuent les caractères dramatiques et terrifiants de sa peinture, et adaptent cette manière à des scènes macabres de martyres dont tous les détails déplaisants sont enregistrés avec une fidélité encore accentuée par le clair-obscur. Dans les œuvres de la maturité, La Tour s'est inspiré d'un aspect totalement opposé de l'œuvre de Caravage. Il n'imite pas le traitement des détails, et évite les descriptions des éléments morbides ; dans le *Saint Sébastien*, on ne voit ni sang, ni souffrance ; Sébastien est étendu, immobile, apparemment mort, les traces de son martyre à peine visibles.

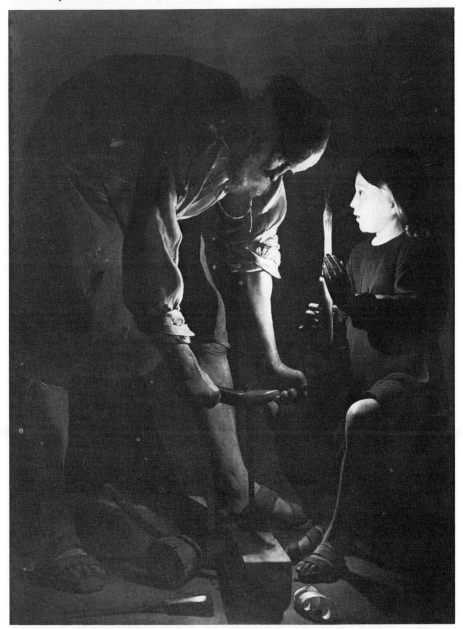

219. Georges de La Tour. *Saint Joseph charpentier*, v. 1645. Paris, Musée du Louvre

Les formes, transcendées, atteignent une simplicité suprême ; toute violence, tout mouvement même, est éliminé ; l'œuvre y acquiert une paix et un silence rarement égalés dans l'art. Par son interprétation sublimée du naturalisme caravagesque, La Tour est proche du classicisme de Poussin et de la noblesse des plus belles compositions de Champaigne. Son art, aux antipodes du maniérisme de la Cour de Nancy, a des points communs avec le style qui se développe au même moment à Paris.

Les frères Le Nain

Le « problème Le Nain » a fait couler plus d'encre que tout autre sujet de l'art français du XVIIe siècle, et continuera certainement d'en faire couler ; chaque fois qu'une solution semble proche, un élément nouveau intervient, nécessitant le réexamen complet de la question[116].

On sait peu de choses des trois frères, Antoine, Louis et Mathieu. Mathieu, le plus jeune, naquit en 1607. La date de naissance de ses deux aînés n'est pas con-

220. Georges de La Tour (copie ?). *Saint Sébastien soigné par Irène*, v. 1650. Berlin-Dahlem, Staatliche Museen

221. Georges de La Tour. *Le Nouveau-né,* v. 1650. Rennes, Musée des Beaux-Arts

nue ; les auteurs anciens avancent 1588 pour Antoine et 1593 pour Louis, mais on a de fortes raisons de croire que ces dates sont fausses, qu'Antoine est né peu avant 1600 et Louis peu après. En ce cas, et contrairement à ce qu'on pensait précédemment, les trois frères appartiendraient à peu près à la même génération artistique. Nés à Laon, ils étaient originaires d'un milieu assez aisé ; leur père, Isaac Le Nain, possédait des maisons et des terres à Laon et aux alentours. Les frères semblent s'être établis à Paris à la fin des années 1620.

Antoine, reçu à la maîtrise en 1629, fut chargé en 1632 d'exécuter le traditionnel portrait collectif des échevins de Paris. Mathieu fut nommé peintre de la ville de Paris en 1633. Tous trois firent partie, en 1648, des membres fondateurs de l'Académie, mais les deux aînés moururent la même année. Mathieu, qui vécut jusqu'en 1677, semble avoir connu le succès, et joui d'une fortune assez considérable ; il devint une personnalité en vue dans le monde des arts de Paris. En 1652, il est mentionné comme « peintre du roi » ;

avant 1658, il acheta une ferme près de Laon, et en vertu de cette acquisition s'attribua le titre de « seigneur de La Jumelle ». Il devint lieutenant de la milice de Paris. En 1662, il fut nommé chevalier de Saint-Michel, honneur extrêmement rare pour un peintre, qui lui fut apparemment décerné en raison de ses états de service dans l'armée ; mais il en fut déchu dès l'année suivante, n'ayant pu prouver sa noblesse. Il semble s'être refusé à accepter la décision de la commission nommée par le roi pour réformer l'ordre ; en 1666, il connut même un instant la prison et fut condamné à une lourde amende, ce qui ne l'empêchait pas, en 1673, de se donner encore le titre de « chevalier Le Nain ».

Le problème du partage des peintures entre les trois frères n'a cessé de tourmenter les historiens. Les peintures signées ne mentionnent malheureusement que le seul nom de famille, et celles qui sont datées appartiennent aux années 1641-1648, époque où ils étaient tous trois en activité. Les tableaux n'offrent donc aucun point de départ solide, et nous sommes contraints de nous référer à des témoignages indirects.

Le romancier Du Bail décrit dans ses *Galanteries de la Cour*, publiées en 1644, trois frères, peintres tous les trois, dont on a toujours considéré qu'ils représentaient les Le Nain. L'auteur les définit ainsi : Antoine excellait dans les « mignatures et portraits en raccourci », Louis réalisait de « petits tableaux (avec) mille différentes postures qu'il représente après le naturel », et Mathieu était un spécialiste de « portraits et grands tableaux ». Claude Leleu, qui écrivit en 1726 la première biographie des Le Nain, ajoute que Mathieu peignait de « grands tableaux » comme « les mystères, les martyres des saints, les batailles et semblables ».

Dans une liste des premiers membres de l'Académie rédigée vers 1753, Louis, surnommé « le Romain », ce qui semble impliquer pour le moins un passage à Rome, est décrit comme un « peintre de bambochades » (expression que Félibien avait précédemment utilisée pour qualifier les trois frères), c'est-à-dire de peintures dans la manière de Pieter Van Laer, appelé à Rome le *Bamboccio,* qui se spécialisa dans les « petits » sujets : ce que nous appelons les scènes de genre.

Jusqu'au milieu de ce siècle, on pensait que les trois frères étaient essentiellement des spécialistes de ce type de peinture, mais la découverte du texte de Du Bail (republié seulement en 1934) et de l'inventaire de l'atelier de Mathieu, rédigé à la mort du peintre (publié en 1955), montrèrent clairement qu'en leur temps ils étaient plus prisés pour leurs peintures religieuses que pour leurs scènes paysannes. Le bien-fondé de cette hypothèse fut confirmé par la découverte d'un certain nombre de peintures religieuses et de deux toiles à sujets mythologiques attribuées aux Le Nain.

La découverte de ces grands tableaux religieux et profanes entraîna de nombreuses discussions à cause des problèmes d'attribution qu'ils soulèvent : combien de mains doit-on y reconnaître ? D'autres peintres y sont-ils impliqués ? Quelle est leur date ? L'exposition du Grand Palais en 1978 permit heureusement de voir toutes ces toiles à côté des scènes de genre, mais aucune solution aux problèmes posés ne parvint à faire l'unanimité. Deux tableaux mythologiques conservés au Louvre : *Vénus dans la forge de Vulcain* et *l'Allégorie de la Victoire* sont signés ; le *Bacchus et Ariane* d'Orléans en est très

222. « Antoine » Le Nain. *La réunion de famille,* 1647. Paris, Musée du Louvre

proche, mais le cas des peintures religieuses est différent. J'ai suggéré de ne retenir parmi les attributions à l'atelier des Le Nain que deux œuvres : le *Saint Michel* de Nevers et la *Nativité de la Vierge* de Notre-Dame. Ma suggestion n'a pas été suivie, mais que j'aie raison ou tort, il reste que la véritable contribution des frères Le Nain à l'art de leur temps est celle de leur peinture de genre.

Avant que soit découvert le texte de Du Bail, les historiens avaient distingué dans ces œuvres trois groupes, associés aux noms des trois frères. A Antoine était attribuée une série de petits tableaux, la plupart sur cuivre, représentant des groupes de tout petits personnages peints dans des tons vifs et riches, disposés naïvement, sans grande volonté d'ordonner une composition. Ce sont en majorité des portraits collectifs de familles bourgeoises présentées dans leur intérieur domestique *(fig. 222)* ; toutefois, certaines compositions d'Antoine, par exemple un petit tableau de la National Gallery de Londres, montrent une famille paysanne. Les origines du style d'Antoine restent obscures ; l'artiste peut avoir connu quelques exemples du naturalisme flamand, datant de la fin du XVIᵉ siècle, comme les

œuvres d'Adrian Pieterz Van de Venne, ou Hendrick Averkamp.

A Louis, le second frère, était attribué un groupe d'œuvres assez différentes de celles d'Antoine *(fig. 223)*. De plus grandes dimensions, spectaculaires, leurs compositions sont presque classiques et leurs tons, moins vifs, présentent une palette réduite de coloris froids : gris, gris-bruns, gris-verts. L'origine stylistique des peintures attribuées à Louis paraît plus aisée à expliquer que celles d'Antoine ; l'artiste peut avoir pris certains traits chez Bamboccio (soit à Rome, s'il y est allé, soit à Paris, quand Bamboccio y passa en 1626 en se rendant en Italie), notamment son type de composition, et peut-être ses coloris, car le Flamand, lui aussi, a une palette réduite dans les tons proches du gris, plus froide toutefois dans l'ensemble que celle de l'artiste français.

Les tableaux de genre auxquels on associait le nom de Mathieu sont encore différents. La *Tabagie*, autrefois appelée le *Corps de garde (fig. 224)*, datée de 1643, qui fait probablement partie de ses peintures les plus anciennes, est sans doute son chef-d'œuvre. Il représente une réunion d'officiers assis autour d'une table, buvant, servis par un domestique

223. « Louis » Le Nain. *La famille de paysans,* v. 1645-1648. Paris, Musée du Louvre

224. « Mathieu » Le Nain. *La tabagie (Le corps de garde)*, 1643. Paris, Musée du Louvre

noir. La scène est éclairée par une bougie placée sur la table, effet qui rappelle très directement ceux des caravagesques hollandais, dont l'artiste a certainement connu les œuvres. Son style est essentiellement formé d'emprunts à Louis ; il s'y ajoute une facture très soignée, suggérant encore des contacts avec l'école hollandaise. En accord avec ces sujets hauts en couleur, Mathieu adopte des compositions plus vivantes et plus baroques que celles de Louis.

L'attribution aux trois frères de ces trois groupes de tableaux reposait en partie sur l'idée qu'Antoine étant nettement le plus âgé, il se trouvait vraisemblablement l'auteur du groupe le plus archaïque. Lorsqu'on démontra qu'il était presque du même âge, cette argumentation s'effondra ; comme l'a souligné J. Thuillier dans le catalogue de l'exposition, il n'existe plus aucune raison logique d'associer aux œuvres un prénom plutôt qu'un autre ; cependant, la distinction des trois groupes originellement établie reste à mon avis cohérente. S'il peut être plus correct de les dénommer A, B et C,

la vieille appellation conserve ses avantages, la sagesse obligeant toutefois à mettre entre guillemets les prénoms.

Le groupe le plus frappant est incontestablement celui qu'on attribue à Louis, et à vrai dire le seul à justifier l'attention portée à la famille Le Nain. C'est au début des années 1640 que « Louis » Le Nain sut maîtriser le style dans lequel il peignit ses remarquables scènes de genre *(fig. 223)*. Ces peintures appartiennent en un sens à la tradition des *Bamboccianti* hollandais, avec une différence essentielle cependant : le peintre ne caricature jamais ses modèles ; il ne fait ressortir ni leurs ridicules, ni leur drôlerie, mais les dépeint avec une compassion profonde tout en résistant au désir de les idéaliser. En d'autres termes, il les tient à mi-chemin entre les rustres de Brouwer et les pieux nigauds de *l'Angélus* de Millet. Son observation lucide s'allie à la maîtrise d'une composition de type classique, intensifiant le calme de la présentation. Le groupement des figures, sans recherche visible, procède en fait d'une méthode soigneusement élaborée, avec

225. « Louis » Le Nain. *Paysans au repos,* 1640-1650.
Londres, Victoria and Albert Museum

des personnages de face et d'autres de trois quarts se répondant d'une façon qui rappelle étrangement l'ex-voto peint par Champaigne pour la guérison de sa fille *(fig. 213)*. Aucune action dans ces tableaux : les figurants s'absorbent dans leurs occupations, comme le petit garçon jouant du pipeau *(fig. 223)*, ou regardent fixement hors du tableau. Nous sommes à nouveau confrontés avec un phénomène récurrent de l'art français à cette époque : un classicisme ne faisant pas usage de formules grecques ou romaines, mais parvenant à la clarté et à la sérénité, les qualités les plus fondamentales de ce style. Même s'il n'emprunte jamais ses thèmes à la mythologie, « Louis » Le Nain est classique dans son approche de la vie et de la peinture.

Les scènes de genre des frères Le Nain posent un problème, celui-ci fondamental : qui commandait et achetait leurs œuvres ? Que représentent-elles au juste ? On ne possède malheureusement aucun renseignement sur les collectionneurs de ces peintures au XVIIᵉ siècle et l'on n'en sait guère plus sur leurs succes-

seurs avant le milieu du XVIIIᵉ siècle. Aussi sommes-nous obligés, pour répondre à ces questions, de partir du témoignage des œuvres elles-mêmes et de notre connaissance de la vie des artistes et de leur milieu. Les portraits collectifs d'« Antoine » présentent des individus appartenant à une bourgeoisie modeste, qui sans doute commandaient et payaient eux-mêmes ces tableaux. Nous pouvons supposer que la clientèle habituelle de « Mathieu » était issue d'une fraction un peu plus riche de la bourgeoisie, susceptible d'apprécier des œuvres comme la *Tabagie*. La difficulté surgit pour les peintures attribuées à Louis. On dit généralement qu'elles représentent des paysans, mais Neil MacGregor[117] a fait remarquer que certains personnages, comme ceux de la *Charrette* (Louvre) ou ceux du tableau intitulé les *Paysans au repos* (Victoria and Albert Museum) *(fig. 225)* sont trop bien vêtus pour être de véritables paysans, qui dans les années 1640 avaient été réduits à un niveau très bas d'existence. Ces personnages représentent probablement des membres de la bourgeoisie qui commençaient alors à acheter des terres aux environs de leurs villes natales, et les faisaient valoir eux-mêmes, ou les confiaient à un fermier comme celui qui apparaît à droite sur le tableau du Victoria and Albert Museum, avec un cheval pour emblème de sa profession. Nous savons heureusement qu'Isaac Le Nain, le père des artistes, officier du grenier à sel de Laon, appartenait précisément à cette bourgeoisie, et que Mathieu suivit son exemple en achetant la « ferme » de La Jumelle, constituée seulement de quelques arpents, ainsi sans doute que d'autres terres près de Laon. Les idéaux de cette nouvelle classe de propriétaires terriens sont mis en évidence par deux auteurs, Charles Estienne et Olivier de Serres, qui publièrent respectivement en 1564 et 1600 des traités d'agriculture fréquemment réédités au cours du XVIIe siècle. Leur description de ces nouveaux propriétaires terriens et de leur attitude patriarcale à l'égard de leurs serviteurs, qu'ils traitaient bien, presque comme des membres de leur famille, correspond exactement à la dignité si frappante des personnages de « Louis ».

Dans quelques cas, les peintures paraissent présenter des scènes urbaines plutôt que campagnardes ; c'est le cas d'un autre tableau du Louvre appelé le *Repas des paysans*, d'une atmosphère étrange, presque sacramentelle, impression accentuée par le fait qu'on ne voit que du pain et du vin sur la table. On a suggéré[118] que les œuvres de ce type sont liées aux organisations charitables animées dans les années 1640 par des institutions comme la compagnie du Saint-Sacrement, ou des personnalités comme le jésuite Jean Labadie, qui se convertit plus tard au protestantisme, et le janséniste Saint-Cyran. Pour ces hommes de bonne volonté, les pauvres étaient des élus de Dieu, comme les malades ou les simples d'esprit, et c'était un privilège autant qu'un devoir de leur venir en aide. En fait, il semble que le *Repas des paysans* représente une telle scène : bien que simplement vêtu, le personnage central appartient d'évidence à une classe supérieure à celle du robuste buveur de gauche et de l'homme aux pieds nus assis à droite, à qui il sert à boire. On a même l'impression qu'il s'agit d'un portrait, peut-être celui de l'un de ces hommes engagés dans les mouvements charitables évoqués plus haut.

Si le rapprochement est exact, il nous aide à identifier les commanditaires de ces peintures. Le mouvement charitable était encouragé par un certain nombre de membres de la haute noblesse, notamment Condé, Conti et leur sœur, Mme de Longueville ; on a quelque raison de croire que les frères Le Nain étaient liés à cette famille, la plus grande propriétaire terrienne de Picardie. On pourrait alors se demander pourquoi, si cette partie de l'œuvre des Le Nain était achetée par Condé et ses proches, elle n'apparaît pas dans leurs inventaires. La réponse vient peut-être du discrédit qui finit par peser sur ces mouvements de charité en raison de leurs liens de plus en plus étroits avec le jansénisme ; l'Etat leur substitua une politique consistant à enfermer les pauvres dans des institutions nouvellement fondées comme la Salpêtrière. Il est donc possible que les commanditaires, considérant comme dangereux ces tableaux illustrant les premiers mouvements charitables, s'en soient séparés[119].

Le naturalisme fut représenté à cette époque par un autre artiste remarquable, le graveur Abraham Bosse (1602-1676)[120]. Si Bosse est généralement étudié uniquement pour le témoignage qu'il apporte sur la vie et les mœurs de son temps, il est aussi un artiste de grand talent. Il commença sa carrière en illustrant des romans et des écrits religieux, et en copiant les derniers maniéristes ; mais dans les années 1630, il créa un style très original et personnel. Ses sujets, comme le *Mariage à la ville* et le *Mariage à la campagne* (1633), sont tirés de la vie contemporaine ou, comme les *Vierges folles et les vierges sages* (vers 1635) *(fig. 226)*, revêtent des formes modernes. Bosse offre de son époque une vision toujours claire, mais limitée, car il se borne à dépeindre la riche bourgeoisie, comme le montre en particulier le *Mariage à la ville*, qui met en scène uniquement de dignes membres de la noblesse de robe et leurs familles. Ces scènes illustrent les épisodes de la vie bourgeoise : la signature du contrat, le retour du baptême, etc. L'artiste n'accorde aucune attention aux aspects personnels des thèmes, non plus qu'au romanesque amoureux, sincère ou feint, qui jouait un rôle si important dans la vie aristocratique et intellectuelle de l'hôtel de Rambouillet et du cercle des Précieux. Dans la plupart des gravures, les amoureux jouent un rôle mineur, leur maintien

226. Abraham Bosse. *Les Vierges sages,* v. 1635. Londres, British Museum

est cérémonieux et inexpressif. Les personnages aristocratiques qui apparaissent parfois chez Bosse sont généralement un peu caricaturés, comme dans la *Noblesse française à l'église,* ou présentés comme les symboles d'une société moralement peu respectable. Ainsi, dans les gravures illustrant la parabole de Lazare, les personnages qui assistent à la *Fête du mauvais riche* sont habillés avec une recherche outrancière ; dans le *Fils prodigue* au contraire, le père a les vêtements et l'apparence d'un respectable magistrat.

Quand Bosse traite un sujet biblique, comme les *Vierges folles et les vierges sages,* il exprime dans la parabole la morale sévère qu'avait adoptée son public, tout en présentant de nouvelles scènes de la vie bourgeoise. Dans les gravures des *Vierges sages (fig. 226),* on peut voir non seulement son habileté narrative et descriptive, mais aussi sa maîtrise technique. Le naturalisme détaché avec lequel il traite ses sujets le rapproche de « Louis » Le Nain, avec qui il partage en outre le sens du groupement des figures dans une belle composition classique. Il s'y ajoute chez Bosse une utilisation caravagesque de la lumière. Avec sa technique solide et habile et la clarté de ses compositions, Bosse s'oppose à la facture brillante et spirituelle de Callot ; à cet égard, il représente la phase classique de la gravure française, tout comme Callot avait personnifié la phase maniériste.

Au milieu du XVIIe siècle, le naturalisme se manifeste aussi en France par la nature morte, genre qui sous l'influence de l'Académie allait devenir plus tard très méprisé. On connaît mal, hélas, les praticiens de cet art, si ce n'est par leurs noms et quelques œuvres signées. L'artiste le plus remarquable signe ses toiles « Baugin », mais il ne s'agit sûrement pas du peintre de tableaux religieux Lubin Baugin *(fig. 207).* Les natures mortes de Baugin sont remarquables par l'alliance d'une observation minutieuse de la nature et d'une composition soigneusement étudiée ; combinant des formes très simples, elles s'apparentent plus aux natures mortes espagnoles, comme celles de Sanchez Cotán, qu'à celles des contemporains hollandais. Linard et Louise Moillon ont le charme de la précision, mais manquent de l'esprit monumental qui donne à Baugin une place à part parmi ses collègues français[121].

Nicolas Poussin

Par un curieux caprice du hasard, la peinture française du XVIIe siècle produisit ses œuvres les plus remarquables et les plus caractéristiques non à Paris, mais à Rome, puisque ce fut dans la ville éternelle que Poussin et Claude Lorrain pas-

227. Nicolas Poussin. *La victoire de Moïse,* 1624-1626. Leningrad, Musée de l'Ermitage

sèrent presque toute leur vie active. En un sens, ces artistes n'appartiennent pas à l'école française, mais au monde romain et méditerranéen. Et cependant, Poussin est la pierre angulaire de toute l'évolution postérieure de l'art dans son pays natal ; sa peinture résume toutes les qualités traditionnellement associées au classicisme français, et son influence allait dominer la vie artistique de la France depuis son temps jusqu'au nôtre : de nombreux artistes l'ont pris pour idéal, et un nombre presque égal réagira contre lui avec une violence qui constitue en elle-même une reconnaissance de son importance[122].

Nicolas Poussin naquit en 1593 ou 1594 dans une famille paysanne de Normandie habitant un hameau près des Andelys[123]. Il découvrit la peinture en 1611, lorsque Quentin Varin vint aux Andelys exécuter pour l'église une série de retables. Varin (v. 1570-1634), figure mineure du maniérisme tardif, travailla surtout dans les provinces du nord de la France. Comme le montrent ses tableaux conservés aux Andelys et ailleurs, c'était un éclectique d'un talent médiocre, alliant à un style hérité des Flandres quelques réminiscences de la peinture romaine du XVIe siècle. Il ne peut guère avoir fait plus qu'éveiller la curiosité de Poussin, mais il le fit si

bien que l'année suivante le jeune garçon quitta sa famille pour se rendre d'abord à Rouen, semble-t-il, où il paraît avoir travaillé sous la direction de Noël Jouvenet, puis à Paris. Nous ne savons presque rien de ses activités entre son arrivée à Paris autour de 1612 et son départ pour Rome en 1624, bien que certains auteurs aient comblé ce vide avec toute l'ingéniosité de leur imagination. Il fit un bref séjour dans l'atelier du portraitiste Ferdinand Elle, et probablement aussi dans celui de Lallemant. Nous connaissons trop mal ces artistes pour être en mesure d'estimer ce qu'il a pu apprendre à leur contact, mais on peut raisonnablement admettre qu'il assimila un style voisin de celui de la seconde école de Fontainebleau. En outre, il eut accès à d'autres modèles plus proches de ses goûts. Il put travailler à la bibliothèque Royale, où il étudia les reproductions gravées de Raphaël et de Jules Romain, et dans la collection de sculpture, où il fit la découverte de la statuaire et des reliefs antiques. On peut supposer qu'il eut aussi accès aux collections royales de peinture, et qu'il fit ainsi connaissance avec Raphaël et Titien. Il essaya plusieurs fois de gagner Rome ; ses deux premières tentatives échouèrent, le conduisant seulement, la première à Florence et la seconde à Lyon. Il voyagea aussi à travers la France, exécutant des œuvres dont il ne reste guère de trace.

A Paris il rencontra Philippe de Champaigne, et travailla avec lui, nous l'avons vu, pour la reine mère au Luxembourg ; ce fut peut-être à cette occasion qu'il rencontra son premier véritable mécène, l'Italien Marino, le « cavalier Marin », poète attitré de Marie de Médicis. Entre 1615 et 1623, Marino connut un grand succès à Paris, en particulier à l'hôtel de Rambouillet, où nous pouvons l'imaginer lisant des extraits de l'*Adone,* son œuvre la plus importante, publiée à Paris en 1622. Il est même possible qu'il ait introduit Poussin dans ce cercle ; en tout cas, nous savons qu'il commanda au jeune artiste une suite de dessins illustrant les *Métamorphoses* d'Ovide, seule œuvre antérieure à 1624 que l'on puisse lui attribuer avec certitude. Ces dessins confirment l'idée avancée plus haut que Poussin fut à ses débuts un continuateur assez banal de la seconde école de Fontainebleau : ils sont vigoureux et maladroits, leur facture et leur composition remplies d'artifices maniéristes et d'emprunts aux autorités reconnues. Ils ne laissent aucunement présager que leur auteur allait devenir un grand artiste.

En 1624, à sa troisième tentative, Poussin réussit à se rendre à Rome, après s'être arrêté quelques mois à Venise. Malheureusement pour lui, son unique ami romain, le cavalier Marin, partit quelques mois plus tard pour Naples où il mourut l'année suivante ; mais avant son départ, il avait introduit Poussin auprès de Marcello Sacchetti, qui lui fit rencontrer le cardinal Francesco Barberini, neveu du pape Urbain VIII récemment élu.

Les cinq premières années romaines furent pour Poussin une époque d'expériences. Après un moment de réelle pauvreté, il obtint plusieurs commandes importantes, certaines du cardinal, ainsi qu'un retable pour Saint-Pierre ; il semble alors s'engager dans une carrière à succès comme peintre de grands retables et de compositions antiquisantes. On peut difficilement définir son art à ce stade de sa carrière : il s'essaie à un très grand nombre de manières différentes, changeant presque de style à chaque nouvelle commande. Ses toutes premières œuvres à Rome, deux batailles de l'Ancien Testament *(fig. 227),* reflètent ses études parisiennes : on y voit l'influence des gravures d'après Jules Romain et Polidore de

Caravage, bien que son imagination se soit enrichie au contact des sarcophages antiques de Rome. Ces deux batailles restent cependant maniéristes, construites comme des hauts-reliefs, sans espace véritable où les figures pourraient respirer et se mouvoir.

On sait que peu après son arrivée à Rome, Poussin travailla dans l'atelier de Dominiquin et copia son *Martyre de saint André* de S. Gregorio al Celio. L'influence de cet artiste est plus apparente dans ses œuvres des années 1630-1640, mais on peut en voir les signes dans la composition d'ensemble et les coloris froids de peintures comme le *Triomphe de David* de Dulwich et le *Parnasse* du Prado.

Dans les premières années de la période 1620-1630, Poussin entreprit plusieurs compositions de très vastes dimensions, sans doute sur commande. La plus importante, le retable du *Martyre de saint Erasme (fig. 228),* destinée à Saint-Pierre, lui fut demandée en 1628 par l'intermédiaire du cardinal Barberini. C'était là évidemment l'occasion dont rêvaient tous

228. Nicolas Poussin. *Le martyre de saint Erasme,* 1628-1629. Rome, Musée du Vatican

229. Nicolas Poussin. *L'inspiration du poète,* v. 1628-1629. Paris, Musée du Louvre.

les jeunes artistes de Rome, mais on a certaines raisons de croire qu'elle ne servit guère la carrière de Poussin : ce retable constitue sa seule commande publique romaine, et le récit que Sandrart a fait de sa réception nous fait sentir qu'il laissa réticents beaucoup d'amateurs qui lui préférèrent son pendant, *le Martyre de saint Procès et saint Martinien* de Valentin, pour sa couleur, son naturalisme, sa vigueur. A la vérité, Poussin paraît déjà mal à l'aise dans ces grandes compositions où les peintres baroques s'exprimaient avec tant de bonheur, et sa tentative de concilier ses principes personnels et les impératifs d'une commande destinée à Saint-Pierre le conduit à un compromis insatisfaisant à tous égards.

Dans un tableau de la période, *la Vierge au Pilier* du Louvre, Poussin se tourne plus franchement vers le baroque. D'autres œuvres, comme *le Massacre des innocents* de Chantilly, peint pour Giustiniani, le montrent plus caravagesque. *Le Mariage mystique de sainte Catherine* résout un problème analogue en s'inspirant d'un type vénitien dérivé de Véro-

nèse. Dans *l'Inspiration du poète* du Louvre *(fig. 229),* Poussin parvient enfin à un style complètement original. Le classicisme y est si marqué que de nombreux historiens ont proposé une date bien postérieure ; mais si dans l'attitude de la Muse, l'artiste utilise un modèle antique avec une franchise inhabituelle à l'époque, les coloris pâles, froids, le modelé lumineux et la liberté de la touche, qui rappelle Véronèse, signalent cette courte phase de la carrière de Poussin.

Autour de 1629 ou 1630, une crise semble intervenir dans la vie du peintre. Elle a pu être provoquée par l'insuccès relatif de son tableau pour Saint-Pierre, ou par la grave maladie dont il souffrit alors. Quelle qu'en soit la raison, Poussin paraît avoir subitement changé de direction. Abandonnant l'arène où s'affrontaient les artistes qui briguaient les commandes publiques pour les églises et les palais romains, il s'en tint dès lors à des toiles de dimensions moyennes. Sa clientèle changea également ; ce n'étaient plus les princes de l'Église ou les membres des riches familles romaines ; pendant les dix

230. Nicolas Poussin. *Diane et Endymion*, v. 1631-1633. Detroit (USA), Art Institute

années qui suivirent, Poussin semble avoir dépendu d'un cercle de *cognoscenti*, dont le principal était le commendatore Cassiano dal Pozzo. Ce personnage attachant était secrétaire du cardinal Francesco Barberini ; Poussin le connaissait certainement depuis le début de son séjour romain. Cassiano était un mécène éclairé, ami de Pierre de Cortone, Lanfranco, Testa, Mola et bien d'autres ; mais l'étude de l'Antiquité était sa passion dominante. Avec des moyens apparemment limités, il rassembla une collection de documents destinés à illustrer chaque aspect de la vie dans la Rome antique. Les marbres originaux étant pour la plupart trop chers pour sa bourse, il chargea une équipe d'artistes de dessiner tous les fragments de sculpture classique, tous les morceaux d'architecture antique et toutes les reliques de la Rome impériale alors mis au jour. Les recueils composant cette collection, conservés aujourd'hui à Windsor, nous donnent une idée singulièrement vivante du climat dans lequel Poussin évoluait alors. D'évidence, Cassiano n'était pas homme à tirer avantage de sa position pour se promouvoir par l'intrigue dans le monde politique, et nous pouvons l'imaginer entouré de ses amis et collaborateurs, plongé dans ses dessins et ses documents illustrant le monde des Anciens.

Ce fut dans cette ambiance d'études archéologiques passionnées et érudites que Poussin réalisa ses peintures de la période 1630-1640. Celles des années 1629-1633 reflètent un changement complet de sujet et de style *(fig. 230, 235)* ; à cette époque, Poussin aborde rarement les sujets religieux ; ses thèmes sont empruntés à la mythologie et au Tasse. Les histoires de Bacchus, d'Echo et Narcisse, d'Apollon et Daphné, de Mars, Vénus et Adonis, Mercure, de Renaud et Armide, composent alors le fonds thématique de l'artiste.

Le *Renaud et Armide* de Dulwich *(fig. 231)* doit être l'une des premières « poésies » du peintre. Les coloris et la touche pleine de sève sont vénitiens, et proches du *Mariage mystique de sainte Catherine*. L'ovale sculptural enfermant les figures rappelle *le Massacre des inno-*

231. Nicolas Poussin. *Renaud et Armide,* v. 1629. Londres, Dulwich Gallery

cents, mais l'esprit est nouveau. Poussin a choisi de raconter l'instant dramatique du roman : le coup de foudre d'Armide tombant amoureuse de Renaud au moment même où elle s'apprête à le tuer. Le *putto,* d'ordinaire conventionnel, joue ici un rôle véritable en retenant le bras prêt à brandir le poignard : c'est ce traitement littéral qui donne à l'œuvre toute sa force.

Le sujet des *Bergers d'Arcadie* de Chatsworth *(fig. 235)* fait exception parmi ses compositions à sujets classiques : il n'est pas directement emprunté à la littérature gréco-romaine, mais son thème — la présence de la mort au milieu de l'heureuse Arcadie — repose bien sur des idées de l'Antiquité. Cette œuvre montre clairement le changement d'attitude de Poussin. La peinture dérive dans sa conception et son exécution de modèles très différents de ceux dont l'artiste s'inspirait jusqu'alors. L'influence de Titien, surtout, est manifeste. Poussin dut certainement voir ses œuvres lorsqu'il passa à Venise en 1624, mais, autant qu'on en puisse juger par sa peinture, il n'en fut pas profondément marqué dès ce moment. On sait cependant qu'il étudia

attentivement les *Bacchanales* d'Este, alors conservées à la villa Ludovisi, et c'est leur poésie que reflètent les peintures de Poussin à cette époque.

En quelques occasions, le peintre emprunte directement des personnages à Titien, mais la plupart du temps il en imite plutôt l'atmosphère, les coloris et la lumière. Dans les *Bergers d'Arcadie,* l'indice le plus manifeste de cette influence est le traitement des arbres et du ciel : Poussin reprend le principe des arbres aux troncs sombres et aux feuillages lumineux se détachant sur un ciel d'orage ; ce faisant, il réussit à capter l'atmosphère romantique de son inspirateur ; à la différence des œuvres des années 1625, Poussin, abandonnant Dominiquin et même Véronèse, atteint une chaleur et une richesse de coloris également tributaires de Titien. Mais plus que tout, c'est une attitude à l'égard de l'Antiquité que Poussin emprunte au grand Vénitien : son approche est poétique, non archéologique ; on n'y repère aucun des signes extérieurs du classicisme alors tant en faveur à Rome, dont Poussin lui-même devait faire plus tard grand usage. Le peintre, se laissant imprégner de l'atmosphère de la mythologie ovi-

232. Nicolas Poussin. *L'Empire de Flore*, 1631. Dresde, Galerie

dienne, traduit en peinture l'image de sa propre méditation.

Les *Bergers d'Arcadie* faisaient partie d'une paire ; le pendant représentait Midas se lavant dans le Pactole pour se délivrer du pouvoir à lui accordé par Bacchus de changer en or tout ce qu'il touchait. Les thèmes désenchantés, assez mélancoliques, de ces deux peintures sont caractéristiques du ton de Poussin à cette époque ; même ses histoires d'amour sont généralement tristes — Narcisse, Apollon et Daphné, Vénus et Adonis — et la sensualité en est totalement absente. Le ton est à la méditation élégiaque plutôt qu'à l'émotion romanesque. Il est intéressant de noter que, lorsqu'à cette époque Poussin aborde des sujets religieux, il le fait dans un esprit très voisin : le Christ mort de la *Lamentation* de Munich se distingue à peine du jeune chasseur de la *Mort d'Adonis* de Caen.

L'un des rares tableaux de la période datables avec certitude, l'*Empire de Flore* de Dresde, peint en 1631 *(fig. 232)*, apporte un témoignage saisissant de la maîtrise artistique de Poussin. Aucune autre peinture n'atteint cette délicate allégresse. La composition est construite sur un jeu complexe d'obliques, mais restant

toutes parallèles au plan du tableau, de sorte que l'ensemble du groupe occupe une scène peu profonde, derrière laquelle une pergola et des rochers semblent pendre comme une toile de fond. La composition est équilibrée d'une manière raffinée, sans jamais tomber dans le procédé. Au premier plan, le groupe d'Echo et Narcisse s'inscrit dans un ovale tandis qu'Ajax qui s'écroule à gauche contrebalance le mouvement de Flore qui, à droite, répand ses fleurs. Clytie suit Apollon du regard : c'est le seul mouvement en profondeur de toute la composition ; enfin, à droite, un autre couple d'amoureux stabilise par ses verticales et ses horizontales un ensemble qui pourrait autrement sembler trop animé.

Vers 1633, un autre changement commence à se manifester dans l'art de Poussin. L'*Adoration des Mages* de Dresde, datée de 1633, marque le tournant stylistique, fournissant une référence qui permet d'isoler un groupe de peintures assignables à la période 1633-1637. Dans ces œuvres, Poussin ne se concentre plus sur des thèmes poétiques et mythologiques ; sa préférence va plutôt à des sujets permettant de grandes mises en scène histori-

233. Nicolas Poussin. *L'adoration du veau d'Or,* 1635-1637. Londres National Gallery

ques. Ainsi, dans l'Ancien Testament, il choisit les scènes de l'exode des enfants d'Israël : l'*Adoration du veau d'or (fig. 233)* ou le *Passage de la mer Rouge* ; dans l'histoire antique, l'*Enlèvement des Sabines* ou le *Jeune Pyrrhus sauvé.* C'est aussi le temps des grandes bacchanales, comme celles peintes pour Richelieu, plus élaborées et plus spectaculaires que les exemples antérieurs du thème.

L'*Adoration du veau d'or* montre bien les caractères de la peinture de Poussin à cette époque. Certains éléments subsistent de sa manière antérieure : le paysage encore titianesque, les coloris chauds et les petits personnages de l'arrière-plan, toujours traités dans la facture libre et rapide des *Bergers d'Arcadie.* Mais l'esprit a changé : l'influence de Titien est en grande partie remplacée par celles de la sculpture romaine, des derniers Raphaël et de Jules Romain. On peut suivre ainsi le groupe des figures dansantes depuis les reliefs antiques jusqu'à Poussin, en passant par Mantegna, Jules Romain et Taddeo Zuccaro : une tradition linéaire et sculpturale très différente de celle de Titien. Qui plus est, Poussin a composé son groupe exactement comme

s'il s'agissait d'un bas-relief : autant qu'il était possible, il a fait se déplacer chaque personnage sur un plan unique, parallèle à celui du tableau, la tête généralement de profil. Pour la première fois dans l'œuvre de Poussin, les figures ont l'apparence glacée des marbres représentant des danseurs, comme si en pleine action ils avaient été soudain changés en pierre. Ce caractère nous prouve à nouveau que l'artiste étudiait de plus en plus attentivement les reliefs antiques.

Un changement similaire apparaît dans le modelé des figures. Le groupe du premier plan, une mère et deux enfants, en est peut-être l'illustration la plus manifeste : elle tire sa source de la *Messe de Bolsène* de Raphaël, et Poussin a tenté ici de reproduire le modelé idéalisé de Raphaël, tout en accentuant les lignes incisives des draperies, abandonnant du même coup le langage coloriste de Titien.

Un autre trait doit être noté : Poussin s'efforce de permettre aux divers acteurs, par leurs gestes et les expressions de leur visage, de traduire leurs émotions et d'expliquer au public le rôle qu'ils sont en train de jouer. Ce procédé allait prendre plus tard chez lui une importance

234. Nicolas Poussin. *La nourriture de Jupiter,* 1636-1637. Londres, Dulwich Gallery

capitale, mais dès ce premier stade, Poussin en fait un très large usage.

Le rejet du coloris vénitien, le modelé plus dur et le développement d'une composition fondée sur un soigneux équilibre de mouvements contraires apparaissent plus clairement dans un petit groupe d'œuvres qu'il faut dater des environs de 1637, dont l'exquise *Nourriture de Jupiter* de Dulwich *(fig. 234)* offre un exemple typique. Peu avant 1640, ces tendances s'accentuent ; l'influence de Titien disparaît, tandis que croissent celles de Raphaël et de l'Antiquité ; les compositions sont plus soigneusement construites, les formes modelées plus plastiquement, les couleurs, mieux délimitées, sont moins cassées. Poussin tend en général vers une interprétation psychologique de ses thèmes, et l'emphase du geste et de l'expression faciale devient plus marquée. Cette attitude se traduit bien dans la lettre accompagnant son envoi en 1639 des *Israélites recueillant la manne dans le désert* à son commanditaire parisien. Son intention, explique-t-il, était de « faire voir dans le peuple juif la misère et la faim où il étoit réduit, et aussi la joye et l'allégresse où il se trouve ; l'admiration

dont il est touché, le respect et la révérence qu'il a pour son législateur, avec un mélange de femmes, d'enfans et d'hommes d'âge et de tempéramens différens ; choses, comme je crois, qui ne déplairont pas à ceux qui les sauront bien lire. » L'utilisation, dans la dernière phrase, du verbe « lire » est révélatrice : Poussin veut véritablement que le spectateur, en étudiant chaque groupe de la composition, soit en mesure de déchiffrer les sentiments exacts exprimés par chaque personnage et son rôle dans l'action d'ensemble. C'est là, bien sûr, porter très loin une conception psychologique et littéraire de la peinture, et les dangers du procédé n'allaient devenir que trop évidents dès la génération suivante, quand l'Académie en fit un système.

Si Poussin continue à la même époque à traiter des sujets tirés des *Métamorphoses,* il se tourne aussi vers l'allégorie classique, comme dans la *Danse de la vie humaine,* aujourd'hui à la collection Wallace de Londres, qui préfigure à certains égards les peintures plus philosophiques de la décennie suivante. Ce fut également à cette époque qu'il peignit pour Cassiano dal Pozzo la première suite des *Sept*

Sacrements. Dans l'*Ordre (fig. 238),* on remarque à nouveau l'influence de Raphaël : la composition et les types figurés suivent de près la tapisserie *Pasce oves,* mais il est important de noter que Poussin se tourne à présent vers le Raphaël plus classique de 1515, non vers celui des toutes dernières années.

En 1640, Poussin partit à Paris. Depuis presque deux ans le surintendant des bâtiments, Sublet de Noyers, essayait, à la demande du roi et de Richelieu, de persuader l'artiste de revenir dans son pays natal. Les offres qu'il lui faisait avaient bien des aspects tentants : un bon salaire, une position honorable, un logement au Louvre, etc. ; mais il est visible que Poussin ne souhaitait pas abandonner sa paisible existence à Rome, où il pouvait se consacrer entièrement à son travail. La pression toutefois devint trop forte pour qu'il pût y résister.

Ses premières lettres parisiennes sont enthousiastes. Poussin fut dignement accueilli par Sublet de Noyers, par Richelieu et par le roi qui, lors de la présentation, lui adressa ce compliment assez peu charitable : « Voilà Vouet bien attrapé », que Poussin, encore moins charitablement, s'empressa de rapporter à son correspondant romain Cassiano dal Pozzo. Très vite cependant, les difficultés commencèrent. Poussin fut chargé d'exécuter deux tableaux d'autel et deux vastes toiles allégoriques pour Richelieu, et de composer la décoration de la Grande galerie du Louvre. Il eût été difficile de trouver des tâches convenant plus mal au talent de Poussin et à sa méthode de travail. L'artiste avait l'habitude de peindre de petites toiles qu'il pouvait élaborer à loisir et sans l'aide d'assistants. Ici on l'obligeait à travailler à la hâte, et à une échelle nécessitant la collaboration d'assistants pour la majeure partie de l'exécution. Il était de surcroît en butte aux intrigues d'artistes dont sa présence à Paris menaçait la situation, Vouet en particulier, mais aussi d'hommes comme Foucquier, qui avait précédemment été chargé de décorer de paysages la Grande galerie, et qui vit en Poussin un dangereux rival. Il se fit lui-même un ennemi supplémentaire en la personne de Lemercier, dont il critiqua sans pitié les travaux pour la galerie dans une lettre à Sublet.

Les peintures exécutées par Poussin durant son séjour à Paris sont parmi les moins heureuses qui soient nées de son pinceau. Ses retables et tableaux allégoriques sont froids et creux. Poussin n'avait jamais été attiré par ce genre de compositions, et il avait perdu le coup de main qu'il avait pu posséder dans ce domaine. Nous ne pouvons nous faire qu'une idée incomplète de la décoration de la Grande galerie ; mais, malgré l'admiration immédiate qu'elle suscita et l'influence considérable qu'elle exerça en France pendant un demi-siècle, ce n'est pas dans ce domaine que se situent les dons véritables de Poussin. En fait, ses œuvres parisiennes les plus satisfaisantes furent sans doute les trois frontispices qu'il dessina pour trois ouvrages imprimés sur les presses royales : une bible, un *Virgile,* un *Horace.* Ce sont toutes trois d'habiles compositions de conception classique qui annoncent par certains côtés ses œuvres des années suivantes.

En septembre 1642, alors qu'il résidait à Paris depuis tout juste dix-huit mois, Poussin repartit pour Rome, officiellement pour chercher sa femme, en fait, très certainement, avec la ferme intention de n'en pas revenir. Avant la fin de l'année il avait retrouvé son véritable foyer, qu'il ne devait plus quitter jusqu'à sa mort en 1665.

Si en tant que mission officielle sa visite à Paris fut un échec, elle eut à d'autres égards des conséquences très importantes pour l'évolution de son art. Lors de son séjour parisien, il avait affermi ses relations avec un cercle d'amis dont certains lui avaient rendu visite à Rome dès la fin des années 1630-1640. Ces hommes allaient non seulement devenir pour le reste de sa vie ses meilleurs commanditaires, mais ils allaient influencer aussi ses conceptions, et de ce fait peser fortement sur son évolution artistique.

Les nouveaux amis de Poussin appartenaient à un milieu social bien défini, originaire — la période le laissait présager — de la bourgeoisie ; mais ce n'étaient pas les bourgeois qui commandaient leurs hôtels à Mansart ou à Le Vau. Ils venaient d'une souche plus modeste, mais plus solide ; n'àyant ni la richesse d'un Lambert, ni la puissance d'un Longueil, ils avaient acquis leur fortune par des moyens plus honorables et la dépensaient avec moins d'ostentation. Les commanditaires les plus fidèles de Poussin, et ses amis les plus intimes, étaient des marchands, des officiers de la Couronne de second rang, de petits banquiers. Le cercle s'étendait encore aux juristes, mais dans l'ensemble il s'agissait des fractions les plus modestes du Parlement ; si apparaissent à l'occasion un ou deux noms connus du lecteur pour appartenir aux plus grandes fortunes de Paris — La Vrillière, Jabach — ce ne sont que des exceptions.

L'un des amis parisiens de Poussin mérite une mention particulière, car il joua après 1640 un rôle important, comparable à celui qu'avait tenu avant cette date Cassiano dal Pozzo. Il s'agit de Paul Fréart de Chantelou, officier de la Couronne, secrétaire de Sublet de Noyers. Il semble avoir été le premier Français à « découvrir » Poussin, et ce fut pour lui que l'artiste peignit la *Manne* envoyée à Paris en 1639. L'année suivante, Chantelou fut expédié par Sublet à Rome pour ramener Poussin en France, et ce fut lui qui prit soin de l'artiste pendant son séjour parisien. Après le retour de Poussin à Rome, les deux amis restèrent en relation, s'écrivant régulièrement, et les lettres de Poussin, heureusement conservées par Chantelou, constituent la source la plus détaillée et la plus intéressante que l'on possède sur la vie et les œuvres du peintre durant les vingt dernières années de son existence. Chantelou n'avait probablement pas l'intelligence de Cassiano, mais il était dévoué et patient, et les dernières lettres que Poussin lui adressa traduisent clairement la gratitude de l'artiste à son égard. D'autres membres du même cercle correspondaient aussi avec Poussin et lui rendirent visite à l'occasion de voyages d'affaires à Rome, mais ce que nous savons de leurs relations avec lui reste fragmentaire.

Pendant les dix années qui suivirent son retour à Rome, Poussin peignit pour ce milieu intellectuel parisien des œuvres considérées en leur temps comme les plus parfaites créations du peintre, et que l'on range aujourd'hui parmi les plus pures expressions du classicisme français *(fig. 237, 239, 240, 241)*. Le traitement des sujets et la conception formelle de ces œuvres témoignent d'une révolution dans la vision artistique du peintre. Le choix des thèmes est significatif : Poussin continue à traiter des sujets religieux et classiques, mais, dans les deux cas, son intérêt se déplace. Dans les thèmes religieux, il préfère désormais le Nouveau Testament à l'Ancien ; dans les Évangiles, il se tourne vers les sujets fondamentaux, ceux qui ont toujours retenu l'attention des grands artistes religieux : la Sainte Famille, la crucifixion, la mise au tombeau. Il reprend le thème des Sept Sacrements, mais le traite avec une solennité nouvelle. Dans l'Ancien Testament, il ne choisit plus les récits spectaculaires du livre de l'Exode, mais les sujets se prêtant à une interprétation dramatique ou psychologique : le jugement de Salomon, Eliézer et Rébecca, Esther devant Assuérus, Moïse sauvé des eaux. Parmi les thèmes classiques, il abandonne totalement Ovide et les amours des dieux pour chercher son inspiration chez les historiens stoïciens : Coriolan, Scipion, Diogène, Phocion sont ses héros. A travers eux, il exploite des thèmes moraux chers à la philosophie stoïcienne, variations autour d'un concept central, la victoire de la volonté sur les passions : Coriolan se sacrifiant pour son pays, Scipion surmontant par générosité son désir sexuel, Diogène abandonnant ses derniers liens avec les biens terrestres, Phocion préférant mourir plutôt que de cacher la vérité. La résurgence du stoïcisme en France était le fait, nous l'avons dit, des classes moyennes, et sans doute les sujets de Poussin s'accordaient-ils parfaitement aux goûts de ses amis de la bourgeoisie. Il est également important de noter que ces sujets s'apparentent à certains égards à ceux des tragédies classiques de Corneille écrites au cours de la même décennie : dans *Horace,* le sacrifice des intérêts personnels au salut de l'État, dans *Cinna,* la victoire de la modération sur le désir de vengeance, dans *Polyeucte,* le sacrifice de la vie par conviction religieuse, et dans l'exemple antérieur et plus romantique du *Cid,* la volonté de sacrifier l'amour à un code d'honneur.

On ne doit cependant pas trop abuser du parallèle entre Poussin et Corneille, car la façon d'aborder les sujets diffère sur un point essentiel : Poussin conçoit ses récits d'une manière foncièrement humaine et rationnelle, tandis que les héros de Corneille, surhumains, défient souvent les lois de la raison ; ils poursuivent la gloire avec un enthousiasme qui prend un aspect purement passionnel et incontrôlé ; des épisodes comme le meurtre de Camille par son frère Horace ont un caractère presque monstrueux, qui s'oppose au comportement modéré des Grecs et des Romains de Poussin : à cet égard, Corneille est plus baroque que classique.

La façon dont Poussin présente ses thèmes ressemble néanmoins étrangement à celle de Corneille. Les deux auteurs recherchent une clarté parfaite, une exposition établissant les éléments essentiels en délaissant toute incidente. L'un et l'autre se contraignent à des règles très strictes — dans un cas, celle des trois unités, dans l'autre, celle du canon formel classique — mais chacun arrive à tirer de cette contrainte même une extrême subtilité. Cherchant la concentration des effets plus que leur richesse, ils tendent l'un et l'autre à limiter leur vocabulaire au minimum. Chacun, peut-on imaginer, aurait pu expliquer très exactement pourquoi il avait utilisé telle phrase ou telle attitude particulière. Jamais ils ne donnent à leur public le choc imprévu d'une révélation inexpliquée qui caractérise l'art antinomique du monde shakespearien : tous deux conduisent infailliblement le spectateur

235. Nicolas Poussin. *Les bergers d'Arcadie,* v. 1629-1630. Chatsworth (G.B.), coll. du duc de Devonshire

236. Nicolas Poussin. *Les bergers d'Arcadie,* v. 1650. Paris, Musée du Louvre

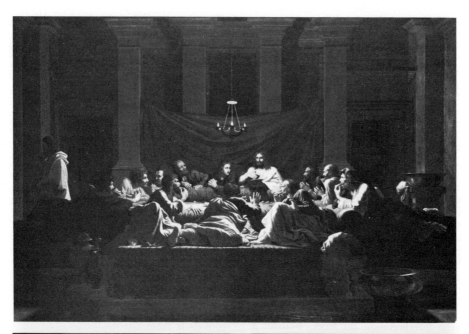

237a. 237b. Nicolas Poussin. *L'Eucharistie,* 1647. Coll. du duc de Sutherland,
(en dépôt à la National Gallery of Scotland, Edimbourg)

par une série d'étapes soigneusement calculées vers le but exact qu'ils avaient dans l'esprit.

Pour comprendre comment Poussin obtient ses effets, il convient d'examiner plus en détail quelques toiles de la période. Leur comparaison avec les tableaux antérieurs à sujets identiques fait ressortir la démarche du peintre. Lorsqu'on met côte à côte les deux versions des *Bergers d'Arcadie (fig. 235, 236)*, la première exécutée, nous l'avons vu, autour de 1630 et la seconde vraisemblablement dans les années 1650-1660, on est frappé immédiatement par tout ce que Poussin a sacrifié dans celle-ci : la chaleur des coloris, la liberté de la touche, l'effet dramatique s'exprimant à la fois dans le récit et dans son cadre. Toute hâte a disparu ; au lieu de se bousculer pour déchiffrer l'inscription, les bergers contemplent, immobiles, le texte qu'ils viennent de lire, absorbés dans les pensées qu'il éveille. Comme il sied à cette nouvelle interprétation du sujet, Poussin a éliminé tout mouvement, transformant la composition diagonale des figures de la première version en une disposition presque frontale. Les types, poses et drapés des figures sont d'un classicisme plus rigoureux ; il est visible que Poussin a étudié la sculpture antique avec un intérêt renouvelé et une volonté d'imitation plus stricte. Le paysage paisible ne possède pas les contrastes qui donnent à la version de Chatsworth son caractère particulier : autant la première version est spontanée, vivante et poétique, autant la seconde est calculée, contemplative et philosophique.

Les peintures religieuses traduisent le même changement d'esprit. La seconde suite des Sacrements exécutée pour Chantelou entre 1644 et 1648 *(fig. 237, 239)*, possède une solennité qui manque totalement à la première, plus pittoresque. Ainsi l'*Eucharistie (fig. 237)* : c'est l'une des compositions les plus sévères de Poussin ; la Cène prend place dans une pièce d'une extrême simplicité, sans ornement, rythmée seulement par des pilastres doriques à fûts nus. Les apôtres, couchés autour de la table — précision archéologique à laquelle Poussin attachait une grande importance — sont vêtus de toges romaines. L'artiste a choisi un instant du récit lui permettant d'allier les deux grands thèmes, dramatique et sacramentel, que le sujet implique : le Christ a donné le pain aux apôtres et se prépare à bénir la coupe, tandis qu'à gauche, Judas quitte la pièce. Poussin représente donc essentiellement l'institution de l'eucharistie, tout en rappelant au spectateur les mots du Christ : « L'un de vous me trahira ». Le double thème est rendu plus explicite encore par les réactions des apôtres, définies avec une grande précision. Certains sont occupés à manger le pain, d'autres témoignent par leurs gestes de surprise qu'ils ont compris la signification de l'événement se déroulant sous leurs yeux, tandis que l'expression douloureuse de saint Jean montre qu'il pense aux paroles du Christ sur Judas. Une telle combinaison des éléments transcendants et dramatiques du récit est symptomatique de l'humanisme religieux de Poussin à cette époque.

Formellement, Poussin a concentré son groupe dans une composition symétrique en bas-relief. Le choix d'un point de vue peu élevé lui a permis d'intégrer par des raccourcis les Apôtres du premier plan au groupe compact de ceux placés de l'autre côté de la table.

La comparaison des deux versions du sacrement de l'ordination *(fig. 238, 239)* permet de voir plus clairement encore la nouvelle technique de Poussin. Dans la première version, les apôtres sont disposés en une file s'allongeant au premier plan avec, à l'extrémité gauche, le groupe principal : le Christ et saint Pierre. Derrière les figures, le paysage, pendant comme une toile de fond, ferme la composition. Dans la seconde version, le Christ est debout au milieu de la toile, saint Pierre agenouillé à ses pieds, tourné vers le centre du tableau. Les apôtres sont distribués de chaque côté en deux groupes formant une sorte d'allée qui conduit aux personnages centraux, et apporte une profondeur beaucoup plus grande que dans la version précédente. Le paysage placé derrière les personnages ne ressemble plus à un décor de scène ; il est construit dans les trois dimensions : à gauche, une colline couronnée de bâtiments, à droite, un temple entouré d'édifices plus petits ; ces deux masses, définissant une distance moyenne, sont reliées par un pont qui court parallèlement au plan du tableau, et ferme presque la composition ; pas entièrement cependant, puisqu'au-dessus de lui on distingue deux rangées de bâtiments qui s'enfoncent dans le lointain. En d'autres termes, le paysage, ponctué par des éléments architecturaux, est un espace tridimensionnel analogue dans sa forme aux groupes des

238. Nicolas Poussin. *L'Ordre,* 1636-1640. Belvoir, Rutland (G.B.), coll. du duc de Rutland

239. Nicolas Poussin. *L'Ordre,* 1647. Coll. du duc de Sutherland,
(en dépôt à la National Gallery of Scotland, Edimbourg)

240. Nicolas Poussin. *La Madonne à l'escalier,* 1648. Washington, National Gallery

apôtres du premier plan. Cette conception plus spatiale, régulièrement utilisée par Poussin à cette période, nous indique entre autres que son esprit n'était pas exclusivement tourné vers l'Antiquité, mais aussi vers l'œuvre la plus classique de la Haute Renaissance romaine : le décor de Raphaël à la chambre de la Signature du Vatican. Cette façon de composer est un simple prolongement des principes développés dans l'*Ecole d'Athènes.*

Un autre exemple de cette méthode spatiale de composition, révélant aussi les liens qu'entretient à cette époque Poussin avec l'art de la Haute Renaissance, est la *Madone à l'escalier (fig. 240)* de 1648. La Vierge et l'Enfant s'inspirent de la *Madone au poisson* de Raphaël, et la disposition pyramidale du groupe fut peutêtre suggérée par la *Madonna del Sacco* d'Andrea del Sarto ; mais les éléments essentiels de la composition sont de l'invention de Poussin. Tout l'espace s'organise en termes purement géométriques ; les figures sont placées dans un cadre défini par des plans d'une extrême simplicité : un mur, la face latérale du temple et les marches, qui creusent dans la profondeur une succession de blocs rectangulaires. Cette accentuation évidente de la construction mathématique de

l'espace nous rappelle que Descartes était un contemporain de Poussin, et qu'il considérait que l'univers physique dépendait des lois mathématiques. Rien ne prouve que Poussin ait effectivement lu Descartes, mais il reste que sa conception de l'escalier est fondée sur les principes rationnels des mathématiques gouvernant la vision cartésienne du monde matériel.

Ce principe apparaît dans un autre groupe de peintures de Poussin. Dans la seconde moitié de la décennie 1640-1650, le peintre commença, d'une façon assez imprévue, à s'intéresser au paysage, domaine auquel il n'avait jusqu'alors prêté qu'une attention distraite. Il y appliqua la méthode précédemment utilisée pour ses compositions figurées, comme le montrent deux paysages illustrant l'histoire de Phocion, d'après un thème emprunté à Plutarque *(fig. 241).* Autour du récit — la veuve recueillant les cendres du héros injustement condamné à mort — Poussin a construit un paysage extrêmement solennel, en accord avec le sujet traité ; ce cadre, calme et sombre, avec à l'arrière-plan la ville de Mégare, présente très exactement l'héroïsme que réclame le récit ; mais plus intéressante encore est la façon dont Poussin réussit à appliquer à la confusion de la nature inanimée les principes de l'ordre mathémati-

241. Nicolas Poussin. *Phocion*, 1648. Knowsley, Lancashire (G.B.), coll. du comte de Derby

que introduits, par exemple, dans la *Madone à l'escalier*. La composition spatiale de *Phocion* est aussi soigneusement organisée, aussi mathématiquement cohérente que le cadre architecturé de la *Madone*. Poussin y est parvenu en introduisant judicieusement des bâtiments dans le paysage et en traitant les éléments naturels avec une simplicité monumentale qui leur confère une clarté identique. Au premier plan, la ligne du mur est coupée par le sentier, dirigeant le regard vers la mi-distance définie par la rivière qui court parallèlement au plan du tableau. En arrière se dresse la cité, dont les maisons, temples et rochers se conforment aux mêmes principes de clarté et de parallélisme ; le ciel reprend encore le schéma : il ne conduit pas le regard vers l'infini, mais se ferme par des bandes successives de nuages qui font écho aux éléments plus tangibles du premier plan et de la mi-distance.

L'admirable *Moïse sauvé des eaux*, peint pour Raynon en 1651, montre combien était identique le traitement que Poussin accordait à la nature animée et inanimée. Ici les groupes figurés du premier plan et les rochers et bâtiments à mi-distance sont conçus comme des masses devant se fondre presque indistinctement dans un schéma spatial unique. A la césure centrale du groupe figuré répond une percée qui traverse le paysage, conduisant les yeux vers le lointain panorama urbain. Cette peinture illustre aussi un caractère qui allait prendre de l'importance dans la dernière période de Poussin. Jusqu'alors, le peintre avait toujours fait exprimer aux personnages leur signification par des gestes ou par l'expression faciale. Ici, montrant les femmes qui découvrent l'enfant, il réussit à traduire leur émoi par le contraste des draperies : agitées pour les figures de gauche, statiques pour celles de droite.

Puisque c'est dans la période 1643-1653 que l'art de Poussin atteint sa plus grande maturité, et ses idées leur plus grande clarté, peut-être n'est-il pas inutile de nous arrêter un instant sur ce que nous connaissons de sa méthode de travail et des principes qui la sous-tendent. Dans ses lettres, Poussin met souvent l'accent sur des considérations qui correspondent à ce que nous avons vu dans les pages précédentes : la peinture, dit-il, traite des actions humaines, et surtout des plus nobles et des plus sérieuses. Elle doit les présenter en accord avec les principes de la raison, c'est-à-dire d'une manière logique et ordonnée, comme la nature les aurait créées si elle était parfaite. L'artiste recherchera le caractéristique et le général. La peinture doit s'adresser à l'esprit, non à l'œil ; aussi ne doit-elle pas se soucier de futilités, comme les couleurs éclatantes, qui n'ont d'attrait que pour les sens, mais exprimer l'action du tableau.

Cette conception prit avec Poussin une forme bien connue, celle de la théorie des modes : selon cette doctrine, chaque sujet réclame un type de traitement particulier, tout comme, chez les Anciens, les différents modes musicaux exprimaient les différents caractères des thèmes : le dorien l'héroïsme, le lydien la mélancolie, etc. Ainsi, quand l'artiste traite un sujet âpre et solennel, sa peinture doit, elle aussi, être âpre et solennelle, et l'artiste aurait tort d'y introduire du charme ou de la douceur. Poussin applique fidèlement cette doctrine, si bien qu'à cette époque nombre de ses peintures manquent singulièrement d'attrait visuel, et ne parlent à notre sensibilité que par l'intermédiaire de l'intelligence et de la raison.

Les récits laissés par ses contemporains nous font connaître la méthode de travail de Poussin. Quand on lui suggérait un sujet, il commençait par lire soigneusement tout ce qu'il pouvait trouver sur lui ; puis il faisait une esquisse rapide de l'ordonnance projetée. Pour le stade suivant de l'élaboration de la composition, Poussin façonnait de petites figurines de cire qu'il habillait de fines draperies et installait dans une sorte de théâtre miniature dont il pouvait contrôler l'éclairage et où il pouvait tendre une toile de fond représentant le paysage. Ayant ainsi disposé les figures d'une manière qu'il jugeait satisfaisante, il faisait un second croquis : si celui-ci ne lui paraissait pas bon, il déplaçait à nouveau les figurines et faisait une autre esquisse, et ainsi de suite jusqu'à ce qu'il trouve un groupement satisfaisant à la fois son désir d'harmonie et ses principes de meilleure clarté de la présentation. Nous pouvons réellement assister à cette mise en place progressive, car dans certains cas, par exemple pour le *Baptême* de la seconde série des *Sacrements*, il subsiste assez de dessins pour nous montrer une demi-douzaine d'étapes de ce jeu.

Une fois la disposition des personnages ainsi fixée, Poussin exécutait des modèles plus grands qu'il recouvrait à nouveau de draperies. C'est à partir de ces derniers qu'il exécutait le tableau, ne peignant jamais directement d'après nature, mais allant parfois examiner des modèles humains lorsqu'il le jugeait nécessaire.

242. Nicolas Poussin. *La Sainte Famille en Egypte,* v. 1655-1657. Léningrad, Musée de l'Ermitage

Les proportions des personnages et les types d'après lesquels il travaillait devaient beaucoup à sa longue étude et à sa connaissance intime de la statuaire antique, qu'il considérait comme le modèle parfait pour ses compositions. Il pensait qu'en peignant d'après nature, il aurait perdu cette image idéale. Sa méthode insolite explique beaucoup de traits du style de Poussin : son classicisme, son détachement marmoréen, même sa froideur qui par moments frise l'insensibilité.

Pendant les douze dernières années de sa vie (1653-1665), son style change à nouveau, et d'une façon assez curieuse. Sa position à Rome était alors unique : sa réputation avait gagné toute l'Europe, mais il n'avait jamais réellement pris part aux activités officielles de la ville. Il était devenu une sorte d'ermite, révéré par beaucoup, mais ne fréquentant qu'un petit cercle d'intimes. On a l'impression qu'il travaillait alors plus pour satisfaire son besoin de peindre que pour plaire aux autres. Aussi ses dernières œuvres, éminemment personnelles, traduisent-elles les recherches du vieil artiste dans l'isolement de son atelier, plutôt que sa réaction à une influence extérieure.

Dans les scènes figurées de la dernière phase s'affirment certains caractères déjà sensibles dès les années précédentes, comme la simplicité et la sévérité presque puritaines de ses compositions et l'élimination de tout ornement pittoresque ; mais on trouve aussi des qualités nouvelles : dans la *Sainte Famille en Egypte (fig. 242)*, le calme s'accentue à l'extrême ; toute action, tout geste ont disparu, et l'expression même des visages se réduit au minimum. La composition est aussi claire que dans les œuvres des années 1640-1650, voire plus dépouillée, construite uniquement à partir d'horizontales et de verticales, presque sans mouvement diagonal : cette façon d'exprimer le plus en disant le moins est typique de la dernière période de Poussin.

La *Sainte Famille* possède un autre trait caractéristique : les éléments d'architecture égyptienne et la cérémonie de l'arrière-plan ont été empruntés, comme Poussin l'indique lui-même dans une lettre, à une mosaïque romaine de Palestrina représentant des scènes de la vie égyptienne. Nous avons vu l'attention portée antérieurement par Poussin aux détails de l'archéologie classique, mais ici, il en fait davantage : jusqu'alors, pour ce genre de sujet, il s'était contenté d'un cadre antique très général ; désormais, il recherche une précision supérieure, et veut que les détails égyptiens soient corrects.

La même absence de mouvement se retrouve dans les rares peintures à thèmes classiques de la dernière période, comme *Achille parmi les filles de Lycomède* de 1656, connu seulement par une gravure, ou, plus clairement encore, dans les *Saintes Familles*. La plus étonnante d'entre elles, à personnages presque grandeur nature, est conservée à l'Ermitage et fut achevée en 1655 *(fig. 243)* ; les derniers vestiges de mouvement et d'expression ont disparu. Le seul personnage qui ne soit pas totalement immobile est le jeune saint Jean tendant les bras ; les autres sont empreints d'une impassibilité marmoréenne donnant à la composition une sorte de majesté abstraite.

Poussin revient également dans ses ultimes années aux récits mythologiques, mais avec un esprit totalement différent de celui qu'il avait imprimé à ses œuvres précédentes. Désormais, ses récits ovidiens sont les symboles d'une vérité qu'il veut exprimer. Ses dieux et ses déesses ont les caractères abstraits des personnages de la *Sainte Famille* et sont, de plus, généralement placés dans des paysages complétant le sens allégorique des figures.

243. Nicolas Poussin. *La Sainte Famille,* 1653-1655. Léningrad, Musée de l'Ermitage

244. Nicolas Poussin. *Paysage avec Diane et Orion.* New York, Metropolitan Museum

245. Nicolas Poussin. *Apollon et Daphné,* 1664. Paris, Musée du Louvre

Le *Paysage avec Diane et Orion (fig. 244)* du Métropolitan Museum est une allégorie sur l'origine des nuages, et la *Naissance de Bacchus* du Fogg Museum symbolise le contraste entre les forces de la vie et de la mort. Dans ces tableaux, la nature revêt un caractère nouveau : elle n'est plus ordonnée et sujette aux lois de la raison ; c'est bien une nature sauvage, absente dans les œuvres antérieures. Même dans *Apollon et Daphné (fig. 245)*, que Poussin laissa inachevé à sa mort, on perçoit ce caractère. Cette œuvre résume tous les traits étranges de la dernière phase : la sauvagerie et la grandeur de la nature inanimée ; le calme impassible des acteurs humains, plus que jamais traités comme des figurines de cire ; l'atmosphère extra terrestre dans laquelle ils semblent vivre. Ce ne sont plus désormais les dieux et les déesses d'Ovide sujets aux passions de la chair, mais des symboles sortis de l'esprit de l'artiste, agissant dans un monde de pur intellect.

Assez curieusement, on trouve la clef de ce monde étrange dans une expression tardive du stoïcisme, philosophie qui a influencé si profondément Poussin dès le milieu de sa carrière. Dans la basse Antiquité, certains stoïciens, au premier chef l'écrivain du IVe siècle Macrobe, interprétèrent les mythes des dieux grecs et romains comme des allégories cosmologiques, c'est-à-dire des symboles du processus cyclique de la nature : l'alternance du jour et de la nuit, la succession des saisons, le pouvoir du soleil, vainqueur de l'inertie de la matière inanimée. On trouve ces idées derrière nombre de peintures mythologiques tardives de Poussin, comme l'*Orion*, la *Naissance de Bacchus*, et les *Quatre saisons*, aujourd'hui au Louvre[124], qui datent des toutes dernières années. La doctrine stoïcienne explique leur iconographie, qui ne se conforme à aucune tradition courante ; elle est aussi à l'origine de l'atmosphère de méditation lointaine dans laquelle elles baignent[125].

Dans cette dernière phase, Poussin dépasse les principes de sa maturité, sa conviction que le processus créatif de l'œuvre d'art était entièrement rationnel. Pour lui, le travail de l'artiste consistait jusqu'alors à traduire le fruit de son imagination dans une forme claire et parfaite, obéissant aux canons dérivés de l'art antique dans une harmonie intérieure de nature presque musicale. Tels étaient les buts conscients de l'artiste, qui pouvaient être atteints par la raison. En se concentrant si exclusivement sur cet aspect de l'art, Poussin fut inévitablement conduit à sacrifier certaines qualités incompatibles : spontanéité de la composition, liberté de la facture, richesse de la couleur, beauté de la matière. Il courait le risque d'entraver le libre épanouissement de son imagination, mais les contraintes qu'il s'imposait alors, lui permettaient d'atteindre à d'autres qualités presque aussi importantes : l'invention de formes parfaitement adaptées à leurs fins, la concision aiguë de l'expression, une intégrité à la fois intellectuelle et morale, une gravité profonde, un calme harmonieux : toutes qualités qui ne furent guère surpassées que dans les fresques de Raphaël et dans la sculpture grecque du Ve siècle.

Dans les dernières années de sa vie, Poussin brisa les barrières de la raison ; plus exactement, concevant, à la manière stoïcienne, la raison comme une faculté positive et créative, il fut à même de créer des peintures qui, paradoxalement, doivent être rangées parmi les plus éminentes créations de l'imagination humaine.

Le Paysage : Claude Lorrain et Gaspard Dughet

Poussin, nous l'avons vu, suivant l'exemple d'Annibal Carrache et de Dominiquin, s'essaya au paysage classique, mais ce fut Claude Lorrain qui apporta à la peinture romaine et française ce que précédemment Altdorfer avait donné à l'Allemagne, Patinir et Bruegel aux Flandres, en faisant du paysage une expression artistique aussi subtile et variée que les genres picturaux traditionnels, religieux et historiques.

Claude Gellée, dit Claude Lorrain, naquit en 1600, non loin de Nancy, dans le village de Chamagne[126]. Très jeune, probablement dès l'âge de douze ans, il s'en alla à Fribourg-en-Brisgau, puis à Rome, pour apprendre la profession traditionnelle des Lorrains : la pâtisserie. C'est en cette qualité qu'il obtint un emploi dans la maison du peintre de paysage Agostino Tassi et que, quittant peu à peu ses fourneaux pour l'atelier, il apprit les premiers rudiments de peinture. A une date inconnue, vers 1623 sans doute, il partit pour Naples étudier chez un artiste flamand connu en Italie sous le nom de Goffredo Wals. Nous connaissons trop mal l'œuvre de ce peintre pour apprécier son influence sur le jeune Claude, mais ce voyage napolitain devait marquer l'artiste pour le reste de son existence : hanté par la beauté de la baie de Naples, il reproduisit jusque dans ses dernières œuvres la ligne côtière de Sorrente à Pouzzoles, les îles de Capri et d'Ischia.

Il quitta Rome en 1625, et par Lorète, Venise, Le Tyrol et la Bavière retourna à Nancy, où il travailla pendant un certain temps avec Claude Deruet, exécutant pour lui les fonds architecturés des peintures qui ornaient le plafond du carmel, aujourd'hui disparu. Dès la fin de l'année 1627, il avait cependant abandonné à nouveau son pays natal ; il revint à Rome en passant cette fois par Marseille et Civitavecchia. Autant qu'on puisse le savoir par les documents, il ne devait plus jamais quitter la ville éternelle ; mais il est difficile de croire qu'il ne soit pas retourné à Naples raviver ses souvenirs de la baie.

Vers la fin des années 1630-1640, il était devenu un peintre de paysage très réputé. On sait que vers 1634 un autre artiste, Sébastien Bourdon, pensa qu'il pourrait être profitable de pasticher son style et faire passer une de ses peintures pour une œuvre de Lorrain. Vers la fin de la décennie, Claude avait su retenir l'attention de Philippe de Béthune, ambassadeur de France, des cardinaux Crescenzio et Bentivoglio et finalement d'Urbain VIII, qui tous lui avaient acheté des tableaux. A partir de ce moment les commandes ne lui firent jamais défaut ; et c'est bien en raison de son succès que Claude, dans la seconde partie de sa vie, jugea nécessaire de conserver le témoignage de ses compositions par les dessins de son *Liber veritatis* aujourd'hui au British Museum, se prémunissant ainsi contre les copistes et les faussaires. Il mourut en 1682, membre respecté de la colonie artistique étrangère de Rome.

Alors que les paysages de Poussin se situent dans la lignée de Bellini, Titien, Annibal Carrache et Dominiquin, ceux de Claude sont enracinés dans une tradition différente, celle des peintres septentrionaux installés à Rome. Outre sa formation dans l'atelier de Tassi, il apprit surtout son art en étudiant Paul Bril et Elsheimer. Bril et Tassi avaient implanté et développé à Rome le paysage du dernier maniérisme et sa disposition artificielle : un premier plan brun foncé, une midistance vert clair et des collines bleutées à l'horizon, chaque zone délimitée, comme sur une scène, par des portants, à commencer par un arbre sombre au pre-

mier plan. L'artifice de la composition se complétait d'un traitement stylisé du détail, en particulier la formule toute faite des feuillages traités à la manière des fougères. Elsheimer avait utilisé ce langage maniériste, mais dans un esprit totalement différent : il avait compris les possibilités poétiques qu'offraient une lumière enveloppant l'ensemble du paysage avec des effets évanescents d'aube et de crépuscule, et un panorama s'ouvrant à l'infini en contraste avec un premier plan chargé de motifs.

Dans ses premières œuvres, Claude imite ces modèles, choisissant les plus prosaïques ; dans le *Paysage fluvial* daté de 1631 *(fig. 246)*, il suit de près l'exemple de Bril : à gauche, l'inévitable arbre sombre cale un premier plan rempli des motifs favoris de Bril : bateaux en construction, fragments de colonnes antiques, petits personnages, ici des artistes faisant des croquis. A droite, s'élève une tour pittoresque ; derrière elle, les arbres forment le plan suivant ; enfin, la colline vient fermer l'horizon. Le schéma maniériste est même appliqué dans la formule des arbres. On ne trouve guère d'emprunts à Elsheimer, ce n'est dans la compréhension de sa lumière enveloppant tout le paysage, qui apporte au tableau une atmosphère mieux définie que chez Bril. C'est le seul élément qui donne un avant-goût du style poétique de la maturité du Lorrain. Dans les eauxfortes de la même période, l'influence d'Elsheimer est plus visible mais, malgré les insuffisances techniques, on voit poindre une imagination vraie.

Durant les années 1640-1660, Claude parvint à maîtriser pleinement toute la richesse de son art ; examinons les traits distinctifs de la période.

Le premier problème à considérer est celui du contenu des œuvres. Nous préférons parler de *contenu* plutôt que de *sujet* : depuis longtemps, on a compris qu'il n'était pas d'une importance capitale pour Claude de décrire la Fuite en Egypte plutôt que Céphale et Procris ; à la différence de Poussin, il n'élaborait pas sa composition logiquement à partir d'un thème pictural précis. Il serait faux cependant de tirer argument de cette constatation pour conclure sans examen, comme on l'a fait, que Claude ne se souciait nullement du sujet, s'intéressant seulement aux effets lumineux, ou poursuivant quelque recherche abstraite. Tout au contraire, il était profondément intéressé

246. Claude Lorrain. *Le moulin,* 1631. Boston, Museum of Fine Arts

247. Claude Lorrain. *Le port,* 1641. Londres, National Gallery

par le contenu de ses peintures ; mais celui-ci n'était pas le thème iconographique.

Ce contenu, nous pourrions dans une première approximation le définir comme la beauté de la campagne romaine. En fait, cet intérêt était en soi une nouveauté dans la peinture de paysage. Les peintres de l'Allemagne du sud et de l'Autriche avaient découvert la majesté de la vallée du Danube ; les Ombriens avaient compris la pure clarté de leurs collines, les Vénitiens traduit la qualité romantique des plaines du Veneto et des contreforts des Alpes ; avant Claude, la Campagne romaine n'avait été généralement pour les artistes qu'un objet d'intérêt, non d'admiration esthétique. Beaucoup de peintres du nord l'avaient dessinée pour les ruines qui la couvraient ; aucun n'avait noté les possibilités picturales qu'elle offrait : elle avait été étudiée avec les yeux de la curiosité ; Claude la vit avec ceux de l'émerveillement.

Nous connaissons par ses premiers biographes ses incessantes randonnées autour de Rome. Il parcourait toute l'étendue du pays, faisant des croquis à la plume, au lavis, et même, nous disent-ils, à l'huile. Les dessins conservés nous confirment l'étendue et la subtilité de son observation. Dans les peintures achevées, on peut retrouver ces notations sous une forme plus idéalisée : on y reconnaît tantôt la vallée du Tibre avec le Soracte dans le lointain, tantôt la Campagne moins souriante au sud de la capitale. Claude est aussi en terrain connu dans les olivettes de la Sabine et près des lacs des Albains ; pins, chênes et peupliers aux feuillages impalpables prennent place dans ses scènes ; parfois se dresse à mi-distance la citadelle d'une ville étrusque *(fig. 249)*. Les souvenirs de la baie de Naples réapparaissent toujours : la roche percée de l'*Ecole de Virgile (fig. 253)*, les grottes et les falaises de Capri, la ligne côtière vers Ischia ou le port lui-même *(fig. 247)*, bien qu'ici Claude fasse très visiblement fusionner ses souvenirs de Naples et ses réminiscences de Civitavecchia ou de Gênes, qu'il avait vus aussi dans sa jeunesse.

Claude ne se contente pas d'une représentation topographique de la campagne romaine ; sa sensibilité à la lumière qui la baigne confère aux scènes une signification et une qualité poétiques. Il suit ici Elsheimer, mais en diffère sur un point : en général, l'artiste allemand préférait les effets rares : le clair de lune, les dernières lueurs du crépuscule. Claude les choisit parfois aussi, mais il recherche en général des effets plus habituels : la lumière froide du petit matin, la chaleur pesante du milieu du jour, l'éclat incandescent du soir. A nos yeux d'hommes du nord, sa lumière paraîtra souvent artificielle ou exagérée : en fait, le peintre traduit des tonalités que l'on peut voir chaque jour dans les paysages qu'il a peints. Comme Elsheimer, il utilise la lumière pour donner une unité poétique et visuelle à ses compositions ; mais tandis qu'Elsheimer, dans sa recherche d'impressions dramatiques, aimait les clairs-obscurs très appuyés, Claude préfère la sérénité, et évite les contrastes. Cette tendance, qui s'accentuera à la fin de sa carrière, est déjà présente dans la période de sa maturité ; même quand il décrit des bateaux et des bâtiments en plein contre-jour *(fig. 247)*, il minimise le contraste des valeurs afin de préserver le calme et l'unité de l'ensemble.

Pour Claude la campagne romaine n'était pas un paysage vide ; elle était pleine des évocations historiques et des souvenirs de l'Antiquité. Mais l'Antiquité qui fascinait Claude n'était pas celle qui inspirait Poussin. Claude ne cherchait aucunement à ressusciter les vertus de la république romaine ou les splendeurs de la cité impériale ; son Antiquité était celle de la vie pastorale décrite dans les poèmes bucoliques de Virgile, le premier qui ait évoqué la beauté du paysage italien. Claude aimait avant tout peindre la vie que Virgile et ses contemporains menaient dans leurs villas ; il était également inspiré par les temps plus anciens que décrivait le poète ; l'âge d'or, l'époque où Enée débarqua et fonda Lavinium. Certaines peintures illustrent directement des thèmes empruntés aux passages de l'Enéide décrivant cet épisode de la vie du héros ; beaucoup d'autres baignent dans une atmosphère semblable. La Campagne de Claude est peuplée des ombres d'Enée et de ses compagnons, et des dieux que décrivit Virgile dans *les Géorgiques* ; non pas les grandes divinités, mais les petites : Pan, le vieux Sylvain et les Nymphes, les esprits tutélaires de la campagne.

Les poèmes de Virgile constituaient visiblement la première source d'inspiration de Claude, mais, tous les témoignages concordent à cet égard, l'artiste n'était pas un bon latiniste. Vraisemblablement, il perçut l'atmosphère des pastorales à travers les traductions italiennes et les conversations d'amis érudits, comme le cardinal Massimi. Je pense toutefois qu'il trouva également l'inspiration, cette fois directement, dans l'art antique. On sait que le *Virgile* du Vatican était très étudié dans les cercles que Claude fréquentait, et il est assez vraisemblable que certaines des images pastorales du manuscrit lui aient suggéré des idées de composition. Il devait aussi connaître les fresques romaines à paysages où se mêlent architectures et scènes campagnardes ; elles adoptent des formes qu'il utilisa très souvent, tels les arcs et les aqueducs de la Rome antique qui se dressent au-dessus de la Campagne dans son tableau intitulé le *Déclin de l'Empire romain*. Mais Claude diffère de ses modèles antiques sur un point important : ses édifices sont des ruines, ce qui témoigne d'une volonté, fondamentale dans son art, de créer un sentiment de nostalgie à l'égard de la grandeur passée.

Somme toute, le contenu de ses œuvres est une traduction poétique de l'atmosphère de la campagne romaine, avec ses lumières changeantes et ses évocations multiples. Il est aux antipodes des paysages héroïques de Poussin qui, nous l'avons vu, sont construits autour d'un thème stoïcien se développant en une série de calculs logiques. Il en résulte nécessairement que les moyens d'expression choisis par Claude sont radicalement différents de ceux de Poussin.

Dans quelques cas extrêmement rares, les deux artistes semblent se rapprocher. Dans des peintures comme le *Paysage fluvial* de la National Gallery de Londres, ou même dans le *Port (fig. 247)*, Claude utilise une composition symétrique, où la profondeur, marquée par des plans clairement définis, râppelle la méthode de Poussin ; mais c'est une exception ; le plus souvent, on est frappé par le contraste, non par les ressemblances entre les deux artistes. Au lieu de l'espace de Poussin, sorte de boîte creuse meublée d'objets solides qui s'éloignent en une série de plans bien définis, Claude crée un champ beaucoup plus vague, qui presque toujours guide l'œil vers quelque point de l'infini, et même souvent vers une vaste ligne d'horizon. Cet espace baigne dans une atmosphère qui pénètre les feuillages des arbres et donne son unité à la composition *(fig. 248)*. La profondeur est souvent obtenue sans perspective linéaire par des dégradés subtils des couleurs généralement appliqués sur des motifs comme les arbres, dont les contours ne sont pas délimités avec précision. De plus, ces motifs peuvent être disposés sur un plan horizontal, comme le sont, par exemple, les bosquets couvrant la vallée de l'*Herminie (fig. 248)*, qui conduisent l'œil de la rivière à l'infini par le seul changement de

248. Claude Lorrain. *Erminie et les bergers,* 1666. Holkham, Norfolk, (G.B.), coll. du comte de Leicester

249. Claude Lorrain. *Apollon,* 1654. Holkham, Norfolk (G.B.), coll. du comte de Leicester

leur couleur. Quand Claude peint l'eau, il peut même être plus audacieux, et dans le *Persée (fig. 253),* d'une époque tardive, on voit affirmée dans toute sa hardiesse une méthode fréquente chez lui au milieu de sa carrière. Ici, Claude conduit le regard vers l'horizon ininterrompu de la mer sans l'intervention d'aucun motif, simplement par la couleur et les changements de tonalité, alliées à de légères variations dans la fréquence des vagues animant la surface. Dans ses premières œuvres, il utilisait des arbres-repoussoirs au premier plan, nous les avions signalés dans le *Paysage fluvial,* mais les peintures du milieu et de la fin de sa carrière rejettent fréquemment cette aide trop facile et, comme dans l'*Apollon* de 1654 *(fig. 249),* la composition est formée de deux groupes d'arbres et d'une ville qui dressent leurs trois masses dans un paysage construit par plans horizontaux.

Claude anime ensuite cet espace atmosphérique librement inventé par des arbres et des bâtiments où l'air circule, qui interrompent à peine la continuité spatiale. Les feuillages n'ont rien de la solidité marmoréenne de ceux de Poussin ; ils semblent se mouvoir dans la brise et reflètent les palpitations de la lumière. Rien n'est fixe chez Claude, tout est éphémère.

Comparons, par exemple, son traitement de l'eau à celui de Poussin : ce dernier la représente très rarement, mais quand il le fait, il nous montre la surface sans rides d'une rivière réfléchissant aussi nettement que possible la scène environnante ; à l'inverse, Claude a une prédilection pour la mer, dont il aime à rendre le mouvement perpétuel des vagues — ou plutôt des vaguelettes, car elles n'atteignent jamais la grandeur romantique de vagues — dont le rôle principal est, comme pour ses arbres, de refléter les changements de la lumière.

Les méthodes de Poussin et de Claude diffèrent même dans l'utilisation de l'architecture. Poussin nous montre des bâtiments cubiques de la plus grande simplicité, dont chaque détail semble puisé à des sources archéologiques. Claude choisit des édifices aux façades variées et pittoresques, de préférence en ruine, parfois gothiques, presque toujours fantaisistes et de styles mêlés. Les architectures de Poussin sont de solides massifs de maçonnerie ; Claude, lui, aime les portiques ouverts à contre-jour ou les tours aux lignes rongées par la brume *(fig. 247).*

Les dessins de Claude nous en apprennent autant que ses peintures. En feuilletant les cartons de croquis du British

250. Claude Lorrain. *Paysage de la Campagne*, lavis. Londres, British Museum

Museum, on découvre toute l'étendue et l'acuité de son observation. Ce sont les témoins les plus immédiats de ses randonnées à travers la Campagne que relatent Sandrart et Baldinucci. La variété des dessins est sans fin : certains sont des notations prosaïques d'un bâtiment ou d'un point de vue, jetées sur le papier en quelques traits de plume incisifs ; d'autres sont des études plus travaillées décrivant un fragment de paysage. D'autres encore saisissent un effet soudain de contre-jour *(fig. 250)*. Certains *(fig. 251)*, combinant tous ces caractères, nous offrent la traduction poétique d'une vision fulgurante : un contre-jour sur la colline de Tivoli. Avant Claude, personne n'avait osé s'attaquer à de tels sujets, et depuis sa mort peu l'ont fait avec succès. Pour rendre avec exactitude toute la complexité de la lumière et de ses réflexions dans la vallée, Claude a sacrifié la solidité des collines, et la ville semble flotter dans l'air. Les dessins d'arbres *(fig. 252)* qui, comme on l'a dit fréquemment, ont un aspect presque chinois, montrent jusqu'où il pouvait pousser le sacrifice.

En dehors de ces notations d'une magique fraîcheur, Claude utilisa aussi le dessin pour travailler ses compositions. Beaucoup de dessins préparatoires très finis existent encore, et dans quelques cas on peut suivre l'artiste dans l'élaboration d'un tableau. Pour le *Berger d'Apulie*, par exemple, plusieurs esquisses sont conservées, où l'on voit Claude jouer avec ses arbres et ses collines, calculant leur position un peu comme Poussin déplaçait les figurines de son théâtre miniature.

Au cours des quinze ou vingt dernières années de sa vie, son style changea, et Claude peignit quelques-unes de ses compositions les plus remarquables et les plus hardies. Ce changement n'est guère que l'accentuation de tendances antérieures : l'audace d'une composition dissymétrique, la modulation sur un plan horizontal, l'ouverture de l'espace à l'infini atteignent leur pleine expression dans des œuvres comme le *Persée* de 1674 *(fig. 253)* ; jamais Claude n'inventa une composition moins conventionnelle, avec sa surface plane où se dressent un arbre et une roche percée ; jamais il ne fut plus audacieux dans ses effets de lumière, avec l'arche sombre du rocher se détachant sur la pâleur du clair de lune.

Ce tableau fait apparaître une tendance nouvelle : la figure humaine se réduit désormais à presque rien. Les personnages, il est vrai, n'ont jamais joué un rôle important dans la conception picturale de

251. Claude Lorrain. *Tivoli,* lavis. Londres, British Museum

252. Claude Lorrain. *Arbre et montagnes,* lavis. Londres, British Museum

253. Claude Lorrain. *Persée,* 1674. Holkham, Norfolk (G.B.), coll. du comte de Leicester

254. Claude Lorrain. *Ascagne,* 1682. Oxford, Ashmolean Museum

255. Gaspard Dughet. *Paysage,* Coll. particulière

Claude, mais dans les œuvres antérieures, ils tenaient leur place avec une certaine dignité. A présent, ils deviennent des marionnettes totalement dominées par le décor environnant. Dans certains cas, comme dans l'*Ascagne* exécuté l'année de la mort du peintre *(fig. 254)*, cette petitesse humaine est accentuée par la mise en place des figures à côté d'un énorme morceau d'architecture. Ce tableau révèle les qualités de la dernière période. Le peintre est désormais entré dans un monde de rêve, comme Poussin avec l'*Apollon et Daphné.* Tous les artifices de ses œuvres antérieures sont rejetés. La gamme des coloris est réduite au minimum : arbres vert argenté, ciel gris-bleu, architectures grises, draperies neutres. Les arbres sont désormais si diaphanes, et le portique si largement ouvert qu'ils n'interrompent guère la continuité aérienne de l'espace. Les figures, minces et allongées, participent de la qualité immatérielle de ce pays féerique. Toutes les composantes de la poétique claudienne apparaissent ici sous leur forme la plus dépouillée, et s'allient avec une magie défiant l'analyse.

La position de Claude Lorrain dans la peinture européenne est aisée à définir : au moment même où les peintres hollandais appliquaient à la nature leurs princi-

pes de réalisme, Claude montra que les méthodes du classicisme français pouvaient, elles aussi, faire jaillir la poésie de la nature inanimée. Tout comme Poussin marque l'étape ultime du traitement rationnel du paysage, Claude, partant d'une tradition différente, porte à son apogée l'utilisation de la lumière et de l'atmosphère pour créer l'unité picturale et imaginative. A cet égard, il marque le terme d'une évolution qui atteignit ses premiers sommets avec Pérugin en Ombrie ; mais Claude fut plus audacieux en contraignant l'infini de la nature dans les limites rigides de la composition classique.

Claude et Poussin représentent les deux grandes tendances du paysage classique français au XVIIe siècle, mais parmi leurs contemporains, plusieurs peintres jouirent en ce domaine d'un succès mérité. Le plus remarquable fut le beau-frère de Poussin, Gaspard Dughet (1615-1675), qui se donna le nom de Gaspard Poussin. Nous connaissons singulièrement mal sa vie, et la chronologie de ses œuvres reste encore très conjecturale[127]. Formé dans l'atelier de son beau-frère autour de 1630-1635, ses premières œuvres adoptent les coloris vénitiens que Poussin utilisait alors, mais très vite Dughet se dota d'un style assez particulier. Il étudia la campa-

256. Pierre Patel l'Aîné. *Paysage,* 1652. Léningrad, Musée de l'Ermitage

gne des environs de Rome avec une application passionnée, louant des maisons à la fois à Tivoli et à Frascati afin d'être plus près de ses motifs. En 1647, il reçut pour l'église de S. Martino ai Monti sa première grande commande publique ; il y peignit une suite de paysages où s'insèrent des sujets liés à l'ordre du Carmel. Ces paysages reflètent la connaissance des œuvres exécutées par son beau-frère pendant les années précédentes, mais Gaspard a su exploiter les possibilités techniques de la fresque pour donner à ses compositions une ampleur que ne pouvaient avoir les peintures de chevalet. Dans sa dernière phase, Dughet semble se tourner vers les œuvres postérieures de Poussin, construisant ses paysages avec une logique qui n'entre pas cependant en conflit avec son observation directe de la nature.

Sa formule est ici une synthèse des techniques de Poussin et de Claude *(fig. 255).* La composition spatiale est d'une géométrie moins rigide que celle de Poussin, mais plus affirmée que celle de Claude ; son traitement de la lumière ne possède pas la finesse de celui de Claude, mais il est plus généreux que celui de Poussin. Dughet relate avec vivacité l'aspect dénudé et accidenté de certains sites montagneux des environs de Rome que ni Poussin, ni Lorrain ne semblent

avoir appréciés. Après sa mort, son style fut largement imité à Rome jusque bien avant dans le XVIIIᵉ siècle, mais il doit son importance historique à la grande admiration que lui portèrent, dans la dernière partie de ce siècle, des peintres comme Richard Wilson et les tenants du mouvement pittoresque, qui prirent modèle sur ses compositions pour leurs paysages de jardins et de parcs, faisant de lui le premier inspirateur d'une vogue qui allait marquer l'ensemble du goût européen.

Les autres paysagistes de la période sont d'une originalité moindre, mais plusieurs produisirent des variantes personnelles des styles de Poussin, Claude Lorrain et Gaspard Dughet. Jean-François dit Francisque Millet (1642-1679), Flamand qui vécut la plus grande partie de sa vie à Paris, appliqua avec métier, mais un peu lourdement, les principes poussinesques des années 1640-1650 ; il fait preuve à l'occasion, comme dans l'*Orage* de la National Gallery de Londres, d'une réelle originalité[128]. Jean Lemaire (1598-1659), élève de Poussin qui s'était surnommé Lemaire-Poussin, se spécialisa dans les architectures imaginaires[129]. Pierre Patel l'Aîné (v. 1620 - v. 1676) fut surtout célèbre pour ses panneaux à paysages insérés dans les décorations intérieures, comme ceux du cabinet de l'Amour de l'hôtel Lambert. Ses compositions *(fig. 256)*, mêlant des architectures aux paysages naturels, témoignent d'une certaine compréhension de Claude Lorrain. Jacques Rousseau (1630-1693) peignit dans l'orangerie de Saint-Cloud[130] un vaste décor à paysages aujourd'hui perdu, et dans la galerie de l'hôtel Lambert une suite de panneaux plus petits. En 1690, il s'installa en Angleterre, et exécuta des paysages décoratifs à Hampton Court et Montagu House. Cette période vit naître également un dessinateur et graveur paysagiste de grande distinction, Israël Silvestre (1621-1691), dont les vues topographiques font partie des créations les plus sensibles du temps[131].

Les peintres classiques mineurs : Le Sueur et Bourdon

Pour compléter le tour d'horizon de la peinture française avant la réorganisation de l'Académie par Colbert et Le Brun en 1663, mention doit être faite d'un groupe d'artistes qui moururent avant cette date ou restèrent peu affectés par l'événement.

Le plus important, Eustache Le Sueur, naquit en 1616 et mourut dès 1655[132]. Tout jeune, en 1632 semble-t-il, il entra dans l'atelier de Vouet. Sa première œuvre attestée, une suite de cartons pour des tapisseries illustrant *le Songe de Polyphile*, fut commandée vers 1637 à Vouet, qui en chargea son élève[133]. Ces dessins montrent que Le Sueur avait parfaitement assimilé la manière de son maître, mais n'avait pas encore acquis son indépendance. La *Présentation de la Vierge au Temple* de l'Ermitage *(fig. 257)*, vraisemblablement peinte au début des années 1640, est encore pleine de réminiscences de Vouet, mais possède aussi des traits plus personnels. Les types figurés reprennent toujours ceux du maître, mais le modelé est plus ferme et la composition plus raide et plus classique.

Vers 1646-1647, Le Sueur entreprit sa première grande réalisation, le cabinet de l'Amour de l'hôtel Lambert. Nous avons souligné plus haut dans le chapitre consacré à Le Vau l'importance de cet ensemble décoratif. La contribution de Le Sueur, une suite de panneaux illustrant l'histoire de Cupidon, ornait le plafond et les murs. L'influence de Vouet est encore visible, mais une certaine légèreté du dessin et le calme de la composition distinguent ces œuvres des décors du maître.

257. Eustache Le Sueur. *Présentation de la Vierge au Temple*. v. 1640-1645. Léningrad, Musée de l'Ermitage

La seconde suite de peintures pour l'hôtel Lambert, au cabinet des Muses, témoigne de plus d'indépendance *(fig. 258)*. Les peintures, qui furent probablement entreprises vers 1647-1649, révèlent pour la première fois l'influence des deux peintres qui allaient dominer le style des dernières années de Le Sueur : Poussin et Raphaël. Ici, l'influence du second est la plus marquée, mais elle passe par Romanelli. Le Sueur étudia vraisemblablement l'œuvre de Raphaël d'après les gravures, car il ne se rendit jamais à Rome ; tous ses biographes anciens le déplorent, mais en profitent pour le citer comme exemple d'artiste ayant réussi sans avoir fait le voyage d'Italie. Les poses et les types des Muses dans les panneaux principaux nous montrent que le peintre avait eu sous les yeux le *Parnasse* et peut-être les *tondi* ornant la voûte de la chambre de la Signature, qui lui enseignèrent une ampleur de formes manquant aux personnages de ses œuvres antérieures.

Plus tard dans sa carrière, son style fut profondément affecté par l'étude des compositions de Poussin des années 1640-1650. Les peintures les plus marquées par cette influence sont celles illustrant la *Vie de saint Bruno*, exécutées semble-t-il vers 1648 pour la chartreuse de Paris (aujourd'hui au Louvre)[134]. Le *Saint Bruno dans sa cellule*, qui appartient à cette suite *(fig. 259)*, montre bien les caractéristiques des tableaux religieux de Le Sueur à l'époque de sa maturité. Il a tiré de Poussin un intérêt nouveau pour l'aspect psychologique des sujets, ainsi

258. Eustache Le Sueur. *Trois Muses,* v. 1647-1649. Paris, Musée du Louvre

qu'un classicisme renouvelé dans la composition et le modelé. Mais ici, comme dans ses meilleures peintures religieuses de l'époque, on trouve une atmosphère méditative, un ton de recueillement qui n'apparaît pas chez Poussin. Ce ton, personnel à Le Sueur, semble aussi refléter directement la vie cloîtrée que les chartreux étaient parmi les rares communautés de Paris à préserver au milieu du XVIIe siècle. Nous ne savons rien des sentiments religieux de Le Sueur, mais il serait difficile de ne pas voir ici l'expression d'une convergence de pensée entre le peintre et le couvent auquel étaient destinées ces œuvres.

A la fin de sa vie, son style subit une nouvelle transformation. Les œuvres attestées de cette période[135] montrent que l'artiste avait été profondément impres-

sionné par les cartons de tapisseries de Raphaël : son *Saint Paul à Ephèse* de 1640 (Louvre) n'est guère plus qu'un assemblage de citations raphaélesques. Dans les années 1650, l'interprétation devient plus libre, mais guère plus heureuse. Le Sueur caricature la monumentalité plastique de son inspirateur, la gonflant parfois jusqu'à lui faire perdre toute signification[136].

Le Sueur fut très admiré en son temps ; pendant tout le XVIIIe siècle, sa réputation égala presque en France celle de Poussin. La tendresse distinguant son œuvre de celle, plus héroïque, de son rival était faite pour séduire une époque où la sensibilité était de mode.

Sébastien Bourdon (1616-1671), exact contemporain de Le Sueur, était capable

259. Eustache Le Sueur et assistants.
Saint Bruno dans sa cellule,
v. 1650. Paris, Musée du Louvre

d'imiter à peu près tous les styles et de leur donner une saveur personnelle, mais n'en développa jamais aucun de son cru. Né à Montpellier, il vint à Paris à l'âge de sept ans, puis à Bordeaux à quatorze ans avant de s'installer à Rome en 1634 ; il y passa trois années, imitant les œuvres des *Bamboccianti* et de Castiglione[137]. En 1637, il retourna à Paris, s'arrêtant en chemin quelque temps à Venise. En 1643, il reçut la commande du Mai de Notre-Dame qui devait représenter le *Martyre de saint Pierre*. C'est une ambitieuse composition baroque d'une liberté de facture vénitienne. Une série de compositions du même type, pleines de vivacité, comme le *César devant le tombeau d'Alexandre* du Louvre, datent probablement à peu près de la même époque.

En 1652, Bourdon fut invité en Suède par la reine Christine en tant que peintre officiel. Durant les deux années qui précédèrent l'abdication de 1654, il peignit les portraits de la reine et de divers membres de sa Cour[138], mais n'exécuta apparemment aucun tableau d'histoire. En 1654, il retourna à Paris, où il continua à jouir d'un grand succès de portraitiste *(fig. 260)*. Peu après son retour, il exé-

cuta le *Martyre de saint André* pour l'église du même nom à Chartres[139], où l'énergie de son style baroque antérieur se tempère sous l'influence de Poussin[140]. Autour de 1659, Il se rendit à Montpellier, où il peignit pour la cathédrale une vaste *Chute de Simon le Magicien* dans le même style. Violemment attaqué par les peintres locaux, il retourna à Paris en 1663 après avoir exécuté une suite de cartons de tapisseries et les toiles des *Sept œuvres de miséricorde* dans une manière de plus en plus poussinesque[141]. A son retour dans la capitale, il entreprit la décoration de la galerie de l'hôtel de Bretonvilliers qui, autant qu'on en puisse juger par les dessins conservés, reprenait elle aussi le style de Poussin[142]. Ce fut sans aucun doute durant ses dernières années à Paris qu'il entreprit ses œuvres les plus caractéristiques ; celles-ci, tout en montrant la forte influence de Poussin, possèdent un charme indéniable et une grande douceur qui semblent avoir séduit ses contemporains. La *Sainte Famille,* d'une beauté exceptionnelle, reproduite *fig. 261,* illustre ce qu'on peut considérer comme sa manière la meilleure et la plus personnelle ; le souvenir des *Saintes Familles* de Poussin s'y traduit sous une forme plus élégante, et dans les tons froids particuliers à Bourdon.

Certains peintres de la génération de

260. Sébastien Bourdon.
Portrait d'un architecte,
1657. Boughton, Northamptonshire (G.B.),
coll. du duc de Buccleuch

261. Sébastien Bourdon. *La Sainte Famille*, v. 1660-1670. Saltwood, Kent (G.B.), Lord Clark coll.

Bourdon et de Le Sueur méritent également une mention. Charles-Alphonse Dufresnoy (1611-1668)[143], qui passa la plus grande partie de sa vie en Italie, combina son goût pour la peinture vénitienne avec son admiration pour Poussin. Il est surtout connu par un poème latin illustrant sous forme d'épigramme la doctrine de l'école classique ; le poème eut un très grand succès : traduit en français immédiatement après la mort de l'auteur par son ami Roger de Piles et en anglais par Dryden, il devait être plus tard annoté par Reynolds. Louis de Boullogne l'Aîné (1609-1674)[144] et Nicolas Loir (1624-1679) allièrent des éléments inspirés des traditions de Poussin et de Vouet. Jacques Stella (1596-1657)[145], de Lyon, commença sa carrière comme graveur à Florence en 1619, mais s'installa à Rome en 1623 ; il fit partie des rares amis intimes de Poussin. Il pratiqua successivement différents styles : les gravures de ses débuts reprennent la manière de Callot, mais ses œuvres postérieures sont dominées par son admiration pour Poussin. Rémy Vuibert, également ami de Poussin, imita son style dans son œuvre majeure, la décoration de la chapelle de la Visitation à Moulins[146]. Nicolas Mignard (1606-1668), bien que né à Troyes, passa la plus

grande partie de sa vie active en Avignon[147]. Complètement éclipsé par son jeune frère Pierre, il fut pourtant un artiste vraiment original ; il apprit beaucoup de ce qu'il vit à Rome, en particulier de l'œuvre de Lanfranco, et peignit en Avignon et dans d'autres villes de Provence plusieurs retables remarquables dans un style proche du baroque.

Les artistes dont nous venons de parler appartiennent encore au groupe des individualistes qui suivirent en peinture leurs propres inclinations ; la génération suivante devait prendre une direction différente et se plier à une dictature intelligente, avec les avantages et les inconvénients qu'elle impliquait.

Sculpture

Sarrazin, François et Michel Anguier

La sculpture française du milieu du XVIIe siècle ne possède ni la qualité, ni la variété de l'architecture et de la peinture contemporaines ; on ne trouve pas d'artistes de premier rang, mais un certain nombre de praticiens de haut niveau, dont les œuvres méritent d'être étudiées, car elles sont caractéristiques du goût de la période et ouvrent la voie au mouvement artistique des décennies suivantes. Stylistiquement, le contexte de la sculpture présente beaucoup d'analogies avec celui de la peinture : sur les survivances d'une tradition locale de la fin du XVIᵉ siècle, viennent se greffer des influences italiennes et flamandes. Il en résulte une série d'œuvres mêlant de manières variées des éléments classiques, naturalistes et baroques. L'éventail de ces variations n'est pas aussi grand qu'en peinture, et l'on n'y trouve rien de comparable au fossé séparant Poussin de Vouet ou La Tour de Le Sueur ; mais les composantes sont les mêmes dans les deux arts.

Les deux artistes les moins affectés par les influences étrangères furent Simon Guillain (v.1581-1658) et Jean Warin (1604-1672). Guillain[148] fit un bref séjour en Italie, dont il revint en 1612, mais son

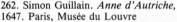

262. Simon Guillain. *Anne d'Autriche,* 1647. Paris, Musée du Louvre

263. Jean Warin. *Buste de Richelieu,* v. 1640. Paris, Bibliothèque nationale

style paraît avoir été plus profondément influencé par les œuvres de son père, Nicolas Guillain (1639)[149] et par les bronzes de Pilon. Dans le domaine de la sculpture proprement dite, sa seule réalisation importante encore conservée est le monument érigé au pont au Change en 1647, dont subsistent au Louvre un bas-relief et les trois effigies en bronze de Louis XIII, d'Anne d'Autriche et du jeune Louis XIV *(fig. 262)*. Le traitement du métal s'inspire directement de la technique de Pilon, bien que, pour les draperies, la vitalité du maniériste ait fait place à une facture assez conventionnelle, analogue à celle de Vouet. De la même façon les visages, qui n'ont pas la pénétration psychologique propre à Pilon, procèdent d'une ennuyeuse formule à demi classique[150].

Warin est un artiste plus subtil ; dans le buste de Richelieu *(fig. 263)* il n'est pas totalement indigne de soutenir la comparaison avec les portraits du cardinal peints par Philippe de Champaigne. Il allie à la tradition de Pilon la connaissance de bustes baroques comme ceux du Bernin et de l'Algarde, bien qu'il semble n'avoir jamais traversé les Alpes. Ce fut le plus brillant médailleur du siècle ; il réorganisa la Monnaie française, à la tête de laquelle il fut nommé en 1646[151].

La personnalité la plus importante de la période, Jacques Sarrazin (1588-1660)[152], créa le style qui domina le milieu du siècle et accueillit dans son atelier la plupart des sculpteurs de la génération suivante. Après une première formation sous la direction de Nicolas Guillain, Sarrazin se rendit à Rome où il séjourna de 1610 à 1627 environ. Il y entretint des contacts personnels avec le groupe des artistes qui précédèrent immédiatement l'éclosion du baroque : Carlo Maderno, pour qui il travailla à Frascati en 1620-1621[153], Dominiquin, et pour la sculpture Francesco Mochi, Pietro Bernini et François Duquesnoy[154].

L'influence de la formation romaine de Sarrazin est visible dans les premières œuvres qu'il exécuta à son retour à Paris, comme l'autel de Saint-Nicolas-des-Champs et les sculptures du château et du nymphée de Wideville ; mais une manière plus personnelle apparaît dans sa première commande royale, la décoration du pavillon de l'Horloge de Lemercier au Louvre (1641) (fig. 264)[155]. Les cariatides de Sarrazin peuvent être considérées comme les premières sculptures du classicisme français, exacts parallèles des créations contemporaines de Poussin et de François Mansart. Les poses frontales, l'exactitude archéologique du vêtement, le traitement des draperies nous indiquent que Sarrazin n'avait pas uniquement appris son classicisme de seconde main, par l'intermédiaire des artistes qu'il avait connus en Italie, mais qu'il avait aussi étudié directement la statuaire romaine antique[156].

Entre 1642 et 1650, Sarrazin dirigea pour Mansart la décoration de Maisons (fig. 178, 179). Une grande variété stylistique s'y déploie, probablement parce que Sarrazin se contenta de fournir de petits modèles et d'exercer un contrôle d'ensemble sur l'exécution confiée à ses élèves Buyster et Van Obstal.

264. Jacques Sarrazin et Gilles Guérin. Paris, Louvre, pavillon de l'Horloge. Cariatides, 1641.

265. Jacques Sarrazin. Chantilly, château. Tombeau d'Henri de Bourbon, prince de Condé, 1648-1663

La dernière œuvre de Sarrazin fut le monument d'Henri de Bourbon, prince de Condé — père du Grand Condé — érigé dans l'église Saint-Paul-Saint-Louis. Commencé en 1648, interrompu par la Fronde et repris seulement après la paix des Pyrénées, le tombeau ne fut achevé qu'en 1663, trois ans après la mort de l'artiste. Déplacé à Chantilly au XIXᵉ siècle par le duc d'Aumale, il fut remonté dans une disposition totalement nouvelle, si bien que sous sa forme actuelle, seuls les groupes correspondent au projet originel de Sarrazin, non la disposition d'ensemble[157]. Tels quels, les groupes révèlent cependant l'importance de la phase tardive de l'évolution de Sarrazin *(fig. 265)*, car y apparaît dans tout son développement le style qui allait dominer la sculpture de Versailles pendant les vingt années suivantes. Ce fut Sarrazin qui inventa pour la sculpture ce mélange particulier de classicisme et de baroque qui, en harmonie avec la doctrine de Le Brun, allait être une composante du style Louis XIV. L'iconographie est classique, bien que fardée d'une patine italienne plus tardive. L'esprit est à mi-chemin entre le froid naturalisme des artistes purement classiques de l'époque et les extases baroques : les attitudes sont simples, presque frontales, mais le mouvement est libre ; les draperies s'inspirent de modèles romains antiques, sans donner cependant dans le puritanisme d'un Poussin. Le bronze n'est pas tourmenté comme dans la sculpture maniériste, mais retombe élégamment en larges plis. Les traits des visages sont classiques, mais l'allongement et la rondeur du cou sont des réminiscences de l'école de Fontainebleau. Ces figures pourraient être transportées sur les parterres de Versailles sans y paraître déplacées, et ce n'est que justice de faire figurer Sarrazin parmi les sculpteurs qui participèrent aux premiers décors des jardins de Versailles, même si son *Sphinx et Enfants* ne fut exécuté qu'après sa mort d'après ses dessins[158].

Les frères Anguier, François et Michel, représentent une tendance de la sculpture française au milieu du XVIIᵉ siècle indépendante du cercle de Sarrazin. Les deux frères naquirent à Eu en Normandie, François probablement en 1604 et Michel en 1613[159]. On dit que François travailla dans sa jeunesse à Abbeville, à Paris et en Angleterre ; Michel vint s'installer à Paris en 1627 ou 1629 et collabora sous la direction de Simon Guillain au retable de l'église des Carmélites, près du Luxembourg. Les deux frères semblent s'être rendus ensemble à Rome autour de 1641 pour entrer dans l'atelier de l'Algarde. François retourna en France dès 1643, mais Michel resta en Italie jusqu'en 1651. A son retour, il rejoignit son frère qui travaillait alors au tombeau des Montmorency à Moulins (1649-1652) *(fig. 266)*.

266. François Anguier et assistants. Moulins (Allier), chapelle du lycée. Tombeau des Montmorency, 1649-1652

Ce monument révèle la nouvelle influence romaine introduite en France par les Anguier. Dans sa disposition d'ensemble, il prend modèle sur les tombeaux Aldobrandini exécutés au début du siècle par Giacomo della Porta à S. Maria sopra Minerva, bien que les Anguier en aient enrichi le dessin par une décoration sculptée. Le style de la sculpture figurée s'inspire de ce que les artistes avaient dû apprendre dans l'atelier de l'Algarde autour de 1640 : une forme de baroque moins extrême que celle du Bernin, par conséquent plus facilement recevable par le public français. L'effigie allongée du duc montre bien l'alliance des influences diverses : la pose est de tradition en France depuis le début du XVIIᵉ siècle, mais la torsion du corps, les boucles refouillées des cheveux, le traitement

267. Michel Anguier. Paris, église Saint-Roch. *Nativité*, 1665

vivant de la draperie trahissent une origine romaine. L'influence classique apparaît plus nettement dans l'effigie de la duchesse, et plus encore dans les statues allégoriques flanquant le groupe principal, exécutées par des assistants. La part de Michel Anguier semble s'être limitée à l'Hercule assis à gauche du sarcophage, de conception antiquisante, mais avec un certain mouvement baroque dans le torse et la tête.

Plus tard, les deux frères allaient suivre des voies divergentes, François continuant les tendances indiquées dans le monument Montmorency[160], Michel s'orientant vers un classicisme plus affirmé. Dans les années 1655-1658, il décora les appartements de la reine mère au Louvre en collaboration avec Romanelli[161]. Son modèle immédiat est ici le décor du palais Pitti par Pierre de Cortone, maître de Romanelli, qu'il peut avoir vu en revenant de Rome ; il a toutefois traduit les lourdes figures de stuc baroques de l'original en termes plus élégants et plus classiques. Dans son travail au Val-de-Grâce, nous le voyons une fois encore hésiter entre les tendances baroques et classiques. Les reliefs garnissant les écoinçons et la voûte de la nef *(fig. 172)* sont bien dans l'esprit classique du temps, alors que dans la *Nativité* destinée au maître-autel, aujourd'hui à Saint-Roch *(fig. 267)*[162], le mouvement baroque fait valoir ses droits. La sensibilité qu'il exprime n'est cependant pas l'extase du baroque romain, mais une sorte de pathos purement français qui, comme le sentiment religieux de Le Sueur, semble ouvrir la voie au XVIIIᵉ siècle[163].

Après 1661, la seule commande officielle importante de Michel Anguier fut la décoration de la porte Saint-Denis (1674), qui lui fut accordée parce que Girardon, à qui elle avait été primitivement confiée, fut rappelé à Versailles pour des travaux plus importants[164]. Son œuvre dut paraître presque archaïque au public des années 1670, malgré sa tentative d'enrichir les sévères trophées classiques d'effets de haut-relief.

Les sculpteurs secondaires de la période oscillent entre les différents styles de Sarrazin et des deux frères Anguier. Gilles Guérin (1606-1678)[165] commença sa carrière comme élève de Sarrazin, travaillant sous les ordres au Louvre et à Maisons, où il sculpta les *Quatre éléments* du vestibule et les cheminées des deux salles principales. Sur son tombeau du prince de Condé (+ 1648) à Vallery est insérée une variante des cariatides de Sarrazin. Plus tard, il développa une manière plus baroque, comme en témoignent l'autel de

Ferrières-en-Gâtinais (1650), la statue de Louis XIV pour l'hôtel de ville (1654) conservée à Carnavalet, et les tombeaux du duc de La Vieuville et de sa femme (après 1666) au Louvre.

Deux des principaux élèves de Sarrazin étaient d'origine flamande. Le premier, Philippe de Buyster (1595-1688)[166], se spécialisa dans la sculpture monumentale et décora de nombreuses églises comme le dôme du Val-de-Grâce *(fig. 159)*. On conserve plusieurs tombeaux de sa main, notamment celui de Claude de Rueil à la cathédrale d'Angers (1650) et celui de la famille de L'Aubespine à la cathédrale de Bourges (1653). Il est sans doute l'auteur des groupes d'enfants couronnant les panneaux de l'escalier de Maisons. Le second Flamand, Gérard Van Obstal (1605-1668), travailla pour Sarrazin au Louvre. Les œuvres de sa maturité exécutées en France, comme les médaillons de l'escalier de Maisons et les reliefs de la galerie de l'hôtel Lambert *(fig. 185)*, témoignent d'un classicisme marqué. Ses dernières œuvres importantes, un ensemble de reliefs à l'hôtel Carnavalet (après 1655) n'ont pas été détruites comme on l'affirme souvent à tort. Deux autres artistes de cette génération représentent également la tendance classique, mais avec moins de talent : Thibault Poissant (1605-1668)[167], auteur des anges et des armoiries couronnant le tombeau des Montmorency *(fig. 266)* et de la *Renommée* qui orne le fronton de la façade sur jardin de Vaux *(fig. 189)*, est assez vulgaire et maladroit. Louis Lerambert (v. 1620-1670) est le plus talentueux, comme le montrent ses reliefs à la cathédrale de Blois, datés de 1660[168].

De nombreux sculpteurs de cette génération, qui survécurent longtemps à Mazarin, furent chargés de travaux de second ordre pour la statuaire des jardins de Versailles, mais comme Michel Anguier, ils furent éclipsés par la jeune génération. Il est curieux de constater que, si la période que nous venons d'étudier est d'une qualité exceptionnelle en architecture et en peinture, mais plus faible en sculpture, au cours de la phase suivante, l'ère de Versailles, c'est bien ce dernier domaine qui devait briller du plus vif éclat. Poussin et François Mansart ne furent jamais oubliés, même durant les dernières années du règne de Louis XIV, mais le renom de Sarrazin et des Anguier fut totalement éclipsé par la gloire de Girardon et de Coysevox.

CHAPITRE VII

Louis XIV et Colbert
1660-1685

Le contexte historique

Le 9 mars 1661, le cardinal Mazarin mourait ; le lendemain, devant ses courtisans surpris et même amusés, le jeune monarque annonça qu'il ne prendrait pas de nouveau premier ministre, mais gouvernerait lui-même son royaume. Cette décision ouvrit la période la plus spectaculaire de l'histoire de France. En vingt ans, une succession de guerres victorieuses portèrent le pays en tête des puissances européennes ; un développement habile de ses ressources naturelles lui donna une prospérité apparemment inépuisable, et toute la nation s'unit pour glorifier un souverain qui, se considérant comme le plus grand roi de son siècle, était déterminé à démontrer le fait à quiconque aurait osé en douter.

Louis XIV fut chanceux, ou avisé, dans le choix de l'homme qui allait mettre en œuvre sa politique. Jean-Baptiste Colbert, légué au roi par Mazarin dont il avait été le plus habile collaborateur, allait jusqu'à sa mort en 1683 conseiller Louis XIV sur tous les sujets d'importance — politiques, économiques, religieux ou artistiques —, ingénieur de la machine étatique sur laquelle reposait la grandeur du souverain.

A l'instigation du roi et grâce à l'habile organisation créée par son ministre, la dernière touche fut apportée au système autocratique centralisé dont Henri IV, Richelieu et Mazarin avaient jeté les fondations. A l'intérieur, les derniers vestiges d'opposition furent anéantis. L'administration composait une pyramide dont le sommet, en réalité comme en théorie, était le roi, qui exerçait le pouvoir central par l'intermédiaire d'une hiérarchie de secrétaires d'Etat et de conseils, relayés dans les provinces par un corps efficace d'intendants. Ainsi, dans toute la France, l'ensemble des activités dut s'inscrire dans un système presque uniforme dépendant d'une autorité unique.

Louis XIV et Colbert imposèrent dans tous les domaines cette direction au sommet. Ainsi dans l'industrie, dont Colbert s'occupa avec un succès particulier, des réglementations strictes furent édictées pour chaque type de commerce, et l'autorité des corporations fut remplacée par celle de l'Etat. Cette réorganisation, jointe à l'amélioration de l'agriculture et des communications intérieures ainsi qu'à la constitution d'une flotte marchande, augmenta considérablement la richesse nationale ; elle apporta la prospérité aux fractions industrielles et commerçantes des classes moyennes, qui offrirent un soutien chaleureux au régime de Colbert, excepté quand leurs privilèges personnels étaient menacés.

Deux facteurs limitèrent toutefois la réussite de Colbert : son impuissance à mettre véritablement de l'ordre dans les finances du royaume, et les perspectives trop étroites de sa politique économique. Dans ce domaine, ses idées se fondaient sur le principe que la France devait viser à l'indépendance économique, important peu, et exportant le plus possible, et qu'elle devait détruire tous ses rivaux commerciaux et industriels par les barrières douanières ou, si nécessaire, par la guerre, accumulant pour elle-même les plus grandes réserves de métal précieux : c'était aux yeux du ministre la seule mesure de la richesse. Ce point de vue étroitement mercantiliste empêcha Colbert de faire meilleur usage des ressources matérielles de la France qu'il avait si habilement développées ; il l'engagea aussi, notamment contre la Hollande, dans des guerres qui, en dépit de leurs visées purement économiques, n'apportèrent en fait aucun bénéfice, affaiblissant plutôt la position française.

Louis XIV et Colbert imposèrent aussi

au monde intellectuel leurs principes unitaires et nationaux du pouvoir : les pensées, aussi bien que les activités des Français, devaient se conformer aux plans de l'Etat. Ainsi, dans le domaine religieux, l'indépendance de l'Eglise gallicane fut défendue avec ardeur et succès contre les exigences du pape, que le roi humilia délibérément à l'occasion de l'affaire des gardes corses. En même temps, les facteurs de désunion interne, comme le mouvement janséniste, furent sévèrement réprimés.

Naturellement, les beaux-arts n'échappèrent pas à ce dirigisme universel ; leur situation au cours de la période fut celle du contrôle étatique le plus étroit et le plus total jamais exercé avant le XXe siècle. Colbert parvint à réunir entre ses mains tous les postes-clefs concernant les arts : en 1664, il devint surintendant des bâtiments ; à l'Académie, il occupa successivement les fonctions de vice-protecteur (1661) et de protecteur (1662) ; en tant que contrôleur général des Finances, tous les projets importants dépendaient en dernier ressort de son bon vouloir.

Colbert pensait que les arts, comme toute autre activité, devaient servir la gloire de la France. Pour y parvenir, leur pratique devait être organisée sur les mêmes bases que l'industrie, et leur théorie définie par un corps de doctrines. Dans le système de Colbert, la pratique fut assurée par la création des Gobelins et de la Savonnerie[1], la théorie par la fondation des diverses académies. Tout comme Louis XIV avait besoin de Colbert pour trouver les moyens de mettre en œuvre ses vues sur l'Etat, Colbert, lui, avait besoin d'un proconsul qui pût agir en son nom dans le domaine des arts. Une fois encore l'homme idéal allait être choisi : Charles Le Brun (1619-1690) qui, jusqu'à la mort de Colbert en 1683, fut le dictateur des arts en France. Le Brun n'était pas un artiste d'une grande imagination, mais il avait exactement les talents que réclamait sa position : flexibilité, capacité d'organisation, aptitude à inspirer et contrôler une équipe d'artistes, énergie infatigable, et patience en face d'un maître difficile et changeant. L'étendue de ses connaissances était vaste ; il pouvait avec une aisance égale dessiner un projet de tableau, un motif de sculpture de jardin ou une tapisserie, tous répondant à leurs fins stylistiques et s'harmonisant mutuellement.

C'était naturellement ce dont avait besoin Colbert, pour qui tous les arts devaient contribuer à la glorification du roi et à la création d'un cadre à sa mesure. Louis XIV, qui se considérait comme le plus grand monarque d'Europe, était nécessairement conduit à réclamer pour lui-même et sa Cour un apparat de la plus grande magnificence répondant aussi à des buts politiques : servir d'appât à la noblesse. La savante hiérarchie et l'étiquette complexe de la Cour devaient se refléter dans un palais qui, par la majesté de ses dimensions et la richesse de son décor, serait l'expression tangible du pouvoir du roi-soleil.

L'organisation des Gobelins est caractéristique des méthodes de Colbert : la manufacture était abritée par les bâtiments d'une vieille fabrique de tapisseries, mais le champ d'activité proposé par le ministre dépassait très largement le tissage des tentures murales. Comme l'impliquait son titre officiel de « Manufacture royale des meubles de la Couronne », elle devait produire tout ce qui était nécessaire à l'ameublement d'un palais royal, excepté les tapis, fabriqués à la manufacture de la Savonnerie établie aux portes de Paris, à Chaillot. C'est là que furent réalisés sous le règne de Louis XIV les somptueux tapis de la galerie d'Apollon, de la Grande galerie et de la chapelle de Versailles.

Aux Gobelins travaillaient sous la direction de Le Brun une armée de peintres, sculpteurs, graveurs, tisserands, teinturiers, brodeurs, orfèvres, ébénistes, sculpteurs sur bois, marbriers et même de mosaïstes. L'ensemble de la production, qui mobilisait quelque deux cent cinquante personnes, était contrôlé par Le Brun, qui fournissait pour chaque corps de métier des projets transformés en cartons ou modèles par des assistants avant d'être traduits dans leur forme définitive, Le Brun surveillant de près chaque stade de l'exécution. La célèbre tapisserie illustrant une visite du roi à la manufacture (fig. 268) nous donne une idée de la variété de la production : tentures, bassins d'argent, tables à incrustations ainsi qu'une centaine d'autres objets de luxe sont présentés au roi qui les inspecte, tandis que sur le mur à l'arrière-plan pend l'un des cartons de Le Brun pour les tapisseries figurant la vie d'Alexandre Le Grand.

Les Gobelins n'étaient pas seulement une manufacture polyvalente, mais aussi une école, dont les règlements rédigés en

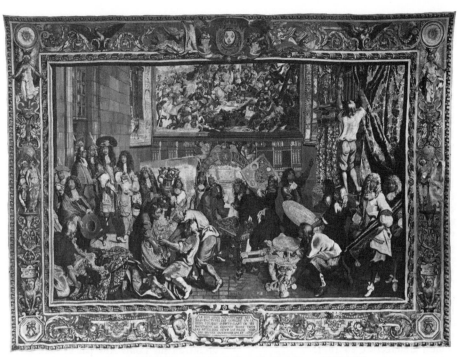

268. *Louis XIV visitant les Gobelins.* Tapisserie, v. 1663-1675,
sur un carton de Le Brun. Paris, Musée des Gobelins

1667 marquent une grande attention à la formation des apprentis. On note avec intérêt que ceux-ci devaient tout d'abord acquérir des connaissances de dessin, et n'étaient autorisés à entreprendre des études plus spécialisées que lorsqu'ils avaient fait leurs preuves en ce domaine. Ce détail parmi bien d'autres différencie très fortement les règlements de Colbert des vieilles pratiques en usage dans les corporations, encore organisées à l'époque selon des principes presque médiévaux. Qui plus est, tous les artistes liés aux Gobelins n'étaient pas assujettis aux règlements corporatifs, jouissant de la même liberté que les artistes directement employés par le roi, qui étaient logés au Louvre.

Le système institué aux Gobelins produisit l'excellence technique et l'uniformité stylistique que réclamaient Colbert et Louis XIV pour le mobilier des palais royaux. Il était fait peu de cas de l'invention individuelle, mais la grande réussite de Le Brun fut de parvenir à canaliser sous une seule direction les énergies de tant de praticiens : Versailles est l'un des plus extraordinaires exemples de ce que peut accomplir un travail collectif dans le domaine des arts.

Pour la part théorique de son programme, Colbert recourut naturellement au système des académies, antérieurement utilisé avec succès aux mêmes fins en Italie, et introduit en France sous les règnes précédents. L'Académie française avait été fondée en 1635 pour établir la doctrine de la vérité dans le domaine des Lettres ; treize ans plus tard, une organisation similaire avait été créée pour les arts plastiques. Dans sa forme originelle, l'Académie royale de peinture et sculpture avait permis aux artistes protégés par le roi de se libérer des corporations et d'affermir leur position sociale. L'Italie avait déjà établi le principe que les arts libéraux comme la peinture, la sculpture et l'architecture devaient être organisés en académies, laissant les corporations prendre en charge les seuls arts mécaniques. Les artistes français ne faisaient donc que suivre le précédent italien en déclarant pratiquer un art libéral qui leur donnait droit à une académie. Comme leurs prédécesseurs, les membres fondateurs de l'Académie française de peinture revendiquaient pour leur art le principe d'un enseignement théorique, et non purement pratique comme pour les métiers manuels ; aussi insistaient-ils pour qu'en dehors des cours d'atelier, les élèves puissent recevoir des leçons exposant la vérité de leur discipline. En fait, ils se montrèrent peu désireux de rédiger la loi, et au début, ces leçons ne semblent avoir été que rarement données.

L'Académie offrait cependant à Colbert et à Le Brun l'arme précise dont ils avaient besoin. Après une refonte complète en 1663, elle se transforma en un rouage de la machine artistique de l'Etat ; une hiérarchie fut établie, avec au sommet le protecteur, puis le directeur (Le Brun), les professeurs, membres, associés et élèves ; l'enseignement fut assuré selon des principes fixés avec rigidité, la théorie exposée en des leçons désormais obligatoires, suivies de discussions. Le temps passant, le système fut étendu : en 1666, une Académie de France fut fondée à Rome et placée sous la direction de Charles Errard, afin de former de jeunes artistes envoyés de Paris. Des académies furent aussi instituées pour les autres arts : celles de la danse en 1661, des sciences en 1666, de la musique en 1669, et de l'architecture en 1671.

L'enseignement et la doctrine de ces académies variaient naturellement selon l'art concerné, mais toutes avaient en commun certains principes fondamentaux. Dans les arts plastiques, les méthodes de l'Académie de peinture et sculpture d'une part, de l'Académie d'architecture d'autre part, présentaient de nombreuses ressemblances. Dans chacune il était admis que la pratique de l'art pouvait être enseignée par l'application de certains principes, et que ceux-ci, issus d'un processus d'analyse rationnelle, pouvaient s'exprimer avec précision par des mots, donc être accessibles à toute personne intelligente. Nous examinerons plus loin les méthodes des deux académies ; contentons-nous ici de noter que leur théorie et leur pratique représentent la forme la plus élaborée d'enseignement académique connue en Europe, et l'application la plus complète du principe d'une approche intellectuelle des arts.

La littérature était dans une situation quelque peu différente. Racine, Molière et La Fontaine jouissaient d'une grande faveur à la Cour, mais n'en dépendaient pas entièrement. Le public parisien était aussi important à leurs yeux que celui de Versailles ; aussi échappaient-ils au système. Boileau, il est vrai, formula une règle non moins rigoureuse que celle de Le Brun, mais il ne pouvait exercer sur

les écrivains un contrôle économique semblable à celui que le Premier peintre avait sur les artistes. C'est pourquoi les talents originaux furent beaucoup plus nombreux dans la littérature que dans les arts plastiques. A l'exception peut-être de Bossuet, aucun des grands écrivains de la période ne consacra le meilleur de lui-même à la glorification du souverain, aux succès de ses armes ou de sa politique. Il est vrai que Racine écrivit sur ordre du roi le *Précis des campagnes de Louis XIV,* mais personne ne songerait à ranger ce morceau d'hagiographie ou le *Siècle de Louis le Grand* de Perrault au nombre des chefs-d'œuvre de la période ; ce n'est pas à cause de tels ouvrages que l'époque est considérée comme l'un des sommets de l'histoire littéraire française, mais grâce à *Phèdre* et au *Misanthrope,* deux pièces créées à Paris et moins admirées à Versailles que les tragédies de Quinault[2].

Le style des arts plastiques sous la dictature de Colbert est un curieux compromis. L'art baroque exerçait naturellement un attrait sur Louis XIV par sa richesse et sa maîtrise du grandiose, mais le roi ne pouvait détourner à son profit un style qui s'était si largement développé en fonction d'exigences religieuses. Les qualités les plus dramatiques du baroque romain, la lumière dirigée en architecture, les évanouissements et les extases en peinture et en sculpture ne pouvaient être repris tels quels dans le Versailles de la grande époque, qui réclamait un style plus profane et plus rationnel. De plus, une tradition classique s'était déjà enracinée dans l'esprit des Français, les rendant naturellement hostiles aux bizarreries du baroque italien ; aussi les artistes inventèrent-ils durant cette période divers compromis où l'influence du baroque transalpin est tempérée par le « bon goût ».

La dictature de Colbert et Le Brun imposa uniformément ce style à toute la France ; l'époque ne comptait pas d'hérétiques : chacun acceptait la doctrine officielle dans toute son orthodoxie[3]. Toutes les grandes commandes qu'un artiste aspirant au succès se devait d'obtenir émanaient de la Couronne et passaient en général par les canaux officiels de l'Académie et des Gobelins. L'ensemble de la France acceptait les critères parisiens et versaillais, et l'on ne trouve alors que peu d'initiatives indépendantes dans les provinces. Quand les grandes villes voulaient entreprendre une œuvre d'importance, elles s'efforçaient la plupart du temps d'obtenir un projet de la capitale ; en cas d'échec, elles contraignaient leurs propres praticiens à s'inspirer le plus possible des modèles parisiens.

La domination du goût de Versailles s'étendit au-delà des frontières de la France. Toute l'Europe de l'ouest commença à imiter la Cour de Louis XIV, son mode de vie, son étiquette et son art ; même les pays politiquement hostiles comme l'Angleterre et la Hollande furent influencés par les modes françaises. Trait symptomatique, les relations artistiques entre la France et l'Italie commencèrent à changer ; jusqu'alors, Rome avait été sans conteste la capitale des arts, regardée avec respect par tous les autres pays, notamment par la France. De jeunes artistes étaient envoyés parfaire leurs études à Rome et la plupart des rois de France, ou leurs ministres, s'étaient efforcés d'attirer à la Cour les meilleurs artistes italiens disponibles. La première indication d'un changement fut l'échec du voyage du Bernin, qui se rendit en grande pompe à Paris pour dessiner les plans du nouveau Louvre. Le rejet de ses projets par le roi fut peut-être partiellement dû aux intrigues de Charles Perrault ; il reste surtout l'expression d'un fait nouveau : les architectes français pouvaient désormais répondre à toutes les exigences, rendant inutile le recours à un étranger, fût-ce à l'artiste romain le plus célèbre du moment[4]. D'autres faits vont dans la même direction. Quand on avait offert à Poussin et à Vouet — qu'ils l'aient acceptée ou non — la présidence de l'Académie de Saint-Luc à Rome, il s'agissait de deux Romains d'adoption ; lorsqu'en 1675 Le Brun reçut ce privilège, la plus grande distinction artistique de la ville éternelle, lui qui n'y avait pas résidé depuis trente ans, l'événement prit une tout autre signification. On note de plus que les théoriciens d'art italiens commencèrent alors à dédier leurs œuvres à des protecteurs français ; ainsi, la *Felsina pittrice* (1678) de Malvasia porte sur la page de titre le nom de Louis XIV et les *Vite de'pittori* de Bellori (1672) celui de Colbert. Certes, un tel tribut avait été payé à François 1er, mais on trouverait difficilement d'autres exemples entre temps. Avant la fin du siècle, l'importance croissante de la France dans le domaine des arts allait être démontrée d'une manière plus visible encore. Plusieurs éléments témoignent

clairement d'influences se propageant de Paris à Rome, et non plus dans l'autre sens seulement : ce qu'on pourrait appeler le baroque tardif international de Maratta ou de Carlo Fontana présente des traits ne pouvant s'expliquer que par une imitation consciente des modèles français. En fait, ce fut grâce à l'œuvre de Louis XIV, de Colbert et de Le Brun que Paris remplaça Rome au XVIIIe siècle comme capitale artistique de l'Europe, et atteignit cette distinction particulière que la ville devait garder jusqu'à notre siècle.

Architecture et décor

Le Louvre et Versailles :
Le Vau, Bernin, Perrault,
J. Hardouin-Mansart, Le Nôtre.
Blondel et l'Académie.
L. Bruant. Les décorateurs

Si Versailles fut le plus grand monument du règne, Louis XIV ne se décida pas immédiatement à y établir sa Cour ; Colbert s'efforça de persuader le roi de ne pas abandonner Paris, et au cours des années 1660-1670 déploya toute son énergie pour achever le Louvre dans l'espoir que le palais resterait la résidence principale du souverain.

Avant que Colbert n'accédât au pouvoir, les travaux de la cour Carrée avaient progressé régulièrement, d'abord sous la direction de Lemercier, puis après sa mort en 1654, sous celle de Le Vau, qui prolongea le bâtiment vers l'est.

Au cours des années 1660, Le Vau avait dessiné pour les exécuteurs testamentaires de Mazarin les plans du collège des Quatre Nations *(fig. 269)*, fondation pour laquelle le cardinal avait légué des fonds importants. L'édifice, qui abrite aujourd'hui l'Institut de France, construit au sud de la Seine dans l'axe de la cour Carrée, était conçu pour s'intégrer au grand projet du Louvre. Il occupe une place importante dans l'architecture française, car il est l'un des rares monuments de l'époque à mettre en œuvre certains principes de l'architecture romaine baroque. L'église à coupole précédée de deux ailes incurvées allie des éléments inspirés de Pierre de Cortone[5] et de Borromini[6], offrant un ensemble d'une indéniable efficacité dramatique, qui devait rester sans écho dans l'architecture française du XVIIe siècle. Le projet de Le Vau comprenait un pont reliant le collège au Lou-

269. Louis Le Vau. Paris, collège des Quatre Nations (Institut),
commencé en 1662. Gravure de Pérelle

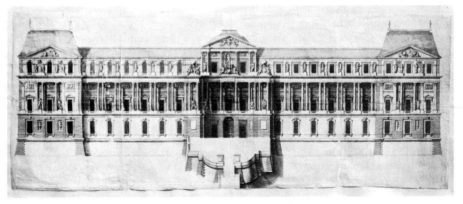

270. Paris, palais du Louvre, aile est. Projet de François Le Vau, 1664.
Dessin, Stockholm, Nationalmuseum

vre, qui ne fut construit qu'au XIXᵉ siècle ; malgré sa maigreur, le pont des Arts permet d'apprécier l'effet que l'architecte voulait produire sur le visiteur qui, traversant la Seine, découvrait l'hémicycle se déployant symétriquement devant ses yeux.

Cette audacieuse composition ainsi que les autres commandes publiques exécutées par Le Vau — le château de Vincennes[7] et l'hôpital de la Salpêtrière[8] — désignaient clairement leur auteur comme l'architecte le plus apte à réaliser la grande façade qui devait fermer le Louvre à l'est, tout près de Saint-Germain-l'Auxerrois. Le Vau avait déjà préparé plusieurs plans pour cette partie du palais, mais la nomination de Colbert à la surintendance des bâtiments en janvier 1664 l'empêcha de les mettre en œuvre. Les raisons exactes de l'animosité de Colbert à l'égard de Le Vau restent obscures[9] ; quoi qu'il en soit, le ministre entreprit immédiatement de trouver un autre architecte.

Il s'adressa d'abord à François Mansart qui, semble-t-il, travaillait sur le projet depuis 1662, mais ne réussit pas à obtenir la commande, refusant de se « lier les mains » par un devis[10]. Ayant essuyé cet échec, Colbert soumit les plans de Le Vau à la critique de tous les architectes de Paris, à qui, dans un second temps, il demanda des propositions personnelles ;

271. Paris, palais du Louvre, aile est. Premier projet de Bernin, 1664. Londres, coll. A. Blunt

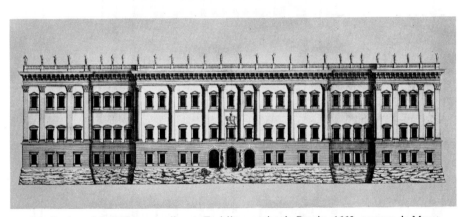

272. Paris, palais du Louvre, aile est. Troisième projet de Bernin, 1665, gravure de Marot

il en résulta divers projets qui nous sont connus par des gravures[11]. Toujours insatisfait, Colbert se décida à faire appel à l'Italie. Pensant tout d'abord demander seulement aux meilleurs architectes de Rome de faire la critique des dessins de Le Vau, il se décida par la suite, changeant d'idée, à leur commander des projets.

Sur les quatre projets présentés alors, l'un, proposé par un personnage par ailleurs inconnu nommé Candiani, vraisemblablement un amateur, ne semble pas avoir été jamais pris au sérieux ; deux autres, par Pierre de Cortone et Carlo Rainaldi, furent rejetés immédiatement ; il semble qu'on ait demandé aux deux architectes d'insérer dans leurs projets une référence à la Couronne française, ce qui explique les étranges toits courbes qu'ils ont proposés pour le pavillon central de la façade orientale. Le projet de Cortone[12], dont il ne subsiste malheureusement aucun plan, contient quelques beaux détails d'élévation — jeu de courbes contrastant avec des surfaces planes qui évoquent la façade presque contemporaine de S. Maria della Pace à Rome — mais il était beaucoup trop extravagant pour convenir aux goûts de Louis XIV et de Colbert.

Il en va de même du premier projet de Bernin, dont l'architecte envoya les dessins de Rome *(fig. 271)*[13] ; c'était un

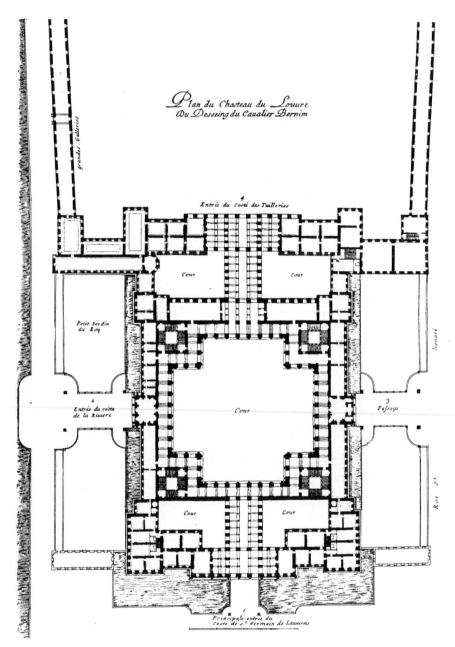

273. Paris, palais du Louvre. Dernier projet de Bernin, 1665.
Plan, d'après J. Marot, *Grand Marot*

palais baroque aux formes aussi libres que celles du projet de Pierre de Cortone, avec un pavillon ovale au centre, d'où s'allongeaient deux ailes elliptiques s'achevant par des pavillons, l'ensemble de la façade étant rythmé par des pilastres colossaux[14]. Colbert envoya ses commentaires et critiques à Bernin qui prépara un second projet, d'un esprit très similaire. Sur ces entrefaites, l'architecte fut appelé à Paris où, après une traversée toute royale de la France, il arriva en juin 1665[15]. Bernin prépara alors un troisième projet sur un plan beaucoup plus ambitieux qui ne se contentait pas d'achever l'aile orientale, mais prévoyait notamment de remanier ou de masquer l'ensemble de la cour Carrée.

Ce troisième projet est connu par les gravures de Jean Marot *(fig. 272, 273)*. C'est un palais colossal, un lourd massif à toit plat bordé d'une balustrade ornée de statues ; les murs sont encore rythmés par un ordre géant, formé ici de demicolonnes et de pilastres : Bernin, qui ne fait aucune concession au goût français, présente un vaste bloc de maçonnerie traité plastiquement, dans la tradition de Caprarola ou de son propre palais Montecitorio. Du côté du fleuve, la façade, qui possédait un étage entier de plus que celle de Le Vau, aurait écrasé de sa hauteur les deux galeries existantes. A l'intérieur de la cour, les bâtiments de Lescot, Lemercier et Le Vau auraient disparu totalement, cachés par deux niveaux de loggias reliées aux quatre angles par des escaliers. Mais surtout, le projet prêtait le flanc à de très sérieuses critiques sur la commodité de la distribution intérieure : le commentaire final de Colbert fut que, même si le dessin offrait des espaces admirables pour les salles de bal, les escaliers et des accès grandioses, le roi serait toujours aussi mal logé.

Le mépris des traditions françaises qu'affiche le projet de Bernin se traduisit aussi dans les relations personnelles de l'artiste avec les architectes et les administrateurs français. Bernin se rendit très vite odieux, critiquant tout et affirmant à tout propos, par des comparaisons désobligeantes, la supériorité artistique de Rome. Il fut donc aisé à Charles Perrault, principal collaborateur de Colbert à la surintendance des bâtiments, de monter les esprits contre Bernin ; avant que ce dernier ne repartît pour Rome en octobre 1665, nombreux étaient ceux qui prévoyaient déjà que ses projets ne seraient jamais exécutés[16].

C'est ce qui arriva ; on peut même dire que la visite de Bernin n'exerça en France aucune influence profonde. La seule œuvre que l'artiste exécuta pendant son séjour parisien fut un buste du roi[17]. En outre, un certain nombre de personnes lui demandèrent conseil pour des travaux d'architecture dont ils étaient responsables[18]. Dans certains cas, nous avons la preuve que son avis fut rejeté[19], et nulle part on ne trouve une trace visible de son passage ; tout au plus quelques retables montrent l'influence de son baldaquin de Saint-Pierre, mais les artistes français le connaissaient avant sa venue : pour une visite aussi solennelle et retentissante, c'était un bien maigre résultat.

Au printemps de l'année 1667, Louis XIV, qui s'était finalement décidé à abandonner les plans de Bernin, créa un conseil de trois membres chargés d'élaborer ensemble un autre projet. Cette commission se composait de Le Vau, qui était toujours Premier architecte et jouissait de la confiance du roi à défaut de celle de Colbert, de Le Brun, en tant que Premier peintre, et de Claude Perrault, frère de Charles. Au premier abord, le choix de Perrault paraît étrange ; il était médecin de profession, son intérêt pour l'architecture était celui d'un pur amateur : son édition de Vitruve[20] prouve toutefois qu'il avait de sérieuses qualifications, et sa formation scientifique — il avait fait aussi des études d'ingénieur — devait se révéler très utile dans le projet du Louvre.

En avril 1667, la commission présenta au roi plusieurs projets, dont l'un fut retenu pour être mis à exécution ; trois ans plus tard, la Colonnade était à peu près achevée *(fig. 274)*. Le ravalement effectué dans les années soixante a rendu à la façade sa splendeur originelle, bien oubliée sous la poussière. On prit en même temps le parti audacieux de creuser le fossé qui, certainement projeté, n'avait jamais réellement existé : ainsi furent restituées les intentions primitives des auteurs, dont on peut voir désormais l'effet dans les vraies proportions[21].

Depuis l'époque de sa construction, les polémiques ont fait rage à propos de l'auteur réel du bâtiment : certains prétendent que la contribution essentielle fut celle de Perrault, d'autres en attribuent le mérite à Le Vau. Sans doute les artistes chargés du projet y ont tous trois contribué, mais le poids des témoignages en faveur de Perrault nous suggère qu'il joua le premier rôle[22].

274. Louis Le Vau, Claude Perrault et Charles Le Brun. Paris,
palais du Louvre, façade est, 1667-1670.

Le style de l'édifice est complexe : la ligne horizontale ininterrompue du couronnement et l'ordre géant posé sur un haut stylobate dérivent d'une tradition italienne, rappelant les projets de Michel-Ange pour le palais des Sénateurs ; ils sont peut-être directement empruntés à Pierre de Cortone[23]. Les colonnes jumelées pourraient être attribuées à Le Vau, qui avait précédemment utilisé des pilastres colossaux géminés à la façade sur jardin de l'hôtel de Lionne[24] ; par contre, les détails strictement classiques de l'ordre et la disposition de la colonnade, conçue comme un péristyle de temple romain, sont des traits qu'on ne trouve ni dans l'architecture italienne, ni dans l'œuvre de Le Vau ; ils sont probablement dus à Perrault, seul membre de la commission ayant un penchant prononcé pour l'archéologie. Ce fut sans aucun doute son habileté d'ingénieur qui permit de résoudre les difficultés techniques qu'impliquaient le couvrement des larges entrecolonnements et la grande distance séparant les colonnes du mur de fond[25].

La Colonnade, qui n'a pas d'équivalent exact dans l'architecture française, constitue néanmoins en ce domaine le premier exemple du style Louis XIV ; baroque par l'échelle de l'ordre, par la profondeur que crée l'absence de support engagé, par la variété rythmique qu'apporte le redoublement des colonnes, elle est par plusieurs traits d'un classicisme plus strict que les œuvres françaises antérieures. Noter la définition simple et claire des masses, les lignes droites de la façade (qui contrastent avec les courbes de la plupart des projets italiens et même de celui de Le Vau)[26], l'entablement sévère et presque sans ressauts, la pureté des détails de l'ordre et des modénatures[27].

Avant que ne s'achevât la Colonnade du Louvre, Louis XIV avait fait comprendre clairement à Colbert et au monde

Vau d'entreprendre de légères modifications intérieures, et d'agrandir le bâtiment par l'adjonction de deux ailes de communs dans l'avant-cour. En 1668, après la paix d'Aix-la-Chapelle, il commença à envisager des transformations beaucoup plus importantes, projetant même au début de démolir les bâtiments existants pour reconstruire l'édifice sur un plan entièrement nouveau[29] ; mais finalement il se résolut en 1669 à faire exécuter un projet de Le Vau, consistant à envelopper le vieux château dans un

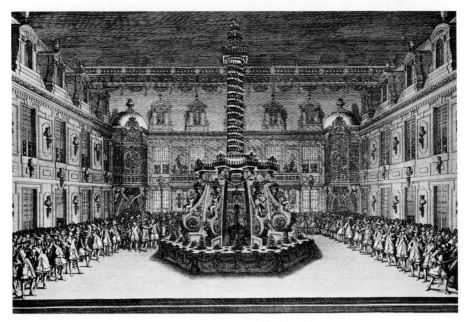

275. Philibert Le Roy et Louis Le Vau. Versailles, la cour de Marbre en 1676, gravure de Silvestre

qu'il entendait quitter Paris pour établir sa résidence principale à Versailles, dans le palais qu'il avait déjà commencé à construire et qui allait devenir le symbole de sa grandeur.

L'histoire de Versailles est longue et complexe[28]. En 1624, Louis XIII avait fait construire sur les dessins de Philibert Le Roy un petit château, agrandi en 1631, composé de trois ailes bordant une cour dont les façades, bien qu'un peu modifiées, subsistent encore dans l'actuelle cour de Marbre *(fig. 275)*. Louis XIV avait manifesté très jeune une affection particulière pour Versailles ; peu de temps après son accession à la tête du gouvernement, il avait ordonné à Le

nouveau bâtiment qui le cachait complètement sur la façade du jardin, et laissait visibles les façades sur cour. Vu du jardin, le nouvel édifice *(fig. 276, 277)* se présentait comme un bloc massif de vingt-cinq travées ; au premier étage, les onze travées centrales, placées en retrait, étaient précédées d'une terrasse. La façade adoptait des élévations presque bramantesques : un rez-de-chaussée à bossages formant soubassement, surmonté d'un étage rythmé par un ordre de pilastres et de colonnes ioniques, et couronné d'un attique découpant sur le ciel une ligne horizontale interrompue seulement par des statues. Plus que toute autre œuvre de Le Vau, Versailles témoigne d'une réelle compréhension des principes de l'architecture classique ainsi que d'un sentiment du grandiose. Les corps de bâtiment, clairement définis, sont conçus comme des volumes cubiques ; les saillies des deux corps latéraux sur le corps central sont très franches, leurs surfaces étant seulement interrompues par les ressauts des avant-corps centraux à colonnes jumelées. Il est difficile de juger les qualités de la composition : le jeu en profondeur a été détruit lorsque J. Hardouin

précédait le château et conduisait au jardin ouest en contrebas ; on voit l'habileté de Le Nôtre à tirer avantage des accidents du terrain, qu'il inscrit dans un parti cohérent et clairement compréhensible. Comme à Vaux-le-Vicomte, la nature était la matière brute dont l'artiste tirait ses effets, mais Le Nôtre la domptait, la contraignait à se mouler dans une forme compatible avec l'utilisation humaine et les idées d'ordre dont dépendait toute existence dans cette société réglée dans ses

276. Louis Le Vau et Jules Hardouin-Mansart. Versailles, façade sur le jardin, 1669-1685

racheta le retrait du corps central en élevant sur la terrasse la galerie des Glaces ; et les proportions ont été ruinées par l'adjonction de deux longues ailes au nord et au sud. Mais, autant qu'on puisse l'imaginer à partir des dispositions actuelles et des gravures présentant l'état originel, la façade prouve que Le Vau s'était admirablement adapté à un programme beaucoup plus ambitieux que tous ceux qu'il avait rencontrés antérieurement.

L'effet extérieur reposait naturellement dans une large mesure sur les jardins environnants, dessinés et exécutés par Le Nôtre au cours des années 1660-1670[30]. La gravure de Silvestre *(fig. 277)* montre bien l'aspect de la terrasse principale qui

moindres détails. L'esprit rationnel qui sous-tend la poésie de Boileau, la politique économique de Colbert ou la théologie de Bossuet déterminait aussi les dessins de Le Nôtre. La symétrie et l'ordre du palais se prolongeaient dans les jardins, avec leurs parterres à découpes régulières, leurs allées dessinant un quadrillage rigide, les fontaines écoulant leurs eaux dans des canaux savamment arrangés. Dans ce dispositif cérémonieux, statues et éléments architecturés prenaient leur place avec une aisance parfaite[31].

Les jardins et les cours du palais servaient de cadre aux grandes fêtes en plein air données par Louis XIV. En 1664, les *Plaisirs de l'île enchantée* célébrèrent pendant trois jours Mlle de La Vallière, et en 1674 des fêtes encore plus magnifiques glorifièrent la reconquête de la Franche-Comté[32]. Dans ces occasions, tous les arts étaient mis à contribution, et les réalisations de Fouquet à Vaux furent imitées et surpassées. Quinault et Molière collaboraient avec Lully pour écrire des comédies-ballets et des opéras. Gissey et Bérain inventaient décors et costumes. Des théâtres éphémères étaient dressés dans les jardins, des feux d'artifice

Le Vau, et en 1663 Le Brun fut chargé de la décorer[33]. Ce décor repose sur une alliance de stucs ornementaux, de compositions figurées peintes et d'arabesques que l'artiste avait déjà utilisée à Vaux ; mais les dimensions sont plus vastes, les formes plus complexes et les reliefs plus riches : c'est une galerie royale au plein sens du terme, et le premier ensemble où Le Brun fit travailler pour le roi l'équipe qu'il avait employée à Vaux, dessinant lui-même les esquisses de toutes les par-

277. Louis Le Vau. Versailles, façade sur le jardin, 1669. Gravure de Silvestre

étaient tirés autour des fontaines, des soupers à la lumière des torches servis dans la cour de Marbre *(fig. 275)*.

Si grandioses qu'aient été les façades et les jardins de Versailles, c'était au décor intérieur que Louis XIV avait réservé ses soins les plus attentifs : c'est là qu'il apparaissait lors des grandes cérémonies du protocole, là qu'il recevait les ambassadeurs des puissances étrangères, là que se déployait dans toute sa complexité la vie de Cour.

Le nouveau style de la décoration intérieure ne fut pas adopté pour la première fois à Versailles, mais au Louvre, à la galerie d'Apollon. Après l'incendie de 1661, la galerie avait été reconstruite par

ties du décor, mais s'aidant pour l'exécution d'une légion d'artistes et de praticiens[34].

Les premières décorations intérieures de Versailles adoptaient probablement ce style, mais toutes ont disparu. Toutefois, les pièces composant les Grands appartements du roi et de la reine, décorées entre 1671 et 1681 sous la direction de Le Brun, ont survécu, bien qu'elles aient perdu une partie de leur splendeur originelle *(fig. 278)*. Les plafonds de ces appartements reprennent la combinaison de stucs et de peintures de la galerie d'Apollon, mais les angles sont parfois garnis de panneaux illusionnistes, les plus spectaculaires étant ceux de la salle des Gardes de la reine, où des groupes de spectateurs contemplent d'en haut le visiteur, accoudés à des balustrades en trompe-l'œil : cet artifice cher aux architectes baroques avait été très largement utilisé en Italie depuis son introduction à la villa Maser par Véronèse[35].

La décoration des murs s'écartait entièrement du type traditionnel à panneaux peints utilisé à Vaux et au Louvre. Les parois de certaines pièces étaient tendues de velours à motifs, habituellement cramoisis ou verts, sur lesquels se détachaient les toiles italiennes des collections royales. D'autres, comme celles du salon

un mobilier complet en argent : une balustrade fermant l'alcôve[36], huit candélabres de deux pieds de haut, quatre vasques d'argent de trois pieds de haut, deux piédestaux portant des brûleurs à parfums, une paire de chenets et un chandelier. Ce luxueux décor eut la vie brève : les sols de marbre furent supprimés en 1684 pour des raisons de commodité et le mobilier d'argent fut envoyé à la Monnaie en 1689 pour être fondu lors de la crise financière qui accompagna la guerre de la ligue d'Augsbourg.

Pour l'iconographie, les pièces s'inspiraient du thème d'Apollon ou du soleil,

278. Charles Le Brun. Versailles, salle des Gardes de la reine, 1679-1681

de Vénus ou du salon de Diane, étaient recouvertes de marbres de différentes couleurs, matériau d'élection des architectes italiens, mais composant ici des découpes classiquement rectilignes.

A l'époque de leur splendeur originelle, ces pièces devaient produire un effet encore plus impressionnant qu'aujourd'hui. Les sols étaient pavés de marbres polychromes et le mobilier se composait de tables et de cabinets à incrustations, de tabourets recouverts de velours ou de tapisserie, et de girandoles en bronze doré. Le salon de Mercure, chambre de parade du roi, possédait en outre

astre auquel Louis XIV s'identifiait désormais[37]. Les sept pièces de l'appartement du roi, dédiées au sept planètes, s'achevaient par le salon d'Apollon qui, fort à propos, formait la salle du Trône. Dans chaque salon, les attributions particulières de la planète figurée étaient exprimées par des fables ou des allégories faisant allusion aux grands rois du passé : le salon de Vénus illustrait l'influence de l'amour sur les rois, celui de Mercure traitait de la sagesse des monarques et celui de Mars des grands souverains guerriers de l'Antiquité.

On accédait à ces pièces, où prenaient

279. Louis Le Vau et Charles Le Brun. Versailles, escalier des Ambassadeurs, commencé en 1671. Gravure de Suruge

place toutes les cérémonies de la Cour, par le décor le plus spectaculaire alors créé à Versailles : le grand escalier ou escalier des Ambassadeurs *(fig. 279)*. Ce projet de Le Vau ne fut mis en œuvre qu'en 1671, l'année qui suivit la mort de l'architecte, par son ancien collaborateur François d'Orbay, qui eut indéniablement un rôle important dans son cabinet à l'époque des travaux de Versailles[38]. L'escalier, de forme nouvelle, occupait un espace long et étroit. Une première volée courte et large conduisait à un repos d'où partait une volée double à montées divergeantes, appuyée sur le long côté de la cage. L'ensemble était éclairé par une ouverture zénithale percée dans la voûte. Le décor, dessiné par Le Brun, était de la plus grande magnificence : les parties basses des murs étaient ornées de panneaux de marbre, les parties hautes peintes d'architectures en trompe-l'œil, avec un ordre de pilastres ioniques séparé par de fausses tapisseries et des loggias peuplées de personnages symbolisant les quatre continents ; la voûte était couverte d'une immense fresque qui reprenait la symbolique des continents, alliée à des allégories glorifiant les vertus et les actions du roi.

Cet escalier, le plus beau fruit de la collaboration de Le Vau et Le Brun, prouvait avec quel brio les deux artistes pouvaient s'adapter aux exigences de l'ère nouvelle. Il ouvrait la seconde étape de la création de Versailles, où le nom de Le Vau fut remplacé par celui d'Hardouin-Mansart. Jules Hardouin, pour l'appeler par son vrai nom, né en 1646, était le petit-neveu de François Mansart. Dans ses jeunes années, il avait été le collaborateur de son grand-oncle ; il en apprit si bien le style que ses premières constructions personnelles, comme le Petit hôtel de Conti, pourraient aisément passer pour l'œuvre de son aîné[39], dont il joignit le nom au sien. Alors qu'il n'avait encore que vingt-huit ans, il fut chargé par le roi de rebâtir le petit château du Val dans la forêt de Saint-Germain ; deux ans plus tard, il reçut une commande plus importante, la reconstruction de Clagny près de Versailles, commencée par Antoine Le Pautre pour la maîtresse du roi, Madame de Montespan. Avant 1670, il avait également construit plusieurs maisons privées, notamment l'hôtel de Noailles à Saint-Germain[40]. Ces édifices montrent que l'architecte s'inspirait moins des œuvres de son oncle que de celles de Le Vau, avec lesquelles ils présentent de nombreux détails communs de plan et d'élévation[41], et dans certains cas, un sens similaire de la mise en scène[42] ; ils révèlent aussi certaines qualités qu'on ne devait guère retrouver plus tard chez Jules Hardouin, en particulier l'ingéniosité du plan et l'invention dans la forme des pièces. Ainsi, au château du Val *(fig. 280)*, le corps de droite se compose de quatre pièces de formes différentes et inhabituelles, groupées de façon à pouvoir être chauf-

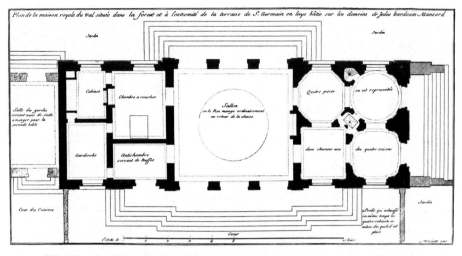

280. Jules Hardouin-Mansart. Saint-Germain-en-Laye, château du Val, 1674. Plan, d'après Mariette, *Architecture française*

fées par un poêle unique inséré dans le noyau central[43]. Cette disposition est intéressante, car elle préfigure l'évolution architecturale des premières années du XVIIIe siècle, époque où les élèves d'Hardouin-Mansart inventèrent un type de demeure plus confortable que nous associons à la naissance du style rococo. Les maisons de J. Hardouin-Mansart possèdent un autre trait novateur : tous les bâtiments de ses débuts mentionnés ci-dessus se signalent par une accentuation des horizontales assez inhabituelle à l'époque. L'hôtel de Noailles et le château du Val ne possèdent pas de véritable étage et si Clagny en comporte un, sa longueur est si considérable que l'horizontalité est plus marquée encore. Cette tendance devait, elle aussi, être reprise au début du XVIIIe siècle.

J. Hardouin-Mansart travaillait à Versailles dès 1673, mais n'avait alors qu'un rôle assez secondaire. Ce n'est qu'après la paix de Nimègue, en 1678, qu'il fut chargé des vastes agrandissements du palais décidés par Louis XIV. Le projet comprenait la construction de la galerie des Glaces et des deux salons adjacents, l'adjonction de deux ailes au nord et au sud de la partie primitive et certaines modifications à la cour de Marbre.

A l'extérieur, ces transformations eurent un résultat désastreux. La construction de la galerie des Glaces impliquait le comblement de la terrasse au centre de la façade sur jardin, ce qui revenait à détruire, nous l'avons dit, un élément essentiel de la composition de Le Vau.

L'adjonction des deux ailes faisait plus que tripler la longueur de la façade, et J. Hardouin-Mansart se contenta de prolonger l'élévation existante ; ainsi l'ordre ionique de l'étage noble, qui était agréablement proportionné à la courte façade originelle, fait bien triste figure répété tout au long des cinq cents mètres de la nouvelle élévation *(fig. 276)*[44].

A l'intérieur au contraire, J. Hardouin-Mansart et Le Brun ont créé l'ensemble le plus impressionnant de tout le palais, l'œuvre qui résume le plus complètement le style Louis XIV : la galerie des Glaces *(fig. 281)* et les deux pièces qui y conduisent, le salon de la Guerre *(fig. 282)* et le salon de la Paix[45]. Rien d'essentiellement nouveau dans le parti ou la décoration de ces pièces : tant dans les formes que dans l'ornement, la galerie reprend le principe de la galerie d'Apollon, à l'exception des glaces qui lui ont donné son nom et du revêtement de marbre qui trouve un précédent dans le Grand appartement. Le salon de la Guerre est plus original, car son décor fait presque uniquement appel à la sculpture ; son morceau de bravoure est un bas-relief de stuc blanc, œuvre de Coysevox, qui représente le roi triomphant de ses ennemis, entouré de reliefs de bronze doré et de stucs imitant le bronze.

Si les principes ne sont pas originaux, leur application est toutefois si brillante qu'elle produit un résultat sans précédent : les dimensions, la richesse des matériaux, la délicatesse du détail, la relation ingénieuse des trois pièces : tout con-

281. Jules Hardouin-Mansart et Charles Le Brun.
Versailles, galerie des Glaces, commencée en 1678

282. Jules Hardouin-Mansart, Charles Le Brun et Antoine Coysevox. Versailles,
salon de la Guerre, commencé en 1678

court à donner à l'ensemble un caractère beaucoup plus impressionnant que toutes les œuvres antérieures du même style. N'oublions pas au demeurant que nous ne voyons aujourd'hui qu'un vestige ; plus pleinement encore que dans le Grand appartement, l'effet d'ensemble reposait sur le mobilier d'argent déployé avec un luxe grandiose : tables, candélabres, lustres, le tout, hélas, fondu en 1689.

Le programme iconographique diffère nettement de celui des aménagements antérieurs. Il fut d'abord proposé de dédier la galerie à Apollon, mais la divinité fut vite éconduite en faveur d'Hercule, dont les travaux auraient symbolisé ceux du roi ; mais Hercule fut lui aussi congédié, et finalement, Le Brun reçut l'ordre de peindre sur la voûte la vie du roi lui-même. Le goût du temps imposait le recours à l'allégorie, et il en résulte un mélange un peu déroutant pour un esprit moderne : Louis apparaît en costume d'empereur romain, mimant les épisodes de son règne en compagnie des dieux et déesses de l'Antiquité et de personnages symbolisant ses ennemis[46]. En dépit de cette présentation indirecte des événements contemporains, le choix du thème par Louis XIV est symptomatique de sa confiance et de son orgueil à l'apogée de son règne.

Ces pièces offrent, une fois encore, le compromis typique du style Louis XIV entre les principes baroques et classiques. La disposition générale de la suite, en particulier les arcs reliant la galerie aux deux salons, trouve un parallèle dans le salon du palais Colonna, exemple type de l'intérieur romain baroque[47] ; mais dans tous les détails, la galerie française est plus modérée : l'illusionnisme est plus retenu, les panneaux des murs plus simples, les trophées sculptés plus classiques : c'était là aussi loin que les Français pouvaient aller à l'époque en direction du baroque.

Outre les modifications du palais proprement dit, J. Hardouin-Mansart fut chargé de construire certains bâtiments importants à proximité. Les écuries, édifiées entre 1679 et 1686, faisaient partie de l'agrandissement vers l'est ; elles remplissaient les intervalles des trois avenues qui se déployaient en éventail devant l'esplanade précédant le palais. Côté jardin, J. Hardouin-Mansart remplaça vers

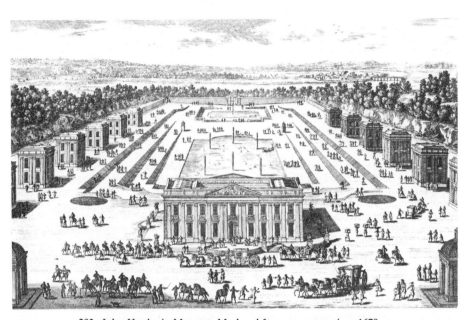

283. Jules Hardouin-Mansart. Marly, château, commencé en 1679.
Gravure de Pérelle

1681-1686 l'orangerie de Le Vau par une autre, plus grande et plus monumentale, et en 1687, il reconstruisit un autre bâtiment de Le Vau, le Trianon de Porcelaine, qu'il remplaça par un édifice plus vaste, le Grand Trianon que nous connaissons aujourd'hui : c'est un curieux bâtiment d'un seul niveau dont le trait le plus original est la colonnade ouverte centrale qui relie les deux ailes[48]. Le Trianon était une retraite où Louis XIV pouvait échapper aux contraintes de la vie officielle. Dans le même but, le roi fit entreprendre en 1679 le château de Marly, aujourd'hui disparu, mais connu par des dessins et des gravures *(fig. 283)*[49]. Le plan de J. Hardouin-Mansart répondait à un principe entièrement nouveau : l'élément central de la composition était un bâtiment carré destiné au roi, face auquel, de chaque côté d'un parterre, s'étendait une double rangée de pavillons plus petits, isolés du bâtiment principal, pour loger les courtisans[50]. Le grand charme de Marly reposait évidemment sur cette habile disposition, et sur la relation intime créée entre ces bâtiments relativement petits et les fontaines, les parterres, le canal environnants ; mais à vrai dire,

ce chapelet de gloriettes ne ressemblait guère à un palais royal.

Marly présente sous une forme un peu caricaturale les caractéristiques de l'art de Louis XIV. Même Versailles, d'un point de vue strictement architectural, n'atteint pas à des sommets. L'histoire de sa construction et de ses nombreuses modifications l'expliquent en partie, mais il y a une raison plus fondamentale : Le Vau, J. Hardouin-Mansart et surtout le roi visaient d'autres buts. Ce que désirait Louis XIV, et que les deux artistes réalisèrent si brillamment, c'était un cadre pour la Cour. A la génération précédente certains architectes, comme François Mansart, avaient consacré leurs recherches aux composantes abstraites de l'art, et leurs commanditaires possédaient assez de sensibilité pour les encourager dans cette voie. Les beaux calculs de proportions, l'utilisation subtile des ordres ou l'exactitude de la modénature laissaient indifférent le roi, et ni Le Vau, ni Jules Hardouin ne s'y intéressaient suffisamment pour les rechercher sans y être encouragés. Le résultat est que Versailles, avec sa splendeur intérieure, ses vastes dimensions extérieures, son parc magnifique et les délicieuses fabriques de ses jardins, présente un ensemble d'une richesse et d'une allure incomparables, mais n'offre guère, pas plus en peinture et en sculpture qu'en architecture, d'œuvres de qualité exceptionnelle. Louis XIV recherchait avant tout l'effet d'ensemble spectaculaire, et pour le produire ses artistes ont sacrifié les détails.

Les autres adjonctions de J. Hardouin-Mansart à Versailles appartiennent à la fin du règne et seront examinées dans le chapitre suivant ; mais parmi les contemporains de Jules Hardouin s'affirmèrent quelques artistes moins célèbres qu'il faut signaler ici.

Le plus remarquable fut Libéral Bruant (v. 1635-1697), frère cadet de Jacques[51], qui n'atteignit jamais le succès que son talent méritait, et n'obtint qu'une seule des multiples commandes publiques du moment : les Invalides *(fig. 284)*[52]. Ce vaste édifice, destiné à loger les invalides de guerre, fut commencé en 1670 et achevé en 1677, à l'exception de l'église à coupole ajoutée plus tard par J. Hardouin-Mansart. Il est disposé sur un plan en grille, comme l'Escorial ou le projet de Serlio pour l'agrandissement du Louvre ; les élévations externes sont sans grand caractère, mais les cours à arcades possèdent un peu l'austère gravité des acqueducs romains. On retrouve cette simplicité, plus marquée encore, à la chapelle que Bruant dessina autour de 1670

pour la Salpêtrière, hôpital fondé par Mazarin pour abriter les malades et les indigents de Paris *(fig. 285)*. Bruant fait preuve d'un grand talent inventif tant dans la disposition de l'ensemble, formé de plusieurs quartiers presque séparés les uns des autres pour concilier les différentes utilisations de l'hôpital, que dans le parti de l'église, variante éminemment originale du plan central. Autour de l'octogone médian se déploient quatre corps rectangulaires identiques séparés par quatre petites chapelles octogonales ; chaque élément secondaire s'achève, du côté de l'espace principal, par une sorte d'absidiole percée au centre d'une étroite arcade. Les formes inhabituelles nées de cette disposition sont décorées avec une extrême sobriété ; l'intérieur laisse une sensation, à peu près unique dans l'architecture française du temps, de volumes clos creusés dans l'espace. A nos yeux d'hommes du XXe siècle, Bruant possède à un plus haut degré que J. Hardouin-Mansart les qualités essentielles d'un architecte ; mais il lui manqua totalement ce sens du spectaculaire indispensable à qui voulait réussir à Versailles[53].

Les autres architectes de la période n'étaient guère pour la plupart que des imitateurs de Le Vau ou d'Hardouin-Mansart. Charles Errard (v. 1606-1689) se consacra surtout aux peintures d'arabesques décoratives, dont il subsiste quelques exemples au palais de justice de Rouen et

284. Libéral Bruant et Jules Hardouin-Mansart. Paris, Les Invalides.
Cour, 1670-1677. Dôme, 1680-1689

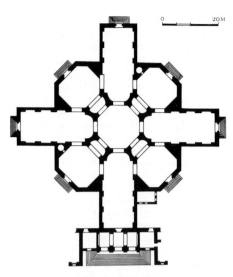

285. Libéral Bruant. Paris, hôpital de la Salpêtrière, chapelle, v. 1670. Plan, d'après Dumolin et Outardel, *Les églises de France. Paris et la Seine*

au Luxembourg ; il construisit aussi rue Saint-Honoré l'église de l'Assomption (1670-1676), tentative maladroite et pédante de faire reposer une coupole au sommet d'un haut cylindre[54]. Daniel Gittard (1625-1686) se consacra à la construction d'un grand nombre d'églises et bâtit en 1671 la maison de Lully à Paris, d'un dessin inhabituel, avec un ordre de pilastres colossaux posé sur un rez-de-chaussée à bossages. Charles Chamois (actif après 1659), Thomas Gobert (1630-v. 1708), Gabriel Le Duc (1625/1630-1704) et bien d'autres construisirent des hôtels et des châteaux plus ingénieux techniquement qu'originaux[55].

Les architectes furent grandement aidés par les inventeurs de thèmes ornementaux, comme Jean Bérain (1640-1711) et Jean Le Pautre (1618-1682), qui firent preuve d'une brillante originalité dans le dessin d'arabesques et autres motifs de fantaisie pour les décors muraux et les tapisseries[56].

Tandis que se développait cette activité architecturale, l'Académie élaborait la théorie. Sa doctrine peut être dégagée de l'étude des procès-verbaux de ses réunions hebdomadaires[57] ; elle est aussi exposée formellement dans certains traités, le plus important étant le *Cours d'architecture* de François Blondel, texte des conférences lues aux élèves de l'Aca-

démie, publiées sous forme de recueil entre 1675 et 1698[58].

Blondel expose une doctrine rigoureusement classique et rationnelle. L'architecture doit suivre les lois de la nature et de la raison, plutôt que celles de la fantaisie. Une des manifestations de la raison est la méthode, qui seule permet à l'esprit humain d'appréhender l'art. Par la raison, on peut déduire certaines règles d'une validité absolue, en particulier celles des proportions des cinq ordres, qui sont déduites des mesures du corps humain, et ne doivent jamais être altérées. L'élève peut parvenir plus vite à la compréhension de ces principes en étudiant et en imitant les œuvres où ils s'incarnent le plus parfaitement, en premier lieu les monuments antiques[59], puis les réalisations des grands maîtres de la Renaissance italienne ; en d'autres termes Blondel reprend la vieille doctrine académique : la raison, les règles, l'exemple des plus excellents maîtres.

Cette doctrine rigide, qui correspondait exactement aux désirs d'orthodoxie de Colbert, fut généralement acceptée jusqu'à ce que tout le système de valeurs sur lequel elle se fondait fût remis en cause par la querelle des Anciens et des Modernes. Mais on ne peut dire qu'elle correspondait exactement à la pratique : le style d'architectes tels qu'Hardouin-Mansart est moins sobre et moins respectueux des règles de Vitruve que ne l'aurait souhaité Blondel[60]. Nous retrouverons ce phénomène en peinture : Le Brun lui-même ne mettait pas en œuvre à Versailles le classicisme rigoureux qu'il prêchait à l'Académie. Il serait faux toutefois d'imaginer que la différence reflétait un conflit conscient : simplement il est plus facile en théorie qu'en pratique d'être strictement rationnel.

Peinture et théorie

Le Brun et l'Académie, Mignard

Les grandes réalisations picturales de la période appartiennent au domaine déjà considéré de la décoration monumentale, mais les artistes français continuèrent évidemment à peindre des tableaux de chevalet, et l'enseignement théorique de l'Académie se prêtait mieux à des compositions classiques de petites dimensions qu'aux grandes fresques héroïques[61].

Les idées de l'Académie de peinture et sculpture sont pour l'essentiel très proches parentes de celles de l'Académie d'architecture, et peuvent se résumer en une même formule : la raison, les règles, l'exemple des plus excellents maîtres. Mais l'application aux arts figuratifs implique bien entendu de nombreuses différences de détail..

La doctrine se fonde sur le postulat que la peinture[62] s'adresse avant tout à la raison ou à l'esprit, non à l'œil ; c'est donc un art intellectuel et savant à buts éducatifs. Les académiciens acceptent la définition traditionnelle de la peinture comme imitation de la nature, mais une imitation conforme aux lois de la raison. L'artiste doit choisir parmi la variété et la richesse désordonnée de la nature ses éléments les plus beaux, c'est-à-dire ceux qui s'accordent à la raison[63]. En d'autres termes, l'artiste doit réduire la nature aux lois rationnelles régissant les proportions, la perspective et la composition. Il doit, de plus, concentrer son attention sur les aspects permanents de la nature : la forme et le contour, sans trop s'attacher aux éléments qui, comme les coloris, sont éphémères et s'adressent à l'œil, non à l'esprit[64].

Sur cette base, l'Académie élabora dans ses conférences le système de lois le plus compliqué jamais imaginé pour régir l'art pictural. Le peintre doit choisir uniquement des sujets nobles ; comme l'auteur dramatique, il doit observer les unités de temps, de lieu et d'action, bien qu'en matière de temps il puisse être autorisé à certaines libertés pour suggérer ce qui précède et suit immédiatement l'instant exact représenté. Il lui faut observer les convenances ; rien ne doit être trivial dans ses compositions, tout doit respecter le ton du thème choisi.

Les académiciens ne se satisfaisaient pas d'indications aussi générales, mais présentaient leurs conceptions sous des formes rigides. Dans son fameux traité sur l'expression des passions[65], Le Brun donne à ses élèves des instructions précises sur la façon de représenter chaque état émotif particulier et, craignant sans doute que les mots soient insuffisamment explicites, il accompagne chaque chapitre d'un dessin schématique. Henri Testelin, secrétaire de l'Académie, développera cette méthode ; ses *Sentiments des plus habiles peintres*, publiés en 1680, répertorient les idées agréées par l'Académie sur le dessin, l'expression, les proportions, le clair-obscur, la composition et les coloris.

Ces règles s'accompagnaient d'instructions également strictes sur le choix des différents artistes acceptables comme modèles pour les élèves. L'Académie établit ainsi sa hiérarchie des mérites : tout d'abord les Anciens[66], en second lieu Raphaël et ses continuateurs romains, en troisième : Poussin. L'élève était explicitement averti de se défier des Vénitiens, qui avaient porté un intérêt trop grand à la couleur, et des Flamands et Hollandais, qui avaient imité la nature trop servilement et sans discrimination[67].

Les préceptes se complétaient naturellement d'une instruction pratique qui suivait les mêmes principes. A son arrivée à l'école de l'Académie, le jeune élève apprenait à copier les maîtres autorisés, d'abord en dessin, puis en peinture. Ensuite, on lui faisait copier des moulages d'œuvres antiques, et ce n'est qu'après cette formation préliminaire qu'il était autorisé à dessiner d'après nature, car, pensait-on, son goût était alors suffisamment formé pour qu'il fût capable de choisir dans les modèles ce qui s'accordait au bon goût et à la raison.

Le lecteur ne sera pas surpris d'apprendre que cet enseignement restrictif ne produisit pas d'individualités remarquables. Les peintres formés à l'Académie sous la

286. Charles Le Brun. *Hercule terrassant Diomède*, v. 1640. Nottingham (G.B.), Art Gallery

287. Charles Le Brun. *L'adoration des bergers,* v. 1689. Paris, Musée du Louvre

direction de Le Brun sont tous de bons techniciens, mais rarement plus ; quand ils révèlent leur tempérament, c'est généralement en brisant les règles qui leur avaient été inculquées.

Le Brun était lui-même un artiste d'un grand talent naturel[68]. Né en 1619, il se forma d'abord sous la direction de Perrier et de Vouet ; lorsqu'il était encore dans l'atelier de ce dernier, il peignit *Hercule terrassant Diodème (fig. 286),* œuvre qui révèle une vigueur de composition et de facture étonnante de la part d'un artiste aussi jeune. En 1642, il se rendit à Rome, où il travailla pendant quatre ans, en partie sous la direction de Poussin, en partie en étudiant les réalisations romaines contemporaines. A son retour à Paris en 1646, il obtint immédiatement des commandes pour des tableaux religieux et des décorations. A la fin des années 1650, sa réputation était établie grâce à ses décors de l'hôtel Lambert et de Vaux[69]. En 1661, il reçut sa première commande royale : *les Reines de Perse aux pieds d'Alexandre* ou *la Tente de Darius (fig. 290),* où les qualités du style de sa maturité apparaissent pleinement développées.

L'influence de Poussin est encore visible dans les détails antiquisants et dans l'attention portée aux gestes et à l'expression faciale, mais Le Brun affadit la rigueur du style de Poussin : la composition est plus libre et plus pittoresque, le cadre plus riche et plus spectaculaire[70], le sujet plus pathétique qu'héroïque[71] ; enfin, l'œuvre illustre la vie d'Alexandre, héros avec lequel Louis XIV admettait quelque ressemblance. Le Brun reprit le thème dans une suite que le roi commanda immédiatement après la réception de la *Tente de Darius.* Cette suite se compose de quatre immenses toiles — trois d'entre elles mesurent plus de douze mètres de long — illustrant les victoires d'Alexandre, qui révèlent une maîtrise des compositions à personnages multiples égale à celle des évidents inspirateurs de Le Brun : Jules Romain et Pierre de Cortone[72]. Pour un programme aussi vaste, Le Brun utilisait nécessairement des assistants, mais ses dessins conservés prouvent qu'il élaborait lui-même chaque élément, dont beaucoup ont dû être exécutés par lui. La vivacité des compositions tient pour une large part à de bril-

288. Charles Le Brun. *La Résurrection du Christ,* 1674. Lyon, Musée des Beaux-Arts

l'eût exigé sa théorie, mais la même tendance apparaît dans les rares tableaux de chevalet qu'il exécuta à l'époque de son succès. La *Résurrection du Christ,* peinte en 1674 pour la chapelle de la corporation parisienne des merciers, conservée aujourd'hui au musée de Lyon, offre un exemple typique de ce style *(fig. 288).* La première impression laissée par cette œuvre est celle d'un baroque plein de vivacité, comme ce qu'aurait pu peindre un Pierre de Cortone pour une église romaine ; seul un examen attentif permet de constater ses autres composantes : les types sont plus raphaélesques et la présentation des figures plus frontale que dans une composition romaine contemporaine. Au demeurant ce retable est d'un esprit plus proche des œuvres baroques condamnées par Le Brun, que de celles de Poussin qu'il proposait pour idéal[73].

Le personnage de Colbert, modestement placé dans l'angle inférieur droit du tableau, est traité avec un réalisme nous rappelant que Le Brun était aussi un portraitiste de talent. L'effigie du premier protecteur de l'artiste, le chancelier Séguier, représenté lors de l'entrée de Louis XIV et de Marie-Thérèse d'Autriche à Paris en 1661, propose une belle solution classique au problème du portrait équestre grandeur nature *(fig. 289).* Le groupe est traité comme une frise, le cheval présenté exactement de profil et les pages disposés en rang, celui de l'extrémité droite se retournant pour fermer la composition. C'est la réponse du classicisme français au défi du *Buckingham* de Rubens ou du *Charles Ier* de Van Dyck, les grands modèles baroques de ce type de portraits ; s'il n'a pas leur vigueur, il possède toute la dignité qui convenait à l'époque et aux circonstances. Mais, même ici, Le Brun ne respecte pas entièrement ses propres principes : si la composition est classique, le traitement naturaliste des vêtements brodés et la chaleur des coloris de l'ensemble sont des emprunts à la tradition flamande de Van Dyck, que le peintre condamnait si fortement dans ses cours théoriques.

La dictature de l'artiste dura jusqu'à la mort de Colbert en 1683 ; mais le successeur de ce dernier, Louvois, était depuis de longues années le défenseur du rival de Le Brun, Pierre Mignard, qui évinça peu à peu le Premier peintre. Jusqu'à sa propre disparition en 1690, Le Brun continua à recevoir les marques de la faveur personnelle du roi, mais ce n'étaient guère

lants morceaux de peinture animalière. On a coutume d'en attribuer le mérite à Adam van der Meulen, formé dans la tradition naturaliste des Flandres ; mais Le Brun, qui a donné dans ses œuvres de jeunesse la preuve d'un étonnant talent dans ce domaine, par exemple dans les chevaux de *Diodème* et le chien au premier plan du *Martyre de saint Jean l'évangéliste* (Saint-Nicolas-du-Chardonnet), peut fort bien être aussi l'auteur de tels détails dans ses compositions plus tardives.

La série d'Alexandre établit la position de Le Brun auprès du roi. A partir de ce moment, nous l'avons vu, il obtint toutes les charges importantes dans le domaine des arts, et fournit des projets pour tous les grands programmes décoratifs des palais royaux. Nous avons noté que la nature de ces œuvres le contraignait à être moins strictement classique que ne

289. Charles Le Brun. *Le chancelier Séguier,* 1661. Paris, Musée du Louvre

que des prix de consolation ; les commandes importantes allaient ailleurs. Prouvant sa remarquable intégrité artistique, Le Brun consacra ses loisirs forcés à peindre plusieurs tableaux de dimensions relativement petites, révélant des qualités qu'il aurait été incapable de cultiver pendant ses années de succès. L'*Adoration des Bergers (fig. 287),* vraisemblablement exécutée en 1689, exprime une sincérité et une poésie qu'on aurait difficilement soupçonnées chez l'auteur de l'*Histoire d'Alexandre* et de la voûte de la galerie des Glaces. L'œuvre montre à quel point Le Brun se libéra des chaînes qu'il s'était lui-même données : au mépris de toutes les conventions alors acceptées en France, l'artiste adopte un éclairage presque caravagesque, mais l'utilise pour créer une atmosphère d'émotion personnelle et intime, plus proche du luminisme de certains peintres hollandais que de Caravage ou de La Tour[74].

La rivalité personnelle de Le Brun et Mignard ne doit pas nous conduire à penser que les deux peintres représentaient des tendances stylistiques opposées. Au contraire, les peintures de Mignard correspondent parfaitement à l'enseignement de l'Académie, plus complètement même que celles de Le Brun. Né à Troyes en 1612, Mignard étudia d'abord dans l'atelier de Jean Boucher de Bourges, puis à Paris dans celui de Vouet. En 1636, il rejoignit Rome où il vécut jusqu'en 1657, à l'exception d'une rapide visite à Venise et dans les villes de l'Italie du nord en 1654-1655. A Rome, il forma surtout son style à l'étude d'Annibal Carrache, de Dominiquin et de Poussin ; bien qu'il se soit plus tard fait le champion des Vénitiens dans la querelle du dessin et du coloris, il semble l'avoir fait par désir de s'opposer à Le Brun plus que par admiration sincère, car il serait difficile de trouver dans la couleur ou la facture de ses œuvres une trace quelconque d'influence vénitienne[75].

En 1657, il fut rappelé en France sur ordre de Louis XIV, et obtint un succès considérable, surtout comme portraitiste, mais aussi pour ses décorations d'hôtels et d'églises[76]. Dans ce dernier domaine,

290. Charles Le Brun. *La Tente de Darius,* 1661, gravure . Paris, Musée du Louvre

291. Pierre Mignard. *La Tente de Darius,* 1689. Léningrad, Musée de l'Ermitage

292. Pierre Mignard. *La marquise de Seignelay en Thétis*, 1691.
Londres, National Gallery

ses commandes les plus importantes furent en 1663 les fresques de la coupole du Val-de-Grâce pour Anne d'Autriche et en 1677 la décoration aujourd'hui disparue de la galerie et du salon de Saint-Cloud pour Monsieur, frère du roi. Mignard ne témoigne pas dans ces deux œuvres d'une grande originalité ; sa coupole s'inspire directement du type créé par le Corrège et réintroduit au XVIIe siècle par Lanfranco, et ses décorations pour Saint-Cloud ne se distinguaient guère, ni dans le dessin ni dans la conception d'ensemble, de celles de son rival à Versailles. Le caractère le plus frappant de toutes les peintures historiques et religieuses de Mignard est la froideur du coloris et de la facture, dérivée de la tradition de Dominiquin et de Poussin. En 1689, Louvois réveilla la rivalité entre son favori et Le Brun en commandant au premier une *Tente de Darius (fig. 291)*, défi au célèbre chef-d'œuvre du second. Bien que la toile de Mignard ait été très admirée, elle paraît aujourd'hui ennuyeuse et insipide, ne possédant ni le brio de la composition de Le Brun, ni même l'équilibre classique ou l'harmonie de Dominiquin et de Poussin, les deux modèles dont Mignard paraît s'être inspiré. Une fois encore, le « coloriste » Mignard se révèle en pratique plus classique et plus linéaire que le chef officiel des défenseurs du dessin.

Le seul domaine où Mignard montre

quelque originalité est celui du portrait[77]. Cet art avait presque cessé d'exister en tant que tel à cause de l'importance que l'Académie attachait à la peinture d'histoire. Le commun des portraitistes, comme Claude Lefèvre (1632-1675)[78] ou Laurent Fauchier (1643-1672), utilisait une formule plus ou moins flamande trouvant sa source chez Van Dyck, mais quelques peintres s'essayèrent au portrait allégorique. Un exemple caractéristique, bien qu'assez peu satisfaisant, est le portrait collectif de Jean Nocret, commandé en 1670, qui présente Louis XIV et sa famille, chaque personnage portant le costume et les attributs d'un dieu ou d'une déesse de la mythologie classique[79].

Mignard eut l'habileté de donner vie à cette tradition mal assurée, et ses portraits de ce type, comme le *Comte de Toulouse en Cupidon* (Versailles) ou la *Marquise de Seignelay en Thétis (fig. 292)*, sont infiniment supérieurs aux productions similaires de ses collègues. Il est plus ambitieux dans le portrait équestre de Louis XIV au siège de Maastricht *(fig. 293)* : le roi, vêtu en empereur romain, monte un cheval qui caracole, tandis qu'une Victoire descend du ciel pour le couronner de lauriers ; Mignard rivalisait ici directement avec les artistes baroques, comme Bernin pour l'attitude du cheval et Rubens pour la conception d'ensemble. Le résultat montre à quel point il était

293. Pierre Mignard. *Louis XIV*, 1673.
Musée de Turin

imprudent pour un peintre de formation classique de s'essayer aux compositions mouvementées, langage naturel des artistes baroques. Comme dans beaucoup de ses œuvres, Mignard a complètement manqué son but : trouver une solution classique au portrait équestre officiel — ce que son rival moins ambitieux avait si bien réussi dans le portrait de Séguier *(fig. 289)*.

A la fin de sa vie, Mignard vit ses ambitions satisfaites, obtenant la reconnaissance officielle qu'il avait si longtemps recherchée. Lorsque Le Brun mourut en 1690, le roi, sur la recommandation de Louvois, le nomma Premier peintre et signifia à l'Académie son désir de le voir élu directeur et chancelier de leur institution. En une seule séance Mignard devint associé, membre, recteur, directeur et chancelier : son triomphe sur son rival défunt était complet.

Sculpture

Girardon et Coysevox

Participer au décor des jardins et des appartements de Versailles fut la principale fonction des sculpteurs de la période ; nous avons déjà évoqué leur œuvre dans ce domaine en étudiant les problèmes généraux de l'architecture de l'époque ; certains toutefois furent des artistes d'une telle importance qu'ils réclament une étude détaillée, en particulier François Girardon (1628-1715) et Antoine Coysevox (1640-1720)[80].

Girardon[81], proche collaborateur de Le Brun, traduisit dans son œuvre les théories classiques de l'Académie. Comme Le Brun, c'était un protégé de Séguier, qui l'envoya faire un court séjour à Rome, probablement entre 1645 et 1650. A son retour, l'artiste continua sa formation à l'école de l'Académie, dont il devint membre en 1657. Ses rares œuvres de jeunesse conservées[82] montrent qu'il avait appris le style courant de l'époque, inspiré de Sarrazin. A partir de 1663 il prit part à la décoration des palais royaux, en particulier à la galerie d'Apollon ; en 1666, il reçut la commande qui fait l'essentiel de sa gloire, le groupe d'*Apollon servi par les Nymphes* destiné à la grotte de Thétis de Versailles *(fig. 294)*. Il est difficile aujourd'hui de juger cette œuvre : elle a été placée dans le cadre « pittoresque » d'une grotte à rochers et ruines dessinée par Hubert Robert à la fin du XVIIIᵉ siècle, et de plus, la disposition

294. François Girardon. *Apollon servi par les Nymphes,* 1666. Versailles

295. François Girardon et autres. Versailles, grotte de Thétis, 1666. Gravure de J. Le Pautre

des personnages a été altérée[83]. La gravure de la *figure 295* montre la composition originelle ; le groupe était enfermé dans une niche flanquée de deux autres de même forme, qui contenaient les chevaux d'Apollon sculptés par Guérin et les frères Marsy. L'idée de répartir le récit à travers les différentes parties de l'édifice, liées ainsi en un tout cohérent, est un artifice baroque. Le parti est certainement du dessin de Le Brun, car le groupe de Girardon est l'œuvre la plus purement classique de toute la sculpture française du XVIIe siècle. L'influence directe de la statuaire hellénistique, extrêmement frappante, se traduit dans les types des personnages, le modelé des nus et le traitement des draperies ; on peut l'expliquer par le voyage que l'artiste fit spécialement à Rome à l'époque de l'exécution du groupe afin de rafraîchir ses souvenirs de la sculpture antique[84]. Le problème principal que Girardon rencontra n'était pas cependant le traitement individuel des personnages, mais la manière de les relier en un groupe cohérent. Aucun modèle antique ne pouvait le guider sur ce point[85], et Girardon n'était pas prêt à utiliser les méthodes élaborées avec un si grand succès par les sculpteurs baroques pour leurs fontaines ou leurs retables. Aussi se tourna-t-il vers une source fort différente : la peinture de Poussin. Les dernières compositions classiques du peintre sont si bien conçues comme des corps solides, les attitudes à tel point composées dans l'espace, que Girardon n'avait plus qu'à les traduire en sculpture. Sous sa forme originelle, le groupe devait satisfaire très rigoureusement aux canons de la composition classique. Le personnage central, qui imite de près l'*Apollon du Belvédère,* était présenté de face dans une pose classique ; les nymphes, placées symétriquement autour de lui, évitaient la monotonie par la grande variété et les contrastes de leurs poses et de leurs gestes.

Les autres sculptures de Girardon pour les jardins de Versailles n'ont pas cette qualité, à deux exceptions près : le relief du *Bain des Nymphes*[86] qu'on pourrait presque décrire comme la version du XVIIe siècle des reliefs sculptés par Goujon à la fontaine des Innocents, et l'*Enlèvement de Perséphone (fig. 296).* Dans l'*Apollon servi par les Nymphes*, Girardon s'était attaqué au problème de statues indépendantes formant un ensemble placé dans une niche. Sa *Perséphone*, en revanche, est un groupe isolé, composé de trois figures entrelacées sculptées dans un seul bloc ; l'artiste appelle donc directement la comparaison avec l'œuvre sur le même thème de Bernin et avec l'*Enlèvement des Sabines* de Jean de Bologne. Le groupe, lui non plus, n'occupe pas aujourd'hui son emplacement originel. Érigé au centre du cercle de la Colonnade, il fait face à l'entrée, mais invite le spectateur à tourner autour de lui et à l'examiner de tous côtés. A l'origine, il

296. François Girardon. *L'enlèvement de Perséphone,* 1677-1699. Versailles

était destiné à former l'un des quatre groupes cantonnant le parterre d'Eau[87]. Nous ne savons pas exactement comment il aurait été placé ; il devait certainement répondre à un point de vue déterminé vers lequel il offrait une présentation privilégiée. Girardon, prenant cette donnée en considération, a dessiné un groupe à la frontalité accentuée. Comparons-le avec les deux œuvres italiennes : la version de Jean de Bologne développe une composition satisfaisante sous tous les angles, aucun n'arrêtant particulièrement le spectateur. Celle de Bernin est visiblement pensée en fonction d'un point de vue principal où le corps de Pluton apparaît de face, mais elle possède une telle richesse de mouvements s'entrecroisant en profondeur qu'on peut en fait la regarder sous tous les angles. Girardon, lui, a concentré ses effets sur un point de

vue unique, dessinant presque sa statue comme un haut-relief. Pluton, debout, fait un pas en avant, le plan formé par ses jambes déterminant l'orientation principale ; sa tête se tourne de manière à être vue complètement de face, et si le corps de Perséphone se tord en un *contrapposto* complexe, son axe principal reste sur un plan parallèle au plan principal ; il en va de même de sa sœur Cyane qui apparaît en bas, entre les deux autres personnages[88]. Une fois encore, c'est chez Poussin que Girardon a cherché l'inspiration, trouvant dans les deux versions de l'*Enlèvement des Sabines* la formule dont il avait besoin : dans ces groupes, Poussin était parvenu à donner aux personnages un mouvement violent tout en les contraignant à s'inscrire dans une trame classique composée de plans parallèles à celui du tableau.

Outre ces sculptures versaillaises, Girardon reçut de nombreuses commandes tant privées que publiques, où apparaissent les mêmes tendances. Dans le monument funéraire de Richelieu à l'église de la Sorbonne (1675-1677) *(fig. 297)*, il créa la formule classique du tombeau isolé en forme d'autel. Comme toutes les œuvres de Girardon, la sculpture était soigneusement composée en fonction de sa position dans l'édifice. A l'origine, le tombeau était érigé dans le chœur[89]. A cet emplacement, il offrait deux expositions principales, l'une depuis l'autel, l'autre depuis le nord, côté où l'abordaient ceux qui entraient dans l'église par la cour de l'université. Ces derniers voyaient de profil l'effigie du cardinal, à l'exception du buste qui se tournait pour leur faire face, tandis que la femme pleurant aux pieds de Richelieu se présentait exactement de dos[90]. Depuis l'autel, le groupe offrait à nouveau une vue cohérente, avec la pleureuse du premier plan conduisant le regard du spectateur vers le cardinal et l'allégorie de la Piété qui le soutient levant, comme lui, les yeux vers l'autel.

La statue équestre de Louis XIV, qui fut commandée par la Ville de Paris pour la place Vendôme, exécutée entre 1685 et 1692 et détruite à la Révolution, est l'œuvre la plus importante de la fin de la carrière de Girardon. Une fois encore, les tendances naturelles du sculpteur et la nature même du problème entraînèrent une solution classique ; la statue devait être érigée au centre de la place, face à l'accès qui rejoint la rue Saint-Honoré. Ici toutefois, l'artiste n'avait pas besoin de se tourner vers Poussin pour chercher l'inspiration : il avait dans le *Marc-Aurèle* un modèle antique directement utilisable, dont il a tiré l'essentiel de sa composition. La pose du cheval et même le bras tendu du roi sont presque littéralement copiés sur la statue romaine, et l'artiste s'est contenté de quelques concessions au goût contemporain dans le traitement naturaliste du tapis de selle et de la jupe de l'armure.

Girardon ne mourut qu'en 1715, mais ses œuvres les plus importantes furent exécutées bien avant la fin du siècle. Aucun témoignage direct n'indique qu'il ait perdu la faveur du roi, mais il est certain que vers 1690-1700, le goût du souverain s'était éloigné de la manière classique dont Girardon était le plus distingué représentant, en faveur d'un style plus baroque[91].

C'est en partie pour cette raison que la position de son rival Coysevox se renforça tandis que celle de Girardon s'affaiblissait. En effet, Coysevox ne se sentit jamais à l'aise dans le langage classique, et dès sa jeunesse il manifesta clairement un penchant pour le baroque. Né à Lyon en 1640[92], il vint à Paris en 1657 pour étudier pendant six ans au moins à l'école de l'Académie sous la direction de Lerambert. Sa première œuvre qui soit parvenue jusqu'à nous, la *Vierge de Lyon*

(v. 1676), traduit l'influence de Michel Anguier, mais le sculpteur apprit aussi beaucoup en étudiant les œuvres de Sarrazin. Vers 1679, il travaillait à Versailles, qui allait devenir la scène de ses plus grands succès[93]. Les œuvres qu'il y réalisa peuvent se diviser en deux groupes : dans les statues et fontaines de l'avant-cour et des jardins, il tenta de reprendre la manière classique de Girardon, mais avec peu de succès : ses œuvres sont lourdes et sans vie, comme la *France triomphante,* ou de purs pastiches de l'Antiquité, comme la *Nymphe à la coquille*[94] ; au contraire, dans la décoration du second aménagement du palais, en particulier dans la galerie des Glaces *(fig. 281),* l'escalier des Ambassadeurs *(fig. 279)* et le salon de la Guerre *(fig. 282),* Coysevox révèle toute l'étendue de son talent. Son invention libre, son amour des matériaux riches, sa virtuosité technique feront de lui l'associé idéal d'Hardouin-Mansart, tout comme Girardon était celui de Le Brun. Dans le domaine de la sculpture proprement dite, son œuvre la plus extraordinaire est le relief en stuc du salon de la Guerre : *Louis XIV victorieux.* Dans ce portrait équestre, Coysevox réussit brillamment là où Mignard avait échoué si lamentablement *(fig. 293).* Le succès tient surtout à l'esprit baroque dans lequel il aborde le sujet. Coysevox

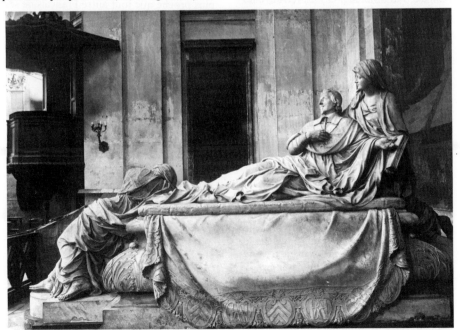

297. François Girardon. Paris, église de la Sorbonne. Tombeau de Richelieu, 1675-1677

n'a aucunement cherché à restreindre la violence de l'action pour se conformer aux canons classiques ; au contraire, il accentue les mouvements du relief à la fois en surface et en profondeur. Le corps et la tête du roi se tournent audacieusement, un bras projeté en avant du champ, et les soldats qui s'écroulent à ses pieds sont disposés de manière à guider l'œil dans la profondeur de la composition. Un autre artifice, plus discret, vient favoriser le même propos : bien que le cheval soit présenté de profil, le relief s'accentue progressivement de gauche à droite, de sorte que la tête et l'avant-main de l'animal sont plus en saillie que l'arrière-main, un antérieur se dégageant même complètement de la surface. Cette disposition anime l'ensemble, brisant les derniers éléments classiques qui subsistent dans la composition : en effet, ce panneau est la sculpture la plus baroque qu'ait produit à cette date l'atelier versaillais.

Les compositions funéraires de Coysevox font apparaître la même tendance baroque. Dans le tombeau de Vaubrun à Serrant (1680-1681), le personnage s'appuie sur un coude, mais le détail de l'attitude et le refouillement de la sculpture lui donnent tout le mouvement possible. La statue de Colbert à Saint-Eustache (1685-1687) reprend la pose agenouillée traditionnelle, et l'on retrouve les profonds refouillements qui accentuent fortement les ombres. Dans la présentation originale du tombeau, les figures allégoriques créaient un mouvement en profondeur montant jusqu'à la figure principale, qu'annule la disposition actuelle du monument. Le dernier de la série, le tombeau de Mazarin au Louvre (1689-1693) *(fig. 298)*, est à bien des égards le plus classique, car les allégories adoptent la manière de Sarrazin ; cependant, le mouvement donné au priant du cardinal et la vivacité dansante du drapé sont encore les marques du penchant baroque du sculpteur.

Les œuvres les plus originales de Coysevox sont ses bustes, mais ils appartiennent pour la plupart à la dernière partie de sa carrière ; nous en traiterons dans le chapitre suivant. Notons seulement que même ses premiers bustes, comme le bronze de Louis XIV de la collection Wallace *(fig. 299)*, qui date de 1686 environ, possèdent une grande liberté de mouvement et une éblouissante qualité de modelé. Dans ce domaine toutefois, Coysevox avait l'avantage de connaître un

298. Antoine Coysevox. Tombeau de Mazarin, 1689-1693. Paris, Musée du Louvre

grand original baroque, le buste de Louis XIV par Bernin, alors conservé à Versailles. Son œuvre paraît calme et presque sévère à côté de la course tourbillonnante du marbre berninesque, dont l'existence permet cependant de saisir un peu mieux ce curieux paradoxe : alors que Girardon, qui avait visité Rome deux fois, semble n'avoir aucunement remarqué le baroque, Coysevox qui, pour autant qu'on le sache, ne se rendit jamais en Italie, fut plus proche que tout autre Français de ses contemporains romains[95].

299. Antoine Coysevox. *Buste de Louis XIV,* v. 1686. Londres, Wallace coll.

CHAPITRE VIII

Le déclin du règne de Louis XIV
1685-1715

Le contexte historique

La mort de Colbert en 1683 est une référence commode pour dater le changement de la situation française et le début du déclin qui marqua les dernières années du règne de Louis XIV ; mais dès avant sa mort, le ministre, peu à peu éclipsé par son rival Louvois, avait vu son pouvoir diminuer. Durant les huit années qui lui restaient à vivre après la mort de son prédécesseur, Louvois allait marquer la France de sa personnalité, inaugurant une politique qui devait lui survivre de nombreuses années, car elle se fondait largement sur le désir de flatter le roi et de suivre ses inclinations.

On pourrait dire très schématiquement que le passage de Colbert à Louvois se traduisit par une propension aux guerres de pure agression, sans utilité et ruineuses, qui pesèrent très fortement sur les finances publiques et en firent ressortir les faiblesses. Il en résulta une augmentation de l'impôt accompagnée d'une injustice grandissante dans sa répartition et d'une corruption accrue dans sa collecte : plus la fiscalité devenait oppressive, plus l'administration devait être inflexible pour parvenir à la faire appliquer. Le durcissement du pouvoir autocratique s'accompagna d'un arbitraire croissant dans la politique religieuse, dont la révocation de l'édit de Nantes en 1685 offre l'exemple le plus significatif.

Toutes les guerres antérieures au traité de Nimègue de 1678, si injustifiables qu'elles puissent être d'un point de vue éthique, répondaient au moins à des finalités pratiques, comme le progrès du commerce ou le renforcement des frontières naturelles ; mais celles de la dernière partie du règne furent d'un type tout différent. La guerre de la Ligue d'Augsbourg a peut-être été déclarée pour prévenir une attaque, mais celle-ci avait été provoquée par l'attitude de Louis XIV, manifestement décidé à s'assurer la domination du continent européen. La guerre de succession d'Espagne était certes légitime en droit, mais seul un mégalomane pouvait accepter le testament de Charles II d'Espagne, et le faire d'une façon aussi provocatrice.

Les conséquences de ces deux guerres sur la situation intérieure de la France sont trop bien connues pour qu'il soit nécessaire d'y insister longuement. La misère à laquelle fut réduite la paysannerie est un thème fréquent chez les écrivains du temps : tandis que la grande noblesse était fort occupée à se ruiner à Versailles, la petite vivait obscurément sur ses terres dans une pauvreté relative ; la bourgeoisie fortunée souffrait du paiement irrégulier des rentes et de l'interruption du commerce, et comme de coutume dans des circonstances aussi difficiles, la seule partie de la société à prospérer était un petit groupe de financiers qui construisaient d'immenses fortunes avec une rapidité spectaculaire, souvent pour les reperdre aussi vite.

Le pouvoir du roi devint, dans les faits, de plus en plus absolu ; il l'avait toujours été en théorie, mais sous la direction de Colbert, il s'était exercé avec plus de discrétion et moins d'arbitraire. En prenant de l'âge, Louis XIV toléra de moins en moins les oppositions, qu'elles vinssent de ses ministres ou de ses sujets. La fonction de ces derniers était de payer et d'obéir aveuglément, celle des premiers de s'efforcer de deviner le conseil que le roi souhaitait recevoir, afin de gagner sa faveur en prévenant ses désirs. Tout le gouvernement du pays dépendait du caprice d'un monarque devenu mégalomane et bigot.

On a en général fait porter trop exclusivement sur Madame de Maintenon le blâme de cette bigoterie ; d'autres conseillers, comme Louvois, eurent probablement eux aussi une forte part de responsabilité. Au demeurant, la politique religieuse réactionnaire de Louis XIV n'était que l'une des manifestations de son attitude générale. On peut même dire que ses raisons de craindre les huguenots étaient aussi politiques que religieuses, car la menace d'un Etat dans l'Etat restait permanente. Une chose est certaine : le roi s'était rapproché du parti dévot, et sa conception religieuse personnelle préfigurait le mouvement piétiste du XVIIIᵉ siècle tel qu'il s'incarna dans les doctrines et la pratique de la compagnie de Jésus, à laquelle appartenait son confesseur, le père de La Chaise. Que ses relations avec la papauté soient restées tendues, le fait est dû à la nécessité politique de maintenir le plus possible les privilèges de l'Eglise gallicane.

A mesure que le gouvernement devenait plus réactionnaire, la résistance grandissait, opposition nécessairement plus intellectuelle qu'effective. Le nouveau courant de pensée rationaliste et indépendant qui ouvrit la voie au XVIIIᵉ siècle naquit bien avant la fin du XVIIᵉ ; ce ne fut pas à Versailles mais à Paris, voire en exil, que des hommes comme Fontenelle et Bayle préparèrent le combat contre toute forme d'autorité, religieuse, philosophique ou politique. Un combat qui dans les mains des encyclopédistes allait activement contribuer à la débâcle de l'Ancien régime.

En France même, une des manifestations les plus significatives de l'esprit nouveau fut la querelle des Anciens et des Modernes ; Fontenelle lui apporta une contribution capitale avec sa doctrine du progrès, mais dans le domaine littéraire et artistique, elle date, sous sa forme active, de la publication par Charles Perrault en 1687 du *Siècle de Louis le Grand,* suivie en 1688-1696 du *Parallèle des Anciens et des Modernes,* plus explicite encore. Perrault soutenait que l'adoration aveugle des Anciens enseignée par l'Académie française et l'Académie de peinture était irrationnelle. Les Modernes, disait-il, avaient fait de grands progrès sur les Anciens, non seulement dans les sciences, mais aussi dans les arts : ils pouvaient s'inspirer de nouveaux styles et utiliser des méthodes qui, comme la perspective, étaient inconnues des Grecs et des Romains. Naturellement, ce point de vue attaquait de front l'un des principe fondamentaux de l'Académie de peinture, selon lequel l'art antique était le critère absolu pour juger toute œuvre contemporaine. Les débats furent confus : la doctrine révolutionnaire des Modernes aida en fin de compte à briser la dictature des académies associées au régime de Louis XIV ; mais pour démontrer que les artistes contemporains avaient surpassé les Anciens, Perrault, en habile polémiste, cita Racine et Le Brun, les deux plus ardents défenseurs de l'Antiquité ; de même, il maintint que Louis XIV prouvait par son exemple que les monarques du XVIIᵉ siècle étaient aussi grands que ceux du passé. Les tenants de l'Ancien ne se laissèrent pas abuser par une manœuvre aussi transparente, et comprirent pleinement le danger d'une attaque de leurs positions.

Parallèlement à la querelle s'en déroulait une autre qui, affectant seulement le domaine pictural, prit dans cette sphère une importance encore plus grande : celle du coloris et du dessin. Elle trouva sa source dans l'admiration croissante de certains artistes français pour la peinture vénitienne. Nous avons vu que plus tôt dans le siècle, certains peintres comme Vouet et Blanchard s'étaient inspirés de Titien et de Véronèse ; mais ce n'est qu'à partir de la publication du poème *De arte pingendi* de C.A. Dufresnoy en 1667 que fut avancée une théorie défendant la couleur et la conception picturale vénitiennes. Dufresnoy, à vrai dire, était assez timide dans ses propositions ; ce fut surtout Roger de Piles qui, dans ses annotations du poème, exposa véritablement la doctrine coloriste.

En 1671, la question fut parlée devant l'Académie. Cette année-là, Gabriel Blanchard, fils de Jacques, donna une conférence attaquant Philippe de Champaigne qui, en dépit de ses origines flamandes, venait de soutenir dans un exposé éminemment doctrinaire les vues de Le Brun et de la majorité des académiciens sur l'infériorité totale de la couleur par rapport au dessin. Une violente discussion s'ensuivit, officiellement tranchée par Le Brun qui, lors d'une séance de janvier 1672, statua *ex cathedra* en faveur de la doctrine officielle privilégiant le dessin. Mais la polémique ne devait pas en rester là : Roger de Piles qui, s'il n'était pas membre de l'Académie, avait pris un intérêt et probablement une part active aux débats, publia son point de vue dans une série de pamphlets théoriques[1], développant des arguments très proches dans l'ensemble de ceux de Blanchard.

La querelle pourrait se résumer ainsi : les académiciens orthodoxes soutenaient que le dessin était supérieur à la couleur, parce que le premier est un objet purement intellectuel s'adressant à l'esprit, tandis que la seconde ne peut s'adresser qu'à l'œil, c'est-à-dire aux sens[2] : en d'autres termes, le dessin est l'âme, la couleur le corps.

A cela, les défenseurs de la couleur répliquaient que le but principal de la peinture est de tromper les yeux, et que la couleur y parvient plus complètement que le dessin. Cette doctrine était à bien des égards révolutionnaire, car si l'Académie pouvait admettre que la finalité de la peinture est d'imiter la nature, elle ne pouvait accepter le mot « tromper », et se devait de nuancer le principe d'imitation en ajoutant que l'artiste est tenu, bien entendu, de faire un choix dans la nature et de n'en imiter que les plus belles parties. Les coloristes proposaient par conséquent un naturalisme beaucoup plus accentué que celui jusqu'alors professé en France ; mais ils allèrent encore plus loin, attaquant directement le rationalisme de l'enseignement académique. Le dessin, disait l'Académie, imite le réel, tandis que la couleur présente seulement l'accidentel. Au contraire, répondaient leurs opposants, la couleur présente la vérité, tandis que le dessin ne propose qu'une vérité raisonnable, c'est-à-dire altérée pour s'adapter aux exigences de la raison. Cette assertion était également hérétique, impliquant que la raison ne constituait pas l'ultime critère du jugement artistique. Enfin, les coloristes ajoutaient que le dessin s'adresse seulement à l'érudit et à l'expert, tandis que la couleur est comprise de tout le monde ; ils avançaient donc une conception presque démocratique de l'art, défiant un principe généralement accepté depuis le début de la Renaissance : la peinture est un art de l'esprit ne pouvant être apprécié que des hommes cultivés.

Ainsi, cette querelle ébranlait plusieurs grands bastions de la position académique, sapant son autorité presque autant que la querelle des Anciens et des Modernes. Petit à petit, le point de vue des coloristes parvint à se faire accepter ; à la fin du siècle, quand la bataille fut apaisée, les coloristes restèrent en possession du terrain.

Les ultimes affrontements se concentrèrent sur un artiste unique, Rubens. Il est un fait que tous les historiens de l'art français ont commenté avec surprise : le grand cycle peint par l'Anversois pour Marie de Médicis au Luxembourg n'a pratiquement exercé aucune influence sur les peintres parisiens pendant plus d'un demi-siècle ; plus curieusement encore, son importance ne fut pas découverte par un praticien, mais par le critique Roger de Piles[3]. Dès 1676, Piles avait conseillé au duc de Richelieu, qui reconstituait sa collection, d'acheter des Rubens, et dans ses derniers ouvrages théoriques, le peintre flamand joue un rôle de plus en plus prépondérant[4].

Pour Roger de Piles, la première qualité de Rubens est son naturalisme. Le point de vue peut nous paraître étrange, mais dans son contexte il était compréhensible, car Rubens offrait un moyen d'échapper à l'imitation de l'art classique inaugurée par Poussin, que l'Académie avait codifiée en un système sans âme. Rubens avait de plus, disait Roger de Piles, toutes les qualités du grand artiste : le don inventif, la connaissance de l'allégorie, la puissance de la composition, etc. ; une seule lui faisait défaut : l'art du dessin. C'est pour nous une opinion singulière, mais nous devons nous rappeler que, même pour les coloristes, il n'y avait de dessin que de Raphaël et de Poussin[5].

Il n'est pas surprenant que dans un contexte historique extrêmement complexe et dans la débâcle de toute la structure académique, la pratique des arts se soit traduite par un développement simultané de tendances très diverses. Le changement d'attitude du roi et de la Cour était la condition indispensable à l'apparition d'un fort courant baroque en France, l'un des traits effectivement les plus frappants de l'art officiel à la fin des années 1680-1690. Le succès de La Fosse et un peu plus tard de Jouvenet dans la peinture d'histoire, la réussite de Largillierre et de Rigaud dans le portrait, la reconnaissance tardive de Puget à Versailles, l'ascendant progressif pris en sculpture par Coysevox sur le classique Girardon, les éléments de plus en plus baroques de l'architecture d'Hardouin-Mansart : tous ces phénomènes qui apparaissent en quelques années signalent la brusque évolution du goût de la Cour vers 1685.

300. Jules Hardouin-Mansart. Paris, église des Invalides, avant 1679-1691

Une autre transformation se produisit parallèlement, elle aussi à Versailles, mais un peu plus tardivement. Les jeunes membres de la famille royale — le dauphin, le duc de Chartres (fils de Monsieur, frère du roi) et la duchesse de Bourgogne (belle-fille du dauphin) — commencèrent à se lasser de la pompeuse solennité du style académique tel que l'interprétaient les continuateurs de Le Brun ; ils réclamèrent des peintures décoratives plus gaies, des sujets empruntés à des thèmes mythologiques plus légers, traités de façon plus frivole. Ce mouvement fut l'un des principaux facteurs qui entraînèrent l'éclosion du rococo.

Au même moment, Paris vit s'épanouir un style indépendant de Versailles, et sur bien des points antinomique. Chez les artistes, leurs amis personnels et un petit groupe d'admirateurs bourgeois, se développa le goût pour un naturalisme authentique[6]. Même des portraitistes comme Largillierre et Rigaud, qui pour leurs clients distingués pouvaient employer tous les artifices baroques, adoptaient un style très différent quand ils peignaient pour leur propre plaisir et celui de leurs amis. Le solennel portrait classique fut supplanté par un genre plus intime inspiré de modèles flamands ou parfois hollandais, et même, dans les petits tableaux religieux exécutés pour ce cercle, la vieille tradition de Poussin et de Le Brun commença à s'effacer devant une manière plus naturaliste et pittoresque.

Ces tendances déroutantes et conflictuelles se manifestèrent évidemment de façon différente dans chacun des trois arts, mais ceux-ci reflètent les mêmes variations fondamentales du goût.

Architecture

Les dernières œuvres de J. Hardouin-Mansart. Bullet

L'architecture des dernières décennies du XVIIe siècle se divise en deux groupes : les commandes publiques et les constructions privées. Dans les premières, les tendances baroques qui, nous l'avons vu, étaient déjà latentes à l'apogée du règne, purent soudain se développer librement[7] ; dans les demeures privées, au contraire, la recherche de la commodité l'emporte sur le goût du spectaculaire.

Jusqu'à sa mort en 1708, Hardouin-Mansart continua d'exercer un contrôle sur toutes les commandes officielles, exécutées directement sur ordre du roi ou décidées en son honneur par un organisme public. Les plus importantes concernent deux édifices religieux : les chapelles des Invalides et de Versailles, et deux places parisiennes : la place Vendôme et la place des Victoires.

Dès 1676, Louis XIV avait décidé de construire aux Invalides une seconde chapelle accolée à la première, qui desservait l'hôpital. Il est presque certain que son intention originelle était d'en faire un mausolée pour lui-même et sa dynastie ; mais une raison inconnue lui fit abandonner ce plan[8]. L'église existante *(fig. 300, 301)*, commencée avant 1679, fut achevée en 1691 après quelques modifications de parti, la décoration intérieure se prolongeant jusqu'après la mort de Mansart en 1708.

A certains égards, la chapelle reprend la tradition française du XVIIe siècle. Son plan, croix grecque cantonnée de chapel-

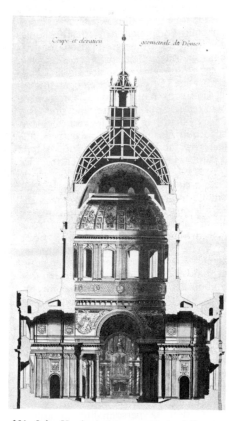

301. Jules Hardouin-Mansart. Paris, église des Invalides, avant 1679-1691. Coupe

les circulaires reliées à l'espace principal par des ouvertures basses et étroites, est directement emprunté aux projets de François Mansart pour le mausolée des Bourbons à Saint-Denis ; le massif rectangulaire formant la partie inférieure de la façade rappelle l'église des Minimes du même architecte. Mais à d'autres égards, le parti révèle des traits alors inédits en France : malgré le classicisme de ses formes rectilignes, la partie inférieure est baroque dans sa façon d'avancer progressivement vers le centre en une série de brusques ressauts s'achevant par la saillie de l'avant-corps central à fronton. L'ordonnance du dôme est plus singulière encore, procédant d'un type né à Saint-Pierre de Rome, mais avec de surprenantes variantes. Sur deux points, Hardouin-Mansart a rompu avec la disposition habituelle à fenêtres régulièrement espacées, séparées par des contreforts, une baie occupant l'axe central de la façade. Entre les contreforts à colonnes jumelées du tambour des Invalides, l'architecte fait alterner une fenêtre isolée et un groupe de deux ouvertures, et sur l'axe central de la façade il ne place ni une fenêtre, ni même un contrefort, mais deux demi-colonnes occupant le trumeau qui sépare deux baies jumelles. Cette présence d'un plein et non d'un vide au milieu de la façade est insolite. Le parti, fort éloigné du classicisme, sera repris dans le lanternon de plan carré, qui présente une arête sur l'axe médian ; en outre, les verticales sont beaucoup plus fortement accentuées que dans les modèles classiques de ce type d'édifice, la Sorbonne et le Val-de-Grâce *(fig. 159)*. Les lignes des colonnes de l'avant-corps se prolongent vers le haut sur les contreforts du tambour, puis sur les ailerons et les puissantes nervures du dôme, s'interrompant un instant sous l'encorbellement du lanternon pour reprendre à nouveau fortement sur les supports de ce dernier et s'achever enfin au sommet par un obélisque à trois faces symbolisant la Trinité. Les chutes de trophées garnissant, entre les nervures, les panneaux de la calotte, ajoutent à l'ensemble une richesse baroque : dans le paysage parisien, entre la simplicité des deux églises à coupoles antérieures et la volontaire froideur du Panthéon de Soufflot[9], le Dôme des Invalides se dresse isolé dans sa splendeur baroque.

L'intérieur, aussi baroque que l'extérieur[10], doit sa personnalité au grand ordre, formé d'imposantes colonnes iso-lées qui portent un riche entablement en très forte saillie ; à côté de cette hardiesse, la Sorbonne paraît timide, le Val-de-Grâce modestement classique. Entre les colonnes s'ouvrent les arcs des chapelles latérales, surmontés de bas-reliefs d'une somptuosité inhabituelle, comme dans les loggias de Bernin à Saint-Pierre, mais traités ici en pierre blanche, non en marbres polychromes. La coupole de Jules Hardouin s'inspire à nouveau d'une idée de François Mansart pour la chapelle des Bourbons : elle se compose d'une première calotte ouverte au centre, laissant apercevoir la seconde, peinte d'une gloire céleste éclairée par des fenêtres invisibles percées dans la partie supérieure du tambour[11]. L'aspect baroque de l'intérieur est accentué par le maître-autel, variante du Baldaquin de Bernin, qui détache ses colonnes de marbre noir sur la baie ouvrant vers l'ancienne église.

La chapelle des Invalides traduit bien la tendance baroque qui prit une telle ampleur à la fin du siècle dans l'architecture religieuse. L'autre œuvre importante d'Hardouin-Mansart en ce domaine, la chapelle de Versailles *(fig. 302)*[12], reflète le même état d'esprit. Plusieurs chapelles avaient existé antérieurement dans le château, mais toutes avaient été considérées comme plus ou moins provisoires. En

302. Jules Hardouin-Mansart. Versailles, chapelle du château, 1689-1710

303. Jules Hardouin-Mansart. Paris, place Vendôme, commencée en 1698

1688, Louis XIV décida de construire un lieu de culte digne du palais, et chargea Hardouin-Mansart d'en dresser les plans. Les travaux commencèrent en 1689, mais la guerre de la Ligue d'Augsbourg les interrompit presque immédiatement. Le projet dut être abandonné jusqu'à la paix de Ryswick. En 1698, Mansart reçut l'ordre de reprendre la construction, et l'année suivante le gros-œuvre fut repris sur des plans légèrement modifiés ; il s'acheva vers 1703, la décoration intérieure se poursuivant jusqu'en 1710.

La chapelle posait un problème particulier. Elle devait posséder une élévation intérieure à deux niveaux, l'étage des tribunes, qui correspondait à l'oratoire royal, réclamant un traitement privilégié. Pour répondre à ce programme, Hardouin-Mansart disposa au premier niveau, partie de l'édifice occupée par les courtisans et le public, des arcades peu élevées ; au second, une haute colonnade

éclairait une vaste tribune qui, réservée à la suite immédiate du souverain, courait tout autour du vaisseau central ; à l'ouest elle aboutissait à la tribune du roi, qui communiquait elle-même directement avec les grands appartements. Cette disposition eut pour résultat de donner à la chapelle une grande hauteur en comparaison de sa largeur, si bien que ses proportions intérieures sont plus gothiques que classiques[13]. De plus, la colonnade des tribunes crée un jeu en profondeur et des contrastes de lumière fort éloignés de l'esprit classique. Mais l'élément le plus baroque de l'ensemble reste la voûte, couverte d'une fresque illusionniste d'Antoine Coypel (1708) *(fig. 236)*[14].

On ne s'étonnera pas que ces deux chapelles soient les créations les plus baroques de la fin du XVIIᵉ siècle ; l'époque réunissait les deux conditions qui ont la plupart du temps entraîné l'adoption de ce style : un climat d'intense piété et un

304. Jules Hardouin-Mansart. Paris, place Vendôme, gravure

pouvoir autocratique, allié ici avec la foi du chef de l'État dans son droit divin. Mais, si les chapelles de Versailles et des Invalides semblent extrêmement baroques en comparaison du reste de l'architecture française du XVIIᵉ siècle, elles paraissent très modérées en regard des églises italiennes du Haut baroque : les murs ne s'incurvent pas, les entablements se brisent rarement, les frontons restent rectilignes, les plans simples. Les Français n'ont pas suivi le principe transalpin qui fondait en un seul art l'architecture, la sculpture et la peinture ; ils n'ont jamais utilisé la lumière dirigée avec la force dramatique d'un Bernin, et n'ont employé que rarement les décors de marbres polychromes[15] : en fait, les tendances baroques sont restées étouffées par la tradition classique, même dans les dernières décennies du siècle.

Ce caractère se manifeste plus nettement encore dans les deux places parisiennes construites à la même époque : la place des Victoires et la place Vendôme. La première est une flagornerie imaginée en 1685 par l'extravagant duc de La Feuillade. La Feuillade avait commandé à Desjardins pour orner le centre de la place une statue du roi ; elle plut tellement à Louis XIV que le duc lui en fit présent, et dut en ordonner une autre à

l'artiste. Entre-temps, il avait chargé Hardouin-Mansart de dessiner le cadre approprié à l'effigie royale. L'architecte proposa une place circulaire, avec quatre énormes fanaux qui devaient brûler nuit et jour devant la statue comme devant une icône. Ceux-ci furent supprimés au XVIIIᵉ siècle, et depuis lors la place a souffert de dégradations multiples, de sorte qu'il est difficile aujourd'hui d'imaginer son aspect originel[16].

La place Vendôme, au contraire, peut encore nous permettre de juger les talents d'Hardouin-Mansart en ce domaine *(fig. 303, 304)*. En 1685, le roi acheta le terrain de l'hôtel de Vendôme au duc du même nom alors en banqueroute, avec l'intention d'y construire une place entourée d'arcades et de bâtiments qui abriteraient la bibliothèque royale et les différentes académies[17] ; mais une fois encore, les difficultés financières entraînèrent un changement des plans, et en 1698, un nouveau projet fut établi. L'idée de regrouper autour de la place la bibliothèque et les académies fut abandonnée ainsi que le rez-de-chaussée à arcades, afin d'utiliser plus complètement l'espace disponible. Le roi céda à la Ville de Paris l'ensemble du site avec les bâtiments déjà commencés, aux conditions suivantes : les autorités municipales devaient construire

305. Jules Hardouin-Mansart. Versailles, château. Salon de l'Œil-de-bœuf, 1701

des façades conformes au projet d'Hardouin-Mansart, mais pouvaient céder les terrains à des personnes privées pour y construire comme bon leur semblerait.

Telle qu'elle fut finalement réalisée, la place Vendôme présente un plan carré à angles abattus, s'ouvrant sur deux côtés seulement par des rues percées dans l'axe central. La statue équestre du roi par Girardon, érigée au milieu de la place, faisait face à l'une des rues[18]. Les façades entourant le terre-plein sont décorées d'un ordre de pilastres colossaux qu'interrompent des avant-corps à colonnes engagées, disposés au centre des faces latérales de la place et dans les pans coupés[19].

La place Vendôme suscite inévitablement la comparaison avec son ancêtre du début du XVIIe siècle, la place Royale ou place des Vosges *(fig. 126)*. Les différences sont révélatrices : la place Royale avait été projetée par Henri IV à des fins pratiques, pour fournir à la classe aisée des logements décents, et au peuple de Paris un promenoir couvert. Sous sa forme prévue à l'origine, la place Vendôme avait pour fonction de regrouper des établissements dépendant de la générosité du souverain et de former un cadre pour l'effigie royale ; en d'autres termes,

érigée à la plus grande gloire de Louis XIV, elle témoignait de sa bienveillance à l'égard des arts ; mais dans sa forme définitive, la part la plus noble du plan fut abandonnée et seul le cadre de la statue survécut ; les maisons furent concédées, non à d'utiles citoyens comme ceux qui habitaient la place Royale, mais à des financiers d'une richesse ostentatoire qui construisirent autour d'elle leurs hôtels[20].

La place Vendôme, décor de théâtre plus qu'application pratique d'un programme économique, est dans son principe proche de l'architecture romaine baroque, qui avait offert place Saint-Pierre une solution brillante à un problème comparable. Dans le détail cependant, les élévations adoptent un style retenu, relativement classique, une fois encore à mi-chemin du baroque et du classicisme, l'élément baroque étant ici moins marqué que dans les deux chapelles étudiées plus haut.

Il serait faux cependant de ne voir en Hardouin-Mansart que l'artisan des idées baroques ; l'architecture privée de la fin de sa carrière présente des caractères tout différents. Au cours des dernières décennies du siècle, plusieurs pièces de Versailles, de Trianon et de Marly furent redécorées sous sa direction, et l'architecte y développa un style nouveau, premier pas en direction du rococo[21]. Les panneaux sont moins lourds, les corniches moins écrasantes, des miroirs viennent orner les trumeaux : tout est fait pour donner au décor mural plus de légèreté et d'élégance *(fig. 305)*.

On connaît un projet d'Hardouin-Mansart pour une maison privée datant de cette époque *(fig. 306)*[22]. Il contient de nombreux éléments inhabituels : à la porte principale, percée au milieu du corps de logis, vient s'en ajouter une seconde, placée à droite, à l'angle de la cour, qui crée une ordonnance dissymétrique. A l'intérieur, l'escalier et le vestibule forment un espace unique, ce qui est également opposé à la pratique courante du temps. Hardouin-Mansart a abandonné pour ses pièces la forme orthogonale traditionnelle : la salle à manger à droite du vestibule et la pièce qui la surmonte possèdent des extrémités arrondies ; l'escalier secondaire s'inscrit dans une cage aux angles incurvés. L'élévation présente, elle aussi, une disposition non classique assez surprenante : la façade sur jardin ne reprend pas la formule habituelle à trois avant-corps en saillie, l'un au centre, les autres aux deux extrémités ; le centre est occupé au rez-de-chaussée par un portique à colonnes flanqué de deux avant-corps à fronton séparés du portique par une seule travée de fenêtres[23].

Après sa nomination à la charge de Premier architecte, et plus encore après son accession en 1699 à la surintendance des bâtiments, Hardouin-Mansart dut s'occuper de travaux si nombreux et si divers qu'il lui fut impossible de surveiller personnellement chaque détail. Certains de ses contemporains, notamment Saint-Simon qui le haïssait, l'ont ouvertement accusé d'avoir gardé au fond de son atelier plusieurs jeunes architectes qui faisaient à sa place l'essentiel du travail sans en recevoir le mérite. Plusieurs historiens modernes ont développé cette thèse. Il est tout à fait certain que, pour la part décorative de son travail, Hardouin-Mansart se reposait dans une large mesure sur ses deux assistants les plus talentueux : Lassurance et Pierre Le Pautre[24] ; ce serait même leur faire justice que de leur attribuer, plutôt qu'à Hardouin-Mansart lui-même, la responsabilité des recherches qui conduisirent à l'invention de la décoration rococo. Inversement, aucune preuve n'a jusqu'ici été produite concernant la part strictement architecturale des projets[25]. Il est vrai, nous le verrons, que dans les bâtiments qui peuvent lui être attribués avec certitude, Lassurance fait preuve d'une grande habileté dans ses distributions, et qu'il était pour le moins à la page dans ce domaine. Mais ces faits ne suffisent pas à démontrer que Mansart se reposait sur lui pour cet aspect de son travail. Nous avons noté au contraire que dans ses toutes premières œuvres, exécutées dans les années 1670-1680, à une époque où il n'avait certainement pas tout un atelier derrière lui, Hardouin-Mansart témoigne d'un talent indéniable pour la distribution. Que ces dons ne se soient guère déployés dans ses travaux de Versailles, le fait tient plus à la nature des commandes qu'à la personnalité de l'architecte. Versailles fit appel à d'autres grands dons d'Hardouin-Mansart : le sens de la mise en scène spectaculaire et du décor qui convenait au roi. La recherche d'ingénieuses distributions n'était pas requise mais quand, à la fin de sa carrière, l'architecte eut à nouveau l'occasion de dessiner les plans d'une demeure privée, son talent, longtemps enterré, ressurgit au grand jour[26].

Hardouin-Mansart sera probablement toujours l'objet de controverses. Sa car-

306. Jules Hardouin-Mansart. Plan d'une maison, d'après Mariette, *Architecture française*

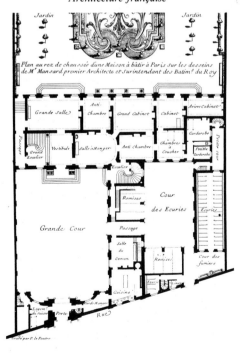

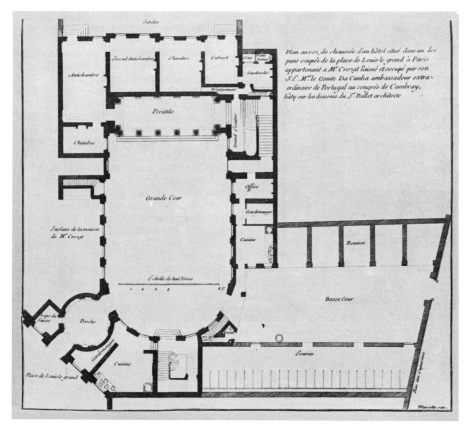

307. Pierre Bullet. Paris, hôtel d'Evreux, place Vendôme, 1707.
Plan du 1er étage, d'après Mariette, *Architecture française*

rière météorique suscita parmi ses contemporains une jalousie compréhensible, mais parmi les historiens modernes une suspicion moins justifiable. Il n'avait pas la puissance intellectuelle de son grand-oncle et travaillait à la hâte, dans des circonstances qui l'empêchèrent d'atteindre la perfection ; mais ses ennemis sont allés beaucoup trop loin en lui déniant toute aptitude architecturale. Il servait parfaitement les besoins de son temps, auxquels il appliqua ses vastes talents : un sens exceptionnel du grandiose, un don incontestable pour diriger une équipe de praticiens et, si nécessaire, une remarquable maîtrise de la part strictement pratique de sa profession.

Les étapes décisives de l'évolution décorative furent franchies à Versailles et dans les autres palais royaux, mais la conception entièrement nouvelle de la distribution fut élaborée à Paris. Hardouin-Mansart, nous venons de le voir, y joua un rôle, mais on doit accorder une égale importance à son exact contemporain, Pierre Bullet (1639-1716)[27]. Bullet, élève de Blondel, commença sa carrière en exécutant certains projets de son maître, comme la porte Saint-Denis (1671). Cette œuvre lui valut une commande de la Ville de Paris : la porte Saint-Martin (1674). A partir de 1680, il fut chargé de nombreux projets d'hôtels[28] qui nous le présentent comme un classique dans la tradition de la génération précédente, peu affecté par les innovations d'Hardouin-Mansart à Versailles[29].

Au cours des premières années du XVIIIe siècle, il construisit cependant deux hôtels d'une grande nouveauté. Le riche financier Crozat l'Aîné, qui avait acheté deux terrains aux angles de la place Vendôme, demanda à Bullet d'y élever deux résidences, l'une pour son propre usage (achevée en 1702), l'autre pour son gendre, le comte d'Évreux (1707) *(fig. 307-309)*. L'irrégularité du site

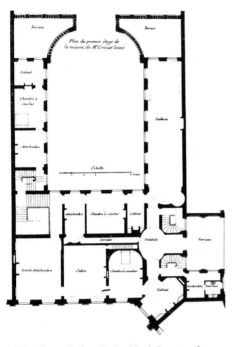

Plan du premier étage de
la maison de Mr Crozat l'ainé

Terrasse

Terrasse

Cabinet

Chambre à
coucher

Antichambre

Gallerie

Échelle

Antichambre   Chambre à coucher   Cabinet

Corridor

Vestibule   Terrasse

Grand Antichambre   Sallon   Chambre à coucher

Cabinet

Garderobe   Petit Escar

308. Pierre Bullet. Paris, hôtel Crozat, place
Vendôme, achevé en 1702. Plan du 1er étage,
d'après Mariette, *Architecture française*

de l'hôtel d'Évreux, dont la façade
s'étendait seulement sur quatre des cinq
travées du pan coupé de la place, fut à
l'origine d'une solution brillante comprenant notamment un accès biais à la cour
par un passage de plan circulaire. Avec
une ingéniosité aussi grande que celle de
Le Pautre à l'hôtel de Beauvais *(fig. 191,
192),* Bullet réussit à disposer une cour
symétrique, arrondie à une extrémité, fermée à l'autre par un portique *(fig. 309)*[30].
L'hôtel Crozat[31] présentait un site plus
régulier, que Bullet utilisa avec la même
intelligence. L'élément le plus remarquable de cette œuvre reste toutefois la
grande variété donnée aux formes des pièces : au premier étage, la galerie, une
antichambre et la chambre à coucher sur
rue possèdent des extrémités arrondies ;
le cabinet présente une niche semi-
circulaire qui donne accès à deux portes,
et le vestibule, serré entre deux escaliers
tournants, adopte un plan en T surmonté
d'une coupolette à la croisée des deux
axes : le principe que nous avions vu précédemment esquissé par Hardouin-

309. Pierre Bullet. Paris, hôtel d'Evreux, place Vendôme, 1707

Mansart au château du Val *(fig. 280)* est ici pleinement développé ; cette distribution est proche de la complète liberté et de la fantaisie que les architectes de Louis XV allaient imprimer aux formes de leurs pièces.

Les élévations extérieures de l'hôtel d'Évreux montrent un autre aspect du style de Bullet. La façade sur cour présente un rez-de-chaussée simple et monumental ; le premier étage est décoré d'un élégant motif, médaillon surmontant deux branches de laurier, emprunté à la façade de François Mansart pour l'hôtel Carnavalet *(fig. 175)*.

Les innovations contenues dans les dernières œuvres d'Hardouin-Mansart et de Bullet, qui conduisent directement au XVIIIᵉ siècle, furent reprises par la jeune génération. Pierre Cailleteau dit Lassurance (?-1724) fut dans ce domaine l'élève le plus intéressant d'Hardouin-Mansart. Au cours de la première décennie du siècle, il construisit une série d'hôtels développant les nouvelles tendances[32]. Plusieurs possèdent des élévations longues et basses précédemment introduites par Hardouin-Mansart au Val et à Clagny ; tous ont une grande liberté de distribution, en partie dérivée de ces édifices, en partie empruntée à Bullet. D'autres architectes, qui n'étaient pas directement les élèves d'Hardouin-Mansart, reprirent les mêmes recherches : Dulin (v. 1670-1751) aux hôtels Dunoyer (1708) et Sonning ; Jean-Sylvain Cartaud (1675-1758) à l'hôtel de Crozat le Jeune (1704) ; Pierre-Alexis Delamair (1676-1745) aux hôtels de Rohan et Soubise (commencés en 1704)[33], et Claude Mollet (1660-1742) à l'hôtel d'Humières (1700)[34] ; mais avec les œuvres de cette génération, nous avons quitté le Grand siècle, et franchi le seuil du rococo[35].

Sculpture

Puget - Les dernières œuvres de Coysevox

Si nous avions voulu respecter strictement l'ordre chronologique, nous aurions étudié Puget, qui était de la génération de Girardon et de Le Brun[36], dans le chapitre précédent ; mais c'est ici qu'il trouve sa place logique. La première moitié de sa carrière appartient à l'histoire de l'art méditerranéen ; il ne s'intégra au courant principal de la sculpture française qu'à partir de 1685 environ. Son succès soudain à ce moment précis, bien que de courte durée, offre l'un des plus frappants témoignages de la brusque évolution du goût artistique en faveur du baroque.

Né à Marseille en 1620, Puget y commença son apprentissage dans l'atelier d'un sculpteur travaillant au décor des navires de guerre. Il passa quelques années à Rome et à Florence, vraisemblablement entre 1638 et 1643 ; il étudia notamment sous la direction de Pierre de Cortone. A son retour, il reprit ses travaux dans le chantier naval, peignant aussi des tableaux d'autels pour diverses églises[37].

En 1646, il reçut sa première commande importante : la porte de l'hôtel de ville de Toulon *(fig. 310, 311)*. Le dessin d'ensemble reprend un parti courant en Italie, mais dans le traitement des personnages, Puget fait preuve d'une grande originalité ; par la liberté du mouvement et la fluidité du modelé, les atlantes sont beaucoup plus baroques que tous les exemples contemporains à Paris. On a souvent dit que dans ces œuvres Puget imitait la manière de Bernin ; ce n'est ni tout à fait vrai, ni même le point essentiel : le style de Puget procède ici du baroque romain, mais pas directement de celui de Bernin ; aucune œuvre de Bernin ne tente de traduire le sentiment de l'angoisse, principale caractéristique des atlantes de Puget[38]. Par ce trait, les sculptures font plutôt directement retour aux *Esclaves* de Michel-Ange, qui eut une grande influence sur l'artiste tout au long de sa carrière ; mais on peut trouver des modèles plus accessibles pour lui dans l'œuvre du maître de Puget, Pierre de Cortone. Parmi les nouveautés introduites par Cortone au plafond du palais Barberini, on remarque les atlantes supportant dans les angles l'entablement en trompe-l'œil. Il ne s'agit pas, comme dans la galerie Farnèse, de nonchalants athlètes aux poses calmes et classiques, mais de personnages luttant, accablés sous le poids de leur charge[39]. Les atlantes de Puget possèdent toutefois un caractère qui les distingue de toutes les œuvres romaines : le sentiment de la tension, plus intense que chez Cortone, et présenté différemment. Les visages expriment une angoisse aussi morale que physique, évoquant un peu les damnés du *Jugement dernier* de Michel-Ange. Les figures de Bernin traduisent souvent une émotion aussi violente, mais d'un autre type :

310. Pierre Puget. Toulon, porte de l'Hôtel de ville, 1656

311. Pierre Puget. Toulon, porte de l'Hôtel de ville, 1656. Atlante

312. Pierre Puget. *Saint Sébastien,* 1663-1668. Gênes, S. Maria di Carignano

l'extase mystique de la *Sainte Thérèse,* la tension nerveuse du *David* ; jamais elles ne montrent ce caractère propre à Puget.

En 1659, Puget fut appelé à Paris pour une commande qui dut lui paraître le début du succès. Claude Girardin, l'un des principaux collaborateurs de Fouquet, l'invita à exécuter deux statues pour son château de Vaudreuil en Normandie, commande qui eut pour résultat d'attirer l'attention de Fouquet lui-même ; celui-ci le chargea de sculpter un *Hercule au repos*[40]. Puget se rendit en personne à Carrare pour choisir le marbre de sa statue, et s'installa à Gênes pour l'exécuter ; mais avant qu'elle ne fût achevée parvint la nouvelle de la chute de Fouquet, et les espoirs de succès s'évanouirent.

Pendant les vingt années qui suivirent, Colbert tint Puget éloigné de Versailles,

l'empêchant d'obtenir des commandes importantes. On attribue souvent cette défaveur aux liens précédemment entretenus par le sculpteur avec Fouquet ; pourtant, tous les autres artistes ayant travaillé à Vaux avaient été repris par le ministre. Il est possible qu'une part de ressentiment personnel ait joué ici : Puget, de tempérament violent, n'était certainement pas fait pour s'entendre avec le froid et calculateur Colbert, et ne dut pas réussir à faire sa cour[41]. On peut cependant écarter l'hypothèse d'un différend personnel : Colbert avait raison de penser que Puget n'était pas fait pour les travaux royaux. Le Marseillais avait une attirance beaucoup trop manifeste pour le baroque italien, et n'était pas formé à l'école classique ; individualiste, il ne se serait pas soumis à la tyrannie de Le

Brun. Dans les statues exécutées pour Girardin et Fouquet, Puget avait essayé, modérant sa violence, de se rapprocher du classicisme, mais l'effort, trop visible, n'aboutit pas à un résultat convaincant[42].

A l'annonce de la disgrâce de Fouquet, Puget décida de rester à Gênes, et en très peu de temps s'y fit une réputation. Ses œuvres génoises les plus importantes furent deux statues de *Saint Sébastien (fig. 312)* et du *Bienheureux Alexandre Sauli,* exécutées à la demande de la famille Sauli pour décorer les niches des piliers de croisée de S. Maria in Carignano (Gênes)[43]. Dans ces œuvres, Puget est plus proche qu'à tout autre moment de sa carrière de la sculpture baroque romaine et même de Bernin, en particulier de son *Daniel* de la chapelle Chigi à Sainte-Marie-du-Peuple ; Puget peut l'avoir vu si, comme il est très probable, il a fait une seconde visite à Rome vers 1661-1662[44]. Il existe toutefois entre les deux statues une différence significative : le *Daniel* de Bernin est de conception plus plastique que le *Sébastien* de Puget ; le personnage surgit brusquement, entraîné hors de la niche dans son geste de prière, tandis que Sébastien s'écroule en une pose qui reste contenue dans le volume de la niche. Ce refus par Puget du mouvement tridimensionnel baroque oppose son œuvre à celle de Bernin[45].

En 1667, Puget revint en France, et à l'exception d'une visite à Gênes et d'une autre à Versailles, il passa le restant de sa vie entre Toulon et Marseille. Il se consacra à des tâches variées, notamment à des décorations de navires et à des travaux d'architecture pour les deux villes[46] ; mais malgré les difficultés de toutes sortes, il continua à sculpter.

En 1670, il trouva sur le chantier naval de Toulon deux blocs de marbre qui y avaient été abandonnés ; non sans difficulté, il obtint de Colbert l'autorisation de les utiliser : c'est de là qu'il tira le *Milon de Crotone (fig. 313)* et le relief d'*Alexandre et Diogène (fig. 314)*[47].

Le *Milon* est peut-être le chef-d'œuvre de Puget ; on y retrouve l'intensité émotionnelle des *Atlantes* de Toulon et du *Saint Sébastien,* mais il possède en plus une intensité et une régularité géométrique presque classiques. Avec le *Milon,* Puget a créé un art baroque français.

Baroque, la statue l'est dans la violence du mouvement, la torsion brutale des bras et de la tête, le naturalisme du tronc d'arbre, indiquant que l'artiste connaissait l'*Apollon et Daphné* de Bernin. Mais le mouvement est aussi savamment contrôlé : quand on contemple, comme on est censé le faire, la statue de face[48], tous les détails s'assemblent en une silhouette simple composée à partir de deux groupes d'axes parallèles, le premier formé des jambes et du bras gauche, le second du torse, de la draperie et du tronc d'arbre. Si l'on compare cette composition avec celle du *David* de Bernin, qui traduit aussi un climat de grande tension, la différence est frappante : le David déploie le *contrapposto* le plus accentué : aucune ligne droite, aucun plan ne subsistent ; dans le *Milon* au contraire, tout est construit sur des droites et des plans. De même que la souffrance physique du corps se concentre à l'intérieur d'un schéma rigide et mathématique, de même l'émotion du visage s'inscrit dans une formule classique : la tête et le masque, qui dérivent du *Laocoon,* possèdent cette nuance de modération que l'on rencontre dans le plus baroque des groupes antiques. La comparaison avec les lèvres serrées et les sourcils froncés du *David* fait ressortir plus clairement encore ce caractère.

313. Pierre Puget. *Milon de Crotone,* 1671-1682. Paris, Musée du Louvre

314. Pierre Puget. *Alexandre et Diogène*,
1671-1693. Paris, Musée du Louvre

Le *Milon* fut apporté à Versailles en 1683 par François Puget, fils du sculpteur. Un instant réticent, le roi l'approuva, et lui réserva une place d'honneur dans les jardins de Versailles. Mieux encore, Louvois l'admira ; quelques mois plus tard, lorsque Colbert mourut, le nouveau ministre écrivit à l'artiste dans les termes les plus flatteurs et les plus encourageants. Puget réagit immédiatement : il continua l'*Alexandre et Diogène,* puis le *Persée et Andromède,* qui

reçut à la Cour, en 1684, un accueil favorable[49] ; probablement à cette époque, il sculpta aussi le *Triomphe d'Alexandre*[50], et étudia divers autres projets pour Versailles : un *Apollon* colossal pour le Grand canal, une statue équestre du roi, un *Apollon et Daphné* et un *Apollon et Marsyas*[51].

L'*Alexandre et Diogène (fig. 314)* est le plus important relief de marbre sorti des mains de Puget[52]. Il possède avec le baroque romain la même parenté que le

Milon. L'œuvre avec laquelle il appelle le plus clairement la comparaison est le relief de l'Algarde à Saint-Pierre : la *Rencontre de Léon Ier et d'Attila*. Mais ici encore, les différences sont plus frappantes que les ressemblances ; alors que l'Algarde fait porter l'accent sur le mouvement en profondeur, Puget conserve toute la composition dans une série de plans rapprochés, parallèles à la surface du relief. L'Algarde casse brusquement le centre de sa composition par une percée sur un arrière-plan illimité ; Puget au contraire ferme soigneusement l'horizon par un cadre architectural. Les personnages de l'Algarde ont un mouvement sinueux avec de multiples *contrapposti* ; ceux de Puget s'inscrivent dans une série de droites se croisant obliquement sur la surface du marbre. En fait, Puget semble une fois encore faire retour à son premier maître, Pierre de Cortone : il traduit en haut-relief les positions anguleuses et les obliques chères au peintre, par exemple dans les fresques de l'*Age de bronze* et de l'*Age de fer* du palais Pitti[53].

Les dernières années de Puget, qui mourut en 1694, furent assombries par de nouveaux échecs à la Cour. L'*Alexandre* n'atteignit jamais Versailles ; la dernière œuvre, *Saint Charles Borromée et la peste de Milan,* fut refusée par le roi ; Puget éprouva les plus grandes difficultés à se faire payer des travaux déjà acceptés. Son échec fut dû pour une part aux intrigues de ses rivaux, mais le sculpteur n'aurait jamais pu réussir à la Cour. Avec l'aide de Louvois, il parvint à profiter d'une vague ascendante de la mode artistique pour s'introduire à Versailles ; Louvois disparu, il ne fut pas capable de se maintenir. Le célèbre mémoire dans lequel il expose avec arrogance à Colbert les conditions auxquelles il consentirait à travailler pour le roi permet de mesurer ses talents limités de courtisan : les mots « je veux » apparaissent avec une fréquence et une insistance inconcevables à Versailles. Ses incessantes querelles avec les administrateurs du chantier naval de Toulon et le conseil municipal de Marseille confirment bien son caractère obstiné et irascible. En fait, il avait un peu le tempérament d'un romantique[54], dont le bon côté apparaît dans une lettre enthousiaste à Louvois qu'il écrivit en 1683, âgé de plus de soixante ans ; exposant ses plans, il trace cette phrase magnifique : « Je me suis nourri aux grands ouvrages, je nage quand j'y travaille et le marbre tremble devant moi, pour grosse que soit la pièce »[55].

Nous l'avons vu dans le précédent chapitre, Coysevox, lorsqu'il travaillait à Versailles sous la direction de Le Brun et de Mansart, trahissait déjà un goût plus prononcé que ses confrères pour l'art baroque ; cette tendance persiste dans nombre de ses œuvres postérieures, comme le priant de Louis XIV érigé à Notre-Dame en 1715. D'autres statues, notamment la *Duchesse de Bourgogne en Diane (fig. 315),* possèdent une légèreté et une délicatesse qui tendent vers le rococo. Mais c'est dans les bustes de la dernière partie de sa carrière que Coysevox apporte véritablement un style nouveau : si ceux du roi et des grands dignitaires de

315. Antoine Coysevox. *La duchesse de Bourgogne en Diane,* 1710. Versailles

316. Antoine Coysevox. *Buste de Le Brun,*
1676. Londres, coll. Wallace

317. Antoine Coysevox. *Buste de Robert de
Cotte,* 1707. Paris, Bibliothèque nationale

la Cour reprennent encore la formule développée dès 1686 *(fig. 299),* en revanche, quand Coysevox s'essaie aux portraits de ses amis personnels, il abandonne la solennité ostentatoire pour la pénétration psychologique et le naturalisme de la facture. Dès 1670-1680, cette tendance se manifeste dans ses bustes de Le Brun *(fig. 316)*[56]. Sous le drapé classique apparaît la chemise plissée de l'époque, et dans le traitement du visage, le sculpteur ne tente aucunement de réduire les traits du modèle aux canons classiques[57]. Ses dernières œuvres, comme le buste de Robert de Cotte (1707) *(fig. 317),* sont plus révolutionnaires encore. Ce portrait possède à la fois plus de vivacité et d'intimité que toute sculpture française antérieure[58]. Le buste est coupé au-dessus des épaules, de sorte que rien ne vient distraire l'œil du traitement de la tête, présentée dans une brusque rotation, comme si l'attention du modèle avait été attirée soudainement vers sa droite. Bernin avait utilisé le procédé avec

plus de modération pour donner vie et mouvement à ses personnages ; Coysevox avait lui-même adopté ce parti dans ses bustes officiels antérieurs, mais jamais auparavant le geste n'avait eu une telle spontanéité, ni le port de tête une telle expression. Cette saisie du mouvement vrai, complétée par une observation minutieuse des traits, traduit avec une vivacité fulgurante le caractère du modèle. Dans sa fraîcheur et sa spontanéité, ce buste préfigure l'œuvre de Houdon.

Les dernières sculptures de Coysevox illustrent de façon significative les tendances variées et contradictoires des années 1700. Les groupes de marbre et les bustes destinés à Louis XIV restent dans la convention mi-baroque mi-classique développée dès les années 1680 ; pour la jeune génération de la Cour, il créa un style figuré déjà « dix-huitième »[59] ; pour ses amis artistes et bourgeois, il inventa une forme de naturalisme entièrement nouvelle[60].

Peinture

La Fosse, Jouvenet, Antoine Coypel.
Les portraitistes : François de Troy,
Largillierre et Rigaud. Desportes

La peinture offre le reflet le plus fidèle de la complexité historique et de la variété des tendances artistiques en conflit durant les dernières décennies du siècle. Le baroque envahit les sujets religieux et historiques ; les thèmes mythologiques sont traités, par rapport aux normes classiques, avec une liberté qui aboutira à la frivolité rococo ; le portrait hésite entre des variantes emphatiques procédant de Rubens et de Van Dyck, et des expériences naturalistes dans la veine de Rembrandt ; le paysage s'inspire en général de l'idéalisme de Claude Lorrain, mais Desportes, dans ses croquis d'après nature, préfigure les notations intimes des aquarellistes anglais.

A l'époque de Colbert, la peinture religieuse n'avait tenu qu'un rôle secondaire ; les peintres étaient réquisitionnés pour célébrer les succès guerriers et pacifiques du roi. Après 1685, la situation se renversa. Il y avait moins de victoires à glorifier ; les événements contemporains désormais immortalisés furent les mariages royaux, les réceptions d'ambassadeurs et autres cérémonies officielles du même genre[61]. Dans l'ensemble, le roi encourageait les artistes à peindre des allégories sur des thèmes généraux sans allusion particulière, et le changement d'attitude de la Cour à l'égard de la religion donna un nouvel essor à la peinture de tableaux d'autel et aux décorations d'églises. Un fait démontre bien ce changement d'esprit : l'œuvre la plus représentative de la période antérieure à 1683 est la galerie des Glaces, celle de l'ère postérieure l'église des Invalides[62].

Parmi les divers artistes responsables de l'évolution de la peinture française à cette époque, le plus original fut Charles de La Fosse (1636-1716)[63]. D'abord formé dans l'atelier de Le Brun, son art fut beaucoup plus profondément affecté par un séjour

318. Charles de La Fosse. *L'enlèvement de Proserpine,* 1673. Paris, Ecole des Beaux-Arts

en Italie, d'abord à Rome, où il passa les années 1658-1660, puis à Venise, pendant les trois années suivantes ; il visita à cette occasion Modène et Parme. Il revint en France avec pour bagage les dernières modes romaines, le style de Pierre de Cortone et de ses continuateurs, tout en manifestant un penchant plus prononcé pour les artistes de l'Italie du nord, en particulier Véronèse et Corrège. L'influence de cette formation transparaît dans son morceau de réception à l'Académie, *l'Enlèvement de Proserpine* (1673) *(fig. 318)*, où le paysage est d'esprit purement vénitien, tandis que les figures présentent un curieux mélange de l'Albane et du dernier style de Poussin. Dans la fresque exécutée en 1676 pour la coupole de l'Assomption, La Fosse utilise les procédés illusionnistes de Corrège vus à travers l'œuvre de Lanfranco, et s'inspire également, à l'occasion, de Guido Reni pour le dessin des figures.

A la fin des années 1670-1680, La Fosse travailla surtout comme assistant de Le Brun, d'abord aux Tuileries, puis à Versailles, où il fut responsable d'une partie du décor peint du salon de Diane et de l'ensemble du salon d'Apollon. Son aspiration à un style plus libre et plus léger y fut étouffée par la direction de Le Brun ; les panneaux qu'il peignit pour ces pièces sont les œuvres les plus classiques de toute sa carrière.

Dans les années 1680-1690, penchant de plus en plus pour le parti du coloris - ce dont témoignait déjà son admiration pour la peinture vénitienne et Corrège - La Fosse se tourne brusquement vers Rubens. Le résultat de cet engouement, dû sans aucun doute à l'influence de son ami intime Roger de Piles, se manifeste d'évidence dans les figures du *Sacrifice d'Iphigénie* ornant la cheminée du salon de Diane à Versailles et dans le paysage du *Moïse sauvé des eaux (fig. 319)*[64]. Mais c'est dans la *Présentation de la Vierge au Temple (fig. 320)*, datée de 1682, que les conséquences de ce nouveau penchant apparaissent pleinement. Cette œuvre, la plus proche de la maturité de Rubens, est d'une conception plus profondément baroque que toutes les productions françaises antérieures. La composition, d'origine vénitienne, procède d'un type déjà imité en France à l'époque de Vouet, mais elle est vue cette fois avec les yeux de Rubens, qui avait inventé des variantes personnelles que La Fosse a certainement connues[65] ; plus encore, les

319. Charles de La Fosse. *Moïse sauvé des eaux,* 1675-1680. Paris, Musée du Louvre

types figurés et les draperies soufflées, d'un esprit inédit en France, sont typiquement rubéniens.

Cette irruption soudaine du style du maître anversois dans l'art français est quelque peu surprenante, même après les « travaux d'approche » de Roger de Piles ; il n'est pas inutile de noter que la *Présentation* fut commandée par une église de Toulouse, non pour Paris ou Versailles. C'est peut-être la raison pour laquelle La Fosse, se sentant dégagé du carcan de l'Académie, put donner libre cours à son enthousiasme pour l'art flamand, plus qu'il n'aurait osé le faire dans la capitale[66] ; mais la peinture fut exécutée au moment même où Puget commençait d'être accepté à Versailles, et où le goût de la Cour basculait vers le baroque.

Dans les deux autres grandes réalisations de sa carrière, La Fosse ne fit que participer à un vaste ensemble décoratif exécuté en équipe ; il y déploya, semble-t-il, plus d'invention que ses confrères. Le premier de ces ensembles fut la suite commandée en 1688 par Louis XIV pour Trianon. En harmonie avec le caractère privé de ce palais, les sujets donnés aux artistes avaient été choisis dans la mythologie, non dans l'histoire ou l'allégorie, et le style de l'exécution était infiniment plus léger que tout ce qu'on avait pu voir jusqu'alors à la Cour. Beaucoup de ces tableaux ont été dispersés ou perdus, mais quelques-uns, toujours en place, nous donnent une idée de la conception de l'ensemble. L'*Apollon et Thétis* de La

320. Charles de La Fosse. *Présentation de la Vierge au Temple*,
1682. Toulouse, Musée des Augustins

Fosse, placé sur la cheminée de la chambre du Couchant, reprend un thème utilisé vingt ans plus tôt à la grotte de Thétis, mais dans une veine beaucoup plus légère. Dans la grotte, nous l'avons vu, Girardon avait traité le sujet dans un groupe purement classique ; La Fosse au contraire a donné à ses nymphes une élégance élancée et une carnation rosée annonçant Boucher. En fait, cette suite de peintures, qui comprend aussi des œuvres de Bon et Louis de Boullogne le Jeune, est le premier ensemble où se pressent la légèreté du rococo[67].

Le roi cessa d'encourager ce style , et ce fut la dernière occasion où, même pour une décoration d'appartements privés, fut choisi un sujet aussi frivole. La bigoterie grandissante du souverain et l'influence croissante de Madame de Maintenon apparaissent d'évidence dans l'autre grande commande collective des dernières années du règne : la décoration des Invalides.

En 1692, La Fosse, qui travaillait pour le duc de Montagu à Londres depuis 1680[68], fut rappelé à Paris pour réaliser le décor de l'église que J. H. Mansart venait d'achever[69]. Il fut d'abord chargé par l'architecte de l'ensemble des peintures, mais progressivement divers protecteurs appuyèrent les revendications de leurs favoris - Michel Corneille le Jeune, Jouvenet, Noël Coypel, Bon et Louis de Boullogne - et la participation de La Fosse fut réduite à l'exécution de la coupole sommitale *(fig. 321)* et des quatre pendentifs. La fresque de la calotte représente saint Louis offrant au Christ l'épée victorieuse des Infidèles, thème alliant le nouvel enthousiasme religieux de Louis XIV[70] avec sa vénération pour son grand ancêtre, présenté en un vêtement et sous des traits qui évoquent ceux du donateur. Le parti s'inspire de Corrège, mais il est considérablement allégé par la position des figures en bordure de la circonférence, libérant au centre une vaste étendue céleste. Composition essentiellement baroque, tempérée d'un peu d'esprit rococo[71].

La Fosse rassemble dans son œuvre presque toutes les tendances du siècle finissant : l'attirance pour les coloris vénitiens et flamands, un penchant pour la composition baroque et, dans sa dernière phase, un pas en direction du rococo, modes d'expression dont il fut

321. Charles de La Fosse. Paris, église des Invalides.
Coupole, 1692 (gravure)

bien souvent le premier adepte.

Le plus remarquable de ses collaborateurs à Trianon et aux Invalides fut Jean Jouvenet[72]. Né à Rouen en 1644, il entra dans l'atelier de Le Brun peu après son arrivée à Paris en 1661. Ses décorations au salon de Mars de Versailles, qui datent de 1671-1674, sont de pures imitations du maître, et toutes ses premières œuvres semblent dériver de l'étude de Le Brun et des artistes que le Premier peintre recommandait, en particulier Poussin, Le Sueur et les continuateurs romains des Carrache. Le *Saint Bruno en prière* de Jouvenet *(fig. 322)* illustre bien sa relation avec Le Sueur *(fig. 259)*. Les deux figurations du saint sont très proches, mais l'esprit

est différent : dans la version de Le Sueur, saint Bruno est agenouillé dans une attitude de recueillement devant un autel portant une croix et un crâne ; dans celle de Jouvenet, le saint étreint le crucifix comme s'il allait s'évanouir : Jouvenet introduit dans la scène une exaltation baroque que Le Sueur avait évitée. La composition est modifiée à l'avenant : celle de Le Sueur, composée de verticales, est statique ; celle de Jouvenet est animée par la forte diagonale du corps que recoupent les silhouettes mouvementées des deux moines de l'arrière-plan.

La tendance baroque devient plus marquée encore dans les dernières œuvres de Jouvenet. Sa réalisation la plus impor-

322. Jean Jouvenet. *Saint Bruno en prière*,
Lyon, Musée des Beaux-Arts

tante est une suite de quatre toiles géan-
tes : la *Pêche miraculeuse (fig. 323),* la
Résurrection de Lazare, les *Marchands
chassés du Temple* et le *Repas chez
Simon,* peintes pour Saint-Martin-des-
Champs et mises en place en 1706. La
plupart des auteurs attribuent à
l'influence de Rubens le baroque du dernier style de Jouvenet, mais ils nous
paraissent bien loin du compte : Jouvenet
n'imite jamais les compositions en profondeur de Rubens, ni ses types figurés
ou ses draperies. Sa manière serait plutôt
une version plus libre et plus vivante des
grandes compositions antiques et religieuses de Le Brun, dérivant en dernier ressort de l'œuvre tardive de Raphaël. Jouvenet développe plus largement le baroque implicite de Le Brun, mais reste
encore loin du baroque intégral. Sa relation avec ce style est comparable à celle
de Puget : ses compositions sont essentiellement dessinées comme des hauts-
reliefs ; les mouvements sont rendus par
des obliques fortement accentuées, beaucoup plus que par des courbes. Les draperies dérivent de la convention raphaé-
lesque, mais sont traitées avec un goût
plus accentué pour les ombres profondes
que chez Poussin ou même Le Brun.
Dans les coloris également, Jouvenet ne
suit jamais la manière flamande, mais
déploie une palette très personnelle : dans

sa première période, il allie les tons froids
du Le Brun des années 1650-1660 à de
violents outremers, employés surtout
dans les draperies ; plus tard, la gamme
se réchauffe par l'introduction de rouges
cuivrés, toujours appliqués au demeurant
dans la tradition de Poussin en larges surfaces ininterrompues, et non selon la
technique des continuateurs de Rubens.

Comme l'ont observé la plupart de ses
biographes, une différence sépare Jouvenet de la majorité des autres peintres religieux : ses œuvres contiennent une forte
composante naturaliste. Dans la *Pêche
miraculeuse,* les poissons morts entassés
au premier plan sont mis en valeur et traités avec une verve qui aurait choqué les
académiciens contemporains de Le Brun.
On nous rapporte que pour peindre le
tableau, Jouvenet fit tout spécialement un
voyage à Dieppe afin d'étudier sur place
des scènes de pêche. Le choix des types
des apôtres, figurés sous les traits de
rudes pêcheurs — tels qu'un caravagesque les aurait peut-être choisis —, traduit
le même naturalisme ; celui-ci se reflète
encore dans les rares portraits de Jouvenet, le plus remarquable étant celui du
docteur Raymond Finot, émouvante
étude d'un visage couvert de rides ; on le
retrouve dans l'insolite *Messe de l'abbé
Delaporte,* vraisemblablement peinte en
1709 pour l'homme qui offrit au chœur
de Notre-Dame un nouveau décor : les
personnages recevant la communion y
sont traités avec une minutie presque hollandaise.

Les relations de Jouvenet avec le baroque sont donc un peu différentes de celles
de La Fosse : la manière du second était
essentiellement empruntée à Rubens ;
celle de Jouvenet, elle, repose sur le développement ingénieux d'éléments français
et raphaélesques auxquels vient s'ajouter
un naturalisme, flamand sans doute, mais
sans emprunts directs à Rubens[73].

Le troisième grand représentant de l'art
baroque dans la peinture française de la
période est Antoine Coypel (1661-1722)[74].
Plus jeune que La Fosse et Jouvenet
d'une quinzaine d'années, il s'intégra plus
tard au mouvement. Ce fut une sorte
d'enfant prodige qui, à l'âge de onze ans,
accompagna comme élève son père Noël
Coypel en Italie quand celui-ci fut
nommé directeur de l'Académie de
France à Rome. Après avoir passé trois
ans dans la ville éternelle, où il fut remarqué par Bernin, et une année dans le nord

323. Jean Jouvenet. *La pêche miraculeuse,* avant 1706.
Paris, Musée du Louvre

de l'Italie, où il étudia Corrège, les Bolonais et les Vénitiens, Antoine Coypel retourna à Paris en 1676 et fut reçu membre de l'Académie en 1681 avec, pour morceau de réception, *Louis XIV se reposant après la paix de Nimègue (fig. 325).* Cette peinture, que nous avons déjà citée pour illustrer l'insignifiance des compositions allégoriques de la période, offre l'intérêt de montrer l'influence à la fin du XVIIe siècle des imitateurs bolonais de l'Albane, à la fois dans la mièvrerie de l'expression et la gaîté de la lumière et des coloris, qui diffèrent des froides tonalités poussinesques et de la chaleur vénitienne, et annoncent le rococo. Cependant, d'autres œuvres de jeunesse, comme *la Délivrance de saint Pierre,* connue par une gravure de Château, affichent un penchant plus marqué pour Poussin : il est clair que le peintre à ses débuts adopta l'éclectisme de sa génération, empruntant des éléments aux traditions classique et coloriste.

Coypel était toutefois un grand ami de Roger de Piles, et la tendance coloriste finit par triompher dans son art. Peu après 1690, il devint manifestement l'un des plus fervents admirateurs de Rubens *(fig. 324),* et son *Démocrite* de 1692 (Louvre) n'est guère plus qu'un pastiche du maître anversois. A la fin de la même décennie, il devait s'exercer à combiner certains caractères baroques de Rubens avec le goût et l'approche psychologique d'un Poussin ou d'un Dominiquin. Il en résulta une série de vastes compositions bibliques qui comptèrent de son vivant parmi ses œuvres les plus admirées, mais nous semblent aujourd'hui allier l'emphase baroque à la pédanterie classique sans posséder les vertus d'aucun des deux styles[75].

Vers la même époque, Coypel passa au service du Grand dauphin, de Monsieur et de son fils, le duc de Chartres, qui à la mort de son père devint duc d'Orléans, puis régent pendant la minorité de Louis XV. Vers 1700, Coypel peignit à Meudon pour le dauphin une série de panneaux illustrant l'histoire de Psyché et Cupidon, où il s'efforça d'introduire un peu de la légèreté rococo[76], mais dans l'ensemble il continua à travailler dans un style plus ouvertement baroque.

En 1702, le duc d'Orléans, qui venait de succéder à son père, entreprit des remaniements considérables, au palais Royal, et commanda à Coypel, pour la grande galerie, des scènes illustrant l'histoire d'Enée. Cet galerie a été détruite, mais quelques panneaux muraux et une esquisse de la voûte ont survécu[77]. Les premiers adoptent la manière la plus grandiloquente de Coypel, avec cependant plus de vitalité et moins de mélo-

324. Antoine Coypel. *Serviteur portant une corbeille de fruits*. Paris, Musée du Louvre

drame que dans ses séries bibliques, mais la voûte est intéressante : c'est l'une des compositions les plus baroques que l'on puisse trouver dans tout l'art français, énorme morceau de perspective architecturale en trompe-l'œil qui s'ouvre au centre, entraînant le regard vers l'espace céleste où prend place l'apothéose d'Enée.

La voûte de la chapelle de Versailles, peinte en 1708, reprend cette manière avec plus d'audace encore *(fig. 326)*. Il est compréhensible qu'elle ait déplu à Roger de Piles, car Coypel s'y écarte de Rubens pour adopter un modèle du baroque romain : la voûte de Baciccio au Gesù[78] pour lequel Roger de Piles ne pouvait éprouver aucune attirance. Coypel suit de près les principes de la composition romaine qui exploite les effets les plus mélodramatiques du trompe-l'œil : le monde céleste y fait littéralement voler en éclats la voûte. Coypel a même généralisé le trompe-l'œil : tandis qu'au Gesù la

325. Antoine Coypel. *Louis XIV se reposant après la paix de Nimègue*, 1681. Montpellier, Musée Fabre

326. Antoine Coypel. Versailles, chapelle du château, décor de la voûte, 1708

327. Bon de Boullogne. *Hippomène et Atalante.* Léningrad, Musée de l'Ermitage

fresque est entourée d'une décoration de stucs véritables, ici tout le cadre architecturé ou sculpté est exécuté en peinture.

Certes, même pour l'époque, l'œuvre de Coypel n'est pas de premier ordre ; son importance historique reste toutefois considérable : elle incarne un goût opposé au départ à celui du roi, mais qui finit par conquérir la Cour, suffisamment en tout cas pour assurer à l'artiste la commande de la chapelle. Si Coypel importe, c'est pour avoir réalisé les décorations les plus pleinement baroques de cette période en France.

Nous avons déjà noté une tendance à l'élégance et à la légèreté du rococo dans les peintures mythologiques exécutées pour le Trianon en 1688[79], et signalé qu'après cette date, Louis XIV aurait difficilement pu favoriser personnellement ce type d'œuvres. Il l'autorisa cependant, et même l'encouragea pour des travaux qui n'étaient pas destinés à son propre usage ; ainsi, en 1699, il ordonna la décoration de la ménagerie, destinée à la duchesse de Bourgogne, si chère à son cœur, et qui apporta à la Cour la seule spontanéité, la seule gaîté qu'on ait pu y trouver à la fin du règne. Le jugement porté par Louis XIV sur le premier projet

de ce décor le montre bien : « Il me paroist (...) que les sujets sont trop sérieux (...) il faut qu'il y ait de la jeunesse meslée dans ce que l'on fera »[80]. Ce fut effectivement dans les œuvres créées pour les jeunes générations de la famille royale que la tradition se perpétua[81].

La Fosse et Coypel, nous l'avons vu, ont pris une part considérable à la création de ce nouveau style, mais d'autres artistes comme Bon et Louis de Boullogne le Jeune s'y consacrèrent presque exclusivement[82]. Des compositions comme le *Triomphe d'Amphitrite* de Bon (Tours), probablement présenté au Salon de 1699, ou son *Hippomène et Atalante* de l'Ermitage *(fig. 327)*, marquent la transition entre un italianisme léger inspiré des derniers Bolonais[83] et le plein rococo. C'est de cette tradition que sortit François Lemoyne (1688-1737), maillon suivant de la chaîne et maître de Boucher.

Un autre artiste dont l'importance n'a été reconnue que récemment, Joseph Parrocel (1646-1704), fut surtout célèbre à son époque comme peintre de batailles, mais ses qualités artistiques sont exceptionnelles. Il reçut l'essentiel de sa formation à Venise, où il paraît avoir étudié non seulement les œuvres de Tintoret et

328. Joseph Parrocel. *La prédication de saint Jean-Baptiste,*
1604. Arras, Musée des Beaux-Arts

de Véronèse, mais aussi celles de Fetti, Strozzi et Jan Lys. La *Prédication de saint Jean-Baptiste (fig. 328)* (Musée d'Arras), peinte pour le Mai de 1694, offre une vivacité de couleurs, un brio de touche et une dramatisation des contrastes de lumières et d'ombres, en tout opposés au goût français contemporain. Autant de traits qui préfigurent presque Delacroix[84].

L'œuvre de J.-B. Santerre (1651-1717)[85] fait apparaître une autre facette du rococo naissant ; connu surtout par ses portraits, souvent traités dans la convention allégorique, l'artiste est historiquement plus intéressant par ses rares peintures religieuses. En 1709, il exécuta pour la chapelle de Versailles une *Sainte Thérèse* qui fit scandale à cause de son expression quasi érotique de l'extase mystique. Son morceau de réception, la *Suzanne* de 1704, aujourd'hui au Louvre, est d'un esprit très voisin[86]. Cette peinture soi-disant religieuse nous montre en fait une nymphe - plutôt consacrée à Vénus qu'à Diane - dans une attitude de fausse pudeur destinée à émoustiller les sens du spectateur plus qu'à édifier son âme. La *Suzanne* de Santerre préfigure non seulement les bergères de Boucher, mais plus encore les nus provocants de Fragonard et de Baudouin. Stylistiquement, elle offre un autre intérêt : elle manifeste une résurgence du maniérisme que l'on allait souvent retrouver alliée au rococo. Ici, l'influence est celle de Primatice, à qui Santerre emprunte l'allongement et la délicatesse des formes du nu comme l'affectation de la pose.

De même que la peinture religieuse et mythologique, le portrait connut un succès considérable durant les dernières années du siècle. Pendant la période glorieuse du règne, de 1660 à 1680, peu de peintres s'étaient consacrés exclusivement à ce genre, alors considéré comme mineur. Les grands aimaient être représentés en action, si possible en généraux victorieux, ou du moins environnés des ornements allégoriques appropriés. Le portrait franchement naturaliste, où Champaigne avait excellé, avait presque disparu. Il ne persiste guère que chez Mignard, mais les modèles de ce dernier, même sans accompagnements allégoriques, sont traités d'une manière si flatteuse, qu'on peut à peine parler de naturalisme.

Après 1685, apparaissent au contraire plusieurs portraitistes de grand talent qui imposent une mode nouvelle. La nou-

329. François de Troy. *Portrait d'une inconnue*, 1683. Coll. particulière

veauté essentielle de leur style repose sur l'introduction de la technique et de la composition flamandes, en particulier celles de Van Dyck. Nous avons déjà eu l'occasion de noter que Philippe de Champaigne s'était inspiré de Rubens et de Van Dyck, mais il avait radicalement transformé ses emprunts, les marquant du sceau de sa personnalité austère et classique. La génération de la fin du siècle essaya au contraire d'imiter chez Van Dyck les composantes que Champaigne avait laissées de côté : le geste large des draperies baroques, le mélange particulier du spectaculaire et de l'intimité.

Le plus âgé, mais le moins brillant de ces portraitistes fut François de Troy (1645-1730), père du plus célèbre Jean-François[87]. Certaines de ses œuvres, comme le *Joueur de luth Charles Mouton* du Louvre (1690)[88], suggèrent une connaissance du portrait italien du XVIIe siècle ; mais ses portraits de femmes, plus caractéristiques de son art, s'inspirent des mouvements libres et des draperies largement brossées de la tradition flamande *(fig. 329)*[89].

François de Troy fut vite éclipsé par les deux portraitistes les plus brillants de sa génération, Nicolas de Largillierre (1656-1746)[90] et Hyacinthe Rigaud (1659-1743). Bon nombre de leurs œuvres appartiennent par leur esprit comme par leur date, au XVIIIe siècle, mais ils apportèrent l'un

330. Nicolas de Largillierre. *Précepteur et son élève,*
1685. Washington, National Gallery

et l'autre bien avant 1700 une contribution capitale à l'évolution de la peinture française, formant le lien entre les deux siècles. Tous deux champions des coloristes, ils concoururent à l'effacement du style du Grand siècle ; mais à d'autres égards — leur clientèle, leur naturalisme, leurs rapports avec l'art des Pays-Bas — ils s'opposent profondément.

La jeunesse et la formation de Largillierre sont peu communes[91]. Né à Paris, il était encore enfant quand ses parents s'installèrent à Anvers. Très tôt, il entra dans l'atelier d'Antoine Goubaud, peintre de natures mortes et de scènes paysannes ; en 1672, il fut reçu maître à la Guilde d'Anvers. Peu après, il se rendit à Londres[92], où il fut protégé par Peter Lely, qui l'employa dans son atelier, approximativement entre 1674 et 1680. Il s'y spécialisa dans l'exécution des draperies et des éléments d'accompagnement : beaucoup de vases de fleurs compliqués occupant les arrière-plans des derniers portraits de Lely doivent être de sa main[93]. En 1682, Largillierre s'installa à Paris, où il devait rester jusqu'à sa mort, à l'exception d'une courte visite en Angleterre en 1685 pour exécuter le portrait de Jacques II et de Marie de Modène. A cette occasion, ou avant son retour en France en 1682, il peignit aussi deux portraits pour la famille Warner. Toutes ces œuvres ont été perdues, mais sont connues par des gravures[94] prouvant que Largillierre avait assimilé le style des dernières années de Lely et n'était pas indifférent à celui des autres artistes travaillant alors en Angleterre, comme Soest, Wissing et le jeune Kneller.

Largillierre commença donc sa carrière en France dans cette expression particulière de l'école hollandaise à la mode en Angleterre vers 1680 ; pendant les vingt premières années qui suivirent son retour à Paris, il s'efforça de l'adapter aux goûts de son pays. Dans quelques portraits, comme ceux de la famille Lambert[95], il applique encore directement la formule britannique, mais dans la plupart des cas il la combine avec d'autres influences. Dans le portrait du *Précepteur et son élève (fig. 330)*, daté de 1685, les draperies anguleuses des vêtements du jeune garçon et le dessin schématique de son visage appartiennent à la convention anglaise, tandis que la tête du précepteur obéit à un naturalisme d'une veine assez différente, suggérant plutôt l'influence de la peinture flamande. La composition, avec les deux figures coupées à mi-

331. Nicolas de Largillierre. *Portrait de Charles Le Brun,* 1686. Paris, Musée du Louvre

jambes, est une formule dérivée de Van Dyck très appréciée de ses continuateurs britanniques ; mais l'affectation de la pose de l'élève et la présentation inattendue du chien au premier plan, tournant le dos au spectateur, distinguent l'œuvre de ses modèles anglais.

En 1684, Largillierre fut reçu à l 'Académie et présenta en 1686 comme morceau de réception le portrait de Le Brun aujourd'hui au Louvre *(fig. 331)*. Dans cette œuvre, la technique flamande suscite l'un des portraits les plus caractéristiques du Grand siècle ; un nouveau genre est créé : le portrait officiel d'artiste. Jusqu'alors, les peintres s'étaient montrés au travail, entourés de l'ameublement réel de leur atelier. Poussin avait créé le modèle classique du genre, avec un arrière-plan presque inexistant, une sorte d'abstraction d'atelier. Largillierre présente Le Brun entouré, non pas de ses instruments de travail, mais d'objets symbolisant son œuvre : un moulage antique signalant la source de son inspiration, des esquisses ou des reproductions gravées de ses œuvres les plus célèbres, exactement comme, dans un portrait royal, le souverain est environné des attributs de la monarchie. C'est bien l'effigie qui convenait à l'artiste-dictateur du régime de Colbert ; il est toutefois paradoxal que l'esprit du temps ait été si somptueusement illustré par un peintre

332. Nicolas de Largillierre. *Ex-voto à sainte Geneviève,*
1696. Paris, église Saint-Etienne-du-Mont

qui, plus que tout autre, devait promouvoir un style plus libre et plus personnel.

Vers la fin des années 1680-1690, Largillierre avait acquis une réputation considérable parmi les riches bourgeois de Paris qui constituaient sa clientèle la plus fidèle ; mais en 1687, il reçut un nouveau type de commande pour l'un des portraits collectifs que la Ville de Paris faisait exécuter dans certaines occasions solennelles. Le thème était ici le banquet donné à Louis XIV par les échevins lors de la première visite officielle du roi à l'hôtel de ville, geste de pardon à l'égard de la cité qui avait participé à la Fronde. La peinture, détruite à la Révolution, est connue par plusieurs esquisses[96] ; Largillierre présente les échevins assis devant une table, délibérant au sujet de la statue royale qui devait être érigée à l'hôtel de ville pour célébrer le pardon. Au milieu de la table est placé un buste de Louis XIV ; sur le mur de fond, une vaste toile représente le banquet. L'ensemble est une version baroque du portrait collectif des corporations hollandaises, dont le naturalisme et la pénétration psychologique ont été abandonnés en faveur de la liberté des attitudes, du mouvement et de l'effet dramatique.

Neuf ans plus tard, en 1696, Largillierre exécuta un second tableau du même genre dont la version définitive a heureusement survécu (fig. 332). Il fut commandé par la Ville de Paris pour l'église Sainte-Geneviève en commémoration de l'intervention miraculeuse de sa sainte patronne lors de la disette de 1694. Dans cette composition, le peintre allie les techniques du nord et du sud. Dans la partie inférieure de la toile, les poses et les draperies des figures reprennent les conventions du portrait qui avaient déjà valu de tels succès à l'artiste ; dans sa conception d'ensemble, la composition adapte une formule très courante des retables baroques, remplaçant les saints par les échevins et la Vierge par sainte Geneviève. Dans ce tableau, portrait et art religieux se combinent en l'une des œuvres les plus profondément baroques de la période. Largillierre réussit ce qu'Antoine Coypel avait tenté avec un succès si mitigé au plafond de la chapelle de Versailles ; ici, le monde céleste fait irruption avec une vérité saisissante dans le monde réel, jaillissant au-dessus des échevins que l'on pourrait imaginer agenouillés dans la chapelle d'Hardouin-Mansart : Largillierre ne fait pas seulement retour à Barrocci, il préfigure aussi Tiepolo[97].

Le contraste entre cette composition et le portrait des échevins peint par Philippe de Champaigne en 1648 (fig. 212) permet de mesurer le changement d'esprit entre les deux périodes. Le premier groupe, encore archaïque tant dans sa composition que dans le traitement sévère des draperies, exprime la dignité traditionnelle des protecteurs de la cité ; dans la seconde version apparaît l'ostentation d'une bourgeoisie qui, ayant perdu son indépendance politique et spirituelle, singe les mœurs de la Cour. Sur une telle clientèle, la brillante rhétorique baroque et la riche couleur flamande de Largillierre devaient exercer une séduction immédiate[98].

Si l'importance de Largillierre tient surtout à ses portraits et à ses groupes, l'artiste peignit aussi des tableaux religieux, moins sur commande que pour son propre plaisir. Deux d'entre eux, l'Entrée à Jérusalem (Arras) et l'Erection de la croix (collection privée, Gênes) témoignent de la double influence de Rubens et de Rembrandt[99].

Rigaud obtint le succès dans une autre sphère et par des moyens différents[100]. Né à Perpignan en 1659, il commença son apprentissage dans la région. En 1674, il s'installa à Montpellier, où il étudia sous la direction d'artistes mal connus, Paul Pezet et Antoine Ranc, puis s'installa à Lyon avec Henri Verdier, camarade de l'atelier de Ranc. Il nous est difficile d'imaginer le style qu'il apprit alors ; nous pouvons toutefois le supposer plus baroquisant que la manière parisienne contemporaine.

Rigaud rejoignit la capitale en 1681 ; pendant quelques années, il semble s'être consacré à des portraits d'artistes et de bourgeois, peints dans un style proche de celui de François de Troy[101]. De nouvelles perspectives s'ouvrirent à lui en 1688, quand il fut chargé d'exécuter le portrait de Monsieur, et l'année suivante celui de son fils, le duc de Chartres[102].

A partir de ce moment, Rigaud abandonna ses clients parisiens pour devenir presque exclusivement le peintre de la Cour. Durant les dix dernières années du XVIIe siècle et les toutes premières du XVIIIe, il eut pour clients la plupart des membres de la famille royale, les grands généraux (Luxembourg, Villeroy, Vauban), les princes étrangers en visite (le prince héritier de Danemark, le comte Palatin, Christian de Zweibrücken), les diplomates (Lord Portland, son fils, Matthew Prior, le diplomate polonais andre-

333. Hyacinthe Rigaud. *Portrait du premier duc de Portland,* 1698-1699.
Welbeck Abbey, Nottinghamshire, (G.B.) coll. du duc de Portland

334. Hyacinthe Rigaud. *Portrait de Louis XIV,* 1701.
Paris, Musée du Louvre

zej Morsztyn connu en France sous le nom de comte Morstin)[103], et à peu près toutes les personnes de distinction de Versailles[104].

Pour cette clientèle, Rigaud développa naturellement une formule différente de celle qu'avait inventée Largillierre pour ses échevins et ses financiers. Ses compositions sont généralement inspirées de celles de Van Dyck, mais elles allient à cette manière certains traits empruntés à la tradition française, le mélange apportant une élégance aristocratique qui contraste avec l'emphase assez bourgeoise de Largillierre.

Ses œuvres les plus caractéristiques sont peut-être ses portraits d'officiers (*fig. 333*) : Rigaud les représente habituellement en pied ou à mi-jambe, revêtus d'une armure moderne, se détachant sur un arrière-plan de paysage où figure généralement une bataille[105]. Cette formule est très différente des conventions de la génération précédente, où les généraux préféraient être montrés dans la posture et le costume des *imperatores* romains. Les portraits de Rigaud s'inspirent de Van Dyck, mais la scène de bataille reprend une tradition déjà familière en France, chez Philippe de Champaigne par exemple[106]. Stylistiquement aussi, Rigaud mêle les deux sources : si le brio du traitement de l'armure et la richesse des draperies flottantes évoquent Van Dyck, les poses et les gestes gardent une certaine raideur étrangère à ce peintre, et plus proche de l'archaïsme de Champaigne[107].

On retrouve la même fusion stylistique dans les portraits officiels de Rigaud, le plus célèbre étant celui de Louis XIV, peint en 1701 (*fig. 334*) ; à cette date, c'est la représentation la plus baroque jamais peinte d'un roi de France. La conception générale du portrait épouse la convention baroque, avec la colonne et les draperies de l'arrière-plan ; la prestance et le *contrapposto* du modèle en relèvent aussi, tout comme le manteau d'hermine, nonchalamment rejeté en arrière, qui dessine dans l'espace une série de courbes compliquées. Mais cette soumission à l'art baroque n'est pas totale. La pose s'apparente bien au *Charles I er chassant* du Louvre, mais tout autant au *Louis XIII en armure* de Champaigne ; si les plis du manteau tourbillonnent, leur modelé possède une dureté linéaire plus proche, ici encore, de Champaigne que de Van Dyck. Les tons soutenus doivent bea͟coup aux leçons des Flamands, mais ils ͟nt app͟ ͟ués avec une froideur de

touche qui aurait plu aux continuateurs de Le Brun. En résumé, Rigaud a produit une version baroque du portrait officiel français : il allie la sévérité de la vieille tradition avec un peu de la vivacité de la nouvelle, ajoutant incidemment une note d'élégance et d'affectation spécifiquement française — en particulier dans l'attitude chorégraphique des jambes — qui nous rappelle qu'on est ici au seuil du XVIIIe siècle[108].

On rencontre cependant dans l'art de Rigaud tel qu'il s'est développé à la fin du XVIIe siècle la dualité déjà notée dans la sculpture de Coysevox : parallèlement aux séries de portraits baroques, l'artiste en produisit d'autres d'esprit beaucoup plus intime et naturaliste. Cet autre style apparaît partiellement dans les groupes familiaux, comme celui de l'imprimeur Pierre Frédéric Léonard, sa femme et sa fille[109] : si les draperies y sont encore baroques, les figures sont observées avec une attention beaucoup plus aiguë que dans la plupart des portraits d'apparat. Cette nouvelle tendance se manifeste plus clairement dans le double portrait de sa mère, peint en 1695, étude pour le buste de marbre que l'artiste avait commandé à Coysevox (*fig. 335*). Dans cette œuvre d'une acuité saisissante, on trouve encore des échos de Van Dyck et de Champaigne, ne serait-ce que dans la présentation des deux têtes sur la même toile ; mais sa source véritable est nouvelle : la conception d'ensemble du portrait, l'attention avec laquelle sont dépeintes les rides de la peau, la touche méticuleuse de la coiffe, le traitement net du corsage blanc, tout prouve que Rigaud s'est inspiré ici des premiers portraits de la mère de Rembrandt. Nous savons que Rigaud admirait Rembrandt, car l'inventaire dressé au moment de son mariage en 1703 mentionne sept toiles originales du maître et deux copies de Rigaud[110]. Au XVIIIe siècle, Rembrandt allait connaître une très grande faveur en France, mais après Vignon, Rigaud fut le premier artiste à étudier son œuvre, et il fut le premier de tous à s'inspirer de son naturalisme et de sa subtilité psychologique. Il est véritablement symptomatique des contradictions de la période qu'un même artiste ait produit à la fois certains portraits d'apparat parmi les plus baroques de son temps, et les premiers portraits intimistes, ancêtres d'une longue série qui devait se continuer tout au long du XVIIIe siècle et même jusqu'au XIXe.

Le naturalisme, latent dans tous les

335. Hyacinthe Rigaud. *Portrait de la mère de l'artiste,* 1695. Paris, Musée du Louvre

domaines artistiques pendant les dernières décennies du XVIIᵉ siècle, trouve sa manifestation la plus éclatante et la plus révolutionnaire dans le paysage. Certes, ici comme dans les autres genres, ce ne fut qu'une tendance parmi d'autres : le paysage idéalisé de Claude fut continué par des peintres comme Etienne Allegrain (1644 - 1736) et Pierre Patel le Jeune (1648-1707), ce dernier y introduisant un caractère artificiel déjà « dix-huitième ».

Un artiste toutefois, François Desportes (1661 - 1740), explore un terrain entièrement neuf. Desportes, fils de paysan, naquit en Champagne ; à l'âge de douze ans, il fut envoyé par son père à Paris, et entra dans l'atelier de Nicasius Bernaerts (1620 - 1678), Flamand élève de Snyders, qui connut un succès considérable comme peintre animalier. Après la mort de son maître, Desportes étudia à l'Académie, et pendant un certain temps sembla se diriger vers une carrière de portraitiste ; en cette qualité il passa les années 1695 -1696

à la Cour de Pologne. A son retour à Paris, il commença à se consacrer à la peinture animalière, exécutant des scènes de chasse ou des natures mortes de gibier. Ces œuvres, qui le rendirent célèbre en son temps, étaient achetées par les plus grands mécènes du moment, à commencer par Louis XIV ; le roi lui commanda des scènes de chasse, des portraits de ses chiens favoris et des tableaux d'animaux rares destinés à Marly et à la Ménagerie de Versailles.

Mais, pour les arrière-plans de ses scènes de chasse, Desportes exécuta une série d'études *(fig. 336)* à l'huile sur papier qui révèlent une approche entièrement neuve de la nature. Ce sont des notations directes de paysages observés dans les environs de Paris et dans la vallée de la Seine, jetées sur le papier avec sensibilité et modestie : aucun désir d'« améliorer » le site réel en fonction d'une idée préconçue sur la nature ou la construction du tableau. Dans certains cas, ses compositions sont simples ; dans d'autres, elles présentent des traits inattendus, comme l'intrusion d'une tige de roseau ou d'un tronc d'arbre en premier plan, évoquant presque les recherches d'effets instantanés chers aux impressionnistes. Les couleurs sont tempérées, peintes dans la lumière paisible de l'Ile-de-France, que personne d'autre ne devait traduire aussi fidèlement avant le temps de Corot[111].

Le neveu de Desportes nous raconte la méthode de travail de son oncle, qui devait paraître tout à fait invraisemblable à la fin du XVIIe siècle, époque où aucun artiste n'aurait songé à peindre en extérieur, face au motif[112] : « Il portoit aux champs ses pinceaux et sa palette toute chargée, dans des boîtes de fer-blanc ; il

avoit une canne avec un bout d'acier long et pointu pour la tenir ferme dans le terrain, et dans la pomme d'acier qui s'ouvroit, s'emboîtoit à vis un petit chassis du même métal, auquel il attachoit le portefeuille et le papier. Il n'alloit point à la campagne, chez ses amis, sans porter ce léger bagage, avec lequel il ne s'ennuyoit point, et dont il ne manquoit pas de se servir utilement.»

Desportes, qui vécut jusqu'en 1743, appartient pour une bonne part au XVIIIe siècle, mais ces esquisses de paysages semblent dater en majorité des années 1690-1706. Leur esprit annonce, par-delà le XVIIIe siècle, l'art des aquarellistes anglais et de l'école de Barbizon[113].

336. François Desportes. *Paysage*. Château de Compiègne

Post-criptum

Vers le XVIIIe siècle

Il serait ridiculement présomptueux de vouloir résumer en conclusion l'histoire de deux siècles de l'art français, dont nous n'avons pu donner ici qu'un aperçu déjà trop bref et trop sommaire ; mais il peut être utile d'évoquer d'un mot la transition vers le siècle suivant.

Dans les chapitres précédents, nous avons signalé l'apparition, chez des artistes arrivés à maturité avant la fin du siècle, de tendances variées conduisant au rococo ; autour de 1700, la génération

suivante s'ouvre plus clairement encore à ce style. En 1699, l'Académie reprit la tradition, abandonnée depuis 1683, d'exposer les œuvres de ses membres ; l'expérience fut reconduite cinq ans plus tard, en 1704. Les catalogues de ces deux Salons nous apprennent beaucoup sur la nouvelle ambiance artistique. Le Salon de 1699 exposait des tableaux dans la manière académique traditionnelle, d'autres représentant le mouvement baroque, d'autres encore traitant la mytholo-

gie dans le style plus léger des Boullogne.
En 1704, un nouveau ton apparaît : pour
la première fois sont exposées des scènes
de genre amusantes, dans l'esprit des
petits maîtres hollandais. Cette tendance
marquait en un sens le développement
d'un naturalisme latent, nous l'avons vu,
chez plusieurs peintres de la génération
précédente ; mais il répondait aussi au
goût nouveau de la bourgeoisie pour des
œuvres plus intimes, mieux adaptées aux
intérieurs sans apparat du début du
XVIIIᵉ siècle qu'aux grandes galeries du
XVIIᵉ[114].

En même temps, mais hors de l'Académie, Claude Gillot (1673 - 1722) élaborait
un style plus libre, et dans ses scènes de la
comédie italienne faisait revivre l'esprit de
Callot, oublié pendant plusieurs générations.

C'est à partir de ces composantes
qu'allait se façonner le nouveau style. Les
couleurs de Rubens, la gaîté de La Fosse,
l'observation naturaliste des continuateurs de l'école hollandaise, la fantaisie
de Gillot furent les composantes fondamentales du premier rococo. Il ne manquait plus que le génie de Watteau, soutenu par ses raffinés amis parisiens
Julienne et Crozat. On ne doit pas
oublier que Watteau fut essentiellement
un produit de la société parisienne qui,
par sa peinture autant que par les écrits
de Voltaire, affirma son indépendance à
l'égard de Versailles et sa volonté de per-
sévérer dans cette voie.

Notes

ABRÉVIATIONS

B.S.H.A.F. : *Bulletin de la Société de l'histoire de l'art français.*
G.B.A. : *Gazette des Beaux-Arts.*
J.W.C.I. : *Journal of the Warburg and Courtauld Institutes.*
A.A.F. : *Archives de l'art français.*
N.A.A.F. : *Nouvelles archives de l'art français.*
R.D. : Robert-Dumesnil, A. *Le peintre-graveur français.* Paris, 1835-1871.
Fontainebleau (Grand Palais) : catalogue de l'exposition *L'Ecole de Fontainebleau* (Grand Palais, 1972-1973). Paris, 1972.
Grand Marot : Marot, J. *L'architecture françoise. Paris, v. 1670.*
Petit Marot : Marot, J. *Recueil des plans, profils et élévations de plusieurs palais, chasteaux, églises, sépultures, grotes et hostels bâtis dans Paris.* Paris, v. 1660-1670.
Mémoires inédits : *Mémoires inédits pour servir à l'histoire de l'art français.*
Les autres titres abrégés cités en note sont, nous l'espérons, suffisamment clairs pour être aisément compris du lecteur.

CHAPITRE I

Page 10.
1. Voir J. Wilde, « The Hall of the Great Council of Florence », *J.W.C.I.*, t. VII, 1944, p. 76.

Page 11.
2. Cf. J. White, *The Birth and Rebirth of Pictorial Space*, Londres, 1957, p. 225. Les successeurs de Fouquet continuèrent à utiliser ce vocabulaire italien ; ils le transmirent aux miniaturistes comme Bourdichon (voir p. 35-37) qui l'incorporèrent à un style plus largement italianisé.

3. Il exécuta également l'autel, aujourd'hui à Saint-Didier d'Avignon.

4. Les illustrations de tous ces ouvrages figurent dans H. Martin, A. Blum, etc., *Le livre français des origines à la fin du Second Empire*, Paris, 1923. Les motifs décoratifs italiens furent aussi transmis par les gravures allemandes, notamment celles des œuvres de Dürer et d'Holbein (cf. E. Billeter-Schulze, *Zum Einfluss der Graphik von Dürer und Holbein in der französischen Kunst des 16. Jahrhunderts*, Bâle, 1964).

Page 13.
5. Les activités de ce groupe ont été clairement résumées par M.L. Polidori, *Monumenti e mecenati francesi in Roma*, Viterbe, 1969.

6. E. Chirol, *Le Château de Gaillon*, Paris, 1952, p. 31 *sq.*

7. Les projets de Saint-Louis furent dessinés par un architecte français, Jean de Chènevières (cf. J. Lesellier, « Jean de Chènevières », *Mélanges d'archéologie et d'histoire*, t. XLVIII, 1931, p. 233).

8. Voir ci-après, p. 49.

9. Reproduit dans Hautecœur, *Architecture*, t. I, p. 95. L'encadrement du sépulcre porte la date de 1496 ; mais comme l'a signalé P. Pradel (*Michel Colombe*, p. 32), les armoiries indiquent que le monument doit avoir été commencé avant 1495. Pour l'analyse de l'œuvre, voir Tonnellier, « Les broderies à alphabet et la mise au tombeau de Solesmes », *Bull. Monumental*, t. CXX, 1962, p. 37, et t. CXXI, 1963, p. 21.

10. Cf. P. Vitry, *Michel Colombe*, p. 276.

11. Pour le jubé de la cathédrale de Limoges, construit entre 1533 et 1537, voir A. Cloulas-Brousseau, « Le jubé de la cathédrale de Limoges », *Bull. de la Soc. archéol. et hist. du Limousin*, t. XC, 1963, p. 101.

12. Voir ci-après, note 46.

Page 14.
13. Cf. E. Chirol, *Le château de Gaillon*, Paris, 1952.

14. Cf. M. Dumolin, *Le château d'Oiron*, Paris, 1931, p. 12.

15. P. de Cossé-Brissac, *Châteaux de France disparus*, p. 28 *sq.* Des fragments du décor sculpté subsistent encore au musée de Poitiers (cf. P. Vitry et G. Brière, *Documents de sculpture française*, pl. 30-31).

16. On trouve à S. Petronio de Bologne des claires-voies de forme similaire. Les colonnes rappellent par leur fantaisie et leur infinie variété celles de la cappella Colleoni de Bergame ; les panneaux ajourés qui les surmontent dérivent directement de la sacristie de Bramante à S. Maria presso S. Satiro de Milan, et indirectement des panneaux de Donatello à la Vieille sacristie de S. Lorenzo. Elles font partie des rares imitations de l'œuvre de Bramante en France.
Pour Viscardi, voir H.W. Kraft, « Gerolamo Viscardi, ein genuesischer Bildhauer der Renaissance », *Mitteilungen des Kunsthistorisches Instituts in Florenz*, t. XV, 1971, 273.
L'abbatiale de Moissac possède une clôture de chœur dont le type est proche de celles des chapelles de Fécamp, mais qui manifeste une meilleure compréhension des modèles italiens ; elle est peut-être légèrement postérieure. La clôture de Moissac, qui tourne autour du rond-point, aboutit à un très curieux édicule en saillie contenant le maître-autel, surmonté d'un second autel probablement destiné à abriter des reliques.

17. Pour une étude détaillée du tombeau et de la chapelle qui le contient, voir G. Durand, « Les Lannoy, Folleville et l'art italien dans le nord de la France », *Bull. Monumental*, t. LXX, 1906, p. 329. Pour Tamagnino, voir H.W. Kruft, « Antonio della Porta, gen. Tamagnino », *Pantheon*, t. XXVIII, 1970, p. 401.

18. Reproduit dans Hautecœur, *Architecture*, t. I, p. 89. Thomas James fut l'un de ces rares mécènes français de l'époque à s'inspirer de l'Italie centrale plutôt que de la Lombardie. Il fut pendant de nombreuses années gouverneur du château Saint-Ange, et continua à vivre à Rome après sa nomination au trône épiscopal de Léon en 1478, puis à celui de Dol en 1482 (cf. A. Rhein, *La cathédrale de Dol*, Caen, 1911, p. 57). En 1483, il commanda à l'artiste florentin Altavante un superbe missel enluminé, aujourd'hui conservé à la bibliothèque municipale de Lyon (cf. V. Leroquais, *Les sacramentaires et missels manuscrits des bibliothèques publiques de France*, Paris, 1924, t. III, p. 223, pl. CII *sq.*).

Page 16.

19. Le chevet de Saint-Pierre fut très largement imité, par exemple à Saint-Sauveur de Caen (1546). Hautecœur (*op. cit.,* p. 160) donne une liste complète de ces imitations. Le type des clefs pendantes du déambulatoire se retrouve dans de nombreuses églises de Normandie, par exemple au Grand-Andelys, à Verneuil-sur-Avre, ou à Tillières-sur-Avre.

20. Pour une étude exhaustive de Gaillon, voir E. Chirol, *Le château de Gaillon,* Paris, 1952. Pour des compléments d'information sur le décor sculpté, voir M.G. de La Coste-Messelière, « Les Médaillons historiques de Gaillon », *Revue des Arts,* t. VII, 1957, p. 6. Pour des représentations anciennes du château, voir M. Rosci et A. Chastel, « Un château français en Italie. Un portrait de Gaillon à Gaglianico », *Art de France,* t. III, 1963, p. 103, et M. Baulieu, *La sculpture du Musée du Louvre,* t. II, *La Renaissance française,* p. 46.

21. E. Chirol (*op. cit.,* p. 60) pense que ce contrat concerne une autre fontaine des jardins ; le style de celle que nous présentons en illustration rend toutefois vraisemblable l'attribution à Gaggini.

Page 18.

22. Pour une étude exhaustive de Pacherot, voir P. Lesueur, « Remarques sur Jérôme Pacherot et sur le château de Gaillon », *B.S.H.A.F.* 1937, p. 67.

23. Un portrait de Charles d'Amboise, frère du cardinal (Louvre), reste traditionnellement attribué à Solario, bien que cette attribution ait été contestée.

24. Reproduit dans G. Huard, *L'art en Normandie,* Paris, 1928, fig. 251. L'intérieur de Gaillon est connu par la plus ancienne description du château, écrite en 1510 par Jacopo Probo d'Atri (cf. R. Weiss, « The Castle of Gaillon in 1509-10 », *J.W.C.I.,* t. XVI, 1953, p. 351).

Page 21.

25. La meilleure étude de Blois reste celle de F. et P. Lesueur, *Le château de Blois,* Paris, 1914, p. 21.

Page 24.

26. Cf. p. 176.

27. On retrouve dans la cour du château de La Rochefoucauld, probablement construit entre 1525 et 1533, une version plus régulière du motif des *logge* (cf. Gebelin, *Les châteaux de la Renaissance,* p. 125).

28. Lettre du 3 septembre 1633, cf. *Œuvres de J. de La Fontaine,* t. IX, Paris, 1892, p. 244.

29. L.H. Heydenreich (*Leonardo da Vinci,* Londres, 1954, p. 83 et « Leonardo da Vinci, Architect of François I », *Burl. Mag.,* t. XCIV, 1952, p. 277), reprenant Reymond (« Léonard de Vinci architecte du château de Chambord », *G.B.A.,* 1923, I, p. 337), attribue à Léonard la conception de Chambord, mais les arguments appuyant cette hypothèse ne sont pas totalement concluants. Par ailleurs, il est certain que Léonard est l'auteur des projets du château que François Ier voulait construire pour sa mère à Romorantin, dont il subsiste des dessins. Voir Heydenreich, *loc. cit.,* et l'article de C. Baroni, *Leonardo as Architect,* dans le catalogue de l'exposition Leonard de Vinci de Milan, 1939 (édition allemande p. 239 *sq.*). Baroni reproduit aussi des

dessins pour un escalier en vis à doubles révolutions qu'on pourrait rapprocher de Chambord.
La contribution de Léonard à ces deux projets a été récemment réexaminée et soulignée par J. Guillaume, « Léonard de Vinci et l'architecture française », *Revue de l'Art,* t. XXV, 1974, p. 71. Pour de belles photographies de Chambord, voir P. Gascard, *Chambord,* Zürich, 1962.

Page 25.

30. La chronologie détaillée des différentes parties du château a été établie par F. Lesueur, « Les dernières étapes de la construction de Chambord », *Bull. Monumental,* t. CIX, 1951, p. 7.

31. L'exemple le plus proche est Vincennes.

32. P. Lesueur a publié les dessins de Félibien et présenté une analyse exhaustive du problème de Chambord dans *Dominique de Cortone dit Le Boccador,* chap. IV, problème réexaminé depuis par J. Guillaume, dans « Léonard de Vinci, Dominique de Cortone et l'escalier du modèle en bois de Chambord », *G.B.A.,* 1968, p. 93-108. Pendant la majeure partie de sa carrière en France, Domenico semble avoir été plus actif comme menuisier que comme architecte. Le seul bâtiment qu'on puisse lui attribuer est l'hôtel de ville de Paris (1532), mais ici encore, ses projets furent modifiés en cours d'exécution.

33. Reproduit dans Heydenreich et Lotz, *Architecture in Italy 1400-1600,* Harmondsworth, 1974, p. 134, fig. 42.

Page 27.

34. L'hôtel de ville de Beaugency (1527) imite de près les dispositions de celui d'Orléans, construit plus de vingt ans auparavant.

Page 28.

35. Illustrations dans Martin et Enlart, *La Renaissance en France,* t. II, pl. 47-57.

36. L'importante restauration du vieux quartier entourant la cathédrale Saint-Jean de Lyon a mis au jour de nombreuses portes et arcades de boutiques masquées sous les devantures du XIXe siècle. Le quartier donne aujourd'hui l'idée probablement la plus complète de ce qu'était une ville française au début du XVIe siècle. Une maison, 16, rue du Bœuf, présente dans la cour un escalier en vis très semblable à celui du palais Minelli de Venise.

37. Des villes beaucoup plus petites possèdent également des ensembles de belles maisons du XVIe siècle, cf. Y. Thiéry, « Hôtels et maisons de la Renaissance à Riom », *Bull. Monumental,* t. XCIII, 1935, p. 63, et Maubourguet, *Sarlat et ses châteaux,* Périgueux, 1970.

38. Cf. J. Laran, *La Cathédrale d'Albi,* Paris, 1931, p. 61 *sq.* La sculpture peut être datée de 1499-1502 ; la fresque du *Jugement dernier* du mur occidental fut exécutée par des artistes français vers 1500 ; celles des chapelles et de la voûte portent des dates s'échelonnant de 1509 à 1514. Elles présentent aussi diverses signatures, dont aucune ne peut être clairement identifiée, mais qui suggèrent des artistes originaires des environs de Bologne.

39. Voir René Brimo, « Le Château et l'église d'Assier », *Bull. des Musées de France,* n° 8, 1932, et la notice du château d'Assier par B. Tollon, dans

Dictionnaire des châteaux de France — Guyenne, Gascogne, Béarn, Pays basque, Paris, 1981, p. 41-45.

Page 29.

40. Par exemple les sculptures de Solesmes et les œuvres qui en dérivent (cf. P. Vitry, *Michel Colombe,* chap. 8). Pour l'est de la France, voir H. David, *De Sluter à Sambin, La Renaissance.*

41. Par exemple l'important tombeau de Charles IV d'Anjou († 1473) à la cathédrale du Mans, production probable de l'atelier d'Antonio Rossellino.

42. L'un des artistes qui collabora au tombeau, Gerolamo Viscardi, fut également chargé du sarcophage de marbre et des effigies de l'abbatiale de Fécamp (cf. p. 15).

43. Cf. A. Venturi, *Storia,* t. VI, p. 768 *sq.,* A. Petorelli, *Guido Mazzoni da Modena,* Turin, 1925, et T. Verdon, *The art of Guido Mazzoni,* New York, 1978.

44. Reproduit dans P. Vitry, *Michel Colombe,* p. 183.

Page 30.

45. *Ibid.,* p. 169.

46. Par exemple à S. Zaccaria de Venise (cf. Venturi, *Storia,* t. VI, fig. 306). Les statues et les panneaux décoratifs de la chapelle de Philippe de Commynes à l'église des Grands-Augustins de Paris, aujourd'hui au Louvre, ont été également attribués à Mazzoni (cf. M. Beaulieu, *La sculpture du Musée du Louvre,* t. II, *La Renaissance française,* p. 114).

Page 31.

47. Cf. Montaiglon, « La Famille des Juste en France », *G.B.A.* 1875, II, p. 401.

48. Construit en 1493-1497 par Giovanni Cristoforo Romano. Le sarcophage fut seulement mis en place au XVIᵉ siècle. Les dessins de tombeaux d'Agostino Busti (Il Bambaja), notamment celui du monument de Gaston de Foix, certainement connu en France, pourraient constituer une autre source.

Page 32.

49. P. Pradel (*Michel Colombe,* p. 85 *sq.*) considère que les gisants sont indiscutablement français ; il les attribue, comme les priants, à l'atelier de Guillaume Regnault. Il reprend avec hésitation l'attribution à Perréal de la conception d'ensemble du monument.

50. On peut citer par exemple deux statues de saints de Gerolamo Viscardi (Fécamp), qui reflètent aussi l'influence d'Andrea Sansovino.

Page 33.

51. On ne sait quasiment rien des projets de Perréal et de Colombe pour les tombeaux de Brou ; on a toute raison de penser que rien n'en fut conservé dans le dessin finalement exécuté par les sculpteurs flamands appelés par Marguerite de Savoie après qu'elle eut renvoyé les artistes français.

52. Plusieurs reliefs sont reproduits dans le *Burl. Mag.,* t. XVIII, 1911, p. 325 *sq.*. La famille Gaggini était étroitement liée à la France ; l'un de ses membres au moins, Pace, traversa les Alpes ; aussi est-il très possible que Colombe ait connu l'un des prototypes génois. Qui plus est, l'un d'eux, qui ornait une fontaine de Gaillon, fut envoyé de Gênes en 1508.

Page 35.

53. Il paraît combiner diverses sources florentines : le tombeau Marsuppini de Desiderio, le sarcophage de Verrocchio pour le monument de Jean et Pierre de Médicis à S. Lorenzo, le tombeau de bronze de Sixte IV, œuvre d'Antonio Pollaiuolo.

54. Cf. Collignon, *La statuaire funéraire dans l'art grec,* Paris, 1911, p. 344 *sq.*

55. Pour une étude plus complète de ce tombeau, voir G. Lanfry, E. Chirol et J. Bailly, *Le tombeau des cardinaux d'Amboise,* Rouen, 1959.

56. Toutes ces œuvres ont été étudiées par W.H. Forsyth, *The Entombment of Christ. French Sculptures of the Fifteenth and Sixteenth Centuries,* Cambridge, Mass., 1970. Voir aussi Dom Eloi Devaux, *Le Maître de Chaource,* Paris, s.d.

57. Ainsi, M. Laclotte a établi l'existence d'une école bourguignonne, surtout active entre 1515 et 1530 (cf. « Quelques tableaux bourguignons du XVIᵉ siècle », *Studies in Renaissance and Baroque Art presented to Anthony Blunt,* Londres, 1967, p. 83 *sq.*).
Un aspect important de la vie artistique provinciale fut la renaissance de l'émail à Limoges après une interruption de près d'un siècle. S'il n'atteignit pas des résultats aussi brillants que la vieille technique du champlevé, le procédé de l'émail peint, plus facile d'emploi, permit d'obtenir des effets nouveaux. Pour une vue d'ensemble sur la première phase de cette renaissance, qui s'acheva vers 1530 et fut dominée par deux artistes nonidentifiés, le « pseudo-Monvaerni » et le « maître de l'Enéide », voir M.M. Gautier et M. Marcheix, *Les émaux de Limoges,* Prague, 1962.

Page 36.

58. Pour Bourdichon, voir R. Limousin, *Jean Bourdichon,* Lyon, 1954, et L.M. Delaissé, J. Marrow et J. de Wit, *The James A. de Rothschild Collection at Waddesdon Manor, Illuminated Manuscripts,* Londres, 1977. Charles Sterling a récemment identifié un miniaturiste d'un talent presque égal, travaillant en France à peu près à la même époque que Bourdichon ; il l'a appelé le « maître de Claude reine de France » par référence à la fille d'Anne de Bretagne, première femme de François Iᵉʳ, principale commanditaire de l'artiste. Voir C. Sterling, *The Master of Claude, Queen of France,* New York, 1975.

Page 37.

59. Par exemple dans le retable de S. Domenico de Fiesole, aujourd'hui aux Offices, et le *Saint Sébastien* du Louvre. Dans les *Heures d'Henry VIII* de Brunswick, également attribuées à Bourdichon, les emprunts à Pérugin sont plus complexes. L'artiste a utilisé pour sa *Pietà* les personnages figurant dans la partie inférieure du tableau de Pérugin sur le même thème conservé à l'Académie de Florence (reproduit dans W. Bombe, *Perugino,* 1914, p. 26), tandis que la tête du Bienheureux Giovanni Colombini, dans le même tableau de Pérugin, inspire le saint Sébastien d'une autre miniature du manuscrit. Il est intéressant de noter que Jean Lemaire de Belges, dans son poème *La plainte du Désiré* (1509), cite Pérugin parmi les grands artistes vivants d'Italie (cf. E. Moreau-Nélaton, *Les Clouet et leurs émules,* t. I, p. 48).

60. Il a pu voir à Pavie une œuvre de Pérugin, le retable exécuté en 1498 dont trois panneaux sont aujourd'hui conservés à la National Gallery de Londres.

61. Certains emprunts font supposer qu'il a visité la Toscane et Bologne ; ainsi, la miniature de saint Pierre martyr des *Heures d'Anne de Bretagne* rappelle un tableau de Francia (v. 1490) conservé aujourd'hui à la Galerie Borghèse (reproduit dans A. Venturi, *North Italian Painting of the Quattrocento, Emilia,* Paris, 1931, pl. 62) ; le saint François des *Heures d'Henry VIII* s'inspire du relief de Benedetto da Maiano à la chaire de S. Croce (reproduit dans L. Dussler, *Benedetto da Majano,* Munich, 1925, fig, 12) et le saint Marc des *Heures d'Anne de Bretagne* est proche de la figure assise du tombeau de Galeazzo Bentivoglio à Bologne, œuvre de Jacopo della Quercia (reproduit dans I.B. Supino, *Iacopo della Quercia,* Bologne, 1926, pl. 62).

62. Mlle Huillet d'Istria a tenté de démontrer que Perréal est l'auteur des fresques de la librairie capitulaire de la cathédrale du Puy (*G.B.A.,* 1949, I, p. 313 *sq.*), mais ses arguments ne sont guère convaincants.

63. Reproduites dans G.H. Hill, *Medals of the Renaissance,* Oxford, 1920, p. XXV, fig. 2, et dans G. Ring, *A Century of French Painting, 1400-1500,* p. 189.

64. Cf. C. Sterling, « Une peinture certaine de Perréal enfin retrouvée », *L'Œil,* n° 103-4, p. 2. Le problème des portraits de grandes dimensions mériterait encore un examen supplémentaire. Pour Charles Sterling, le *Louis XII* de Windsor est une copie d'après un dessin de Perréal (voir cependant, J. Dupont, « A Portrait of Louis XII attributed to Jean Perréal », *Burl. Mag.,* t. LXXXIX, 1947, p. 235), mais ses arguments à propos des autres portraits sont plus discutables.

Page 38.
65. Voir J. Cox-Rearick et S. Béguin, catalogue de l'exposition *La collection de François Ier,* Musée du Louvre, 1972.

66. Pour la visite d'Andrea del Sarto en France, voir J. Shearman, *Andrea del Sarto,* Oxford, 1965, t. I, p. 3. Un portrait de femme appartenant au comte de Normanton offre un intéressant exemple de l'influence du Florentin (cf. J. Shearman, « Three Portraits by Andrea del Sarto and his circle », *Burl. Mag.,* t. CII, 1960, p. 58 *sq.*). Le modèle est indéniablement français, mais la nationalité du peintre reste à déterminer.

67. Cette statue fut érigée dans la cour de la Fontaine à Fontainebleau ; on la voit sur des gravures du XVIIe siècle.

CHAPITRE II

Page 40.
1. Villers-Cotterêts ne représente pas exactement le nouveau style, mais est plutôt la dernière expression de la manière courante à l'époque précédente (cf. F. Gebelin, *Les châteaux de la Renaissance,* fig. 118, p. 126 *sq.*). Pour Madrid, voir H.G. Duchesne et H. de Grandsaigne, *Le Château de Madrid,* Paris, 1912, et la thèse (Paris, 1981) de M. Chatenet, *Le château de Madrid au bois de Boulogne,* à paraître.

Page 42.
2. La Muette devait être couvert d'un toit en terrasse, mais le parti fut modifié par Philibert de l'Orme.

3. Celle des meubles ou de certains chapiteaux par exemple.

Page 44.
4. *Les Plus excellents bastiments de France,* t. I (La Muette) et II (Challuau).

5. Illustrations dans F. Gebelin, *op. cit.,* pl. LXIII.

Page 45.
6. Pour une étude détaillée de l'histoire de Fontainebleau, voir F. Herbert, *Le château de Fontainebleau,* Paris, 1937.

7. Pour Gilles Le Breton, voir P. Vanaise, « Gilles Le Breton, maître maçon, entrepreneur ou architecte parisien du XVIe siècle », *G.B.A.* 1966, II, p. 241 *sq.* ; l'attribution à Le Breton des bâtiments fermant l'avant-cour de Fleury-en-Bière (près de Fontainebleau) proposée par Vanaise semble convaincante. Voir aussi C. Grodecki, « Un Marché de Gilles Le Breton pour le château de Fleury-en-Bière », *L'Information d'histoire de l'art,* 1974, p. 37-41. Le document montre que la menuiserie a été dessinée par Lescot.

Page 46.
8. L'escalier eut une histoire extrêmement compliquée : le perron fut supprimé en 1540 et de nouvelles marches établies derrière la façade ; Henri IV fit démonter les éléments subsistants pour les rétablir à l'alignement du corps de bâtiment voisin ; à la fin du XIXe siècle, jugé dangereux, il fut entièrement reconstruit dans des matériaux nouveaux.

9. La vieille attribution à Serlio est irrecevable puisque l'architecte n'est arrivé en France qu'en 1540. A. Chastel a proposé une théorie séduisante : le parti pourrait avoir été inspiré par Rosso, présent sur le chantier de Fontainebleau depuis 1530, qui avait certainement des connaissances architecturales (cf. « L'escalier de la cour Ovale à Fontainebleau », *Essays in the History of Architecture presented to Rudolf Wittkower,* Londres, 1967, p. 74).

10. Pour Montargis, voir les gravures de Du Cerceau dans *Les Plus excellents bastiments de France,* t. I.

11. Cependant, la date de l'escalier de Bury est incertaine.

12. En fait, les exemples italiens les plus proches sont tous postérieurs : les escaliers extérieurs de Michel-Ange à l'hémicycle du Belvédère et au palais des Sénateurs, l'escalier de Vignole à Caprarola. Le perron de Falconetto à la villa de Luvigliano est en revanche contemporain (entre 1529 et 1534) ; certainement ignoré de Le Breton, il pouvait être connu de Rosso.

Page 47.
13. Les arcades des loggias de Villandry et de Valençay reprennent la forme employée par Le Breton à la porte Dorée et dans d'autres parties du château.

14. Un groupe de maisons d'Orléans pose un curieux problème : l'exemple le plus caractéristique est l'hôtel Toutin, parfois appelé « Maison de François Ier », construit en 1538-1540 (cf. *Archives de la Comm. des Monuments Historiques,* t. IV, Paris, 1855-1872, p. 17, et *Congrès archéologique,* 1930, p. 159 *sq.*). L'hôtel est formé de deux corps de logis reliés par une loggia à deux niveaux bordant un côté de la cour. Par sa conception et son ordonnance, la loggia est d'un italianisme sans équivalent à cette date. D'autres détails, comme les fenêtres et la porte du corps de logis antérieur appellent plus précisément la comparaison avec Venise et le Veneto. Toutefois, le détail est beaucoup trop libre pour être attribué à un architecte italien (voir par exemple

l'entablement dorique irrégulier). Vraisemblablement, l'architecte était un Français qui connaissait les palais de la région vénitienne.

15. Lorsqu'elle était intactè, l'abbatiale de Valmont, près de Fécamp (avant 1540), possédait peut-être un peu le caractère de Saint-Eustache, malgré des proportions moins élancées (illustrations dans G. Huard, *L'art en Normandie,* Paris, 1928, fig. 74).

Page 49.
16. La façade de la cathédrale d'Annecy est reproduite dans Hautecœur, *Architecture,* t. I, p. 106, et celle de S. Pietro de Modène dont elle paraît s'inspirer, dans A. Venturi, *Storia,* t. VIII, I, fig. 397.

17. Illustrations dans G. Duhem, *Les églises de France, Morbihan,* Paris, 1932, pl. p. 208.

Page 50.
18. Le sculpteur Giovanni Francesco Rustici passa en France les années 1528-1554, mais il ne subsiste aucune trace de son œuvre ou de son influence. Le catalogue de l'exposition *L'Ecole de Fontainebleau* (Paris, Grand Palais, 1972) offre l'étude de loin la plus complète sur le sujet. Pour Rosso, outre Kusenberg et Barocchi (cf. la bibliographie), voir *ibid.,* p. 175.

19. Le dossier documentaire complet de la restauration de la galerie François Ier est présenté dans « La Galerie François Ier au château de Fontainebleau », numéro spécial de la *Revue de l'art,* t. XVI-XVII, 1972. P. Vanaise, « Cahier inédit de tabellion de 1535 », *Bull. de l'Acad. royale de Belgique (Classe des Beaux-Arts),* t. LV, 1973, p. 133, apporte des renseignements complémentaires sur le rôle des différents artistes dans la décoration ; pour Nicolas Bellin de Modène, artiste qui se rendit plus tard en Angleterre et travailla pour Henry VIII, voir M. Biddle, « Nicholas Bellin of Modena », *Journal of the Archaeological Association,* t. XXIX, 1966, p. 203. Sur l'origine des cuirs découpés, voir J. Shearman, « The Galerie François I : a case in point », *Adelaide Studies in Musicology* II, 1980.

20. La meilleure étude sur la carrière de Primatice est celle de P. Barocchi, « Precisioni sul Primaticcio », *Commentari,* t. II, 1951, p. 203.

Page 51.
21. Cf. F. Hartt, *Giulio Romano,* New Haven, 1958, p. 108, 148 *sq.*

22. Le problème est très complexe parce que Rosso et Primatice employaient nécessairement pour leurs grandes réalisations de nombreux assistants. Des listes de noms apparaissent dans les comptes, mais la restauration de la galerie François Ier a permis d'isoler de nombreuses mains différentes, mais il est en général impossible de rapprocher un nom d'un groupe d'œuvres. Une exception cependant : Luca Penni, arrivé en France peu après 1530 et mentionné dans les comptes de 1537 à 1544. Vraisemblablement protégé de Rosso, il paraît avoir perdu la faveur royale après la mort du Florentin : il vécut en France jusqu'en 1556 sans jamais, semble-t-il, travailler pour le roi. On sait toutefois qu'il reçut en 1549 une commande de la duchesse de Guise (cf. L. Golson, « Luca Penni, a Pupil of Raphaël at the Court of Fontainebleau », *G.B.A.,* 1957, II, p. 17, et *Fontainebleau (Grand Palais),* p. 127).

23. Le témoignage de Vasari paraît crédible : l'auteur correspondit un moment avec Primatice qu'il rencontra

probablement à Rome. Les différences de salaires des deux artistes ne s'opposent en rien à l'assertion du Florentin. D'ailleurs, les premiers paiements enregistrés dans les comptes concernent des réalisations dirigées par Primatice, non par Rosso. Cet argument n'est toutefois pas déterminant puisque les documents sont incomplets.

24. Cf. A. Venturi, *Storia,* t. XI, I, 1938, p. 221.

25. Pour Primatice, outre Dimier (cf. la bibliographie), voir *Fontainebleau (Grand Palais),* p. 130.

26. Voir W. McAllister Johnson, « Les débuts de Primatice à Fontainebleau », *Revue de l'art,* n° 6, 1969, p. 9-18, et S. Béguin, « Remarques sur la Chambre du Roi », *Actes du colloque international sur l'art de Fontainebleau (1972),* Paris, 1975.

Page 53.
27. Par exemple les œuvres de Zoan Andrea, Nicoletto da Modena et Agostino Veneziano, reproduites dans R. Berliner, *Ornementale Vorlageblätter,* pl. 18, 19 et 23. J. Shearman (*Andrea del Sarto,* Oxford, 1965, t. I, p. 59) signale que les premiers cuirs découpés apparaissent dans la décoration de la chapelle de Léon X à S. Maria Novella, exécutés par Andrea di Cosimo Feltrini vers 1515.

28. On en trouve des exemples dans les dernières planches du Livre IV du traité de Serlio, publié à Venise en 1537.

29. Cf. A. Blunt, « L'Influence française sur l'architecture et la sculpture décorative en Angleterre pendant la première moitié du XVIe siècle », *Revue de l'art,* t. IV, 1969, p. 17 *sq.*

30. Cf. E. Panofsky, « The Iconography of the Galerie François Ier at Fontainebleau », *G.B.A.,* 1958, II, p. 113. L'auteur a très certainement retrouvé dans ses grandes lignes le programme iconographique de la galerie, mais il nous est difficile de le suivre dans certaines de ses interprétations plus complexes.

31. Hautecœur, *Architecture,* t. I, p. 54, présente une liste d'exemples antérieurs disparus. La forme fut aussi imitée en Italie (cf. la galleria della Mostra au palais ducal de Mantoue).

Page 54.
32. Il peut aussi avoir dessiné le tombeau d'Albert Pie de Savoie (Louvre ; cf. M. Roy, *Artistes et monuments de la Renaissance en France,* p. 138 *sq.*). Voir toutefois *Fontainebleau (Grand Palais),* p. 127.

33. Pour ces gravures, voir H. Zerner, *Ecole de Fontainebleau. Gravures,* Paris, 1967, p. XLI.

34. Reproduites et analysées dans *Fontainebleau (Grand Palais).* Ce catalogue présente également le résultat des recherches les plus récentes sur d'autres tapisseries françaises du XVIe siècle, notamment la *Suite de Saint-Mammès* (voir p. 94) et la *Suite de Diane* commandée par Diane de Poitiers pour Anet ; mais on trouvera, en particulier pour le début du XVIe siècle, des détails complémentaires dans le catalogue de l'exposition *Le XVIe siècle européen. Tapisseries* (Mobilier national, 1965).
Une imitation directe de la galerie François Ier existe à Rome, dans l'actuel palais Spada, construit par le cardinal Girolamo Capodiferro ; à une date inconnue, antérieure à 1559, le cardinal fit décorer la galerie dans un style directement inspiré de l'œuvre de Rosso, qu'il

peut avoir vue lors de ses deux missions en France en 1547 et 1553 (cf. Frommel, *Der römische Palastbau der Hochrenaissance,* Tübingen, 1973, p. 71).

35. Pour une étude de l'œuvre de Tory, voir Lieure, *La gravure dans le livre et l'ornement,* Paris, 1927.

36. Voir P. Mellen, *Jean Clouet,* Londres, 1971. Les dessins de Chantilly sont étudiés et abondamment reproduits dans Dimier, *La Peinture de Portrait,* et dans Moreau-Nélaton, *Les Clouet et leurs émules.* On trouve également de petites reproductions des dessins dans R. de Broglie, « Les Clouet de Chantilly », *G.B.A.,* 1971, I, p. 259, accompagnées de textes courts sans analyse critique.

Page 58.
37. Les manuscrits à enluminures du milieu du XVIᵉ siècle ont été peu étudiés. Un résumé sommaire de leur histoire et de leurs caractères est présenté par D. Bozzo dans *Fontainebleau (Grand Palais),* p. 235. Sylvie Béguin a étudié les *Heures du connétable de Montmorency* dans *L'Ecole de Fontainebleau,* p. 47.

CHAPITRE III

Page 60.
1. L'étude la plus complète de la carrière de Serlio est présentée par M.N. Rosenfeld dans l'introduction de *Sebastiano Serlio on Domestic Architecture,* Cambridge Mass., 1978.

Page 61.
2. Cf. J. Adhémar, « Aretino : Artistic Adviser to Francis I », *J.W.C.I.,* t. XVII, 1954, p. 316.

3. Le projet de Serlio pour la loggia de Fontainebleau paraît concerner l'aile qui abrite aujourd'hui la salle de Bal ; mais comme Serlio le dit lui-même, il ne fut pas consulté par les maçons français. Le château que l'artiste appelle Rosmarino, et dont il donne le plan et l'élévation à la fin du Livre VII a été identifié par F.C. James : il s'agit de Lourmarin (vallée du Rhône). M.N Rosenfeld (*op. cit.,* p. 23) attribue sans hésitation à Serlio la grotte des Pins [fig. 65], à cause de la présence, dans le Livre VI, d'un projet de grotte pour Fontainebleau ; mais les deux œuvres sont sans rapport et le projet de Serlio concernait un autre site. L'attribution de la grotte des Pins à Primatice reste plus vraisemblable (voir ci-après, p. 79) Cf. J.J. Gloton, *Renaissance et baroque à Aix-en-Provence,* Ecole Française de Rome, 1979, p. 53.

4. Le manuscrit de la Staatsbibliothek de Munich a été publié par M. Rosci, *Il Trattato di Architettura di Sebastiano Serlio,* Milan, 1967 ; celui de l'Avery Library, Columbia University, par M.N. Rosenfeld, *op. cit.* note 1. Bien qu'il n'ait pas été publié, le Livre VI, dont des copies durent circuler en France, exerça une influence considérable, notamment sur Jacques Ier Androuet Du Cerceau : voir à ce propos D. Thomson, *Jacques et Baptiste Du Cerceau. Recherches sur l'architecture française,* à paraître. Le manuscrit du Livre VII est conservé à la Staatsbibliothek de Vienne (cf. T. Carunchio, « Dal VII libro di S. Serlio » XXIII case per edificare nella villa », *Quaderni dell'Istituto di Storia dell'Architettura,* t. XXII, 1976, p. 95).

Page 63.
5. Cf. F.C. James, « L'Hôtel du cardinal de Ferrare à Fontainebleau d'après un document inédit », *Actes du colloque international sur l'art de Fontainebleau (1972),* Paris, 1975, p. 35. Pour l'importance de l'hôtel dans l'histoire de l'architecture civile française, voir J.P. Babelon, « Du « Grand Ferrare » à Carnavalet. Naissance de l'hôtel classique », *Revue de l'art,* t. XL-XLI, 1978, p. 83.

6. Dans son Livre VII, Serlio reproduit (de manière très incorrecte) une œuvre de cet architecte : le casino de Luigi Corner à Padoue ; d'autres projets du traité reflètent la même influence.

7. Les projets de Serlio pour Ancy semblent avoir exercé peu d'influence en France ; une exception cependant : le château de Petit-Bourg, connu par une gravure de Pérelle antérieure à la reconstruction du XVIIIᵉ s. La façade sur jardin reproduisait, semble-t-il, presque exactement l'une des façades d'Ancy, mais Petit-Bourg possédait seulement trois ailes, au lieu des quatre qui ferment de tous côtés la cour d'Ancy. Quelques imitations d'Ancy existent également dans la région lyonnaise, par exemple le château de la famille de Villeroy à Neuville-sur-Saône, et celui d'Estours à Crèches-sur-Saône.

Page 64.
8. Les portes du château de Kerjean, la plupart inspirées de projets de Serlio, sont légèrement moins provinciales.

Page 65.
9. Cf. D. Thomson, « A Note on Pierre Lescot, the Painter », *Burl. Mag.,* t. CXX, 1978, p. 666.

10. L'attribution à Lescot de l'hôtel Carnavalet, de la fontaine des Innocents et de Vallery n'est pas fondée sur des documents irréfutables, mais s'appuie sur de solides arguments. Pour Vallery, voir R. Planchenault, « Les châteaux de Vallery », *Bull. Monumental,* t. CXXI, 1963, p. 237. Pour Le Louvre, voir L. Hautecœur, « Le Louvre de Pierre Lescot », *G.B.A.,* 1927, I, p. 199 ; L. Battifol, « Les premières constructions de Pierre Lescot au Louvre », *G.B.A.,* 1930, II, p. 276 ; et C. Aulanier, « Le Palais du Louvre au 16ᵉ siècle », *B.S.H.A.F.,* 1952, p. 85.

11. La comparaison ne vaut que pour les deux niveaux inférieurs du palais Farnèse, le troisième ayant été ajouté par Michel-Ange.

Page 67.
12. Ces fenêtres allaient devenir un motif très courant pendant près de deux siècles.

13. L'absence d'allège sur deux fenêtres du 1er étage est le résultat d'un remaniement.

14. Cf. p. 47.

15. On trouve des cariatides en Italie dans des projets de cheminées, de boiseries, etc., mais toujours pour des œuvres de petites dimensions. On en voit également dans la peinture, par exemple les fresques de Daniele da Volterra à la chapelle Orsini de la Trinité-des-Monts (1541), détruites mais connues par des dessins et des gravures (cf. B. Davidson, « Daniele da Volterra and the Orsini Chapel », *Burl. Mag.,* t. CIX, 1967, p. 553 *sq.*). En France, on en trouve au tombeau de Louis de Brézé (cathédrale de Rouen), plus anciennes et probablement du dessin de Goujon [fig. 94].

16. Delaborde, *Marc-Antoine Raimondi,* Paris, 1888, n° 214.

17. C'est peut-être le seul projet de Lescot qui semble se référer directement à un modèle italien : tant par leur groupement que par leurs proportions, les colonnes s'apparentent étroitement au portique de Jules Romain à la façade sur jardin du palais du Tè à Mantoue.

Page 69.

18. M. Roy, *Artistes et monuments de la Renaissance, en France,* t. I, p. 419.

19. Le nom de Lescot n'apparaît pas dans ces marchés, mais il n'y a pas lieu de douter de l'attribution traditionnelle.

20. Les gravures de Marot, qui présentent l'état originel de cette aile, prouvent que les lucarnes étaient semblables à celles du bâtiment sur rue certainement construit vers 1558 ; les deux ailes doivent donc être contemporaines. Pour l'histoire de l'hôtel et de sa restauration au XIXᵉ s., voir J.P. Babelon, « Du « Grand Ferrare » à Carnavalet », *Revue de l'art,* t. XL-XLI, 1978, p. 83 ; l'article traite également des problèmes généraux de l'hôtel parisien au XVIᵉ siècle. C. Grodecki et F.C. James ont démontré que Lescot fut aussi l'auteur de l'hôtel Saint-André dans le quartier de Saint-Eustache, aujourd'hui détruit.

Page 70.

21. Par exemple à l'hôtel Sully.

22. Pour une étude plus approfondie des œuvres et des idées de Philibert de l'Orme, voir A. Blunt, *Philibert de l'Orme,* Londres, 1958 et Paris, 1963.

23. De l'Orme construisit seulement le pont, et non, comme on l'a dit, la galerie qui le surmonte, ajoutée par Catherine de Médicis entre 1570 et 1578, probablement sur les dessins de Bullant. Pour une étude du château du début du XVIᵉ s. voir J. Guillaume, « Chenonceaux avant la construction de la galerie », *G.B.A.,* 1969, I, p. 19.

Page 72.

24. Livre I, chap. 15 ; ce qui nous rappelle les célèbres vers de J. du Bellay, neveu du cardinal constructeur de Saint-Maur, publiés en 1558 :
« Plus me plaist le séjour qu'ont basti mes ayeux,
Que des palais romains le front audacieux :
Plus que le marbre dur me plaist l'ardoise fine. »

25. Livre VI, préface. Il pensait peut-être à l'œuvre de certains pédants, comme Philander qui commit précisément cette erreur ; voir plus loin, p. 82.

Page 74.

26. Construite vers 1549 ; la décoration fut achevée en 1552.

27. Voir p. 49.

Page 76.

28. On trouve en province quelques échos du style de Philibert à Anet, par exemple au château de Maillé près de Morlaix, probablement construit après 1577 par une famille lointainement parente de l'époux de Diane de Poitiers.

Page 79.

29. On admet généralement que les plans présentés par Du Cerceau dans les *Plus excellents bastiments* et dans un dessin du British Museum reproduisent le projet de Philibert pour l'achèvement du palais, mais je pense qu'ils reflètent beaucoup plus probablement les idées personnelles de Du Cerceau. Cette thèse a été récemment récusée par D.A. Chevalley dans *Der grosse Tuilerienentwurf in der überlieferung Ducerceaus,* Frankfort, 1973 ; l'argument principal de l'auteur est que ces plans sont trop savants pour être attribués à un homme aussi « simplet » que Du Cerceau ; D. Thomson a pourtant montré que l'artiste, qui fréquentait les cercles intellectuels les plus raffinés de son temps, était plus un théoricien qu'un bâtisseur.

30. L'attribution de cette grotte à Primatice proposée par Dimier n'est pas certaine, mais paraît très vraisemblable ; voir ci-dessus, note 3.

Page 81.

31. Dimier, *Le Primatice,* 1900, p. 359, a fait valoir les droits de Primatice, en dépit des affirmations de Félibien et de Brice qui attribuaient la chapelle à Philibert de l'Orme.

Page 82.

32. L'aspect de la chapelle à cette date est connu par un dessin que Van Buchel a inséré dans son journal en septembre 1585 (cf. *Mém. de la Soc. de l'hist. de Paris,* t. XXVI, 1899, p. 128). Silvestre (Faucheux, n° 64, pl. 28) la montre dans le même état.

33. On dit toujours que certaines colonnes ont été transportées et remontées autour du lac du parc Monceau ; en ce cas, leurs dispositions ont dû être profondément modifiées.

34. L'historien local Gaujal (cf. Gebelin, *Les châteaux de la Renaissance,* p. 62) a attribué l'édifice à Guillaume de Lissorgues, originaire de Bournazel, qui construisit le château voisin de Graves (cf. Gebelin, *op. cit.,* fig. 67). Gebelin a rejeté cette attribution, mais la comparaison stylistique, qui fait apparaître de nombreux traits communs entre l'aile nord de Bournazel et Graves, la rend plausible. L'aile orientale est beaucoup plus monumentale, mais les détails décoratifs des deux corps de bâtiments sont si proches qu'il paraît difficile de les attribuer à des mains différentes. La frise insolite de l'ordre ionique est répétée presque à l'identique à l'avant-portail sud de Saint-Sernin de Toulouse ; on en retrouve encore un exemple très similaire au jubé de la cathédrale de Rodez (1531), dont des fragments ont été remontés dans une chapelle latérale du sanctuaire. Il est vraisemblable que la même équipe de sculpteurs a travaillé aux trois décors.

Page 84.

35. Livre IV, chap. 12.

36. Sa participation aux hôtels suivants est attestée : hôtel de Bagis, 1538 ; hôtel Buet, 1540 ; parties de l'hôtel d'Assézat, 1555. En se fondant sur des rapprochements stylistiques, on peut ajouter l'hôtel du Vieux Raisin ou Beringuier-Maynier, après 1547. Hors de la ville, le château de Saint-Jory est certainement son œuvre (1545) et celui de Pibrac (v. 1540) lui est attribué avec vraisemblance. Cf. H. Gaillot, *Nicolas Bachelier,* Toulouse, 1914. On sait que Bachelier eut un élève, Guiraud Mellot, auteur d'une admirable porte du Capitole de Toulouse, aujourd'hui au Louvre (cf. M. Beaulieu, *La sculpture du Musée du Louvre,* t. II, *La Renaissance française,* p. 124.).

37. *Congrès archéologique,* 1929, p. 154.

38. Voir E. Ulrich et J. Vincent, « La chapelle de la Tour-d'Aigues », *Revue de l'art,* t. IX, 1970, p. 74 ;

Inventaire général des Monuments et des richesses artistiques de la France. Vaucluse. Pays d'Aigues, Paris. 1981, p. 616 ; J.J. Gloton, *Renaissance et baroque à Aix-en-Provence,* Ecole française de Rome, 1979, t. I, p. 89 ; H. Lavagne, « Le château de la Tour d'Aigues », *Bull. monumental,* t. 136, 1978, p. 179. Plusieurs dessins du XVIIIᵉ s. montrent qu'au centre de la façade sur cour de l'aile droite était placé un avant-corps porté par quatre colonnes colossales, comme à l'aile sud d'Ecouen. La chapelle circulaire fut achevée vers 1566 et la date de 1571 est inscrite sur le portail d'entrée. Pour la participation de l'architecte piémontais Ercole Nigra, voir J.J. Gloton, *op. cit.* et *Mostra del Barocco Piemontese,* Turin, 1963, t. I, p. 24.

Un autre bel édifice peu connu du midi de la France, le château de Marsillagues (Hérault), construit en majeure partie sous le règne de Henri II, présente un plan inhabituel et une belle décoration sculptée de style bellifontain.

Page 87.

39. On trouve en Italie une disposition similaire, mais avec un ordre unique, au vestibule de la sacristie de S. Spirito de Florence, œuvre de Giuliano da Sangallo et de Cronaca. L'ordonnance peut également être inspirée du temple de Nîmes, certainement connu en Italie au début du XVIᵉ s.

40. Porte du bras nord du transept, v. 1555-1570 ; illustrations dans Hautecœur, *Architecture,* t. I, p. 378.

41. Le clocher de Gisors fut construit après 1559 ; les tours de Saint-Michel de Dijon, probablement commencées vers 1560, ne furent achevées qu'au XVIIᵉ s. (cf. *ibid.,* p. 390, 392). A ces exemples, on peut ajouter deux constructions bretonnes, les bras du transept de Saint-Vincent de Saint-Malo et Saint-Malo de Dinan. Le bras sud du transept de Saint-Germain de Rennes, datant, pense-t-on, de 1606-1623, témoigne de la survivance très tardive de ce style.

42. Illustration *ibid.,* p. 406. La date est inconnue, mais son style fait penser qu'il fut édifié peu après 1550.

43. Illustration *ibid.,* p. 403 ; Hautecœur présente p. 374-421 de nombreux autres exemples de l'architecture religieuse de la période.

44. Illustration *ibid.,* p. 163. L'auteur confond cette construction avec une autre chapelle de la même cathédrale, la chapelle des Evêques. Le classicisme de l'édifice, assez imprévu dans une région aussi éloignée, pourrait s'expliquer par la présence dans cette ville, au début du siècle, de Jean Pélerin, dit Viator, dont le traité de perspective publié en 1505 témoigne d'indéniables connaissances de l'architecture classique.

45. Pour une étude approfondie de son œuvre, voir P. Marcel, *Jean Martin,* Paris, 1927.

Page 88.

46. Le décor a subi des remaniements, lorsque, sous Louix XV, la chambre a été transformée en escalier. Pour les premiers travaux de Primatice à Fontainebleau, voir W. McAllister Johnson, « Les Débuts de Primatice à Fontainebleau », *Revue de l'art,* t. VI, 1969, p. 9.

47. L'influence de Parseman dut être renforcée par la présence de Cellini en France de 1540 à 1545 (cf. p. 103) : les figures de salière de François Iᵉʳ sont très proches des nus de Parmesan.

Page 90.

48. D'après Sauval, Primatice dessina aussi un décor pour la galerie de l'hôtel parisien du connétable de Montmorency, connu par des gravures de Guérineau. Comme pour la salle de Bal de Fontainebleau, l'exécution fut confiée à Nicolo dell'Abate. Un artiste français connu seulement jusqu'alors comme collaborateur de Primatice, Michel Rochetel, est récemment sorti de l'ombre : S. Béguin a identifié (*Master Drawings,* t. XIX, 1981, p. 157) deux de ses dessins, l'un à Dresde, daté de 1551, l'autre à la Pierpont Morgan Library. Mme Béguin propose d'y voir des modèles pour des gravures ; je me demande s'il ne s'agit pas plutôt de modèles pour des émaux, spécialité connue de Rochetel.

49. Cf. W. M. Johnson, « Five Drawings for the palace of Fontainebleau », *Master Drawings,* t. IV, 1966, p. 25 *sq.*

Page 91.

50. On trouve même dans les deux décors des panneaux hexagonaux, forme pourtant inhabituelle.

51. Le modèle de ce panneau est la fresque de Jules Romain à la sala del Sole du palais du Tè (reproduite dans Hartt, *Giulio Romano,* t. II, fig. 169). On attribue traditionnellement à Primatice certains stucs de cette pièce (*ibid.,* t. I, p. 108).

52. Pour ses œuvres en Italie, voir le catalogue de la *Mostra di Nicolò dell'Abate,* Bologne, 1969, et *Fontainebleau (Grand Palais),* p. 5.

53. Reproduits dans le catalogue de l'exposition de Bologne (pl. 4 et 22).

Page 92.

54. Deux dessins de Primatice identifiés par Dimier (*Le Primatice,* 1928, pl. 32) comme étant des projets pour le décor de la grotte des Pins présentent aussi des perspectives très accentuées.

55. Pour une étude détaillée de la chapelle, voir C. Samaran, « La chapelle de l'hôtel de Guise », *G.B.A.,* 1921, II, p. 331.

56. Reproduites dans A. Venturi, *Storia,* t. IX, 2, fig. 343. Une autre source possible est l'une des fresques de Tibaldi au palais Poggi de Bologne, commencée vers 1554 ; elle peut avoir été rapidement connue en France, en raison des liens étroits de Primatice et de Nicolo avec Bologne. Nicolo peignit aussi des fresques dans la galerie de l'hôtel de Montmorency (détruit) connues par des gravures publiées au XVIIᵉ s. par N. Langlois (cf. S. Béguin, « La galerie du connétable de Montmorency à l'hôtel de la rue Sainte-Avoye. Le décor de Nicolo dell'Abate », *B.S.H.A.F.,* 1979, p. 47.

Page 93.

57. Un continuateur charmant, mais mineur, de Nicolo a été étudié par S. Béguin, « Le maître de Flore », *Art de France,* t. I, 1961, p. 301.

58. Les deux œuvres appartenaient peut-être à la suite de quatre grands paysages destinée à Fontainebleau, pour laquelle Nicolo recut un paiement en 1557 (cf. Laborde, *Comptes,* t. II, p. 195).

59. Mlle Bessard et Mme Béguin ont récemment identifié un important cycle décoratif exécuté par Nicolo à l'hôtel du Faur, aujourd'hui disparu mais connu par des dessins de van Thulden et des gravures d'Erlinger (cf. « L'hôtel du Faur dit Torpanne », *Revue de l'art,* t. I,

1968, p. 39 *sq.*). L'hôtel doit avoir été l'un des plus somptueux du siècle, comme le montrent les arcades richement sculptées de sa galerie, qui subsistent à l'école de Beaux-Arts. Francesco Salviati vint en France à cette époque, mais y séjourna moins de deux ans (1554-1556). Ses œuvres à Dampierre ont disparu. Bronzino était représenté dans les collections royales par l'*Allégorie* aujourd'hui à la National Gallery de Londres. Henri II et Diane de Poitiers semblent aussi s'être intéressés à Michel-Ange, car un petit autel portatif orné de leurs emblèmes, conservé à Wilton, s'inspire de la *Pietà* connue par les gravures de Bonasone et de Beatrizet.

60. Pour l'étude la plus complète sur Cousin, voir *Fontainebleau (Grand Palais)*, p. 59, 345.

Page 94.
61. J. Guillaume (*G.B.A.*, 1972, II, p. 185) a montré que l'iconographie, encore plus complexe qu'on ne le pensait jusqu'alors, contenait des allusions à Cléopâtre aussi bien qu'à Eve-Pandore.

Page 95.
62. Identification de J. Shearman (cf. *Fontainebleau (Grand Palais)*, p. 78.

63. Il semble difficile d'admettre l'influence de la peinture italienne sur l'œuvre française, puisque la décoration de la galerie d'Oiron débuta avant la mort de François Ier (1547) et que les encadrements de la sala Regia ne furent apparemment pas commencés avant 1546. Ces encadrements ont été également imités sur les façades de la galerie de Chenonceau, construite par Jean Bullant (voir p. 117-118). Les fresques ont été étudiées en détail par J. Guillaume, « Oiron : Fontainebleau poitevin », *Monuments Historiques*, n° 101, 1979, p. 77.

64. Pour des renseignements plus complets sur ce peintre, voir sa notice dans le dictionnaire Thieme et Becker, et la courte note de G. Frizzoni dans *L'Arte*, t. II, 1899, p. 154.

65. Voir à ce propos J. Thuillier, « L'énigme de Félix Chrétien », *Art de France,* t. I, 1961, p. 57.

Page 96.
66. L. Dimier, *La peinture de portrait,* et E. Moreau-Nélaton, *Les Clouet et leurs émules,* rassemblent les faits connus mais s'aventurent avec une audace dangereuse sur le terrain des attributions ; pour une approche plus scientifique, voir I. Adler, « Die Clouet », *Jahrb. der Kunsthistor. Sammlungen in Wien.* n. s., t. III, 1929, p. 201. *Les Clouet et leurs émules* (exposition de la Bibliothèque nationale, 1970) est un catalogue utile pour l'identification des modèles.

Page 98.
67. Le portrait de François Ier a fait l'objet d'études extrêmement nombreuses aboutissant aux conclusions les plus variées ; mais Charles Sterling (« Un portrait inconnu par Jean Clouet », *Studies in Renaissance and Baroque Art presented to Anthony Blunt,* Londres, 1967, p. 86) a proposé une solution brillante au problème de l'attribution.

Page 99.
68. On ne doit pas oublier toutefois que François Ier possédait un portrait de l'Arétin par Salviati, aujourd'hui perdu (cf. Vasari, *Vite*, t. VII, p. 19).

69. On y lit la date de 1563, mais l'inscription semble avoir été modifiée. Il faut lire sans doute 1569 ou 1570,

ce qui correspondrait à l'âge du roi mentionné sur la toile.

Page 100.
70. Par exemple le portrait de l'archiduc Ferdinand à Vienne (1570).

71. Des rapports stylistiques très étroits avec le *Charles IX* permettent d'attribuer avec sécurité à François Clouet le portrait en pied d'Henri II conservé aux offices (reproduit dans Dimier, *La peinture de portrait*, t. I, pl. 16) et le buste d'Henri II daté de 1559, dont plusieurs répliques existent à Versailles, à Windsor et au palais Pitti (*Ibid.,* t. II, p. 124, n° 493-494). En se fondant sur les dessins, on peut ajouter le portrait de Claude de Beaune conservé au Louvre (Moreau-Nélaton, *op. cit.,* t. I, fig. 29). Celui d'Odet de Châtillon à Chantilly, daté de 1548 (*Ibid.,* fig. 27), présente un problème difficile : le dessin (*Ibid.,* fig. 30) est certainement de Francois Clouet, mais la peinture est plus italianisante que tout ce qu'on connaît de lui. Toutefois l'attribution est plus aisément acceptable si l'on admet que le peintre a visité l'Italie : il est alors compréhensible que dans cette œuvre précoce l'influence italienne soit plus forte que dans les portraits plus tardifs.

72. Cf. M. J. Friedlander, *Altniederländische Malerei,* t. IX, 1931, pl. 53, 63.

73. *Ibid.,* pl. 29, 31, 37 et 38. La nourrice du tableau de Clouet peut s'inspirer de la pose du saint Joseph présenté sur la pl. 38.

74. Cette composition connut plusieurs imitations. Une copie presque littérale, datant de la fin du siècle et représentant peut-être Gabrielle d'Estrées, est conservée à Chantilly (reproduite dans Moreau-Nélaton, *op. cit.,* t. II, fig. 464). Dans une autre variante plus personnelle conservée à Dijon, la servante de l'arrière-plan tire des vêtements d'un coffre, réminiscence directe du tableau de Titien. Un double portrait du même type, dont on connaît plusieurs répliques, représenterait Gabrielle d'Estrées et la duchesse de Villars. On attribue aussi avec vraisemblance à François Clouet une composition qui n'a rien d'un portrait : la *Diane au bain,* dont une version est conservée à Rouen et une autre dans la coll. de MM. Wildenstein.

75. Voir S. Béguin et A. de Groër, « A propos d'un nouveau Corneille : le portrait de Pierre Aymeric », *Revue du Louvre,* t. XXVIII, 1978, p. 28, et N.Z. Davis, « Le milieu social de Corneille de Lyon », *Revue de l'art,* t. XLVII, 1980, p. 21.

Page 101.
76. Dans son intéressant article sur Duvet, A.E. Popham (*Print Collector's Quarterly,* t. VIII, 1921, p. 123) a signalé beaucoup d'emprunts faits par le graveur à l'art italien ; il observa en particulier que la reproduction de la sibylle de Cumes correspond directement à l'original de Raphaël, non à ses répliques gravées en Italie : Duvet a donc vu l'œuvre elle-même, ou copié un dessin rapporté d'Italie par un autre artiste. Pour l'étude la plus complète de l'art de Duvet, voir C. Eisler, *The Master of the Unicorn. The Life and Work of Jean Duvet,* New York, 1979. Le texte prête toutefois à de sérieuses critiques ; voir notre compte rendu dans le *Burl. Mag.,* 1980, p. 443.

Page 102.
77. La plupart des auteurs voient dans cette suite une

allusion aux amours d'Henri II et de Diane de Poitiers, hypothèse, selon nous, sans fondement sérieux.

Page 103.
78. Voir l'excellente étude de L.E. Marcel, *Le cardinal de Givry,* Dijon, 1926.

79. *Ibid.,* t. I, p. 166.

80. On peut le rapprocher également de l'Oratoire de l'amour divin auquel appartenaient Pole et Contarini. Cette atmosphère se reflète dans les œuvres tardives de Michel-Ange, en particulier dans le *Jugement dernier* auquel doivent tant les gravures de Duvet.

81. A la même époque que Duvet, fleurit une école de graveurs spécialisés dans l'illustration de livres, qui, sans atteindre la perfection de Geoffroy Tory, démontrent dans l'ensemble de belles qualités techniques et inventives. Les meilleurs artistes du groupe sont Bernard Salomon (actif entre 1540 et 1569) qui illustra Pétrarque et Ovide, et Jean de Gourmont (v. 1483 - après 1551), surtout remarquable pour ses curieuses pespectives architecturales. Voir à ce propos F. Courboin, *Histoire illustrée de la gravure en France.* On connaît une peinture de J. de Gourmont, datée de 1537 (Städelsches Kunstinstitut, Francfort).

82. Des moulages de *Victoires* destinées à orner les écoinçons entourant la *Nymphe* existent encore, mais les originaux ont disparu. On connaît également le dessin de l'un des satyres portant le relief ; enfin, le Louvre conserve un dessin de la *Junon* appartenant à la suite des dieux et des déesses (voir C. Grodecki, « Le séjour de Benvenuto Cellini à l'hôtel de Nesle et la fonte de la Nymphe de Fontainebleau d'après les actes des notaires parisiens », note additionnelle de S. Pressouyre, *Bull. de la Soc. de l'hist. de Paris et de l'Ile-de-France,* 1971, p. 45-92.

83. Cf. ci-dessus, note 47. On a probablement exagéré la mésentente des deux artistes — laquelle, de toutes façons, ne les empêchait pas de se copier.

Page 104.
84. Pour les informations les plus récentes sur la sculpture de la seconde moitié du XVIᵉ siècle, voir le chapitre rédigé par J. Thirion dans *Fontainebleau (Grand Palais),* p. 373, et M. Beaulieu, *La sculpture du Musée du Louvre,* t. II, *La Renaissance française.* Pour Goujon, voir P. du Colombier, *Jean Goujon,* Paris, 1949, et M. Beaulieu, *op. cit.,* p. 92.

85. Les chapiteaux corinthiens sont beaucoup plus corrects que tous ceux qu'on peut trouver dans les éditions illustrées de Vitruve publiées à cette date ; ils correspondent exactement à celui d'une planche de Goujon illustrant le *Vitruve* de Martin (1547).

86. Les chapiteaux corinthiens sont identiques à ceux de Saint-Maclou ; on retrouve la frise tout à fait inhabituelle du niveau supérieur sur une planche de Goujon illustrant le *Vitruve* de 1547 (fol. 45 v°), ouvrage où figurent également les chapiteaux (fol. 44 v°).

Page 105.
87. L'allégorie assise placée entre deux colonnes au sommet du monument s'apparente stylistiquement à celles de l'hôtel d'Ecoville à Caen, suggérant que Goujon a fait son apprentissage en Normandie. Pierre du Colombier (*op. cit.,* p. 30, pl. 32) attribue également avec vraisemblance à la période rouennaise de Goujon le

parti d'ensemble de la chapelle de la Fierte de Saint-Romain, placée derrière la cathédrale et construite en 1542-1543. L'édicule circulaire couronnant le bâtiment permet encore un rapprochement avec l'hôtel d'Ecoville.

88. Pour P. du Colombier (*op. cit.,* p. 41 *sq.*) ils dateraient de 1545-1547 et auraient été exécutés d'après un dessin de Goujon par deux de ses élèves ; je penserais plus volontiers qu'ils datent de 1543 environ et ont été exécutés avec l'aide d'assistants.

Page 106.
89. Les reliefs de Goujon à l'hôtel Carnavalet, à peu près contemporains de la fontaine des Innocents, présentent les mêmes caractères stylistiques, bien que, sans doute à cause de la collaboration d'assistants, l'exécution soit dans l'ensemble assez grossière.

90. Une *Victoire* en bas-relief ornant le manteau d'une cheminée d'Ecouen, traditionnellement attribuée à Goujon, reflète la même tendance. L'attribution est vraisemblable, mais le relief, qui s'inspire d'une gravure d'après Rosso, doit être plus tardif que les autres œuvres d'Ecouen (cf. Kusenberg, *Le Rosso,* Paris, 1931, pl. LXII).

Page 107.
91. Une description de la pièce, rédigée peu après sa restauration par Percier et Fontaine, précise que les cariatides étaient « extrêmement dégradées » à l'époque des travaux ; on peut donc penser qu'elles ont été presque entièrement refaites ; elles ne se distinguent pas aujourd'hui du reste de la salle qui, comme le signale la même source, fut profondément transformée par les deux architectes du XIXᵉ siècle. A l'exception des cariatides et de la tribune qu'elles portent, la seule partie de la pièce achevée au XVIᵉ s. était le Tribunal, placé à l'autre extrémité. Le relief ornant la cheminée est lui aussi en grande partie l'œuvre de Percier et Fontaine (cf. Dimier, « Fragments de l'ancien hôtel d'O dans la décoration de la salle des Cariatides au Louvre », *B.S.H.A.F.,* 1924, p. 20, et P. du Colombier, *op. cit.,* p. 98, pl. XXIV).

Page 108.
92. *Op. cit.,* t. I, p. 320.

93. Cf. M. Mayer, « La fontaine de Diane du château d'Anet n'est pas de Benvenuto Cellini », *Revue de l'art ancien et moderne,* t. LXVIII, 1935, p. 125. L'hypothèse de P. du Colombier (*op. cit.,* p. 132 *sq.*), qui pense que la statue est l'œuvre de l'auteur du dessin conservé au Louvre (reproduit *ibid.,* pl. 76), n'est pas convaincante. Pour un résumé du problème et une bibliographie exhaustive, voir M. Beaulieu, *op. cit.,* p. 96.

94. Un fait plaide en faveur de l'attribution de la Diane à Pilon : on sait qu'en 1548, le sculpteur travaillait avec Philibert de l'Orme, pour qui il exécuta des statues au tombeau de François Ier (cf. Babelon, *Germain Pilon,* p. 33) : sa collaboration avec le même architecte à Anet est donc plausible.

95. On a longtemps pensé que la date de l'œuvre rendait difficile cette hypothèse, car on supposait que Pilon était né en 1536 ou 1539 ; mais on sait aujourd'hui qu'il naquit certainement avant 1528, et probablement vers 1525 (cf. E.J. Ciprut, « Chronologie nouvelle de la vie et des œuvres de Germain Pilon », *G.B.A.,* 1969, II, p. 333).

96. Une autre sculpture d'Anet, un relief de Diane

aujourd'hui à Ecouen, également attribuée à Goujon (reproduite dans P. du Colombier, *op. cit.*, pl. 44), est plus vraisemblablement une œuvre de jeunesse de Pilon.

97. Pour Bontemps, voir M. Roy, *op. cit.* note 18 ; M. Beaulieu, *op. cit.*, note 84, et « Nouvelles attributions à Pierre Bontemps », *Revue des arts*, t. III, 1953, p. 82.

98. Reproduit dans J.F. Noël, et P. Jahan, *Les gisants*, t. I, 1949, pl. 20.

99. Reproduit dans P.S. Wingert, « The Funerary Urn of Francis I », *Art Bull.*, t. XXI, 1939 *sq*. Le thème iconographique avait été déjà utilisé par Cellini dans un projet de fontaine pour Fontainebleau.

Page 109.
100. M. Roy, *op. cit.*, t. I, p. 113, attribue à Bontemps le tombeau de l'amiral Chabot (Louvre) et celui de Guillaume Du Bellay (cathédrale du Mans). Ces œuvres et le monument de Maigny présentent une cohérence stylistique totale ; il y a donc toute raison d'accepter cette attribution. Bontemps apparaît ainsi comme le sculpteur funéraire le plus important du milieu du siècle. Les têtes des statues de tous ces monuments semblent refléter l'influence des continuateurs de Michel-Ange, Bandinelli par exemple. Le tombeau de Guillaume Du Bellay fut érigé aux frais de son frère le cardinal en 1557 (cf. Heulhard, *Rabelais, ses voyages en Italie*, 1891, p. 345-347). Le tombeau de Sir Philip et Sir Thomas Hoby à Bisham, Berkshire, paraît témoigner d'une influence en Angleterre de l'atelier de Bontemps (cf. M. Whinney, *sculpture in Britain : 1530-1830*, Pelican History of Art, Londres, 1964, p. 9).
Mention doit aussi être faite du sculpteur Ponce Jacquio, chargé en 1560 d'exécuter quarante statues grandeur nature pour Verneuil, connues par un dessin de Du Cerceau au British Museum.

101. Reproduit dans M. Aubert, *La sculpture française du Moyen Age et de la Renaissance*, pl. 55.

102. Reproduit dans P. Vitry et G. Brière, *Documents de sculpture française de la Renaissance*, t. II, pl. CXXIX, fig. 2.

103. Pour un résumé des recherches récentes sur Dominique Florentin, voir *Fontainebleau (Grand Palais)*, p. 383 et M. Beaulieu, *La sculpture du musée du Louvre*, t. II, *La Renaissance française*, p. 88.

104. Reproduit dans M. Aubert, *op. cit.*, pl. 58.

105. Reproduit dans Vitry et Brière, *op. cit.*, t. II, pl. CXIX, fig. 5.

106. Le cadre, qui n'apparaît pas sur la figure 101 (photographie d'un moulage), et le cœur que tient le squelette sont des additions postérieures.

Page 110.
107. Par exemple une statue en pierre du musée de Dijon et un petit bronze de très belle qualité au musée de Strasbourg. Le cimetière des Innocents de Paris possédait aussi des squelettes de pierre, dont un exemple subsiste au musée du Louvre (n° 319). Ils doivent avoir été également fréquents en province (cf. L. Pressouyre, « Sculptures funéraires du 16e siècle à Châlons-sur-Marne », *G.B.A.*, 1961, I, p. 143).

108. Il faut mentionner ici une autre sculpture préparée à cette époque pour la France par des artistes italiens, mais livrée beaucoup plus tard : la statue équestre

d'Henri II en bronze, que Catherine de Médicis avait demandée à Michel-Ange en 1560. Michel-Ange transmit la commande à Daniele da Volterra, promettant de l'aider de ses conseils. A la mort de Daniele, seul le cheval était achevé. Les guerres de Religion arrêtèrent le projet ; le cheval ne fut envoyé en France qu'au XVIIe s., et utilisé pour la statue équestre de Louis XIII place Royale (cf. pp. 137-138). Vasari (*Vite*, t. VII, p. 66 *sq*.) raconte longuement les démêlés de Michel-Ange et de Daniele.

Sous le règne d'Henri II, les arts décoratifs atteignirent un haut degré de qualité ; telles sont par exemple les armures de parade, dont beaucoup furent exécutées sur des dessins d'Etienne Delaune, merveilleux dessinateur de petits formats (cf. B. Thomas, « Die Münchner Waffenzeichnungen des Etienne Delaune und die Prunkschilde Heinrichs II von Frankreich », *Jahrb. der kunsthistor. Sammlungen in Wien*, t. LVIII, 1962, p. 101).

Le milieu du XVIe s. vit aussi fleurir l'art de l'émail peint ; l'école de Limoges produisit en la personne de Léonard Limosin un artiste de grande qualité. Ses œuvres, comme l'autel portatif de 1533 pour la Sainte-Chapelle (Louvre), ou les *Apôtres* d'Anet (1547, musée des Beaux-Arts de Chartres), sont des expressions accomplies et splendides du style de Fontainebleau qui, à la différence des fresques, ont généralement survécu en parfaite condition. Pour des études récentes sur Léonard Limosin et ses contemporains, voir *Fontainebleau (Grand Palais)*, p. 443 *sq*., et M. Marcheix, « Les émaux de Limoges à l'exposition de l'Ecole de Fontainebleau », *Bull. de la Soc. Archéol. et hist. du Limousin*, t. C, 1973, p. 163 *sq*. Mlle Marcheix a retrouvé un certain nombre de gravures utilisées par les artistes de Limoges comme modèles pour leurs émaux ; elle poursuit cette recherche dans son chapitre du catalogue de la Collection James de Rothschild à Waddesdon Manor (*Glass and Enamels*, Londres, 1977, p. 317).

CHAPITRE IV

Page 112.
1. F. Yates (*The French Academies of the Sixteenth Century*), a brossé un tableau très vivant de la Cour d'Henri III.

2. Certains auteurs ont attribué à Bullant la chapelle de Jean d'Amoncourt à la cathédrale de Langres, mais cette hypothèse n'est fondée sur aucun document. L'inscription surmontant l'entrée indique que la chapelle fut commencée en 1547, et la date de 1549 est gravée sur la voûte.

Page 113.
3. La meilleure étude d'Ecouen reste celle de F. Gebelin, *Les châteaux de la Renaissance*, p. 87. Les monographies de C. Terrasse (Paris, 1925) et surtout de V. Hoffmann (*Das Schloss von Ecouen*, Berlin, 1970) apportent des détails et des illustrations complémentaires. Tâcheron a été identifié par E.J. Ciprut, « Un architecte inconnu du connétable Anne de Montmorency », *B.S.H.A.F.*, 1956, p. 205.

Page 114.
4. L'avant-corps de la façade sur cour de l'aile nord est l'une des compositions les plus maladroites de Bullant, en particulier dans sa liaison avec l'escalier qu'il précède. Il est composé de deux ordres dorique et corinthien superposés ; l'entablement de l'ordre supérieur est

continu, celui du niveau inférieur fait retraite au-dessus de deux portes. Le couronnement est formé de deux lucarnes à frontons cintrés reliées par un trumeau plus élevé surmonté d'un fronton triangulaire qui chevauche les deux lucarnes ; la composition ressemble à celle que de l'Orme emploiera plus tard aux Tuileries : Bullant a peut-être repris une œuvre antérieure de Philibert aujourd'hui disparue à moins que l'auteur des Tuileries ne se soit inspiré de son cadet.

5. L'avant-corps central de la façade extérieure de l'aile nord, apparemment construit après 1559, est, comme celui de la façade sur cour, d'un dessin maladroit. Il paraît superposer deux dessins d'arcs de triomphe portés par un rez-de-chaussée percé de quatre baies. Bullant semble utiliser ici, sans les maîtriser pleinement, des idées apprises à Rome.

6. Cf. Gebelin, *op. cit.,* p.101. On a dit parfois que le Petit château de Chantilly fournit un exemple antérieur ; mais, outre l'incertitude des dates des deux bâtiments, les pilastres de Chantilly n'appartiennent pas *stricto sensu* à l'ordre colossal (voir ci-après, p. 116).

Page 115.
7. L'emploi de l'ordre colossal par Bullant est à certains égards plus proche de Palladio que de Michel-Ange. Ce dernier l'utilise seulement sous forme de pilastres, tandis que Palladio emploie des colonnes dans la cour du palais Porto-Colleoni (1552). Le loggia del Capitano fournit un exemple encore plus proche, mais, commencée seulement en 1571, elle est trop tardive pour avoir pu influencer Ecouen.

8. Cf. Gebelin, *op. cit.,* p. 95.

Page 116.
9. Cf. un dessin de Blomfield, dans son *History of French Architecture, 1494-1661,* t. I, pl. 54.

10. L'insertion de tables dans la frise rappelle une disposition similaire au portique sur cour de l'aile nord d'Ecouen.

11. Les fenêtres du rez-de-chaussée ont été modifiées au XVIIIᵉ s. ; aussi s'inscrivent-elles aujourd'hui régulièrement sous celles de l'étage. Pour leur disposition originelle, voir la gravure de Du Cerceau.

12. Les dates rendent impossible toute influence directe ; comme pour l'ordre colossal d'Ecouen, la ressemblance paraît le fait d'une évolution parallèle et indépendante.

Page 117.
13. En 1568, la veuve du connétable de Montmorency lui commanda le tombeau de son mari pour Saint-Martin de Montmorency, dont des fragments subsistent au Louvre (cf. R. Baillargeat, « Etude critique sur les monuments élevés par les seigneurs de Montmorency », *B.S.H.A.F.,* 1952, pl. 107). Bullant construisit également pour Montmorency le château d'Offremont, détruit mais connu par une gravure du XVIIIᵉ s.

14. Cf. p. 80-81.

15. La gravure de Marot représente sur les lucarnes de cette partie des Tuileries les armes et le monogramme de Marie de Médicis. Les niches, couvertes de deux moitiés inversées de fronton cintré, peuvent d'ailleurs difficilement dater de l'époque de Bullant : Buontalenti utilisa pour la première fois le motif de la Porta delle Suppliche des Offices après 1580 (cf. Venturi, *Storia,* t. XI, 2ᵉ part., fig. 433).

Page 118.
16. Hautecœur (*Architecture,* t. I p. 543) a confondu cet hôtel de Soissons avec un autre, situé dans la rue de Grenelle voisine, qui fut plus tard racheté et remanié par le duc de Bellegarde et Séguier (cf. Piganiol de la Force, *Description de Paris,* t. III, 1742, p. 58 et 64).

17. Gebelin (*op. cit.,* p. 169) signale sur le projet la présence des armes de Lorraine ; il doit donc être postérieur à 1575, date du mariage d'Henri III et de Louise de Lorraine. La composition a été gravée par Du Cerceau dans le tome II des *Plus excellents bastiments,* paru en 1579.

18. Les travaux avancèrent très lentement : une gravure de Silvestre du milieu du XVIIᵉ s. montre la façade à demi construite.

19. Cf. Gebelin, *op. cit.,* p. 83.

20. Voir Blunt, *Philibert de l'Orme,* Londres 1958, p. 61 *sq,* éd. fr., p. 77 *sq.*

21. Les deux cheminées de la galerie, parfois attribuées à Bullant, sont de splendides pastiches du XIXᵉ s., peut-être inspirés de la célèbre cheminée d'Ecouen ou de celle du manoir de la Courtinière, proche de Chenonceau (cf. *Châteaux et manoirs de France, Région de la Loire,* t. I, pl. 82-83).

22. Pour Du Cerceau, voir D. Thomson, Jacques et Baptiste du Cerceau, à paraître.

23. On croit souvent qu'il se rendit en Italie avec le cardinal d'Armagnac, mais on n'en possède aucune preuve ; en fait Armagnac était accompagné de Philander.

24. On dit parfois qu'il subit l'influence des décorations de graveurs flamands comme Vredeman de Vries, mais si influence il y eut, elle paraît s'être exercée dans l'autre sens. D'autre part, beaucoup de dessins de Du Cerceau peuvent être rapprochés de sources italiennes, en particulier d'Enea Vico et de Nicoletto da Modena (cf. Berliner, *Ornamentale Vorlageblätter,* p. 54 et *passim*). Certains de ses projets de cheminées semblent s'inspirer du château de Madrid.

Page 120.
25. L'hôtel de Soissons, œuvre de Bullant, peut aussi, nous l'avons vu, être rapproché de projets de Du Cerceau ; parmi les exemples subsistants, on peut citer l'aile du palais abbatial de Saint-Germain-des-Prés, construite en 1586 par Guillaume Marchant (cf. Ciprut, « L'architecture du Palais abbatial de Saint-Germain-des-Prés », *B.S.H.A.F.,* 1956, p. 218 ; l'édifice a été gravé dans A. Berty, *Topographie, Bourg St Germain,* pl. p. 118, 120, 122). On mentionnera également l'hôtel de Sandreville, 26, rue des Francs-Bourgeois (reproduit dans G. Pillement, *Les hôtels de Paris,* t. I, (pl. 2). L'hôtel de Gondi, puis de Condé, situé au nord du Luxembourg et connu par des gravures de Marot et des dessins de Gentilhâtre (manuscrit du Royal Institute of British Architects), dut compter parmi les plus importants de la période. Apparemment construit peu après 1584, probablement par Claude Villefaux, auteur de l'hôpital Saint-Louis, son style est d'une modération et d'une simplicité surprenantes pour l'époque (voir M. Dumolin, *Bull. de la Soc. hist. du 6ᵉ arr.,* t. XXVI, 1925, p. 19 *sq.*).

26. Le *Second Livre d'architecture* (1561) est consacré aux détails architecturaux ; cheminées, lucarnes, etc., mais le troisième (1582) présente des plans de maisons

de campagne qui reflètent un esprit pratique identique à celui des projets de maisons urbaines de 1559.

27. Par exemple pour les Tuileries : voir ci-dessus, chap. III, note 29.

28. Pour Verneuil, voir R. Coope, « The History and Architecture of the Château of Verneuil-sur-Oise », *G.B.A.*, 1962, II, p. 291. Pour Charleval, voir R. Lemaire, « Quelques précisions sur le domaine royal de Charleval », *B.S.H.A.F.*, 1952, p. 7, et J. Adhémar, « Sur le château de Charleval », *G.B.A.*, 1961, II, p. 243. Adhémar a montré que des Italiens prirent part à la construction de Charleval et à l'exécution du modèle en bois. Des membres de la famille Du Cerceau travaillèrent à la construction de Montceaux pour Gabrielle d'Estrées et Marie de Médicis (cf. R. Coope, « The Château of Montceaux-en-Brie », *J.W.C.I.*, t. XXII, 1959, p. 71). Ici encore, S. de Brosse, architecte de Marie de Médicis, participa à la dernière campagne de travaux.

Page 122.

29. D. Thomson a retrouvé des documents attestant cette attribution ; il a démontré également que Baptiste Du Cerceau construisit en 1583 le corps principal du château de Liancourt, détruit mais connu par des gravures, et le château de Fresnes, aujourd'hui appelé Ecquivilly. Le style « simple » mais raffiné de Liancourt se retrouve au château de Wideville, près de Mantes, édifice de brique et pierre construit entre 1580 et 1584 pour le riche financier Benoît Milon, dont le plan est proche du projet XXII du troisième Livre Du Cerceau (voir C. Grodecki, « La construction du château de Wideville et sa place dans l'architecture française du dernier quart du 16ᵉ siècle », *Bull. Monumental*, t. CXXXVI, 1978, p. 135).

30. Reproduit dans Hautecœur, *Architecture*, t. I, p. 319.

31. Reproduit dans P. Parent, *L'architecture civile à Lille*, Lille, 1925, pl. 2 et 7.

32. Cf. Hautecœur, *op. cit.*, p. 313, fig. 223.

Page 123.

33. Sambin construisit aussi le palais de justice de Besançon et publia en 1572 un ouvrage sur l'utilisation des cariatides, illustré de gravures d'une merveilleuse fantaisie. Pour une étude approfondie de son œuvre, voir H. David, *De Sluter à Sambin*, p. 401 sq.

34. Reproduit dans Hautecœur, *Les richesses d'art de la France, la Bourgogne, l'architecture*, t. I, pl. 40.
Il faut aussi mentionner un extraordinaire monument de la fin du XVIᵉ s., le phare de Cordouan, près de l'embouchure de la Gironde, commencé sur ordre d'Henri III en 1584 et achevé par Henri IV. Dans son état originel c'était un édifice cylindrique rythmé par trois ordres de pilastres superposés et couronné d'une chapelle. Cette dernière disparut lors de la reconstruction de la partie supérieure au XVIIIᵉ s., mais l'aspect primitif est connu par des dessins et des gravures (cf. J. Guillaume, « Le phare de Cordouan, « Merveille du Monde » et monument monarchique », *Revue de l'art*, t. VIII, 1970, p. 33. L'architecte, Louis de Foix, n'est pas connu par ailleurs ; le phare montre qu'il possédait une belle maîtrise du langage architectural italien.

35. Pour un exposé précis des documents et des dates, voir E.J. Ciprut, « Chronologie nouvelle de la vie et des œuvres de Germain Pilon », *G.B.A.,*, 1969, II, p. 333,

et T.W. Gaehtgens, *Zum frühen und reifen Werk des Germain Pilon*, Bonn, 1967. Pour ses œuvres au Louvre, voir M. Beaulieu, *La sculpture du Musée du Louvre*, t. II, *La Renaissance française*, p. 126. Son père, André Pilon, était un sculpteur d'un certain renom ; l'intéressante *Mise au tombeau* de Verteuil provient sans doute de son atelier ; son fils y participa peut-être (cf. R. Crozet, « La mise au tombeau de Verteuil », *B.S.H.A.F.*, 1953, p. 19). Abel Lefranc (« Philibert de l'Orme, grand architecte du Roy Mégiste », *Revue du seizième siècle*, t. IV, 1916, p. 148) a trouvé mention d'un Germain Pilon « imagier » travaillant à Fontainebleau avant 1550. La nouvelle date de naissance proposée pour le sculpteur permettrait de considérer cette mention comme le premier témoignage de ses activités.

36. Bartsh, p. 489 ; reproduite dans H. Delaborde, *Marc-Antoine Raimondi...*, Paris, 1888, p. 237. Le dessin est traditionnellement attribué à Raphaël, et doit en tout cas provenir de son atelier. On suppose généralement que la gravure représente un brûleur d'encens ; mais elle ne comporte aucune indication d'échelle et son adaptation par Pilon nous incite à nous demander si les dimensions prévues pour l'original n'étaient pas également monumentales.

37. En particulier les statues du tombeau de Claude de Lorraine à Joinville (reproduit dans Vitry et Brière, *op. cit.*, chap. 3, note 102, t. II, pl. CXXIX, fig. 3 et 4).

Page 124.

38. Une autre influence possible serait celle de Leone Leoni, dont la statue en bronze de l'impératrice (1553) s'apparente à bien des égards à la *Catherine* de Pilon (reproduite dans E. Plon, *Leone Leoni*, 1887, pl. p. 102). Les liens de Leoni avec la France ne sont pas clairs, mais on sait par des lettres que le sculpteur fit un court séjour à Paris en 1549 et qu'il était en rapport avec Primatice en 1550 (*ibid.*, p. 48, 61, 64 etc.). Le fils de Leone, Pompeo, a utilisé la formule des priants de bronze grandeur nature pour les tombeaux de Charles Quint et de Philippe II à l'Escorial (reproduits *ibid.*, p. 230 et 232), mais ces œuvres sont postérieures au tombeau d'Henri II.

39. Aujourd'hui au Louvre ; reproduits dans Vitry et Brière, *op. cit.*, t. II, pl. CXXXIV, fig. 5.

40. Cf. L. Dimier, *Le Primatice*, 1900, p. 332. Quelques années plus tard, en 1583, Pilon exécuta deux gisants en marbre du roi et de la reine revêtus des habits du sacre, également conservés à Saint-Denis (reproduits dans Babelon, *Germain Pilon*, fig. 25-27). Ils ne possèdent toutefois aucunement la profonde intensité des gisants nus du tombeau.

Page 125.

41. Reproduits Babelon, *op. cit.*, fig. 42, 43, 45.

42. *Ibid.*, fig. 44.

43. *Ibid.*, fig. 46.

44. *Ibid.*, fig. 57-60.

45. Voir pp. 80-81.

46. Babelon, *op. cit.*, fig. 28-30.

47. La terre cuite est au Louvre (*ibid.*, fig. 31) et le marbre à Saint-Paul-Saint-Louis (Babelon, *op. cit.*, fig. 32).

48. *Ibid.*, fig. 34.

Page 126.

49. Reproduit *ibid.*, fig. 38.

50. L'aspect originel du tombeau est connu par des dessins de Gaignières (Babelon, *op. cit.*, fig. 77-88). Voir aussi le récent article de C. Grodecki, « Les marchés de Germain Pilon pour la chapelle funéraire et les tombeaux des Birague en l'église Sainte-Catherine-du-Val-des-Ecoliers », *Revue de l'art*, n° 54, 1981, p. 61-78.

51. La pose et la disposition de la statue sur le tombeau rappellent le monument des cardinaux d'Amboise à Rouen [Fig. 23].

52. La tête du dernier personnage à gauche semble être un portrait idéalisé de Michel-Ange.

53. Venturi, *Storia*, t. X. p. 2, fig. 166-167.

Page 127.

54. Pour une étude approfondie du monument, voir C. Day, « Le monument funéraire de Montmorency », *G.B.A.*, 1928, II, p. 62. (nombreuses ill.).

55. Cf. J.B. Ward-Perkins, « The Shrine of St Peter and its twelve Spiral Columns », *Journal of Roman Studies*, t. XLII, 1952, p. 21. Elles sont rares au xvIᵉ s., même en Italie ; elles apparaissent cependant au Cortile della Mostra du castello de Mantoue et à la grotte de la villa d'Este de Tivoli. L'idée d'une colonne centrale cantonnée de statues dérive du monument de Primatice pour le cœur de François II aujourd'hui à Saint-Denis (reproduit dans Dimier, *Le Primatice*, Paris. 1928, pl. 48). Les colonnes salomoniques ont une longue histoire dans la peinture française antérieure ; elles ont été employées par Fouquet, et au xvIᵉ s. par différents dessinateurs et auteurs de tapisseries.

56. Pour les œuvres de Prieur au Louvre, voir M. Beaulieu, *Description raisonnée des sculptèurs du musée du Louvre*, II, *La Renaissance française*, Paris, 1978, p. 152, et G. Bresa-Gautier, *Revue du Louvre*, t. XXI, 1981, p. 10.

57. Cf. par exemple Vitry et Brière, *op. cit.*, t. II, pl. 185-187. On doit mentionner aussi Frémyn Roussel, élève de Primatice et sculpteur de talent qui exécuta un génie funéraire de marbre, aujourd'hui au Louvre, destiné au monument du cœur de François II (1564-1565) ; cf. M. Beaulieu, *op. cit.*, p. 167.

Page 128.

58. On trouvera le meilleur résumé des connaissances actuelles sur Caron dans *Fontainebleau (Grand Palais)*, p. 31. Pour ses sources d'inspiration, voir G. Monnier et W. McAllister Johnson, « Caron antiquaire », *Revue de l'art*, t. XIV, 1971, p. 23 ; F. Yates, *The Valois Tapestries*, Londres, 1959, et *Fontainebleau (Grand Palais)*, p. 354.

En raison de notre ignorance de la peinture française à cette époque, on risque de proposer des attributions à Caron en fonction de critères en réalité communs à toute la période. Il paraît donc utile de faire le point des éléments relativement sûrs aujourd'hui.

Les œuvres attestées pouvant servir de base aux attributions sont : une peinture, les *Massacres du Triumvirat* du Louvre, signée et datée de 1566 ; huit gravures d'après ses dessins exécutées par ses gendres Thomas de Leu et Léonard Gaultier, dans le *Philostrate* traduit par Blaise de Vigenère (1609) ; un portrait équestre d'Henri IV (1600), gravé par G. van Veen ; un dessin du Louvre (Inv. 1956) portant une annotation ancienne de son nom. L'analyse stylistique permet d'ajouter à cette liste : les autres gravures du *Philostrate* ; les dessins des illustrations de l'*Histoire des rois de France* de Houel, la plus grande partie de ceux de l'*Histoire d'Artémise* du même auteur, et ceux de la *Tenture des Valois*. Les peintures suivantes présentent des caractères apparaissant dans certaines œuvres attestées de Caron : la *Sibylle de Tibur* du Louvre ; le *Triomphe de l'hiver* de la collection René Holzer, le *Triomphe de l'été* de MM. Wildenstein ; les *Astronomes étudiant une éclipse* appartenant à W.J. Gaskin (Londres), et la *Résurrection* de Beauvais. Le *Triomphe du printemps* est connu par une copie. Pour les autres tableaux attribués à Caron par M. Ehrmann (*Antoine Caron*, Paris, 1955), je pense qu'il faut attendre de meilleures informations sur les contemporains de l'artiste. Ainsi, pour le *Triomphe de Sémélé* et la *Fête de nuit à l'éléphant*, qui ne semblent pas être de la même main que les œuvres précédemment citées, on ne doit pas oublier que, selon van Mander, Nicolas Bollery (actif en 1585, mort en 1630) aurait peint des « scènes nocturnes, mascarades, mardi gras » et autres fêtes de ce genre (cf. la traduction de van Wall, New-York, 1936, p. 407), thèmes correspondant parfaitement à ces peintures.

Page 129.

59. Caron n'est pas seul, loin de là, à utiliser ces proportions qu'on retrouve par exemple dans les gravures de Bernard Salomon et d'Etienne Delaune ; voir *Fontainebleau (Grand Palais)*, p. 73.

60. Dans la *Sibylle*, le groupe d'Auguste et de la Sibylle est presque directement copié sur une composition de Nicolo, bien que Caron ait très fortement accentué l'affectation des gestes (cf. A.E. Popham et J. Wilde, *The italian Drawings of the Fifteenth and Sixteenth Centuries at Windsor Castle*, Londres, 1949, p. 185, fig. 19).

Page 130.

61. Publié intégralement par L. Lalanne, Paris et Londres, 1883. Pour Cousin, voir *Fontainebleau (Grand Palais)*, p. 66. Il n'est pas toujours aisé de distinguer ses dessins de ceux de son père.

62. Reproduit dans H. Voss, *Die Malerei der Spätrenaissance*, t. I, fig. 87.

63. Il peut avoir connu cette composition grâce à la version de Giulio Clovio gravée par Cort.

64. Reproduite dans Venturi, *Storia*, t. IX, p. 6, fig. 158.

65. Les gravures des *Métamorphoses* d'Ovide (1570) et des *Epistles* (1571) lui sont attribuées, et Brice dit que les vitraux de Saint-Gervais ont été exécutés d'après ses cartons.

66. Voir P. Marcel et J. Guiffrey, « Une illustration du Pas d'Armes de Sandricourt », *G.B.A.*, 1907, I, p. 277. Les auteurs attribuent les dessins au plus jeune des Bollery (actif en 1585, mort en 1630), mais le style suggère un auteur de la génération précédente.

67. Les dessins s'inspirent probablement de manuscrits enluminés dont plusieurs sont notés dans l'article cité ci-dessus ; mais ils sont traités ici dans un style plutôt maniériste, avec au premier plan des figures coupées de manière surprenante.

68. Il est impossible de donner un compte rendu cohérent de la peinture provinciale de cette période. Quelques

noms, quelques œuvres isolées peuvent être identifiés, mais dans la plupart des cas on ignore tout des artistes. Pour un résumé des connaissances actuelles, voir S. Béguin, L'*Ecole de Fontainebleau*. Pour la peinture de la région de Troyes à la fin du XVIᵉ s., voir M. Mathey, « La peinture à Troyes au 16ᵉ siècle », *Combat*, 2-I-1954.

69. Reproduit dans Dimier, *La peinture de portrait*, t. I, pl. 23. L'œuvre de tous ces artistes mineurs est analysée et commentée dans les ouvrages de Dimier et de Moreau-Nélaton déjà mentionnés ; mais il faut consulter aussi S.M. Percival, « Les portraits au crayon en France au XVIᵉ siècle », *G.B.A.*, 1962, II, p. 529.

70. Pour une étude des premiers tableaux de genre, voir J. Adhémar, « French Sixteenth-century Genre Painting », *J.W.C.I.*, t. VIII, 1945, p. 191, et C. Sterling, « Early Paintings of the Commedia dell'Arte in France », *Metropolitan Museum Bull.*, n.s., t. II, 1943, p. 11.

Page 131.

71. Voir L. Colliard, « Tableaux représentant des bals à la Cour des Valois », *G.B.A.*, 1962, II, p. 146.

72. En raison du manque de place, nous avons laissé de côté dans ce chapitre comme dans les précédents les arts décoratifs ; on trouvera dans Gebelin, *Le style de la Renaissance en France,* une bonne étude de leur évolution au XVIᵉ s., accompagnée d'une excellente bibliographie. Le vitrail du XVIᵉ s. a été étrangement négligé ; une analyse approfondie devrait pourtant apporter de grands éclaircissements sur l'évolution de la représentation figurée. La seule étude disponible est celle de M. Aubert, dans *Le vitrail en France,* Paris, 1946. On trouvera des informations plus récentes dans *Fontainebleau (Grand Palais).* Pour les émaux, voir M. Marcheix, « Limoges Enamels », dans R.J. Charleston etc., *Glass and Stained Glass, Limoges and other painted Enamels, The James A. de Rothschild Collection, Waddesdon Manor,* Fribourg, 1977. Pour le mobilier, les armes, l'orfèvrerie et l'influence des Flandres sur les arts décoratifs, voir les articles des *Actes du colloque international sur l'art de Fontainebleau (1972),* Paris, 1975, p. 45, 57, 71, 75, 87.

CHAPITRE V

Page 135.

1. R. Coope et F.C. James ont entrepris une importante recherche sur Rémy Collin qui, nous l'espérons, sera publiée prochainement.

2. Cf. L. de la Tourasse, « Le château Neuf de Saint-Germain-en-Laye », *G.B.A.*, 1924, I, p. 68. Le projet d'agrandissement du château Neuf remonte probablement au règne de Charles IX, mais rien ne fut alors mis en œuvre.

Page 138.

3. Cf. ci-dessus, ch. III, note 108. Pour ces modifications, voir J.P. Babelon, « L'urbanisme d'Henri IV et de Sully à Paris », dans *L'urbanisme de Paris et l'Europe 1600-1800* (Mélanges P. Francastel), Paris, 1969, p. 47. L'auteur apporte quelques précisions sur les projets précédents du même type concernant le pont Notre-Dame, le palais des Tournelles etc.

Page 139.

4. Gravé par Chastillon et Pérelle ; photographies dans L. Chéronnet, *Paris imprévu,* pl. 64-67.

5. Comme on pouvait le supposer, on trouve l'origine de cette idée dans la cité-Etat la plus avancée du début de la Renaissance : Florence ; elle est exprimée sous forme théorique par Alberti (*De re aedificatoria,* l. VIII, chap. 6). Les Sforza l'appliquèrent de manière presque systématique à Vigevano près de Milan (v. 1500).

6. Cf. Hautecœur, *Architecture,* t. I, p. 578. La place de Montauban fut très largement imitée localement, par exemple à Valence d'Agen et à Lisle de Tarn.

Page 140.

7. Le Géronte du *Menteur* de Corneille (1643) parle avec émerveillement de ces nouveaux quartiers.

8. Cf. Hautecœur, *op. cit.,* t. I, p. 541. Reproduit dans G. Pillement, *Les hôtels de Paris,* t. I, pl. 8. L'étage du corps central sur rue est une addition du XVIIIᵉ s.

9. Cf. F.C. James, « L'hôtel de Mayenne avant son acquisition par Charles de Lorraine », *Bull. de la Soc. de l'histoire de Paris,* 1970. Jacques II Du Cerceau fut employé par le duc de Bellegarde pour remanier l'hôtel que ce dernier avait acheté en 1612 au duc de Montpensier. Il subsiste quelques hôtels plus petits datant apparemment du règne d'Henri IV : l'hôtel d'Alméras (Pillement, *op. cit.,* pl. 11) daterait de 1598 ; une maison 7 rue des Grands-Augustins, sur le site de l'hôtel d'Hercule, semble par son style dater de 1600 environ, quoique les documents concernant sa construction paraissent suggérer une date bien postérieure.

10. Guillaume Perrochel, conseiller et maître d'hôtel du roi, l'acheta à cette date. Son monogramme et celui de sa femme, Françoise Le Buisson, sont sculptés sur les fenêtres, entourés d'une branche de feuillage, peut-être du gui ou du buis, allusion à son prénom ou au nom de sa femme. La liste des propriétaires de l'hôtel est mentionnée par L. Brochard, *Saint-Gervais, histoire de la paroisse,* Paris, 1950, p. 73. L'auteur identifie ces monogrammes comme étant ceux d'Antoine Le Fève de la Boderie et de sa femme Jeanne Le Prévost, qui possédèrent la maison de 1608 à 1615, date peu vraisemblable pour une construction de ce type.

11. Pour l'hôtel de Sully, voir C. Grodecki, « Les fresques d'Antoine Paillet à l'hôtel de Sully », *Art de France,* t. III, 1963, p. 91. Jean Du Cerceau exécuta le toisé des maçonneries, mais l'attribution des projets à l'architecte repose sur le seul témoignage de Sauval.

Page 141.

12. Une maison, 6 rue de Seine, qu'on peut dater de 1622 environ, présente un parti très similaire (cf. Dumolin, *Etudes,* t. I, p. 187).

Page 142.

13. L'hôtel d'Astry peut être attribué avec sécurité à Le Muet, à cause de sa parenté stylistique avec l'hôtel d'Avaux ; de plus, la porte d'entrée correspond presque exactement à une gravure (pl. 8) de ses *Divers traictez d'architecture,* Amsterdam, 1646. D'après Dumolin (*op. cit.,* t. III, p. 79), l'hôtel d'Astry fut construit en 1647. Le Muet édifia en outre deux maisons (détruites) rue des Petits-Champs, gravées dans son traité, et une autre rue Vivienne, gravée dans le *Petit Marot,* qui subsiste, très remaniée. Pour l'hôtel de l'Aigle, voir Mauban, *Jean Marot,* p. 246. Le Muet participa aussi à la construction de l'hôtel de Chevreuse, puis de Luynes, faubourg Saint-Germain (détruit), gravé dans le *Grand Marot.* J.P. Babelon a trouvé des documents prouvant que

Le Muet eut en 1656 la responsabilité de l'hôtel d'Assy (à côté de l'hôtel de Soubise), mais il ne subsiste pas grand chose de son œuvre ; voir J.P. Babelon, « L'hôtel d'Assy, œuvre de Pierre Le Muet », *Paris et Ile-de-France,* t. XVI-XVII, 1965-1966, p. 231. M. Claude Mignot prépare actuellement une thèse de Doctorat sur Le Muet.

14. Pour Thiriot, voir R.A. Weigert, « L'hôtel de Chevry-Tubeuf », *B.S.H.A.F.,* 1945-1946, p. 18 ; « Jean Thiriot », *ibid.,* 1962, p. 189, et « Jean Thiriot et le duc d'Angoulême », *ibid.,* 1953, p. 120.

15. R. Coope m'a aimablement permis de faire référence à des documents inédits sur Grosbois conservés au Minutier central, sur lesquels s'appuie cette assertion. Thiriot exécuta les parties de Grosbois construites pour le duc d'Angoulême, mais il n'est pas certain qu'il ait été l'auteur du projet. (cf. R.A. Weigert, « Jean Thiriot et le duc d'Angoulême », *B.S.H.A.F.,* (1953), p. 120).

16. Cette forme est très inhabituelle ; on la trouve dans un des projets gravés de Jacques Iᵉʳ Du Cerceau (*Troisième Livre,* pl. VI), qui peut être à la fois la source de Grosbois et des Offices de Fontainebleau, cf. L. Châtelet-Lange, « Deux architectures théâtrales : le château de Grosbois et la cour des Offices à Fontainebleau », *Bull. monumental,* t. 140, 1982, p. 15-39.

17. On trouve de nombreux exemples de ces sobres façades de brique et pierre aux environs de Paris, par exemple à Courances (v. 1624), à Baville, Bombon, Courquetaine, Ormesson, Grignon (entre Versailles et Mantes) : cf. *Châteaux et Manoirs de France, Ile-de-France,* t. I, p. 35, t. II, p. 17, 28. 40.

Page 144.
18. Ce style provincial apparaît dans toutes les régions de France : au château de Beaumesnil en Normandie (cf. H. de Saint-Sauveur, *Châteaux de France, Normandie,* Paris, s. d., pl. 18-23) construit entre 1633 et 1640 ; à Cheverny près de Blois, qui date de la même époque (cf. *Châteaux et manoirs de France, Région de la Loire,* t. IV, p. 20) ; et tardivement à Bussy-Rabutin en 1649. Le Muet construisit trois châteaux présentant un style comparable : Ponts-en-Champagne et Chavigny-en-Touraine, presque entièrement détruits mais connus par les gravures de son traité, et Tanlay, près de Tonnerre, qui a survécu intégralement (cf. L. Hautecœur, *Les richesses d'art de la France, la Bourgogne, l'architecture,* t. I, pl. 41-44).

19. Pour de Brosse, voir R. Coope, *Salomon de Brosse and the Development of the Classical Style in French Architecture 1565-1630,* Londres, 1972.

20. R. Coope a découvert un marché concernant le début des travaux, daté de 1612 ; le château était achevé en 1619 lorsqu'il fut décrit par un visiteur nommé Bergeron (cf. Pannier, *Salomon de Brosse,* 1911, p. 19). Mme Potier entretenait de nombreux liens avec l'Italie, aussi Mrs Coope a-t-elle supposé que ce fut par son intermédiaire que de Brosse prit connaissance à la fin de sa carrière des réalisations italiennes récentes. A Blérancourt, à Rennes et au Luxembourg, De Brosse s'écarte de la manière des derniers Du Cerceau pour adopter un style italianisant beaucoup plus monumental ; de nombreux détails s'inspirent des œuvres gravées de Vignole, et la chapelle de la cour des écuries de Montceaux paraît copier la façade de Vignole à l'église de Capranica.

Page 145.
21. Cf. A. Hustin, *Le palais du Luxembourg,* 1904.

22. Les documents attestent également sa participation aux œuvres suivantes : une porte de l'hôtel de Soissons, inspirée de Vignole ; des travaux à l'hôtel de Bouillon (puis de Liancourt) comprenant probablement les bâtiments bordant la cour principale (vers 1613, cf. Berty, *Topographie, Bourg Saint-Germain,* p. 239, note 2). La part de Salomon de Brosse dans la construction de Montceaux a été définie par R. Coope, « The Château of Montceaux-en-Brie », *J.W.C.I.,* t. XXII, 1959, p. 71. Pour Saint-Gervais, voir ci-dessous, note 27.

23. Au XIXᵉ s., deux pavillons ont été ajoutés côté jardin et l'ensemble de la façade fut reportée en avant.

24. Aujourd'hui détruit, mais connu par plusieurs gravures de Marot et de Silvestre, les premières présentant le projet original de l'architecte, les dernières l'œuvre effectivement réalisée. Le plan de Coulommiers offrait un élément nouveau : l'introduction de colonnades incurvées reliant, côté cour, le corps principal aux deux ailes.

Page 146.
25. Pour le décor intérieur du palais, voir pp. 160-161. Les jardins furent achevés après la mort de S. de Brosse en 1626, par Thomas et Alexandre Francine (Tommaso et Alexandro Francini), qui selon toute vraisemblance dessinèrent aussi la fontaine Médicis (déplacée et reconstruite sous une forme différente au XIXᵉ s.). Alexandre Francine travailla également à Fontainebleau, et dessina en 1635 pour Claude de Bullion la grotte de Wideville (décor intérieur de Vouet). Son *Livre d'architecture,* publié en 1631, qui présente des projets de fontaines, exerça une grande influence pendant plus d'un siècle. Il fut traduit en anglais par Robert Pricke (1669) ; l'une de ses planches servit de modèle à la grotte couronnant la cascade de Chatsworth (1702). Les descendants de Thomas exécutèrent de nombreux travaux hydrauliques à Versailles. Voir A. Mousset, « Les Francines », *Mém. de la Soc. de l'histoire de Paris,* t. LI, 1930.

Page 148.
26. Les plans et gravures présentés par Pannier, *op. cit.,* p. 76 *sq.* montrent qu'en tout cas l'exécution de la façade principale est conforme au projet de S. de Brosse.

27. Brochard (*Saint-Gervais,* Paris, 1938) a publié des documents prouvant que l'exécution de la façade fut conduite par Clément Métezeau, mais tous les anciens guides de Paris accordent le projet à Salomon de Brosse et l'on a toutes raisons de se fier à leur témoignage.

Page 150.
28. L'architecture religieuse de la période est généralement retardataire, comme à Saint-Etienne-du-Mont (1610) ; voir la liste dressée par Hautecœur, *Architecture,* t. I, p. 603 *sq.* Seuls les jésuites, grâce à leur architecte principal Etienne Martellange (1569-1641) créèrent un sytle personnel (cf. Hautecœur, *op. cit.,* p. 558 sq. ; Vallery-Radot, « Le séjour de Martellange à Rome 1586-1587 », *Revue des arts,* t. XII, 1962, p. 218 ; P. Moisy, « Le recueil des plans jésuites de Quimper », *B.S.H.A.F.,* 1950, p. 70 *sq.,* et « Martellange, Derand et le conflit du baroque », *Bull. Monumental,* t. CX, 1952, p. 237. Beaucoup de chapelles jésuites, comme celle de Rouen (1610), présentent une structure encore purement gothique alliée à un décor classique. On

mentionnera en outre Saint-Joseph-des-Carmes de Paris (1615-1620), tentative maladroite mais précoce d'introduire la manière romaine dans l'architecture religieuse française (cf. Dumolin et Outardel, *Les églises de France, Paris et la Seine,* Paris, 1936, p. 128).

Les chantiers religieux de la Bretagne occidentale manifestèrent une grande activité au cours de la période ; le style des constructions est de caractère fin XVIᵉ s. Saint-Thégonnec, Guimiliau, Lampaul et bien d'autres villages du Finistère présentent des églises, ossuaires et calvaires possédant un décor sculpté étonnamment riche et complexe, mais très en retard sur le goût de la capitale, et d'une exécution fruste et lourde.

La chapelle des Pénitents bleus (aujourd'hui chapelle Saint-Jérôme) de Toulouse offre un exemple intéressant, mais isolé, de la pénétration en France des idées italiennes contemporaines. Son plan présente une combinaison de cercles et d'ovales qui n'a guère d'équivalent en France à cette date. Elle fut construite entre 1622 et 1625 par Pierre Levesville, originaire d'Orléans et formé en Italie. On sait que l'architecte séjourna à Rome ; il est vraisemblable qu'il connut aussi Milan, car le plan de la chapelle est plus proche de l'œuvre de Francesco Maria Ricchino que de toutes les réalisations alors visibles à Rome (cf. Y. Bruand et B. Tollon, « L'architecture baroque toulousaine », *G.B.A.,* 1972, II, p. 266).

29. D'où le terme *Ohrmuschelstil* donné à ce type d'ornement.

Page 151.

30. L'ouvrage de S. Béguin, *L'Ecole de Fontainebleau,* offre l'étude la meilleure et la plus récente de la Seconde école de Fontainebleau, mais on trouvera de nombreux compléments d'information dans les chapitres correspondants de *Fontainebleau (Grand Palais).* Pour Dubois, voir aussi S. Béguin, « Quelques nouveaux dessins d'Ambroise Dubois », *Revue de l'art,* t. XIV, 1971, p. 31 *sq.*

31. Pour Dubois, voir *Fontainebleau (Grand Palais),* p. 81. Les aquarelles de Percier conservées à la Bibliothèque de l'Institut, qui reproduisent le décor de la galerie de Diane, donnent une idée de la composition d'ensemble, mais faussent le caractère maniériste des peintures. Quelques fragments des originaux subsistent dans la galerie des Assiettes de Fontainebleau. Pour la suite de *Théagène et Chariclée,* voir W. Stechow, « Heliodorus' *Aethiopica* in Art », *J.W.C.I.,* t. XVI, 1953, p. 144.

32. Pour Dubreuil, voir *Fontainebleau (Grand Palais),* p. 91, et S. Béguin, « Nouvelles attributions à Toussaint Dubreuil », *Etudes d'art français offertes à Charles Sterling,* Paris, 1975, p. 165. Mme Béguin a identifié un important élève de Dubreuil (*ibid.,* p. 109).

Page 152.

33. Les dessins de Dubreuil au Louvre sont reproduits dans Guiffrey et Marcel, *Inventaire général, Ecole française,* t. V, p. 231 *sq..* Pour les tapisseries, voir Fenaille, *Etat général des tapisseries,* t. V, p. 231 *sq.*

En 1600, Antoine de Laval, géographe du roi, écrivit une brochure intitulée *Des peintures convenables aux Basiliques et Palais du Roy, mesmes à sa Gallerie du Louvre à Paris ;* il y propose un programme décoratif pour la Petite galerie (et peut-être aussi pour la Grande) avec des portraits des rois de France, des cartes des provinces, et des représentations des grandes victoires françaises, depuis celles de Charles Martel sur les musulmans

jusqu'à celles de son maître Henri IV. L'idée, alors nouvelle en France, de décorer une galerie de thèmes historiques et non mythologiques, doit avoir influencé des projets plus tardifs, comme la galerie de Rubens au Luxembourg ou la galerie des Hommes Illustres peinte par Vouet et Philippe de Champaigne pour Richelieu au palais Royal (cf. J. Thuillier, « Peinture et politique : une théorie de la galerie royale sous Henri IV », *Etudes d'art français offertes à Charles Sterling,* Paris 1975, p. 217.

On peut aussi trouver un écho au projet de Laval dans la suite de vitraux dessinés, probablement par Linard Gontier, pour l'hôtel des Arquebusiers de Troyes vers 1620-1624, qui comprenait des scènes de batailles, parfois mêlées de représentations allégoriques : Henri IV en Jupiter précédé au premier plan de Louis XIII en Hercule (cf. J. Rigal, « Deux dessins de Linard Gontier pour des vitraux de l'hôtel de l'Arquebuse à Troyes », *Revue du Louvre,* t. XXVII, 1977, p. 70).

34. Pour Fréminet, voir *Fontainebleau (Grand Palais),* p. 113.

35. F.G. Pariset, « Jacques de Bellange », *B.S.H.A.F.,* 1955, p. 96, offre l'étude la plus complète sur sa carrière ; on trouvera une liste de ses eaux-fortes dans R.D., t. V., p. 81, et t. XI, p. 9. Ses dessins sont reproduits dans P. Lavallée, *Le dessin français du treizième au seizième siècle,* et dans Kamenskaya, « Les dessins inédits de Jacques de Bellange au Musée de l'Ermitage », *G.B.A.,* 1960, I, p. 95. Pour les eaux-fortes, voir aussi N. Walch, *Die Radierungen des Jacques Bellange,* Munich, 1971.

36. Deux peintures signées de Bellange, représentant la Vierge et l'ange de l'Annonciation sont aujourd'hui conservées à la Kunsthalle de Karlsruhe (cf. A.M. Ressner, *Die Kunstinventare der Markgrafen von Baden-Baden,* Bühl, 1941, p. 62, 120, 187, et pl. 14). G. Ring a signalé que la Vierge est une variante légèrement modifiée de la *Fürlegerin* de Dürer à Augsbourg. Cette influence semble montrer que Bellange s'inspirait de l'art allemand antérieur, aidé confirmée par ses emprunts à la gravure du *Portement de croix* de Schongauer dans son eau-forte sur le même thème. D'autres peintures des musées de Nancy qui lui sont attribuées ont été publiées par F.G. Pariset, « Peintures de Jacques de Bellange », *G.B.A.,* 1936, I, p. 238 ; toutes appartiennent certainement à l'école de Nancy, mais l'attribution à Bellange reste douteuse.

Page 153.

37. Certains de ses personnages rappellent les dessins de Goltzius, de Bloemart ou de Jan Saenredam. Dans le *Christ portant la croix,* la foule qui se presse à gauche dans un étroit ravin, groupée autour d'un cheval présenté de dos, suggère l'influence, sans doute indirecte, de la *Conversion de saint Paul* de Bruegel à Vienne.

38. C'est un souvenir de Beccafumi ; voir par exemple le groupe du premier plan de l'*Esther* à la National Gallery de Londres.

Page 154.

39. Pour les eaux-fortes de Callot, voir J. Lieure, *Jacques Callot,* Paris, 1924-1927 ; pour ses dessins, voir D. Ternois, *Jacques Callot. Catalogue complet de son œuvre dessiné,* Paris, 1962 ; pour une analyse de l'ensemble de sa carrière artistique, voir D. Ternois, *L'art de Jacques Callot,* Paris, 1962. D'autres détails sont

présentés par P. Marot, « Jacques Callot. Sa vie, son travail, ses éditions. Nouvelles recherches », *G.B.A.,* 1975, I, p. 153, et *Ibid.,* II, p. 185.

Page 156.
40. La *Tentation de saint Antoine* de Callot est un essai dans la manière de Bosch.

Page 158.
41. Pour une étude de Deruet, voir Pariset, « Claude Deruet », *G.B.A.,* 1952, I, p. 153, et « La Diane de Deruet au Musée lorrain », *Revue des arts,* t. X, 1960, p. 261. Deruet peignit aussi des portraits dans le style rigide de la fin du maniérisme ; voir par exemple la *Jeune femme en Astrée* au musée des Beaux-Arts de Strasbourg, représentant peut-être Julie d'Angennes, célèbre fille de Mme de Rambouillet.

Page 160.
42. Pour Lallemant, voir A. Blunt, *Nicolas Poussin,* 1967, p. 16 *sq.* ; O. Millar, « An Exile in Paris : The Notebooks of Richard Symonds », *Studies in Renaissance and Baroque Art pressented to Anthony Blunt,* Londres, 1967, p. 157 *sq.* ; B. de Montgolfier, « Georges Lallemant », *B.S.H.A.F.,* 1967, p. 49, et M. Dargaud, « Un tableau retrouvé de Georges Lallemant », B.S.H.A.F., 1974, p. 17. Aux œuvres mentionnées par ces auteurs, on doit ajouter un grand tableau d'autel : *Saint Martin partageant son manteau,* aujourd'hui au Petit Palais, qui provient certainement de l'église Sainte-Geneviève (cf. Millar, *op. cit.,* p. 159).

43. Pour Vignon, voir W. Fischer, « Claude Vignon », *Nederlands Kunsthistorisk Jaarboek,* t. XII, 1962, p. 105, et *ibid.,* t. XIV, 1963, p. 137 ; P.P. Bassani, « Claude Vignon », *Storia dell'Arte,* t. XXVIII, 1976, p. 259, et B. Nicolson, *The International Caravaggesque Movement,* Londres, 1979 ; p. 107.

44. Pour Valentin, voir *Valentin et les caravagesques français,* catalogue d'exposition, Grand Palais, Paris, 1974 ; *Nicolson, op. cit.,* p. 103, et J. Bousquet, « Valentin et ses compagnons », *G.B.A.,* 1978, II, p. 101 (d'après les archives paroissiales).

45. Pour Finson, voir Nicolson, *op. cit.,* p. 47.

Page 161.
46. Cf. A. Blunt, « A Series of Paintings illustrating the History of the Medici Family executed for Marie de Médicis », *Burl. Mag.,* t. CIX, 1967, p. 492 *sq.,* 562 *sq.*

47. Cf. C. Sterling, « Gentileschi in France » *Burl. Mag.,* t. C, 1958, p. 112.

48. Pour Pourbus, voir J. Wilhelm, « Pourbus peintre de la municipalité parisienne » *Art de France,* t. III, 1963, p. 114 ; « La Vierge de la famille de Vic », *Revue des arts,* t. VIII, 1958, p. 221 ; « Le portrait de Ruzé », *B.S.H.A.F.,* 1963, p. 25.

49. Pourbus semble aussi avoir exécuté les portraits collectifs du prévôt des marchands et des échevins de la ville de Paris en 1614 et 1616 ; des fragments d'un tableau subsistent à l'Ermitage de Léningrad (cf. Wilhelm, « Pourbus peintre de la municipalité parisienne », *Art de France,* t. III, 1963, p. 44). Dans d'autres villes, les échevins commandaient parfois des portraits de ce type, par exemple à Narbonne et à Toulouse, où les exécutait Jean Chalette (1581-1645). Ferdinand Elle l'Aîné (avant 1585-1637), autre portraitiste en vogue, peignit un portrait de Mme de Châtillon conservé à Hampton Court (reproduit dans A. Blunt, *Nicolas Poussin,* 1967,

p. 17). Le style du portrait du XVIᵉ s. se perpétue dans les œuvres de Daniel Dumoustier et dans une série d'effigies très naturalistes traditionnellement attribuées à Lagneau, mais qui appartiennent certainement à des auteurs différents, l'un d'eux étant probablement lorrain, et très proche de Georges de La Tour (cf. A. Blunt, « Georges de La Tour at the Orangerie », *Burl. Mag.,* t. CXIV, 1972, p. 524).

Pour Chalette, voir les catalogues des deux expositions du Musée Paul Dupuy de Toulouse : *Le dessin toulousain de 1610 à 1730,* 1953, et *Les miniaturistes du Capitole de 1610 à 1790,* 1956.

50. Pendant les dernières décennies du XVIᵉ siècle et sous le règne d'Henri IV vivait à Paris une colonie de peintres flamands, dont le plus intéressant est Jérôme Francken (1540-1610). C'est l'auteur de plusieurs peintures religieuses destinées aux églises parisiennes — en particulier de l'*Adoration des bergers* commandée par Christophe de Thou en 1585 pour les Cordeliers, aujourd'hui conservée à Notre-Dame. Le tableau offre un caractère insolite : outre le portrait du donateur agenouillé, vêtu en costume de l'époque, il présente les autres membres de la famille de Thou sous les traits de bergers (cf. P.M. Auzas, *Hiérosme Francken dit Franco,* Bruxelles, 1968).

Page 162.
51. Voir R. de Francqueville, *Pierre de Franqueville,* Paris, 1968.

52. Pour Jacquet, voir E.J. Ciprut, *Mathieu Jacquet,* Paris 1967 ; M. Beaulieu, *La sculpture au Musée du Louvre,* t. II, *La Renaissance française,* p. 106 ; J. Ehrmann, « La Belle Cheminée de Fontainebleau », *Actes du Colloque international sur l'art de Fontainebleau (1972),* Paris, 1975, p. 117, et J.P. Samoyault, « Le château de Fontainebleau sous Henri IV », *Revue du Louvre,* 1978, p. 212. Pour la sculpture funéraire de la période, voir P. Chaleix, « De la sculpture funéraire sous Henri IV et Louis XIII », *G.B.A.,* 1973, I, p. 227, II, p. 85.

CHAPITRE VI

Page 165.
1. Les Précieux, qui avaient des goûts artistiques bien définis, continuèrent à admirer le maniérisme tardif longtemps après qu'il fut passé de mode dans les autres cercles parisiens (cf. A. Blunt, « The *Précieux* and French Art », *Fritz Saxl. A Volume of Memorial Essays from his Friends in England,* Londres, 1957 ; le catalogue de l'exposition *Les Salons littéraires au XVIIᵉ siècle,* Bibliothèque nationale, 1968, et E.P. Mayberry Senter, « Les cartes allégoriques romanesques du XVIIᵉ siècle », *G.B.A.,* 1977, I, p. 133).

2. Pour Lemercier, voir Hautecœur, *Architecture,* t. I, p. 507, 528.

3. Cf. T. Sauvel, « De l'hôtel de Rambouillet au palais Cardinal », *Bull. Monumental,* t. CXVIII, 1960, p. 169 ; « Le palais Royal de la mort de Richelieu à l'incendie de 1763 », *ibid.,* t. CXX, 1962, p. 173, et « L'appartement de la reine au palais Royal », *B.S.H.A.F.,* 1968, p. 65. Quelques-unes des peintures mentionnées dans l'inventaire de Richelieu (qui, outre des tableaux attribués à Titien et à Jules Romain, comprend des œuvres d'artistes plus récents comme Guerchin, Cortone

et Sacchi) furent données à Richelieu en 1634 et 1638 par le cardinal Antonio Barberini, par l'entremise de Mazarin (cf. M. Laurain-Portemer, « Mazarin militant de l'art baroque au temps de Richelieu », *B.S.H.A.F.,* 1975, p. 65). La liste des dons de 1638 mentionne également un tableau de Sacchi pour Chavigny, un Cortone pour Séguier, et un Orazio Gentileschi pour Bullion. Honor Levi a découvert les inventaires du palais Cardinal et de Rueil rédigés à la mort de Richelieu, qui offrent une information complète sur les collections que renfermaient ces édifices (Thèse, Edimbourg, 1978).

4. Les dates exactes sont données par L. Batiffol, *Autour de Richelieu,* Paris, 1937, p. 113 *sq.* : le collège fut commencé en 1626 ; son gros-œuvre était presque achevé en 1629 quand furent élaborés les projets de la nouvelle église ; la construction de cette dernière paraît toutefois n'avoir commencé qu'en 1635. Pour la façade sur la cour de la Sorbonne dessinée par Lemercier et exécutée par Cottard en 1648, voir Le Moël, « Archives architecturales parisiennes en Suède », *L'urbanisme de Paris et de l'Europe 1600-1680* [Mélanges P. Francastel], Paris, 1969, p. 111.

5. Pour Rueil, qui fut démoli au début du XIXe s., voir Cramail, *Le château de Rueil,* Paris, 1888, et G. Poisson, « Les vestiges du domaine de Richelieu à Rueil », *B.S.H.A.F.,* 1956, p. 13.

6. Le château de Liancourt lui est souvent attribué, mais D.Thomson a découvert des documents prouvant que le bâtiment principal fut construit par Baptiste Du Cerceau.

7. Sauval attribue à Lemercier l'hôtel d'Effiat et le château de Chilly construit pour le même commanditaire. En revanche Dézallier d'Argenville et Dulaure attribuent le château à Clément Métezeau, et M. Ciprut a découvert des documents prouvant que celui-ci est bien l'auteur du projet du château de Chilly-Mazarin », *B.S.H.A.F.,* 1961, p. 205).

8. Pour l'Oratoire, voir Dumolin et Outardel, *Les églises de France. Paris et la Seine,* p. 131, et P. Moisy, « Le recueil des plans jésuites de Quimper », *B.S.H.A.F.,* 1950, p. 80.

Page 166
9. A Rueil, il se contenta de plaquer une nouvelle façade sur l'église médiévale.

10. Gravé par Marot. La façade de Saint-Laurent, commencée en 1621, offrait une expérience du même type, quoique plus libre (détruite en 1862 ; reproductions dans Dumolin et Outardel, *op. cit.,* p. 80).

11. Illustration dans Venturi, *Storia,* t. XI, 2, fig. 726.

12. Lemercier n'utilise de colonnes adossées qu'au niveau inférieur de la façade de la Sorbonne ; il y suit d'ailleurs la tradition française du XVIe s. en les couvrant d'un entablement sans ressauts.

13. Pour une étude approfondie de cette église, voir S. Ortolani, *San Carlo ai Catinari,* Rome, s. d. La façade réalisée n'est pas conforme au projet de Rosati. A l'intérieur, les deux églises présentent aussi de grandes parentés, avec leurs voûtes en berceau et le même emploi très particulier des ordres.

14. Les quatre petites tourelles flanquant la base de la coupole pourraient s'inspirer des coupolettes de Saint-Pierre.

Page 168.
15. L'idée du portique indépendant peut avoir été inspirée par le projet de Michel-Ange pour Saint-Pierre, ou dériver des dessins de villas de Palladio. Lemercier ne pouvait cependant trouver aucun modèle dans la Rome contemporaine. On rencontre couramment à Rome (par exemple à la façade de della Porta à Saint-Louis-des-Français) des cartouches placés sur les tympans des frontons.

16. Lemercier dessina également un autel pour son église paroissiale, Saint-Germain-l'Auxerrois ; il fut exécuté en 1639-1641 par Cottard (cf. Le Moël, *op. cit.,* p. 131).

17. Plusieurs dessins conservés à Stockholm présentent la façade de la Sorbonne et de bonnes élévations du palais Royal (cf. *ibid.,* p. 108, 110).

18. L'étage supérieur et le dôme ne furent certainement pas exécutés et probablement pas projetés avant 1641 (cf. A. Blunt, « Two Unpublished Drawings by Lemercier for the Pavillon de l'Horloge », *Burl. Mag.,* t. CII, 1960, p. 447).

19. Cf. Chap. VII, note 60.

20. Leur emploi dans cette position reflète peut-être l'influence du palais romain antique des Tutelles de Bordeaux, qui existait encore à l'époque de Lemercier et a été gravé dans *Les dix livres d'architecture de Vitruve* de Claude Perrault (p. 219). La description de Perrault nous apprend que les cariatides romaines antiques, comme celles du Louvre, avaient la particularité inhabituelle de porter des entablements de pilastres, non de colonnes. Toutefois les cariatides jumelées de Lemercier se distinguent par un trait inédit : elles ne sont pas placées sur le même plan, mais l'une en retrait de l'autre. A une date inconnue de la fin de sa carrière, Lemercier dessina un projet pour la façade est du Louvre, connu par une gravure de Marot.

21. Tous les contemporains, notamment Richelieu, ont admis que le palais souffrait de l'effet d'une série d'adjonctions ; autant qu'on en puisse juger par les dessins et les gravures, il semble avoir toujours présenté une apparence confuse. Le petit hôtel d'Effiat paraît avoir été une composition très heureuse ; il a été détruit, mais on trouvera dans G. Pillement (*Les hôtels du Marais,* Paris, 1945) la reproduction d'une ancienne photographie.

22. Cf. Berty, *Topographie, Bourg Saint-Germain,* p. 239. Evelyn visita l'hôtel achevé en 1644 (cf. J. Evelyn, *Diary,* 1-III-1644). Démoli dans les premières années du XIXe s., il est connu par des gravures de Silvestre et du *Petit Marot.*

Page 169.
23. Ce vestibule ouvrant par trois baies allait devenir un motif favori de Le Vau.

24. Pour le château de Richelieu, voir H. Wischermann, *Schloss Richelieu* (Thèse), Fribourg-en-Brisgau, 1971, et pour la ville, du même auteur, « Ein unveröffentlichter Plan der Stadt Richelieu von 1633 », *Zeitschrift für Kunstgeschichte,* t. XXXV, 1972, p. 302.

Page 170.
25. Ainsi, les murs d'une pièce étaient ornés de tableaux de Mantegna, de Costa et de Pérugin provenant du Studio d'Isabelle d'Este à Mantoue, et des *Bacchanales* de Poussin.

26. Pour une étude d'ensemble de l'œuvre de Mansart contenant la publication intégrale des sources écrites et figurées et une bibliographie exhaustive, voir A. Braham et P. Smith, *François Mansart*, Londres, 1973. Pour Balleroy, voir B. Jestaz, « Le château de Balleroy », *Congrès archéologiques de France*, 1974, p. 228-239.

Page 171.
27. Une vieille photographie, reproduite dans P. Jarry, *La guirlande de Paris*, Paris, 1928, qui n'a pas été notée par Smith et Braham, présente une façade latérale de ce pavillon avant sa destruction. Elle possédait trois fenêtres semblables à celle de la figure 163, mais sans frontons et précédées de balcons portés par de lourdes consoles préfigurant celles de l'hôtel Guénégaud-des-Brosses.

Page 180.
28. C. Mignot (« L'église du Val-de-Grâce », *B.S.H.A.F.*, 1975, p. 101 *sq.*) a montré que les travaux furent presque totalement suspendus depuis 1646 (date où Lemercier remplaça Mansart) jusqu'à la fin de la Fronde et la nomination en 1655 de Le Muet assisté de Le Duc.

Page 188.
29. Colbert avait aussi demandé à Bernin de dessiner des projets pour cette chapelle (cf. A. Braham, « Bernini's Design for the Bourbon Chapel », *Burl. Mag.*, t. CII, 1960, p. 443.

Page 189.
30. Pour une étude d'ensemble de la carrière de Le Vau, voir Hautecœur, *Architecture*, t. II, p. 76 *sq.* ; on trouvera une analyse détaillée de ses hôtels parisiens dans C. Tooth, « The Early Private Houses of Louis Le Vau », *Burl. Mag.*, t. CIX, 1967, p. 510 (publication posthume, avec des additions de P. Smith).

31. Pour ces trois hôtels, voir D. Feldmann, *Maison Hesselin und andere Bauten von Louis Levau (1612/13-1670) auf der Ile Saint-Louis in Paris* (Thèse), Hambourg, 1976. Pour Hesselin, voir R. de Crèvecœur, « Louis Hesselin », *Mém. de la Soc. de l'histoire de Paris*, t. XXII, 1895, p. 225.

Page 190.
32. Le plafond de la galerie de l'hôtel de Bretonvilliers fut décoré par Sébastien Bourdon (cf. Wilhelm, « La galerie de l'hôtel de Bretonvilliers », *B.S.H.A.F.*, 1956, p. 137).

33. Pour l'histoire de la construction de l'hôtel Lambert, voir Dumolin, *Etudes*, t. III, p. 90 *sq.* L'hôtel a été gravé dans l'*Architecture française* de Blondel ; pour la décoration peinte, voir les gravures de Picart, *Les peintures... dans l'hôtel du Chastelet*, Paris, 1746. Vacquier, dans *Vieux hôtels de Paris*, a consacré un volume entier à l'édifice.

Page 192.
34. L'utilisation de la coursière rappelle les escaliers de Mansart à Blois et à Maisons.

35. Le passage progressif d'une volée inférieure sombre et étroite à un large espace lumineux est un procédé qu'ont utilisé les architectes baroques allemands, en particulier Balthasar Neumann à Bruchsal.

Page 193.
36. L'intérieur a été magnifiquement restauré par le Service des Monuments historiques (cf. *B.S.H.AF.*, 1946-1947, p. 125). Pour le cabinet de l'Amour, voir J.P. Babelon, etc., *Le cabinet de l'Amour*, (exposition de la série des *Dossiers du département des peintures*, Louvre, 1972). Pour le décor et l'ameublement français de cette époque, voir P. Thornton, *Seventeenth-century Interior Decoration in England, France and Holland*, Londres, 1978.

37. Cf. L. Dimier, « Une erreur corrigée touchant l'hôtel Lambert », *B.S.H.A.F.*, 1927, p. 30.

38. Pour une analyse détaillée du plafond, voir Carl Goldstein, « Studies in Seventeenth Century French Art Theory and Ceiling Painting », *Art Bulletin*, XLVII (1965), 249.

Page 194.
39. Cf. G. Guillaume, « Le lotissement du Moulin de la Butte », *B.S.H.A.F.*, 1962, p. 177.

40. Ce parti : un vestibule se développant parallèlement aux façades, conduisant à un escalier placé dans l'axe, apparaît à Rome à peu près à la même époque, dans les adjonctions d'Antonio del Grande au palais Doria, en face du Collegio Romano. On le trouve esquissé dans un projet d'hôtel d'Antoine Le Pautre (projet VI), mais la perspective y est fermée : le niveau inférieur de l'escalier est formé de deux volées latérales conduisant à un repos d'où part une volée centrale unique ; aussi le visiteur placé dans le vestibule n'aurait pu voir que le dessous des marches de la rampe centrale, les parties hautes de la cage lui étant masquées.

41. Les documents prouvent que l'hôtel fut construit par Jean Boullier de Bourges (cf. Dumolin, « Quelques artistes inconnus du XVIIᵉ siècle », *B.S.H.A.F.*, 1928, p. 364) ; mais Boullier était plus probablement un maçon contrôleur des travaux qu'un architecte, il est difficile de croire qu'il ait pu dessiner un projet d'une telle qualité sans avoir produit aucune autre œuvre d'intérêt.

42. Gravé par Silvestre et dans le *Petit Marot*. Le fait que Perrier y exécuta des peintures avant 1645 nous fournit un *terminus ante quem*. (cf. *Mémoires inédits*, t. I, p. 132).

43. Ici encore, Le Vau, qui applique un ordre colossal aux pavillons latéraux et orne le reste de la façade de simples bossages, se montre peu rigoureux dans l'emploi des ordres.

Page 195.
44. Cette disposition du vestibule, du salon et de l'escalier fut imitée en Angleterre, par exemple par Vanbrugh à Castle Howard et à Blenheim.

45. Cf. J. Cordey, « Le grand salon ovale de Vaux-le-Vicomte et sa décoration », *Revue de l'art ancien et moderne*, t. XLVI, 1924, p. 233.

Page 196.
46. Il est significatif que Le Brun, s'inspirant de Cortone, ait pris pour modèles les décors du palais Pitti, non ceux beaucoup plus baroques du palais Barberini.

47. Il avait déjà travaillé pour la reine mère aux jardins des Tuileries (1643) et au jardin de la Reine à Fontainebleau (1645-1646) ; cf. L. Châtelet-Lange, « Le Nôtre et ses jardins », *Art de France*, t. IV, 1964, p. 302, et J.P. Samoyault, « Le Nôtre et le jardin de la Reine de Fontainebleau », *B.S.H.A.F.*, 1973, p. 87.

Page 199.

48. Outre ces œuvres majeures, Le Vau entreprit des remaniements à Meudon pour Servien qui avait acheté le château en 1654 (l'état après remaniement est présenté dans Hautecœur, *Architecture,* t. II, p. 100). Il participa également à la construction de plusieurs églises, notamment Saint-Louis-en-l'Ile et Saint-Sulpice, mais son rôle y est difficile à déterminer (*ibid.,* p. 94 *sq.*). Son frère cadet François (1613-1676) fut aussi un architecte d'une réputation considérable. Parmi ses œuvres attestées, on retiendra les châteaux de Bercy, de Lignières et de Saint-Fargeau (*ibid.,* p. 114 *sq.*) ; deux châteaux souvent attribués à Louis peuvent être en fait son œuvre : Saint-Sépulchre, près de Troyes, construit pour Hesselin (gravé dans le *Grand Marot*) et Sucy-en-Brie (cf. *Châteaux et manoirs de France, Ile-de-France,* t. II, p. 47-51, et *B.S.H.A.F.,* 1925, p. 32), construit pour Lambert vers 1640. Certains détails des deux édifices, comme les ressauts des tympans des frontons, apparaissent régulièrement dans l'œuvre de François, mais ne se retrouvent pas dans les constructions attestées de Louis. Le petit château de Suisnes (*Châteaux et manoirs de France, Ile-de-France,* t. II, pl. 63-68) semble être une imitation provinciale du style de Louis Le Vau.

49. Voir R.W. Berger, *Antoine Le Pautre,* New York, 1969.

50. Les deux édifices ont été gravés dans son *Œuvre.*

Page 200.

51. Ce vestibule est en fait construit sur les fondations d'une tour circulaire médiévale que Le Pautre a ingénieusement remployées dans sa composition.

52. Pour de bonnes illustrations de l'hôtel, voir Vacquier, *Vieux hôtels de Paris, Le quartier Saint-Paul.*

53. Berger (*op. cit.*) et Hautecœur (*Architecture,* t. II, p. 145, *sq.*) en donnent la liste ; ils concernent notamment la transformation de Saint-Cloud pour Monsieur, la construction d'un château à Saint-Ouen (achevé avant 1674) et d'un hôtel pour Joachim de Séglier de Boisfranc ; Le Pautre participa aussi à la construction de Sceaux pour Colbert et de Clagny pour Mme de Montespan (cf. P. Reuterswärd, « Autour de Saint-Ouen, Sceaux et Clagny », *L'Urbanisme de Paris et l'Europe 1600-1680* [Mélanges P. Francastel], Paris, 1969, p. 95.

Page 201.

54. Il n'est pas impossible que Wren ait eu cette gravure à l'esprit lorsqu'il conçut le « grand modèle » de Saint-Paul de Londres. Le tambour sans calotte fut aussi très largement imité (cf. R.W. Berger, « A. Le Pautre and the Motif of the Drum without a Dome », *Journ. of the Soc. of Architectural Historians,* 1966, p. 165).

55. Ainsi en Angleterre, Vanbrugh semble s'être inspiré à Blenheim et ailleurs du groupement des masses et de l'appareil à bossages du projet de Le Pautre.

56. Cottard construisit aussi le château de Villacerf (cf. Hautecœur, *op. cit.,* p. 137) et fit graver plusieurs séries de projets architecturaux et décoratifs.

Page 203.

57. Le nom de Desargues est mentionné par Lemaire (*Paris ancien et nouveau,* t. III, p. 30), par Brice (*Nouvelle description de Paris,* Paris, 1725, t. I, p. 458) et par Bosse, ami personnel de l'architecte. Bosse a reproduit cet escalier dans son *Traité des manières de dessiner les Ordres,* ainsi qu'un autre du même auteur au château

de Vizille (1653 ; cf. G. Gaillard, « Nouveaux documents sur la construction et la décoration du château de Vizille » *B.S.H.A.F.,* 1951, p. 19. L'hôtel Rolland figure dans le *Petit Marot,* mais sans nom d'architecte. Hautecœur (*Architecture,* t. II, p. 125, fig. 116) reproduit le plan de cette maison, mais la confond avec une autre de la même rue, l'hôtel Richer (*ibid.,* fig. 117).

58. De nombreux édifices, comme le château de Turny et l'hôtel de Sainte-Foy, ont été attribués à Marot pour la seule raison qu'ils apparaissent dans ses gravures sans précision du nom de l'architecte. Leur style pourtant ne correspond guère à celui de ses œuvres attestées. Le château de Lavardin gravé dans le *Grand Marot* lui a été attribué au xviiie s. (cf. Mauban, *Jean Marot,* p. 23).

59. Hautecœur (*op. cit.,* p. 130) attribue à Bruant le château de Fayelles et l'hôtel du banquier Jabach à Paris, tous deux gravés dans le *Petit Marot.* La plus grande partie de l'hôtel fut construite par Bullet (cf. *ibid.,* p. 690) ; d'autres architectes peuvent avoir participé au début des travaux, mais rien n'indique la présence de Bruant, et le style du bâtiment ne correspond pas au sien (cf. Grouchy, « Everhard Jabach, collectionneur parisien », *Mém. de la Soc. de l'histoire de Paris,* t. XXI, 1894, p. 225 *sq.*).

Page 204.

60. Pour Saint-Sulpice, dont la reconstruction fut entreprise par le grand réformateur Olier, voir G. Lemesle, *L'église Saint-Sulpice,* Paris, s.d.

61. Un aspect important de l'architecture vernaculaire parisienne est illustré par l'histoire de la famille Delespine, qui pendant deux cents ans, depuis le règne de Louis XIII jusqu'à celui de Charles X, participa à la construction de petites maisons particulières ou d'immeubles à appartements. La plupart des maisons qu'ils construisirent au xviie s. ont été dénaturées ou détruites, mais deux subsistent, rue de Richelieu : au n° 14, bâtie par Simon Delespine vers 1658, et au n° 64, par Nicolas Ier en 1662 (cf. M. Rambaud, « Une famille d'architectes. Les Delespine », *N.A.A.F.,* n.s., t. XXIII, 1968, p, 1).

62. Pour une étude approfondie de la carrière artistique de Vouet, voir W.R. Crelly, *The Painting of Simon Vouet,* New Haven, 1962. Une analyse plus détaillée de sa période italienne est présentée dans Dargent et Thuillier, « Simon Vouet en Italie », *Saggi e memorie di storia dell'arte,* t. IV, 1965, p. 25. Pour ses portraits, voir J.P. Cuzin, « Jeunes Gens par Simon Vouet et quelques autres peintres », *Revue du Louvre,* t. XXIX, 1979, p. 15 ; A. Bréjon de Lavergnée, « Simon Vouet à Milan en 1621 », *Revue de l'art,* t. L, 1980, p. 58, et, du même auteur, « Portraits de poètes italiens par Simon Vouet et Claude Mellan », *ibid.,* p. 51.

Page 205.

63. C'est la tête de la Vierge de la *Madonna Doni.*

64. Le fragment a été retrouvé par Crelly au musée de Besançon, et le *bozzetto* par E. Schleier dans la collection de Sir William Worsley à Hovingham (cf. « A bozzetto by Vouet, not Lanfranco », *Burl. Mag.,* t. CIX, 1967, p. 272, et « Vouet's destroyed St Peter Altarpiece : further evidence », *ibid.,* t. CX, 1968, p. 573).

65. Cf. Briganti, *Pietro da Cortona,* Florence, 1962, p. 50.

66. Claude Mellan fut l'un des plus habiles graveurs de

son temps ; outre les copies d'œuvres d'autres artistes, il composa de nombreuses eaux-fortes originales (cf. A. de Montaiglon, *Catalogue raisonné de l'œuvre de Claude Mellan,* Abbeville, 1856). Il exécuta également quelques peintures (cf. E. Schleier, « A Proposal for Mellan as a Painter », *Burl. Mag.,* t. CXX, 1978, p. 511).

Page 206.
67. Un important *Vœu de Louis XIII,* signé et daté de 1633 a été découvert à l'église de Neuilly-Saint-Front (Aisne) et publié par P.M. Auzas (*Revue du Louvre,* t. XIV, 1964, p. 85).

68. Les armoiries semblent montrer qu'elle fut peinte pour Anne d'Autriche, pour qui Vouet travailla en 1644-1649 ; elle fait peut-être référence à la paix de Westphalie (1648).

Page 208.
69. Avant 1634, Vouet exécuta pour le château de Colombes une importante suite de peintures aujourd'hui replacée sur le plafond de la salle des mariages de la mairie de Port-Marly (cf. J. Feray et J. Wilhelm, « Une œuvre inédite de Simon Vouet », *B.S.H.A.F.,* 1976, p. 59).

70. Il ne semble pas que cette formule ait été reprise en Italie avant que ne la renouvellent Giordano et Tiepolo.

71. Elle a été employée avec beaucoup de maladresse par Walther Damery dans sa fresque à la coupole de Saint-Joseph-des-Carmes, peinte semble-t-il en 1644. Vers 1680-1690, elle fut reprise par Le Brun et Houasse au salon de la Guerre, au salon de la Paix et à la salle de l'Abondance de Versailles (cf. p. 283-284).

Page 209.
72. Le talent décoratif de Vouet s'exerça aussi dans le domaine de la tapisserie. Nombre de ses dessins furent copiés avec succès dans la fabrique de Comans et La Planche (cf. Fenaille, *Etat général des tapisseries...,* t. I, p. 303-347).

73. *Abrégé,* t. IV, p. 19. Félibien (*Entretiens,* t. IV, p. 203) ne mentionne pas la date de sa naissance, pas plus que Caylus et Mariette dans leur biographie de l'artiste (*Archives de l'art français,* 1913, p. 186) ; voir aussi W. Vitzthum, « Zuschreibungen an François Perrier », *Walter Friedlaender zum 90. Geburstag,* Berlin, 1965, p. 217 ; E. Schleier, « Affreschi di François Perrier a Roma », *Paragone,* t. XIX, mars 1968, p. 42, et « Quelques tableaux inconnus de François Perrier à Rome », *Revue de l'art,* t. XVIII, 1972, p. 39 ; J. Thuillier, « Deux tableaux de F. Perrier », *Revue du Louvre,* t. XXII, 1972, p. 307).

74. Les biographies anciennes mentionnent seulement les peintures du cabinet des Muses qui existent encore, mais l'auteur de l'introduction aux gravures de Picart consacrées à l'hôtel Lambert affirme que Perrier exécuta aussi un des panneaux muraux du cabinet de l'Amour, que l'on identifie généralement avec l'*Enée et les Harpies* du Louvre.

Page 211.
75. La galerie fut remaniée par Robert de Cotte pour le comte de Toulouse au début du XVIIIᵉ s. A cette époque, le décor des murs fut entièrement rénové, et les peintures du XVIIᵉ s. placées dans des encadrements rococo (cf. Braham et Smith, *François Mansart,* p. 212).

76. Pour Jacques Blanchard, voir C. Sterling, « Les peintres Jean et Jacques Blanchard », *Art de France,* t. I, 1961, p. 7 ; P. Rosenberg, « Quelques nouveaux Blanchard », *Etudes d'art français offertes à Charles Sterling,* Paris, 1975, p. 217, et J. Thuillier, « Documents sur Jacques Blanchard », *B.S.H.A.F.,* 1976, p. 81). Jean Blanchard fut un artiste de moindre talent que son frère cadet, bien que leurs œuvres aient parfois été confondues.

77. On trouvera dans l'article de Charles Sterling des reproductions d'œuvres caractéristiques de Bollery et de Le Blanc.

78. La biographie ancienne la plus intéressante est publiée dans les *Mémoires inédits,* t. I, p. 104.

Page 212.
79. Cf. Bonnaffé, *Amateurs français au 17ᵉ siècle,* p. 185.

80. Par exemple dans le Mai de 1635 (Louvre) représentant *Saint Pierre guérissant les malades,* et dans deux tableaux de l'Ermitage de Léningrad datés de 1636 (l'un est reproduit par Weisbach, *Französische Malerei,* p. 61). Le Mai de 1637, la *Conversion de saint Paul,* aujourd'hui à Saint-Thomas-d'Aquin, est la composition la plus baroque de la Hyre.
Pour les Mai, tableaux présentés à Notre-Dame chaque année le 1ᵉʳ mai, voir P.M. Auzas, « Les grands Mays de Notre-Dame de Paris », *B.S.H.A.F.,* 1949, p. 85, et « La décoration intérieure de Notre-Dame de Paris au 17ᵉ siècle », *Art de France,* t. III, 1963, p. 124.

81. Par exemple dans la *Sainte famille* de Nantes (datée de 1641 ; répliques au Louvre et à Berlin), la petite *Vierge à l'Enfant* du Louvre de 1641, et la *Scène de la vie d'Abraham* de l'Ermitage, qui doit sûrement dater de la même période.

82. L'influence de Poussin se traduit tout particulièrement dans un *Job* (Norfolk, The Chrysler Museum, reproduit dans le catalogue de l'exposition *La peinture française au XVIIᵉ siècle dans les collections américaines,* Grand Palais, 1982, n° 32) ; celle de Champaigne dans les *Disciples d'Emmaüs* et le *Noli me tangere* de 1656, peints pour la Grande chartreuse, aujourd'hui à Grenoble. La froideur apparaît dans l'*Allégorie de la paix de Westphalie* (1648, Louvre).

83. Par exemple dans le *Paysage aux bergers* de 1648 (reproduit dans *Les peintres de la réalité* (Orangerie, 1934), n° 41), et dans le *Paysage aux baigneuses* du Louvre.

Page 213.
84. Voir P.M. Auzas, « Lubin Baugin, dit le Petit Guide », *B.S.H.A.F.,* 1957, p. 47, et « Lubin Baugin à Notre-Dame », *G.B.A.,* 1958, I, p. 129. La tentative de M. Faré de rapprocher les deux Baugin (« Baugin, peintre de natures mortes », *B.S.H.A.F.,* 1955, p. 15) n'a pas été généralement acceptée ; voir C. Sterling, *La nature morte de l'Antiquité à nos jours,* Paris 1959, p. 134, note 97 a. Nouvelle édition revisée, Macula, Paris, 1984.

85. Voir C. Sterling, « Quelques imitateurs et copistes de Poussin », *Actes du Colloque Poussin,* t. I, 1960, p. 268.

86. Voir *Les peintres de la réalité,* n° 23 ; P.M. Auzas, « Les quatre Mays des trois Corneille », *Revue des arts,*

t. XI, 1961, p. 187, et « Précisions sur Michel Corneille et ses fils », *B.S.H.A.F.*, 1961, p. 45.

87. Pour Guy François, voir le catalogue de l'exposition qui lui a été consacrée au Puy et à Saint-Etienne en 1974, et M. F. Perez, dans *Revue du Louvre*, t. XXIV, 1974, p. 468, t. XXIX, 1979, p. 414. Pour Quentin, voir B. Nicolson, *The International Caravaggesque Movement*, p. 79.

88. Voir les catalogues de deux expositions du Musée Paul Dupuy de Toulouse : « Le dessin toulousain », 1953, p. 19, et « Les Miniaturistes du Capitole », 1956, p. 115.

89. Voir l'article de C. Gloton dans le catalogue de l'exposition *La peinture en Provence au XVIIᵉ siècle*, Marseille, 1973, p. 35.

90. Cf. le catalogue : « Trésors d'art des églises de Paris », Paris, chapelle de la Sorbonne, 1956, n° 31. On croyait alors que le peintre s'appelait Jacques Ninet de Lestin. En fait, on confondait deux artistes, Nicolas Ninet et Jacques de Lestin qui travaillèrent tous deux à Troyes environ à la même époque. Voir le catalogue de l'exposition consacrée à Lestin, Troyes, 1976.

91. Pour Tassel, voir le catalogue de l'exposition *Les Tassel, peintres langrois du XVIIᵉ siècle*, Musée des Beaux-Arts, Dijon, 1955, et P. Rosenberg et S. Laveissière, « Jean Tassel dans les musées français », *Revue du Louvre*, t. XXVIII, 1978, p. 122. Pour l'activité artistique lyonnaise, voir *Le rôle de Lyon dans les échanges artistiques, Cahier 2*, Lyon, 1976.

Page 214.
92. Voir F.A. Salvini, *I Pittori borgognoni Cortesi*, Rome, 1937, et E.L. Holt, « The British Museum's Phillips-Fenwick Collection of Jacques Courtois Drawings », *Burl. Mag.*, t. CVIII, 1966, p. 345.

Page 215.
93. D. Wild a publié deux longs articles sur Mellin (« Charles Mellin ou Nicolas Poussin », *G.B.A.*, 1966, II, P. 177, et *ibid.*, 1967, I, p. 3) où l'auteur attribue au peintre des tableaux qui paraissent appartenir à de nombreuses mains différentes, et qui ressemblent très peu aux œuvres attestées de Mellin ; on y remarque notamment certaines des plus belles compositions de Poussin. Pour une analyse plus crédible voir J. Bousquet, « Un rival inconnu de Poussin : Charles Mellin dit le Lorrain », *Annales de l'Est*, 1955, p. 3, et « Le Saint Barthélemy de Charles Mellin », *Revue des arts*, t. V, 1955, p. 55 ; J. Thuillier, « Poussin et ses premiers compagnons à Rome », *Actes du Colloque Poussin*, t. I, 1960, p. 79, et P. Rosenberg, « Quelques tableaux inédits du 17e siècle français », *Art de France*, t. IV, 1964, p. 297.

94. Pour Stefano della Bella, voir F. Viatte, *Musée du Louvre. Cabinet des Dessins. Dessins de Stefano della Bella*, Paris, 1974, et « Allegorical and Burlesque Subjects by Stefano della Bella », *Master Drawings*, t. XV, 1977, p. 347. Notre article « Stefano della Bella, Jean Valdor et Cardinal Richelieu », *Master Drawings*, t. XVI, 1978, p. 156, analyse un dessin allégorique glorifiant Richelieu.

95. Pour Romanelli, voir B. Kerer, *Giessener Beiträge zur Kunstgeschichte*, t. II, 1971, p. 133. Pour ses travaux à Paris, voir M. Laurain-Portemer, « Le Palais Mazarin à Paris et l'offensive baroque de 1640-1650 », *G.B.A.*, 1973, I, p 151 ; « La politique artistique de Mazarin », *Atti dei Convegni Lincei. Il Cardinale Mazzarino in Francia*, Rome, 1977 ; « Mazarin militant de l'art baroque au temps de Richelieu », *B.S.H.A.F.*, 1975, p. 165, et C. Tadgel, dans *Baroque and Rococo*

Architecture and Decoration, ouvr. publ. sous la dir. d'A. Blunt, Londres, 1978, p. 110.

96. En particulier après que le décor de Poussin pour la Grande galerie du Louvre eut établi un nouveau modèle classique.

97. Les décorations que Romanelli exécuta pour la reine mère lors de son second séjour à Paris étaient traitées de la même façon, mais le problème était moins difficile, en raison des petites dimensions et de la forme plus cubique des pièces : l'artiste put disposer ses panneaux en suivant les lignes architecturales. Une description contemporaine de ces décors est citée par D. Bodat, « Une description de 1657 des fresques de Giovanni Francesco Romanelli au Louvre », *B.S.H.A.F.*, 1974, p. 43 ; pour les dessins préparatoires, voir P. Rosenberg, « Quelques dessins inédits de Romanelli préparatoires à la décoration du Louvre », *ibid.*, p. 51.

98. Un continuateur de Rubens, Pieter van Mol (1599-1650), travailla en France dans le pur style de son maître ; il décora la chapelle de Jacques d'Etampes au Carmel de la rue de Vaugirard avec une suite de panneaux qui sont peut-être les œuvres les plus baroques exécutées à cette date en France (cf. Comte A. Doria, « Les peintures religieuses de Pierre van Mol aux Carmes », *Revue de l'art ancien et moderne*, t. LXVII, 1935, p. 77).
Un autre Flamand qui travailla à Paris vers 1630-1650, Théodore van Thulden, peignit une série de tableaux religieux pour l'église des Mathurins, notamment une *Sainte Trinité* (1647), aujourd'hui à Grenoble (cf. A.Roy, « Un peintre flamand à Paris au début du XVIIᵉ siècle : Théodore van Thulden », *B.S.H.A.F.*, 1977, p. 67).

99. Les meilleures biographies anciennes de Champaigne sont celles de Félibien (*Entretiens*, t. IV, p. 312), et des *Mémoires inédits...*, t. I, p. 239. B. Dorival a publié à Paris en 1976 une monographie détaillée et abondamment illustrée de Champaigne ; elle contient malheureusement bien des erreurs ; voir à ce propos nos critiques dans *Burl. Mag.*, t. CXIX, 1977, p. 574.

100. Pour Foucquier, voir W. Stechow, « Drawings and Etchings by Jacques Foucquier », *G.B.A.*, 1948, II, p. 419.

101. Tableau aujourd'hui à l'église de Montigny-Lemcoup, identifié par Mlle Hériard-Dubreuil, dans *B.S.H.A.F.*, 1952, p. 14. L'auteur date de 1625, mais plusieurs raisons nous portent à en repousser considérablement la date, peut-être jusqu'en 1636 (cf. A. Blunt, « Philippe de Champaigne at the Orangerie, Paris », *Burl. Mag.*, t. XCIV, 1952, p. 174).

102. On ne sait presque rien de Duchesne, dont Champaigne épousa plus tard la fille.

103. Cf. Vergnet-Ruiz, « Les peintures de l'Ordre du Saint-Esprit », *Revue des arts*, t. XII, 1962, p. 155. Dorival (*op. cit.*) reprend la vieille tradition selon laquelle le pendant de cette œuvre — la *Réception de Philippe d'Orléans* (1654) — serait perdue, la version de Grenoble n'étant qu'une copie du XVIIIᵉ s. destinée aux Grand-Augustins ; G. Barnaud (« Note sur un tableau de Philippe de Champaigne au Musée de Grenoble », *Revue du Louvre*, t. XXIV, 1974, p. 179), a pourtant montré de manière convaincante que ce tableau, qui vient des Bullion par l'intermédiaire du maréchal de Montmorency-Laval, est soit un original, soit une copie de l'atelier de Champaigne.

104. Pour le projet d'ensemble et le choix des personnages représentés, voir B. Dorival, « Art et politique en France au XVIIe siècle : la Galerie des Hommes illustres du Palais Cardinal », *B.S.H.A.F.*, 1973, p. 43, qui reproduit dix des vingt-cinq gravures d'après les originaux pour la plupart perdus. Champaigne et Vouet se partagèrent la commande ; pour la contribution de ce dernier, voir P. Rosenberg, « La participation de Vouet à la Galerie des Hommes illustres du Palais Cardinal », *B.S.H.A.F.*, 1974, p. 21.

Page 216.

105. L'influence de Rubens est particulièrement marquée dans l'*Adoration des Mages* du Mans, non datée mais appartenant certainement au début de la carrière du peintre. Avec les années, l'influence de Rubens sur la composition, les types et les poses des personnages devient moins visible, mais Champaigne conserva jusque dans ses dernières œuvres une facture nerveuse, avec de dures hachures linéaires, qui doit beaucoup au maître flamand et le distingue de ses contemporains purement français.

106. Le *Triple portrait* de Richelieu à la National Gallery de Londres, destiné à servir de modèle à un buste de marbre, imite la composition du *Charles Ier* de Van Dyck. Cette dernière œuvre, qui était à l'époque dans l'atelier de Bernin à Rome, devait être connue de l'auteur du buste projeté. Plusieurs éléments semblent prouver que Bernin exécuta un buste et l'envoya en France (cf. Wittkower, *Gianlorenzo Bernini*, Londres, 1966, p. 209, et M. Laurain-Portemer, « Mazarin militant de l'art baroque au temps de Richelieu », *B.S.H.A.F.*, 1975, p. 74) ; mais il est également certain qu'un autre buste fut sculpté par Mocchi. M. Charageat soutient que le marbre aujourd'hui au Louvre est celui de Mocchi, mais Wittkower, rejetant cette attribution, affirme qu'il s'agit d'une œuvre de Bernin exécutée avec l'aide d'assistants.

Page 217.

107. Conservées au Louvre et à Lyon. Le *Christ cloué à la croix* de Toulouse est plus adroit.

108. Le fait que Champaigne ait copié la restitution du temple de Jérusalem proposée par Villalpandus dans son commentaire d'Ezéchiel est symptomatique de son attention à l'exactitude du détail à la fin de sa carrière. B. Dorival a signalé que Champaigne a suivi le Flamand Molanus — jésuite, important exégète des idées artistiques tridentine — en présentant le Christ crucifié, le dos vers Jérusalem et le visage tourné à l'ouest, vers Rome où son Eglise allait naître et se développer.

Page 220.

109. Aucun de ces peintres n'a reçu ni ne mérite une étude détaillée. Ils sont pour la plupart représentés au Musée des Portraits de Versailles ; ce que l'on sait d'eux est résumé dans les notices du Thieme-Becker. Les Beaubrun ont été étudiés par Weisbach, *Französische Malerei*, p. 264 ; voir aussi J. Wilhelm, « Quelques œuvres oubliées ou inédites des peintres de la famille Beaubrun », *Revue de l'art*, t. V, 1969, p. 19.

110. Pour les gravures de Nanteuil, voir C. Petitjean et C. Wickert, *L'œuvre gravé de Robert Nanteuil ;* pour ses dessins, voir Y. Fromrich, « Robert Nanteuil dessinateur et pastelliste », *G.B.A.*, 1975, I, p. 209.

Page 221.

111. Pour Tournier, voir R. Mesuret, « L'œuvre peint de Nicolas Tournier », *G.B.A.*, 1957, II, p. 327, et B. Nicolson, *The international Caravaggesque Movement*, Oxford, 1979, p. 102.

112. Pour Bigot, voir J. Thuillier, catalogue de l'exposition *La peinture en Provence au XVIIe siècle*, Marseille, 1978, p. 6, et Nicolson, *op. cit.*, p. 21. Par suite d'une incompréhension des documents que l'auteur n'avait pu consulter directement en raison de leur découverte tardive, Nicolson a appelé le peintre « *Bigot ou Maestro Jacopo* », comme si tel avait pu être son véritable nom. En fait, la mention « Maestro Jacopo » n'apparaît dans les sources que pour désigner l'auteur de la *Lamentation* de S. Maria in Aquiro de Rome, œuvre que Nicolson attribue, à tort me semble-t-il, à Bigot. On a autrefois confondu Trophime Bigot avec un peintre homonyme — peut-être son père — qui exécuta des tableaux d'autel en Arles et à Aix-en-Provence d'un style assez différent (cf. Thuillier, *op. cit.*, p. 4).

113. La bibliographie de La Tour est considérable ; les meilleures analyses sont de beaucoup celles de B. Nicolson et C. Wright, *Georges de La Tour*, Londres, 1974. Pour un point de vue différent, en particulier sur les questions chronologiques, voir J. Thuillier, *Georges de la Tour*, Paris, 1973, ainsi que P. Rosenberg et F. Macé de l'Epinay, *Georges de la Tour*, Fribourg, 1973.

Page 222.

114. Pour Leclerc, voir Pariset, « Notes sur Jean Leclerc », *Revue des arts*, t. VIII, 1958, p. 67.

115. L'inventaire du palais Cardinal dressé à la mort de Richelieu (cf. ci-dessus, note 3) mentionne aussi un *Saint Jérôme* qui, d'après ses dimensions, pourrait être le tableau de Stockholm [*Fig. 218*].

Page 224.

116. L'étude la plus complète des Le Nain est celle de J. Thuillier dans le catalogue de l'exposition *Les frères Le Nain* (Grand Palais, 1978-1979), qui présentait non seulement les œuvres généralement acceptées, mais aussi beaucoup de peintures dans « l'ombre » des Le Nain, certaines explicitement attribuées à d'autres artistes. Dans le catalogue, J. Thuillier republie les documents les plus importants ; on en trouvera d'autres dans son article « Documents pour servir à l'étude des frères Le Nain », *B.S.H.A.F.*, 1963, p. 155. Quelques commentateurs de l'exposition ont proposé une définition plus restrictive du « canon » des Le Nain. Dans le *Burlington Magazine*, t. CXX, 1978, p. 875, J.P. Cuzin a proposé d'attribuer au « Maître des Jeux » un groupe de peintures traditionnellement attribuées à Mathieu. J'ai été (*ibid.* p. 870) jusqu'à remettre en question l'attribution à l'atelier des Le Nain des grands tableaux religieux des Petits-Augustins. P. Rosenberg (« L'exposition Le Nain : une proposition », *Revue de l'art*, t. XLIII, 1979, p. 91), a suggéré une ingénieuse solution pour distinguer les mains des trois frères. Pour un regard nouveau sur Mathieu, voir J.P. Cuzin, « Les frères Le Nain : la part de Mathieu », *Paragone*, 349-351, 1979, p. 57.

Page 229.

117. « The Le Nain Brothers and Changes in French Rural Life », *Art History*, t. II, 1979, p. 401.

Page 230.

118. Cf. H. Adhémar, « Les frères Le Nain et les personnes charitables à Paris sous Louis XIII », *G.B.A.*, 1979, I, p. 69.

119. Le problème des portraits des Le Nain est extrêmement délicat, car le seul original signé, celui du marquis de Trévilles (1644), a disparu, et l'on considère généralement aujourd'hui comme une copie le portrait de vieille femme conservé en Avignon. Aucun des trois portraits présentés à l'exposition (n° 37 (Le Puy), 39 (Stockholm) et la miniature n° 38 (Victoria and Albert Museum)) n'emporte la conviction ; je proposerai un candidat à mon avis beaucoup plus sérieux : le portrait d'homme du Musée Longchamp de Marseille (1634 ?), dont la facture et les coloris particuliers paraissent correspondre au style de « Louis ».

On peut identifier avec certitude un imitateur des Le Nain, Jean Michelin, qui a signé plusieurs tableaux (cf. le catalogue de l'exposition Le Nain, p. 339) ; mais d'autres ne sont connus que par des noms de convention, attachés à des groupes de peintures paraissant de la même main, tels le « Maître aux Béguins » et le « Maître aux Cortèges » inventés par Thuillier, ou le « Maître des Jeux » de J.P. Cuzin.

Wallerand Vaillant (1623-1677) est souvent classé à tort parmi les peintres naturalistes français : né à Lille, qui n'était pas alors une ville française, il fit son apprentissage en Flandre, et vécut surtout en Hollande et en Allemagne ; en revanche, on doit mentionner le Hollandais Jacob van Loo (v. 1614-1670), qui passa dix années de sa vie à Paris et peignit des bambochades.

120. Pour Bosse, voir les travaux de A. Blum : L'œuvre gravé d'Abraham Bosse, et Abraham Bosse et la Société française au XVIIᵉ siècle.

Page 231.

121. Dans La nature morte de l'Antiquité à nos jours, Paris, 1959 (nouvelle édition, Paris 1984), C. Sterling présente une histoire générale de la nature morte contenant un important chapitre sur le XVIIᵉ s. français ; pour une analyse plus détaillée, voir M. Faré, « Nature et nature morte au 17ᵉ siècle », G.B.A., 1958, II, p. 255, « Attrait de la nature morte au 17ᵉ siècle », ibid. 1959, I, p. 129, et « Jean Michel Picaut (1600-1683), peintre de fleurs et marchand de tableaux », B.S.H.A.F., 1957, p. 91.

Page 232.

122. On imaginerait volontiers un peintre romantique de 1830 écrivant un pamphlet intitulé Poussin et Rubens à la manière du Racine et Shakespeare de Stendhal, si cela n'avait été fait dès la fin du XVIIᵉ s. (cf. p. 304-305).

123. L'analyse de l'œuvre de Poussin présentée ici est nécessairement très sommaire. Ce résumé se fonde sur une argumentation que j'ai exposée dans ma monographie Nicolas Poussin, Londres, 1967-1968 ; le volume de planches contient les reproductions de toutes les peintures que j'attribuais à cette époque à Poussin. Pour les dessins, voir W. Friedlaender et A. Blunt, The Drawings of Nicolas Poussin. A Catalogue raisonné, Londres, 1939-1972, et A. Blunt, The Drawings of Nicolas Poussin, New Haven-Londres, 1979. J. Thuillier, Tout l'œuvre peint de Poussin, Paris 1974, propose une définition stylistique différente, rejetant un certain nombre de peintures que j'ai acceptées, en acceptant d'autres que j'ai rejetées (et que je rejette toujours ; voir mon compte rendu dans Burl. Mag., t. CXVI, 1974, p. 760). Pour des analyses différentes de Poussin, voir W. Friedlaender, Nicolas Poussin. A New Approach, Londres, 1966, et K. Badt, Die Kunst des Nicolas Poussin, Cologne, 1969.

P. Rosenberg, dans le catalogue de l'exposition présentée à Rome et Düsseldorf en 1977-1978, apporte de nombreuses idées neuves et analyse quelques peintures ajoutées à l'œuvre de l'artiste depuis la publication de mes catalogues : la Vierge à l'enfant dans une guirlande de fleurs de Brighton, et deux paysages, l'Orage et le Temps calme, peints pour Pointel et conservés à Rouen et dans la collection Morrison. Pour mes idées personnelles sur les problèmes d'attribution soulevés par l'exposition, voir mon compte rendu, dans Burl. Mag., t. CXX, 1978, p. 421.

Page 251.

124. Les preuves de cette assertion, impossibles à résumer ici, son exposées dans ma monographie de Poussin, chap. 11-12.

125. L'influence de ces doctrines ésotériques sur Poussin n'est démontrable que pour ses dernières toiles, mais on peut penser que des idées similaires ont influencé beaucoup plus tôt ses tableaux mythologiques ; dès la décennie 1630-1640, on trouve plusieurs références à de telles notions : allusions répétées au cycle du jour et de la nuit (Aurore et Céphale, Diane et Endymion [Fig. 230]), aux périodes de l'année (Phaéton), ou à l'histoire d'Adonis, symbole très courant non seulement du retour du printemps, mais plus généralement de la mort et de la résurrection. Le parallèle entre cette allégorie et la doctrine chrétienne, souvent fait à l'époque, pourrait expliquer la ressemblance du Christ mort de Munich et de l'Adonis de Caen. Il est même vraisemblable que l'intérêt de Poussin pour le thème de la métamorphose soit lié à la notion de mort et de résurrection que symbolise la vie végétale.

126. Pour un catalogue des peintures de Claude Lorrain et une étude de sa carrière, voir M. Röthlisberger, Claude Lorrain : The Paintings, New Haven et Londres, 1961 ; pour ses dessins, voir Röthlisberger, Claude Lorrain : The Drawings, Berleley et Los Angeles, 1968, The Claude Lorrain Album in the Norton Simon, Inc., Museum of Art, Los Angeles, 1971, et M. Kitson, Claude Lorrain : Liber Veritatis, Londres, 1978. Pour ses eaux-fortes, voir A. Blum, Les eaux-fortes de Claude Gellée, Paris, 1923. L'influence de Claude sur l'art européen ultérieur a été analysée par M. Kitson, dans le catalogue de l'exposition The Art of Claude Lorrain, Londres, Hayward Gallery, 1969.

Page 260.

127. La chronologie des œuvres de Dughet pose de nombreux problèmes. A. Sutherland, « The Decoration of San Martino ai Monti », Burl. Mag., t. CVI, 1964, p. 58, 115, a apporté un solide point de départ. M.N. Boisclair, « Documents relatifs à Gaspard Dughet », B.S.H.A.F., 1973, p. 75, a publié son extrait de baptême et son testament, ainsi que de nombreux compléments d'information, dans « Gaspard Dughet : une chronologie révisée », Revue de l'art, t. XXXIV, 1976, p. 29, mais ses conclusions doivent être regardées avec beaucoup de prudence, et sa nouvelle datation des fresques de S. Martino ai Monti repose sur une incompréhension des documents. Pour les dessins de Dughet, voir C. Klemm, Gaspard Dughet und die ideale Landschaft (catalogue d'exposition, Düsseldorf, Kunstmuseum, 1981).

En 1950 (Burl. Mag., t. XCII, p. 69), j'ai regroupé un certain nombre de paysages jusqu'alors attribués à Poussin, sous le nom du « Maître des bouleaux argentés », qui ont été plus tard attribués à la jeunesse de Dughet. En 1979, C. Whitfield (« Poussin's Early Landscapes », *Burl. Mag.,* t. CXXI, p. 10) a proposé de rendre toutes ces œuvres à Poussin. J'ai expliqué mon acceptation partielle de cette hypothèse dans *Burl. Mag.,* t. CXXI, 1980, p. 577.

Page 261.
128. Voir M. Davies, « A Note on Francisque Millet », *Société Poussin, Deuxième Bull.,* 1948, p. 13.

129. Cf. A. Blunt, « Jean Lemaire, Painter of Architectural Fantasies », *Burl. Mag.,* LXXXIII, 1943, p. 241, et « Additions to the Work of Jean Lemaire », *ibid.,* t. CI, 1959, p. 440.

Page 262.
130. Cf. E.A. Evans, « A Rousseau Design in England », *Country Life,* t. CXXXIX, 1966, p. 1668.

131. Voir L.E. Faucheux, *Catalogue raisonné de toutes les estampes qui forment l'œuvre gravé d'Israël Silvestre,* Paris, 1857.

132. Les sources les plus intéressantes sur la vie de Le Sueur sont les biographies publiées dans les *Mémoires inédits...* et par Félibien. Dussieux (« Nouvelles recherches sur la vie et les ouvrages de Le Sueur », *Archives de l'art français,* t. II, 1852-1853, p. 1) a présenté de nombreux documents inédits de grand intérêt ; voir aussi G. Rouchès, *Eustache Le Sueur,* et C. Sterling, « Eustache Le Sueur peintre de portraits » *Walter Friedlaender zum 90. Geburstag,* Berlin, 1965, p. 181. M. Alain Mérot prépare actuellement une thèse de Doctorat sur Le Sueur à l'Université de Paris.

133. Quatre cartons de Le Sueur existent encore (cf. A. Blunt, « The *Hypnerotomachia Poliphili* in Seventeenth Century France », *J.W.C.I.,* t. I, 1937-1938, et *The Age of Louis XIV,* Royal Academy, Londres, 1958, n° 43).

134. Guillet de Saint-Georges date l'exécution de cette suite de 1645-1648, datation confirmée par le témoignage de Symonds qui les vit achevées en 1649 (cf. O. Millar, « An Exile in Paris » *Studies in Renaissance and Baroque Art presented to Anthony Blunt,* Londres, 1977, p. 162), et par un document de la même année, que M. Mérot m'a aimablement communiqué, concernant le paiement final de ces œuvres. M. Mérot pense que seules les deux premières toiles : le *Sermon* et la *Mort du diacre Raymond,* ainsi probablement que la *Mort de Saint Bruno* sont de la main de Le Sueur, les autres ayant été exécutées par ses assistants.

Page 263.
135. *Le Christ et la Madeleine* (Louvre) peint pour les Chartreux de Paris en 1651, *L'Adoration des Bergers* (La Rochelle, 1653, reproduit dans R. Lécuyer, *Regards sur les Musées de province,* t. I, 1949, pl. XX), *Saint Gervais et saint Protais* (Louvre), *La Présentation au temple* (Marseille, peint pour Saint-Sulpice), et quatre peintures pour l'abbaye de Marmoutier (1654-1655) : le *Saint Sébastien* et le *Saint Louis* du Musée de Tours, *L'Apparition de la Vierge et des saints à Saint Martin* et la *Messe de saint Martin* (Louvre).

136. Une exception : la *Messe de saint Martin,* qui reprend le sytle de la *Vie de saint Bruno.*

Page 264.
137. Des exemples de ses bambochades sont conservés

au Louvre, au Musée de Montpellier et à Dulwich. Parmi les pastiches de Castiglione, on compte l'eau-forte du *Voyage de Jacob* (R.D. 1), *Eliezer et Rebecca* de Welbeck (*Seventeenth- Century Art,* Royal Academy, Londres, 1938, n° 327), et le *Sacrifice de Noé* (Louvre).

138. Les portraits de la reine sont conservés à Stockholm et au Prado.

139. Aujourd'hui à Montpellier.

140. On retrouve ce style de transition dans *Saint Paul et saint Barnabé* du Prado et dans *L'Adoration des Bergers* au Louvre.

141. Les *Œuvres de Miséricorde* sont conservées au Musée Ringling de Sarasota.

142. Voir ci-dessus, note 32.

Page 265.
143. Voir L. Demonts, « Deux peintres de la première moitié du 17ᵉ siècle », *G.B.A.,* 1925, II, p. 162 *sq.* ; pour son poème voir A. Fontaine, *Doctrines d'art en France,* et J. Thuillier, « Les "Observations sur la peinture" de Charles-Alphonse du Fresnoy », *Walter Friedlaender zum 90. Geburstag,* Berlin, 1965, p. 193. Pour son utilisation des dessins de Poussin dans ses peintures, voir A. Blunt, *The Drawings of Poussin,* New Haven et Londres, 1979, p. 163.

144. Voir *Mémoires inédits...,* t. I, p. 195, et Caix de Saint-Aymour, *Les Boullongne,* Paris, 1919.

145. Voir J. Thuillier, « Poussin et ses premiers compagnons à Rome », *Actes du Colloque Poussin,* t. I. 1960, p. 96, et G. Chomer, *Revue de l'art,* t. XLVII, 1980, p. 85.

146. Voir J. Thuillier, « Pour un peintre oublié, Rémy Vuibert », *Paragone,* n° 97, janv. 1958, p. 22.

147. Voir le catalogue, par A. Schnapper, de l'exposition qui lui a été consacrée en Avignon (1979), qui a pour la première fois révélé toute l'ampleur de son talent. Dans « Après l'exposition Nicolas Mignard », *Revue de l'art,* t. LII, 1981, p. 29, A. Schnapper a publié plusieurs peintures et dessins ne figurant pas à l'exposition et apporté sur l'artiste des renseignements complémentaires.
Pour Thomas Blanchet, qui décora la salle des fêtes et l'escalier de l'hôtel de ville de Lyon, voir Chou Ling, *Thomas Blanchet,* Paris, 1941, et L. Galacteros de Beissier, « Dessins de Thomas Blanchet dans les collections publiques françaises », *Revue du Louvre,* t. XXV, 1971, p. 23.

Page 266.
148. La seule source pour l'étude de Simon Guillain est une biographie ancienne publiée dans les *Mémoires inédits...,* t. I, p. 184.

149. Nicolas Guillain exécuta plusieurs tombeaux dans un style dérivé de Pilon, par exemple le monument de Louise de Lorraine, reproduit dans A. Michel, *Histoire de l'art,* t. V, p. 752, et celui de l'Aubespine, aujourd'hui au musée de Poitiers (cf. J. Coural, « Œuvres inédites des Guillain », *Revue des arts,* t. IX, 1959, p. 181).

150. Le relief du pont-au-Change (reproduit dans Michel, *op. cit.*) laisse supposer que Guillain avait étudié les trophées de Polidore de Caravage.

Page 267.

151. Pour des informations plus complètes sur Warin, voir la notice de Thieme-Becker.

152. On trouvera une étude sur la vie et l'œuvre de Sarrazin dans M. Digard, *Jacques Sarrazin ;* voir aussi J. Thirion, « Sculptures religieuses de Jacques Sarrazin au Louvre », *Revue du Louvre,* t. XXII, 1972, p. 145.

153. Des documents font état à cette époque de paiements à Guillain (cf. C. d'Onofrio, *La Villa Aldobrandini di Frascati,* Rome, 1963, p. 141).

154. Cette formation romaine s'apparente étroitement à celle de Lemercier en architecture.

155. Pour la date, voir ci-dessus, note 18.

156. Les modèles originaux de ces groupes sont conservés au Louvre (cf. Digard, *op. cit.,* pl. XV). Les statues furent exécutées par des élèves de Sarrazin : Guérin et Van Obstal. Au cours des années suivantes, Sarrazin semble hésiter entre le classicisme des cariatides qu'il reprend dans le monument du cœur de Louis XIII (1643 ; cf *ibid.,* pl. V), et une manière plus baroque, comme dans les *Enfants à la chèvre* (v. 1640 ; *ibid.* pl. XIX), inspirés d'une œuvre précoce de Bernin (Galerie Borghèse).

Page 268.

157. A Saint-Paul-Saint-Louis, le monument, placé au fond du transept, n'avait pas sa forme incurvée actuelle. Son apparence originelle est préservée par une gravure reproduite par Tapié, *Baroque et classicisme,* Paris, 1957, pl. p. 192. Les reliefs de bronze durent être incurvés pour s'adapter à la nouvelle disposition (cf. G. Macon, *Chantilly et le Musée Condé,* Paris, 1925, p. 262).

158. Cette œuvre attestée de Sarrazin a longtemps été attribuée à Lerambert (cf. Digard, *op. cit.,* p. 177).

159. Les sources apportent des témoignages contradictoires sur leurs dates de naissance, mais celles-ci sont les plus probables. Deux biographies publiées dans les *Mémoires inédits* apportent de nombreux détails sur la carrière de Michel, mais on est moins bien informé sur François. Sa biographie la plus ancienne est celle de Dézallier d'Argenville, *Vies des plus fameux architectes et sculpteurs,* Paris, 1787, p. 159 ; l'attribution de ses œuvres repose essentiellement sur le témoignage des anciens guides de Paris. H. Stein (« Les frères Anguier », *Réunion des Soc. des Beaux-Arts,* 1889, p. 527) propose une liste des œuvres des deux frères ; voir aussi J. Monicat, « Le tombeau du duc et de la duchesse de Montmorency dans la chapelle du Lycée de Moulins », *G.B.A.,* 1958, II, p. 179.

Page 269.

160. En particulier dans une série de tombeaux : le monument de Rohan-Chabot aujourd'hui à Versailles (après 1665), celui de Souvré au Louvre (avant 1667) et celui de Longueville, également au Louvre (entre 1663 et 1699 ; reproduit dans Planat et Rümler, *Le style Louis XIV,* pl. 202).

161. Cf. Hautecœur, *Le Louvre et les Tuileries de Louis XIV,* p. 40, pl. VIII et IX.

162. Pour une étude détaillée du groupe et de l'insolite baldaquin baroque qui le surmonte, œuvre de Gabriel Le Duc, voir M. Beaulieu, « Gabriel Le Duc, Michel Anguier et le maître-autel de l'église du Val-de-Grâce », *B.S.H.A.F.,* 1945-1946, p. 150 ; Lemoine,

« Le maître-autel de l'église du Val-de-Grâce », *ibid.,* 1960, p. 95, et Chaleix, « Le baldaquin de l'église du Val-de-Grâce », *ibid.,* 1961, p. 211.

163. Sa célèbre *Amphitrite,* exécutée en 1680 pour Versailles et aujourd'hui au Louvre, présente également une élégance déjà dix-huitième (cf. M. Charageat, « La statue d'Amphitrite... de Michel Anguier », *A.A.F.,* n. s., t. XXIII, 1968, p. 111).

164. Cf. Souchal, *French Sculptors of the Seventeenth and Eighteenth Centuries,* t. II, p. 35.

165. Pour Guérin, voir M.T. Forest, « Les sculptures de Gilles Guérin au Couvent des Minimes à Paris », *B.S.H.A.F.,* 1973, p. 121.

Page 270.

166. Pour Buyster, voir Chaleix, *Philippe de Buyster,* Paris, 1967.

167. Pour Poissant, voir *Mémoires inédits...,* t. I, p. 318. Pour Van Obstal, voir G. Bué-Akar, « La vie et l'œuvre de Gérard van Obstal », *B.S.H.A.F.,* 1975, p. 137.

168. Cf. Souchal, *op. cit.,* t. II, p. 389.

CHAPITRE VII

Page 272.

1. Pour l'histoire des Gobelins, voir M. Fenaille, *Etat général des tapisseries de la Manufacture royale des Gobelins,* Paris, 1903-1925, et pour la Savonnerie : P. Verlet, *The James A. de Rothschild Collection, Waddesdon Manor, The Savonnerie,* Fribourg, 1982. Pour les Collections d'œuvres d'art de Louis XIV, voir R. Bacou, catalogue de l'exposition *Collections de Louis XIV,* Paris, Orangerie, 1977-1978, et D. Alcouffe, « La collection de Gemmes de Louis XIV », *B.S.H.A.F.,* 1977, p. 109.

Page 274.

2. Certes *Athalie* et *Esther* furent commandées par Mme de Maintenon, mais les circonstances étaient exceptionnelles.

3. Même un artiste comme Pierre Mignard, qui s'opposa à Le Brun et à l'Académie par ambition personnelle, peignit dans une manière difficile à distinguer du style officiel.

Page 275.

4. On doit noter également que l'architecte turinois Guarini, qui dessina les projets de l'église Sainte-Anne-la-Royale des Théatins (1662-1669 ; reproduits dans Guarini, *Architettura civile,* Turin, 1737, pl. 9 *sq.*), n'exerça absolument aucune influence sur l'architecture française, malgré son renom en Italie.

5. La Vigna Sacchetti, S. Maria della Pace, et la reconstruction du temple romain de Palestrina.

6. Sainte-Agnès de la place Navone.

Page 276.

7. Construit à la demande de Mazarin en 1654-1660 (cf. F. de Fossa, *Le château historique de Vincennes,* Paris, 1908).

8. Commencé en 1660 (cf. Dumolin et Outardel, *Les églises de France. Paris et la Seine,* p. 182).

9. On dit généralement en se fondant sur le témoignage

de Chantelou (*Journal du voyage du Cavalier Bernin en France* (p. 169), que ce différend avait pour origine les malfaçons de l'hôtel Bautru, construction de Le Vau achetée par Colbert (voir par exemple Hautecœur, *Le Louvre et les Tuileries de Louis XIV*, p. 145) ; mais le ministre n'acquit l'hôtel qu'en 1665, un an après son rejet des projets de Le Vau pour le Louvre (cf. Dumolin, *Etudes*, t. II, p. 194).

10. Cf. p. 187.

Page 277.
11. Ceux de Marot et de François Le Vau sont reproduits dans Hautecœur, *op. cit.*, pl. 31-32, ainsi que le projet (*ibid.*, pl. 29) de Léonor Houdin (1661), seul de la série, et presque seul dans toute l'architecture française du XVIIᵉ s. à refléter une inspiration palladienne.

12. Identifié et publié par K. Noehles, « Die Louvre-Projekte von Pietro da Cortona und Carlo Rainaldi », *Zeitschrift für Kunstgeschichte*, t. XXIV, 1961, p. 40.

13. L'histoire des projets de Bernin pour le Louvre est analysée dans Hautecœur, *op. cit.*, p. 150 sq., ouvrage où sont reproduits la plupart des plans et élévations. D'autres dessins ont été publiés par R. Josephson, « Les maquettes du Bernin pour le Louvre », *G.B.A.*, 1928, I, p. 77 ; l'ensemble du problème a été réexaminé par Brauer et Wittkower, dans *Die Zeichnungen des Gianlorenzo Bernini*, t. I, 1931, p. 129, qui contient un plan supplémentaire (t. II, pl. 175).

Page 279.
14. Plan reproduit *ibid.* ; élévation dans Hautecœur, *op. cit.* pl. 33.

15. Chantelou, *op. cit.*, fait un récit au jour le jour du séjour à Paris ; une version différente des faits est rapportée par Charles Perrault, dans *Mémoires de ma vie*.

16. On ne sait pas exactement ce qu'en pensait alors Colbert (cf. E. Esmonin, « Le Bernin et la construction du Louvre », *B.S.H.A.F.*, 1911, p. 31).
On a récemment avancé, en se fondant sur un passage du journal du Grand duc de Toscane Cosme III concernant sa visite en France en 1669, que Bernin avait fourni un projet pour le nouveau palais que Louis XIV créait alors à Versailles (cf. L. Pühringen-Zwanowitz, « Ein Entwurf Berninis für Versailles », *Wiener Jahrbuch für Kunstgeschichte*, t. XXIX, 1976, p. 101). On peut trouver étrange que ce projet — s'il a existé — ne soit mentionné par aucun auteur italien ou français : il s'agit plus vraisemblablement d'une confusion du narrateur avec les projets du Louvre.

17. Ainsi que quelques dessins et un petit bas-relief exécuté sous sa direction par un assistant. Pour le buste du roi, voir R. Wittkower, *Bernini's Bust of Louis XIV*, Oxford, 1951.

18. Par exemple Aumont et Lionne pour leurs hôtels, la reine mère et Tubeuf pour l'autel du Val-de-Grâce.

19. Par exemple l'autel du Val-de-Grâce, cf. M. Beaulieu, « G. Le Duc, M. Anguier et le maître-autel du Val-de-Grâce », *B.S.H.A.F.*, 1945-1946, p. 150. Mme Beaulieu démontre que, si le style de l'autel s'apparente à l'art du Bernin, le sculpteur italien, loin d'avoir participé au projet, le désapprouva publiquement.

20. Publiée en 1673. Une édition augmentée parut en 1684.

21. Le décor resta inachevé, et certaines parties, comme la porte principale, ne furent terminées qu'au XIXᵉ s. Le creusement du fossé a mis au jour des fragments des fondations établies par Le Vau, supprimées depuis.

Pour l'analyse des fouilles, voir A. Erlande-Brandenbourg, « Les fouilles du Louvre et les projets de Le Vau », *La vie urbaine*, 1964, p. 241. Pour une étude approfondie de l'ensemble du problème de la Colonnade, voir M. Whiteley et A. Braham, dans *Revue de l'art*, t. IV, 1969, p. 30 sq.

22. Malheureusement, les témoins les plus qualifiés pour le savoir sont de parti-pris : Charles Perrault en faveur de son frère, Boileau en faveur de Le Vau à cause de sa querelle avec les Perrault.
Pour l'exposé le plus récent des arguments en faveur de Perrault, voir C. Tadgell, dans *Burl. Mag.*, t. CXXI, 1980 ; pour Le Vau, voir M. Whiteley et A. Braham, « Louis Le Vau's Projects for the Louvre and the Colonnade », *G.B.A.*, 1964, II, p. 285, 347.

Page 280.
23. Cortone utilise un parti similaire dans un projet pour la piazza Colonna.

24. Cf. ci-dessus, p. 194.

25. Pour les autres œuvres de Perrault, voir Hautecœur, *Architecture*, t. II, p. 452 sq. En 1667 il dressa les plans de l'Observatoire, qui existe toujours (cf. M. Petzet, « Claude Perrault als Architeckt des Pariser Observatorium » *Zeitschrift für Kunstgeschichte*, t. XXX, 1967, p. 1), et en 1669, il exécuta un modèle pour l'arc de triomphe de la porte Saint-Antoine, qui fut commencé mais jamais achevé ; enfin, en 1673 ou 1674, il dessina pour Colbert le château de Sceaux, détruit au début du siècle. Pour ses ouvrages théoriques, voir W. Herrmann, *The Theory of Claude Perrault*, Londres, 1973. Trad. française, Bruxelles, 1980.

Page 281.
26. Ce dernier possédait un avant-corps central ovale.

27. Pendant que s'élaborait le projet de la Colonnade, un changement fut apporté au plan d'achèvement de la cour Carrée. L'épaisseur de l'aile sud fut doublée par l'adjonction d'une suite de pièces destinées à agrandir l'appartement du roi. Cette transformation entraîna un léger agrandissement de la Colonnade aux deux extrémités, et la composition d'une nouvelle façade du côté du fleuve, exécutée par la commission en 1668.

28. La bibliographie de Versailles est considérable ; les ouvrages les plus utiles restent le livre condensé (mais non pas sommaire) de P. Verlet, *Versailles*, Paris, 1961, qui présente une chronologie exacte des travaux, accompagnée d'une description de toutes les pièces du château et des principaux ornements des jardins, et les deux volumes doubles d'A. Marie (*Naissance de Versailles*, Paris 1968, et *Mansart à Versailles*, Paris, 1972), où l'auteur transcrit ou résume tous les documents importants, et reproduit tous les plans et dessins connus. Pour la sculpture extérieure du château, voir F. Souchal, « Les statues aux façades du château de Versailles », *G.B.A.*, 1972, I, p. 65.

29. On raconte traditionnellement que Colbert voulait détruire les bâtiments existants pour reconstruire à neuf, mais que par piété filiale Louis XIV refusa de démolir le château de son père. Les documents prouvent que la vérité est à l'opposé : Louis XIV voulait entreprendre le grandiose projet de la reconstruction totale, et c'est Colbert, qui par raison d'économie, s'opposa à cette idée et finit par convaincre le roi.

Page 282.
30. Cf. E. de Ganay, *André Le Nôtre*, Paris, 1962, et H.M. Fox, *André Le Nôtre*, Londres, 1963.

31. Les principales constructions érigées dans les jardins de Versailles à cette époque ont été détruites, en particulier trois œuvres de Le Vau : la Ménagerie (1662 ; cf. G. Mabille, « La Ménagerie de Versailles », *G.B.A.,* 1974, II, p. 5), la première orangerie (1663 : Hautecœur, *Architecture,* t. II, p. 268) et le Trianon de porcelaine (1668 ; *ibid.,* p. 294). Il en va de même de la grotte de Thétis (1665), œuvre dont Charles Perrault a revendiqué la paternité, mais qui fut probablement dessinée par Le Brun ; elle était ornée de statues de Girardon et d'autres sculpteurs (cf. L. Lange, « La grotte de Thétis », *Art de France,* t. I, 1961, p. 133).

Page 283.
32. Les deux fêtes ont été gravées par Silvestre. Pour l'*Ile enchantée,* voir A. Marie, « Les fêtes des plaisirs de l'Ile Enchantée », *B.S.H.A.F.,* 1941-1944, p. 118.

33. Elle resta inachevée quand Louis XIV abandonna le Louvre. Le décor du plafond ne fut terminé qu'au XIXᵉ s., quand en 1849 Delacroix y peignit *Apollon tuant le Python.* La décoration des murs semble être entièrement une reconstitution du XIXᵉ s : une aquarelle de 1797 environ montre des murs unis jusqu'aux corniches (cf. J.J. Marquet de Vasselot, « Répertoire des vues des salles du musée du Louvre », *A.A.F.,* n. s., t. XX, 1946, pl. III). Il est possible toutefois qu'une partie du décor originel des murs ait subsisté sous les enduits.

34. Jacques Gervaise pour les grisailles, Monnoyer pour les fleurs, les frères Marsy, Girardon et Regnaudin pour les stucs. Le sol était recouvert de somptueux tapis de la Savonnerie dont une partie subsiste en place.

Page 284.
35. Ce plafond fut exécuté par Noël Coypel (cf. A. Schnapper, « Noël Coypel et le grand décor peint des années 1660 », *Antologia di Belle Arti,* t. I, 1977, p. 7). Les autres artistes qui participèrent à la décoration des pièces furent Houasse, J.B. de Champaigne, G. Blanchard, Claude Vignon le Jeune, Claude Audran II, Michel Corneille le Jeune, et parmi la jeune génération, Jouvenet et La Fosse ; mais l'ensemble de la composition fut dirigé et contrôlé par Le Brun. Le plafond du salon de l'Abondance présente un parti entièrement illusionniste, mais la pièce ne faisait pas originellement partie du Grand appartement et les caractères de son décor, œuvre de Houasse, diffèrent quelque peu du reste.

36. Les comptes montrent que le mobilier coûta 142 000 livres.

37. L'idée n'était pas nouvelle, Louis XIV y songeait depuis le début des années 1650 (cf. Hautecœur, *Le Louvre et les Tuileries de Louis XIV,* p. 114, et A. Blunt, *French Drawings at Windsor Castle,* p. 25).

Page 285.
38. François d'Orbay (1631-1697), collaborateur régulier de Le Vau, acheva certaines de ses dernières œuvres, notamment le collège des Quatre Nations. Il dessina aussi un certain nombre d'églises et la porte du Peyrou à Montpellier (cf. Hautecœur. *Architecture,* t. I, p. 121 *sq.*). Pour A. Laprade (*François d'Orbay,* Paris, 1960), d'Orbay fut le véritable responsable des derniers grands projets de Le Vau ; Laprade semble s'être laissé emporter par son sujet ; il attribue à d'Orbay des dessins qui ne peuvent être tous de la même main.

39. Notre connaissance de sa première période repose sur une biographie manuscrite publiée par P. Smith et

A. Braham dans leur monographie sur François Mansart (Londres, 1972). Hautecœur (*op. cit.,* t. II, p. 527 *sq.*) présente un exposé très complet de la carrière de J. Hardouin-Mansart ; on le complétera des excellentes illustrations et de l'analyse sensible des qualités de l'architecte proposée par G. Cattaui, dans P. Bourget et G. Cattaui, *Jules Hardouin-Mansart,* Paris, 1960, mais les faits avancés dans cet ouvrage doivent être considérés avec prudence.

40. Ces édifices, à l'exception du château du Val, ont été détruits, mais sont connus par des gravures. Pour le château du Val, voir *ibid.,* pl. XXXVII, et pour Clagny, voir A. Marie, *Mansart à Versailles,* t. I, p. 3. On considérait généralement que l'hôtel de Lorge à Paris appartenait à cette période, mais B. Jestaz (« L'hôtel de Lorge dans l'œuvre de Jules Hardouin-Mansart », *Bull. Mon.,* t. CXXIX, 1971, p. 161) a montré qu'il fut seulement édifié en 1697-1698 ; voir aussi P. Reuterswärd, « Archives architecturales parisiennes en Suède », *L'urbanisme de Paris et l'Europe 1600-1800* [Mélanges P. Francastel], Paris, 1969, p. 148.

41. En particulier à l'hôtel de Noailles.

42. A l'hôtel de Lorge par exemple, où le vestibule et l'escalier, qui occupent presque la moitié de l'espace disponible, offrent un accès spectaculaire, mais laissent très peu de place aux appartements.

Page 286.
43. Cet arrangement pourrait s'inspirer d'une disposition anglaise apparaissant par exemple à Queen's House, Greenwich, œuvre d'Inigo Jones.

44. Jules Hardouin-Mansart apporta quelques petites modifications au dessin de Le Vau, comme les fenêtres en plein-cintre.

45. Le rôle exact des deux artistes a été établi par F. Kimball, « Mansart and Lebrun in the Genesis of the Grande Galerie de Versailles , *Art Bull.,* t. XXII, 1940, p. 1.

Page 288.
46. Ainsi dans le *Passage du Rhin,* il apparaît sur un char, brandissant la foudre, accompagné de la Gloire, de Minerve et d'Hercule, tandis que les allégories de l'Espagne et de la Hollande (avec le lion) s'écroulent devant le char et que le Rhin, saisi d'effroi, laisse tomber son gouvernail.

47. Construit par Antonio del Grande en 1654-1665, et décoré par Coli et Gherardi en 1675-1678 (cf. O. Pollak, « Antonio del Grande », *Kunstgeschichtliches Jahrbuch der K.K. Zentral-Kommission,* t. III, 1909, p. 139). On trouve un précédent à cette disposition dans la galerie de Jules Hardouin-Mansart à Clagny, projetée en 1676.

Page 289.
48. Ce parti apparaît toutefois antérieurement dans une gravure de J. Marot reproduite dans F. Kimball, « The Genesis of the Château Neuf at Versailles, 1668-71 », *Art Bull.,* t. XXXI, 1949, p. 355. Pour le Trianon, voir A. Marie, « Trianon de Porcelaine et Grand Trianon », *B.S.H.A.F.,* 1945-1946, p. 88, et B. Jestaz, « Le Trianon de Marbre ou Louis XIV architecte », *G.B.A.,* 1969, II, p. 259.

49. Voir A. Marie, *Marly,* Paris 1947.

50. Le pavillon du roi avait un plan exceptionnel, directement inspiré de la Rotonda de Palladio.

Page 290.

51. Cf. p. 203. Pour Libéral Bruant, voir Hautecœur, *Architecture*, t. II, p. 520 et 724.

52. Pour l'histoire extrêmement complexe des Invalides, voir P. Reuterswärd, *The two Churches of the Hôtel des Invalides,* Stockholm, 1965, et B. Jestaz, « Jules Hardouin-Mansart et l'église des Invalides », *G.B.A.,* 1965, II, p. 59.

53. Bruant construisit aussi pour son propre usage une petite maison rue de la Perle, encore existante (reproductions dans Vacquier, *Vieux hôtels de Paris. Quartier St. Antoine,* pl. I). Il dessina également les plans d'une résidence que le duc d'York, le futur Jacques II, voulait construire à Richmond (cf. P. Reuterswärd, « A French Project for a Castle at Richmond », *Burl. Mag.,* t. CIV, 1962, p. 533).

Page 291.

54. Pour l'Assomption, voir Hautecœur, *Architecture,* t. II, p. 301. Pour les illustrations de livres d'Errard, voir J. Thuillier, « Charles Errard, peintre », *Revue de l'art,* t. XL-XLI, 1978, p. 151. Pour certaines peintures et dessins (en particulier, les pl. 1, 42-44, 47, 48), l'attribution à Errard ne nous paraît pas convaincante.

55. Hautecœur, *op. cit.,* p. 168-177. L'auteur étudie également (*ibid.,* p. 205 et 702) les architectes provinciaux de la période, moins indépendants et originaux qu'à aucun autre moment de l'art français.

56. R. Berliner, *Ornamentale Vorlageblätter des 15 bis 18 Jahrhunderts ;* F. Kimball, *The Creation of the Rococo ;* Hautecœur, *op. cit.,* p. 297 et 653 ; R.A. Weigert, *Jean Bérain,* Paris, 1937.

57. *Procès-verbaux de l'Académie Royale d'Architecture,* en particulier, t. 1, p. 4 *sq.* et 321.

58. Pour les autres traités de ce cercle, voir Hautecœur, *Architecture,* t. II, p. 467, qui présente un excellent résumé de la doctrine académique. Blondel (1617-1686) était ingénieur et mathématicien, mais il déploya surtout son activité dans le domaine théorique. La plus importante de ses constructions subsistantes est la porte Saint-Denis (1671).

59. Dans un ouvrage dédié à Colbert publié en 1682, *Les édifices antiques de Rome,* Antoine Desgodetz a gravé les principaux monuments de la Rome antique avec une exactitude sans précédent (cf. W. Hermann, « Antoine Desgodetz and the Académie Royale d'Architecture », *Art Bull.,* t. XL, 1958, p. 23).

60. L'écart se manifeste en 1671 dans les discussions concernant l'ordonnance du dernier niveau de la cour Carrée du Louvre. Certains architectes voulaient reprendre l'élévation à cariatides de Lemercier (cf. p. 168), mais Colbert était séduit par l'idée de créer pour l'occasion un nouvel ordre français. Cependant, quand les dessins proposés par Le Brun, Cottard, Perrault, etc. furent examinés à l'Académie, tous furent condamnés comme fantaisistes et licencieux, et l'idée fut finalement abandonnée (cf. Hautecœur, *Le Louvre et les Tuileries de Louis XIV,* p. 184). On notera que l'idée de l'ordre français apparaît à deux époques où s'exprime consciemment l'orgueil national : le milieu du xviᵉ s. (cf. p. 72-73) et l'apogée du règne de Louis XIV. Voir à ce propos J.M. Pérouse de Montclos, « Le Sixième ordre d'architecture ou la pratique des ordres suivant les nations », *Journal of the Society of architectural historians,* t. XXXVI, n° 4, 1977, p. 223-239.

61. Pour l'enseignement de l'Académie concernant la peinture décorative, voir C. Goldstein, « Studies in Seventeeth Century Art Theory and Ceiling Painting », *Art Bull.,* t. XLVII, 1965, p. 231.

Page 292.

62. C'est pour la peinture que fut élaborée la théorie la plus complète, aussi me bornerai-je à exposer ici le vues des académiciens sur cet art, mais, *mutatis mutandis,* beaucoup de leurs idées peuvent aussi bien s'appliquer à la sculpture.

63. Dans la formulation de cette partie de la doctrine, les académiciens reprennent souvent les termes exacts employés par Boileau pour la littérature : la « belle nature » et le « choix raisonnable ».

64. Dès l'époque de Le Brun, de sérieuses divergences d'opinion se manifestaient à l'Académie au sujet de la couleur : leur intérêt tenant surtout à leur développement ultérieur, nous les analyserons dans le chapitre suivant. Contentons-nous de noter ici que même Gabriel Blanchard et Pierre Mignard, qui à l'époque de Le Brun étaient en théorie les défenseurs les plus enthousiastes de la couleur, ne se distinguaient guère en pratique de leurs adversaires.

65. *Méthode pour apprendre à dessiner les passions.*

66. C'est-à-dire, bien sûr, les Romains, puisqu'à cette époque la sculpture et l'architecture grecques étaient presque inconnues. Il faut noter cependant que Poussin et Duquesnoy défendaient fermement en théorie l'art grec contre l'art romain, et que Poussin s'inspira des statues grecques existant alors à Rome (cf. A. Blunt, *Nicolas Poussin,* p. 232, et « Further Newly Identified Drawings by Poussin and His Followers », *Master Drawings,* t. XVIII, 1979, p. 138). Un groupe de dessins reproduisant les sculptures du Parthénon exécuté en 1673 pour le marquis de Nointel vint en France peu après, mais rien ne prouve que ces relevés suscitèrent un quelconque intérêt, ou qu'ils furent copiés par des artistes français.

67. André Félibien, secrétaire de l'Académie, adopte dans l'ensemble des vues plus libérales : il accorde plus d'importance que l'Académie à l'imagination, qualité à peine mentionnée dans les conférences ; plus généreux dans son appréciation des artistes, il reconnaît les mérites des écoles vénitienne et flamande.

Page 293.

68. Pour une étude approfondie sur Le Brun, voir le catalogue de l'exposition *Charles Le Brun* (Versailles, 1963). Pour les gravures reproduisant ses compositions, voir D. Wildenstein, « Les œuvres de Le Brun », *G.B.A.,* 1965, II, p. I. Pour les débuts de la carrière de l'artiste, voir également G. Chomer, « Charles Le Brun avant 1646 », *B.S.H.A.F.,* 1977, p. 93.

69. Cf. p. 193-194 et 195-196.

70. La bordure brodée au sommet de la tente est un souvenir du Baldaquin de Bernin.

71. On notera que Le Brun, qui présente le moment où la mère de Darius se jette aux pieds d'Hephaestion qu'elle prend pour Alexandre, a choisi pour thème principal une infraction à l'étiquette de la Cour.

72. Pour ses ensembles décoratifs, Le Brun s'aidait d'assistants spécialisés ; les plus importants étaient le Flamand Adam van der Meulen (1632-1690), qui exécutait

les scènes de batailles (cf. G. Brière, « Van der Meulen, collaborateur de Le Brun », *B.S.H.A.F.*, 1930, p. 150), Jean Cotelle (1607-1676), auteur des paysages, et Jean-Baptiste Monnoyer (1634-1699) qui peignait les panneaux floraux ornant les dessus de portes.

Page 294.

73. Nombre de ses compostions, comme la voûte de la galerie des Glaces, doivent beaucoup aux décors de Cortone au Palais Pitti et, pour certains détails, aux groupes sculptés de Bernin.

Page 295.

74. Il y a peu à dire sur les peintres de l'Académie à cette époque : tous étaient des imitateurs de Poussin, de Le Sueur ou de Le Brun. Noël Coypel (1628-1707) suivit strictement les pas de Poussin ; Louis de Boullogne le Père (1609-1674) subit aussi l'influence de Le Sueur ; Michel Corneille le Jeune (1642-1708) et Jean Nocret (1616-1671) furent plus proches de Le Brun. Cette époque fut florissante pour les arts mineurs, en particulier la miniature dont le grand maître fut Jean Petitot l'Aîné, et la gravure, qui vit naître une légion d'artistes reproduisant avec une sensibilité et une fidélité éblouissantes les œuvres des peintres du temps.

75. Nous connaissons mal ses œuvres italiennes ; quelques-unes ont été identifiées : le tableau du maître-autel et une *Annonciation* à S. Carlo alle Quattro Fontane de Rome, ainsi que le *Saint Charles Borromée administrant les sacrements* (1655-1657), peinture refusée, primitivement destinée au maître-autel de S. Carlo ai Catinari de Rome, aujourd'hui au musée de Narbonne.

76. Son premier tableau d'autel connu postérieur à son retour en France est, semble-t-il, la *Visitation* de la chapelle des Visitandines d'Orléans, peint en 1660 (cf. P.M. Auzas, « La Visitation de Pierre Mignard », *B.S.H.A.F.*, 1959, p. 23).

Page 297.

77. Voir l'important article de J. Wilhelm, « Quelques portraits peints par Pierre Mignard » *Revue des arts*, t. XII, 1962, p. 165, qui rend à l'artiste plusieurs toiles jusqu'alors attribuées à d'autres, et reproduit certains dessins préparatoires.

78. Voir D. Wildenstein, « Claude Lefèvre restitué par l'estampe », *G.B.A.*, 1963, II, 308.

79. Pour l'analyse détaillée de l'allégorie, voir E. Soulié, *Notice du Musée National de Versailles*, t. II, 1881, p. 198.

Page 298.

80. Le x final ne se prononce pas.

81. Sur Girardon, voir Souchal, *French Sculptors*, t. II, p. 14.

82. Une Vierge en bas-relief (1657 ; *ibid.*, p. 17) et le tombeau de Mme de Lamoignon (après 1659, Troyes, Musée des Beaux-Arts ; *ibid.*, p. 41).

Page 299.

83. La nymphe de l'extrémité gauche et celle placée à droite d'Apollon ont permuté.

84. En 1668-1669.

85. Les seuls groupes à personnages multiples et indépendants que l'on connaissait alors, le *Taureau Farnèse*

et les *Niobides* de la villa Médicis, étaient d'une conception trop différente pour pouvoir servir de modèles.

86. 1668-1670 ; cf. *ibid.*, p. 23, fig. 18-22.

Page 300.

87. Il n'y fut jamais érigé, car les projets du Parterre furent modifiés avant son achèvement ; il resta dans l'atelier du sculpteur jusqu'en 1695, date à laquelle il fut installé à son emplacement actuel. Girardon reçut à cette époque la commande du piédestal qu'il termina en 1699.

88. La fontaine de la Pyramide et le bassin de Saturne montrent avec quelle maestria Girardon pouvait composer une sculpture destinée à être vue de tous côtés.

89. Il est placé aujourd'hui dans le transept, ce qui rend sans objet beaucoup de détails de la composition si soigneusement élaborée par le sculpteur. Pour les projets antérieurs concernant son tombeau, voir R.A. Weigert, « Deux marchés inédits pour le tombeau de Richelieu », *Bull. de la Soc. Poussin*, t. I, 1947, p. 67.

90. Comme on l'a souvent noté, cette figure est elle aussi empruntée à Poussin, ici à l'*Extrême-onction*.

Page 301.

91. Voir M. Rambaud, « Les dernières années de François Girardon », *G.B.A.*, 1973, II, p. 99, et F. Souchal, « La collection du sculpteur Girardon d'après son inventaire après décès », *G.B.A.*, 1973, II, p. 1.

92. Pour Coysevox, voir F. Souchal, *French Sculptors of the Seventeenth and Eighteenth Centuries*, Oxford, 1977, t. I, p. 176.

93. Ses œuvres principales datent des années 1679-1688 ; beaucoup furent exécutées en collaboration avec Jean-Baptiste Tuby (1635-1700), un sculpteur d'origine italienne.

94. Les bronzes de la Garonne et de la Dordogne prennent un peu la manière de Sarrazin.

Page 304.

95. Le nombre des sculpteurs qui travaillèrent à Versailles à l'époque de Girardon et de Le Brun est considérable. Tous possédaient une superbe maestria technique et le don de comprendre le style convenable à cette œuvre collective. F. Souchal (*op. cit.*) a entrepris l'étude de tous ces artistes, mais à ce jour (1983), seuls les deux premiers volumes (A-M) ont paru.

CHAPITRE VIII

Page 305.

1. Pour une analyse détaillée de la Querelle et des idées de Roger de Piles, voir B. Teyssèdre, *Roger de Piles et les débats sur le coloris au siècle de Louis XIV,* Paris, 1957 ; très riche en informations, ce livre est toutefois d'une utilisation difficile (cf. le compte rendu de C. Goldstein, *Art Bull.*, t. XLIX, 1967, p. 264. J. Thuillier (« Doctrines et querelles artistiques en France au début du XVIIe siècle », *A.A.F.*, t. XXIII, 1968, p. 125) a publié un certain nombre de textes liés à la Querelle.

2. Ils avaient sans aucun doute en mémoire l'idée cartésienne de la supériorité de la ligne sur la couleur : la couleur ne peut être conçue sans la ligne, tandis que la ligne peut être conçue sans la couleur.

3. Si Roger de Piles peignit quelques portraits, il n'était nullement un peintre de métier. A la fin de sa vie, il fut

élu à l'Académie en tant qu'amateur, et non comme artiste.

4. Il est intéressant de noter que dans sa dédicace de la *Dissertation sur les ouvrages des plus fameux peintres* de 1681, Roger de Piles écrit que son admiration pour Rubens fut éveillée par le duc de Liancourt et Sir Kenelm Digby, deux hommes dont le goût avait été influencé par celui de Charles Ier.

5. L'influence de Rubens sur la peinture française de cette période est complexe : l'artiste était admiré et étudié par certains artistes pour son naturalisme, mais ses œuvres donnèrent une forte impulsion aux tendances baroques de peintres comme Charles de La Fosse et Antoine Coypel ; pour ce problème, voir ci-après, p. 323 et 327.

Page 307.

6. La riche bourgeoisie imitait toutefois le style de la Cour ; comme nous le verrons plus loin, elle aimait les portraits du style le plus baroque.

7. Pour la tendance baroque dans l'architecture à la fin du règne de Louis XIV, voir C. Tadgell, dans *Baroque and Rococo Architecture and Decoration,* ouvr. publ. sous la dir. d'A. Blunt, Londres, 1978, p. 130.

8. Pour une analyse approfondie de l'évolution du projet, voir P. Reuterswärd, *The Two Churches of the Hôtel des Invalides,* Stockholm, 1965, Concernant sa destination originelle de mausolée, voir A. Braham, « L'église du Dôme », *J.W.C.I.,* t. XXIII, 1960, p. 216.

Page 308.

9. Jules Hardouin-Mansart avait projeté des abords qui auraient encore accentué l'effet baroque de l'église : la façade devait être flanquée de deux pavillons coiffés de dômes, d'où s'étiraient deux galeries d'arcades en quart de cercle aboutissant à deux autres pavillons. Ce parti s'inspirait évidemment de la place Saint-Pierre de Bernin (cf. la gravure de Le Pautre reproduite par Hautecœur, *Architecture,* t. II, p. 580).

10. L'aspect intérieur a naturellement été profondément modifié par le puits circulaire creusé sous la coupole pour abriter le tombeau de Napoléon.

11. Cette disposition n'existait pas dans le premier projet connu par les gravures illustrant la description des Invalides par Lejeune de Bellencourt. Publiée en 1683, celle-ci reproduit la maquette originale (cf. *Description...,* p. 18).

12. Pour l'histoire de la chapelle, voir la bibliographie du palais citée ci-dessus, chap. VII, note 28, ainsi que P. Moisy, « Les projets de T. Gobert pour la chapelle de Versailles », *G.B.A.,* 1962, I, p. 227, et M. Petzet, « Quelques projets inédits pour la chapelle de Versailles », *Art de France,* t. I, 1961, p. 315.

Page 309.

13. A l'extérieur, l'effet gothique est encore plus marqué à cause des contreforts en forme d'ailerons surmontant le toit des tribunes, qui épaulent la voûte de la nef et donnent au chevet une silhouette médiévale.

14. Cf. p. 328. Le décor sculpté du niveau inférieur est l'une des premières manifestations du rococo total ; il est étudié dans F. Kimball, *The Creation of the Rococo,* p. 79 *sq.*

Page 310.

15. A l'origine, la chapelle de Versailles devait être décorée de marbres de couleur, mais le parti fut abandonné lors de la révision du projet en 1698 (cf. Dussieux, *Le château de Versailles,* t. II, p. 111). Des notes de couleur étaient toutefois apportées par les tapis de la Savonnerie, installés en permanence dans la tribune royale et placés dans la nef et devant le maître-autel pour les grandes occasions (cf. P. Verlet, *The James A. de Rothschild Collection, Waddesdon Manor. The Savonnerie,* Fribourg, 1982).

16. Il est connu par des gravures de Pérelle, dont l'une est reproduite dans Hautecœur, *Architecture,* II, p. 606. La statue de Louis XIV, détruite à la Révolution, est également connue par des gravures (cf. *ibid.*) ; les statues des quatre Nations vaincues (la Turquie, l'Empire, l'Espagne et la Hollande) qui l'entouraient sont conservées dans les jardins du château de Sceaux. Desjardins (1637-1694), d'origine flamande (il s'appelait Martin van den Bogaert), travailla à de nombreuses décorations sculptées à Paris (hôtel Salé, hôtel de Beauvais, porte Saint-Martin) et pour le roi au château du Val et à Versailles (cf. Souchal, *French Sculptors of the Seventeenth and Eighteenth Centuries,* Oxford, 1977, p. 238).

17. Le projet de Jules Hardouin-Mansart correspondant à ce programme est connu par une gravure (reproduite dans Hautecœur, *Architecture,* t. II, p. 609).

Page 311.

18. La statue, détruite à la Révolution, fut remplacée sous l'Empire par l'actuelle colonne.

19. Bien qu'Hardouin-Mansart ait été chargé de l'ensemble du projet, il est clair que son assistant Pierre Bullet joua un rôle considérable, non seulement dans le dessin de tel ou tel hôtel (cf. ci-après, p. 313 *sq*), mais aussi dans la composition des façades de la place (cf. R. Strandberg, « Les dessins d'architecture de Pierre Bullet pour la Place Vendôme », *G.B.A.,* 1965, I, p. 71).

20. Les noms des acheteurs sont cités dans l'article très complet de Boislisle, « La place des Victoires et la place Vendôme », *Mém. de la Soc. de l'Histoire de Paris,* t. XV, 1888, p. 1.

Page 312.

21. Cette phase critique est analysée en détail par F. Kimball, *op. cit.,* p. 59 *sq.* ; voir aussi C. Tadgell, *op. cit.,* p. 134.

22. Publiée par Mariette, avec le titre « Maison à bâtir ». On ne peut la dater exactement, mais l'auteur de la gravure, Pierre Le Pautre, n'ayant rejoint le cabinet d'Hardouin-Mansart qu'en 1699, elle fut vraisemblablement construite entre cette date et la mort de Jules Hardouin en 1708.

23. Les avant-corps sont reconnaissables sur le plan aux degrés qui les relient au jardin.

24. F. Kimball (*op. cit.,* p. 36 *sq.,* et dans deux articles sur le Trianon et la Ménagerie, publiés dans *G.B.A.,* 1936, II, p. 245, et *ibid.,* 1938, I, p. 87) a prouvé que beaucoup de projets décoratifs sont dus à Lassurance et à Pierre Le Pautre, mais l'auteur va trop loin en tentant de retirer presque tout rôle à Hardouin-Mansart dans ces innovations.

25. Blomfield a proposé d'attribuer la « maison à bâtir » à Lassurance, mais sans fournir de preuve.

26. Hardouin-Mansart construisit pour son propre usage l'hôtel de Sagonne, rue des Tournelles, qui existe toujours (cf. Pillement, *Hôtels de Paris*, t. I, pl. 25, et Mariette, *Architecture française*, pl. 133-135). On n'en connaît pas la date exacte ; il fut en tout cas achevé avant 1687 (cf. Hautecœur, *op. cit.*, t. II, p. 543). L'hôtel est plus remarquable par son décor peint que par son agencement, techniquement habile, mais sans subtilité.

Page 313.

27. Pour Bullet, voir E. Langenskiold, *Pierre Bullet*, Stockholm, 1959. Au cours de la décennie 1670-1680, il fut chargé, en compétition avec d'autres architectes, notamment Claude Perrault et C.R. de La Marre, d'établir des projets pour la façade de l'église médiévale de Sainte-Geneviève (cf. R.S. Strandberg, « Projets pour la façade de Sainte-Geneviève et la place Quarré Sainte-Geneviève », *B.S.H.A.F.*, 1971, p. 45). Une importante collection de dessins de sa main est conservée dans la collection Tessin-Harleman au musée national de Stockholm ; voir E. Wettergren et E. Bier, *Fran Ludvig XIV's Paris*, Stockholm, 1945 (ouvrage accompagné d'un catalogue et de reproductions des dessins les plus importants), R. Strandberg, *op. cit.*, t. I, p. 71, et « J.B. Bullet de Chamblin architecte du roi », *B.S.H.A.F.*, 1962, p. 193.

28. Le palais archiépiscopal de Bourges (1681-1686), l'hôtel de Brancas (reproduit dans Pillement, *Hôtels de Paris*, t. II, pl. 8) et l'hôtel de Vauvray (Mariette, *Architecture française*, pl. 144-145), qui possède un plan peu conventionnel adapté à un site complexe. L'axe de la façade sur jardin y est perpendiculaire à celui de la façade sur cour ; cette disposition fut souvent utilisée par la suite, par exemple à l'hôtel Amelot (puis Tallard), 78 rue des Archives (reproduit dans Pillement, *op. cit.*, t. I, pl. 38, et *Les hôtels du Marais*, 1948, pl. 55).

29. En 1681-1687, il construisit le château d'Issy pour Denis Talon, avec un plan massé inhabituel proche du carré ; détruit, il est connu par les gravures de Mariette, *op. cit.*, pl. 303-331.

Page 314.

30. L'hôtel d'Evreux est gravé dans Mariette, *op. cit.*, pl. 53-58, et reproduit dans Vacquier, *Vieux hôtels de Paris, place Vendôme*, pl. 31-33. Commencé en 1700, il fut radicalement altéré en 1707, et seule la façade subsiste de la construction originelle. Le remaniement dut être en partie l'œuvre de Pierre Bullet et de son fils, Jean-Baptiste Bullet de Chamblin (1665-1726).

31. L'état originel de l'hôtel Crozat est connu par les gravures de Mariette, *Architecture française*, pl. 47, 48, 51, 52. Des dessins en sont conservés dans la collection Tessin-Harleman (cat. n° 105-117). On retrouve, pour résoudre le même problème, une variante légèrement simplifiée dans un autre hôtel construit dans un angle de la place Vendôme (n° 8) par Pierre Le Maistre pour le financier Delpech (cf. Le Moël, *op. cit.*, chap. VI, note 4, p. 119). Le terrain de l'hôtel fut acheté par Delpech en 1714 (cf. Boislisle, « La place des Victoires et la place Vendôme », *op. cit.*, p. 171).

Page 315.

32. Rothelin (v. 1700), Desmarets (1704), Auvergne (fini en 1708), Béthune (1708), Maisons (1708). Pour Lassurance, voir Hautecœur, *Architecture*, t. II, p. 649, et F. Kimball, *The Creation of the Rococo*, p. 39, etc. Ses œuvres les plus importantes ont été gravées par Mariette, *Architecture française*.

33. Voir J.-P. Babelon, *Historique et description des bâtiments des Archives Nationales*, Paris, 1958, p. 32. Selon un mémoire de Delamair, J. Hardouin-Mansart offrit ses services au prince de Soubise, mais fut écarté en faveur de son beaucoup plus jeune rival.

34. Pour ces architectes, voir F. Kimball, *op. cit.*, p. 93 *sq.* et Hautecœur, *Architecture*, t. III, p. 106 *sq.*

35. Robert de Cotte (1656-1735) travailla aussi dans le cabinet d'Hardouin-Mansart, mais ses œuvres personnelles, postérieures à 1710, appartiennent au premier rococo.

Il faut aussi mentionner C.A. Daviler (1653-1700), dont le *Cours d'architecture* (1691) est, après celui de Blondel, le plus important manifeste de la doctrine académique à la fin du XVII⁰ s. (cf. Hautecœur, *Architecture*, t. II, p. 646 *sq.*). Il travailla pour Hardouin-Mansart à Paris et pour d'Orbay à Montpellier, où il fonda une école qui produisit de belles imitations du style parisien (cf. A. Fliche, *Montpellier*, Paris, 1935, p. 79). Parmi les autres architectes provinciaux de la période, le plus important pour nous est Pierre Puget, dont nous étudierons plus loin la carrière de sculpteur. Pour son œuvre architecturale, voir J.J. Gloton, « Pierre Puget architecte romain », dans *Puget et son temps*. Des recherches récentes ont prouvé que beaucoup d'édifices traditionnellement attribués à Puget appartiennent à d'autres artistes, mais il est certainement l'auteur de l'hospice de la Charité de Marseille pour lequel il fournit des projets en 1671 (cf. *ibid.*, p. 67). L'hospice se compose d'une immense cour entourée sur trois niveaux de galeries d'arcades ; au centre se dresse une chapelle ovale dotée en 1863 d'une désastreuse façade. La chapelle, restaurée en 1978-1979, est impressionnante dans sa simplicité formelle, et par sa coupole sans décor, magnifique morceau de stéréotomie. Elle présente un caractère tout à fait inhabituel : les supports jumelés des chapelles latérales ne sont pas constitués de colonnes géminées, mais d'une colonne flanquée d'un pilier carré.

36. Pour Puget, voir K. Herding, *Pierre Puget (Das bildnerische Werk)*, Berlin, 1970.

37. Pour les peintures de Puget, voir M.C. Gloton, dans le catalogue de l'exposition *La peinture en Provence au XVII⁰ siècle*, Marseille, 1978, p. 112.

38. Une seule exception : l'*Anima dannata*, œuvre de jeunesse (Wittkower, *Gianlorenzo Bernini*, Londres, 1966, pl. 6), mais le traitement de l'émotion violente y est presque caricatural.

39. Cf. Briganti, *Pietro da Cortona*, Florence, 1962, pl. 132.

Page 317.

40. L'*Hercule* est aujourd'hui au Louvre, et l'une des statues de Vaudreuil, très abîmée mais encore splendide, est conservée au musée des Beaux-Arts de Rouen.

41. Colbert a pu toutefois garder rancune à Puget d'avoir préféré Fouquet à Mazarin (cf. *G.B.A.*, 1865, I, p. 317).

Page 318.

42. La statue ne devait pas déplaire personnellement à Colbert, qui la plaça plus tard dans son parc de Sceaux ; on y trouvait aussi une copie de l'*Apollon et Daphné* de Bernin, qui subsiste encore, très altérée.

43. Cf. Herding, *Pierre Puget*, p. 154.

44. *Ibid.*, pl. 57.

45. Puget exécuta d'autres statues religieuses à Gênes au cours des années 1660-1670, en particulier plusieurs *Immaculée Conception* (cf. *ibid.*, pl. 148 et 152). Leur style est proche de l'œuvre d'un élève de Bernin, Ercole Ferrata, en particulier de ses statues à Sainte-Agnès de Rome, exécutées peu avant 1660. Puget peut les avoir vues s'il a fait un second séjour à Rome.

46. Pour l'œuvre de Puget à Toulon, voir G. Walton, « Les dessins d'architecture de Puget pour la reconstruction de l'arsenal de Toulon », *Information d'histoire de l'art*, t. X, 1965, p. 162, et Gloton, *op. cit.*

47. Tous deux furent commencés en 1671 ; le *Milon* fut achevé en 1682, et l'*Alexandre* en 1693.

48. La figure 313, comme toutes les photographies disponibles, présente malheureusement la statue légèrement de biais.

Page 319.

49. Au Louvre. Par un curieux hasard, le *Persée* voyagea dans le même bateau que la statue équestre de Louis XIV du Bernin. Leur accueil à la Cour éclaire bien le goût français à ce moment : si le *Persée* fut assez généralement admiré, la statue de Bernin fut si violemment critiquée que le roi ordonna à Girardon de la transformer en *Marcus Curtius*, en sculptant une nouvelle tête et en modifiant plusieurs détails. On voit donc que, si le goût de Versailles se rapprochait plus que jamais du baroque, le roi et les courtisans ne pouvaient admettre le mouvement grandiose et monumental du dernier style de Bernin. Le baroque des groupes de Puget était tout ce qu'ils pouvaient tolérer.

50. Louvre.

51. *G.B.A.*, 1865, II, p. 425.

52. Il devait être placé dans le vestibule de la chapelle de Versailles, mais lorsqu'il arriva Louvois était mort, et les intrigues empêchèrent l'œuvre de Puget d'être vue du roi.

Page 320.

53. Briganti, *Pietro da Cortona*, pl. 105-106.

54. La grande admiration que lui portait Delacroix n'est pas le fait du hasard.

55. Puget eut un élève d'une certaine importance, Christophe Veyrier (1637-1689) ; cf. Herding, *Pierre Puget.*

Page 321.

56. Terre cuite (1676), collection Wallace ; marbre (1679), Louvre.

57. Il est significatif que le seul buste de Coysevox représentant un Britannique, le *Matthew Prior* de l'abbaye de Westminster (1700), soit l'une de ses œuvres les plus naturalistes ; il présente le poète avec le bonnet, la chemise et l'habit brodé du temps.

58. Excepté l'étonnant *Puget* en terre cuite d'Aix-en-Provence (parfois considéré comme autoportrait, mais plus généralement attribué à son élève Christophe Veyrier), d'un naturalisme presque XIXᵉ (reproduit *in* Herding, *op. cit.*, frontispice). Le baroque italien offre un exemple comparable : le buste, par Bernin, de sa maîtresse Costanza Buonarelli (cf. R. Wittkower, *Gianlorenzo Bernini*, Londres, 1966, pl. 61).

59. D'autres artistes actifs avant la fin du règne manifestent la même tendance au rococo, en particulier Nicolas Coustou, neveu de Coysevox (1658-1733) ; sa

France, exécutée en 1701 pour la chambre du roi à Versailles, marque une étape importante en direction du style libre de la sculpture décorative au XVIIIᵉ s. (reproduite dans Souchal, *French Sculptors of the Seventeenth and Eighteenth Centuries*, t. I, p. 162) ; ses statues pour Marly (1710-1712) empruntent la légèreté et le mouvement de la *Duchesse de Bourgogne* de Coysevox. Le morceau de réception de Robert Le Lorrain (1666-1743), la *Galatée* de 1701 (Collection Kress ; cf. Souchal, *op. cit.*, t. II, p. 336) présente les mêmes caractéristiques. L'*Amour et Psyché* de C.A. Cayot (1667-1722) à la collection Wallace, daté de 1706, préfigure la sensibilité de Boucher (cf. Souchal, *op. cit.* t. I, p. 152). Le frère cadet de Nicolas, Guillaume Coustou (1677-1746), fit partie de l'équipe des sculpteurs employés à la décoration de la chapelle de Versailles (*ibid.*, p. 129).

60. Pierre Lepautre (1659/1666-1744), cousin germain de l'architecte, sculpta plusieurs reliefs à la chapelle de Versailles (1707-1710 ; Souchal, *op. cit.*, t. II, p. 379) et le groupe d'*Enée et Anchise* pour Marly (1696-1718) aujourd'hui dans le jardin des Tuileries (*ibid.*, p. 377, 437). Pierre Le Gros le Jeune (1666-1719), Pierre Etienne Monnot (1657-1733) et Théodon (1646-1713) appartiennent en fait à l'histoire de l'art baroque italien (cf. R. Enggass, *Early Eighteenth-Century Sculpture in Rome*, University Park, 1976, p. 63, 77, 124, et pour Le Gros, Souchal, *op. cit.*, t. II, p. 273).

Page 322.

61. En 1681, A. Coypel peignit pour morceau de réception un *Louis XIV se reposant après la paix de Nimègue* (Montpellier ; *fig. 325*), composition aussi vide de sens que les proclamations de victoires du roi.

62. Pour une analyse de la renaissance de la peinture religieuse à cette époque et une réévaluation complète de cette phase de la peinture française, voir A. Schnapper, *Jean Jouvenet*, Paris, 1974.

63. Voir M. Stuffmann, « Charles de la Fosse et sa position dans la peinture française à la fin du 17ᵉ siècle », *G.B.A.*, 1964, t. II, p. 1.

Page 323.

64. Le traitement des arbres, qui annonce les coloris et la touche de Watteau, nous rappellent que La Fosse était presque le seul artiste français du XVIIIᵉ s. dont Watteau pouvait tirer profit.

65. En particulier deux esquisses en grisaille de Rubens : la *Visitation* et la *Présentation,* variantes des panneaux latéraux de la *Descente de croix* d'Anvers, gravées par Pontius (cf. Rooses, *L'œuvre de P.P. Rubens*, t. I, 1886, pl. p. 188 et 232).

66. La *Présentation* offre avec l'œuvre de Murillo certaines ressemblances qui peuvent provenir d'une commune influence de Rubens ou refléter une influence directe de Murillo sur La Fosse : le peintre espagnol était connu en France autour de 1700 puisque Grimou copia son *Enfant Jésus* (autrefois dans la collection Ellesmere, vendu à Christie's le 18 octobre 1946, lot 94).

Page 324.

67. Voir A. Schnapper, *Peintures commandées par Louis XIV pour le Grand Trianon*, La Haye, 1967.

68. Il exécuta pour lui les décors intérieurs de Montagu House (cf. *Country Life*, 14 sept. 1951, p. 812). A l'achèvement de cette œuvre, Guillaume III chercha à retenir La Fosse en Angleterre pour qu'il travaille à Hampton Court, mais l'artiste dut obéir aux ordres de son souverain et rentra à Paris.

69. Mansart s'était d'abord adressé à Mignard, mais son grand âge empêcha le peintre d'entreprendre le travail.

70. Il n'est pas excessif de voir dans ce thème un écho à la révocation de l'édit de Nantes.

71. La fresque de la coupole fut exécutée en 1700-1702.

Page 325.

72. Pour Jouvenet, voir A. Schnapper, *Jean Jouvenet,* Paris, 1974.

Page 326.

73. A cette phase appartient aussi Michel Corneille le Jeune (1642-1708), qui décora la chapelle Saint-Ambroise des Invalides et fut un dessinateur prolifique. Pour des détails complémentaires sur son œuvre, voir Thieme-Becker, et P. Marcel, *La peinture française, passim.*

74. On trouvera une biographie assez fouillée d'Antoine Coypel, accompagnée d'une liste de ses œuvres et d'une bibliographie, dans Dimier, *Les peintres français du 18e siècle,* t. I, p. 93. Pour les gravures de ses compositions, voir D. Wildenstein, « L'œuvre gravé des Coypel », *G.B.A.,* 1964, II, p. 141.

Page 327.

75. La *Suzanne* et l'*Athalie* (Prado et Louvre ; reproduites dans A. Schnapper, *Jean Jouvenet,* pl. 258-259) en offrent des exemples caractéristiques.

76. L'un d'eux est conservé à Fontainebleau (reproduction dans Dimier, *op. cit.,* pl. 25).

77. Cf. A. Schnapper, « La galerie d'Enée au Palais-Royal », *Revue de l'art,* t. V, 1969, p. 33.

Page 328.

78. La voûte de la nef ne fut commencée qu'en 1676, l'année qui suivit le départ de Rome de Coypel (cf. R. Enggass, *The Painting of Baciccio,* Pennsylvania State University, 1964, p. 136) ; mais l'artiste peut avoir connu une esquisse préparatoire.

Page 330.

79. On trouve déjà cette tendance dans une commande royale antérieure : la *Diane et Endymion* de Gabriel Blanchard, au salon de Diane à Versailles, achevée avant 1680. Cette toile qui possède une légèreté bolonaise, est peinte dans des roses, gris et bleus pastel de tonalité presque XVIIIe. On connaît mal Gabriel Blanchard, fils de Jacques, qui fut l'un des plus ardents défenseurs de la cause coloriste à l'Académie (cf. p. 304).

80. Pour les peintures exécutées à la Ménagerie, voir G. Mabille, « Les tableaux de la Ménagerie de Versailles », *B.S.H.A.F.,* 1974, p. 89.

81. Ainsi, le dauphin commanda vers 1700-1709 un cycle de peintures de ce style pour Meudon.

82. Pour les Boullogne, voir Caix de Saint-Aymour, *Les Boullongne,* A. Schnapper, *Jean Jouvenet,* C. Goldstein, « Observations on the Rôle of Rome in the Formation of French Rococo », *Art Quarterly,* t. XXXIII, 1970, p. 227, et A. Schnapper, « Plaidoyer pour un absent : Bon Boullogne (1649-1717) », *Revue de l'art,* t. XL-XLI, 1978, p. 121, et « Esquisses de Louis de Boullogne sur la vie de saint Augustin », *ibid.,* t. IX, 1970, p. 58.

83. Bon et Louis de Boullogne le Jeune étudièrent à Bologne et en Italie du nord aussi bien qu'à Rome.

Page 332.

84. Pour une étude de l'œuvre de Parrocel, voir le catalogue de l'exposition *Au temps du Roi Soleil* (Lille, 1968), et A. Schnapper, « Deux tableaux de Joseph Parrocel au Musée de Rouen », *Revue du Louvre,* t. XX, 1970, p. 78.
Un artiste curieusement retardataire, Nicolas Colombel (1644-1717), continua à peindre dans le style de Poussin, ignorant tous les changements qui se produisaient autour de lui (cf. A. Blunt, « Nicolas Colombel », *Revue de l'art,* t. IX, 1970, p. 27).

85. Benezit et Thieme-Becker fournissent des listes de ses œuvres dont on trouve de bons exemples au Louvre et à Versailles.

86. Reproduite dans L. Réau, *Histoire de la peinture française au 18e siècle,* pl. 3.

87. Pour une étude de François de Troy accompagnée de ses œuvres les plus caractéristiques, voir L. Réau, *op. cit.* t. I, pl. 53 *sq.*

88. Reproduit *ibid.,* pl. 40.

89. L'exemple présenté *fig. 329,* daté de 1683, fit partie d'une vente anonyme à Christie's, 12 mai 1939, lot. 90.

90. Le nom est souvent orthographié « Largillière », mais lui-même signait toujours « Largilierre ».

Page 334.

91. Il existe une courte biographie de Largillierre par Georges Pascal (*Largillierre,* Paris, 1928), accompagnée d'une liste de ses œuvres et d'une bibliographie.

92. Avec Peter Rysbrack, père du sculpteur. Cf. « Vertue Ms. », *Walpole Society,* t. XXIII (vol. III) et t. XXIV (vol. 4).

93. Des documents attestent des paiements en 1676-1677 pour l'exécution d'un dessus de porte à Windsor, représentant certainement une nature morte (cf. St John Hope, *Windsor Castle,* t. I, 1913, p. 315). Une nature morte datée de 1677, qui existe encore, est passée de la collection Jersey à celle de F. Lugt (reproduite dans *Maandblad voor beeldende Kunsten,* t. XXVI, 1950, p. 131). G. Pascal (*op. cit*) en cite encore trois ; celle qu'il a reproduite (pl. 30) est d'une facture plus ornementale et plus tardive (cf. également P. Grate, « Largillierre et la nature morte de Grenoble », *Revue du Louvre,* t. XI, 1961, p. 23).

94. La gravure du portrait de Mrs. Anne Warner est reproduite dans C.H. Collins Baker, « The Portrait of Jane Middleton in the National Portrait Gallery », *Burl. Mag.,* t. XVII, 1910, p. 360 ; l'attribution, faite par l'auteur, du portrait de Jane Middleton à Largillierre n'est pas généralement acceptée. Pour des renseignements complémentaires sur les portraits de Largillierre peints en Angleterre, voir *Vertue Ms.,* vol. IV, p. 110, 120, 121 ; t. V, p. 105.

95. Deux portraits de Nicolas Lambert et de sa femme Marie de Laubespine, un autre d'Hélène Lambert, femme de François de Motteville (ces deux derniers dans des collections privées, cf. G. Pascal, *Largillierre,* n° 76 et 99) furent gravés par Drevet (les deux premiers sont reproduits dans E. Bouvy, *La gravure et le portrait d'allégories,* fig. 82-83). Leur date exacte n'est pas connue, mais Lambert mourut en 1692, et le costume suggère une période antérieure de dix ans. Le portrait de Mme de Motteville s'inspire d'une composition de

Lely, mais les deux autres dénotent aussi l'influence des petits portraits hollandais.

Page 336.

96. Voir G. de Lastic, « Rigaud, Largillierre et le tableau du Prévôt et des Echevins de la Ville de Paris de 1689 », *B.S.H.A.F.*, 1975, p. 147. L'auteur montre que Rigaud fit également une esquisse pour cette composition, sans doute rejetée en faveur de celle de Largillierre.

97. Largillierre fut chargé par la ville de Paris de trois commandes similaires ; la première, à l'occasion du mariage du duc de Bourgogne en 1691, est connue par une gravure montrant que l'artiste fait de libres emprunts aux compositions de Rubens ; de la seconde, célébrant l'accession du duc d'Anjou au trône d'Espagne (1702), subsistent deux fragments au musée Carnavalet (cf. G. Pascal, *op. cit.*, pl. 5) ; la troisième, en 1722, à l'occasion de la proposition de mariage de Louis XV, est connue par une esquisse du musée Carnavalet (*ibid.*, pl. 2).

98. Pour une étude des idées de Largillierre sur la couleur et le naturalisme, voir les deux conférences de son élève Oudry, dans H. Jouin, *Conférences de l'Académie Royale*, p. 378 *sq.*

99. Cf. F. Maison et P. Rosenberg, « Largillierre peintre d'histoire et de paysage » *Revue du Louvre*, t. XXIII, 1973, p. 89.

100. Il n'existe pas de monographie moderne sur Rigaud, mais Weisbach, *Französische Malerei des XVII Jahrhunderts*, p. 285 *sq.*, et L. Réau, *op. cit.*, t. I, p. 58 *sq.* présentent des résumés de sa carrière. Notre source essentielle est son livre de raison, qui donne les noms de ses modèles, publié par J. Roman, *Le livre de Raison du peintre Hyacinthe Rigaud*. On trouvera des biographies anciennes de l'artiste, dans *Mémoires inédits*, t. II, p. 114, et Dézallier d'Argenville, *Abrégé*, t. IV, p. 310.

101. Par exemple les portraits du sculpteur Martin Desjardins et de sa femme Marie Cadenne, datant respectivement de 1683 et 1684. Ce dernier est conservé au musée de Caen (reproduit dans *G.B.A.*, 1931, I, p. 106), le premier est probablement le tableau de Versailles (n° 3 583) ; on retiendra encore les portraits de Frédéric Léonard (1689 ; gravé par Edelinck), de Boyer d'Aguilles (1689 ; gravé par Coelemans), de Mignard (1690 ; Versailles, reproduit dans A. Fontaine, *Académiciens d'autrefois*, pl. 10), et de La Fontaine (1690 ; gravé par Edelinck, reproduit dans E. Bourgeois, *Le Grand Siècle*, pl. p. 302).

102. Le portrait de Monsieur a semble-t-il disparu, mais il existe deux versions de celui du duc de Chartres (Versailles et Toulouse).

Page 339.

103. Cf. Gallenkamp, « An Early Group Portrait by Hyacinthe Rigaud », *G.B.A.*, 1959, I, p. 45.

104. Il continua toutefois à peindre des portraits plus personnels, comme le portrait collectif d'Ottawa, daté de 1699, qui, comme l'a montré Gallenkamp (« Rigaud's Portrait Group at Ottawa », *J.W.C.I.*, t. XXIII, 1960, p. 225), représente l'artiste et sa future femme, Elisabeth Le Juge. Gallenkamp a démêlé de manière ingénieuse et convaincante les implications allégoriques de cette œuvre. Un portrait double conservé à Melbourne, daté de 1695, représente Pierre Cardin Le Bret

et son fils, qui furent l'un et l'autre présidents du parlement d'Aix-en-Provence (cf. U. Hoff, « A New Double Portrait by Rigaud », *Annual Bull. of the National Gallery of Victoria* », t. V, 1963, p. 11).

105. Les arrière-plans, comme celui de l'exemple reproduit, furent généralement peints par Joseph Parrocel (cf. p. 327-328).

106. Par exemple dans le portrait de Charles II d'Angleterre, daté de 1653, conservé à Cleveland (cf. N.C. Wixon, « Charles II, King of England », *Bull. of the Cleveland Museum of Art*, t. XLVI, 1959, p. 163).

107. Le portrait du premier comte de Portland, reproduit *fig. 333*, fut peint en 1698-1699. Cf. R.W Goulding, *Catalogue of the Pictures belonging to His Grace the Duke of Portland*, 1936, p. 58, qui cite quelques commentaires caustiques de Matthew Prior sur ce « coquin bredouillant de Rygault ». On trouvera d'autres références à Rigaud dans les lettres de Prior, publiées dans *Hist. MSS Com. Marquis of Bath*, t. III, 1908, *passim*. A la même époque, l'artiste peignit le portrait du fils aîné de Lord Portland (reproduit dans C. Fairfax Murray, *Catalogue of the Pictures belonging to His Grace the Duke of Portland*, 1894, pl. p. 41).

108. Rigaud exécuta un autre portrait officiel à cette époque, celui de Philippe V d'Espagne à son accession au trône (Prado ; cf. J.J. Luna, « Hyacinthe Rigaud et l'Espagne », *G.B.A.*, 1978, II, p. 185). S'il n'est royal, le portrait en pied de Bossuet (1699 ; Louvre) appartient au même registre.

109. 1693 ; Louvre. Pierre Frédéric était fils de Frédéric Léonard dont Rigaud avait fait le portrait en 1689.

110. L'inventaire est publié dans *N.A.A.F.*, 3e s., t. VII, 1891, p. 61. La collection de l'artiste comprenait aussi des peintures de Rubens, Van Dyck, Jordaens, Titien et Véronèse. Une œuvre très tardive de Rigaud, la *Présentation* de 1743, aujourd'hui au Louvre, est un pastiche de la manière de Rembrandt au début des années 1630-1640.

Pour plus de détails sur l'influence de Rembrandt au début du XVIIIe s., voir P. Marcel, *La peinture française*, p. 71. On doit mentionner en outre Robert Levrac de Tournières, qui copia Rembrandt peu après 1700 (cf. L. Dimier, *Les peintres français du 18e siècle*, t. I, p. 231), et Santerre, qui copia le *Portrait de jeune fille à la fenêtre* de Dulwich (musée d'Orléans). Roger de Piles posséda aussi plusieurs tableaux attribués à Rembrandt, notamment une *Jeune fille à la fenêtre*, qui est probablement celle de la collection du duc de Bedford ou celle de Stockholm.

Page 341.

111. Pour une étude plus complète sur les esquisses de paysages et les peintures animalières de Desportes, voir L. Hourticq, « L'atelier de François Desportes », *G.B.A.*, 1920, t. II, p. 117, et le catalogue de l'exposition *Paysages de François Desportes*, Compiègne, 1961. Voir aussi : *L'atelier de Desportes à la Manufacture de Sèvres*, Louvre, Cabinet des dessins, 1982-83.

112. Sandrart prétend qu'il enseigna cette méthode à Claude Lorrain, mais on ne connaît aucun autre cas avant l'époque de Desportes.

113. En raison de la centralisation croissante sous le règne de Louis XIV, la peinture provinciale n'eut pas la même importance dans la seconde moitié du siècle que

dans la première. Ce fut cependant une période de grande activité, où se détachent une ou deux personnalités d'intérêt. A Lyon, Thomas Blanchet (1614-1679) se fit une position considérable à partir de 1655, quand il s'installa dans la ville, après une formation à Paris et à Rome (cf. Chou Ling, *Thomas Blanchet,* Lyon, 1941). Son œuvre principale, la décoration de la grande salle de l'hôtel de ville, fut malheureusement détruite par le feu dès 1674, quatre ans après son achèvement ; mais le parti d'ensemble en est conservé par des dessins et un *modello* peint (cf. L. Galactéros de Boissier, « Thomas Blanchet : la Grande Salle de l'Hôtel de Ville de Lyon », *Revue de l'art,* t. XLVII, 1980, p. 29 ; et « Dessins de Thomas Blanchet dans les collections publiques françaises », *Revue du Louvre,* t. XXV, 1971, p. 25). En Provence, Pierre Puget (1610-1694) connut le succès comme peintre aussi bien que comme sculpteur, et le

flambeau fut repris par son fils François (1651-1707 ; cf. *La peinture en Provence au XVIIe siècle,* catalogue d'exposition, Marseille, 1978, p. 112). Michel Serre (1658-1733) peignit plusieurs grands tableaux religieux et deux toiles remarquables représentant la *Peste de Marseille* en 1720.

A Toulouse, Jean-Pierre Rivalz (1625-1706) et son fils Antoine (1667-1715) créèrent une solide école de peinture religieuse et de portraits, et établirent l'une des rares académies provinciales de peinture. La tradition du portrait était reliée à Paris par François de Troy, originaire d'une famille de peintres toulousains, mais qui s'installa dans la capitale (cf. *L'âge d'or de la peinture toulousaine,* catalogue d'exposition, Toulouse, 1947).

114. Cf. G. Wildenstein, « Le goût pour la peinture... autour de 1700 », *G.B.A.,* 1956, t. I, p. 113.

Bibliographie

La bibliographie qui suit ne prétend pas être exhaustive. Elle signale uniquement les ouvrages généraux et les principales monographies d'artistes. Les livres et articles traitant de sujets plus spécialisés sont cités dans les notes.

I. OUVRAGES COUVRANT TOUTE LA PÉRIODE

A. Généralités

1. Sources et documents figurés

BRACKENHOFFER, E., *Voyage en France, 1643-1644,* Paris, 1925.
BRICE, G., *Nouvelle description de Paris,* 1ʳᵉ éd., Paris, 1684. Éd. de référence : Paris, 1762. Un fac-similé de l'édition de 1752 a été publié en 1971.
DEZALLIER D'ARGENVILLE, A.N., *Voyage pittoresque des environs de Paris,* 1ʳᵉ éd., Paris, 1755. Éd. de référence : Paris, 1779.
DEZALLIER D'ARGENVILLE, A.N., *Vies des plus fameux architectes et sculpteurs,* Paris, 1787.
FÉLIBIEN, A., *Entretiens sur les vies et sur les ouvrages des plus excellens peintres modernes,* 1ʳᵉ éd. intégrale, Paris, 1685-1688. Éd. de référence : Trévoux, 1725 ; fac-similé : Londres, 1967.
LE COMPTE, F., *Cabinet des singularitez d'architecture, peinture, sculpture et graveure,* 1ʳᵉ éd., Paris, 1699. Éd. de référence : Bruxelles, 1702.
LEMAIRE, C., *Paris ancien et nouveau,* Paris, 1685.
MARIETTE, P., *Abecedario,* publ. par Ph. de Chennevières et A. de Montaiglon, Paris, 1851-1860.
PERRAULT, C., *Les hommes illustres qui ont paru en France pendant ce siècle,* Paris, 1696-1700.
PIGANIOL DE LA FORCE, J., *Description de Paris,* 1ʳᵉ éd., Paris, 1736. Éd. de référence : Paris, 1742.
SANDRART, J.V., *Teutsche Academie der edlen Bau-, Bild- und Mahlerey-Künste,* 1ʳᵉ éd., Nuremberg, 1675. Éd. de référence : publ. par A.R. Pelzer, Munich, 1925.
SAUVAL, H., *Histoire et recherches des antiquités de la ville de Paris,* Paris, 1724 ; fac-similé : Londres, 1969, Paris, 1974.
WILDENSTEIN, G., « Les sources d'information sur les artistes provinciaux français », *Gazette des beaux-arts,* 1958, vol. II, p. 93 *sq.*

2. Ouvrages de référence

Dictionnaire des artistes et ouvriers d'art de la France par provinces :
  I. *Franche-Comté* par l'abbé Paul Brune, Paris, 1912.
  II. *Lyonnais* par M. Audin et E. Vial, Paris, 1918-1919.
Inventaire général des richesses d'art de la France, 1877-1911.
BERLINER, R., *Ornementale Vorlageblätter des 15 bis 18 Jahrhunderts,* Leipzig, 1925-1926.
BONNAFFÉ, E., *Dictionnaire des amateurs français au XVIIᵉ siècle,* Paris, 1884.
HERLUISON, H., *Actes d'état-civil d'artistes français,* Orléans, 1873.
JAL, A., *Dictionnaire critique de biographie et d'histoire,* Paris, 1867.
THIEME, U., et BECKER, F., *Allgemeines Lexikon der bildenden Künstler,* Leipzig, 1908-1930.

B. Architecture

1. Sources et documents figurés

BLONDEL, J.F., *Architecture françoise,* Paris, 1752-1753 ; rééd. : Paris, 1904.
CHASTILLON, C., *Topographie françoise,* Paris, 1641.
DU BREUL, J., *le Théâtre des antiquitez de Paris,* 1ʳᵉ éd., Paris, 1612. Nouv. éd. augmentée : Paris, 1639.
FÉLIBIEN, A., *Mémoires pour servir à l'histoire des maisons royales,* Paris, 1681.
FÉLIBIEN, M., *Histoire de la ville de Paris,* Paris, 1725.
LABORDE, L. DE, *les Comptes des bâtiments du roi (1528-1571),* Paris, 1877-1880.
MARIETTE, J., *l'Architecture française,* Paris, 1727, 5 vol. Rééd. des vol. I-III, Paris et Bruxelles, 1927-1929.
MAROT, J., *l'Architecture françoise,* Paris, s.d. [v. 1670]. Éd. augmentée formant le vol. IV de *l'Architecture française* de Mariette ; fac-similé : Paris, 1970.
MAROT, J., *Recueil des plans, profils et élévations de plusieurs palais, chasteaux, églises, sépultures, grotes et hostels bâtis dans Paris,* Paris, s.d. [v. 1660-1670]. Fac-similé : Paris, 1970.
MERIAN, M., *Topographia Galliae,* Amsterdam, 1660.

2. Ouvrages de référence

BERTY, A., *Topographie historique du vieux Paris,* Paris, 1866-1868.
BLOMFIELD, Sir R., *History of French Architecture 1494-1661,* Londres, 1911.
BLOMFIELD, Sir R., *History of French Architecture 1661-1774,* Londres, 1921.
BOINET, A., *les Églises parisiennes,* Paris, 1958-1964.
BOUDON, F., CHASTEL, A. et COUZY, H., *Système de l'architecture urbaine. Le quartier des Halles,* Paris, 1977.

CHRIST, Y., *Eglises parisiennes actuelles et disparues,* Paris, 1947.

CHRIST, Y., *Dictionnaire des châteaux de France,* Paris, 1979.

COSSÉ-BRISSAC, Ph. DE, *Châteaux de France disparus,* Paris, 1947.

DUMOLIN, M., *Études de topographie parisienne,* Paris, 1929-1931.

DUMOLIN, M., OUTARDEL, G., *les Églises de France, Paris et la Seine,* Paris, 1936.

EVANS, Joan, *Monastic Architecture in France from the Renaissance to the Revolution,* Cambridge, 1964.

GLOTON, J.J., *Renaissance et baroque à Aix-en-Provence,* Paris, 1979.

HAUTECŒUR, L., *Histoire de l'architecture classique en France,* t. I et II, Paris, 1943-1948 ; t. I, 2e éd., 1963-1967. Nos notes font référence à la première édition, à l'exception des mentions *Architecture (2),* qui se rapportent à la seconde.

HAUTECŒUR, L., *Histoire du Louvre,* Paris, 1928.

JARRY, P., *la Guirlande de Paris,* Paris, 1928.

LEFRANÇOIS, P., *Paris à travers les siècles,* Paris, 1948-1956.

PILLEMENT, G., *les Hôtels de Paris,* Paris, 1945.

PILLEMENT, G., *les Hôtels du Marais,* Paris, 1945 ; éd. corr., Paris, 1948.

SAINT-SAUVEUR, H., *Châteaux de France,* Paris, s.d.

SAUVAGEOT, C., *Palais, châteaux, hôtels et maisons de France du XVe au XVIIIe siècle,* Paris, 1867.

SELLIER, C., *les Anciens hôtels de Paris,* Paris, 1910.

SOULANGE-BODIN, H., *Châteaux de Normandie,* Paris, 1928-1929.

VACQUIER, J., *les Anciens châteaux de France,* Paris, 1914-1931.

VACQUIER, J., *les Vieux hôtels de Paris,* Paris, 1909-1930.

C. Peinture, dessin, gravure

1. Sources et documents figurés

BAILLY, N., *Inventaire des tableaux du Roy rédigé en 1709 et 1710,* Paris, 1899.

FLEURY, M.A., *Documents du minutier central concernant les peintres, les sculpteurs et les graveurs au XVIIe siècle,* Paris, 1969.

RAMBAUD, M., *Documents du minutier central concernant l'histoire de l'art (1700-1750),* Paris, 1964-1971.

2. Ouvrages de référence

CHÂTELET, A., et THUILLIER, J., *la Peinture française de Fouquet à Poussin,* Genève, 1963.

CHÂTELET, A., et THUILLIER, J., *la Peinture française de Le Nain à Fragonard,* Genève, 1964.

CHENNEVIÈRES-POINTEL. P. DE, *Recherches sur la vie et les ouvrages de quelques peintres provinciaux de l'ancienne France,* Paris, 1847-1854.

COURBOIN, E., *Histoire illustrée de la gravure en France,* Paris, 1923-1929.

DACIER, E., *la Gravure française,* Paris, 1944.

FONTAINE, A., *les Doctrines d'art en France,* Paris 1909.

GUIFFREY, I., et MARCEL, P., *Inventaire général des dessins du musée du Louvre... École française,* Paris, 1906.

ROBERT-DUMESNIL, A., *le Peintre-graveur français,* Paris, 1835-1871.

D. Sculpture

BENOIST, L., *la Sculpture française,* Paris, 1945.

VITRY, P., *la Sculpture française classique de Jean Goujon à Rodin,* Paris, 1934.

E. Arts mineurs

AUBERT, M., *le Vitrail en France,* Paris, 1946.

BABELON, J., *l'Orfèvrerie française,* Paris, 1946.

BASCHET, J., *Tapisseries de France,* Paris, 1951.

FENAILLE, M., *État général des tapisseries de la manufacture des Gobelins,* Paris, 1923.

GUICHARD, E., *les Tapisseries décoratives du Garde-Meuble,* Paris, s.d.

GUIFFREY, J., *Histoire de la tapisserie depuis le moyen-âge jusqu'à nos jours,* Tours, 1886.

HAVARD, H., *Dictionnaire de l'ameublement et de la décoration depuis le XIIIe siècle jusqu'à nos jours,* Paris, 1887-1890.

VERLET, P., *le Mobilier royal français,* Paris, 1945 et 1955.

VERLET, P., *French Royal Furniture,* Londres, 1963.

VERLET, P., *The James A. de Rothschild Collection, Waddesdon Manor. The Savonnerie,* Fribourg, 1982.

II. SEIZIÈME SIÈCLE

A. Généralités

BRION, M., *Lumière de la Renaissance,* Paris, 1948.

l'École de Fontainebleau, catalogue d'exposition, Grand Palais, Paris, 1972. Cité en note sous le titre : *Fontainebleau (Grand Palais).*

Fontainebleau. Art in France 1528-1610, catalogue d'exposition, National Gallery of Canada, Ottawa, 1973.

GEBELIN, F., *le Style Renaissance en France,* Paris, 1942.

LABORDE, L. DE, *la Renaissance des arts à la cour de France,* Paris, 1886.

PALUSTRE, L., *la Renaissance en France,* Paris, 1879-1885.

ROY, M., *Artistes et monuments de la Renaissance française,* Paris, 1929.

SHEARMAN, J., *Mannerism,* Harmondsworth, 1967.

VASARI, G., *le Vite de' più eccellenti pittori, scultori, e architettori [...],* 1re éd., 1550 ; 2e éd., 1568. Traduction française, sous la direction d'A. Chastel, t. I à IV, Paris, 1982.

YATES, F., *The French Academies of the 16th Century,* Londres, 1949.

B. Architecture

1. Ouvrages généraux

ALBERTI, L.B., *l'Architecture,* trad. de J. Martin, Paris, 1553.

ANDROUET DU CERCEAU, J., *Les plus excellents bastiments de France [...],* Paris, 1576-1579. Facsimilé : Londres, 1972.

GEBELIN, F., *les Châteaux de la Loire,* Paris, 1927.

GEBELIN, F., *les Châteaux de la Renaissance,* Paris, 1927.

LABORDE, L. DE, *les Comptes des bâtiments du roi (1528-1571),* Paris, 1877-1880.

MARIE, A., *Jardins français créés à la Renaissance,* Paris, 1955.

MARTIN, C., et ENLART, C., *la Renaissance en France,* Paris, 1911.

PALUSTRE, L., *l'Architecture de la Renaissance,* Paris, 1902.

VITRUVE, *l'Architecture,* trad. de J. Martin, Paris, 1547. Fac-similé : Londres, 1972.

WARD, H.W., *French Châteaux and Gardens in the Sixteenth Century,* Londres, 1909 ; 2e éd., Londres, 1926 ; nouv. éd., New York, 1976.

2. Monographies et écrits d'artistes

ANDROUET DU CERCEAU, J., *Livre d'architecture,* Paris, 1559 ; *Second Livre d'architecture,* Paris, 1561. *Livre d'architecture [...] pour [...] bastir aux champs,* Paris, 1582. Le fac-similé des trois livres a été publié aux éditions Gregg en 1965.

THOMSON, D., *Jacques et Baptiste Androuet du Cerceau. Recherches sur l'architecture française 1545-1590,* (à paraître).

BULLANT, J., *Reigle générale d'architecture,* Rouen, 1564 et 1568.

JAMES, F.C., « Jean Bullant. Recherches sur l'architecture française du XVIe siècle », *École des Chartes. Positions de thèses,* Paris, 1968.

LE SUEUR, P., *Dominique de Cortone dit le Boccador,* Paris, 1928.

l'ORME, P. DE, *l'Architecture,* Paris, 1567 ; fac-similé : Londres, 1967.

BLUNT, A., *Philibert de l'Orme,* Londres, 1958. Trad. française, 1963.

SERLIO, S., *Tutte l'opere d'architettura,* 1re éd. intégrale, Venise, 1584. Pour la date de publication de chaque livre, voir pp. 60-61. Pour le « vrai » livre VI, voir ROSCI, M., *Il trattato di archittetura [...],* Milan, 1967, et ROSENFELD, M.N., *Sebastiano Serlio on Domestic Architecture,* Cambridge, Mass., 1978.

C. Peinture, dessin, gravure

1. Ouvrages généraux

BÉGUIN, S., *l'École de Fontainebleau,* Paris, 1960.

BLUM, A., et LAUER, P., *la Miniature française aux XVe et XVIe siècles,* Paris, 1930.

DIMIER, L., *la Peinture française au XVIe siècle,* Marseille, 1942.

LAVALLÉE, P., *le Dessin français du XIIIe au XVIe siècle,* Paris, 1930.

MOREAU-NÉLATON, E., *les Clouet et leurs émules,* Paris, 1924.

RING, G., *A Century of French Painting, 1400-1500,* Londres, 1949.

ZERNER, H., *l'École de Fontainebleau. Gravures,* Paris, 1969.

2. Monographies d'artistes

Mostra di Nicolò dell'Abate, catalogue d'exposition, Bologne, 1969.

MacGIBBON, D., *Jean Bourdichon, a Court Painter of the Fifteenth Century,* Glasgow, 1933.

LEVRON, J., *René Boyvin, graveur angevin du XVIe siècle,* Paris, 1941.

EHRMANN, J., *Antoine Caron, peintre à la cour des Valois,* Paris, 1955.

MELLEN, P., *Jean Clouet,* Londres, 1971.

EISLER, C., *The Master of the Unicorn. The Life and Work of Jean Duvet,* New York, 1979.

MAULDE LA CLAVIÈRE, M.A.R. DE, *Jean Perréal, dit Jean de Paris,* Paris, 1896.

DIMIER, L., *le Primatice, peintre, sculpteur et architecte des rois de France,* Paris, 1900.

DIMIER, L., *le Primatice,* Paris, 1928.

BAROCCHI, P., *Il Rosso Fiorentino,* Rome, 1950.

KUSENBERG, K., *le Rosso,* Paris, 1931.

D. Sculpture

1. Ouvrages généraux

ADHÉMAR, J., « Les tombeaux de la collection Gaignières », *G.B.A.* (1976-1977).

AUBERT, M., *la Sculpture française du moyen-âge et de la Renaissance,* Paris et Bruxelles, 1926.

BEAULIEU, M., *Description raisonnée des sculptures du musée du Louvre,* II : *la Renaissance française,* Paris, 1978.

DAVID, H., *De Sluter à Sambin,* Paris, 1933.

KOECHLIN, R., et MARQUET DE VASSELOT, T.J., *la Sculpture à Troyes et dans la Champagne méridionale au seizième siècle,* Paris, 1966.

VITRY, P., et BRIÈRE, G., *Documents de sculpture française de la Renaissance,* Paris, 1911.

2. Monographies et écrits d'artistes

CELLINI, B., *la Vita da lui medesimo,* 1re éd., Naples, 1728. Trad. française, Paris, Julliard, 1965 (coll. « Littérature »).

PRADEL, P., *Michel Colombe. Le dernier imagier gothique,* Paris, 1953.

VITRY, P., *Michel Colombe,* Paris, 1901.

DU COLOMBIER, P., *Jean Goujon,* Paris, 1949.

ROTHSCHILD, G. DE, *Bernard Palissy,* Paris, 1956.

BABELON, J., *Germain Pilon,* Paris, 1927.

DENIS, P., *Ligier Richier. L'artiste et son œuvre,* Paris-Nancy, 1911.

III. DIX-SEPTIÈME SIÈCLE

A. Généralités

1. Sources

DUSSIEUX, L., *Mémoires inédits sur la vie et sur les ouvrages des membres de l'Académie royale de peinture et de sculpture,* Paris, 1854.

FRÉART DE CHANTELOU, P., *Journal de voyage du cavalier Bernin en France,* 1re éd., Paris, 1885 ; rééd., Aix-en-Provence, 1981.

MAROLLES, M. DE, *le Livre des peintres et graveurs,* Paris, 1667 ; rééd. Paris, 1854.

MONTAIGLON, A. DE, *Procès-verbaux de l'Académie royale de peinture et de sculpture,* Paris, 1875.

2. Ouvrages de référence

CHAMPIGNEULLE, B., *le Règne de Louis XIII,* Paris, 1949.

CHAMPIGNEULLE, B., *le Règne de Louis XIV,* Paris, 1943.

CROZET, R., *la Vie artistique en France au XVIIe siècle,* Paris, 1954.

DU COLOMBIER, P., *le Style Henri IV-Louis XIII,* Paris, 1941.

FANIEL, S., *le XVIIe Siècle français,* Paris, 1958.

MAURICHEAU-BEAUPRÉ, C., *l'Art au XVIIe siècle en France,* Paris, 1946-1947.

ROCHEBLAVE, S., *l'Age classique de l'art français,* Paris, 1932.

TAPIÉ, V., *Baroque et Classicisme,* Paris, 1957 ; rééd. 1980.

TEYSSÈDRE, B., *l'Art au siècle de Louis XIV,* Paris, 1967.

WEIGERT, R.A., *le Style Louis XIV,* Paris, 1941.

B. Architecture

1. Sources et documents figurés

BLONDEL, E., *Cours d'architecture enseigné dans l'Académie royale,* 1re éd., Paris, 1675 ; 2e éd., Paris, 1698.

DAVILER, A., *Cours d'architecture, qui comprend les ordres de Vignole,* Paris, 1750.

DESGODETZ, A., *les Édifices antiques de Rome dessinés et mesurés très exactement,* Paris, 1682.

GUIFFREY, J., *les Comptes des bâtiments du roi sous le règne de Louis XIV,* Paris, 1881-1901.

JOSEPHSON, R., *l'Architecte de Charles XII Nicodème Tessin à la cour de Louis XIV,* Paris, 1930.

LEMONNIER, H., *Procès-verbaux de l'Académie royale d'architecture,* Paris, 1911-1926.

PERRAULT, Charles et Claude, *Mémoires de ma vie par Charles Perrault. Voyage à Bordeaux (1669) par Claude Perrault,* Paris, 1909.

SAVOT, L., *l'Architecture françoise des bastimens particuliers ; avec des figures et des notes de M. Blondel,* Paris, 1673.

SIRÉN, O., *Nicodemus Tessin den Ys Studieresor,* Stockholm, 1914.

2. Ouvrages de référence

ADAMS, W.H., *The French Garden 1500-1800,* New York, 1979.

BABELON, J.P., *Demeures parisiennes sous Henri IV et Louis XIII,* Paris, 1977.

BLUNT, A., ET COLL. *Baroque and Rococo Architecture and Decoration,* Londres, 1978.

HAUTECŒUR, L., *le Louvre et les Tuileries de Louis XIV,* Paris, 1927.

KIMBALL, F., *The Creation of the Rococo,* Philadelphie, 1943.

KIMBALL, F., *le Style Louis XV,* Paris, 1949.

MARIE, A., *Jardins français classiques,* Paris, 1949.

MARIE, A., *Naissance de Versailles,* Paris, 1968.

MARIE, A., *Mansart à Versailles,* Paris, 1972.

MARIE, A., *Versailles au temps de Louis XIV. Mansart et de Cotte,* Paris, 1976.

NOLHAC, P., DE, *la Création de Versailles,* Versailles, 1901.

NOLHAC, P., DE, *les Grands Palais de France : Versailles,* Paris, s.d.

NOLHAC, P., DE, *les Jardins de Versailles,* Paris, 1906.

PLANAT, P., et RÜMLER, E., *le Style Louis XIV,* Paris, 1912.

THORNTON, P., *Seventeenth Century Interior Decoration in England, France and Holland,* New Haven et Londres, 1978.

l'Urbanisme de Paris et l'Europe 1600-1680 (mélanges P. FRANCASTEL), Paris, 1969.

VERLET, P., *Versailles,* Paris, 1961.

3. Monographies et écrits d'artistes

WEIGERT, R.A., *Jean Bérain,* Paris, 1937.

COOPE, R., *Salomon de Brosse and the Deve-*

lopment of the Classical Style in French Architecture from 1565 to 1630, Londres, 1972.

LANGENSKIÖLD, E., *Pierre Bullet, the Royal Architect*, Stockholm, 1959.

BOURGET, P., et CATTAUI, G., *Jules Hardouin-Mansart*, Paris, 1960.

LE MUET, P., *Manière de bien bastir pour toutes sortes de personnes*, 1ʳᵉ éd., Paris, 1623 ; 2ᵉ éd. augmentée, Paris, 1647.

HAZLEHURST, F.H., *Gardens of Illusion. The Genius of André Le Nôtre*, Nashville, 1980.

BERGER, R.W., *Antoine Le Pautre*, New York, 1969.

SMITH, P., et BRAHAM, A., *François Mansart*, Londres, 1973.

GUÉRINET, A., *l'Œuvre de Daniel Marot*, Paris, s.d.

LAPRADE, A., *François d'Orbay, architecte de Louis XIV*, Paris, 1960.

PERRAULT, Claude, *Ordonnances des cinq espèces de colonnes selon la méthode des anciens*, Paris, 1683.

VITRUVE, *Les dix livres d'architecture [...] traduits [...] en françois, avec des notes et des figures par M. Perrault*, Paris, 1684.

HALLAYS, A., *les Perrault*, Paris, 1926.

HERRMANN, W., *The Theory of Claude Perrault*, Londres, 1973. Trad. française, Bruxelles, 1980.

C. Peinture

1. Sources

BELLORI, G., *le Vite de' pittori, scultori ed architetti moderni [...]*, Rome, 1672.

FONTAINE, A., *Conférences inédites de l'Académie royale de peinture et de sculpture*, Paris, s.d.

JOUIN, H., *Conférences de l'Académie royale de peinture et de sculpture*, Paris, 1893.

PASSERI, G., *Vite de' pittori, scultori ed architetti che anno lavorato in Roma, morti del 1641 fino al 1673*, 1ʳᵉ éd., Rome, 1772 ; éd. J. Hess, Leipzig-Vienne, 1934.

2. Ouvrages de référence

BOUVY, E., *la Gravure de portraits et d'allégories*, Paris, 1929.

DIMIER, L., *les Peintres français du XVIIIᵉ siècle*, Paris, 1928 et 1930.

FONTAINE, A., *Académiciens d'autrefois*, Paris, 1914.

MARCEL, P., *la Peinture française au début du dix-huitième siècle, 1690-1721*, Paris, s.d.

RÉAU, L., *Histoire de la peinture française au XVIIIᵉ siècle*, Paris, 1925-1926.

ROSENBERG, P., *I disegni dei maestri. Il seicento francese*, Milan, 1970.

STERLING, C., *Musée de l'Hermitage. La peinture française de Poussin à nos jours*, Paris, 1957.

TEYSSÈDRE, B., *l'Histoire de l'art vue du grand siècle*, Paris, 1964.

TEYSSÈDRE, B., *Roger de Piles et les débats sur le coloris au siècle de Louis XIV*, Paris, 1957.

WEISBACH, W., *Französische Malerei des XVII Jahrhunderts*, Berlin, 1932.

3. Monographies d'artistes

BLUM, A., *l'Œuvre gravé d'Abraham Bosse*, Paris, 1924.

BLUM, A., *Abraham Bosse et la société française au dix-septième siècle*, Paris, 1924.

CAIX DE SAINT-AYMOUR, comte de, *les Boullongne*, Paris, 1919.

LIEURE, J., *Jacques Callot*, Paris, 1924-1927.

TERNOIS, D., *l'Art de Jacques Callot*, Paris, 1962.

TERNOIS, D., *Jacques Callot. Catalogue complet de son œuvre dessiné*, Paris, 1962.

DORIVAL, B., *Philippe de Champaigne*, Paris, 1976.

ROSENBERG, P., *Philippe de Champaigne. Classico e realista*, Milan, 1966.

SCHNAPPER, A., *Jean Jouvenet*, Paris, 1974.

WHITMAN, N.T., *The Drawings of Raymond Lafage*, La Haye, 1963.

Nicolas de Largillierre, catalogue d'exposition, National Gallery of Canada, Ottawa, 1981.

NICOLSON, B., et WRIGHT, C., *Georges de la Tour*, Londres, 1974.

ROSENBERG, P., et MACÉ DE L'ÉPINAY, F., *Georges de la Tour*, Fribourg, 1973.

THUILLIER, J., *Tout l'œuvre peint de Georges de la Tour*, Paris, 1973.

Charles Le Brun, 1619-1690, catalogue d'exposition, Versailles, 1963.

Les Frères Le Nain, catalogue d'exposition, Grand Palais, Paris, 1978.

ROUCHÈS, G., *Eustache Le Sueur*, Paris, 1923.

BLUM, A., *les Eaux-fortes de Claude Gellée dit le Lorrain*, Paris, 1923.

KITSON, M., *Claude Lorrain : Liber Veritatis*, Londres, 1978.

RÖTHLISBERGER, M., *Claude Lorrain : the Paintings*, Londres, 1961.

RÖTHLISBERGER, M., *Claude Lorrain : the Drawings*, Berkeley et Los Angeles, 1968.

PETITJEAN, C., et WICKERT C., *Catalogue de l'œuvre gravé de Robert Nanteuil*, Paris, 1925.

Correspondance de Nicolas Poussin, publ. par Ch. JOUANNY, Paris, 1911.

BLUNT, A., *Nicolas Poussin*, Londres, 1967-1968.

BLUNT, A., *The Drawings of Nicolas Poussin*, Londres, 1979.

FRIEDLAENDER, W., *Nicolas Poussin. A New Approach*, Londres, 1966.

FRIEDLAENDER, W., et BLUNT, A., *The Drawings of Nicolas Poussin*, Londres, 1939-1962.

STERLING, C., « Biographie », dans *Nicolas Poussin*, catalogue d'exposition, Paris, 1960.

THUILLIER, J., *Tout l'œuvre peint de Poussin*, Paris, 1974.

Livre de raison du peintre Hyacinthe Rigaud, publ. par J. ROMAN, Paris, 1919.

Les Tassel, peintres langrois du XVIIe siècle, catalogue d'exposition, Dijon, musée des Beaux-Arts, 1955.

CRELLY, W.R., *The Paintings of Simon Vouet,* New Haven et Londres, 1962.

D. Sculpture

1. Généralités ·

FRANCASTEL, P., *la Sculpture de Versailles,* Paris, 1930.

LAMI, S., *Dictionnaire des sculpteurs de l'école française sous le règne de Louis XIV,* Paris, 1906.

SOUCHAL, F., *French Sculptors of the Seventeenth and Eighteenth Centuries,* Oxford, 1977.

2. Monographies d'artistes

CHALEIX, P., *Philippe de Buyster, sculpteur, 1595-1688,* Paris, 1967.

CIPRUT, E.J., *Mathieu Jacquet,* Paris, 1967.

HERDING, K., *Pierre Puget,* Berlin, 1970.

« Puget et son temps ». Actes du colloque tenu à l'université de Provence, *1971,* dans *Provence historique, XXII (1972).*

DIGARD, M., *Jacques Sarrazin,* Paris, 1934.

Index

*Les titres des œuvres
sont en italiques*

Table des matières

Dans la même collection

FRANÇOIS Ier IMAGINAIRE

Symbolique & politique à l'aube de la Renaissance française

par Anne-Marie Lecoq

Pour le public, le nom du vainqueur de Marignan évoque des réalités tout à fait tangibles : une forte présence charnelle, des banquets, des tournois, des chasses et des bals, des pourpoints de satin et de brocart couverts de bijoux, des châteaux fastueux : Blois, Chambord, Fontainebleau.

Mais à côté des réalités, il y a les fictions. A côté de l'organisateur du royaume et du protecteur des arts, apparaît un personnage qu'on ne soupçonnait pas : le *double idéal* de François Ier, à la fois plus et moins sérieux que le vrai. Humanistes, poètes, enlumineurs, graveurs, sculpteurs, ne cessent de le créer, au fur et à mesure des événements. Jusqu'à l'irruption brutale de quelques faits : l'humiliante défaite du héros devant Pavie, sa captivité, les héritiers en otages...

L'époque de François Ier est un moment fort de l'imaginaire royal. Après la disparition des séquelles de la guerre de Cent Ans, la France en plein essor est prise d'ambitions européennes, envahit l'Italie, guigne l'Empire. Idées et pratiques absolutistes font un bond en avant. Le moment où se mêlent les « rhétoriqueurs » et les « antiquaires » est celui d'un grand remue-ménage iconographique et d'une fringale d'images nouvelles. Tout favorise les spéculations monarchiques et nationales.

C'est ce moment qu'a voulu saisir Anne-Marie Lecoq en étudiant de près, pour la première fois, manuscrits et imprimés, illustrations peintes et gravées, fêtes et spectacles de rue, décors sculptés des demeures et des tombeaux. Ainsi surgit — en 568 pages et 250 illustrations — l'histoire imaginaire de François Ier, exprimée en particulier dans le langage de la *symbolique*. Sous un éclairage inattendu, voici le premier éclat de la Renaissance française, de son art et de sa culture.

Anne-Marie Lecoq, ingénieur de recherche au Collège de France, est historienne de la culture. Elle a publié de nombreux articles sur la symbolique royale. On lui doit un remarquable ouvrage sur *La Peinture dans la peinture,* écrit en collaboration avec Pierre Georgel.

LES ENFANTS DE SATURNE

Psychologie et comportement des artistes de l'Antiquité à la Révolution française

par R. et M. Wittkower

La mélancolie, ou bile noire, est-elle le propre du génie – comme le pensait la Renaissance, comme le soutient déjà Aristote ? L'artiste est-il soumis à l'influence astrale de Saturne, la planète des mélancoliques, mais aussi des pendus, des joueurs et des gardiens de porcs ? Y a-t-il une personnalité distincte du créateur ? Célèbre ou marginal, quel rôle joue-t-il dans l'imaginaire de son temps ?

C'est à ces questions que répond le grand historien d'art Rudolf Wittkower (avec le concours de sa femme Margot) dans une fresque foisonnante où s'agitent les violents (Cellini, Caravage, Tassi), où meurent les suicidaires (Rosso, Borromini), où scandalisent les pervers (Sodoma), où délirent les paranoïaques (Messer-schmidt), où manœuvrent les habiles (Titien), où s'enflamment les amoureux (Fra Filippo Lippi, Raphaël).

Nous voyons les peintres et sculpteurs les plus illustres prendre vie à travers les Correspondances, les Mémoires, les anecdotes, les rapports de police, les minutes de procès, les témoignages de Vasari, Van Mander, Baldinucci, Baglione, Sandrart, etc. – cependant que se transforme sous nos yeux la position sociale de l'artiste : domestique et artisan jusqu'au XVe siècle, le voici désormais sollicité, courtisé, parfois couvert d'or par les papes, les rois ou les empereurs (Michel-Ange, Rubens, Bernin, Vélasquez).

Au terme de cette vaste enquête, une interrogation se fait jour, rendue plus nécessaire par les incursions de plus en plus fréquentes de la psychanalyse en histoire de l'art : qu'en est-il du statut de la biographie ? En quoi éclaire-t-elle la production des œuvres ?

Rudolf Wittkower, né à Berlin en 1901, mort aux États-Unis en 1971, est l'un des noms les plus prestigieux de l'histoire de l'art anglo-saxonne. Membre du Warburg Institute jusqu'en 1956, professeur aux universités de Londres puis de Columbia, Wittkower a notamment publié *Architectural Principles in the Age of Humanism, Gianlorenzo Bernini, Art and Architecture in Italy 1600-1750.*

DU ROMANTISME AU RÉALISME

La peinture en France de 1830 à 1848

par Léon Rosenthal

Publié pour la première fois en 1914, *Du romantisme au réalisme* (444 pages, 39 illustrations) est la meilleure synthèse existante sur l'art en France au XIXᵉ siècle, de la révolution de Juillet au Second Empire. L'ouvrage traite à la fois des conditions sociales de la production culturelle entre 1830 et 1848 — rôle de Louis-Philippe et de l'idéologie nationale, résistances de l'Institut, expansion des Salons, querelles d'ateliers — et des qualités esthétiques qui ont fait de Delacroix, d'Ingres, de Chassériau les phares de l'École française.

Dans une analyse qui va jusqu'au détail de la couche et de la touche, l'auteur définit les grands courants du siècle : romantique, « abstrait » (Ingres) et « juste-milieu ». C'est Rosenthal qui mit en circulation cette dernière notion pour situer Horace Vernet, Delaroche, et les divers tenants d'un compromis historique entre les tendances majeures du moment.

D'autres chapitres sont consacrés au triomphe du paysage — Rousseau, Corot, Huet — et aux précurseurs de l'impressionnisme, à la renaissance de la peinture monumentale, qui jouit d'un âge d'or avec Delacroix, Chassériau, Flandrin, etc. — enfin à la recherche d'une peinture démocratique, voire édifiante, qui préfigure et accompagne la révolution de 1848.

Synthèse magistrale, l'ouvrage de Rosenthal est avant tout un instrument de travail : clarté de la vision d'ensemble, précision des informations, vaste bibliographie (actualisée par nos soins) — c'est un manuel pour les étudiants et les historiens.

Né en 1870, mort en 1932, agrégé d'histoire, directeur des musées de Lyon, **Léon Rosenthal** a notamment publié un *David,* un *Géricault,* un *Daumier* et un manuel sur la gravure.

Aux éditions MACULA

LA NATURE MORTE de l'Antiquité au XXe siècle
par Charles Sterling

Nouvelle édition révisée

Conservateur honoraire des Musées nationaux, *professor emeritus* de l'Université de New York, Charles Sterling a été membre du département des peintures du Musée du Louvre pendant trente et un ans (1929-1961), puis professeur à l'Institute of Fine Arts, New York, de 1961 à 1972. Il a publié plusieurs volumes et plus de 150 articles.

Sa tâche principale au Louvre était l'organisation d'expositions, dont deux, particulièrement, ont fait date. La première, *Peintres de la réalité en France au XVIIe siècle,* révéla, en 1934, aux historiens d'art et au public, le nom et tout l'œuvre alors connu de Georges de La Tour, qui n'était encore familier qu'à une poignée de spécialistes. La seconde, *La nature morte de l'Antiquité à nos jours,* ranima en 1952 l'étude, depuis longtemps négligée, de ce thème pictural majeur, suscitant aussitôt d'innombrables expositions et publications.

Le livre que nous présentons est une édition revue de celui qui, en 1952, résuma les enseignements de ces deux expositions. Réédité en 1959, traduit en anglais et en roumain, publié de nouveau en anglais en 1981, il reste à ce jour la seule synthèse de l'histoire de la nature morte en Occident. Sa version française était introuvable depuis plus de vingt ans.

La Nature morte comprend 344 pages et 160 illustrations — dont 24 en couleur. Format : 22 × 27 centimètres. Reliure pleine toile.

Aux éditions MACULA

LOUIS DAVID, SON ÉCOLE ET SON TEMPS
par E.J. Delécluze

David domine de sa stature colossale un demi-siècle d'art français. Chef de file du néoclassicisme, il s'impose à la fois par une carrière jalonnée de chefs-d'œuvre (*le Serment des Horaces, Brutus, Marat, les Sabines, Léonidas*), par son enseignement (cinq cents élèves, dont Gros, Girodet, Gérard, Ingres) et par son engagement politique (élu député, il siège avec La Montagne, vote la mort du roi, devient le grand imagier de l'Empire, et finit sa vie en exil, banni par les Bourbons).

De ce destin, Delécluze est le témoin fasciné et méticuleux. Entré dans l'atelier de David au moment où celui-ci prépare les *Sabines,* il se destine à la peinture d'histoire, bifurque vers les lettres, et devient le critique tout puissant du *Journal des Débats.* Ses souvenirs forment un précieux tableau de l'atelier : propos du maître, séances de correction, conversations avec Gros ou Girodet. Nous voyons Napoléon s'impatienter pendant la pose... L'ouvrage s'ouvre par un « reportage » à la Convention, quand David, « pâle, en sueur », sauve de justesse sa tête après Thermidor.

Un document vivant et passionné sur le rayonnement d'un artiste et de son école que notre époque redécouvre.

La présente édition reprend intégralement l'édition originale, parue chez Didier en 1855 (in 8°, 452 pages). Elle est augmentée d'une préface et d'un vaste appareil de notes dus à Jean-Pierre Mouilleseaux. L'ensemble est complété par un cahier de 24 illustrations.

BRUNELLESCHI
par Giulio Carlo Argan

L'invention de la perspective monoculaire, ou plutôt sa vérification par des expériences d'optique, et l'érection spectaculaire de la coupole de Sainte-Marie-des-Fleurs à Florence, sans cintre ni échafaudage extérieur, sont les actes fondateurs de la Renaissance italienne. Brunelleschi formule la théorie d'un espace unifié, abstrait mais mesurable, qui sera pendant cinq siècles le langage commun du peintre, de l'architecte et du sculpteur occidental. Premier démiurge du Quattrocento, épris de mathématiques et de cosmogonie, amoureux des restes de l'architecture antique, ingénieur, urbaniste, stratège et sculpteur, il incarne avec éclat l'idéal humaniste. Il marque aussi le visage de Florence, sa ville natale où il construit églises et chapelles, des palais et un hôpital.

L'essai fondamental du Pr. Argan, publié voici plus de vingt ans, est à l'origine des recherches sur l'inscription sociale du nouveau rationalisme brunelleschien. On y trouve des pages décisives sur la fonction de la perspective comme machine *productive* d'espace (pictural, architectural). La distinction dégagée par G. C. Argan entre *plan* (projectif) et *surface* (matérielle) s'est révélée lourde d'implications dans la recherche contemporaine -notamment en peinture.

Giulio Carlo Argan est né à Turin en 1909. Ancien conservateur et titulaire de la chaire d'histoire de l'art à Rome, il a profondément marqué, depuis trente ans, la théorie de l'art en Italie. Il a publié de nombreux ouvrages, parmi lesquels *Beato Angelico, Botticelli, Borromini, l'Europe des capitales, Le Bauhaus*, etc. Le Pr. Argan a été maire de Rome de 1976 à 1979.

Dans la collection MACULA ARCHITECTURE

PALLADIO
par James S. Ackerman

Le monde occidental compte des centaines de milliers de maisons, d'églises et d'édifices publics à façade symétrique ornée de demi-colonnes et surmontée d'un fronton, qui dérivent des schémas conçus par Andrea Palladio. C'est l'architecte qu'on a le plus imité. Son influence a dépassé celle de tous les autres architectes de la Renaissance réunis.

Bien des générations ont vu en Palladio l'incarnation parfaite de la tradition classique, en partie à cause de ses références manifestes à l'antiquité gréco-romaine, qui sont en réalité superficielles. La maîtrise souveraine de la composition, la subtilité des proportions doivent certes beaucoup, en l'occurrence, à des procédures mathématiques établies dans un rapport étroit avec l'harmonie musicale. Mais elles sont constamment relevées par un art, une sensualité, un bonheur des lumières, des textures, des couleurs (stuc, pierre, badigeon) qui font de Palladio, selon le Pr. Ackerman, « l'équivalent de Véronèse en architecture ».

L'auteur, examinant tour à tour, de Venise à Vicence, les principaux chefs-d'œuvre de l'artiste, s'étend sur les conditions historiques (investissement de la *Terre ferme,* révolution agronomique) qui ont permis la multiplication des célèbres villas. Il fait ressortir les similitudes d'ordre socio-économique qui ont favorisé l'extraordinaire succès du système palladien dans l'Angleterre du 18e siècle et l'Amérique de Jefferson.

James S. Ackerman, né en 1919 à San Francisco, est professeur à l'université de Harvard et membre de l'Académie américaine de Rome. Il est notamment l'auteur de *L'architecture de Michel-Ange.* Son *Palladio,* publié en Angleterre par Penguin Books, est un classique de l'histoire de l'art anglo-saxonne.

Dans la collection MACULA ARCHITECTURE

LE BERNIN
par Howard Hibbard

Le Bernin est, dans l'histoire de l'art, le premier architecte dont l'importance ne peut se comprendre qu'à bien saisir le travail parallèle du sculpteur — le plus grand du siècle. Sculpture et architecture opèrent ici pour une même fin : l'investissement passionné du spectateur en tant qu'enjeu et moteur de l'œuvre.

L'art baroque qui s'invente dans l'éclair blanc de l'*Apollon et Daphné* ou dans l'extase convulsive de *Sainte Thérèse* se dilate bientôt à l'échelle d'une ville et d'une foi avec la colonnade de la place Saint-Pierre, le Baldaquin et la *Cathedra*.

Intime d'Urbain VIII, disciple des jésuites, porté, exalté par l'esprit de la Contre-Réforme, le Bernin donne à celle-ci ses monuments les plus fastueux. Appelé en consultation à Paris, mis en présence de Louis XIV, il a ce mot qui le peint tout entier : « Qu'on ne me parle de rien qui soit petit ! »

Howard Hibbard, professeur d'histoire de l'art à l'université de Columbia, a publié de nombreux travaux sur l'art italien des XVIe et XVIIe siècles — notamment *Carlo Maderna and Roman Architecture 1580-1630* (1972), *Michelangelo* (1975) et *Caravaggio* (1983). Son *Bernin,* édité en Angleterre par Penguin Books, a connu huit éditions entre 1965 et 1982. Notre édition est conforme à l'édition de 1982, révisée par l'auteur.

Achevé d'imprimer
sur les presses de Maury-Imprimeur S.A.
45330 Malesherbes
N° d'imprimeur : 30888 B
Dépôt légal : août 1990